GRAMMAIRE
DES GRAMMAIRES

ou

ANALYSE RAISONNÉE

DES MEILLEURS TRAITÉS

SUR LA LANGUE FRANÇAISE

Ouvrage

MIS PAR L'UNIVERSITÉ AU NOMBRE DES LIVRES A DONNER EN PRIX
DANS LES COLLÉGES,

Et reconnu par l'*Académie française* comme indispensable à ses travaux
et utile à la littérature en général;

PAR CH. P. GIRAULT-DUVIVIER.

NEUVIEME ÉDITION,

(Troisième Tirage.)

REVUE AVEC BEAUCOUP DE SOIN, ENRICHIE DE PLUS DE 250 CORRECTIONS;

augmentée

DE DEUX CENT SOIXANTE NOUVELLES REMARQUES DÉTACHÉES.

Les difficultés grammaticales arrêtent quelquefois les plus
grands esprits, et ne sont pas indignes de leur application.
(*Préface du Dictionnaire de l'Académie.*)

TOME PREMIER.

PARIS

A. COTELLE, LIBRAIRE-ÉDITEUR,

RUE SAINT-HONORÉ, N° 140.

1840

GRAMMAIRE
DES GRAMMAIRES.

L'Éditeur regardera comme contrefaçon tout exemplaire qui ne sera pas revêtu de sa signature.

PARIS.—IMPRIMERIE D'AMÉDÉE GRATIOT ET Cⁱᵉ,
RUE DE LA MONNAIE, 11.

PRÉFACE

En composant cet ouvrage, je n'ai pas eu la présomption d'établir des principes nouveaux, ni de vouloir confirmer de mon autorité ceux qui ont été posés, soit par les anciens Grammairiens, soit par les nombreux philologues modernes qui ont enfanté et enfantent tous les jours de nouvelles méthodes, de nouveaux systèmes; je me suis renfermé dans un rôle plus modeste : j'ai cherché à réunir en un seul corps d'ouvrage tout ce qui a été dit par les meilleurs Grammairiens et par l'Académie, sur les questions les plus délicates de la langue française.

Je me suis rarement permis d'émettre mon avis; j'ai dû me contenter de rapporter, ou textuellement, ou par extrait, celui des grands maîtres, et j'ai pris, dans les meilleurs écrivains des deux derniers siècles et de nos jours, les exemples qui consacrent leurs opinions.

J'ai indiqué avec une scrupuleuse exactitude les sources où j'ai puisé; j'ai mis en parallèle les opinions des différents auteurs, mais j'ai laissé aux lecteurs le droit de se ranger à tel ou tel avis, lors=

que la question restoit indécise, ou que la solution n'en étoit ni indiquée par l'analogie, ni donnée par l'usage le plus généralement adopté.

L'écrivain embarrassé sur l'emploi de certaines locutions, sur certaines règles qu'il n'a pas présentes à la mémoire, ou qu'il n'a pas approfondies, cherche souvent un guide qui l'éclaire ; il ignore quel est le Grammairien qu'il pourra consulter avec confiance ; souvent même, dans son incertitude, et craignant de tomber dans une faute, il adopte une tournure qui ne rend pas complètement son idée, ou qui la dénature.

Je lui offre le fil d'Ariane, je lui indique la sortie du labyrinthe ; et c'est, éclairé par les lumières des plus célèbres Grammairiens et des plus grands écrivains, qu'il reconnoîtra la route à suivre, ainsi que les mauvais pas à éviter.

Le professeur trouvera sans peine et sans recherches les autorités dont il aura besoin pour appuyer ses préceptes ; il pourra consulter les originaux, les comparer, les indiquer à ses élèves, et, en remontant à la source des principes, donner à ses leçons le caractère d'authenticité qui seul peut les rendre solides et ineffaçables.

Depuis long-temps les Grammairiens, et tous ceux qui s'occupent particulièrement de la langue, ont dû désirer qu'il existât un ouvrage dans lequel fût réuni tout ce qu'ont écrit les anciens et les mo=

dernes, sur les difficultés qu'elle présente ; un ouvrage où l'on rencontrât, en corps de doctrine, les décisions éparses de l'Académie.

Les obstacles sans nombre, qui m'ont arrêt moi-même, lorsque j'ai voulu m'éclairer sur quelques doutes, ou approfondir quelques questions épineuses de la grammaire, m'ont fait sentir l'avantage qui résulteroit d'un livre où seroient classées toutes les règles qui se trouvent dans nos plus habiles Grammairiens, où l'on réuniroit ces remarques sur notre langue, ces observations fines et délicates qui sont disséminées dans *Vaugelas*, *Bouhours*, *Voltaire*, *La Harpe*, *Marmontel*, etc., et où l'on s'abstiendroit de décider ce qui est encore indécis, et de mettre des règles positives là où il ne reste que de l'incertitude.

Le but principal que je me suis proposé est de déterminer d'une manière fixe le point auquel est parvenue de nos jours la langue française ; et c'est pour y arriver que j'ai fait, si j'ose le dire, sous la dictée des Grammairiens et des écrivains, le procès-verbal de toutes les discussions dont notre langue a été l'objet.

Une langue vivante est sans cesse entraînée ver des accroissements, des changements, des modifications qui deviennent, par la suite, la source de sa perfection ou de sa décadence. Les grands écrivains la fixent, il est vrai, pour long-temps ; leurs écrits servent long-temps de modèle et de règle, mais insensiblement la pureté des principes s'altère, l'emploi ou l'abus de certains mots s'introduit, la langue se dénature; les Grammairiens modernes, séduits quelquefois eux-mêmes par l'exemple, partagent et sanctionnent des erreurs dangereuses; ils contribuent peut-être, sans le vouloir, à rendre plus rapide un torrent dont ils étoient appelés à restreindre ou à arrêter le cours.

On se plaint de la pauvreté de notre langue, et c'est souvent parce qu'on en ignore les ressources, ou parce qu'on n'a pas le génie qui sait la rendre docile: de là ces mots nouveaux que l'on s'empresse d'adopter avant qu'une longue réflexion, un usage constant et l'approbation des bons écrivains, les aient consacrés; de là cette extension, si fautive et si dangereuse, donnée au sens de quelques termes, extension plus contraire encore à la pureté du langage que l'introduction de mots nouveaux.

Peut-on accuser de foiblesse ou de pauvreté la langue dans laquelle ont écrit *Bossuet*, *Fénélon*, *Pascal*, *Boileau*, *Racine*, les deux *Corneille*, *Voltaire*, *Rousseau*, *Buffon*, *Delille*, etc.?

Une langue qui, sous leur plume, a su prendre tous les tons, se plier à toutes les formes, peindre toutes les affections, rendre toutes les pensées, animer tous les tableaux, toutes les descriptions; une langue enfin qui a prêté son harmonie à *Fé-*

nélon, son élégance, sa pureté à *Racine*, et ses foudres à *Bossuet*, est assez riche de son propr fonds; elle n'a pas besoin d'acquisitions nouvelles; il ne faut plus que la fixer, au moins pour nous, au point auquel ces grands écrivains l'ont élevée.

Consultons, sur le néologisme, *Voltaire*, dans ses Questions sur l'Encyclopédie, au mot *Langue française*, nous verrons avec quelle vigueur il s'oppose à cette manie d'innover sans cesse; et certes, *Voltaire* n'étoit l'esclave ni de la routine, ni des vieux usages; mais il a senti qu'une langue illustrée par les productions des écrivains du siècle de Louis XIV, devoit s'arrêter, *dans la crainte*, comme il le dit lui-même, *que la langue française, si polie, ne redevînt barbare, et que l'on n'entendît plus les immortels ouvrages de ces grands écrivains.*

Cette opinion remarquable d'un des plus beaux génies du dernier siècle, m'a donc fait penser que le moyen le plus sûr de fixer le langage, étoit d'offrir, si j'ose m'exprimer ainsi, la collection de toutes les lois qui ont été portées par les Grammairiens et les Auteurs classiques sur cette importante matière; ce code, dont je n'ai prétendu être que l'éditeur, est la seule digue qui puisse arrêter les efforts toujours renouvelés, et les envahissements successifs de l'esprit d'innovation.

Depuis quelques années, les grammaires françaises se sont extrêmement multipliées; plusieurs sont le fruit des méditations et du travail d'hommes aussi recommandables par leur savoir que par leurs talents ; mais beaucoup renferment des systèmes qui, en se rattachant par quelques points aux anciens principes, portent l'empreinte de la nouveauté. Ce qui est encore plus déplorable, c'est que ces grammaires sont souvent opposées les unes aux autres ; c'est qu'elles n'abordent qu'en tremblant, ou ne font qu'effleurer les difficultés, de sorte qu'après les avoir consultées, on s'aperçoit qu'au lieu de la lumière et de la vérité qu'on espéroit y rencontrer, on ne recueille d'autre fruit de ses recherches que de l'incertitude et des doutes.

Mais, dans l'ouvrage que j'offre au public, *Vaugelas, Th. Corneille, Arnauld, Lancelot, D'Olivet, Dumarsais, Beauzée, Girard*, plusieurs Grammairiens modernes, l'*Académie française* elle-même, vous dicteront leurs arrêts. A leur voix, les doutes disparoissent et cèdent la place à la conviction.

Cette Grammaire offre d'ailleurs un nouveau degré d'utilité. Bien convaincu que la religion et la morale sont les bases les plus essentielles de l'éducation ; que les règles les plus abstraites sont mieux entendues lorsqu'elles sont développées par des exemples ; et qu'à leur tour les exemples se gravent mieux dans la mémoire, lorsqu'ils présentent une pensée saillante, un trait d'esprit ou de sentiment, un axiome de morale, ou une sentence de religion, je me suis attaché à choisir de préférence ceux qui offrent cet avantage. J'ai en outre multiplié ces exemples autant que je l'ai pu, et je les ai puisés dans les auteurs les plus purs, les plus corrects; de sorte que, si dans certains cas, nos maîtres en grammaire sont partagés d'opinion, si certaines difficultés se trouvent résolues par quelques-uns d'eux d'une façon différente, et qu'on soit embarrassé sur le choix que l'on doit faire, sur l'avis que l'on doit suivre, on éprouvera du moins une satisfaction, c'est qu'on aura pour se déterminer l'autorité d'un grand nom; car, comme l'a dit un auteur, *Il n'y a de Grammairiens par excellence que les grands écrivains.*

Tels sont les motifs qui m'ont fait entreprendre cet ouvrage. Je vais maintenant rendre compte en peu de mots du plan que je me suis tracé :

J'ai cru devoir adopter la marche suivie par les anciens Grammairiens, soit pour les grandes divisions de la grammaire et de la syntaxe, soit pour les dénominations données aux différentes parties du discours, aux différents temps des verbes. Je n'ai point voulu créer, je n'ai point eu l'intention d'être auteur; j'ai donc dû me servir des termes les plus généralement employés et les plus usités. J'ai laissé aux idéologues et aux métaphysiciens le soin de démontrer ce qu'ils trouvent de vicieux ou de faux dans les anciens termes, et la gloire d'en proposer de nouveaux; j'ai suivi les sentiers battus par les anciens maîtres, bien sûr de ne pas m'égarer et de n'égarer personne avec moi sur leurs traces.

La partie didactique de l'ouvrage est donc distribuée à-peu-près comme le sont toutes les grammaires; mais cette partie, formant un corps de doctrine, peut être lue de suite, et elle a dû être divisée méthodiquement.

Lorsque j'ai traité individuellement des mots qui, dans certaines circonstances, offrent des difficultés relatives, soit à leur emploi, soit à la place qu'ils doivent occuper dans les phrases, soit enfin à l'influence qu'ils exercent sur les autres mots qui les suivent et qui en dépendent, j'ai cru devoir les ranger par ordre alphabétique, mais toujours dans la classe dont ils font partie.

Ainsi donc, aux articles des *Prépositions*, des *Adverbes*, des *Conjonctions*, on trouvera, suivant leur ordre alphabétique, ceux de ces mots qui suivent des règles particulières, ou qui donnent lieu à des remarques et à des explications.

Pour la partie de l'ouvrage que j'ai désignée sous le nom de *Remarques détachées*, j'ai adopté le même ordre, comme le seul qui pût, en facilitant les recherches, rendre plus utile cette partie de mon travail, dans laquelle on trouvera la solution d'un grand nombre de difficultés, et surtout l'indi=

cation de ces locutions vicieuses qui n'appartien=
nent qu'à la classe du peuple, et dont quelques-
unes, moins grossières en apparence, mais tout aussi
contraires au bon goût, à la pureté et à l'élégance,
se sont introduites parmi les personnes que leur
éducation, leurs habitudes auroient dû garantir de
cette contagion.

J'ai fait, au surplus, tous mes efforts pour rem=
plir la tâche que je m'étois imposée; mais peut-
être n'ai-je pas encore atteint le degré de perfec=
tion auquel j'aspirois. C'est surtout au moment
où je vais paroître devant des juges éclairés, que
le sentiment de ma foiblesse me fait redouter leur
arrêt.

S'il m'est contraire, loin de me décourager, loin
de repousser avec dépit les critiques et les observa=
tions, je les recevrai toujours avec une satisfaction
d'autant plus grande que je tâcherai de les faire
tourner à mon avantage.

S'il m'est favorable, je me féliciterai de ne m'être
trompé, ni sur l'utilité de mon travail, ni sur les
moyens que j'ai employés pour le terminer; et je
me trouverai heureux d'obtenir une place à la suite
de ces écrivains laborieux, chez lesquels la patience
et le zèle ont tenu lieu des talents qui créent, et
dont les utiles ouvrages leur ont acquis l'estime
des hommes instruits et la reconnoissance de leurs
concitoyens.

TABLE
DES AUTEURS ET DES ÉDITIONS.

A CONSULTER

POUR VÉRIFIER LES CITATIONS RENFERMÉES DANS CET OUVRAGE.

ACADÉMIE FRANÇAISE.
- (Décisions de l'), recueillies par M. L. T.—*Paris*, 1698.
- (Sentiments de l') sur le Cid.—*Paris*, 1701.
- (Observations de l') sur les Remarques de Vaugelas.—*Paris*, 1704.
- (Opuscules sur la langue française par divers Académiciens, et Journal de l').—*Paris*, 1754.
- (Dictionnaire de l').—*Paris*, 1762; et Smits, an 6 et an 7 ou 1798.

ANDRY DE BOISREGARD.—Réflexions générales sur l'état présent de la langue française, 2ᵉ édition, 1692 à 1693.
AUGER.—Commentaire sur Molière.—*Paris*, 1819.
BEAUZÉE.—Grammaire générale.—*Paris*, 1767.
BERTRAND.—Raison de la synt. des partic. dans la langue fr.—*Paris*, 1809.
BESCHER.—Théorie nouv. et raisonnée des particip. franç.—*Paris*, 1810.
BOINVILLIERS.—Grammaire raisonnée.—*Paris*, 1804.
BONIFACE.—Manuel des amateurs de la langue fr.—*Paris*, 1813 et 1814.
BOUHOURS (Le P.).—Remarques sur la langue française.—*Paris*, 1680.
BOUILLETTE.—Traité des sons de la langue française.—*Paris*, 1788.
BOURSON.—Le Participe français.—*Brest*, 1807.
BUFFIER (Le P.).—Grammaire française sur un plan nouveau.—1732.
BUTET.—Cours théorique d'instruction élémentaire.—*Paris*, 1818.
CHAPSAL.—Nouveau Dictionnaire grammatical.—*Paris*, 1808.
COLLIN-DAMBLY.—De l'usage des expressions négatives dans la langue française.—*Paris*, 1808.
CONDILLAC.—Œuvres choisies; sa Grammaire.—*Paris*, 1796.
DANGEAU.—Essais de Grammaire.—*Paris*, 1754.
DARU (Pierre).—Dissertation sur les Participes (à la suite de la traduction des œuvres d'Horace).—*Paris*, 1804.
DEMANDRE.—Dict. de l'élocut. franç., revu par Fontenay.—*Paris*, 1802.
DOMAIRON.—Principes généraux de belles-lettres.—*Paris*, 3ᵉ édit., 1817.

DOMERGUE.
- Grammaire française simplifiée.—*Paris*, 1791.
- Solutions grammaticales.—*Paris*, 1808.
- Journal de la langue française.—*Lyon*, 1ᵉʳ septembre 1784 à 1790.—Manuel des étrangers.—*Paris*, 1806.

DUMARSAIS.—Principes de Grammaire.—*Paris*, 1793.
ENCYCLOPÉDIE MÉTHODIQUE.—Grammaire et littérature. Les articles de grammaire sont rédigés par *Beauzée* et par *Dumarsais*.—*Paris*, 1782.
ESTARAC.—Grammaire générale.—*Paris*, 1811.
FABRE.—Syntaxe franç., ou nouvelle Gramm. simplifiée.—*Paris*, 1803.
FÉRAUD.—Dictionnaire critique de la langue française.—*Marseille*, 1787.
GATTEL.—Dictionn. univ. portat. de la langue française.—*Paris*, 1813.
GIRARD.—Vrais principes de la langue française.—*Paris*, 1747.
GUEROULT.—Grammaire française.—*Paris*, 1809.
GUYOT.—Grand Vocabulaire français.—*Paris*, 30 vol. in-4°.
HARRIS.—Hermès, ou Recherches philosophiques sur la grammaire universelle; traduit par *Thurot*.—*Paris*, 1794.
JACQUEMARD.—Abrégé de Grammaire française.—*Paris*, 1811.
LAVEAUX.—Dict. rais. des diffic. gramm. et litt. de la lang. fr. *Paris*, 1818
LEMARE.—Cours théorique et pratique de la langue française.—*Paris*, 1re et 2e édition, 1807 et 1819.
LÉVIZAC.—Grammaire philosophique et littéraire.—*Paris*, 1801.
MARMONTEL.—Leçons d'un père à ses enfants, sur la langue française.—Œuvre posthume.
MAUGARD.—Cours de la langue française.—*Paris*, 1812.
MÉNAGE.—Observations sur la langue française.—*Paris*, 1672.
MOREL.—Essai sur les voix de la langue française, et Traité de la concordance du participe.—*Paris*, 1804.
D'OLIVET. { Remarques sur Racine.— Essais de Grammaire.— Traité de la prosodie.— } *Paris*, 1783.
PERREAU.—Grammaire raisonnée.—*Paris*, 1800.
PORT-ROYAL (*Arnauld* et *Lancelot*).—Gramm. génér. et raisonnée; avec les remarques de Duclos, et le supplément de Fromant.—*Paris*, 1774.
REGNIER-DESMARAIS.—Grammaire française.—*Paris*, 1706.
RESTAUT.—Principes génér. et raisonnés de la langue fr.—*Paris*, 1774.
RICHELET.—Dictionn. de la langue franç. ancienne et mod.—*Lyon*, 1728
ROLLIN.—Manière d'enseign. et d'étud. les belles-lettres.—*Paris*, 1787.
ROUSSEL DE BERVILLE.—Essai sur les convenances gramm.—*Lyon*, 1784.
SAUGER.—Connoissance de la langue fr.—3e éd., 1 vol. in-12. *Paris*, 1820.
SICARD.—Éléments de Grammaire générale.—*Paris*, 1801.
SYLVESTRE DE SACY.—Principes de Gramm. génér.—2e édit. *Paris*, 1803.
TRÉVOUX.—Dictionnaire universel français et latin.—*Paris*, 1752.
VALLANT.—Lettres académiques sur la langue française.—*Paris*, 1812.
VAUGELAS.—Remarques sur la langue française, avec des notes de *Patru* et de *Th. Corneille*.—*Paris*, 1738.
VOLTAIRE.—Notes et commentaires sur Corneille.—*Paris*, 1783.
WAILLY.—Principes généraux de la langue française.—*Paris*, 1786.

TABLE
DES DIVISIONS DE L'OUVRAGE.

TOME PREMIER.

De la Grammaire en général.................................. Page 1

PREMIÈRE PARTIE.
DES MOTS CONSIDÉRÉS COMME SONS.

CHAPITRE PREMIER.

Des Voyelles pures et simples................................... 5
    Des Voyelles *a, e, i, o, u*, combinées avec d'autres voyelles.... 14
    Des Voyelles nasales et de leur Prononciation................ 17
    Des Diphthongues... 22

CHAPITRE II.

Des Consonnes... 27
    Table des Consonnes selon leur son propre et leur son accidentel, soit au commencement, soit au milieu, soit à la fin des mots. 30

CHAPITRE III.

De la Prosodie... 75
    De l'Accent... *ibid.*
    De la Quantité... 77
    Table d'Homonymes, et de leur prononciation................ 84
    Remarques sur la Prononciation de la Déclamation, de la Lecture, et de la Conversation.. 84

SECONDE PARTIE.
DES MOTS CONSIDÉRÉS COMME MOYENS DE RENDRE NOS PENSÉES, DANS LA LANGUE PARLÉE ET DANS LA LANGUE ÉCRITE.

CHAPITRE PREMIER.

Du Substantif... 93
    Du Genre des Substantifs... *ibid.*

Substantifs dont le genre a changé................ Page 95
Substantifs de différents genres sous la même signification.... 97
Substantifs de différents genres, d'une même consonnance, mais ayant différentes significations............................ 107
Règles des Genres.. 126
Liste de Substantifs sur le genre desquels on pourroit avoir quelque incertitude.. 130
Du Nombre des Substantifs................................... 142
Substantifs qui n'ont point de pluriel........................ 148
Substantifs qui n'ont pas de singulier........................ 167
De la formation du pluriel des Substantifs.................. 173
Des Substantifs composés................................... 177
Manière de les écrire au pluriel.... au singulier............ ibid.
Liste des Substantifs composés le plus en usage............. 196
Quand deux noms sont unis par *de*, dans quel cas le second doit-il être au singulier ou au pluriel?........................ 204
Nombre que l'on doit employer après la Préposition *de*, quand cette Préposition n'est pas précédée d'un Substantif....... 209
A quel nombre on doit mettre le Substantif précédé des Prépositions *à, en* ou *sans*............................... ibid.

CHAPITRE II.

De l'Article.. 213
De l'Accord de l'Article..................................... 216
De sa Répétition.. 220
De sa Place... 222
De son Emploi... 223
Cas où l'on doit en faire usage............................. 224
Cas où on ne le doit pas.................................... 233

CHAPITRE III.

De l'Adjectif... 239
De la variation accidentelle des Adjectifs.................. 241
Du Genre des Adjectifs...................................... ibid.
De leur Nombre.. 249
Observations sur plusieurs Adjectifs terminés en *al*, et auxquels on peut donner un pluriel au masculin...................... ibid.
Des degrés de Signification ou de Qualification dans les Adjectifs.. 261
Des Adjectifs considérés dans leur rapport avec les Substantifs..... 273
De l'Accord des Adjectifs................................... ibid.
De leur Place... 283

Adjectifs qui donnent aux Substantifs une acception différente, selon qu'ils sont placés avant ou après.............. Page 287
Du Régime des Adjectifs................................. 293
Des Adjectifs de Nombre................................. 324

CHAPITRE IV.

Des Pronoms proprement dits et des Adjectifs Pronominaux.... 335
Des Pronoms Personnels, et de leur emploi.................. 337
Des Pronoms Possessifs, et de leur emploi.................. 367
Des Adjectifs Pronominaux, et de leur emploi............... 370
Des Pronoms Démonstratifs, et de leur emploi............... 379
Des Adjectifs Pronominaux Démonstratifs, et de leur emploi... 394
Des Pronoms Relatifs, et de leur emploi.................... ibid.
Des Pronoms Indéfinis, et de leur emploi................... 429
Des Adjectifs Pronominaux Indéfinis, et de leur emploi...... 455
Des Expressions : *Qui que ce soit, Quoi que ce soit, Quoique*, et de leur emploi.. 480
De la Répétition des Pronoms............................. 482
Règle applicable à tous les Pronoms...................... 484

CHAPITRE V.

Du Verbe en général...................................... 487
Des Nombres et des Personnes dans les Verbes............. 492
Des Temps du Verbe....................................... 493
Des Modes du Verbe....................................... 495
Du Verbe Substantif et des Verbes Adjectifs.............. 497
Du Verbe Actif... 498
Du Verbe Passif.. ibid.
Du Verbe Neutre.. 501
Des Verbes Pronominaux................................... 502
Du Verbe Unipersonnel.................................... 504
Des Verbes Auxiliaires................................... 506
Des Conjugaisons... 507
De la Conjugaison du Verbe auxiliaire *Avoir*............. 509
De la Conjugaison du Verbe auxiliaire *Être*.............. 513
Remarques sur l'emploi de ces deux Auxiliaires............ 516
Paradigmes ou Modèles des différentes espèces de Conjugaisons.. 530
De la formation des Temps Simples et des Temps Composés.. 560
De la Conjugaison de plusieurs Verbes réguliers qui présentent quelques difficultés... 563

De la Conjugaison des Verbes irréguliers et des Verbes défectifs.—Observations sur chacun d'eux............ Page 584
DE L'ACCORD DU VERBE AVEC SON SUJET................ 648
De la Place du Sujet................................ 674
Du Régime des Verbes.............................. 675
Du Régime des Noms............................... 737
Du Régime des Pronoms............................ 740

AVERTISSEMENT.

Quelques personnes ont paru étonnées que j'aie adopté un double trait dans les mots qu'on partage à la fin des lignes, au lieu du trait simple que l'on y emploie ordinairement.

Mais au moyen de ce nouveau signe, j'empêche qu'on ne confonde le trait simple avec ce qu'on appelle le trait d'union ou de division, dont on fait usage dans une infinité d'occasions : *Accordez-la leur ; faites-moi lui parler ; quels gens sont-ce-là ? sont-ce-là mes livres ? Pays-Bas ; Port-Royal ; chef-d'œuvre ; arc-en-ciel ; bec-de-corbin*, etc., etc.

Prenons un exemple : Il est question d'imprimer cette phrase : *Quels gens sont-ce-là ?* et *sont-ce* finit la ligne. Que fera l'imprimeur avec l'ancienne méthode ? il mettra *sont-ce-* ; mais on ne saura si ce trait après *ce*, est un trait d'union ou un trait simple, lorsqu'avec ma méthode, voyant que j'ai fait usage d'un seul trait, on saura tout de suite que c'est le trait d'union que j'ai voulu employer ; ainsi je garantis mon lecteur d'une faute grave, car c'est en commettre une que d'omettre le trait d'union, quand il est exigé, ou de s'en servir, quand il ne l'est pas.

GRAMMAIRE

DES GRAMMAIRES.

La Grammaire est un art qui enseigne à parler et à écrire correctement.

Cet art, composé de différentes parties, a pour objet *la parole*, qui sert à énoncer *la pensée. La parole* est ou prononcée ou écrite. Ces deux points de vue peuvent être considérés comme les deux points de réunion auxquels on rapporte toutes les observations grammaticales; ainsi toute la Grammaire se divise en deux parties générales : la première, qui traite de la parole; et la seconde, qui traite de l'écriture.

La Grammaire admet deux sortes de principes : les uns sont d'une vérité immuable et d'un usage universel; ils tiennent à la nature de la pensée même; ils en suivent l'analyse, ils n'en sont que le résultat. Les autres n'ont qu'une vérité hypothétique et dépendante de conventions libres et variables, et ne sont d'usage que chez les peuples qui les ont adoptés librement, sans perdre le droit de les changer ou de les abandonner, quand il plaira à l'usage de les modifier ou de les proscrire. Les premiers constituent la Grammaire *générale*; les autres sont l'objet des diverses Grammaires *particulières*.

Ainsi, la Grammaire générale est la science raisonnée des principes immuables et généraux de la parole prononcée ou écrite dans toutes les langues;

Et la Grammaire particulière, l'art de faire concorder les principes immuables et généraux de la parole prononcée ou écrite, avec les institutions arbitraires et usuelles d'une langue particulière.

La Grammaire générale est une science, parce qu'elle n'a pour objet que la spéculation raisonnée des principes immuables et généraux de la parole; une Grammaire particulière est un art, parce qu'elle envisag l'application pratique des principes généraux de la parole aux institutions arbitraires et usuelles d'une langue particulière.

(*Beauzée* et *Douchet*, Encycl. méth.)

L'expression la plus simple dont on se serve pour exprimer ses pensées par le secours de la voix, s'appelle *mots*.

Pour avoir une idée juste des mots, on doit les considérer et comme *sons*, et comme *signes de nos pensées*.

Considérés comme *sons*, les mots sont composés de *lettres* qui, seules ou réunies entre elles, forment des *syllabes*.

Considérés comme *signes de nos pensées*, les mots servent à exprimer les objets qui s'offrent à nos yeux ou à notre esprit, ou bien les différentes vues sous lesquelles nous les avons conçus.

Quand la prononciation des lettres dont se compose une syllabe est formée par une seule émission de voix, et sans articulation, ces lettres sont appelées *lettres voyelles*, ou simplement *voyelles*. Si la prononciation des lettres se forme par le son de voix modifié, ou par les lèvres, ou par la langue, ou par le palais, ou par le gosier, ou par le nez, alors ces lettres sont dites *sonnantes avec d'autres*, *consonnantes* ou *consonnes*; parce que, pour former un son, elles ont besoin d'être réunies à des voyelles.

Les mots se composent donc de deux sortes de lettres de *voyelles* et de *consonnes*.

Le recueil qu'on a fait des signes ou lettres qui représentent les sons particuliers dont se composent les mots d'une langue s'appelle *Alphabet*.

(*Dumarsais*, Encycl. méth., au mot *Alphabet*.)

Pour nous, nous n'avons pas d'alphabet qui nous soit propre; nous avons adopté celui des Romains. (Le même.)

Or cet alphabet n'a proprement que vingt lettres : *a*, *b*, *c*, *d*, *e*, *f*, *g*, *h*, *i*, *j*, *l*, *m*, *n*, *o*, *p*, *r*, *s*, *t*, *u*, *z*. En effet, le *x* et le *&* ne sont que des abréviations : (Le même.)

Le *x* est pour *gz* : *exemple* se prononce *egzemple* — *x* est aussi pour *cs* : *axiome* se prononce *acsiome* — on fait encore servir le *x* pour deux *ss*, dans *Auxerre*, *Bruxelles*.

L'*&* est pour *et*. (Le même.)

Le k est une lettre grecque qui ne se trouve en latin qu'en certains mots dérivés du grec; c'est notre *c* dur : *ca*, *co*, *cu*. (Le même.)

Le *q* n'est aussi que le *c* dur : ainsi ces trois lettres *c*, *k*, *q*, ne doivent être comptées que pour une même lettre; c'est le même son représenté par trois caractères différents. C'est ainsi que les lettres *c i* font *ci*; *s i*, encore *si*, et *t i* font aussi quelquefois *si*. (Le même).

Le *v* représente l'articulation semi-labiale foible, dont la forte est *f*, et de là vient qu'elles se prennent aisément l'une pour l'autre. *Neuf*, devant un nom qui commence par une voyelle, se prononce *neuv* : *neu vhommes*.

(*Beauzée*, Encycl. méth., lettre V.)

Enfin l'*y* est une lettre grecque qui s'emploie pour un *i* ou pour deux *i* : pour un *i*, dans les mots tirés du grec, et pour deux *i*, dans les mots purement français.

De sorte qu'on peut dire que l'alphabet français renferme présentement vingt-cinq lettres, savoir : cinq voyelles, qui sont *a*, *e*, *i*, *o*, *u*; et vingt consonnes, qui sont b, c, d, f, g, h, j, k, l, m, n, p, q, r, s, t, v, x, y, z.

Ces cinq voyelles ne sont pas les seules que nous ayons dans notre langue; car, outre que chacune d'elles peut être brève ou longue, ce qui cause une variété assez considérable dans le son, il semble qu'à considérer la différence des sons simples, selon les diverses ouvertures de la bouche, on eût pu en ajouter encore d'autres. Mais les anciens Grammairiens ne distinguant pas les sons d'avec les lettres qui les représentent, et donnant, et aux lettres et aux sons, les mêmes noms (*voyelles* et *consonnes*), cela a occasioné beaucoup de confusion, et a fait tomber ces Grammairiens mêmes dans plusieurs erreurs. Par exemple, ils ont pris pour plusieurs sons, certains assemblages de lettres qui ne représentent qu'un seul son; ensuite ils ont cru que, dans la langue française, il n'y avoit que cinq voyelles, parce qu'ils ne trouvoient que cinq lettres voyelles dans notre alphabet.

Alors ces Grammairiens se sont contentés de donner plusieurs sons à un même caractère, ou encore de joindre d'autres lettres aux cinq voyelles ordinaires. Mais d'autres, plus habiles, se sont déterminés à ne donner aux deux différentes sortes de sons, que les noms de *sons simples* et d'*articulation,* pour réserver les noms de *voyelles* et de *consonnes* aux lettres qui représentent ces sons; cependant, comme on n'est point encore accoutumé à ce nouveau langage, nous continuerons de donner, soit aux sons, soit aux lettres, les noms de *voyelles* et de *consonnes,* en prenant toutes les précautions nécessaires pour empêcher la confusion dans les esprits : nous continuerons d'appeler *voyelles* les sons simples; *consonnes,* les sons articulants, et nous donnerons les mêmes noms aux lettres, parce qu'elles servent à représenter ces deux sortes de sons; mais, afin de répandre sur cette matière toute la clarté, et en même temps toute la simplicité nécessaire, nous traiterons, 1° des voyelles pures et simples; 2° des voyelles représentées par plusieurs lettres; 3° des diphthongues; 4° des consonnes; 5° des syllabes.

(Traité des sons, p. 5.)

PREMIÈRE PARTIE.

DES MOTS CONSIDÉRÉS COMME SONS.

CHAPITRE PREMIER.

ARTICLE PREMIER.

DES VOYELLES PURES ET SIMPLES.

Ramus avoit distingué dix voyelles pures et simples ; mais il donnoit un son différent à *au*, et à *o*. MM. de *Port-Royal*, en admettant ce nombre de voyelles, substituèrent à l'*au* un autre son simple. L'abbé *Dangeau* en porta le nombre à quinze ; et, depuis lui, les Grammairiens en ont reconnu plus ou moins, parce que, dit *Duclos*, les Grammairiens reconnoissent plus ou moins de sons dans une langue, selon qu'ils sont plus ou moins capables de s'affranchir du préjugé.

Les *voyelles* diffèrent en plusieurs manières des sons articulants, que nous nommons *consonnes* : 1° Lorsqu'on les prononce, la voix sort librement, sans trouver d'obstacle à son passage, au lieu qu'elle en a à vaincre lorsqu'elle produit des consonnes ; 2° Elles peuvent se prononcer seules, au lieu que les consonnes ne peuvent se prononcer que par le secours d'une voyelle ; 3° Elles sont plus ou moins brèves, et plus ou moins longues, selon que l'on doit mettre plus ou moins de temps à les prononcer.

Les consonnes, au contraire, ne sont que comme des éclats.

de voix qui passent dans l'instant, et qui n'affectent que le commencement du son des voyelles auxquelles elles sont jointes.

Enfin le son des voyelles peut être aigu ou grave, tandis que le son des consonnes n'est pas susceptible de ces modifications.

Le son *aigu* est un son foible et délié, qui n'est produit que par un filet d'air ou de voix, et qui n'exige qu'une petite ouverture de bouche. Les sons *graves* sont plus forts, plus gros et plus remplis, parce qu'ils sont formés par une plus grande abondance d'air qu'on pousse de la poitrine.
(Traité des sons, p. 9.)

Les sons graves des voyelles *a* et *é* exigent une grande ouverture de bouche; c'est ce qui les fait nommer *sons ouverts*. Il n'en est pas de même des sons graves des voyelles *eu* et *ô*: pour les prononcer, les lèvres s'alongent en dehors, et ne laissent de passage à la voix que par leur milieu; l'air, qui vient en plus grande abondance de la poitrine, s'entonne dans la bouche, et en sort en rendant un son gros et sourd.
(*Idem*, même page.)

Il est bon d'observer qu'entre le son le plus aigu et le plus grave, il y a plusieurs degrés, et, pour ainsi dire, plusieurs nuances de sons plus ou moins aigus, ou plus ou moins graves, dont la différence est plus sensible, lorsqu'on saute un degré pour comparer le *premier* avec le *troisième*, ou le *second* avec le *quatrième*. L'e ouvert est la voyelle qui offre le plus de degrés de ces sons aigus ou graves, comme dans les mots suivants: *musette, messe, père, sujet, thèse, objet, presse, fête.*
(*Idem*, page 10.)

Les autres voyelles n'ont point d'autre son que le son aigu, ou, si elles acquièrent quelque gravité, elle n'est presque pas sensible. La seule différence qu'on y peut sentir ne vient que de leur brièveté ou de leur longueur, qui ne change rien à leur son, comme on peut le voir dans les exemples suivants: *donné, donnée; ami, amie.*
(*Idem*, même page.)

Ainsi, les quatre voyelles qui sont susceptibles de devenir réellement graves, sont *a, e, eu, o;* exemple: *mâle, tempête, jeûne, côte.*

Dans la langue française, les voyelles brèves sont toujours aiguës, et les graves sont toujours longues.

Mais, que les voyelles soient longues ou brèves, graves ou aiguës, cela n'en change point la nature, puisque leurs sons, quelque grandes que puissent être leurs variétés, sont toujours produits par la même disposition des organes, et que la différence qui se trouve entre les sons graves et les sons aigus ne vient que de la quantité d'air qu'on fait sortir de la poitrine, et de la force plus ou moins grande avec laquelle on pousse la voix.   (Idem, page 11.)

Aussi plusieurs Grammairiens ont-ils cru inutile de multiplier les voyelles, comme font ceux qui comptent pour autant de voyelles celles qui sont aiguës et qui sont graves, et en ont-ils borné le nombre à treize :

TABLE DES VOYELLES,
Considérées seulement par rapport à leurs sons.

a	la patte.	*eu*	il est jeune.
e ouvert	il tette.	*ou*	coucou.
e fermé	vérité.	*an*	ange.
e muet	une table.	*in*	ingrat.
i	ici, finit.	*un*	chacun.
o	une cotte.	*on*	bon.
u	usure.		

OBSERVATIONS PARTICULIÈRES SUR QUELQUES-UNES DE CES VOYELLES.

§. I.—*Sur l'*E.

Notre langue n'a proprement que trois sortes d'E : l'E ouvert, l'E fermé, et l'E muet. On les trouve tous trois dans les mots : *sévère, évêque,* etc.

(*Dumarsais*, Princ. de grammaire, page 340.)

Le premier *e* de *sévère* est fermé; c'est pourquoi il est marqué d'un accent aigu; la seconde syllabe *vè* a un accent grave, c'est le signe de l'*e* ouvert; *re* n'a point d'accent, parce que l'*e* y est muet, etc.

Ces trois sortes d'*e* sont encore susceptibles de plus ou de moins; par exemple:

L'E ouvert est de trois sortes: 1° L'E ouvert commun, autrement dit aigu; 2° L'E plus ouvert, autrement dit grave; 3° L'E très-ouvert.

1. L'E ouvert commun est l'E de presque toutes les langues; c'est l'E que nous prononçons dans les premières syllabes de *père*, *mère*; et dans il *appelle*, *nièce*, et encore dans tous les mots où l'E est suivi d'une consonne avec laquelle il forme la même syllabe, à moins que cette consonne ne soit le *s* ou le *z* qui marque le pluriel, ou le *nt* de la troisième personne du pluriel des verbes; ainsi, on dit *chèf*, *brèf*, *mortèl*, *mutuèl*, etc., et non pas *chéf*, *bréf*, etc.

(Le même, même page.)

2. L'E plus ouvert, ou ouvert grave, est celui qui se prononce par une ouverture de bouche plus grande que celle qu'il faut pour prononcer l'*e* ouvert commun, comme dans *nèfle*.

3. L'E très-ouvert est celui qui demande une ouverture de bouche encore plus grande, comme dans *procès*, *accès*

(Le même, page 312.)

L'E *ouvert* commun au singulier, devient ouvert long au pluriel: le *chef*, les *chefs*; un *autel*, des *autels*.

(Le même.)

L'E *fermé* est celui que l'on prononce en ouvrant moins la bouche qu'on ne l'ouvre lorsqu'on prononce un *e* ouvert commun; telle est l'*e* de la dernière syllabe de *bonté*.

(Le même, page 315.)

L'E fermé est appelé *masculin*, parce que, lorsqu'il se trouve à la fin d'un adjectif ou d'un participe, il indique le genre masculin: *aisé*, *aimé*, *habillé*, etc.

(Le même.)

L'E *muet* est une pure émission de voix qui se fait à peine entendre; il ne peut jamais commencer une syllabe, et, dans quelque endroit qu'il se trouve, il n'a jamais le son distinct des voyelles proprement dites, il ne peut même se rencontrer devant aucune de celles-ci sans être tout-à-fait élidé.

Il y a une différence bien sensible entre l'*e* muet dans le corps d'un mot, à la fin d'un mot, et dans les monosyllabes.

Dans le corps d'un mot, l'E muet est presque nul; par exemple, dans *demander*, on fait entendre le *d* et le *m*, comme si l'on écrivoit *dmander;* le son foible qui se fait à peine sentir entre le *d* et le *m* de ce mot, est précisément l'*e* muet : c'est une suite de l'air sonore, qui a été modifié par les organes de la parole, pour faire entendre ces consonnes.

On peut comparer l'*e* muet au son foible que l'on entend après le son fort, produit par un marteau qui frappe un corps solide. (Le même, pag. 316.)

L'E muet est appelé féminin, parce qu'il sert à former le féminin des adjectifs; par exemple : *saint, sainte; pur, pure; bon, bonne;* ou parce qu'il forme, en vers, les rimes féminines.

À la fin d'un mot, on ne sauroit soutenir la voix sur l'*e* muet, puisque, si on la soutenoit, l'*e* ne seroit plus muet : il faut donc que l'on appuie sur la syllabe qui le précède, et que cette syllabe, si c'est un *e* qui la termine, soit un *e* ouvert commun, afin de servir de point d'appui à la voix pour rendre l'*e* muet qui termine le mot : *fidèle, mère, discrète,* etc.

C'est d'après ce principe que l'on écrit et que l'on prononce : *je mène,* quoique dans *mener,* le premier *e* soit muet.

Voilà pourquoi les Grammairiens disent qu'il ne peut y avoir deux *e muets de suite;* mais il faut ajouter *à la fin d'un mot,* car dès que la voix passe, dans le même mot, à une syllabe soutenue, cette syllabe peut être précédée de deux *e* muets : *recevoir, devenir;* et il peut même y en avoir davantage, si l'on fait usage de monosyllabes : *de ce que je redemande ce qui m'est dû.* Voilà six *e* muets de suite.

(Le même.)

L'E est muet long, dans les dernières syllabes des troisièmes personnes du pluriel des verbes, quoique cet *e* soit suivi de *nt*, qu'on prononçoit autrefois. Il y a peu de personnes qui ne sentent pas la différence qu'il y a, dans la prononciation, entre *il aime* et *ils aiment*. (Le même, pag. 348.)

Dans les monosyllabes, comme *je, me, te, se*, etc., l'E muet est un peu plus marqué que l'*e* muet de MENER; mais il ne faut pas en faire un *e* ouvert, comme font ceux qui disent *amène-le* : l'*e* prend plutôt alors le son de l'*eu* foible (1). (Le même.)

---

(1) *Dumarsais* est, comme on le voit, d'avis qu'on doit prononcer l'*e* du pronom *le* placé après l'impératif d'un verbe. Beaucoup de personnes, en effet, observent cette prononciation ; mais aussi d'autres soutiennent qu'on doit le prononcer avec élision ; que dans ce cas l'*e* est muet, et qu'ainsi on doit dire *gardez-l', laissez-l'*, etc.

D'*Olivet*, et MM. *Dubroca* et *Boniface* (deux collaborateurs du Manuel des amateurs de la Langue Française) sont les seuls Grammairiens qui aient abordé cette difficulté.

M. *Dubroca*, avant de donner son opinion, rappelle ce principe reconnu en grammaire, que rarement nous prononçons deux syllabes muettes de suite ; et que, quand cela arrive, nous donnons à l'une d'elles une insistance qui dispense en quelque sorte d'une pulsation sur l'autre. De là il tire la conséquence, ou plutôt la règle que voici :

« Lorsque la finale de l'impératif qui précède le monosyllabe *le* est muette, comme dans cette phrase : *faites-le savoir à vos amis* ; alors, par la raison que deux syllabes muettes de suite ne se prononcent pas, sans qu'il y en ait une qui reçoive une insistance sensible, on prononcera l'*e* du pronom *le* comme l'*e* guttural. Dans le cas contraire, c'est-à-dire, si la dernière syllabe d'un verbe est masculine, comme dans ces phrases : *promettez-*LE*-moi* ; *instruisez-*LE *de ce qui s'est passé* : on le prononcera avec l'*e* muet, et l'on dira : *promettez-*L*' moi* ; *instruisez-*L*' de ce qui s'est passé*. »

L'E est muet dans *degré*, *denier*, *dangereux*, *dangereusement*, *religion*, *secrétaire*, ainsi que dans *petiller* et ses dérivés, tels que *petarder*, *petaudière*, etc., dans *aboiement*, *paiement*, *tutoiement*, *reniement*;

D'après cette règle, M. *Dubroca* est d'avis que l'on doit prononcer ainsi ces vers de Racine :

.... *Avouez-l'*, Madame,
L'amour n'est point un feu qu'on renferme en une ame. (Andromaque, act. II, sc. 2.)
Du Troyen ou de moi *faites-le* décider. (Même pièce, même acte.)

M. *Boniface* pense qu'il est choquant d'entendre prononcer *voile*, *mêle*, *perle*, *gardel*, *voyelle*, etc., les expressions, *vois-le*, *mets-le*, *perds-le*, *gardez-le*, *voyez-le*, etc., ainsi qu'on le fait assez généralement au Théâtre-Français ; cependant, comme il y a des vers où, pour la mesure, il faut absolument élider l'*e*, tels que ceux-ci :

Ne m'ôtez pas la douceur de le voir ;
Rendez-le à mon amour, à mon vain désespoir. (*Voltaire*, Mérope, act. IV, sc. 2.)
Retournez vers le peuple, *instruisez-le* en mon nom. (Mahomet, act. II, sc. 3.)
Le terrain qu'a perdu cette côte appauvrie,
Reprenez-le aux vallons, etc. (*Delille*, l'Homme des champs, chant II.)

Alors il est d'avis que ce n'est que dans ce cas que l'élision doit se faire; dans tout autre cas, dans la prose surtout, et même en vers, si la mesure ne l'exige pas, il ne croit pas que l'élision puisse se supporter.

Quant à *D'Olivet*, il pense également que l'élision de l'*e* muet doit avoir lieu en poésie (lorsque la mesure l'exige); mais il fait observer que le mauvais effet qu'elle produit sur l'oreille est pire qu'une faute de versification. Aussi est-il d'avis que ce que peut faire de mieux un poète, c'est d'employer une tournure différente ; et, à cette occasion, il remarque que ce vers de Racine :

Condamnez-le à l'amende, ou, s'il le casse, au fouet. (Les Plaid. act. II, sc. 13.)

est le seul exemple qui reste, dans cet écrivain si correct, d'un *le* pronom relatif mis après son verbe, et avant un mot qui commence par une voyelle ; encore fait-il observer que cela ne se trouve que dans une comédie, et que dans les premières éditions de sa *Thébaïde* et de son *Alexandre*, il y avoit cinq ou six autres exemples de cette imperfection qu'il a tous réformés dans les éditions suivantes; ce qui prouve que ce grand écrivain a senti que *le*, placé ainsi, blesse l'oreille.

Au futur et au présent du conditionnel des verbes terminés en *ier*, en *ayer* et en *oyer* : je *prierai*, je *balaierai*, j'*essaierai*, je *paierai*, je *nettoierai*, j'*emploierai*, etc.

Dans les temps des verbes dont l'avant-dernière syllabe est *oi*, on ne prononce point l'*e* de la dernière, lorsqu'elle est ou un *e* muet, ou *es* ou *ent*, comme dans, *que je croie, que tu croies, qu'ils croient*, etc.

Dans le chant, *à la fin des mots*, tels que *gloire*, *fidèle*, *triomphe*, l'*e* muet est moins foible que l'*e* muet commun, et approche davantage de l'*eu* foible;

Et les vers qui finissent par un *e* muet ont une syllabe de plus que les autres, par la raison que la dernière syllabe étant muette, on appuie sur la pénultième. Alors l'oreille est satisfaite, par rapport au complément du rhythme et du nombre des syllabes; et, comme la dernière tombe foiblement, et qu'elle n'a pas un son plein, elle n'est point comptée, et la mesure est remplie à la pénultième.

Jeune et vaillant héros, dont la haute sages-se.

L'oreille est satisfaite à la pénultième *ges*, qui est le point d'appui après lequel on entend l'*e* muet de la dernière syllabe *se*. (Le même, pag. 347.)

§. II.—*Sur l'*I.

De toutes les voyelles, l'ɪ est celle dont le son est le plus délié et le plus aigu. Lorsque, dans une syllabe, elle se joint à la consonne qui la suit, sans être précédée d'une autre voyelle, elle conserve sa prononciation naturelle, à moins que la consonne avec laquelle elle se trouve jointe ne soit un *m* ou un *n*; car alors le son aigu et délié de l'*i* se change en un autre son nasal qui tient de l'*e* et de l'*i*, ou de l'*a* et de l'*i*, c'est-à-dire que *imprimer, imprudent, printemps, brin, lin, fin*, etc., se prononcent, *eimprimer, eimprudent*, ou *aimprimer, aimprudent*, etc.

Toutefois la lettre *i* retient le son qui lui est propre, 1°, dans les noms propres tirés des langues étrangères, comme *Sélim*, *Ephraïm*, etc., qu'on prononce comme si la consonne *m* étoit suivie d'un *e* muet; 2°, dans tous les mots où *in* est suivi d'une voyelle, parce qu'alors l'*i* est pur, dit *Duclos*, et que le *n* modifie la voyelle suivante, comme *i-nanimé*, *i-nodore*, etc.; 3°, au commencement des mots en *imm* et en *inn*, soit qu'on prononce les deux consonnes, ce qui arrive toujours dans ceux en *imm*, comme dans *immanquable;* soit qu'on n'en prononce qu'une, ce qui n'a lieu que dans *innocent* et ses dérivés, qu'on prononce *i-nocent*, *i-nocence*, etc., et dans *innombrable* et *innombrablement*.
(*Lévizac*, p. 60, t. 1: *Gattel*, l'*Académie*, à chacun de ces mots.)

Enfin, *i* ne se prononce point dans *moignon*, *oignon*, *poignant*, *poignée*, *poignard*, *Montaigne* (nom d'homme).
(Man. des amat., 2ᵉ année.)

§. III.—*Sur l'u.*

U conserve le son qui lui est propre dans le mot *un* employé au féminin. On dit *une femme*, et non pas *eune femme*. *Lévizac* pense que l'on doit prononcer de même *un* employé au masculin: *u-nimbécille*, *u-nhérétique;* mais l'auteur du Traité des sons croit qu'il vaut mieux prononcer *un-nimbécille*, *un-nhérétique;* parce que, de cette manière, on voit tout de suite que c'est d'un homme que l'on parle, tandis que, dans la prononciation indiquée par *Lévizac*, on doit penser qu'il est question d'une femme.

U fait diphthongue avec l'*i* qui suit, comme dans *luit*, *cuit*, *muid*, etc.

Quelquefois nous employons *u* sans le prononcer après la consonne *g*, quand nous voulons lui donner une valeur gutturale, comme dans *prodigue*, qui se prononce bien autrement que *prodige*, par la seule raison de l'*u*, qui du reste est absolument muet.

L'*u* final se change en *l* dans certains mots, soit pour raison d'euphonie, soit parce que l'usage l'a voulu ainsi. Par exemple, *cou* s'écrit et se prononce *col*, dans COL *d'une montagne*, COL *de la vessie*, COL *de chemise*, *un hausse-*COL, et dans cette phrase du style familier, COL *tors*, COL *court*.

(L'*Académie* et *Féraud*.)

Fou se prononce et s'écrit *fol,* lorsqu'il est employé adjectivement, et immédiatement suivi d'un substantif masculin commençant par une voyelle : *fol appel, fol amour, fol espoir*.

(*L'Académie* et *Féraud*.)

Mou : on écrivoit autrefois, *un homme* MOL *et efféminé*. L'*Académie* écrit : *un homme mou et efféminé* ; cependant on lit dans *Buffon : les Chinois sont des peuples* MOLS ; et dans M. *Clément* :

Sur le *mol* édredon dormez-vous plus tranquille ?

Enfin *u* a diverses prononciations après la lettre *q* ; nous les indiquerons lorsque nous parlerons de la prononciation de cette consonne.

Au lieu de *beau*, on écrit et l'on prononce *bel* avant un substantif singulier qui commence par une voyelle ou par un *h* non aspiré : *bel esprit, bel âge, bel oiseau, bel homme*. — On dit aussi *bel et bon* ; mais c'est une extension à cette règle qui n'a lieu que pour les substantifs, car on dit *beau à voir*, et non pas *bel à voir*.

(*L'Académie* et *Féraud*.)

ARTICLE II.

DES VOYELLES *EU, OU, AI, AU,* ET AUTRES REPRÉSENTÉES PAR PLUSIEURS LETTRES, ET QUI TOUTES RÉPONDENT À QUELQUES-UNS DES SONS PRÉCÉDENTS.

Un grand nombre d'anciens Grammairiens ont pris les voyelles *eu* et *ou* pour des *diphthongues*, s'étant laissé tromper par la vue de deux lettres dont on se sert pour les représenter, faute de caractères simples. Cependant *ou* et *eu* sont *des sons très-simples*, aussi bien que *o* et *e*, qu'on représente souvent par *au*, *ai*, comme dans le mot *j'aurai*, qui se prononce j'*oré*. Ensuite une diphthongue, comme nous le ferons voir à l'article suivant, est la réunion de deux sons simples, qu'on prononce par une seule émission de voix, et dont chacun des sons se fait entendre. Or, dans *eu*, *ou*, il n'y a qu'un seul son simple, bien différent des sons *e*, *o*, et *u*, qu'on n'y entend pas du tout. D'autres Grammairiens nomment ces voyelles *fausses diphthongues*; mais cette dénomination n'a aucune justesse, et est même ridicule, car c'est comme si l'on disoit une *diphthongue* qui *n'est point une diphthongue*. Ensuite cette dénomination ne présente en aucune manière l'idée des voyelles simples, telles que *eu*, *ou*, etc., qui en ont véritablement le son.

D'autres encore les appellent, aussi bien que *ai*, *ei*, *au*, *eau*, *eoient*, etc., des *voyelles composées*. Cette dénomination n'est pas meilleure que la précédente; en effet, si l'on n'entend par voyelles que des sons simples, on sent bientôt combien cette dénomination est fausse et trompeuse, puisqu'un son simple ne peut être composé. D'ailleurs, si ce n'est qu'aux lettres qui représentent les sons simples qu'on donne le nom de *voyelles*, quoique cette dénomination semble alors avoir quelque air de vérité, il est aisé de voir qu'elle n'est guère plus juste, et qu'elle n'est propre qu'à induire en erreur. Car, comme on attache aux lettres l'idée des sons qu'elles représentent, et que les lettres A, I, O, U, présentent l'idée des sons A, I, O, U; en nommant AI, AU, OU, *voyelles composées*, on donne presque nécessairement à entendre que ces voyelles, qui ne sont que des sons simples, sont un mélange de deux sons, quoique les sons A et I, A et U, O et U, n'aient aucun rapport avec les sons *ai* ou *é*, *au* ou *o*, et le son *ou*; c'est pourquoi il nous semble qu'on doive aussi rejeter cette dénomination de *voyelles composées*, comme impropre et trompeuse.

(Traité des sons de la l. fr., p. 27.)

Cela bien entendu, examinons la prononciation de ces voyelles :

AE; l'e ne se prononce pas dans *Caen* (ville).

AO;
{ L'o est nul, dans *paon, paone, faon, Laon* (ville).
L'a ne se fait pas entendre, dans *Saône, aoriste, août, aoûteron, taon* (insecte). }

Remarque. — L'*a* se fait entendre dans *aoûté*, participe passé de *aoûter*, qui ne s'emploie qu'à ce temps.

EA; l'office de l'*e* est uniquement d'adoucir le *g* devant l'*a* : *mangea, songea*, etc.

AI a le son de l'
{ E muet, dans *faisant*.
É fermé, dans je *chantai*, j'*ai*, je *lirai*, etc.
È ouvert, dans *maître, maison*, etc.
A, dans *douairière*. }

Remarque. — Il n'est pas douteux que la combinaison AI n'ait le son de l'*e* muet dans *faisant, faisoit*, et dans tous les verbes composés de celui-ci : quant aux substantifs et aux adjectifs qui en dérivent, l'*Académie* en fixe la prononciation : on prononce, dit-elle, *bienfesance, bienfesant*, dans le discours ordinaire; mais, au théâtre et dans le discours soutenu, on prononce *bienfèsance, bienfèsant*.

OI a le son de l'è ouvert, dans
{ les imparfaits et les conditionnels des verbes, je *disois*, je *dirois*.
Foible et ses dérivés; *roide* (1), *monnoie* et leurs dérivés; *harnois*, etc. }

Oi a de plus le son de l'*é* très-ouvert dans les verbes en *oître* qui ont plus de deux syllabes; tels que *paroître, disparoître*, etc.

Sur quoi nous observerons que *Voltaire* et beaucoup

---

(1) ROIDE. *Regnier* veut que l'on prononce *roade*; *Richelet* et *Wailly* sont d'avis de prononcer *rède, rèdeur, rèdir*. L'Académie dit que, dans la conversation, il faut prononcer *rède, rèdeur, rèdir*; dans le discours soutenu, *rède, rèdeur, rèdir*, ou *roède, roèdeur, roèdir*; et *Féraud* se range à cette opinion.

d'écrivains modernes ont adopté le changement de *oi* en *ai* dans tous ces mots, quoique l'*Académie* et un grand nombre de Grammairiens s'y soient constamment opposés. — Les personnes curieuses de savoir quels ont été leurs motifs, les trouveront énoncés au chapitre de l'orthographe, art. 2, tom. 2.

AIE,
EY,
EI,
EAI, } ont le son de l'*é* ouvert dans *haie*, *bey*, *seigneur*, *démangeaison*.

EAU,
EO, } ont le son de *o* : *bateau*, *peau*, *geôlier*, *Georges*.

IE a le son de *i* : je *prie*, je *prierois*, etc.

Remarque. Quelques personnes suppriment l'*e* muet du futur et du conditionnel présent des verbes en *ier* : je *prirai*, je *prirois* ; mais c'est une faute, du moins en prose.

OEU a le son de EU ouvert : *mœurs*, *sœur*, *œuf*.
EU a le son de U, dans les temps j'*eus*, nous *eûmes*, j'*eusse*, etc.

Quoiqu'elle garde encor des airs sur la vertu,
De grands mots sur le cœur, qui n'a-t-elle pas EU ?
(Gresset, le Méchant, act. IV, sc. 9.)

Remarque. — On écrit *Europe*, *Eucharistie*, *heureux*, *Eurydice*, Saint *Eustache* ; cependant on ne prononce pas *urope*, *ucharistie*, etc.

(Restaut, Wailly, et Lévizac.)

ARTICLE III.

DES VOYELLES NASALES.

Les combinaisons des *Voyelles* A, E, I, O, U, avec les lettres M et N finales, forment ce qu'on appelle les voix ou *Voyelles* nasales *an*, *en*, *in*, *on*, *un*, dont voici les diverses représentations : *am*, *an*, *ean*, *em*, *en*, *im*, *aim*, *ein*, *on*, *eon*, *um*, *un eun* ; mais ces combinaisons ne forment des *Voyelles* nasales qu'autant qu'elles sont suivies de quelque autre consonne, ou qu'elles terminent le mot; encore faut-il, dans le premier cas, que la consonne qui les suit soit autre que *m* ou *n*, car deux *m*, ou deux *n* de suite, font presque toujours disparoître la nasalité. Ainsi, *ambassade, chrétienté* (3), *sang, paysan*, etc., prennent le son nasal; mais, dans *paysanne, chrétienne, païenne*, etc., les voyelles *a*, *e*, reprennent le son qui leur est propre, et *m* et *n* n'y servent qu'à articuler celle qui les suit.

Il y a quelques exceptions à ces règles : 1° Les mots pris des langues étrangères, comme *amen, Jérusalem, hymen, abdomen, Eden*, etc., ne prennent point le son nasal, quoique *en* ou *em* y termine le mot, et cela parce que les langues étrangères n'admettent point ces sons; il faut donc prononcer comme s'il y avoit *amène, Jérusalème, hymène* (4), *abdomène, Edène*, etc.

(Féraud, l'Acad., Gattel, Wailly.)

2° *En* dans *ennui*, et *em* dans *emmener* gardent le son nasal, quoique la consonne y soit redoublée. Les trois lettres *ent*, à la fin de la troisième personne plurielle des verbes, ne forment jamais un son nasal, mais seulement un *e* muet; et même, si elles sont précédées d'un *i*, elles ne donnent aucun son, et ne font que rendre un peu plus ouvert et plus

---

(3) Beaucoup de personnes prononcent *chré-tiè-ne-té*; mais, d'après ce qu'on vient de lire, on voit combien cette prononciation est mauvaise.

(4) HYMEN. Les avis sont partagés sur la prononciation de ce mot. Quelques personnes voudroient qu'on le prononçât avec le son nasal. *Delille*, par exemple, le fait rimer avec *main*;

Sa docile pudeur m'abandonnant sa main,
Je la prends, je la mène au berceau de l'*hymen*.   (Paradis perdu, l. 8.)

D'autres, et c'est le plus grand nombre, le prononcent *hymène*, parce que, comme nous l'avons dit plus haut, les langues étrangères n'admettent point le son nasal.

Le mot *examen*, quoique d'origine latine, se prononce à la française, c'est-à-dire, avec le son nasal. Il est vrai qu'au barreau on fait sentir le *n* final, mais cette prononciation n'est pas assez en usage pour qu'on doive l'imiter.

long le son qui les précède; ainsi *ils aiment, ils aimèrent,* etc., se prononcent comme *ils aime, ils aimère;* et *ils prient* se prononce comme *il pri.*

Il faut aussi observer que, dans plusieurs mots terminés par la lettre *n* comme signe nasal, il arrive souvent que cette consonne est sonore, sans que cependant la nasalité cesse d'avoir lieu; c'est-à-dire que l'on fait entendre un *n* intercalaire qui s'unit avec la voyelle suivante, comme dans *bon ami*, que l'on prononce *bon-nami*.

Les règles que nous allons donner, pour le cas où cette lettre est muette ou sonore à la fin de la syllabe, sont d'autant plus nécessaires à connoître qu'*au théâtre même*, où l'on doit prononcer plus correctement qu'ailleurs, on paroît souvent les ignorer.

PRINCIPE GÉNÉRAL. — On ne doit faire sonner la finale nasale que quand le mot où elle se trouve, et le mot qui le suit, sont *immédiatement, nécessairement,* et *inséparablement* unis; ou, comme dit *Domergue*, que quand le sens ne permet pas une petite pause après la finale nasale.

D'Olivet (dans sa Prosodie française, p. 60); *Dangeau* (dans ses essais de Grammaire, page 30); *Beauzée* (Encyclop. méth., lettre *N*); *Dumarsais* (même ouvrage, au mot *Bâillement*); *Th. Corneille, Restaut, Wailly, Lévizac,* et plusieurs autres Grammairiens modernes.

On fera donc sonner la consonne *n* finale, dans tous les adjectifs suivis immédiatement d'un nom qui commence par une *Voyelle* ou par un *h* non aspiré : ainsi, dans *ancien ami, certain auteur, vilain homme, en plein air* (5), tout

---

(5) Dans tous les cas indiqués dans cet article, c'est-à-dire quand le mot où se trouve la finale nasale, et le mot qui la suit, sont immédiatement, nécessairement, et inséparablement unis, *Dangeau, Beauzée, Dumarsais, Th. Corneille, D'Olivet, Restaut, Bouillette, Regnier-Desmarais, Wailly, Lévizac,* et quelques Grammairiens modernes, sont d'avis que l'on doit, pour éviter un hiatus désagréable, mettre un *n* euphonique entre le premier et le second mot, et prononcer, par exemple, *vain-nespoir, on-nest ici bien-nheureux,* etc., etc.

Ce soin, dit *Dangeau*, que l'on a pris pour éviter la rencontre des

en conservant la nasalité des syllabes en *in*, on liera la consonne finale *n* avec la voyelle ou le *h* non aspiré qui suit; de sorte qu'on prononcera comme s'il y avoit *ancien-nami*, *vilain-nhomme*, etc.

---

finales *an*, *en*, *in*, *on*, *un*, etc., autrement dites voyelles nasales, avec d'autres voyelles, a pour objet de rendre la prononciation plus coulante et plus harmonieuse; c'est ainsi que, comme on le verra dans le cours de cet ouvrage, pour éviter la rencontre de quelques-unes de nos voyelles ordinaires, on met entre elles tantôt un *t*, tantôt un *s*, ou tantôt un *l*: aime-t-on, donne-s-en, si-l-on, etc.

M. *Dubroca*, l'un des collaborateurs du Manuel des amateurs de la langue française, ne partage pas l'opinion des Grammairiens que nous venons de citer. Il veut qu'on prononce: *vain espoir*, *on est ici bien heureux*, comme s'il y avoit *vai-nespoir*, *o-nest ici bie-nheureux*.

« Cette manière, dit M. *Dubroca*, de lier les voyelles sauve les principes, et ne jette pas dans l'insoutenable contradiction du double emploi de ce son, qui est simple et indivisible par essence. Le caractère grammatical de ces sons est renversé, à la vérité, dans leur liaison; mais c'est pour en faire résulter un ordre naturel de prononciation, un ordre qui est tellement dans le génie de notre langue, que nous l'exécutons dans un très-grand nombre de mots, par un principe de prononciation universel et reconnu. En effet, ajoute-t-il, que l'on observe notre manière de prononcer les mots *inattentif*, *inabordable*, *inhumain*, etc., quelqu'un s'avise-t-il de dire *in-nattentif*, *in-nabordable*, *in-nhumain*? non sans doute: et cependant qui ignore que ces mots sont composés de la particule *in*, qui répond à la préposition latine *non*, particule que l'on rend toujours nasale dans les mots où elle est suivie d'une consonne, comme dans *in-décent*, *in-tempérant*. Que fait-on donc dans le premier cas? on prononce l'*i* pur, dont on forme la première syllabe du mot, tandis que le *n*, qui lui appartient naturellement, va se réunir, comme une pure consonne, à la voyelle suivante, et l'on dit *i-nattentif*, *i-nabordable*, *i-nhumain*. C'est d'après ce même principe que nous prononçons encore *bo-nheur*, formé de *bon* et de *heur*; *no-nobstant*, qui résulte de *non* et de *obstant*; *vi-naigre*, évidemment formé des mots *vin* et *aigre*, etc. »

Nous n'examinerons pas jusqu'à quel point l'opinion de M. *Dubroca* est fondée: cette discussion n'entre pas dans le plan que nous nous sommes proposé. Seulement nous dirons que la prononciation que ce Grammairien veut faire admettre a contre elle l'usage universel, et que ce motif seul suffit pour faire donner la préférence au sentiment de *Beauzée*, de *Dumarsais*, de *Dangeau*, de *D'Olivet*, etc., etc.

Des Voyelles nasales.

On la fera également sonner dans les adjectifs possessifs *mon*, *ton*, *son*, s'ils ne sont séparés du substantif que par des adjectifs qui y ont rapport; dans MON *intime et fidèle ami*, SON *entière et totale défaite*, on fera entendre le *n* de *mon*, et de *son*.

Mais on ne fera point sonner le *n* final *dans tous les substantifs*, sans exception, suivis ou non suivis, soit d'un adjectif, soit d'une conjonction, préposition ou adverbe commençant par une voyelle ou un *h* non aspiré; ainsi, dans PASSION *aveugle*, BON *à monter*, BON *à descendre*, *un* FAON *encore jeune*, *cela est* CERTAIN *et indubitable*, on ne fera point entendre le *n* de *passion*, *bon*, *faon*, *certain*.

Le *n* final du mot *un* ne se fait pas non plus sentir dans, *il y en eut un assez hardi*; *l'un et l'autre*; *l'un aime le vin et l'autre le jeu*, parce que, dans ces trois phrases, *un* ou *l'un* n'est ni nécessairement, ni inséparablement lié avec l'adverbe *assez*, avec la conjonction *et*, avec le verbe *aimer*. Mais on prononcera le *n* final dans *un arbre*, *un ameublement*, à cause des substantifs *arbre*, *ameublement*, auxquels est nécessairement lié le mot adjectif *un*. On prononcera de même le *n* final dans *un autre homme*, *un assez grand nombre de personnes*, parce que, dans ces phrases, il y a une foible inversion qui ne rompt pas la liaison de l'adjectif *un* avec le substantif *homme*, ou avec le substantif *nombre*; et, en effet, c'est comme s'il y avoit *un homme autre que celui dont on vient de parler*; *un nombre assez grand*.

On avant le verbe, dans les propositions positives, fera entendre l'articulation *n*: ON *honorera*, ON *aime*, ON *a dit*; mais dans les phrases interrogatives, *on*, étant après le verbe ou après l'auxiliaire, sera purement nasal, c'est-à-dire ne sonnera pas, quoique suivi d'une voyelle, *a-t-*ON *eu soin? arrive-t-*ON *aujourd'hui? est-*ON *ici pour long-temps?*

La consonne *n* sonnera encore dans le mot *en*, soit préposition soit pronom, quand il aura à sa suite un mot auquel il a un rapport nécessaire, et que ce mot commencera par une *Voyelle* ou par un *h* muet, comme dans EN *Italie*, EN un moment, *je* N'EN *ai point*; mais on dira sans liaison, *parlez*-EN *au ministre*, *allez-vous*-EN *au jardin*, *donnez-m'*EN *un peu*, parce que le mot EN n'a point un rapport nécessaire avec le mot qui le suit; ou, si l'on veut, parce que l'on peut faire une petite pause après *en*.

On fera également entendre l'articulation *n* dans les mots *bien* et *rien*, lorsqu'ils seront suivis immédiatement de l'adjectif ou de l'adverbe, ou du verbe qu'ils modifient, et que cet adjectif, cet adverbe ou ce verbe commencera par une *voyelle* ou par un *h* muet; ainsi, *n* se fera entendre dans BIEN *honorable*, BIEN *utilement*, BIEN *écrire*, BIEN *à dire*, et dans ce vers de Voltaire :

Guise, du sein des morts, n'a plus *rien* à prétendre. (Henr., Ch. VI.)

Mais si les mots *bien* et *rien* sont suivis de tout autre mot que de l'adjectif, de l'adverbe ou du verbe, la consonne *n*, quoique placée devant une voyelle, n'aura plus qu'un son nasal; ainsi, elle ne sonnera pas dans *il parloit* BIEN *et à propos*; *il ne voyoit* RIEN *et n'entendoit pas un mot*.

Il en sera de même si *bien* et *rien* sont substantifs. *Ce* BIEN *est à moi*; *ce* BIEN *a des attraits pour moi*; *le* BIEN *et le mal*, se prononceront sans faire entendre le *n* de *bien* et de *rien*.

ARTICLE IV.

DES DIPHTHONGUES.

La Diphthongue est une syllabe qui fait entendre le son de deux voyelles, ou, ce qui est la même chose, qui fait entendre deux sons distincts, prononcés en une seule émission de voix, modifiée par le concours des mouvements simultanés des organes de la parole.

(*Dumarsais*, p. 318 de sa Gramm. et Encycl. méth. au mot *Diphth*.)

L'essence de la *Diphthongue* consiste donc en deux points :

1° Qu'il n'y ait pas, du moins sensiblement, deux mouvements successifs dans les organes de la parole;

2° Que l'oreille sente distinctement les deux voyelles par la même émission de voix : dans *Dieu*, j'entends l'*i* et la voyelle *eu*, et ces deux sons se trouvent réunis en une seule syllabe, et énoncés en un seul temps. Ainsi, *ieu* forme une *Diphthongue*. (Même autorité.)

L'oreille seule est juge de la *Diphthongue*; on a beau écrire deux, ou trois, ou quatre voyelles de suite, si l'oreille n'entend qu'un son, il n'y a point de *Diphthongue*; par exemple : *au, ai, oient* prononcés à la française, *ô, é, é*, ne sont point des *Diphthongues*, puisque *au* se prononce comme un *ô* long : *au-mône, au-ne* se prononcent *ô-mône, ône*. — *ai, oient*, se prononcent comme un *e* qui le plus souvent est ouvert : *palais, avoient* se prononcent comme dans *succès*.
(Même autorité.)

C'est la combinaison d'une voyelle simple avec une voyelle simple, ou d'une voyelle simple avec une voyelle représentée par plusieurs lettres, comme *au, eu, ou*, etc., ou d'une voyelle simple avec une voyelle nasale, en une seule syllabe, en un seul temps, qui fait la *Diphthongue*.

Le premier son de la *Diphthongue* se prononce toujours rapidement; on ne peut faire une tenue que sur le second, parce que la situation des organes qui forme ce second son a succédé subitement à celle qui avoit fait entendre le premier son. (Même autorité.)

Les Grammairiens ne sont pas d'accord sur le nombre de nos diphthongues. Les uns en admettent plus; les autres, moins. Voici la table qui nous a paru la plus exacte :

AI	aih! mail.	OIN	soin.
IA	diacre.	OUIN	baragouin.
IÉ	pied.	IO	pioche.
IÈ	lumière.	IEN	rien.
IAI	biais.	IAN	viande.
OI	loi.	IEN	combien.
EOI	villageois.	IEU	Dieu.
OUAI	ouais.	ION	occasion.

IOU	chiourme.	OUI	Louis, bouis.
OÈ	moëlle, boëte (6)	UE	écuelle.
OUAN	louange.	UI	lui, étui.
UA	équateur.	UIN	juin.
OUE	ouest.		

OBSERVATIONS.

Ai. MM. de *Port-Royal, Dumarsais*, et *Girard* regardent *ay* dans *ayant*, comme appartenant à cette *Diphthongue*. Mais, dit *Duclos*, il n'y a point de diphthongue dans ce mot. La première syllabe est, quant au son, un *a* dans l'ancienne prononciation, qui étoit *a-ïant*, et un *i* dans l'usage actuel, qui se prononce *ai-ïant*. Sa dernière syllabe est la nasale *ant*, modifiée par le mouillé foible *i*. Mais cette nasale et ce mouillé foible ne sont-ils pas une vraie *Diphthongue* ?

iô,
iô, } Cette *Diphthongue* est une de celles qui sont les plus
iai,   communes dans notre langue.

oi,
eoi, } Toutes les *Diphthongues* dont la première syllabe est
ouai,   *o*, se prononcent, dit *Duclos*, comme si c'étoit un *ou*.

Nous avons vu (p.16) les cas où la combinaison *oi* se prononce en voyelle : voici ceux où elle se prononce en diphthongue. Elle se prononce ainsi : 1° dans les monosyllabes et dans les verbes en *oire* et en *oître* de deux syllabes, comme *moi, froid, croire, croître,* etc.

2° Dans les polysyllabes en *oi, oie, oir, oire, eoire, oise, oisse,* comme *emploi, courroie, vouloir, observatoire, nageoire, framboise, angoisse.* Il en est de même dans les dérivés.

3° Dans les mots où *oi* et *oy* sont suivis d'une voyelle; comme *ondoiement, royal, royauté.*

4° Au milieu des mots, comme *poison, courtoisie.*

5° Dans plusieurs noms de peuples, comme *Danois,*

---

(6) *Moëlle, boëte, poëme,* etc., s'écrivent présentement *moalla, boito, poëme.* (Le Dictionn. de l'*Académie*, et *Domergue*.)

Suédois, Chinois, Iroquois, Angoumois, François (nom d'homme), qui se prononcent en *Diphthongue*. Sur quoi nous ferons observer que cette combinaison *oi*, dans les noms qui désignent les habitants d'une province, se prononce plus souvent en *Diphthongue* qu'en voyelle, parce qu'on a peu d'occasions d'employer ces mots : aussi dit-on *Albigeois, Champenois, Franc-Comtois.*

Cette *Diphthongue* n'a pas toujours le même son. Le son le plus naturel est celui que l'on suit en grec, où l'on fait entendre l'*o* et l'*i*, comme dans *voi-ïelle, roi-ïaume*. Mais elle a encore d'autres sons qu'il est difficile de représenter par écrit, et qu'on doit apprendre d'un maître habile. Ce sont à peu près, 1° celui de l'*ouè*, où l'*è* a un son ouvert *a* : *loi, foi* ; 2° celui de l'*oua* : *mois, pois* ; l'*ou*, dans ces deux cas, est prononcé très-rapidement ; et 3° enfin, celui de l'*oua* prononcé moins rapidement et plus fort : *bois*. — On prononce *louè, fouè, moua, poua, boua*.

Dans les mots où *oi* est suivi d'un *e* muet final, il paroît rendre un son un peu plus ouvert que quand il n'en est pas suivi. La prononciation de *soie, voie*, n'est pas la même que celle de *soi, toi* ; mais cette nuance de son ne peut pas être aisément fixée.

Oin,
Ouin, } *Dumarsais* veut qu'on prononce plutôt une sorte d'*e* nasal dans la combinaison *oin* après l'*o*, que de prononcer *ouin*. Ainsi, selon lui, il faut prononcer *soein* plutôt que *souin* ; mais *Duclos* lui reproche de n'avoir pas bien perdu l'accent provençal.

Oë. L'*Académie* fait observer que, dans les mots *poëme, poëte* et leurs dérivés, *o* et *ë* forment deux syllabes en vers et dans le discours soutenu. Cependant la *Diphthongue* n'a lieu que dans la liberté de la conversation ; encore même bien des personnes ne l'admettent-elles ni dans ces mots ni dans les dérivés, où un usage général a substitué l'accent aigu sur l'*e*, au tréma qu'on y mettoit autrefois.

Voy. à ce sujet, les Rem. dét. let. P.

Ouan, } On trouvera dans le chap. suiv., lettre *q*, les mots
Oua, } où *qua* se prononce *coua*.

Quelques-unes des *Diphthongues* que nous venons d'indiquer ne sont *Diphthongues* qu'en prose; car en vers elles sont ordinairement de deux syllabes. Telles sont les combinaisons *iai* dans *ni-ais*; *ouen* dans *Rou-en*; *ue* dans *casu-el*; *ion* dans tous les mots *acti-on, ambiti-on,* etc., et *ie* dans *hi-er*; dans les verbes en *ier : balbutier,* et dans ceux qui, n'étant pas en *ier,* ont dans leurs temps *ie* précédé des consonnes *br , tr, dr , vr,* comme *vous mettriez, voudriez,* etc.; dans le verbe *rire,* et son composé *sourire: vous riez, vous souriez,* etc.; et dans tous les noms où *ie* est suivi d'un *t,* comme *impiété.* Nous disons ordinairement, parce qu'on trouve quelques exemples où les poètes du dernier siècle se sont permis d'enfreindre cette règle; cette licence ne passeroit pas aujourd'hui.

(*Lévizac,* p. 67, T. 1.)

Il n'y a pas de *Triphthongues* dans notre langue, parce qu'une *Triphthongue* seroit une syllabe qui feroit entendre trois sons, trois voix; or il n'y a dans la langue française aucun assemblage de voyelles, qui, se prononçant en une seule syllabe, fasse entendre un triple son : *lieux, Dieu* ne sont que des *Diphthongues,* parce que, quoiqu'il y ait trois voyelles dans chacun de ces mots, on n'y entend cependant que deux sons simples, qui sont *i* et *eu;* le premier exprimé par une voyelle simple; et l'autre, par deux voyelles combinées. Il en est de même des autres assemblages *iai, iau, iou, oue, oui,* qui ne frappent l'oreille que de deux sons, et qui alors ne sont que des *Diphthongues.*

(*Dumarsais,* Encycl. méth, au mot *Triphthongue,* et *Restaut,* p. 24.)

CHAPITRE II.

DES CONSONNES.

Les *Consonnes* n'ont pas de son par elles-mêmes, elles ne se font entendre qu'avec l'air qui fait la voix ou voyelle ; c'est en quoi leur son diffère de celui des voyelles, qui n'est formé que par une seule émission de voix et sans articulation. Ce son des *Consonnes* diffère encore du son des voyelles, en ce que le son de celles-ci est permanent, c'est-à-dire qu'on peut faire un port de voix sur toutes les voyelles, au lieu que le son propre des *Consonnes* ne peut se faire entendre que dans un seul instant, c'est-à-dire qu'il est impossible de faire un port de voix sur aucune *Consonne*.

De tout cela il résulte que la voyelle est le son qui provient de la situation où les organes de la parole se trouvent dans le temps que l'air de la voix sort de la trachée-artère, et que la *Consonne* est l'effet de la modification passagère que cet air reçoit de l'action momentanée de quelque organe particulier de la parole.

C'est relativement à chacun de ces organes que, dans toutes les langues, on divise les lettres en certaines classes, où elles sont nommées du nom de l'organe particulier qui paroît contribuer le plus à leur formation. Ainsi, on appelle *labiales* celles à la formation desquelles les lèvres sont principalement employées ; comme P, B, F, V, dans *père, bon, feu, vite ;*

Linguales, celles à la formation desquelles la langue contribue principalement ; comme D, T, N, R, L, dans *de, tu, notre, rivage, livre ;*

Palatales, celles dont le son s'exécute dans l'intérieur de la bouche, à peu près au milieu de la langue et du palais vers lequel elle s'élève un peu à cet effet, comme G, J, K, Q, et les sons mouillés, IL, ILLE, AIL, AILLES, dans *gin-*

gembre, guenon, jésuite, kermès, quotité, péril, fille, travail, broussailles;

Dentales ou *sifflantes*, celles dont le son s'exécute vers la pointe de la langue appuyée contre les lèvres, comme s, c, z, ch, dans *se, ci, zizanie, cheval,*

Nasales, celles qui se prononcent un peu du nez, comme m, n, r, dans *main, nain, règne.*

Enfin, celles qui sont prononcées avec une aspiration forte, et par un mouvement du fond de la gorge, sont appelées *gutturales*. Nous n'avons de son guttural que la lettre h quand elle est aspirée; comme dans les mots le *héros*, la *hauteur.*

Remarque. — Il y a des Grammairiens qui mettent la lettre *h* au rang des *Consonnes;* d'autres, au contraire, soutiennent que ce signe, ne marquant aucun son particulier analogue au son des autres *Consonnes*, ne doit être considéré que comme un signe d'aspiration; mais, comme dit *Dumarsais*, puisque les uns et les autres de ces Grammairiens conviennent de la valeur de ce signe, ils peuvent se permettre réciproquement de l'appeler ou *Consonne* ou signe d'*aspiration*, selon le point de vue qui les affecte le plus.

Avant de parler du nombre de nos *Consonnes*, faisons une observation sur la manière de les nommer.

C'est un principe généralement avoué que les *Consonnes* n'ont point de son par elles-mêmes : pour qu'elles soient entendues, il faut qu'elles soient accompagnées d'une voyelle.

Autrefois on faisoit sonner les *Consonnes* à l'aide de voyelles sonores, c'est-à-dire que *b, c, d, f, g, h, l, m, n, p, q, r, s, t, v, x, z*, se prononçoient *bé, cé, dé, effe, gé, ache, elle, emme, enne, pé, qu, erre, esse, té, ve, icse, zède;* mais les inconvénients de cette méthode engagèrent MM. de *Port-Royal* à en proposer une nouvelle plus simple, et applicable à toutes les langues. Il est certain, disent ces célèbres et profonds Grammairiens (1re p., ch. 6), que ce n'est pas une grande peine à ceux qui commencent à lire, que de connoître simplement les lettres, mais que la plus grande est de les assembler. Or ce qui rend maintenant cela plus difficile, c'est que chaque lettre ayant son nom, on la prononce seule, autrement qu'en l'assemblant avec d'autres. Il semble donc que la voie la plus naturelle, comme quelques gens d'esprit l'ont déjà remarqué, seroit que ceux qui montrent à lire n'apprissent d'abord aux enfants à connoître leurs lettres que par le nom de leur prononciation, et qu'on ne leur nommât les *Consonnes* que par le son propre qu'elles ont dans les syllabes où elles se trouvent, en ajoutant seulement à ce son propre celui de l'*e* muet, qui est l'effet de l'impulsion de l'air nécessaire pour faire entendre la *Consonne* ; par exemple, qu'on appelât *be*, la lettre *b*, comme on la prononce dans la dernière syllabe de *tombe*, ou dans la première de *besoin*; *de*, la lettre *d*, comme on l'entend dans la dernière syllabe de *ronde*, ou dans *demande*; *fe*, la lettre *f*; *ne*, la lettre *n*; *me*, la lettre *m*; et ainsi des autres qui n'ont qu'un seul son;

Que, pour les lettres qui en ont plusieurs comme *c*, *g*, *t*, *s*, on les appelât par le son le plus naturel et le plus ordinaire, qui est au *c* le son de *que*; au *g* le son de *gue*; au *t* le son de la dernière syllabe de *forte*, et, à l'*s*, celui de la dernière syllabe de *bourse*;

Ensuite, qu'on leur apprît à prononcer à part, et sans épeler, les syllabes *ce*, *ci*, *ge*, *gi*, *tia*, *tie*, *tii*, etc., et qu'on leur fît entendre que le *s*, entre deux voyelles, sonne, à quelques exceptions près, comme un *z* : *misère* se prononce de même que s'il y avoit *mizère*.

Quoique cette nouvelle méthode ait de grands avantages sur l'ancienne ; quoiqu'elle habitue à une bonne prononciation, en faisant donner à chaque syllabe son vrai son et sa juste valeur ; quoiqu'elle fasse disparoître tout accent vicieux, et qu'elle diminue les difficultés de l'appellation; cependant elle resta long-temps dans l'oubli, par cela seul qu'elle étoit contraire à la pratique générale; mais enfin l'empire du préjugé commence à s'affoiblir, et dans peu elle sera, selon toute probabilité, la seule en usage (7).

Suivant cette nouvelle appellation, toutes les lettres de l'alphabet sont *masculines;* suivant l'ancienne, il y en a qui sont *féminines*, et d'autres qui sont *masculines*. Celles qu'on ne prononce qu'avec le secours d'autres lettres dont on les fait précéder sont *féminines* : ce sont *f, h, l, m, n, r, s,* que l'on prononce *effe, ache, elle, emme, enne, erre, esse* (on n'excepte, comme on voit, que la lettre *x*, qui est *masculine*, quoique pour la prononcer on la fasse précéder des lettres *ic*). Quant aux lettres que l'on prononce sans les faire précéder d'autres lettres, elles sont *masculines* : ce sont *a, b, c, d, g, i, j, k, o, p, q, t, u, v, y, z*

Chaque *Consonne* ne devroit avoir qu'un son désigné par un seul caractère, et ce seul caractère devroit être incommunicable à tout autre son. Mais, comme dans la langue française il arrive que le même caractère représente plusieurs sons, ou que plusieurs caractères ne représentent que le même son, nous distinguerons dans les *consonnes* deux sons : le *son propre* et le *son accidentel*. Nous appellerons *son propre*, le son que la Consonne a habituellement; et *son accidentel*, le son qu'elle reçoit par sa position.

TABLE DES CONSONNES,

Selon leur son propre *ou leur son* accidentel, *soit au* commencement, *soit au* milieu, *soit à la* fin des mots.

B b — n'a que le son *propre* BE : *Babylone, bombe, boule.*
De quelque lettre que le *b* soit suivi, il conserve toujours la prononciation qui lui est propre, soit *au commencement,* soit *au milieu du mot.*

---

(7) Si je fais épeler à un enfant ces deux syllabes : *fri, pro,* je dois trouver, selon l'ancienne méthode, que *effe, erre, i* font *efferri*, et que *pé, erre, o* font *péérro;* au lieu qu'il n'y a pas cet inconvénient dans l'autre méthode, puisque *fe, re, i* font *fri; pe, re, o* font *pro.*

Le B *final* ne se prononce pas dans *plomb, à plomb;* mais il se prononce dans les noms propres *Joab, Moab, Job, Jacob, Aureng-Zeb;* et dans *radoub* et *rumb* (de vent).

(*Wailly* et le Dict. de *l'Acadèm.*)

En cas de *redoublement,* ce qui n'a lieu que dans *sabbat, rabbin, abbé* et ses dérivés, et quelques noms de ville, on n'en prononce qu'un. (Mêmes autorités.)

Remarque. Les mots *abréger, aboyer* et leurs dérivés s'écrivoient autrefois avec deux *b;* mais, en faveur de la prononciation, et malgré l'étymologie, on les écrit maintenant avec un seul *b.*

C c. — Son propre QUE : *cabane, cadre, cou.*

Son accidentel { SE : *ceci.*
{ GUE : *second* et ses dérivés.

Quoique nous ayons un caractère pour le *c,* et un autre pour le *g,* cependant lorsque la prononciation du *c* a été changée en celle du *g,* par exemple dans le mot *second* et ses dérivés, nous y avons conservé le *c,* parce que les yeux s'étoient accoutumés à l'y voir; ainsi, nous écrivons toujours *second, secondement, seconder,* quoique nous prononcions, *segond, segondement, segonder.*

(*Dumarsais,* Encycl. méth., lettre C, et le Dictionn. de *l'Acadèm.*)

L'usage est partagé pour les mots *secret, secrétaire. Dangeau, Restaut, Domergue* et *Sicard* pensent qu'on doit prononcer *segret, segrétaire;* mais *Dumarsais* préfère prononcer *seqret, seqrétaire;* et l'Académie, n'indiquant dans son dictionnaire le changement du *c* en *g,* que pour les mots *second* et dérivés, paroît vouloir que le *c,* dans les mots *secret, secrétaire,* conserve le son qui lui est propre; c.-à-dire le son *que.*

Dumarsais, Restaut, Domergue et *Sicard* voudroient que *Claude* se prononçât *Glaude;* mais *Wailly,* M. *Leduc* (Man. des amat. de la langue fr.) et M. *Boissonnade* (Journal des Débats du 23 ou 24 septembre 1810) pensent qu'il vaut mieux dire *Klaude;* en effet c'est présentement la seule manière de prononcer ce nom patronal, et si l'on dit *Glaude*, ce n'est que dans cette phrase : *Prune de reine glaude.*

Cigogne s'écrivoit autrefois *cicogne*, et le *c* se prononçoit comme un *g*.

C initial, ou *dans le corps d'un mot*, conserve le son qui lui est propre avant *a, o, u, l, n, r, t*; néanmoins avant *u* il rend un son moins dur : ainsi, on prononce, avec le son propre, *cabaret, colonne, cuve, cligne-musette, Cnéius, crédulité, sanctifier, acteur.*

(Le Dictionn. de *l'Académ.*, lettre C.)

C prend le son de *ch*, dans *violoncelle, vermicelle*, que l'on prononce *violonchelle, vermichelle.*

(L'*Académie, Trévoux, Gattel, Wailly*, etc.)

Voyez les Rem. dét., lettre *V*.

C ne se prononce pas *au milieu des mots*, quand il est suivi d'un *q*, ou de *cr, cl, ca, co, cu*: *acquérir, accréditer, acclamation, accabler, accomplir, accuser* se prononcent *aquérir, acréditer, aclamation*, etc.

(*Wailly*, p. 447; *Lévizac*, p. 74, t. 1.)

Il prend le son accidentel *se* avant *e, i*: *ceinture, ciguë*. Il en est de même avant *a, o, u*, quand on met une cédille dessous, comme dans ces mots : *façade, garçon, reçu.*

(Le Dictionn. de *l'Académ.*, et Restaut, p. 24.)

C, à la fin des mots, ne se prononce point dans *estomac, broc, croc, accroc, marc, échecs* (jeu); *tabac, jonc, lacs* (filets), *arsenic, escroc, tronc, clerc, cric, porc*, etc.

(Le Dict. de *l'Académ.*; *Wailly*, p. 416; *Demandre et Gattel.*)

Mais il se prononce ordinairement dans *bec, échec* (perte), *estoc, aqueduc, agaric, syndic, trictrac, avec, cotignac* (8), de *bric* et de *broc*, etc.

(Mêmes autorités.)

On ne fait point sonner le *c* final sur la voyelle initiale

---

(8) *Cotignac*. L'*Acad*. dit que le *c* final ne se fait point entendre dans ce mot. Mais il nous semble que l'usage est contraire à cette opinion; et *Féraud, Gattel, Boiste, Catineau* et M. *Laveaux* sont d'avis qu'on doit le prononcer.

du mot suivant, si ce n'est dans quelques occasions assez rares, où on lui donne le son propre; comme dans *franc-étourdi*, *du blanc au noir*, *clerc-à-maître*, *cric-crac*, *porc-épics*, que l'on prononce, *fran-qétourdi*, du *blan-qau-noir*, *cler-qà-maitre*, etc.

Le *c* de *donc* ne se prononce que lorsque la phrase commence par *donc*: *votre ami est dans le besoin; donc vous devez l'aider. Je pense, donc je suis*; ou lorsque cette conjonction est suivie d'une voyelle: *votre frère est donc arrivé*; ou bien encore, d'après *Domergue*, dans les phrases que dicte un mouvement de l'ame, soit passionné, soit d'indignation, soit de colère, etc., comme dans cet exemple: *jusqu'à quand prétendrez-vous* DONC *me dicter des lois?*

Dans tout autre cas, le *c* de la conjonction *donc* ne se prononce point; ainsi l'on dit, *allons* DON *nous promener*.

Dans le redoublement, les deux *c* ne se prononcent qu'avec *e* et *i*; le premier *c* prend le son propre *que*, et le second, le son accidentel *se*: ainsi *accessit, accepter, accident, accès*, se prononcent *aqsessit, aqsepter, aqsident, aqsès*.

(*Wailly*, p. 417.)

Voyez p. 48 la prononciation du *ch*.

D d. — Son propre D : *Diane, duché, douleur*.

Son accidentel T : *second abrégé, grand acteur*.

D initial, et *dans le corps du mot* avant une consonne, conserve le son qui lui est propre: *dame, admirable, admission*.

(*Wailly*, pag. 420; *Sicard*, pag. 448, t. 2.)

Mais il le perd entièrement dans les mots où il reçoit un *v* après lui, comme dans *advis, advocat, advouer, adversion*; et cet usage a tellement prévalu que l'on écrit présentement ces mots sans *d*: les seuls mots *adverbe, adverbial, adverse, adversaire, adversité*, qui ont retenu le *d*, se prononcent en le faisant entendre, mais foiblement.

(*Dumarsais*, Encycl. méth., lettre D.)

D final sonne, dans les noms propres *Obed*, *David*, *Joad*, *Sud* (vent), etc.

(*Demandre*, Dictionnaire de l'élocution, au mot *Consonne*, et *Wailly*, p. 429.)

Il sonne encore, ou plutôt il prend le son accidentel *t*, si le mot qui finit par un *d*, est un *adjectif* suivi immédiatement de son substantif, et que celui-ci commence par une voyelle, ou un *h* non aspiré; ainsi, *grand homme*, *profond abime*, se prononcent *gran-thomme*, *profon-tabime*.

(*Demandre*.)

Il prend le même son, et dans le même cas, s'il est, à la fin d'un verbe, suivi de l'un des pronoms *il*, *elle*, *on*: *entend-il? coud-elle bien? répond-on ainsi?* se prononcent *enten-til? cou-telle bien? répon-ton ainsi?*

(*Dumarsais*, *Féraud*, *Bouillette*, et *Demandre*.)

Dans le cas où *l'adjectif* ne seroit pas immédiatement suivi de son substantif, *Bouillette*, *Demandre*, *Sicard*, M. *Laveaux*, et M. *Dubroca* sont d'avis qu'alors le *d* final ne devroit pas se faire sentir, même avant une voyelle; ainsi, dans cette phrase, *le chaud aujourd'hui n'est pas grand au prix d'hier*, on ne feroit entendre en aucune sorte ni le *d* de *chaud*, ni celui de *grand*.

Ils sont également d'avis que, quant aux *substantifs* suivis ou non suivis immédiatement de leurs adjectifs, on n'est pas dans l'usage, surtout dans la conversation, de faire sonner le *d* final de ces substantifs, même avant une voyelle; et alors ils pensent que dans *froid extrême*, *chaud épouvantable*, *bord escarpé*, le *froid* et le *chaud*, ces mots se prononcent comme s'il n'y avoit pas de *d* aux mots *froid*, *chaud*, *bord*.

Remarquez que, d'après cette règle, ce vers de Boileau n'est point régulier:

De ce *nid* à l'instant sortirent tous les vices (Ep. III);

car le *d* ne se prononçant pas dans le mot *nid*, la rencontre de l'*i* et de l'*a* forme un hiatus, ce qui est contraire aux principes que ce grand poète a consacrés lui-même.

Au surplus c'est l'oreille que l'on doit surtout consulter;

elle en apprendra plus que toutes les règles, et, par exemple, elle dira qu'on est dans l'usage de faire sentir le *d* dans ces expressions: *de fond-en-comble, pied-à-boule, de pied-en-cap*, et de ne pas le faire sentir dans *pied-à-pied* (9).

Elle apprendra aussi que le *d* se lie toujours à la troisième personne du présent des verbes: *il enten-tun discours, il pren-tintérêt à, il répon-tà tout*, etc.

Enfin, si le mot placé après le *d* est féminin, alors le *d* étant suivi du mouvement foible qui forme l'*e* muet, et qui est le signe du genre féminin, il arrive que le *d* est prononcé dans le temps même que l'*e* muet va se perdre dans la voyelle dont il est suivi; ainsi, on dit *gran-d'ardeur, gran-d'ame*. Si l'on ne prononçoit pas ainsi, la distinction des genres ne seroit plus marquée par la prononciation.

(*Dumarsais*, Encycl. méth., lettre D.)

Les seuls mots où les deux *d* se prononcent, sont *addition, additionnel, reddition, adducteur*; ailleurs on n'en prononce qu'un seul, mais la syllabe est brève dans l'un et dans l'autre cas.

(Le Dict. de l'*Acad.*, *Wailly*, *Sicard*, M. *Chapsal*.)

F f. — Son propre FE: *fini, forêt, funeste*.

Son accidentel VE: *neu-vans, neu-vhommes*.

Cette lettre conserve presque toujours le son qui lui est propre *au commencement et au milieu* des mots.

Finale, elle se fait sentir au singulier comme au pluriel, aussi bien avant les mots qui commencent par une consonne qu'avant ceux qui commencent par une voyelle : ainsi *vif désir; soif brûlante; pièce de bœuf tremblante*; se prononcent comme *vif amour; soif ardente; bœuf à-la-mode*; en faisant entendre le F final de *vif*, de *soif*, de *bœuf*.

(Le Dictionn. de l'*Académ.*)

---

(9) *Gattel* voudroit que l'on ne fît point sentir le *d* dans *pied-à-terre*, et que l'on prononçât *pié-à-terre*; mais nous pensons que l'usage est contraire à sa décision; et *Domergue*, p. 468 du Man. des étr., *Wailly*, dans la dernière édition de son dict., *Lemare*, 7ᵉ ex. de *Prononc.*, et *Vandelaincourt*, font prononcer *pié-t-à-terre*.

Il y a cependant quelques mots exceptés de cette règle. De ce nombre sont les mots *clef*, dont le f ne se prononce ni au singulier ni au pluriel; *éteuf*, dont le f ne se prononce qu'en poésie; *œuf frais, œuf dur, nerf-de-bœuf, cerf-volant, cerf-dix-cors, chef-d'œuvre, bœuf-gras, bœuf salé*, dont le f ne se prononce ni en prose ni en poésie. Cela est fondé sur ce que, si l'on faisoit sentir la lettre f des premiers mots *œuf, cerf, nerf, chef, bœuf,* la prononciation seroit lente, lorsqu'au contraire elle doit être prompte, chacun de ces mots étant intimement lié avec *frais, dur, bœuf, volant, dix cors, œuvre, gras, salé,* qui les accompagnent.

(*Lévizac.*)

Dans *nerf-de-bœuf,* on ne fait entendre d'autre *f* que celui du mot *bœuf.*

(L'*Acad., Lévizac, Gattel, Wailly.*)

L'exception a également lieu, selon le P. *Buffier, Wailly, Domergue, Gattel, Sicard,* et M. *Laveaux,* pour les mots, au pluriel, *nerfs, bœufs* (10), *œufs.* Quant à l'*Académie,* elle n'en parle pas.

L'exception a lieu aussi dans l'adjectif numéral *neuf;* mais c'est quand il est suivi immédiatement d'un mot qui commence par une consonne: *neuf cavaliers, neuf chevaux;* car, quand cet adjectif est suivi d'un substantif qui commence par une voyelle, l'usage ordinaire est d'en prononcer le f comme un *v: neu-vécus, neu-vans, neu-venfants, neu-vhommes;*

Et si *neuf* n'étoit suivi d'aucun mot, ou s'il n'étoit suivi ni d'un adjectif numéral ou autre, ni d'un substantif, on en prononceroit le *f* avec le son propre: *de cent qu'ils étoient,*

---

(10) Boileau (sat. VI) a dit:

Et, pour surcroît de maux, un sort *malencontreux*
Conduit en cet endroit un grand troupeau de *bœufs.*

Et *Racine* (les Plaideurs, I, 5):

Et si dans la province
Il se donnoit en tout vingt coups de nerf de *bœuf,*
Mon père pour sa part en emboursoit dix-*neuf.*

ils ne restèrent que neuf, — neuf et demi, — ils étoient neuf en tout, — les neuf arrivèrent à la fois.

(Le Dict. de l'*Académ.*, au mot *Neuf*.)

1re *Remarque*. Ces règles sur la prononciation du mot *neuf*, adjectif numéral, ne sont point applicables à l'adjectif *neuf* signifiant *nouveau, fait depuis peu* ; et, en effet, le silence de l'*Académie* sur la prononciation de ce mot, dans cette signification, indique qu'au singulier comme au pluriel, avant une voyelle comme avant une consonne, le F doit se faire entendre.

2° *Remarque*. — *Demandre* (dans son Dictionnaire de l'élocution) veut que l'exception ait lieu, c'est-à-dire que le F final des mots *œuf, bœuf* et *nerf, serf* ne se prononce, même au singulier, que dans le cas où ils sont suivis d'une consonne. *Wailly* est aussi de cet avis pour le mot *bœuf* ; mais l'*Académie* ne s'expliquant pas sur la prononciation de ces mots, annonce par son silence que le F final de chacun d'eux, lorsqu'ils sont employés au singulier, doit se faire sentir, de même que dans les mots *juif, veuf, serf, canif, naïf*, pour la prononciation desquels elle ne s'explique pas davantage.

Lorsque F est redoublé, on n'en prononce qu'un.

Le PH se prononce comme un F. Nous en parlerons à la lettre P.

G g. — Son propre GUE : *gage, guérir, guide, guttural.*

Son accidentel { JE : avant *e, i* : *gelée, gibier, giboulée.*
{ KE : *rang élevé, long accès.*

Le G *initial*, ou dans le corps d'un mot, a le son qui lui est propre avant les voyelles *a, o, u*, et avant les consonnes *l, r* : *galon, gosier, guttural, gloire, agréable.*

Avant les voyelles *e, i*, il a le son accidentel *je* : *Gêne, gentil, gingembre, pigeonneau*, se prononcent comme s'il y avoit *jène, jentil*, etc. *Gessner* se prononce *Guesner*.

On insère un *e* absolument muet après la consonne G, quand on veut lui ôter le son qui lui est propre devant *a, o, u*, pour lui donner le son de *j*, qu'elle a devant *e, i* ; ainsi l'on a écrit *forgeons*, pour le faire prononcer comme s'il y avoit *forjons*.

Pour donner au contraire à la lettre g le son qui lui est propre avant *e*, *i*, et lui ôter celui que l'usage y a attaché dans ces circonstances, on met après cette consonne un *u* que l'on peut appeler muet, comme dans *guérir*, *guide*, *guider*, *à ma guise*, où l'on n'entend aucunement la voyelle *u*.

(Douchet et *Beauzée*, Encycl. méth., lettre G.)

Il y a cependant quelques mots, comme *aiguille*, *aiguillon*, *aiguiser* (11), *arguer*, *inextinguible*, et les noms propres d'*Aiguillon*, *le Guide*, *de Guise*, dans lesquels l'*u* se fait entendre.

(Dangeau, Essai de Gramm.—*Wailly*, p. 423.)

Dans le mot *gangrène*, le g *initial* prend le son accidentel k : *kangrène*.

(L'*Académ.*, p. 355 de ses Observ., et son Dictionn.)

G final sonne GUE, dans les mots étrangers *doëg*, *agag*.

(*Wailly*.)

A l'égard de *joug*, l'*Académie* dit que l'on fait sentir un peu la lettre finale, même devant une consonne.

G final a le son accidentel K, dans BOURG, et dans les mots qui sont suivis d'une voyelle, comme : *suer sang et eau*, *un long accès*, *rang honorable*.

Mais il est muet dans les mots *faubourg*, *legs*, *doigt*, *vingt*, *étang*, *poing*, *coing* (12), *hareng*, *seing*.

(*Wailly*, p. 423.)

---

(11) *Féraud* et *Gattel* sont d'avis qu'il faut prononcer *éghizer*; mais *Beauzée*, *Restaut*, *Wailly*, *Domergue*, pag. 468 de son Man., et 439 de ses Solut. gramm., M. *Lemare*, p. 278, 1er vol., *Rolland*, M. *Laveaux*, et l'*Académie* veulent que l'on dise *ai-gui-ser* : *ui* est prononcé rapidement, mais l'*u* se fait entendre.

(12) L'*Académie* et le plus grand nombre des lexicographes écrivent plutôt *coin* que *coing*; cependant cette dernière orthographe est la meilleure, parce que par là on distingue ce mot du mot *coin* qui signifie *angle*, et que d'ailleurs le mot *cognassier*, qui est le nom de l'arbre qui produit le fruit appelé *coing*, amène par analogie le mot *coing* écrit par un *g*.

On ne prononce qu'un *g* dans les mots où cette lettre est redoublée, excepté avant *é*, et alors le premier a le son de *gue*: *suggérer*. Ce même son se retrouve dans le corps du mot avant *d, m, h*: *Magdebourg, augmenter, Bergheim*.

G, suivi de la consonne N, forme différents sons: le son propre de GN forme deux articulations: *gue* et *ne*; le son accidentel ou mouillé de *gn* est *gne*.

Au commencement des mots, *gn* conserve le son qui lui est propre: *gnome, Gnide, gnostique, gnomon*, se prononcent *guenome, guenide, guenostique, guenomon*.

(L'*Académie*.)

Le son mouillé de GN n'a lieu qu'au milieu des mots; on prononce *magnanime, barguigner, cognassier, cognée, cogne, cigogne, guignon, incognito, magnétisme, Sévigné* (nom propre), de même que *agneau, règne, gagner, compagnie*. (L'*Académie*.)

Il faut en excepter les mots *agnat, diagnostic, stagnation, cognat, cognation, régnicole, inexpugnable, ignée, Prognée*, que l'on prononce avec le son propre, c'est-à-dire que le *g* et le *n* sont entendus séparément.

(L'*Académie*.)

Dans les noms propres *Clugny, Regnaud, Regnard* (auteur comique), la lettre *n* a sa prononciation naturelle, et le G est entièrement muet. On prononce de même le mot *signet*, mais *signer, assigner, assignation*, se prononcent avec le son mouillé.

(Beauzée, Encycl. méth., lettre N.—*Domergue*, page 426, et le Man. des amat., 2ᵉ année, pag. 274.)

Le son mouillé a également lieu dans *agnus*; mais le *g* et le *n* se prononcent séparément, c'est-à-dire avec le son propre dans *agnus-castus*, nom d'arbuste.

(L'*Académie*.)

L'*Académie* ne parle point de la prononciation des deux mots *imprégner, imprégnation*; mais *Wailly, Gattel*, MM. *Rolland, Le Tellier*, et *Laveaux* disent que *imprégnation* se prononce *impregue-nation*, et qu'*imprégner* se prononce avec le son mouillé

Observez qu'il ne faut jamais mettre d'*i* après *gn*. — Cette règle est générale ; cependant, afin de distinguer dans les verbes terminés en *gnant* au participe présent, la première et la seconde personne plurielle de l'imparfait de l'indicatif, de la première et de la seconde personne plurielle du présent de l'indicatif, on écrit avec un *i* : *nous craignions, vous craigniez ; nous accompagnions, vous accompagniez*.

Le présent du subjonctif est sujet à la même exception. (M. *Sauger*.)

H h — Se prononce HE : *hameau, hibou, héros*.

Cette lettre est aspirée ou muette, lorsque dans la même syllabe elle est seule avant une voyelle.

1° Si elle est aspirée, comme dans *héros, hameau*, elle donne au son de la voyelle suivante une articulation gutturale, et alors elle a les mêmes effets que les autres consonnes : au commencement du mot, elle empêche l'élision de la voyelle finale du mot précédent, ou elle en rend muette la consonne finale. Ainsi au lieu de dire, avec élision, *funest'hasard* en quatre syllabes, comme *funest'ardeur*, on dit *funes-te-hasard* en cinq syllabes ; *une haine*, se prononce *u-ne haine* ; *j'aurois honte* se prononce *j'auré honte*.

(*Beauzée*, Encycl. méth., lettre H.)

2° Si la lettre H est muette, comme dans *homme, harmonie*, elle n'indique aucune articulation pour le son de la voyelle suivante, qui reste dans l'état actuel de simple émission de la voix ; et, dans ce cas, elle n'a pas plus d'influence sur la prononciation, que si elle n'étoit point écrite ; ce n'est alors qu'une lettre purement étymologique, que l'on conserve comme une trace du mot radical où elle se trouvoit, plutôt que comme le signe d'un élément réel du mot où elle est employée ; et, si elle commence le mot, la lettre finale du mot précédent, soit voyelle, soit consonne, est réputée immédiatement suivie d'une voyelle. Ainsi, au lieu de dire sans élision *ti-tre honorable*, comme on dit *ti-tre favorable*, il faut dire, avec élision, *titr'honorable*, comme on dit *titr'onéreux*.

(*Beauzée*, Encycl. méth., lettre H.)

Il seroit à souhaiter que l'on eût quelques règles générales pour distinguer les mots où l'on aspire la lettre H de ceux où elle est muette.

Vaugelas et *Restaut* pensent que, dans tous les mots qui commencent par un H, et qui sont dérivés du grec ou du latin, le H ne s'aspire point, et que c'est précisément le contraire dans tous les mots dont l'origine est barbare; mais, comme cette règle n'est rien moins qu'infaillible et générale (13); comme d'ailleurs il doit paroître singulier qu'il faille étudier à fond le grec ou le latin, pour savoir comment il faut prononcer un mot de notre langue, il sera plus court et plus sûr de donner une liste exacte des mots où l'on aspire la lettre H.

LISTE DE TOUS LES MOTS OÙ LA LETTRE H EST ASPIRÉE.

HA! Interj.
HABLER et ses dérivés, parler beaucoup et avec ostentation.
HACHE, HACHER, HACHETTE.
HACHIS, HACHOIR (14).
HACHURE (t. de grav.; t. de blason) (15).
HAGARD.

---

(13) HAGARD est dérivé du mot grec ἄγριος, *sauvage* : Rac. Ἀγρὸς, *ager*, terre. — HALBRAN (canard sauvage) est dérivé de ἁλίβρενθος, Rac. Ἅλς, ἁλός, la mer, et βρένθος, certain oiseau ;—HALE, de ἅλιος, selon les Doriens, pour ἥλιος, soleil, ou de ἁλεός, chaud, ardent : Rac. Ἁλέα, chaleur, et proprement celle qui vient du soleil ; — HALLE, de Ἅλως, *area*, aire à battre le grain ; — HAMEAU, de ἅμα, *simul*, ensemble ; — HANCHE, du vieux mot ἀγχί, dont est encore demeuré ἀγκαί, *ulna*, os ; — HARDI, de καρδία, le cœur ; — HARNOIS, de ἀρναχίς, peau d'agneau : Rac. Ἄρς, ἀρνός, agneau ; — HÉROS, de Ἥρως, etc., etc.

HALETER est dérivé du mot latin *halitus*; HENNIR de *hinnire*; HENNISSEMENT de *hinnitus*; HARDI de *hardeo*, ou du grec καρδία, cœur, en changeant *h* en *h*; HERNIE de *hernia*; HALLEBARDE de *hasta*; HARPON de *harpago*; HARPIE de *harpia*; HÉRISSON de *heres*, etc., etc.

Et, malgré cette origine grecque ou latine, le *h* de tous ces mots est aspiré.

(*Fromant*, supplém. à la Gramm. de MM. de *Port-Royal*, p. 17.)

(14) HACHIS, HACHOIR. L'*Académie* ne dit pas que le *h* de ces mots soit aspiré ; mais *Trévoux*, *Féraud*, *Wailly*, *Gattel* et *Caminade*, etc., les mettent au nombre des mots dont le *h* s'aspire.

(15) HACHURES. Même observation.—De plus l'*Académie* n'indique

HAHA, ouverture.
HAI ha!
HAHÉ (t. de chasse).
HAIE, clôture.
HAÏS, cri des charretiers.
HAILLON.
HAINE (16) et ses dérivés.
HAIRE, chemisette de crin ou de poil de chèvre.
HAIREUX, temps froid, humide.
HALAGE, action de tirer un bateau.
HALBRAN, jeune canard sauvage.
HALBRENER, chasser aux halbrans.
HÂLE et ses dérivés.
HALENER (17).
HALER (t. de marine.)
HALETANT, HALETER.
HALLAGE, droit de halle.
HALLALI.
HALLE.
HALLEBARDE, pique garnie.
HALLEBREDA (t. de mépris et popul.).
HALLIER, buisson épais; celui qui garde une halle.

HALOIR, lieu où l'on sèche le chanvre.
HALOT, trou dans une garenne.
HALOTECHNIE, partie de la chimie qui a pour objet les sels.
HALTE, HALTER.
HAMAC, espèce de lit suspendu.
HAMBAU.
HAMPE, bois d'une hallebarde.
HAN, sorte de caravanserail.
HANAP, grand vase à boire.
HANCHE.
HANGAR (18), remise pour des charrettes.
HANNETON.
HANSCRIT, langue savante des Indiens.
HANSE, société de commerce formée entre plusieurs villes du nord de l'Allemagne.
HANSÉATIQUE (19).
HANSIÈRE (t. de marine).
HANTER et HANTISE (t. f. et popul.).
HAPPE, espèce de crampon.
HAPPECHAIR.

---

ce mot que comme un substantif féminin qui ne se dit qu'au pluriel; cependant on dit une *hachure simple*, une *hachure double*.

(16) HAINE. Le *h* s'aspire dans tous les temps du verbe *haïr*.

(17) HALENER. L'*Académie*, *Trévoux*, *Gattel*, *Wailly* et *Boiste* disent que le *h* s'aspire dans ce mot; mais *Féraud* est d'avis qu'il est muet et M. *Laveaux* pense que *Féraud* a raison, parce que *halener* est un composé d'*haleine*, où le *h* n'est point aspiré; néanmoins l'usage ne s'est pas prononcé en faveur de ce motif, quoiqu'il paroisse fondé.

Halener au surplus s'emploie bien rarement.

(18) HANGAR. D'après *Ducange*, *Furetière*, *Richelet*, *Restaut* et *Domergue*, ce mot vient du latin *angarium*, lieu où l'on gardoit les chevaux de louage, appelés *equi angariales*. *Hérodote* nous apprend que le mot *angarium*, en ce sens, vient originairement de la langue persanne. On appelle encore en Flandre *angra*, un lieu couvert qui n'est point fermé et où l'on entre de tous côtés : d'après cela *Trévoux* et *Domergue* trouvent qu'il est étonnant que l'*Académie* écrive ce mot avec un *h*.

(19) HANSÉATIQUE. L'*Académie* ne dit point que le *h* de ce mot

HAPPELOURDE, pierre fausse (20).
HAPPER (t. popul.).
HAQUENÉE, cheval ou cavale de taille médiocre.
HAQUET, espèce de charrette à voiturer des marchandises ; HAQUETIER.
HARANGUE et ses dérivés.
HARAS, lieu destiné à loger des étalons.
HARASSER.
HARCELER.
HARD (t. de gantier).
HARDE, troupe de bêtes fauves.
HARDER (t. de chasse) attacher les chiens ensemble.
HARDES.
HARDI et ses dérivés.
HARDILLIERS (t. de marine).
HAREM (21), lieu où sont renfermées les femmes et les concubines du Sultan, d'un Pacha.
HARENG et ses dérivés.
HARENGÈRE, HARENGRIE.
HARGNEUX, SE HARGNER.
HARICOT, plante ; graine ; ragoût.
HARIDELLE.
HARNACHER, HARNACHEMENT.
HARNOIS (on prononce harnès).
HARO (t. de coutume, bas, peu usité).
HARPAGON, avare.

HARPAILLER (t. fam.) n'est d'usage qu'en parlant de deux personnes qui se querellent.
HARPE.
HARPEAU (t. de marine).
HARPER (t. fam.), prendre et serrer fortement avec les mains.
HARPIE.
HARPIN, croc de batelier.
HARPON, espèce de dard.
HARPONNER, HARPONNEUR.
HART, espèce de lien.
HASARD et ses dérivés.
HASE, femelle du lièvre et du lapin de garenne.
HÂTE et ses dérivés.
HÂTEREAU (t. de traiteur), tranche de foie.
HÂTIER, sorte de chenêt de cuisine.
HÂTILLE, morceau de porc frais.
HÂTIVEAU, fruit précoce.
HAUBANER (t. de maçon).
HAUBANS (t. de marine).
HAUBERT, sorte de cuirasse.
HAUBITZ, pièce d'artillerie.
HAUSSE et ses dérivés.
HAUSSE-COL.
HAUT et ses dérivés.
HAUTBOIS (22).
HAUT-BORD, nom que l'on donne aux grands vaisseaux.

---

soit aspiré, et cependant elle le dit du mot *hanse*, d'où *hanséatique* est formé.

Gattel et M. *Laveaux* sont plus conséquents ; ils indiquent l'aspiration.

Au surplus beaucoup de personnes écrivent *hanséatique* sans h.

(20) HAPPELOURDE. Suivant l'*Académie*, ce mot se dit figurément des personnes qui ont une belle apparence, un bel extérieur, et qui n'ont point d'esprit.

Trévoux pense que, dans ce sens, il ne se dit qu'en riant, et M. *Laveaux* doute fort qu'on doive jamais s'en servir.

(21) HAREM. L'*Académie*, *Féraud* et *Trévoux*, ne parlent point de ce mot, et *Wailly*, qui en fait mention, le met au nombre des mots dont le h ne s'aspire point ; *Gattel*, qui est d'un avis contraire, peut citer en sa faveur l'usage et l'autorité de plusieurs écrivains estimés

(22) HAUTBOIS. *Wailly, Féraud, Gattel, Caminade, Rolland* disent que

Du H aspiré.

HAUT-DE-CHAUSSES.
HAUTE-CONTRE (23) (t. de musique.
HAUTE-COUR, tribunal suprême.
HAUTE-FUTAIE.
HAUTE-LICE et ses dérivés; fabrique de tapisserie.
HAUTE-LUTTE.
HAUTE-MARÉE (t. de marine).
HAUTE-PAYE.
HAUT-LE-CORPS, forte convulsion d'estomac.
HAUT-LE-PIED, exclamation; levez-vous! partez!
HAUT-MAL, mal caduc.
HAUTESSE (24).
HAVE, pâle et défiguré.
HAVIR, v. act., dessécher.
HAVRE, port de mer.
HAVRE-SAC.
HÉ! sorte d'interjection.
HEAUME, casque.
HÉLER (t. de marine).
HEM! interjection.
HENNIR (on prononce hanir), l'Acad. et tous les lexicogr.
HENNISSEMENT (on prononce hanissement) (24 bis).
HENRI (25).
HENRIADE.
HÉRAUT, officier d'un prince ou d'un état souverain.
HÈRE (t. de mépris).
HÉRISSER.
HÉRISSON.
HÉRISSONNE, femme fâcheuse.
HÉRISSONNER (t. de maçon, recrépir).
HERNIE, descente de boyaux.
HERNIAIRE, chirurgien.
HÉRON et ses dérivés.
HÉROS (27).
HERPES-MARINES, productions précieuses que la mer rejette sur les côtes.
HERSE et ses dérivés.
HÊTRE, grand arbre.
HEURT, choc, coup.
HEURTOIR et ses dérivés.
HIBOU.
HIC, principale difficulté d'une affaire.
HIDEUX, HIDEUSEMENT.
HIÉRARCHIE et ses dérivés.
HIE, sorte d'instrument dont on se sert pour enfoncer les pavés.
HISSER (verbe act.).
HOBEREAU, oiseau de proie.
HOC, jeu de cartes.
HOCA, sorte de jeu
HOCHE, entaillure

le h s'aspire dans ce mot, de même que dans ceux-ci : (23) HAUTE-CONTRE, (24) HAUTESSE; mais l'*Académie* n'en dit rien.

(24 bis) Cependant il faut observer que, malgré toutes ces autorités, nombre de personnes prononcent *hénir*, et il faut convenir que cette prononciation est à la fois étymologique et euphonique. (M. *Nodier*.)

(25) HENRI. On aspire le *h* de ce mot dans le discours soutenu, mais on ne l'aspire jamais dans la conversation. (*D'Olivet* et *Demandre*.) — Le *h* de *Henriette* ne s'aspire dans aucun cas.

(26) HÉSITER. Le *h* de ce mot étoit autrefois aspiré. P. Corneille a dit dans sa comédie du Menteur (act. III, sc. 4) : *ne hésiter jamais, et rougir encor moins.*

Et *Bouhours* : *c'est une erreur de hésiter à prendre parti du côté où il y a le plus d'évidence.*

Mais *ne hésiter, de hésiter* ont paru trop dur à l'oreille, et l'on ne fait plus de difficulté de dire aujourd'hui *j'hésite, je n'hésite plus.*

(*Voltaire*, Rem. sur *Corneille*, et *Féraud*, Dict. critique.)

(27) HÉROS. Les dérivés de ce mot, tels que *héroïne, héroïsme, héroïque, héroïquement, héroïde,* se prononcent tous sans aspiration.

Du H aspiré.

HOCHEMENT et ses dérivés.
HOCHEPOT (28), espèce de ragoût de bœuf.
HOCHEQUEUE, oiseau qui remue sans cesse la queue.
HOCHER, secouer, branler.
HOCHET (29).
HOLLANDER, HOLLANDE, HOLLANDAIS (29 bis).
HOHO! interjection.
HOLA!
HOMARD, grosse écrevisse de mer.
HONGRE, cheval châtré; HONGRER.
HONNIR, bafouer (30).
HONTE et ses dérivés.
HOQUET.
HOQUETON, archer.
HORDE, peuplade errante.
HORION (vieux mot), coup rude déchargé sur la tête ou sur les épaules.
HORS.
HORS-D'ŒUVRE.
HOTTE.
HOTTÉE (31).
HOTTENTOT(32), habit. de l'Afrique.
HOUBLON et ses dérivés.
HOUE, instr. pour remuer la terre.
HOUHOU, vieille femme difforme.

HOUILLE.
HOULE, vague après la tempête.
HOULEUX (t. de marine).
HOULETTE.
HOUPPE.
HOUPPELANDE.
HOURAILLER (t. de chasse).
HOURCE, corde qui tient la vergue.
HOURDAGE, maçonnage grossier.
HOURDER (verbe).
HOURI.
HOURVARI (t. de chasse) (33).
HOUSPILLER.
HOUSSAIE, lieu où croît quantité de houx.
HOUSSARD, HUSSARD.
HOUSSE et ses dérivés.
HOUSSINE.
HOUSSOIR et ses dérivés.
HOUX, arbre.
HOYAU, sorte de houe.
HUCHE, grand coffre.
HUCHET, cornet avec lequel on appelle de loin.
HUÉE et ses dérivés.
HUET, sorte de hibou cendré.
HUGUENOT, calviniste.
HUIT et ses dérivés (34).
HUMER.

(28, 29) HOCHEPOT, HOCHET. *Wailly, Trévoux, Gattel, Boiste*, etc., etc., indiquent ces mots avec aspiration; mais l'*Académie* n'en parle point.

(29 bis) Voyez page 46 une observation faite par M. *Nodier*.

(30, 31, 32) L'*Académie* fait le même oubli à l'égard des mots *hottentot, hottée, houleux*; mais *Wailly, Féraud* et *Boiste* en aspirent le *h*.

(33) HOURVARI. Ce mot vient, selon *Ménage*, du bas allemand *hervaard*, qui signifie en deçà, ou impérativement *retourne*, qui est le cri dont les chasseurs se servent pour faire revenir les chiens sur leurs premières voies, quand ils sont tombés en défaut. D'après cette origine, on ne devine pas pourquoi l'*Académie* écrit *hourvari* avec un *h*, et *curvari* sans *h*. Ce mot écrit sans *h* est bien certainement contraire à son étymologie, et, comme le dit M. *Laveaux*, il n'est pas français.

Hourvari se dit aussi, figurément et familièrement, d'un contretemps que l'on essuie dans une affaire; ou encore, d'un grand bruit, d'un grand tumulte.

Nombre de gens écorchent ce mot.

(34) HUIT. Quelques Grammairiens ne veulent pas qu'il y ait d'aspi-

Honier, huno.
Hoppe, huppé.
Hure.

Horhault (t. de charretier).
Hurlement, hurler*.
Hutte, se hutter.

Observation. — 1° Le h conserve l'aspiration dans tous les mots qui sont composés des précédents, tels que *déharnacher, enhardi* et ses dérivés, *enharnacher, aheurtement*, etc. Cette lettre fait alors l'effet du tréma, et sert à annoncer que la voyelle qui la suit ne s'unit pas en diphthongue à la voyelle qui la précède. On en excepte *exhausser, exhaussement*, qui sont sans aspiration, quoique formés de *hausser, haussement*, où le h est aspiré. (L'*Académ.*, *Restaut*, *Wailly*, *Domergue*.)

2° La lettre *h* est ordinairement aspirée lorsqu'elle se trouve au milieu d'un mot entre deux voyelles, comme dans *cohue, aheurter, ahan*. (Le Dict. de l'*Académie*.)

3° Elle est presque toujours aspirée dans les noms de pays et de villes : *le Hainaut, la Hongrie, la Hollande, Hambourg*, etc. — Cependant le *h* n'est point aspiré dans ces phrases, *toile d'Hollande, fromage d'Hollande, eau de la reine d'Hongrie*, où un usage fréquent a effacé l'aspiration. (*Restaut, Wailly, Chapsal, Gattel*, et *Catineau*.)

Toutefois, comme le dit M. Nodier, cet usage est celui des blanchisseuses et de l'office, et il ne devroit pas faire loi au salon.

4° *Onze, oui*, quoique ne commençant pas par un *h*, se prononcent avec aspiration : *de* onze *enfants qu'ils étoient à n'en est resté que six*. — *Le oui et le non*. (L'*Académie*.)

Nota. *Dumarsais* croit que si l'on écrit et l'on prononce *le onze*, c'est pour ne pas confondre *l'onze* avec *l'once ;* que si l'*e* ne s'élide pas devant *oui*, c'est pour éviter l'équivoque de l'*ouïe* et de *Louis*, et aussi pour mettre une symétrie entre le *non* et le *oui*.

L'o n'est pas toujours aspiré dans *onzième* ; on dit *le on=*

---

ration dans *huit* ; mais c'est sans fondement, puisqu'on écrit et qu'on prononce sans élision, ni liaison : *le huit, les huit volumes, la huitaine, le ou la huitième* ; voy. p. 67.

* Voy. les R. D. lettre *h*.

zième et *l'onzième*. L'*Académie*, *Féraud*, *Gattel*, *Wailly*, *Rolland*, et les Écrivains ont formellement admis les deux prononciations.

Fléchier écrit toujours l'*onzième*:

*Il sortit de la ville en colère, l'*ONZIÈME *de juin.*

Corneille l'a écrit aussi dans Cinna (act. 2, sc. 1).

Le *P. Bouhours*, dans ses Doutes, se range à l'avis de *Vaugelas*, qui condamne *le onzième*; mais, dans ses Remarques, il cède à la force de l'usage, et tolère l'aspiration.

Aujourd'hui on dit plus souvent *le onzième* que *l'onzième*.
(M. *Boissonade*.)

Ce n'est pas comme le disent l'*Académie*, *Féraud*, et la plupart des Grammairiens modernes, parce qu'on regarde l'*u* de *une* comme aspiré, que l'on prononce *vers les une heure*, et non pas *vers les zune heure*; c'est parce que le mot *les* qui marque un pluriel, loin d'appeler grammaticalement le mot *une*, le repousse au contraire, et ne peut souffrir aucune liaison grammaticale avec ce mot; c'est parce que dans cette phrase du discours familier, le substantif pluriel qui appelle *les* est sous-entendu par ellipse, et que c'est comme s'il y avoit: *vers les moments qui précèdent ou qui suivent une heure*. On laisse subsister l'article pluriel, quoique le substantif qu'il appelle ne soit pas exprimé.

Les consonnes après lesquelles on emploie la lettre H en français sont *c*, *l*, *p*, *r*, *t*. — Voyons d'abord quelle est sa fonction après la lettre *c*; et ensuite, à chacune des autres lettres *l*, *p*, *r*, *t*, nous traiterons de celle que la lettre H remplit lorsqu'elle en est accompagnée.

Après la consonne *c*, la lettre H est purement *auxiliaire*, quand, avec cette consonne, elle devient le type de l'articulation forte dont nous représentons la foible par *i*, et qu'elle n'indique aucune aspiration dans le mot radical: telle est la valeur de H dans les mots purement français, ou qui viennent du latin; comme *chapeau*, *cheval*, *chose*, *chute*, etc.

(*Beauzée*, Encycl. méth., et le Dict. de l'*Académ.*)

Après *c*, la lettre *h* est purement *étymologique* dans plusieurs mots qui viennent du grec, ou de quelque langue orientale, parce qu'elle ne sert alors qu'à indiquer que les mots radicaux avoient un *h* aspiré, et que dans le mot dérivé elle laisse au *c* la prononciation naturelle du *k*; comme dans: *Achéloüs*, *Achmet*, *archétype*, *anachronisme*, *archonte*, *archange*, *Chalcédoine*, *Chaldéen*, *catéchumène*, *chaos*, *Chéronée*, *Chersonèse*, *chœur*, *choriste*, *chorus*, *chorographie*, *chrétien*, *chromatique*, *chronique*, *chronologie*, *chrysalide*, *Melchisédec*, *chorégraphie*, *chorévêque*, *choléra-morbus*.

(*Beauzée* et l'*Académie.*)

— *Bacchus*, *Achéloüs*, *Chloris*, *Melchior*.

(*Wailly*, *Demandre.*)

Plusieurs mots de cette classe, étant devenus plus communs que les autres parmi le peuple, se sont insensiblement éloignés de leur prononciation originelle, pour prendre celle du *ch* français; tels sont: *archevêque*, *archidiacre*, *archiprêtre*, *architecte*, *archiduc*, *chimie*, *chirurgien*, *chérubin*, *tachygraphie*, *Achille*, *Machiavel*, *Ezéchias*.

(*Beauzée* et l'*Académie.*)

Remarques. — On prononce à la française: *archevêque*, *patriarche*, *Michel*, et, avec le son du *k*, *archiépiscopal*, *patriarchal*, *Michel-Ange*.

L'*Académie*, *Restaut*, *Demandre*, *Gattel*, *Féraud*, *Boniface*, etc., sont d'avis qu'on doit prononcer le *ch* du mot *chirographaire* avec le son du *k*; *Wailly* indique dans sa grammaire qu'il faut le prononcer à la française; mais, dans son dictionnaire, il s'est rangé à l'avis de l'*Académie*.

Les mêmes autorités se sont toutes réunies pour que l'on prononce le *ch* du mot *Achéron* à la française. Le Théâtre français a adopté cette prononciation; l'Opéra seul tient encore pour *Akéron*.

Le *ch* de *Joachim* se prononce à la française, et *im* prend un son nasal et obtus, comme *in* dans le mot *injuste*.

Dans *almanach*, le *ch* n'a aucun son. On prononce *almana*.

(L'*Académie*.)

J j — se prononce toujours JE : *jalousie, jésuite, joli, jeune, jeter.*

Il ne se double point, et ne se trouve jamais, ni avant une *consonne*, ni à la fin d'un mot, ni avant la voyelle *i*, excepté par élision; comme dans *j'ignore, j'irai;* et alors *j'* remplace le pronom *je*.

Ne confondez pas le *j consonne* avec l'*i* voyelle, et n'oubliez pas que cette consonne a pour identique la lettre *g*.

K k — se prononce QUE : *Kyriella*.

Cette lettre, inutile en latin, ne sert pas davantage en français; elle ne s'est conservée que pour le mot *kyrielle*, formé abusivement de *kyrie éléison*; pour quantité de mots bretons, et pour quelques mots qui nous viennent des langues du nord ou de l'orient; tels que *Kan, Kabach, kabin, kermès, kermesse, kilomètre, kiosque, kirsch-wasser, kinancie, Stockholm, loock*, etc.

(*Regnier-Desmarais*, au mot *Prononciation*.—*Wailly*, p. 431.— Et le *Dict. de l'Académie*.)

L l — se prononce LE au commencement, au milieu ou à la fin des mots, comme dans *laurier, livre, leçon, filer, modèle, appeler, aïeul, épagneul, filleul, linceul* (34 *bis*), *tilleul, seul*.

Le L *final* ne sonne pas dans *baril, chenil, coutil, cul, fournil* (lieu où est le four), *fusil, gril, nombril, outil, persil, soûl, sourcil;* mais il sonne dans tous les autres mots.

NOTA. La prononciation des mots pluriels en *ils* varie conformément à celle du singulier; par exemple, on dit *d*

(34 *bis*) Voyez les remarques détachées pour l'orthographe et la prononciation du mot *linceul*.

fusi-zenlevés, *des outi-zexcellens*, parce que ces mots se prononcent au singulier sans l'articulation du *l*; mais on dit *des profil-zexacts*, *de subtil-zarguments*, parce que dans ces mots on fait sonner la *consonne l* au singulier; enfin des *péril-zaffreux*, en mouillant, parce que *péril* se mouille au singulier.

Gattel, *Domergue*, et M. *Laveaux* pensent que l'on fait entendre le *l* final de *gentil* (idolâtre); l'*Académie* se tait sur la prononciation de ce mot; mais elle dit positivement que le *l* final de *gentil* dans la signification de joli, agréable, ne se fait entendre que lorsqu'il est avant une voyelle, et encore prend-il le son mouillé; c'est-à-dire que *gentil enfant* se prononce comme s'il y avoit *gentillenfant*; mais au pluriel le *l* reste muet.

Voyez, p. 13, ce que nous avons dit, sur le changement de l'*u* final en *l* dans certains mots.

La voyelle *i*, placée avant la consonne *l*, donne à cette lettre un son mouillé qui est très-commun dans notre langue: ce son devroit avoir un caractère particulier; mais, comme il nous manque, il n'y a pas uniformité dans la manière de le désigner.

1° Nous indiquons ce son mouillé par la seule lettre *l*, quand elle est finale et précédée d'un *i*, soit prononcé, soit muet, comme dans *avril*, *babil*, *mil* (sorte de grain fort petit), *péril*, *bail*, *écueil*; *orgueil*, *travail*, *sommeil*, *soleil*, *fénil* (lieu où l'on serre les foins), etc. — Il faut seulement en excepter *cil*, *fil*, *Nil*, *mil* (adjectif numérique), les adjectifs en *il*, le mot *fils*, et tous ceux que nous avons indiqués plus haut, où le *l* ne se prononce pas.

2° Nous représentons le son mouillé par *ll*, dans les mots *Sully*, et dans ceux où il y a, avant *ll*, un *i* prononcé, comme dans *fille*, *anguille*, *paillage*, *cotillon*, etc. — Il faut cependant en excepter *Gille*, *ville*, *mille*, etc., etc., et tous les mots commençant par *ill*, tels que *illégitime*, *illustre*, *illusion*, etc., etc.

3º Nous représentons le même son par *ill*, de manière que l'*i* est réputé muet, lorsque la voyelle prononcée avant le son, est autre que *i* ou *u*, comme dans *paillasse, oreille, feuille*, etc. Mais c'est mal rendre le son mouillé que de prononcer *mélieur*, comme s'il y avoit un *i* après le *l*, ou comme s'il y avoit un *i* grec, *meyeur*.

4º Enfin nous employons quelquefois *lh* pour la même fin, comme dans *Milhaud*, *Pardailhac*.

(*Beauzée*, Encycl. meth., lettre L.)

On ne prononce guère les deux *l* que dans *alléger, allégorie, allusion, belligérant, collaborateur, colloque, constellation, ellébore, folliculaire, gallican, gallicisme, hellénisme, intelligent, libeller, oscillation, palladium, pallier, pulluler, pusillanime, rebellion, solliciter, syllogisme, tabellion, velléité*, et quelques dérivés de ces mots.

On prononce un seul *l* dans *collège, collation, collationner*, mais on en prononce deux dans *collégial*, et dans *col a n, collationner,* ayant un autre sens que celui de repas.

(*Wailly*, p. 432 ; et *Lévizac*, p. 82, t. 1.)

M m — se prononce ME : *muse, médisant, midi*.

Cette lettre ne reçoit aucune altération au commencement des mots.

Mais, à la fin d'une syllabe, *m* a le son nasal, ou, si l'on veut, remplace le *n*, quand il est suivi de l'une des trois lettres *m, b, p. Emmener, combler, comparer*, etc., etc., se prononcent *enmener, conbler, conparer*.

On en excepte les mots qui commencent par *imm. immodeste, immédiatement, immense, immanquable* se prononcent *im-modeste, im-médiatement*, etc.

On prononce aussi l'articulation M dans les mots où elle est suivie de *n*, comme *amnistie, Agamemnon*. Il faut en excepter *damner, condamner* et leurs dérivés. — *Automne* se prononce *autone*.

(*Beauzée*, Encycl. méth., lettre M.)

4.

Dans le mot *indemne*, l'*e* se prononce moyen, et l'on conserve à la lettre *m* son articulation naturelle; on dit *ein-dèm-ne*; mais, dans les mots *indemnité*, *indemniser*, l'*e* se change en *a*, et l'on y fait entendre la lettre *m* : *ein-dame-niser, ein-dame-nité*.

(M. Boniface.)

M a encore l'articulation nasale dans *comte*, venu de *comitis*; dans *compte*, venu de *computum*; dans *prompt*, venu de *promptus*; et dans leurs dérivés.

La lettre M *finale* est un simple signe de la nasalité de la voyelle précédente, comme dans *nom, pronom, faim, parfum*, etc.; il faut en excepter l'interjection *hem*; quelques mots latins, tels que *item*, et la plupart des noms propres étrangers, où la lettre M conserve sa prononciation naturelle, comme dans *Sem, Cham, Priam, Stockholm, Postdam, Amsterdam, Rotterdam, Wirtemberg*, etc. — *Adam, Absalom* se prononcent cependant avec le son nasal; et c'est de l'usage qu'il faut apprendre ces différences, car c'est l'usage seul qui les établit, sans aucun égard pour l'analogie.

(Beauzée, Encycl. méth., lettre M.)

Lorsque M est redoublé, on n'en prononce ordinairement qu'un, comme dans *commode, commis, commissaire, dilemme*, etc., etc.; on excepte les mots *Ammon, Emmanuel, ammoniac, commensurable, commémoration, committimus, commotion, commuer* et ses dérivés; et tous ceux où M redoublé est précédé de *i* : *immanquable, immense*, etc.

(*Regnier-Desmarais.—Wailly*, p. 413 et 433.—M. *Sicard*, p. 451, t. 2.—*Gattel*, et le Dict. de l'*Acad.*)

Grammaire, grammairien, fréquemment usités, ont subi le sort de tous les mots qui passent dans la langue usuelle, t ils ont pris une prononciation adoucie, tandis que dans les mots, *grammatical, grammatiste*, moins usités, on a continué de faire entendre le double M.

N n. —Cette consonne n'a que le son propre NE; *nager, novice, nonagénaire*.

Lorsqu'elle est suivie d'une voyelle, elle conserve le son qui lui est propre, au *commencement* et au *milieu des mots*; comme dans *nourrice*, *anodin*, *cabane*, etc.; on en excepte le mot *enivrer* et ses dérivés, et le verbe *enorgueillir*, qui se prononcent comme s'il y avoit deux N, le premier nasal et le second articulé : *an-nivrer, an-norgueillir* (35).

(Le Dict. de l'*Académie*, *Wailly*, *Gattel*, *Boiste*, *Catineau*, *Rolland*, etc., etc.)

Suivi d'une consonne (autre que la lettre N), N perd le son qui lui est propre pour prendre le son nasal, comme dans *ancre*, *engraver*, *ingrédient*.

N *final* sonne dans *abdomen*, *amen*, *Eden*, *gramen*, *hymen*, *le Tarn;* dans *examen* (que l'usage permet de prononcer aussi avec le son nasal), et dans tous les mots où il est immédiatement, nécessairement et inséparablement uni avec le mot qui le suit, soit que ce mot commence par une voyelle, soit qu'il commence par un *h* non aspiré.

Béarn se prononce *Béar*.
(Le Dict. de l'*Académie*. — D'*Olivet*, Prosod. fr., p. 63 et 81.— *Beauzée*, Encycl. méth., lettre. N.—*Wailly*. p. 434.)

Voyez aux voyelles nasales, page 18, ce que nous avons dit sur la prononciation de la lettre N finale.

Quand N est redoublé, il ne donne jamais à la voyelle précédente le son nasal, si ce n'est dans *ennobli* et dans *ennui* et leurs dérivés; ainsi, deux N ne servent qu'à rendre la syllabe précédente brève, et *anneau*, *année*, *innocence*, *innombrable*, etc., etc., se prononcent *a-neau*, *a-née*, *i-nocence*, *i-nombrable;* mais *annales*, *annexes*, *annuler*, *connivence*, *cannibale*, *inné*, *innové*, *innome*, et les noms propres : *Cincinnatus*, *Linnée*, *Porsenna*, *Apennins*, se prononcent en faisant entendre les deux N.

(*Regnier-Desmarais*, au mot *Pronom; Gattel*, *Wailly*, p. 434; et le Dict. de l'*Académie*.)

---

(35) *Domergue* prononce *a-ni-vrer, a-nor-gueillir.*

Solennel, *hennir*, *hennissement* se prononcent *solanel*, *hanir*, *hanissement*.

(*L'Académie*.)

P p — se prononce PE: *péril*, *pigeon*, *pommade*.

Le P *initial* conserve toujours le son qui lui est propre, soit avant une voyelle, soit avant une consonne, comme dans *peuple*, *psaume*.

Cependant, avant H, le P initial a, comme nous allons le voir tout-à-l'heure, une prononciation qui lui est particulière.

Dans le corps *d'un mot*, P conserve également le son qui lui est propre. Il sonne dans *ineptie*, *inepte*, *adoption*, *captieux*, *reptile*, *accepté*, *septuagésime*, *rédempteur*, *rédemption*, *septuagénaire*, etc.

(*L'Académie*, et *Wailly*, p. 435.)

Mais il ne sonne pas dans *Baptiste*, *cheptel*, *indomptable*, *dompter* (36), *prompt* et ses dérivés, et en général dans presque tous les mots où il se trouve entre deux consonnes.

(Le *Dictionn. de l'Académie*, *Rolland*, *Catineau*, *Boiste*, et M. *Laveaux*.)

Dans *baptismal* le P se prononce; et, dans *baptême*, *baptiser*, *baptistaire* (37), *baptistère*, il ne se prononce point.

---

(36) INDOMPTABLE, DOMPTER. *Gattel*, *Féraud*, *Wailly* voudroient que le P se fît sentir dans la prononciation soutenue.

(37) L'*Académie*, dans son Dictionnaire, édition de 1798, *Wailly*, *Gattel*, *Le Tellier*, etc., avertissent que *baptistaire*, ainsi écrit, se dit du registre où sont inscrits les noms de ceux que l'on baptise, ou bien encore de l'extrait qu'on tire de ce registre; et *Féraud* cite deux phrases, l'une de *Bossuet*, l'autre de madame de *Sévigné*, dans lesquelles ce mot est ainsi orthographié. Ces mêmes autorités nous apprennent en outre que *baptistère*, écrit avec un é, s'entend d'une petite église qui étoit près d'une cathédrale, et où l'on administroit le baptême.

Toutefois il paroît que, dans ces diverses acceptions, ce mot ne s'écrivait autrefois que d'une seule manière: en effet l'*Académie*, dans l'é-

Dans *septembre*, *septénaire*, le p se prononce; et dans *sept* et ses dérivés il ne se prononce point. Dans *exemption*, le p se prononce; dans *exempt*, il ne se prononce point. Enfin, dans *contempteur* il se prononce; dans *compte* et ses dérivés il ne se prononce point.

(Le Dictionn. de l'*Académie*.)

Le p *final* se prononce dans *beaucoup* et *trop*, lorsqu'ils sont suivis de mots qui commencent par une voyelle: *il a beaucoup étudié, il est trop entêté*. Il se prononce aussi dans *Alep, jalep, cap*; mais il ne se prononce point dans les mots *camp, champ, drap, sirop, cep*, etc., quoique suivis d'autres mots qui commencent par une voyelle. On ne le fait pas non plus entendre à la fin de certains mots, où il n'est conservé que pour l'étymologie; comme dans *loup, corps, sept, temps*, qu'on prononce *lou, cor, set, tems*.

(L'*Académie*.)

Dans le discours soutenu, *coup inattendu*, *coup extraordinaire* se prononcent *cou-pinattendu, cou-pextraordinaire*.

(*Wailly*, p. 435, et le Dict. de l'*Académie*.)

Quand le p est redoublé, on n'en prononce qu'un. *Apprendre, frapper, opposer*, etc., se prononcent *aprendre, fraper, oposer*.

P, suivi de *h*, a pour nous le son propre de f: *phare, philtre, phosphore, philosophe, phrase, physionomie, phalange, philanthrope*, se prononcent *fare, filtre, filosofe*, etc.

Le PH français est le φ que les Grecs prononçoient avec aspiration, et que les Latins ont conservé dans leur langue; mais alors ils le prononçoient à la grecque, et l'écrivoient avec le signe de l'aspiration. Pour nous, qui prononçons sans aspiration le φ qui se trouve dans les mots latins ou dans les mots français; on ne devine pas pourquoi nous écrivons avec PH les mots dont nous venons de parler, par la raison qu'ils

---

dition de 1762, *Trévoux* et *Féraud* n'indiquent que *baptistère* écrit avec un φ.

viennent de l'hébreu ou du grec, lorsque nous écrivons avec *f*, *fée*, quoiqu'il vienne de φάω; *front*, quoiqu'il vienne de φροντίς; *fanal*, quoiqu'il vienne de φαίνω; *flegme*, quoiqu'il vienne de φλέγμα; enfin près de quarante autres mots qui viennent également du grec.

(Beauzée, Encycl. méth., lettre H.)

Q q. — Cette consonne n'a que le son *propre* QUE: *quotidien*, *quinze*, *quolibet*.

Le génie de la langue française a refusé à la lettre Q le pouvoir de représenter l'articulation sans le secours de l'*u*; c'est-à-dire qu'elle l'a toujours à sa suite, si ce n'est dans quelques mots où il est final.

Q *initial*, ou *dans le corps du mot*, conserve toujours le son qui lui est propre: *qualité*, *quolibet*, *quenouille*, *acquérir*, *quitter*, *liquidation*.

(Wailly, p. 436.—Lévizac, p. 86, t. 1.)

Q *final* sonne dans *coq* et dans *cinq* avec le son dur. On en excepte, pour le premier, le mot *coq d'Inde*, où la lettre Q ne se prononce pas; et, pour le second, le cas où il est suivi immédiatement de son substantif, commençant par une consonne: *cinq cavaliers*, *cinq garçons* se prononcent CEIN *cavaliers*, CEIN *garçons*. Dans tous les autres cas, et, par exemple, dans COQ *de bruyère*, — COQ *à l'âne*, — *espace de* CINQ *ans*, — *trois et deux font* CINQ, *ils étoient* CINQ, *tous buvant et mangeant*, — CINQ *pour cent*, le *q* se prononce.

Q n'est jamais redoublé.

(Le Dictionn. de l'*Académie*, *Wailly*, et *Lévizac*.)

Il y a quelques mots ou l'*u* qui se trouve à la suite du *q* initial, forme avec la voyelle suivante une diphthongue propre; alors l'*u* a deux sons particuliers: *ou* et *u*. Ainsi, Qu a le son de *cou* dans *aquatile* (38), *aquatique*, *équateur*,

---

(38) Ce mot, que l'*Académie* a oublié, n'en est pas moins usité. Une *plante aquatile* est une plante submergée entièrement, ou flottante à la surface de l'eau, une plante qui ne peut vivre hors de l'eau, comme la

équation, quadragénaire, quadragésime, quadrupède, quaker, que l'on prononce *acouatique, écouateur, couadragésime*, etc.

Il a aussi le son de *cou*, dans *quadrature* (terme de géométrie), *quanquam* (t. de collège, emprunté du latin), *quadrige* (t. d'antiquité), *quaterne, quadruple, in-quarto*.

(L'*Académie*.)

Qu a le son de *cu*, dans *équestre, équilatéral, quintuple, quinquennium, questure, ubiquiste, équitation, à quia, Quinte-Curce, Quintilien* (39), et dans *quinquagésime*, que l'on prononce *quincouagésime*.

Enfin les deux lettres *ou* se prononcent avec le son propre du Q et ne forment point diphthongue avec la voyelle suivante, dans *quiétisme, quitus, qualification, quolibet, quiproquo, quidam, quinconce, quasimodo, quignon, liquefier, quadrature* (t. d'horlogerie), *quanquan* (t. corrompu du latin), *quadrille, quatrain, quartaut* (la quatrième partie du muid).

(*Gattel, Féraud, Wailly, Noël*, etc.)

R r — n'a que le son propre RE: *ragoût, règle, rivage, rouge*.

R *initial*, et *dans le corps du mot*, se prononce toujours sans variation de son dans le discours soutenu; mais dans la conversation, la prononciation de cette lettre est très-adoucie dans *notre, votre*, avant une consonne, excepté dans *Notre Dame* (la Sainte-Vierge), où il reprend sa prononciation ordinaire, si ces deux mots sont suivis d'une voyelle, ou

---

nymphéa, la *lentille d'eau*, etc. Une *plante aquatique* est celle qui se plaît dans les terrains marécageux ou constamment humides, comme le *saule*, l'*aune*, le *roseau*.

(39) *Domergue* et M. *Boniface* seroient d'avis que l'on prononcât *Kinte-Curce, Kintilien*; mais M. *Lemare*, les professeurs, et l'usage même (du moins nous le croyons) ne sont pas favorables à cette opinion.

précédés de l'article. Dans *votre ami est le nôtre*, R a le son qui lui est propre.

(Th. *Corneille*, sur la 412e remarque de *Vaug.* et *Lévizac*, p. 88.)

Remarque. — Autrefois on prononçoit *mécredi*; mais actuellement il est mieux de prononcer *mercredi*.

R *final* se fait entendre, 1° dans les monosyllabes *fer, mer, cher, or, mur, sieur*, etc.

(*Restaut*, p. 460, et *Sicard*, p. 457, t. 2.)

Remarque. — *Wailly* est d'avis que le R final du mot *monsieur* doit se faire entendre; mais l'*Académie* dit positivement qu'il doit être muet.

2° Le R se fait entendre dans la terminaison *er*, dans *belvéder, cancer, cuiller, enfer, éther, fier, hier, hiver, machefer, outre-mer, pater, ver*.

3° Dans les noms propres ou dans les noms de ville, *Alger* (39 bis), *Esther, frater, Gesner, Giocester, Jupiter, Lucifer, magister, Munster, Necker, Niger, Quimper, Saint-Omer, Scaliger, Stathouder, Winchester, Worcester*.

(39 bis) *Alger*. Voy. les remarques détachées, lettre *u*.

4° Dans les mots en *ir* : *plaisir, loisir, repentir*.

(*Lévizac* et M. *Laveaux*.)

Mais il ne se prononce pas, 1° à la fin des noms polysyllabes en *ier*, que l'on prononce par *ié*, comme *officier, sommelier, teinturier*, etc.; il en est de même pour les adjectifs polysyllabes en *ier*, comme *entier, particulier, singulier*, etc. (40).

(*Beauzée*, Encycl. méth.)

---

(40) *Altier*. La prononciation de ce mot paroîtroit n'être pas encore bien fixée, car les sentiments sont partagés. L'*Académie* (dans son Dict., édit. de 1762), le grand *Vocabul. Franç.*, *Restaut*, *Trévoux* et l'abbé *Girard* sont d'avis de prononcer le R ; et, suivant d'autres lexicographes et quelques Grammairiens, le R ne doit pas se faire entendre.

Les écrivains ne sont pas plus d'accord entre eux.

Boileau, dans l'Art poétique, ch. III, fait rimer *altier* avec *fier* :

La colère est superbe, et veut des mots *altiers* ;
L'abattement s'explique en des termes moins *fiers*.

2° R est encore une lettre muette, à la fin des noms polysyllabes en *er* (pourvu qu'ils ne soient pas immédiatement précédés de *f*, *m* ou *v*), comme dans les mots *danger*, *berger*, etc.

(Beauzée.)

3° R est, dans la conversation, une lettre muette à la fin des infinitifs en *er*, même quand ils sont suivis d'une voyelle, et l'on dit : *aimer à boire, folâtrer et rire*, comme s'il y avoit *aimé à boire, folâtré et rire*.

(*Beauzée*, Encycl. méth., lettr. R.—*Wailly*, p. 468.—*Restaut*, p. 564.—*Lévizac*, p. 90, t. 1.— *Féraud*, lettr. R.—Et les opusc. sur la langue française, p. 257.)

On ne doit pas, dit *D'Olivet*, craindre ces hiatus; la prose

---

et dans le Lutrin, avec *quartier* :

Ce perruquier superbe est l'effroi du *quartier*,
Et son courage est peint sur son visage *altier*.

Voltaire (dans les Deux Siècles) le fait rimer avec *métier* :

Taisez-vous, lui répond un philosophe *altier*,
Et ne vous vantez plus de votre obscur *métier*.

Et *Laharpe* (dans Coriolan, I, 3.), avec *guerrier* :

Vous suivez d'Appius les principes *altiers*,
Et vous dédaignez trop un peuple de *guerriers*.

Léger. Sa prononciation paroîtroit présenter la même incertitude. L'*Académie*, dans son dictionn. édition de 1762, recommande de prononcer le R; *D'Olivet* est d'avis que *er*, dans *léger*, est ouvert et long; *Richelet* se contente de dire que les uns prononcent fortement le R, et les autres non; et *Féraud* que, plus communément, on ne fait pas trop sentir le R.

Voltaire et *Gresset* font rimer *léger* avec *air*;
Et *Rousseau* avec *cher*, et avec *déroger*.

Malgré cette diversité d'opinions, il nous semble que l'usage, du moins dans la conversation, est de prononcer les mots *altier* et *léger* sans faire sentir le R, à moins toutefois qu'ils ne soient suivis d'un mot commençant par une voyelle, ou par un *h* muet; et nous nous croyons d'autant plus fondé à penser ainsi, que l'*Académie* (dans la dern. édit. de son dict.) n'avertit plus de prononcer le R du mot *altier*, et que pour le mot *léger* elle se borne à dire qu'on s'est permis autrefois d'en faire sentir le R, dans la poésie, surtout pour rimer. — Lavaux est également de cet avis.

les souffre, pourvu qu'ils ne soient ni trop rudes ni trop fréquents; ils contribuent même à donner au discours un certain air naturel.

Dans la lecture, dans le discours soutenu, et dans les vers, R final des infinitifs en *er*, précédant une consonne ou un *h* aspiré, est nul, et donne le son de l'*e* fermé à l'*e* qui précède (41); mais, suivi d'une voyelle ou d'un *h* muet, il se fait entendre, et on donne à l'*e* qui le précède, le son de l'*e* ouvert : *aimer à jouer, folâtrer et rire*, doivent se prononcer *aimè-rajouer, folatrè-rèrire*. C'est ainsi que s'expriment *Vaugelas* (dans sa 413e remarque), *Dumarsais* (Encycl. méth., lettre E), et *Lévizac* (p. 90, t. 1 de sa Gramm.). Cependant le P. *Buffier, Féraud, Domergue*, et *Sicard*, sont d'avis que, dans le cas où la lettre R doit se lier avec la voyelle, l'*e* qui précède se prononce aigu et non pas ouvert : *aimé-rajouer, folatré-rérire*, et cette dernière prononciation est conforme à l'usage généralement établi aujourd'hui.

Lorsque la lettre R est redoublée, on n'en prononce ordinairement qu'une, comme dans *parrain, marraine, carrosse, barre, barreau, barricade, barrière, barrique*. Seulement ces deux R rendent la voyelle précédente plus longue; et, si c'est la voyelle *e*, on la prononce plus ouverte, comme dans *guerre, tonnerre*, etc. (*Wailly.*)

Exceptions. — Les deux R se prononcent, dans *aberration, errements, erreur, errer, erroné, abhorrer, concurrent, interrègne, narration, terreur, torrent*; — dans la plupart

---

(41) L'*e* des infinitifs terminés en *er* est *fermé*, tant que le R ne se prononce point; et comme il ne se prononce, soit en vers, soit en prose, que dans le cas où le mot qui suit commence par une voyelle, alors quand l'*é* doit être *fermé*, il ne peut pas rimer avec l'*e ouvert* : ainsi madame *Deshoulières* a péché contre l'exactitude lorsqu'elle a dit :

Dans votre sein il cherche à s'*abîmer*;
Vous et lui jusques à la *mer*
Vous n'êtes qu'une même chose.   (Idylle du Ruisseau.)

des mots qui commencent par *ir*, comme *irrégulier, irraisonnable, irréligieux, irritation, irrévocable, irréfragable*, etc.;—dans les futurs et les conditionnels des verbes *mourir, acquérir, courir.*—Je *pourrai* se prononce je *pourai.*

(*Wailly* et *Sicard.*)

La lettre *h* placée après R est purement étymologique; elle n'a aucune influence sur la prononciation de la consonne précédente, et elle indique seulement que le mot est tiré d'un mot grec ou hébreu, où cette consonne étoit accompagnée de l'esprit rude de l'aspiration : ainsi *rhéteur, rhume, rhythme*, etc., se prononcent comme s'il y avoit *réteur, rume, rytme.*

(*Beauzée*, Encycl. méth., lettr. H.)

S s.—Son propre SE : *sage, séjour, sucre, semaine.*
Son accidentel ZE : *user, résumé, risible.*

Cette lettre conserve, *au commencement des mots*, le son qui lui est propre, lorsqu'elle est suivie d'une autre consonne, comme dans *scorpion, statue, scandale, scorsonère, scubac, scabieuse, squelette, stomacal.* Mais, dans la prononciation de ces mots, on passe si rapidement sur l'*e* muet du son propre *se*, qu'on ne l'entend presque point.

(Le Dict. de l'*Académie, Sicard*, p. 458, t. 2.)

Si, après le *c* qui suit le *s*, il se trouve un *e*, ou un *i*, ou un *h*, comme dans *sceau, scel, scélérat, scène, scie, schisme, scheling*, etc., le *s* ne se fait point sentir, et ces mots se prononcent comme s'il y avoit *célérat, ceau, cel*, etc.

(Le Dict. de l'*Académie.—Wailly*, pag. 440 ; et *Sicard.*)

Shakespear se prononce *Chékspir.*

Dans le corps du mot, *s* conserve le son qui lui est propre, quand il est précédé ou suivi d'une autre consonne, comme dans *absolu, converser, conseil, bastonnade, disque, lorsque, puisque*, etc.; et même quand il est redoublé; comme dans *passer, essai, missel, bossu, mousse.*

Dans *Duguesclin*, le *s* ne se fait point sentir.

Il faut pourtant excepter de cette règle, 1^{ment} les mots *transiger, transaction, transition, transit, transitif, transitoire, intransitif*, dans lesquels la lettre *s* prend le son du *z*, quoique précédée d'une consonne; et cette exception est fondée sur ce que ces mots étant composés de la préposition latine *trans*, la lettre *s* y est considérée comme finale, et se prononce en conséquence avec le son accidentel: toutefois l'exception n'a pas lieu pour les mots *transir* et dérivés, *Transylvanie*;

2^{ment}, les mots *Alsace, Alsacien, balsamine, balsamique, balsamite*, ainsi que les mots où la lettre *s* est suivie d'un *b* ou d'un *d*, dans lesquels cette lettre se prononce aussi comme un *z* : *presbytère, Asdrubal*, etc.

(Beauzée, Encycl. méth., lettre S, et le Dict. de l'Académie.)

Dans le corps d'un mot, *s*, seul entre deux voyelles, se prononce avec le son du *z*, comme dans *rase, hésiter, misanthrope, misère, rose, vésicatoire*, etc.

Cependant *s*, quoique seul entre deux voyelles, se prononce avec le son propre *se*, dans les mots *désuétude, monosyllabe, monosyllabique, parasol, polysyllabe, polysynodie, préséance, présupposer, présupposition, vraisemblance;* et cette prononciation est fondée sur ce que ces mots sont composés de particules privatives ou ampliatives, tellement qu'il seroit plus raisonnable, pour marquer leur racine, de les couper par un tiret, et d'écrire : *para-sol, pré-supposer, mono-syllabe*, etc., parce qu'alors on verroit tout de suite que le *s* doit se prononcer comme le *s* initial.

(Même autorité.)

S se prononce de même avec le son propre *se*, dans *nous gisons, ils gisent, il gisoit, gisant*, temps encore en usage du verbe *gesir*.

Finale, la lettre *s* est muette dans les mots *trépas, remords, divers, tamis, avis, os, alors*, etc., si toutefois ils ne sont pas suivis d'un mot qui commence par une voyelle ou un *h* non aspiré; mais elle se fait entendre dans les mots *anus, aloès, as*, *atlas, blocus, calus, fœtus, iris, maïs, mœurs, prospectus, lapis, laps de temps, en sus, locatis* (cheval de louage), *vis, vasistas*; et dans les mots purement étrangers; tels que *bibus, chorus, gratis, oremus, rebus, sinus, Bacchus, Cresus, Délos, Pallas, Rubens*, etc., etc. Cependant, dans *Mathias, Thomas, Judas, s* ne se prononce pas.

(*Wailly*, pag. 429.—*Demandre*, et le Dictionnaire de l'*Académie*.)

On dit, en faisant entendre le *s* final : mon *fils* (42), un teint de *lis*, l'empire des *lis* (43), *plus-que-parfait, plus-pétition, tous* pris substantivement (*tous pensent*), *je dis plus, il y a plus*; mais on le laisse muet dans *Jésus, Jésus-Christ*, le *sens commun*, *fleur de lis* (44) (partie des armoiries de la France), *plus* (exprimant un comparatif ou un superlatif), et dans *tous* pris adjectivement (*tous les hommes*) (45).

(*Domergue*, page 130 de sa Grammaire, et page 168 de son Journal.)

Généralement parlant, le *s final* des verbes ne se prononce point dans *la conversation*, même devant une voyelle, ou

---

(42) FILS. Les sentiments sont partagés sur la prononciation de ce mot. On dit mon *fi*, et mon *fis*. Cette dernière prononciation, plus marquée, me paroît convenir mieux à l'intérêt que ce mot réveille.

(*Domergue*, Manuel des étrangers, p. 459.)

Dans le discours soutenu il est mieux, tant en vers qu'en prose, de faire sonner le *s* et de prononcer *fis*, même devant une consonne; mais à la fin du vers, ce mot rime également bien avec *Laïs, Pâris, gratis*, où le *s* est sonore; et avec *coloris, lambris, avis*, où cette lettre est muette : alors seulement le goût prescrit quand il faut prononcer *fi* sans sentir le *s* final.

(43) LIS.
Là sur un trône d'or Charlemagne et Clovis
Veillent du haut des cieux sur l'empire des *lis*. (*Volt.*, Henr., ch. 7.)

(44) Henri dans ce moment voit sur des *fleurs de lis*
Deux mortels orgueilleux auprès du trône assis. (Le même, même ch.)

(45) En général le *s* se fait entendre dans *sens, tous, plus*, lorsqu'après eux, on peut faire *une pause*; mais il devient nul, si la pause est impossible; c'est-à-dire, si l'on est forcé de prononcer le mot suivant sans prendre haleine.

devant un *h* muet : ainsi, *tu aimes à rire, tu joues avec prudence*, se prononcent *tu aime-à rire, tu-joue avec prudence*.

(*Th. Corneille*, sur la 197ᵉ rem. de Vaugelas, l'*Académie*, p. 110 de ses décisions, et *D'Olivet*, p. 55.)

A l'égard des mots qui prennent le *s* à leur pluriel, et de ceux qui s'écrivent avec un *s* final au singulier comme au pluriel, il y a cette différence à faire, que si l'*adjectif* est mis avant son substantif, et que ce substantif commence par une voyelle ou un *h* muet, alors le *s* de l'adjectif se prononce toujours : on dit *les grandes actions, les bonnes œuvres, les grands hommes*, en prononçant le *s* de *grandes*, de *bonnes*, de *grands*.

Mais, si le *substantif* est mis avant l'adjectif, la prononciation du *s* qui est à la fin du substantif, devient en quelque sorte arbitraire, suivant qu'il s'agit d'une conversation plus ou moins libre ou familière.—Ceci est applicable aux substantifs pour lesquels nous avons dit que la lettre *s* finale est muette.

Lorsque la lettre *s* est double, on n'en prononce qu'une, mais on la prononce fortement; ainsi, *bissextil, desservir, dyssenterie, desséché, essieu, messéant*, etc., etc., dont les deux *s* sont entre deux voyelles, se prononcent avec le son propre du *s* : *bi-sextil, de-servir*, etc.

(*Th. Corneille*, sur la 120ᵉ et la 197ᵉ rem. de Vaugelas.—*Restaut*, p. 560,—et *Demandre*, au mot *Prononc.*)

On observera que dans les mots où la lettre *s* se trouve doublée, soit parce que ces mots sont composés d'une particule et de quelques autres mots, comme dans *desserrer, desservir, dessouder, dessécher, messéant*, etc. etc., soit parce que ces deux *s* entrent eux-mêmes dans la formation du mot, comme dans *essence, bécasse, coulisse, pelisse*, etc., cette lettre doublée se prononce un peu moins fortement dans les mots où elle a été ajoutée que dans ceux où elle se trouvoit primitivement.

T t. — Son propre TE : *table*, *ténèbres*, *topique*.

Son accidentel CE : *abbatial*, *patient*, *captieux*.

Cette lettre conserve toujours le son qui lui est propre *au commencement des mots*, quoiqu'elle soit suivie de deux voyelles : *tiare*, *tiédeur*, *le tiers*, *le tien*.

(*Lévizac*, p. 94.)

Au milieu d'un mot, le T ne s'articule pas toujours de même ; il y prend l'articulation accidentelle dans beaucoup d'occasions, et souvent aussi il y garde celle qui lui est propre.

La fréquentation des personnes qui parlent purement leur langue, et un grand usage sont presque indispensables pour en faire la distinction : néanmoins voici quelques règles : *ti* se prononce *ti*, lorsqu'il n'est pas suivi d'une voyelle dans le même mot ; mais, lorsqu'il est suivi d'une voyelle, il se prononce tantôt *ti* et tantôt *ci*.

Il conserve sa prononciation propre *ti* devant une voyelle ;
1° dans tous les mots où il est précédé d'un *s* ou d'un *x*, exemples : *bastion*, *bestial*, *mixtion*, etc.

2° Dans tous les noms terminés en *tié* ou en *tier*, exemples *amitié*, *moitié*, *pitié*, *entier*, *chantier*, *layetier*, etc.

Les mots qui se terminent en *cier* s'écrivent par un *c* ou par un *s* : *foncier*, *coursier*, etc.

3° Dans les mots terminés en *tie*, comme : *partie*, *amnistie*, *dynastie*, *garantie*, *hostie*, *modestie*, *repartie*, *sacristie*, etc., à l'exception de ceux dont nous allons parler.

4° Dans les mots terminés en *tien* et *tienne*, tels que : *soutien*, *maintien*, *antienne*, *tienne*, *abstienne*, etc. Nous parlerons tout-à-l'heure d'autres mots qui se prononcent *cien*, *cienne*.

5° Enfin dans le verbe *châtier*, et toutes ses parties ; et dans les autres parties des verbes terminés en *tions* : nous *portions*, nous *mettions*, nous *intentions*, etc.

Mais *ti* devant une voyelle se prononce *ci*.

1° Dans le mot *patient* et ses dérivés ; dans tous les mots terminés en *tial*, *tiel*, *tion*, et tous ceux qui en dérivent ; exemples : *partial, essentiel, perfection, ration, rationnel.* Il faut cependant excepter les mots terminés en *stion*, dans lesquels, comme nous l'avons dit, *ti* conserve le son propre *ti* : *gestion* ;

2° Dans les noms propres terminés en *tien*, comme *Gratien, Dioclétien* ; et dans ceux qui désignent de quel pays on est, comme *vénitien, vénitienne.* Dans tous les autres mots terminés en *tien*, *ti* conserve le propre son *ti* ;

3° Dans quelques mots terminés en *tie*, tels que *ineptie, inertie, minutie, prophétie*, et ceux qui sont terminés en *atie*, comme *primatie, démocratie.*

4° Dans les mots : *satiété, insatiable*, et dans les deux verbes *initier, balbutier.* — Tous les autres verbes qui se terminent en *cier* s'écrivent par un *c* ; exemples : *apprécier, négocier*, etc.

Le T *final* ne se fait point entendre ; cependant il y a quelques exceptions. Le T se prononce toujours dans *abject, accessit, brut, chut, contact, correct, dot, direct, déficit, fat, granit, exact, échec et mat, incorrect, indirect, infect, indult, lest, luth, net, prétérit, rapt, rhythme, subit, suspect, strict, tacet, tact, toast, transeat, transit, vent d'est, vivat, zénith, zist et zest.*

(Domergue, p. 466 du Man. des étrangers.)

Masson, Catineau, Gattel, Rolland et *Laveaux* sont d'avis qu'il faut faire sonner le T dans *debet* ; cependant l'usage paroît contraire, surtout dans le commerce.

Dans *respect, aspect, circonspect*, le *c* seul se fait entendre.

Le T de *vingt* ne sonne pas à la fin d'une phrase : *nous étions vingt* ; il ne sonne pas non plus quand il est suivi d'une consonne: *vingt soldats*, de même que dans la série de *quatre-vingts* à *cent.* Mais il sonne dans toute la série de *vingt à trente*, et quand il est suivi d'une voyelle: *vingt abricots.* Aux R. D. il est parlé de la prononciation du mot *sots.*

(Restaut, page 561.)

Dans sept, le T ne sonne pas avant une consonne ni avant un *h* aspiré (45) : *sept chemises, sept houpelandes* ; mais il sonne quand il est seul : *ils étoient sept;* ou lorsqu'il est suivi d'une voyelle, ou d'un *h* non aspiré : *sept écus, sept hommes;* ou encore lorsqu'il est pris substantivement : *le sept de cœur.*

(Le Dictionnaire de l'*Académie.*)

Huit suit les mêmes règles ; ainsi le T ne sonne pas dans *huit cavaliers, huit hameaux* ; mais il sonne dans *ils restèrent huit, huit abricots, huit hommes, le huit du mois, un huit de pique, vingt-huit, trente-huit, quarante-huit, cinquante-huit, soixante-huit, soixante-dix-huit,* etc.

(Même autorité.)

La combinaison *ent*, qui caractérise la troisième personne plurielle dans les verbes, comme *ils craignent, ils veulent, ils obtiennent,* se prononce avec le son muet, de même que s'il n'y avoit ni N ni T à la fin.

(L'*Académie, Wailly,* Restaut, p. 561, Demandre.)

T sonne encore dans le mot *Christ,* employé seul ; mais il ne se fait pas entendre dans *Jésus-Christ.*

(Le Dictionnaire de l'*Académie.*)

Il sonne aussi quand il est suivi d'une voyelle ou d'un *h* non aspiré, auquel il doit s'unir. *Un savant homme, je suis tout à vous, s'il vient à partir,* se prononcent *un savan-thomme, je suis tou-tà vous.*

(Le Dict. de l'*Académie.*)

---

(45) *Boileau* a fait rimer *sept* avec *cornet* :

Un joueur,

    Attendant son destin d'un quatorze et d'un *sept*,
    Voit sa vie ou sa mort sortir de son *cornet*. (Satire IV.)

Et avec *secret*,

    Et souvent tel y vient qui sait, pour tout *secret*,
    Cinq et quatre font neuf, ôtez deux, reste *sept*. (Satire VIII.)

Voltaire l'a fait rimer avec *objet* :

    Elle avait une fille ; un dix avec un *sept*
    Composait l'âge heureux de ce divin *objet*. (Conte de Gertrude.)

Dans *avant-hier* il se fait sentir foiblement.

Cependant il y a des substantifs, même suivis de leurs adjectifs, et commençant par une voyelle, où il seroit mal de le prononcer; comme *un goût horrible*, *un tort incroyable*, *un instinct heureux*.

De même que, si le mot a un r avant le т final; c.-à-d. que dans : *il part aujourd'hui*, *il court à bride abattue*, *il s'endort à l'ombre*, l'usage le plus commun est de ne point prononcer le т.

Lorsque le т est doublé, on n'en prononce qu'un, excepté dans *atticisme*, *attique*, *battologie*, *guttural*, *pittoresque*, où l'on fait entendre les deux *t*, parce qu'ils sont des parties primitives de ces mots.

(Le Dict. de l'*Académie*, *Restaut*, p. 560; et M. *Laveaux*.)

Th n'a pas d'autre articulation que celle du т simple : *absinthe*, *acanthe*, *thériaque*, *thon*, *Thalie*, *Mithridate*, se prononcent *absinte*, *acante*, etc.—La lettre *h*, dit *Beauzée*, n'est ici qu'une lettre étymologique qui indique seulement que le mot est tiré d'un mot grec ou hébreu.

V v—Se prononce vE : *valeur*, *vide*, *vélin*.

Le son de cette *consonne*, qu'il ne faut pas confondre avec *u* voyelle, ne varie jamais; et l'on ne connoît en français que quatre mots, ou plutôt il n'y a que quatre mots francisés où cette lettre soit redoublée : *Whigh*, *Waux-hall*, qui se prononcent comme s'ils étoient écrits avec un simple *v* ; et *Whist* (46), *Whiski*, qui se prononcent *ouist*, *ouiski*.

---

(46) L'*Académie* (édit. de 1798), *Gattel*, *Catineau*. M. *Laveaux*, n'indiquent que le mot *Wisk* ; mais ce jeu qui nous vient des Anglais est dans leur dictionnaire sous le nom de *Whist*, interjection qui, dans la langue anglaise, signifie *chut*, *bouche cousue!* En effet ce jeu exige beaucoup de silence et d'attention ; si donc on veut conserver le mot *Wisk*, il faut dire que ce mot s'écrit ainsi par corruption ; quant à nous, nous attendrons la nouvelle édition du Dictionnaire de l'*Académie* pour le préférer au mot anglais.

Ce n'est pas des étrangers qu'il faut apprendre comment on prononce les noms qu'ils écrivent avec un double v (w); l'usage seul doit nous servir de guide, et il nous dira qu'en français, *Newton, Warwik, Washington, Law*, se prononcent *Neuton, Varvik, Vazington, Lasse*; et que *Westphalie, Walbon, Wallone, Wirtemberg*, se prononcent *Vestphalie, Valbon, Valone, Virtemberg*.

X x. — Cette lettre a, dans notre orthographe, différentes valeurs :

Cs : *Xantippe, extrême*.
Gz : *Xavier, exercice*.
Ss : *Bruxelles, Auxerre*.
C : *Excepter, excellent*.
Z : *Deuxième, sixième*.

Premièrement. — X ne se trouve *au commencement* que d'un très-petit nombre de noms propres, empruntés des langues étrangères, et il faut l'y prononcer avec sa valeur primitive *cs*, excepté quelques-uns devenus plus communs, et adoucis par l'usage, comme Xavier, que l'on prononce *gzavier*; Xénophon, que l'on prononce *gzénophon*; Ximénès, *gziménès* ou *chiménès*; le Xante, le *gzante*; Xantippe, *gzantippe*, et enfin Xerxès, que l'on prononce *gzercèsse*.

(Beauzée, Encycl. méth., lettre X.)

Deuxièmement. — Si la lettre x est *au milieu d'un mot*, elle a différentes valeurs, selon ses diverses positions.

1° Elle tient lieu de *cs* lorsqu'elle est entre deux voyelles, et que la lettre initiale n'est pas un *e*; comme dans *axe, maxime, luxe, sexe, Alexandre*.

Il faut en excepter *soixante* et ses dérivés, *Bruxelles, Auxonne, Auxerre, Auxerrois*, où la lettre x est employée pour deux *s*, et que l'on prononce *soissante, Brusselles, Aussone, Aussere*, etc. à la manière des Italiens, qui n'ont point de x dans leur alphabet, et qui emploient les deux *s* à la place de cette lettre, comme dans *Alessandre, Alessio*.

Il faut encore en excepter *sixain*, *sixième*, *dixième*, *deuxième*, que l'on prononce *sizain*, *sizième*, *dizième*, etc.

Nota. *Dizain*, *dizaine*, s'écrivoient autrefois par un x : *dixain*, *dixaine*.

2° La lettre x tient encore lieu de *cs*, lorsqu'elle a après elle un *c* guttural, suivi d'une des trois voyelles *a*, *o*, *u*, ou lorsqu'elle est suivie d'une *consonne* autre que la lettre *h*; comme *excavation*, *excuse*, *excommunié*, *expédient*, *inexpugnable*, etc. (Même autorité.)

3° Elle tient lieu de *gz*, lorsqu'elle est entre deux voyelles, et que la lettre initiale est un *e*; et dans ce cas, la lettre *h* qui précéderoit l'une des deux voyelles seroit réputée nulle : *examen*, *exhérédation*, *exhiber*, *exécré*, *exorbitant*. etc. (47);

Ou bien lorsqu'elle est entre deux voyelles, et que le mot commence par IN : *inexact*, *inexpugnable*, *inexorable* (48).

4° Elle tient lieu du *c* guttural quand elle est suivie d'un *s* sifflant, à cause de la voyelle suivante, *e* ou *i*; comme dans *excès*, *exciter*, *exception*, qui se prononcent *eccès*, *ecciter*, *ecception*. (Même autorité.)

Troisièmement. — Lorsque la lettre x est *à la fin d'un mot*, elle y a, selon l'occurrence, différentes valeurs : 1° elle vaut autant que *cs*, à la fin des noms propres : *Palafox*, *Fairfax*, *Aix-la-Chapelle*, *Styx* (excepté *Aix* en Provence, où x se prononce toujours avec le son de *s*); à la fin des noms appellatifs : *borax*, *index*, *lynx*, *sphinx*; et de l'adjectif *préfix*.

---

(47) Observez que l'on n'écrit pas *exhorbitant*, avec un *h*. *Exorbitant* vient de *ex orbitâ*, hors du cercle.

(48) Un Grammairien, dont le nom nous échappe, pense que, si l'on vouloit s'exprimer avec plus d'énergie, il faudroit prononcer *inexorable* avec le son du *cs* : *inecsorable*; mais Féraud, Gattel, Rolland, et l'usage, comme le fait très-bien observer M. Boniface, n'ont pas approuvé cette distinction.

2° Lorsque les deux adjectifs numéraux *six*, *dix*, ne sont pas suivis du nom de l'espèce nombrée, on y prononce x comme un sifflement fort, ou comme s : *j'en ai dix, prenez-en six.*

3° *Deux, six, dix*, étant suivis du nom de l'espèce nombrée ; si ce nom commence par une *consonne* ou par un *h* aspiré, on ne prononce point x : *deux héros, six pistoles, dix volumes* se prononcent *deu-héros, si-pistoles, di-volumes*. Si le nom commence par une voyelle ou par un *h* muet, ou bien si *dix* n'est qu'une partie élémentaire d'un mot numéral composé, et se trouve suivi d'un autre mot élémentaire quelconque de même nature, alors on prononce x comme un sifflement foible, ou comme un *s* : *deux hommes, six ans, dix aunes, dix-huit, dix-neuf*, se prononcent *deu-zhommes, si-zans*, etc.

4° A la fin de tout autre mot, x ne se prononce pas, ou se prononce comme un *z*.

Voici les occasions où l'on prononce x *à la fin des mots*, le mot suivant commençant par une voyelle ou par un *h* muet. — 1° A la fin de *aux*, comme *aux hommes, aux amis* ; — 2° A la fin d'un nom suivi de son adjectif : *chevaux alertes, cheveux épars, travaux inutiles* ; — 3° A la fin d'un adjectif immédiatement suivi du nom avec lequel il s'accorde : *heureux amant, faux accord, affreux état, séditieux insulaires* ; — 4° Après *veux* et *peux*, comme *je veux y aller, tu peux écrire, tu en veux une*.

(*Beauzée*, Encycl. méth.)

La lettre x n'est jamais doublée.

Nota. Notre orthographe actuelle tend à supprimer cette lettre dans plusieurs mots ; et déjà cette suppression a lieu pour le pluriel des mots *roi, loi, fou*, etc., que l'on écrit *rois, lois, fous*.

Y y. — La lettre y a le son de l'*i* simple, quand elle fait seule un mot, ou qu'elle est à la tête de la syllabe, immédiatement avant une autre voyelle : *il y a, yeux, yacht* ;

(*Wailly*, page 445. — *Restaut*, page 492. — *Domergue*, page 143.)

Elle a le même son entre deux *consonnes* : *acolyte, mystere, syntaxe, style, physique,* etc.   (Même autorité.)

Mais, placée entre deux voyelles, elle a le son de deux *i,* comme dans : *essayer, abbaye, payer, employer,* etc.
(Même autorité.)

REMARQUE. Une foule de gens se trompent sur l'emploi de l'*i* grec, et écrivent *Hyppolyte, Hyppocrate.* Voici une règle pour les personnes qui ne savent ni le latin ni le grec : Toutes les fois que le mot demande deux *p,* il ne faut pas d'*i* grec; au contraire il en faut un quand il n'en demande qu'un; ainsi on écrit : *Hippolyte, Hippocrate, Hippias,* etc., etc., et *hypothèse, hyperbole, hypothèque,* etc., etc.
(M. *Boissonade.*)

LISTE DE MOTS POUR LESQUELS ON FAIT USAGE D'UN Y, AYANT LE SON D'UN I :

Abyme, analyse, acolyte, apocalypse, apocryphe, anonyme, amygdales, ankylose, alchymie, améthyste, androgyne, amphictyons, aphye (poisson), *azyme, Babylone, borborygme, chyle, clepsydre, clystère, coryphée, cyclope, cycle, cygne, cylindre, cymaise, cymbale, cynique, cynisme, cyprès, Cythère, cacochyme, Chypre, chrysalide, chrysocolle, corybante, dryade, dynastie, dyssenterie, dactyle, dithyrambe, dey, Elysée, emphytéotique* (bail), *empyrée, érysipèle, encyclopédie, étymologie, enthymême, Euphrosyne, Égypte, gymnase, gymnique, homonyme, hyacinthe, hydraulique, hydre, hydrophobie, hydropisie, hyène, hymen, hymne, hysope, hygromètre, hyades, hydromel, hydrographie, hypocrite, hystérique, hydrogène, idylle, Lyon* (ville), *labyrinthe, larynx, lymphe, lycée, lyre, lynx,* un *martyr,* le *martyre* (49), *métaphysique, myopie, myriagramme, myriamètre, myrte, mystère, mystérieux, mystificateur, mystique, mythologie, myrrhe, mnémosyne, mé-*

---

(49) Voyez les Remarques détachées, let. *M.* volume II.

tempsycose, métonymie, néophyte, nymphe, Odyssée, olympe, olympiade, onyx, oxymel, oxyde, oxygène, panégyrique, paradygme, paralysie, physionomie, physique, polygamie, polype, polysyllabe, polyglotte, polygone, polytechnique (école), polythéisme, presbytère, prytanée, porphyre, péristyle, pygmée, pylore, pyramide, pyrrhonisme, physique, pythonisse, polynome, prototype, psyché (meuble), pythie, Pyrénées, prosélyte, pseudonyme, rhythme, satyre, style, stylet, Styx, stéréotype, sycomore, sycophante, syllabe, syllepse, syllogisme, sylphe, sylvain, symbole, symétrie, sympathie, symphonie, symptôme, synagogue, synecdoque, syndic, synallagmatique, syncope, synode, synonyme, synoptique, syntaxe, synthèse, Sibylle (prophétesse), système, thym, tympanon, type, tympan, typographie, tyran, zoophyte, zéphyr (vent doux), y (adverbe et pron.), yeux, yacht, yeuse. Ajoutez à cette liste tous les dérivés ; et les mots *hypothèse*, *hypothèque*, etc., etc., dont il est parlé dans la remarque ci-à-côté, et qui s'écrivent avec un seul *p*.

Z z — Se prononce ze : *Zacharie, Zéphire, zizanie, zone.*

Cette lettre conserve toujours le son qui lui est propre, *au milieu* et *au commencement* des mots.

Finale, elle prend le *son propre* de *s*, même avant une consonne, dans *Metz, Rodez, Suez, Alvarez, Cortez,* etc., et autres noms étrangers.

A la fin des secondes personnes plurielles des verbes, quand la lettre z est suivie d'une voyelle et dans le discours soutenu, elle prend la prononciation qui lui est propre ; suivie d'une consonne, elle ne se fait point entendre.

(*Lévizac.*)

Dans la conversation, cette lettre finale peut ne pas se faire entendre, même avant une voyelle ; ainsi : *aimez avec respect, et servez avec amour votre père et votre mère,* pourra très-bien se prononcer *aimé avec respect, et servé avec amour votre père et votre mère*.

(*Wailly,* page 446, — *Demandre,* — *Lévizac* et *D'Olivet.*)

* Voy., p. 90, ce que nous disons sur la prononciation de la lecture.

MOTS DANS L'ORTHOGRAPHE DESQUELS IL ENTRE UN Z.

Alezan, alèze, amazone, apozème, assez, azur, bazar, bezoart, bizarre, bize, bonze, bouze, bronze, chez, colza, Czar, diapazon, dizain, dizaine, donzelle, épizootie, gaz gaze, gazelle, gazette, gazon, gazouiller, horizon, lazaret, lazariste, lazzi, lézard, lézarde, luzerne, Mazarin, mazette, mezzo, nez, ozène (ulcère), *onze, douze, treize, quatorze, quinze, seize, rez-de-chaussée, oizain* (espèce de chardonneret), *suzerain, syzygie* (nouv. ou pleine lune), *topaze, trapèze, trézeau* (t. de moissonneur), *zagaie, zèbre, zébu, zélandais, zèle, zénith,* Zéphire (50), *zéphyr, zéro, zest, zeste, zibeline, zigzag, zinc, zizanie, zodiaque, zoïle, zone, zoographie, zoophyte.* — Ajoutez *azimuth, azote, azyme, zoologie,* etc., la *Lozère,* la *Corrèze, Béziers, Mézières,* quelques noms propres, tous les dérivés, et la seconde personne plurielle des verbes : vous *lisez,* vous *chantez,* etc., etc.

Ce qu'on vient de lire sur la prononciation des lettres, soit voyelles soit consonnes, est tout ce qu'il faut savoir pour n'être pas trompé dans la prononciation par l'orthographe; mais ces règles ne suffisent pas pour bien lire, et surtout pour bien déclamer, il faut encore connoître la *prosodie.*

(*D'Olivet,* Prosodie fr.; *Douchet et Beauzée,* Encycl. méth.)

---

(50) *Zéphyr, Zéphirs.* Le premier mot se dit de toutes sortes de vents doux et agréables; le second, dont on ne fait usage qu'en poésie, se dit en parlant de ces vents, comme d'une divinité de la fable. Dans cette dernière acception il n'a point de pluriel et se met sans article : *Zéphire* est donc le *Zéphyr* personnifié, il est le chef des *zéphyrs*; il est aux *zéphyrs* ce que l'Amour est à l'essaim des petits amours.

L'Amour, par les zéphirs, s'est fait prompte justice.
(CORNEILLE, *Psyché,* acte V, sc. II).

. . . . allez, partez, Zéphire;
Psyché le veut, je ne l'en puis dédire
(Le même, *Psyché,* acte III sc. III).

CHAPITRE III.
DE LA PROSODIE.

La *Prosodie* est l'art de donner à chaque son ou syllabe le ton qui lui est propre. Elle comprend non-seulement tout ce qui concerne le matériel des accents et de la quantité, mais encore celui des mesures que les différens repos de la voix doivent marquer, et, ce qui est bien plus précieux, l'usage qu'il faut en faire, selon l'occurrence, pour établir une juste harmonie entre les signes et les choses signifiées.

(*Beauzée*, Encycl. méth., au mot *Accent*.)

Ces derniers objets n'étant pas du ressort de la Grammaire, et appartenant particulièrement à la poésie et à l'art oratoire, nous nous bornerons à parler de l'*accent* et de la *quantité*.

ARTICLE PREMIER.
DE L'ACCENT.

On entend par *accent* les différentes inflexions de voix et les diverses modulations dont on peut se servir pour prononcer comme il convient les mots d'une langue. Chaque province, chaque ville même, chaque nation, chaque peuple diffère d'un autre dans le langage, non-seulement parce qu'on se sert de mots différens, mais encore par la manière d'articuler et de prononcer les mots. Cette espèce de modulation dans le discours, particulière à chaque pays, est ce que l'abbé *D'Olivet* appelle *accent national*.

Pour bien parler une langue vivante, il faut avoir le même accent, la même inflexion de voix que les personnes de la capitale qui ont vécu dans le grand monde ; ainsi, quand on dit que, pour bien parler français, il ne faut point avoir d'*accent*, on veut dire qu'il ne faut avoir ni l'accent italien, ni l'accent picard, ni un autre accent qui n'est pas l'accent national.

(*Dumarsais*, Encycl. méth., au mot *Accent*.)

Selon le mécanisme des organes de la parole, les inflexions de voix doivent varier suivant la nature des syllabes. Dans toutes les langues, il y a des syllabes sur lesquelles il faut élever le ton, d'autres sur lesquelles il faut l'abaisser, et d'autres enfin sur lesquelles il faut l'élever d'abord et le rabaisser ensuite sur la même syllabe. *(Même autorité.)*

Le ton élevé est ce qu'on appelait *accent aigu* chez les anciens : on l'écrivoit ainsi (´) de droite à gauche ; le ton baissé se nommoit accent grave, on l'écrivoit de gauche à droite, en cette manière (`) ; le ton élevé et baissé se nommoit accent circonflexe ; c'étoit la réunion de l'aigu et du grave en cette forme (^). Mais nous ne sommes pas dans l'usage de marquer, par des signes ou accents, cet élèvement et cet abaissement de la voix ; et, comme notre prononciation est en général moins soutenue et moins chantante que la prononciation des anciens, nos ancêtres ont négligé ce soin, ou peut-être même l'ont-ils cru inutile, de sorte que ces trois signes prosodiques ont perdu parmi nous leur ancienne destination ; ce ne sont plus à notre égard que de purs signes orthographiques. En effet, toutes les fois qu'une syllabe grecque est marquée d'un *accent prosodique*, par exemple, d'un accent aigu, cela nous apprend que cette syllabe, relativement à celles qui la précèdent et qui la suivent, doit être élevée : toutes les fois, au contraire, qu'une syllabe françoise est marquée d'un *accent imprimé*, par exemple, d'un accent aigu, comme dans *bonté*, cela ne nous apprend rien autre chose, si ce n'est que l'*é* qui se trouve dans cette syllabe est fermé, et doit se prononcer autrement que si c'étoit un *e* ouvert, ou un *e* muet *. *(Même autorité.)*

Cette variété de tons, tantôt graves, tantôt aigus, tantôt circonflexes, fait que le discours est une espèce de chant, selon la remarque de Cicéron, et c'est là ce qu'on appelle

---

* (*Accent prosodique.*) Nous n'avons pas, comme dit Desaintonges, un *accent prosodique* exactement noté comme celui des langues anciennes, mais nous avons un accent expressif qui consiste dans le rapport des mots avec les usages qui les rappellent.

accent grammatical. Il ne faut pas le confondre avec l'*accent oratoire*, qui doit varier les tons à l'infini, selon qu'on exprime le pathétique, l'ironie, l'admiration, la colère ou toute autre passion. Mais l'accent oratoire, outre qu'il n'est pas du ressort de la Grammaire, ne peut pas être l'objet de nos observations dans cet endroit, où il n'est question que de l'accent des mots isolés.

(M. *Estarac*, n° 236 et 237.)

ARTICLE II.

DE LA QUANTITÉ.

La *quantité* exprime une émission de voix plus longue ou plus brève. On ne doit pas la confondre avec l'*accent*, car l'accent marque l'élévation ou l'abaissement de la voix, dans la prononciation d'une syllabe; au lieu que la *quantité* marque le plus ou le moins de temps qui s'emploie à la prononcer, ce qui constitue l'exactitude et la mélodie de la prononciation, et sert à éviter des contre-sens et des quiproquo souvent ridicules.

(*D'Olivet*, Prosodie française.)

Nous avons, en effet, plusieurs mots qui ont des significations tout-à-fait différentes, selon que l'une de leurs voyelles est longue ou brève; et celui qui prononceroit ces voyelles au hasard, sans soin, sans discernement, feroit entendre autre chose que ce qu'il auroit voulu dire, et tomberoit dans des méprises fréquentes.

Par exemple, une *tâche* à remplir n'est pas une *tache*, souillure; *tâcher* de faire son devoir ne se prononce pas comme *tacher* son habit. Il y a de la différence dans le sens comme dans la prononciation, entre *mâle*, animal, et *malle*, bahut; entre *mâtin*, chien, et *matin*, partie du jour; entre *pécher* et *pêcher*, etc., etc. Si l'on ne met pas dans la prononciation de ces mots, et de tous ceux qui sont dans le même cas, la différence qu'exige leur quantité respective, ce désordre dans la prononciation entraînera nécessairement le désordre et la confusion dans l'expression des idées.

(M. *Estarac*, pag. 891.)

Une brève se prononce dans le moins de temps possible. Quand nous disons *à Strasbourg*, il est clair que la première syllabe, qui n'est composée que d'une seule voyelle, nous prendra moins de temps que l'une des deux suivantes, qui, outre la voyelle, renferme plusieurs consonnes ; mais les deux dernières, quoiqu'elles prennent chacune plus de temps que la première syllabe *à*, n'en sont pas moins essentiellement brèves; pourquoi ? parce qu'elles se prononcent dans le moins de temps possible.

Il y a donc des *brèves* moins brèves les unes que les autres ; et, par la même raison, il y a aussi des longues plus ou moins longues, sans cependant que la moins brève puisse jamais être comptée parmi les longues, ni la moins longue parmi les brèves.

La syllabe féminine, celle où entre l'*e* muet, est plus brève que la plus brève des masculines ; et, quoiqu'on appelle cet *e* muet, il arrive presque toujours qu'il se fait entendre.

(*D'Olivet*, page 66.)

Une chose à ne pas oublier, c'est qu'on mesure les syllabes, non pas relativement à la lenteur ou à la vitesse accidentelle de la prononciation, mais relativement aux proportions immuables qui les rendent ou longues ou brèves. Ainsi, ces deux médecins de Molière, l'un qui alonge excessivement ses mots, et l'autre qui bredouille, ne laissent pas d'observer également la *quantité* ; car, quoique le bredouilleur ait plus vite prononcé une longue que son camarade une brève, tous les deux ne laissent pas de faire exactement brèves celles qui sont brèves, et longues celles qui sont longues, avec cette différence seulement, qu'il faut à l'un sept ou huit fois plu de temps qu'à l'autre pour articuler.

(Même autorité, page 68.)

Tâchons présentement de faire connaître nos *brèves* et

nos *longues*. Pour exécuter ce dessein, peut-être seroit-il nécessaire de donner une table de nos différentes terminaisons ; mais ce détail, très-utile d'ailleurs, nous mèneroit trop loin, et nous avons pensé qu'il suffiroit au plus grand nombre de nos lecteurs de trouver ici des règles générales. C'est dans l'excellent Traité de *D'Olivet* sur la *Prosodie*, que nous les puiserons ; mais on ne perdra pas de vue que leur application ne doit se faire que *dans la prononciation soutenue*, sans avoir égard aux licences de la conversation.

RÈGLES GÉNÉRALES.

1° Toute syllabe dont la dernière voyelle est suivie d'une consonne finale qui n'est ni *s* ni *z* est brève : *săc, nectăr, sĕl, fĭl, pŏt, tŭf*, etc.

2° Toute syllabe masculine, brève ou non au singulier, est toujours longue au pluriel : des *sācs*, des *sēls*, des *pōts*, etc.

Il faut excepter de cette règle les substantifs qui n'ont ni *s* ni *x* au pluriel : dans *numero, te Deum, kirschwasser*, etc., la dernière syllabe n'est pas plus longue au pluriel qu'au singulier ; c'est le *s* ou le *z* qui rend la syllabe longue.

3° Tout singulier masculin, dont la finale est l'une des caractéristiques du pluriel, est long : le *tēmps*, le *nēz*, etc.

4° Quand un mot finit par un *l* mouillé, la syllabe est brève : *éventăil, avrĭl, vermĕil, quenŏuille, fautĕuil*.

5° Quand les voyelles nasales sont suivies d'une consonne qui n'est pas la leur propre, c'est-à-dire, qui n'est ni *m* ni *n*, et qui commence une autre syllabe, elles rendent longue la syllabe où elles se trouvent : *jāmbe, jāmbon, crāinte, trēmbler, pēindre, jōindre, tōmber, hūmble*, etc.

6° Quand les consonnes qui servent à former les voyelles nasales, c'est-à-dire *m* ou *n*, se redoublent, cela rend brève la syllabe à laquelle appartient la première des consonnes redoublées, qui demeure alors muette et n'est plus nasale : *épigrămme, consŏnne, persŏnne, qu'il prĕnne,* etc.

7° Toute syllabe qui finit par *r,* et qui est suivie d'une syllabe commençant par toute autre consonne, est brève : *bărbe, bărque, bĕrceau, infĭrme, ŏrdre,* etc.

8° Quelle que soit la voyelle qui précède deux *r*, quand ces deux lettres ne forment qu'un son indivisible, la syllabe est toujours longue : *ārrēt, bārre, bizārre, tonnērre,* etc.

9° Entre deux voyelles, dont la dernière est muette, les lettres *s* et *z* alongent la syllabe pénultième : *bāse, extāse, diocēse, bētise, franchīse, rōse, epōuse,* etc.

Mais, si la syllabe qui commence par une de ces lettres est longue de sa nature, elle conserve sa quantité, et souvent l'antépénultième devient brève : il *s'extăsie, pĕscée, epŏusée,* etc.

10° Un *r*, ou un *s* prononcé qui suit une voyelle et précède une autre consonne, rend toujours la syllabe brève : *jăspe, măsque, ăstre, burlĕsque, funĕste, bărbe, bĕrceau, infĭrme, ŏrdre,* etc.

11° Tous les mots qui finissent par un *e* muet, immédiatement précédé d'une voyelle, ont leur pénultième longue : *pensēe, armēe, joīe, j'envoīe, je loūe, il joūe, la rūe, la nūe,* etc.

Mais, si dans tous ces mêmes mots l'*e* muet se change en *e* fermé, alors la pénultième, de longue qu'elle étoit, devient brève : *loŭer, mŭer,* etc.

12° Quand une voyelle finit la syllabe, et qu'elle est suivie d'une autre voyelle qui n'est pas l'*e* muet, la syllabe est brève ; *crĕé, fĕal, actĭon, hăir, doŭé, tŭer,* etc.

L'observation des règles générales qu'on vient de lire sur la quantité est si importante, que d'elle seule dépend souvent le sens que l'on doit donner aux mots ; et pour finir sur ce qui regarde cette propriété de la prosodie, nous allons ésenter une table des homonymes qui sont les plus usités.

TABLE D'HOMONYMES

Qui ont une signification différente, selon qu'ils sont prononcés longs *ou* brefs.

SONS LONGS.	SONS BREFS.
Âcre, *piquant.*	Ăcre, *mesure de terre.*
Alêne, *outil de cordonnier.*	Haleĭne, *air attiré et repoussé par les poumons.*
Avănt, *préposition.*	Avĕnt, *les quatre semaines avant Noël.*
Bâiller, *respirer en ouvrant la bouche involontairement.*	Băiller, *donner.*
Bât, *selle pour des bêtes de somme.*	Băt (il), *du verbe* battre.
Bête, *animal irraisonnable.*	Bĕtte, *plante potagère.*
Beaûté, *juste proportion des parties du corps, régularité et perfection des traits. — belle femme.*	Bŏtté, *qui a des bottes.*
Boîte, *ustensile à couvercle.*	Boĭte (il), *du verbe* boiter.
Bônd, *saut.*	Bŏn, *adjectif.*
Châir, *substance molle et sanguine.*	Chĕr, *adjectif.*
Clâir, *adjectif.*	Clĕrc, *celui qui travaille chez un notaire, un avoué.*
Côrps, *substance étendue.*	Cŏr, *durillon aux pieds, — instrument.*
Côte, *os plat et courbé qui s'étend de l'épine du dos à la poitrine.*	Cŏte, *marque numérale.*
Coŷrs, *lieu de promenade.*	Coŭr, *espace découvert enfermé de murs.*
Craînt (il), *du verbe* craindre.	Crĭn, *poil long et rude.*
Cuîre, *verbe.*	Cuĭr, *peau d'un animal.*
Dégoûte (il), *il ôte le goût, l'appétit.*	Dégoŭtte (il), *il tombe goutte à goutte.*
Dont, *pronom relatif.*	Dŏn, *présent.*

SONS LONGS.	SONS BREFS.
Faîte, *sommet*.	Faite, *participe féminin du verbe* faire.
Fête, *jour consacré à Dieu*.	
Faix, *fardeau*.	Fait (il); *du verbe* faire.
Fais (tu), *du verbe* faire.	
Forêt, *grande étendue de terrain couvert de bois*.	Foret, *petit instrument pour percer*.
Fûmes (nous), *du verbe* être.	Fume (je), *du verbe* fumer.
Goûte (il), *du verbe* goûter.	Goutte, *petite partie d'un liquide*.
Grâve, *adjectif*.	Grave (il), *du verbe* graver.
Hâle, *air chaud et sec qui flétrit le teint, les herbes*.	Halle, *lieu qui sert de marché*.
Hôte, *qui tient une hôtellerie, etc.*	Hotte, *panier que l'on porte sur le dos*.
Jais, *substance d'un noir luisant*.	Jet, *action de jeter*.
Jeûne, *abstinence*.	Jeune, *peu avancé en âge*.
	Laid, *adjectif*.
Legs, *don fait par un testateur*.	Lait, *liqueur blanche que donnent les mamelles de certains animaux*.
Lais, *jeune baliveau de réserve*.	Lai, *laïque, frère lai*.
Laisse (je), *du verbe* laisser.	Laisse, *cordon pour mener des chiens de chasse*.
Maître, *substantif*.	Mettre, *verbe*.
Mâtin, *chien*.	Matin, *premières heures du jour*.
Mois, *12e partie de l'année*.	Moi, *pronom personnel*.
Mont, *montagne; t. de poés*.	Mon, *pronom possessif*.
Mûr, *adjectif*.	Mur, *muraille*.
Masse, *gros bout d'une queue de billard*.	Masse, *amas*.
Mâle, *qui est du sexe masculin*.	Malle, *espèce de coffre*.
Naît (il), *du verbe* naître.	Net, *adjectif*.
Pâte, *farine détrempée et pétrie*.	Patte, *pied des animaux, etc.*
Paume, *jeu, — dedans de la main*.	Pomme, *fruit*.

SONS LONGS.	SONS BREFS.
Pêcher, *prendre du poisson.*	Pĕcher, *transgresser la loi divine.*
Pêne, *morceau de fer qui ferme une serrure.*	Peïne, *affliction, souffrance.*
Plaine, *plate campagne.*	Pleïne, *féminin de l'adjectif* plein.
Rôgne (je), *je retranche.*	Rŏgne, *maladie.*
Rôt, *mets.*	Rŏt, *vent qui sort de l'estomac et s'échappe avec bruit de la gorge.*
Sâs, *tissu de crin qui sert à passer de la farine, etc.*	Că, *adverbe.* Să, *adjectif possessif.*
Sâut, *action de sauter.*	Sŏt, *stupide, grossier.*
Saînt, *pur, souverainement parfait.*	Ceïnt, *participe du verbe* ceindre. Seïn, *partie du corps humain.* Seïng, *signature.*
Scêne, *lieu où se passe une action.* Cêne, *dernier souper de Jésus-Christ.* Saîne, *féminin de l'adjectif* sain.	Seüe (la), *rivière.*
Tête, *partie de l'animal, siége des organes des sens.*	Tĕtte (il), *il tire le lait de la mamelle.*
Tâche, *ouvrage donné à faire dans un temps limité.*	Tăche, *souillure.*
Três, *adverbe.*	Traĭt, *dard,—ligne au crayon, etc.*
Vaîne, *féminin de l'adjectif* vain.	Veïne, *vaisseau qui contient le sang.*
Vêr, *insecte long et rampant.*	Vĕrt, *la couleur verte.*
Vîvres, *substantif.*	Vĭvre, *verbe.*
Voîx, *son qui sort de la bouche de l'homme.*	Voĭt (il), *du verbe* voir
Vôler, *dérober.*	Vŏler, *se mouvoir en l'air.*

(D'Olivet, Traité de la Pros. franç., page 95, art. 4.—
Lévizac, pag. 143, t. 1.— Sicard, pag. 477, t. 2.)

Puisque la prosodie, dit l'abbé *D'Olivet*, nous enseigne la juste mesure des syllabes, elle est donc utile, elle est donc indispensable pour bien parler. Mais ce seroit parler très-mal que d'en observer les règles avec une exactitude qui laisseroit apercevoir de l'affectation et de la contrainte : le naturel, nous ne saurions trop le dire, tant au physique qu'au moral, seul nous plaît, nous intéresse et nous captive. C'est donc à tort qu'on voit tant d'étrangers donner si peu de soin à la prosodie. Cependant il ne faut pas accabler leur mémoire d'une infinité de règles minutieuses; mais, en les faisant lire, ou en conversant avec eux, il faut leur faire remarquer les syllabes longues et les syllabes brèves, leur faire contracter l'habitude d'appuyer sur les premières, et de glisser sur les secondes : il faut accoutumer, dès le principe, leur oreille à placer l'accent prosodique sur la syllabe qui doit l'avoir, et l'accent oratoire sur le mot de la phrase qui en est susceptible; par ce moyen, on les habituera à saisir les nuances prosodiques, d'où résulte l'harmonie que l'orateur ou le poète a eue en vue.

Ensuite tout étranger doit savoir que, comme le caractère du Français est d'être vif, doux, ceux qui formèrent peu à peu notre langue, se proposèrent évidemment de retracer ce caractère dans son langage. Pour la rendre vive, ou ils ont abrégé les mots empruntés du latin, ou, lorsqu'ils n'ont pu diminuer le nombre des syllabes, du moins ils en ont diminué la valeur, en faisant brèves la plupart de celles qui étoient longues. Pour la rendre douce, ils ont multiplié l'*e* muet, qui rend nos élisions coulantes; et, comme les articles et les pronoms reviennent souvent, ils en ont banni (51) l'hiatus; jugeant une cacophonie pire qu'une irrégularité.

Il est nécessaire encore que tout étranger sache que, quoique nous ne puissions pas faire dans nos vers le même usage que les anciens faisoient des longues et des brèves, elles y

---

(51) *L'épée*, pour *la épée*. — *Mon amitié*, pour *ma amitié*, etc.

servent cependant, par la manière dont elles y sont placées et entremêlées, à peindre les divers objets. Il est certain que le vers devient plus lent ou plus vif, selon qu'on y multiplie des pieds où dominent les longues, ou ceux où dominent les brèves. L'utilité réelle de la prosodie bien observée est donc de pouvoir donner au style poétique ou de la vivacité, ou de la lenteur, selon l'occasion et le besoin.

On pourroit citer un grand nombre d'exemples de l'effet que produisent dans les vers de nos bons poètes le mélange heureux des longues et des brèves, et l'emploi judicieux qu'ils ont fait de ces deux parties de la quantité prosodique. L'abbé *D'Olivet* a choisi avec raison l'exemple qu'offrent les quatre derniers vers du second chant du Lutrin.

Boileau a voulu peindre la Mollesse qui se plaint du tort que lui ont fait les conquêtes de Louis XIV et son amour pour la gloire. Elle ne peut achever son discours :

. . . . Lā Mŏllēsse ŏpprēssēē,
Dāns să boŭche, ă cĕ mŏt, sēnt să lānguĕ glăcēē ;
Et, lāssĕ dĕ părler, sŭccōmbānt soŭs l'ĕffort,
Soŭpire, ĕtēnd lēs brās, ... fĕrmĕ l'oēil ĕt s'ēndōrt.
(Le Lutrin, ch. II.)

Nous n'avons rien dans notre langue, dit *D'Olivet*, de plus beau que ces vers ; le dernier surtout est admirable, et dans le second on voit effectivement la *langue glacée* de la Mollesse ; on la voit *glacée* par l'embarras que cause la rencontre de ces monosyllabes *sa, ce, sent, sa*, qui augmente encore par ces deux mots, où *gue, gla* font presque au lecteur l'effet que *Boileau* dépeint.

Enfin, il faut faire observer à un étranger qu'il y a différentes espèces de prononciation : car, comme le dit encore l'abbé *D'Olivet*, plus la prononciation est lente, plus la prosodie doit être marquée dans la lecture, et bien plus encore au barreau, dans la chaire, sur le théâtre. Il y a donc trois espèces de prononciation : celle de *la conversation*, celle de *la lecture*, et celle de *la déclamation*.

« La prononciation de *la déclamation*, dit l'abbé *Batteux*,

« est une espèce de chant : chaque son y est prononcé avec
« une sorte de modulation ; les syllabes longues y sont plus
« ressenties ; les brèves y sont articulées avec un soin qui
« leur donne plus de corps et de consistance : ce qui rend
« l'accent oratoire plus aisé à observer. »

Elle est *une espèce de chant*, parce qu'elle admet des intonations plus élevées ou plus basses, plus fortes ou plus foibles ; des tenues sur des longues ; des accélérations ou des ralentissements, selon les figures qu'on emploie ; enfin, des inflexions destinées à préparer la chute ou les différents repos. C'est ce que le même auteur prouve par cet exemple, tiré de *Fléchier* (Oraison funèbre de Turenne) :

« *Déjà frémissoit dans son camp | l'ennemi confus et déconcerté ; | déjà | prenoit l'essor, | pour se sauver dans les montagnes, | cet aigle, | dont le vol hardi | avoit d'abord effrayé nos provinces. | Hélas ! | nous savions ce que nous devions espérer, | et nous ne pensions pas | à ce que nous devions craindre. | O Dieu terrible, | mais juste en vos conseils | sur les enfants des hommes ! | vous immolez | à votre souveraine grandeur | de grandes victimes, | et vous frappez, | quand il vous plait, | ces têtes illustres | que vous avez tant de fois couronnées.* »

Nous avons marqué avec soin dans ce passage les différens repos de l'oreille, de l'esprit et de la respiration, afin qu'on puisse placer l'accent oratoire sur le mot qui doit l'avoir. Il y en a deux dans la première phrase, parce qu'il y a un demi repos après *camp*, et un repos final après *déconcerté*. Le premier accent, conformément aux règles que nous avons établies, porte sur *son*, et le second sur l'avant-dernière de *déconcerté*. Il y a six repos dans la seconde phrase : le premier après *déjà* ; le second après *essor* ; le troisième après *montagnes* ; le quatrième après *aigle* ; le cinquième après *hardi* ; et le sixième après *provinces*, etc. Ce n'est pas qu'on doive précisément s'arrêter après chaque repos que nous avons marqué ; mais on le peut, et cela suffit, parce qu'on ne s'arrêtera qu'après un de ces mots, selon la manière dont on sera affecté dans le moment de l'action. Voilà quant à l'accent oratoire.

Relativement aux intonations, aux tenues, aux accélérations et aux ralentissements, voici comment l'abbé *Batteux* s'explique à l'égard de la dernière phrase, *ô Dieu!* etc. : « l'in-
« tonation du premier membre, *ô Dieu terrible!* sera plus
« élevée, dit-il ; celle du second, *mais juste*, plus basse.
« L'orateur appuiera sur la première de *terrible*, et fera
« sonner fortement les deux r; il appuiera de même sur
« la première de *juste*, en faisant un peu siffler la *con-*
« *sonne* j. Il précipitera un peu l'articulation du reste de
« la période, *sur les enfans des hommes*, parce qu'il y a un
« peu trop de sons pour l'idée. Il appuiera de même sur *im-*
« *molez*, sur *grandeur*, sur *frappez* ; il développera la pre-
« mière de *têtes*, et l'avant-dernière d'*illustres* ; enfin il
« alongera, tant qu'il le pourra, la dernière de *couronnées*. »
Sur quoi notre habile professeur remarque « que les intona-
« tions, sensibles surtout au commencement des membres de
« périodes, et après le repos et les expressions appuyées, se
« placent sur les *consonnes* et non sur les voyelles, qu'elles sont
« entièrement séparées de l'accent, et ne sont que la syllabe
« accentuée, prononcée avec plus de force et d'étendue. »

Il ne faut pas néanmoins croire que ces intonations, ces tenues et ces accents, soient si fixes de leur nature, qu'ils ne varient jamais; ils dépendent au contraire, presque toujours, des figures que l'on emploie, parce qu'ils doivent être adaptés aux mouvements qu'on veut exciter dans l'esprit des auditeurs : ceci mérite quelque développement.

Dans l'*antithèse*, il doit y avoir le même contraste dans l'intonation que dans les idées. Ainsi, dans cette phrase : *Nous savions ce que nous devions espérer, et nous ne pensions pas à ce que nous devions craindre;* l'intonation sera plus haute dans le premier membre, et plus basse dans le second. Mais cette variété d'intonation ne changera rien à l'accent, parce qu'elle n'empêche pas que le repos ne soit toujours le même.

Dans la *répétition*, il y aura une intonation plus forte et plus d'appui sur le mot répété, parce que ce mot ne l'est que pour donner plus d'énergie ou plus de grâce au discours: *Mes enfants, approchez, approchez, je suis sourd.* Si l'on y fait attention, on verra que le second *approchez* se prononce d'une voix plus élevée, et que le son se prolonge sur la dernière syllabe.

Dans la *gradation*, l'intonation doit toujours aller en croissant à chaque degré. *D'abord il s'y prit mal, puis un peu mieux, puis bien; puis enfin il n'y manqua rien.*

Dans *l'interrogation*, l'intonation sera élevée, et il y aura de la vivacité dans le récit : *Ma mignonne, dites-moi, vous campez-vous jamais sur la tête d'un roi, d'un empereur, ou d'une belle ?* Les demi-repos seront peu marqués, afin de parvenir promptement au repos final ; mais l'accent ne portera que sur l'avant-dernière de *belle*, parce que l'effet de l'interrogation est d'y élever ordinairement la voix. Mais si la réponse suit, l'intonation de la demande sera plus élevée, et celle de la réponse plus basse, afin de marquer le contraste ; et même l'accent portera quelquefois sur la dernière syllabe, parce que; comme l'observe l'abbé *Batteux*, l'interrogation, attirant la réponse, en prend pour appui les premières syllabes. En voici un exemple : *En est-ce assez ? Nenni. M'y voici donc ? Point du tout.*

Dans *l'apostrophe*, l'intonation s'élève tout-à-coup avec une espèce de transport : *Amour, tu perdis Troie !* Mais la voix baisse aussitôt pour tendre au repos.

Nous ne pousserons pas ce détail plus loin, parce que ce qui vient d'être dit suffit pour donner aux étrangers une idée de l'art si difficile de bien déclamer, et, par conséquent, leur montre la nécessité de se former de bonne heure à une exacte prosodie, à la connoissance de l'accent, et à l'intonation qui convient à chaque mouvement oratoire. C'est aux guides qu'ils choisiront à leur faire appliquer à toutes les figures les principes que nous venons d'établir; car chacune a son intonation, ses tenues, ses inflexions, ses précipitations, ses ralentissements, ses accents ; en un mot, un caractère qui lui est propre.

La seule attention qu'on doive avoir, en se livrant aux différents sentiments que l'on éprouve, c'est de ne pas confondre l'accent oratoire avec l'accent prosodique.

« L'*accent oratoire*, dit *Duclos*, influe moins sur chaque syllabe d'un mot par rapport aux autres syllabes, que sur la phrase entière par rapport au sens et au sentiment : il modifie la substance même du discours, sans altérer sensiblement l'accent prosodique. La prosodie particulière des mots d'une phrase interrogative ne diffère pas de la prosodie d'une phrase affirmative, quoique l'accent oratoire soit très-différent dans l'une et dans l'autre. Nous marquons dans l'écriture l'interrogation et la surprise ; mais combien avons-nous de mouvements de l'ame, et par conséquent d'inflexions oratoires, qui n'ont point de signes écrits, et que l'intelligence et le sentiment peuvent seuls faire saisir ! Telles sont les inflexions qui marquent la colère, le mépris, l'ironie, etc. L'accent oratoire est le principe et la base de la déclamation. »

La prononciation de la lecture doit être bien moins marquée ; mais elle doit l'être d'une manière sensible, parce que cette prononciation, étant lente, donne le temps à la réflexion d'apercevoir les fautes qu'on pourroit faire. On ne lit bien qu'en donnant à chaque syllabe sa véritable valeur, à chaque sentiment sa juste intonation. Quoique tout ce que nous avons dit sur la déclamation doive s'observer dans la lecture, il ne s'ensuit pas qu'on doive lire comme on déclame. Dans la déclamation on est hors de soi ; on est tout au mouvement qu'on éprouve, et qu'on veut faire passer dans l'ame des autres. Mais en lisant, on est de sang froid, et, quoiqu'on éprouve des émotions, ces émotions ne vont pas jusqu'à nous le faire perdre. Déclamer en lisant, c'est donc mal lire, même en lisant une scène tragique. On doit se rappeler qu'on ne la joue pas, mais qu'on la lit. Un homme qui, en lisant les fureurs d'Oreste, paroîtroit agité par les Furies, n'exciteroit que le rire ou la pitié des auditeurs : il n'est, ni ne doit être Oreste. La décomposition dans les traits, et les contorsions dans les membres, seroient aussi hors de saison que ridicules. Le ton de la lecture, en général, doit être soutenu. Il ne doit avoir d'autre variation que celle que nécessite l'intonation propre à chaque figure, ni d'autre inflexion que celle que produit l'accent oratoire. Il faut que le passage du grave à l'aigu, ou de l'aigu au grave, ne soit marqué que par des demi-tons, et très-souvent même par des quarts de ton. Rien ne choque comme d'entendre parcourir trois ou quatre tons de l'octave dans une même phrase, et c'est néanmoins ce qui est très-ordinaire, surtout dans les pays étrangers. Bien lire en français et bien lire en anglais sont deux manières entièrement opposées; et cette opposition tient à la différence de la nature de l'accent prosodique dans les deux langues.

La prononciation de la conversation diffère des deux autres en ce que la plupart des syllabes y paroissent brèves; mais, si l'on y fait attention, il est aisé de s'apercevoir que la quantité est observée par les personnes qui parlent bien. Cette prononciation n'a d'autre règle que le bon usage. On ne la saisira jamais, dans les pays étrangers, que par l'habitude de vivre avec des personnes bien élevées, ou par les soins d'un maître qui a vécu dans la bonne compagnie, et qui a cultivé son esprit et son langage. Mais, comme nous l'avons déjà dit, il faut éviter toute espèce d'affectation et de gêne, parce que, dit *D'Olivet* (Traité de Prosodie, page 55), la prononciation de la conversation souffre une infinité d'hiatus, pourvu qu'ils ne soient pas trop rudes; ils contribuent à donner au discours un air naturel; aussi la conversation des personnes qui ont vécu dans le grand monde est-elle remplie d'hiatus volontaires qui sont tellement autorisés par l'usage, que si l'on parloit autrement, cela seroit d'un pédant. Parmi ces personnes, *folâtrer et rire, aimer à jouer*, se prononcent, dans la conversation, *folâtré et rire, aimé à*

SECONDE PARTIE.

DES MOTS

CONSIDÉRÉS COMME MOYENS DE RENDRE NOS PENSÉES

DANS LA LANGUE PARLÉE ET DANS LA LANGUE ÉCRITE.

On peut définir les mots, des sons articulés, ou simples, ou composés que les hommes ont représentés par des signes d'une ou de plusieurs syllabes, pour rendre leurs pensées.

Dès-lors on ne peut bien comprendre les diverses significations que renferment les mots, qu'on n'ait bien compris auparavant ce qui se passe dans l'esprit.

Or il y a trois opérations de l'esprit : *concevoir, juger, raisonner*.

Concevoir n'est autre chose qu'un simple regard de l'esprit, soit sur des objets intellectuels, comme l'*être*, la *durée*, la *pensée*, *Dieu*; soit sur des objets matériels, comme un *cheval*, un *chien*.

Juger, c'est affirmer qu'une chose que nous concevons est telle, ou n'est pas telle; comme lorsqu'après avoir conçu l'idée de la *terre*, et l'idée de la *rondeur*, j'affirme de la *terre* qu'elle est *ronde*.

Raisonner, c'est se servir de deux jugements pour en former un troisième; comme, lorsqu'après avoir jugé que toute vertu est *louable*, et que la patience est une *vertu*, j'en conclus que la *patience* est *louable*.

D'où l'on voit que la *troisième* opération de l'esprit (le

raisonnement) n'est qu'une suite nécessaire de la *conception* et du *jugement*; ainsi, il suffira, pour notre sujet, de considérer les deux premières opérations, ou l'influence de la première sur la seconde; car les hommes, tout en exprimant ce qu'ils conçoivent, expriment presque toujours le jugement qu'ils portent de l'objet dont ils parlent.

Les deux choses les plus importantes pour le Grammairien, dans les opérations de l'esprit, sont donc l'objet de la pensée, et l'impression que cet objet laisse, puisque c'est de là que naît l'affirmation.

De ce principe lumineux, vrai fondement de la métaphysique du langage, et du besoin qu'ont éprouvé les hommes de créer des signes qui exprimassent tout ce qui se passe dans leur esprit, il résulte que la manière la plus naturelle de distinguer les mots, c'est de les diviser en deux classes; savoir : les mots qui désignent les objets de nos pensées, et les mots qui peignent les différentes vues sous lesquelles nous les considérons.

La première espèce comprend donc les mots qu'on est convenu d'appeler *substantifs* et *pronoms*; et la seconde, l'*article*, l'*adjectif*, le *verbe* avec ses inflexions, la *préposition*, l'*adverbe*, la *conjonction*, et l'*interjection*. Tous ces mots sont la suite nécessaire de la manière dont nous exprimons nos pensées, et servent à faire connoître l'enchaînement des rapports qui existent entre elles.

(MM. de *Port Royal*, 2° partie, p. 60 et suiv.)

Cette division est sans doute la plus philosophique; mais, comme les mots qui expriment l'objet de nos pensées, et ceux qui en expriment la forme et la manière, se trouvent entremêlés dans nos discours, nous donnerons aux mots l'ordre que tous les Grammairiens ont adopté; et en conséquence nous parlerons, 1° du *Substantif*, 2° de l'*Article*, 3° de l'*Adjectif*, 4° du *Pronom*, 5° du *Verbe*, 6° de la *Préposition*, 7° de l'*Adverbe*, 8° de la *Conjonction*, 9° de l'*Interjection*.

CHAPITRE PREMIER.

DU SUBSTANTIF.

Le *Substantif* est un mot qui, sans avoir besoin d'aucun autre mot, subsiste par lui-même dans le discours, et signifie quelque être ou réel, comme le *soleil*, la *terre*, ou réalise en quelque sorte par l'idée que nous nous en formons, comme l'*abondance*, la *blancheur*.   (D'Olivet, Essais de Gramm., pag. 127.)

On divise les *Substantifs* en *Noms propres* et en *Noms communs*, autrement dits *appellatifs*, à cause de l'appellation commune aux individus de toute une espèce.

Le *Nom propre* est le nom qui distingue un homme des autres hommes, une ville des autres villes, enfin celui qui exprime une idée qui ne convient qu'à un seul être ou à un seul objet : *Corneille, Paris*.   (Le Dict. de l'*Académie*.)

Le nom *commun* ou *appellatif* est celui qui convient à tout un genre, toute une espèce ; ainsi le mot *arbre* est un *nom appellatif*, parce qu'il comprend la classe des végétaux pourvus de qualités semblables qui les ont fait ranger sous cette dénomination.

Le *Nom appellatif*, commun à plusieurs individus, est opposé au *Nom propre*, qui ne convient qu'à un seul.
(*Dumarsais*, Encycl. méth.)

Parmi les Noms communs ou appellatifs, on doit distinguer les Noms *collectifs*, à cause des lois particulières que quelques-uns d'entre eux suivent dans le discours.

Les Grammairiens les ont nommés *Substantifs collectifs*, parce que, quoique au singulier, ils présentent à l'esprit l'idée de plusieurs personnes ou de plusieurs choses formant une collection : on en distingue deux sortes : *les collectifs partitifs* et les *collectifs généraux*.

Les noms *collectifs partitifs*, composés de plusieurs mots, marquent une partie des choses ou des personnes dont on parle; ils expriment une quantité vague et indéterminée, et sont ordinairement précédés de *un*, ou de *une*, comme dans ces phrases : *une foule de soldats, une quantité de volumes*.

Les Noms *collectifs généraux* marquent la totalité des personnes ou des choses dont on parle, ou bien un nombre déterminé de ces mêmes choses ou personnes : ces sortes de collectifs sont toujours précédés d'un des déterminatifs *le, la, ce, cette, mon, ton, notre, vos : le nombre des victoires, la totalité des Français, la moitié des arbres, cette sorte de poires, la foule des soldats*. (*Voy*. leur syntaxe à l'accord du verbe avec le sujet.)

Il y a deux choses à considérer dans les *Substantifs* : le genre et le nombre.

Enfin un substantif commun composé de plusieurs mots équivalant à un seul, tels que *arrière-pensée*, *chef-d'œuvre*, *songe-creux*, se nomme *substantif composé*.

ARTICLE PREMIER.

DU GENRE.

Les hommes ayant remarqué dans l'espèce humaine une différence sensible, qui est celle des deux sexes, ont jugé à propos d'admettre deux *Genres* dans les Noms Substantifs, le *masculin* et le *féminin* : le *masculin* appartient aux hommes et aux animaux mâles, et le *féminin* aux femmes et aux animaux femelles.

Quelquefois ils ont donné des noms différents aux mâles et aux femelles, comme l'homme et la *femme*; le bélier et la *brebis*; le sanglier et la *laie*; le bouc et la *chèvre*; le taureau et la *vache*; le lièvre et la *hase*; le cerf et la *biche*; le jars et l'*oie*; le lapin et la *lapine*, etc.

D'autres fois ils se sont contentés de les distinguer en leur donnant une terminaison différente, comme tigre, *tigresse*; ours, *ourse*; loup, *louve*; lapin, *lapine*; canard, *cane*;

renard, *renarde*; daim, *daine* (52); chevreuil, *chevrelle* ou *chevrette*; paon, *paone*; faisan, *faisanne*.

Souvent aussi ils se sont servis du même mot, soit masc., soit fém., pour exprimer le mâle et la femelle, comme le *corbeau*; le *crabe*; le *crapaud*; l'*écureuil*; le *perroquet*; le *renne*; le *requin*; le *sarigue*; le *rhinocéros*; le *taon*.

La *baleine*; la *bécassine*; la *corneille*; la *corbine*; la *hyène*; la *fouine*; la *grenouille*; la *perruche*.

Par imitation, quelquefois à cause de l'étymologie, ou bien encore sans motif réel, ils ont donné le Genre masculin ou le Genre féminin aux autres Substantifs, quoiqu'ils n'aient aucun rapport avec l'un ou l'autre sexe : *acrostiche, centime, amadou, éclair, épiderme, entr'actes, épisode, légume, monticule*, ont été mis au rang des noms masculins; et *anagramme, antichambre, épée, fibre, onglée, ouïe*, au rang de ceux qui sont féminins.

(Le Dictionnaire de l'*Académie*.)

Le caprice a souvent fait aussi que le Genre de plusieurs Substantifs a changé selon les temps; en voici quelques exemples.

AFFAIRE, actuellement *féminin*, étoit autrefois *masculin*. Marot, dans sa lettre au Roi pour qu'il le fît sortir de prison, et dans sa complainte sur la mort de *Florimond Robertet*, l'a fait de ce genre.

ÂGE, que nous faisons aujourd'hui *masculin*, étoit *féminin* du temps de P. Corneille.

> Outre l'âge en tous deux un peu trop *refroidie*,
> Cela sentiroit trop sa fin de comédie.
> (La Galerie du Palais, act. V.)

ART, du *masculin*, étoit *féminin* du temps de *Montaigne*, d'*Amyot*, et autres auteurs anciens.

COMTÉ étoit autrefois *féminin*; *Marot*, sur la mort de

---

(52) Les chasseurs prononcent *dine*.

Ft. Robertet, l'a fait de ce genre. Il a été ensuite *masculin* et *féminin*. Présentement il est toujours *masculin*, si ce n'est quand on parle de la *Franche-Comté*.

DATE. On disoit anciennement *le date* et *la date*. *Le date* de DATUM, et *la date* de DATA, en sous-entendant *epistola*. Aujourd'hui on ne dit plus que *la date*; de *fraîche date*; de *vieille date*.

ÉVÊCHÉ. *Ronsard*, dans sa réponse au ministre *Montdieu*, a fait ce mot *féminin*; il est présentement *masculin*.

Il en est de même du mot *Archevêché*.

INSULTE, qui ne peut aujourd'hui être employé qu'au *féminin*, étoit autrefois *masculin*. L'*Académie*, au commencement du dernier siècle, le faisoit de ce genre, en avertissant que plusieurs s'en servoient au *féminin*.

Bouhours, Fléchier lui ont aussi donné le genre *masculin*, et *Boileau* a dit dans le Lutrin :

> Evrard seul, en un coin prudemment retiré,
> Se croyoit à couvert de l'insulte *sacré*. (Chant V.)

Et Chant VI :

> À mes sacrés autels font *un profane* insulte,
> Remplissent tout d'effroi, de trouble et de tumulte.

NAVIRE. Il paroît, dit *Ménage*, que ce mot étoit autrefois *féminin*, et il pensoit que, dans la haute poésie, *la navire* valoit mieux que *le navire*. Mais aujourd'hui le *féminin* ne s'est conservé qu'en parlant du vaisseau des *Argonautes* : La *navire Argo*.

(*Richelet, Trévoux, Port-Royal, Boiste, Carpentier, Gallet* et l'*Académie*.)

POISON. Du temps de *Malherbe*, et avant ce temps, ce mot étoit presque toujours employé au *féminin*. *Cretin* (dans son Chant royal), *Ronsard* (dans une de ses Élégies), *Belleau* (dans la première Journée de sa Bergerie), *Desportes* (dans sa seconde Elégie), en ont fait usage en ce genre : en effet, dit *Ménage*, c'est de ce genre qu'il devroit être selon son étymologie latine *potio*, qui est féminin. Mais, malgré cela et malgré l'autorité des anciens écrivains, le mot *poison* est présentement *masculin*.

RENCONTRE, toujours *féminin* en quelque sens qu'on l'emploie, étoit autrefois *masculin*. Voiture, Arnauld d'Andilly, Pasquier, et plus récemment La Bruyère, Pavillon, Mascaron, J.-B. Rousseau ont dit *ce rencontre*, et les premières éditions du Dictionnaire de l'Académie les y autorisoient.

De cette variation d'usage il est résulté souvent qu'un même mot, avec la même signification, est demeuré des deux genres.

SUBSTANTIFS DE DIFFÉRENTS GENRES AYANT LA MÊME SIGNIFICATION.

AIGLE. Voyez les Remarques détachées, lettr. A.

AMOUR, désignant une vive affection, est masculin au singulier : *amour divin, amour paternel, amour filial*.

(L'*Académie*.)

Le *cœur*, dit Chrysostôme, *est le symbole de* L'AMOUR CONJUGAL ; *il meurt par la moindre division de ses parties*.

(*Vaugelas*, 371ᵉ rem. — *Wailly*, pag. 32; Lemare, p. 348, note 129, et le Dictionnaire de l'*Académie*.)

Il est également *masculin* au singulier, lorsqu'il exprime la passion d'un sexe pour l'autre : *vous êtes* MON PREMIER AMOUR. (*Lamotte*.) — *Il n'y a point de déguisement qui puisse cacher* L'AMOUR *où* IL *est, pour le feindre où* IL *n'est pas*. (La Rochefoucauld.)

(Mêmes autorités.)

Au pluriel, ce mot ne s'emploie guère qu'au *féminin* ; et alors il ne se dit que du sentiment particulier qui attache l'une à l'autre deux personnes de sexe différent : *Il n'y a point de belles prisons ni de* LAIDES AMOURS. (L'*Académie*.)

Adrien déshonora son règne par des amours MONSTRUEUSES.

(*Bossuet*.)

Pour parvenir au but de *ses noires amours*,
L'insolent de la force empruntoit le secours. (*Rac.*, Phèdre, IV, 1.)

Cette Esther, l'innocence et la sagesse même,
Que je croyois du ciel les plus *chères* amours. (Esth., III. sc. 4.)

Mais hélas! il n'est point d'*éternelles* amours. (*Boil.* les Héros de rom.)

Le passé n'a point vu d'*éternelles amours*,
Et les siècles futurs n'en doivent point attendre. (*Saint-Evremont.*)

(*Th. Corneille*, sur la 371e rem. de *Vaugelas*, l'*Académie*, pag. 386 de ses observ., son Dict. et les Gramm. modernes.)

Mais, lorsque ce substantif désigne ces espèces de petits génies qui, selon la mythologie des Grecs, servoient de cortége à la beauté, il est généralement employé au *pluriel* et au *masculin* : *tous ces* PETITS AMOURS *sont bien* GROUPÉS. — LES AMOURS RIANTS *et* LÉGERS *sont des tyrans dangereux.*
(*Girard*, *Wailly*, *Lévizac* et M. *Lemare*.)

Et vous *petits amours*, et vous jeunes zéphirs,
Qui pour armes n'avez que de tendres soupirs.
(*Corn.*, Psyché, act. III, sc. IV.)

Première remarque. — Si l'on consulte les anciens auteurs, tels que le cardinal *du Perron*, *Coeffteau*, *Berthaut*, *Villon*, *Marot*, et même le P. *Bouhours* (dans ses Entretiens, p. 419 de la 2e édition), il paroît que le mot *amour*, désignant la passion d'un sexe pour l'autre, étoit autrefois *féminin au singulier*; aussi l'*Académie* fait-elle observer qu'en poésie on le fait quelquefois de ce genre. En effet, on en trouve un grand nombre d'exemples dans *Racine* (Bérénice, V, 7; Iphigénie, acte V, sc. 3; Mithridate, I, 1; Phèdre, V, 1; Athalie, I, 4).

Dans *J.-B. Rousseau.*

Dans *Regnard* (le Distrait, I, 4; Satire contre les maris).

Dans *Molière* (les Femmes savantes, IV, 2).

Et dans *Voltaire* (Zaïre, Oreste, IV, sc. 1re; Adélaïde Duguesclin, II, 3).

Toutefois on n'a jamais fait usage que du *masculin*,

lorsque ce mot est employé pour l'amour que l'on porte à Dieu, auteur de tous les biens.

Seconde remarque. — Les poètes se sont crus également autorisés à employer au *masculin* le mot *amour* au *pluriel* : nous en avons trouvé des exemples dans *Molière* (les Femmes savantes, IV, 2);

Dans *Voltaire* (Œdipe, II; son apologie de la Fable; la Henriade, ch. IV; Nanine, I, 2; le conte des trois Manières);

Dans *Laharpe* (Cours de Littér., trad. des adieux d'Alceste, dans Euripide, t. 2);

Et dans *Delille* (poème de l'Imag., et le Paradis perdu, I, 9).

Quoi qu'il en soit, si l'on veut écrire purement en prose, il faut, de même que les bons écrivains, faire toujours le mot *amour*, *masculin* au singulier, et *féminin* au pluriel. Mais quelle est la raison de cette exception pour le pluriel? elle vient sans doute, comme le dit M. *Laveaux*, de la nécessité de distinguer ces petits dieux, *ces amours personnifiés*, que la mythologie nous peint si jolis, du sentiment, de la passion de l'amour.

AUTOMNE est *masculin*, quand l'adjectif précède : *un* BEL *automne*.

(L'*Académie*.)

Et toi, *riant* Automne, accorde à nos désirs
Ce qu'on attend de toi, des biens et des plaisirs.
(*Saint-Lambert*, les Saisons, 5ᵉ et 6ᵉ vers.)

Ou quand sur les coteaux le *vigoureux* Automne
Étaloit ses raisins dont Bacchus se couronne. (*Perrault*.)

Mais, *quand l'adjectif suit immédiatement, automne* est *féminin* : *une automne* FROIDE *et* PLUVIEUSE.

(L'*Académie*, Édit. de 1762 et de 1798. *Féraud*, au mot *automne* et au mot *pluvieux*. *Wailly, Lévizac, Boiste, Caminade* et *Gattel*.)

Une santé, dès-lors florissante, éternelle,
Vous feroit recueillir d'une Automne *nouvelle*
Les nombreuses moissons. (*J.-B. Rousseau*, Ode 5, l 3.)

Je me représente cette automne DÉLICIEUSE, *et puis j'en regarde la fin avec une horreur qui me fait suer les grosses gouttes.* (Madame de *Sévigné.*)

> La terre, aussi riche que belle,
> Unissoit, dans ces heureux temps,
> Les fruits d'une *Automne éternelle*
> Aux fleurs d'un éternel printemps.
> (*Gresset*, le Siècle pastoral, idylle.)

Si cependant il se trouvoit entre *automne* et l'adjectif, soit un adverbe, soit un verbe, alors on feroit usage du masculin : *un automne fort* SEC. (*L'Académie*, édit. de 1798.) — *L'automne a été trop* SEC. (*J.-J. Rousseau.*) — *L'automne a été universellement* BEAU *et* SEC. (*Linguet.*)

Remarque.—Domergue n'est point d'avis de faire ces distinctions, et il préfère ne se servir, avec *automne*, que du masculin, par analogie avec les autres saisons, qui sont de ce genre : *un bel été, un printemps froid, un hiver sec.* Déjà cette opinion commence à prévaloir; on lit dans *Delille* :

> Dirai-je à quels désastres,
> De l'Automne *orageux* nous exposent les astres?
> (Les Géorg., liv. I.)

> Aussi, voyez comment l'Automne *nébuleux*,
> Tous les ans, pour gémir, nous amène en ces lieux.
> (Poème de l'Imagin., ch. VII.)

CHOSE. Voy. les Remarq. détachées, au mot *quelque chose.*

COULEUR, employé comme mot générique, et alors signifiant l'impression que fait sur l'œil la lumière réfléchie par la surface du corps, est féminin : *les couleurs* PRIMITIVES *sont le violet, l'indigo, le bleu, le vert, le jaune, l'orangé et le rouge.*
(Le Dictionn. de l'*Académie*, et tous les Lexicographes.)

Mais on dit : UN BEAU *couleur de feu*. LE *couleur d'eau, de chair, de citron, sont mes couleurs favorites. Cette étoffe est d'un couleur de rose* CHARMANT; *et ce n'est pas parce que* le mot *couleur* est pris alors au masculin, ou parce qu'il y a quelque substantif masculin sous-entendu, tels que *ruban*, *habit*, etc.; c'est parce que, comme tous les noms simples qui désignent des couleurs sont masculins, et que l'on dit *le violet*, *l'indigo*, etc.; alors les mots composés *couleur de feu*, *couleur de chair*, *couleur de rose*, ont quitté leur genre propre pour prendre la catégorie des noms à laquelle ils appartiennent.

(M. *Auger*, Comm. sur *Molière*, Impr. de Vers., sc. V; et l'*Académie*.)

Couple est *masculin*, quand on parle d'un homme et d'une femme unis par l'amour ou par le mariage, ou seulement envisagés comme pouvant former cette union : *Un couple d'amants, un couple d'époux.*

Ce fut un heureux couple, *un* couple *bien assorti.*

(*Girard*, et M. *Lemare*, p. 369, note 132.)

Il est encore *masculin* quand il se dit d'un mâle et d'une femelle que l'on a appareillés ensemble : *Un couple de pigeons.*

(*Ménage*, chap. 73 de ses Observ.— *Beauzée*, Encycl. méth., au mot *couple*. — *Sicard*, page 84, t. 1; et M. *Laveaux*, son Diction. des Diffic.)

Mais *couple* est *féminin*, quand il est employé pour signifier deux choses quelconques d'une même espèce, qui ne vont pas ensemble nécessairement, et qui ne sont unies qu'accidentellement.

(Mêmes autorités.)

Il a avalé une couple *d'œufs.*

(*Girard* et M. *Lemare*.)

Nous avons tué une couple *de perdrix.*

(M. *Laveaux*.)

Remarque. — Quand deux choses vont ensemble par une nécessité d'usage, on se sert du mot *paire* : *Une* paire *de gants, de bas, de souliers, de jarretières, de bottes, de sabots, de boucles d'oreille, de pistolets*, etc.

On s'en sert encore, en parlant d'une seule chose nécessairement composée de parties qui font le même service : une PAIRE *de ciseaux, de lunettes, de pincettes,* etc.

Enfin une *couple* et une *paire* peuvent se dire des animaux ; mais *la couple* ne marque que *le nombre ;* et *la paire* y ajoute l'idée d'une association nécessaire. Ainsi un boucher dira qu'il achetera *une couple de bœufs,* parce qu'il en veut *deux ;* mais un laboureur doit dire qu'il en achetera *une paire,* parce qu'il veut les atteler à la même charrue.

DÉLICE. *Ménage* (dans ses Observations sur la langue française, 143ᵉ ch.) et *Vaugelas* (en sa 241ᵉ Rem.) pensent que ce mot ne doit pas s'employer au *singulier.*

L'*Académie* (sur cette Remarque, p. 272 de ses Observ. et dans son Dictionnaire), *Richelet, Trévoux, Wailly, Domergue, Lévizac,* M. *Lemare,* et plusieurs écrivains estimés sont au contraire d'avis que l'on peut très-bien dire C'est UN DÉLICE *de faire des heureux.*—*La contemplation est* LE DÉLICE *d'un esprit élevé et extraordinaire.*

Employé au pluriel, ce mot est toujours *féminin : Il fait* TOUTES SES DÉLICES *de l'étude.* (L'*Académie.*) *Les* DÉLICES *du cœur sont plus* TOUCHANTES *que* CELLES *de l'esprit.* (Saint-Evremont.) — *Dans les champs Élysées, dans cet heureux séjour de paix et de bonheur, les rois foulent à leurs pieds* LES MOLLES DÉLICES *et les vaines grandeurs de leur condition mortelle.* (Fénélon.)

Craignez que de sa voix les *trompeuses* délices, etc.
(*J.-B. Rouss.,* Ode sur la Flatterie.)

Mais pourquoi le mot *délice* est-il masculin au singulier et féminin au pluriel ? — Nous devons cette bizarrerie à la langue latine. On dit au singulier *delicium, delicii,* neutre : et au pluriel, *deliciæ, deliciarum,* féminin.

EXEMPLE.—Ce mot est *masculin : Les* BONS *exemples conduisent plus efficacement à la vertu que les bons préceptes.*
(L'*Académie.*)

Les hommes croient plus leurs yeux que leurs oreilles,

et par conséquent le chemin des bons préceptes est plus long que celui des BONS EXEMPLES. (MM. de *Port-Royal*.)
(L'*Acad.* sur la 345ᵉ Rem. de Vaugelas, pag. 300. Son Dict.—*Ménage*, ch. 73. — *Domergue*, page 42.— Et *Sicard*, p. 86, t. 1.)

Exception. — En fait d'écriture on fait le mot *exemple* féminin; et alors il signifie le modèle d'après lequel l'écolier forme ses caractères : *Son maître à écrire lui donne tous les jours de* NOUVELLES *exemples*.

Telle est l'opinion émise par *Vaugelas*, par *Régnier* et l'*Académie* (p. 300 de ses Observations, et dans son Dictionnaire, édition de 1762).

Toutefois, dans l'édition de 1798 (édition qui, comme nous l'avons déjà dit, n'est pas authentique), l'*Académie* est d'avis qu'en ce sens ce mot peut aussi être employé au masculin : *Un* BEL *exemple de lettres italiennes, de lettres bâtardes*; et M. *Lemare*, p. 370, note 136, croit qu'il est de ce genre dans toutes ses acceptions. Mais M. *Boniface* lui répond que ce mot est de deux genres, suivant l'analogie et suivant l'usage. On dit *une garde, une aide, une enseigne*; et *un garde, un aide, un enseigne*, pour *un* homme *de garde*, *un* homme qui sert *d'aide*, *un* homme qui porte l'*enseigne*. Par analogie on dit de même *un loutre, un remise, un vigogne*; et *une pendule, une office, une exemple*, pour un chapeau *de loutre*, un carrosse de *remise*, *un* chapeau de *vigogne*, *une* horloge à *pendule*, *une* pièce contenant ce qui est nécessaire au service, à l'*office*, *une* page servant d'*exemple*. M. *Boniface* en conclut que le mot *exemple* est essentiellement *masculin*, dans le sens que nous avons indiqué, de même que *pendule, office*; mais que, par ellipse, on l'emploie comme substantif féminin. *Laveaux* est aussi de cet avis.

GENS, pluriel de sa nature comme signe d'individus ou de particuliers, est essentiellement masculin. On dit *des gens* FINS *des gens fort* DANGEREUX (L'*Académie*); mais ce mot conserve accidentellement féminine la forme des adjectifs qui le précèdent immédiatement, et qui ne font avec lui qu'une eule et même expression : *dangereuses gens, vieilles gens, maintes sottes gens, certaines fines gens, quelles excellentes gens.* Cependant, si l'adjectif précédant immédiatement le mot *gens* n'avoit qu'une même terminaison pour les deux genres, et qu'il se trouvât accompagné ou de l'adjectif pronominal *tout*, ou de l'adjectif de nombre *un*, ou enfin d'un autre adjectif qui serviroit plutôt à déterminer le substantif *gens* qu'à le qualifier, alors *tout, un,* et cet adjectif resteroient masculins : *Tous les honnêtes gens ; maints imbécilles gens, certains honnêtes gens, un de ces braves gens.*

Mais remarquez bien que *tout* et *un* prendroient la forme *féminine*, si l'adjectif placé avant le mot *gens* n'avoit pas la même terminaison pour les deux. genres : *Toutes ces bonnes gens, toutes ces méchantes gens, une de ces vieilles gens.*

Remarquez aussi que le mot *gens* étant essentiellement masculin, il faut alors écrire :

Beaucoup de gens étudient toute leur vie ; à la mort ils ont tout appris, excepté à penser.

INSTRUITS *par l'expérience, les vieilles gens sont soupçonneux.*

Ce contraste bizarre de deux adjectifs de différent genre se rapportant au même mot, a besoin d'être justifié. Voici les motifs donnés par *Domergue*, dans son Manuel des étrangers, p. 44.

Gens, qui réveille l'idée du mot *hommes*, est *masculin* dans le fait, et ce n'est que la crainte de l'équivoque qui est la source de cette construction que désavouent tous les principes de syntaxe. Plus ami de la décence que de la grammaire, on a mieux aimé dire : ce sont *de belles gens*, que ce sont *de beaux gens*, ce sont *de bons gens*, où les plaisants ne manqueroient pas d'ajouter une des épithètes que le mot *Jean*, homonyme *de gens*, traîne à sa suite. Ce qui nous confirme dans cette opinion, c'est que le mot *gens* reprend ses droits dès qu'il n'y a plus à craindre d'équivoque. Ainsi, après avoir dit, pour la décence, les *vieilles gens*, on ajoute, pour l'exactitude, sont *soupçonneux*. Car enfin le changement de place de l'adjectif ne sauroit être, pour les bons esprits, une raison suffisante de changement de genre. Mais plaçons devant *gens* un adjectif qui écarte toute équivoque, l'usage exigera le masculin : on dit *tous* les honnêtes gens, *tous* les gens de bien, etc. Ce n'est donc point parce que l'adjectif précède *gens*, que l'usage l'a voulu ordinairement féminin, mais seulement parce qu'assez souvent dans cette circonstance le masculin prêteroit à la plaisanterie.

Observez que le mot *gens* ne se dit point d'un nombre déterminé, à moins qu'il ne soit accompagné de certains adjectifs; ainsi on ne dit pas *deux gens*, mais on dit *deux jeunes gens*, *deux braves gens*, etc. On dit *mille gens l'ont vu*; et cela confirme cette règle au lieu de la détruire, puisque *mille*, dans cette phrase, est pour un nombre indéterminé. C'est le *sexcenti* des Latins.

(M. *Auger*, Comment. sur Mol., Impromptu de Versailles, sc. III.)

FOUDRE. Ce Substantif, employé au propre, dans le discours ordinaire et dans le langage des physiciens, est féminin. — *Les prières ferventes apaisent Dieu, et lui arrachent* LA FOUDRE *des mains.*

(L'*Académie*.)

La foudre est dans ses yeux, la mort est dans ses mains.
(*Voltaire*, la Henr., ch. IV.)

La foudre, éclairant seule une nuit si profonde,
A sillons redoublés couvre le ciel et l'onde.
(*Crébillon*, Élect., II, 1.)

Toutefois l'*Académie* a mis au nombre des exemples : *Être frappé* DE LA FOUDRE, et *être frappé* DU FOUDRE : mais il est vraisemblable que, quand elle a dit *être frappé du foudre*, elle a voulu parler *du foudre vengeur*, de cette espèce d'attribut de Jupiter; et quand elle a dit *être frappé de la foudre*, elle a entendu parler du tonnerre qui éclate et qui frappe.

Au figuré *foudre* est toujours *masculin* : *Le* FOUDRE *vengeur.*
(L'*Académie.*)

On m'y verra braver tout ce que vous craignez,
Ces *foudres impuissants* qu'en leurs mains vous peignez.
(*Corneille*, Polyeucte, act. V, sc. 5.)

Mais du jour importun les regards éblouis
Ne distinguèrent point, au fort de la tempête,
Les *foudres menaçants* qui grondoient sur sa tête.
(*Volt.*, Henr., ch. III.)

Foudre, au figuré, ne s'emploie que dans le style élevé.

En parlant d'un capitaine brave et diligent, on dit *un foudre* de guerre, et d'un grand orateur, *un foudre* d'éloquence. (L'*Académie.*)

Quand le sublime vient à éclater où il faut, il renverse tout comme un FOUDRE.
(*Boileau*, Traité du Sublime, ch. 1.)

Mânes des grands Bourbons, *brillant foudre* de guerre.
(*Corneille*, Victoire du roi en 1667.)

ORGE, sorte de grain du nombre de ceux qu'on appelle menus grains, est *féminin* lorsqu'on parle de l'orge qui est sur pied : *De l'orge bien* LEVÉE, *voilà de* BELLES *orges;* mais, lorsqu'on parle de l'orge en grains, il est masculin, et c'est dans ce cas seulement : *De l'orge mondé, de l'orge perlé.*

L'orge mondé se dit des grains qu'on a bien nettoyés et préparés, et *l'orge perlé* se dit de l'orge réduit en petits grains dépouillés de leur son.
(Le Dict. de l'*Académie*, *Wailly*, *Gattel*, *Féraud*, etc., etc.)

Domergue, se fondant sur l'étymologie de ce mot (*hordeum*), veut que *orge* soit toujours masculin.

ORGUE, le plus grand et le plus harmonieux des instruments de musique, est *masculin* au singulier, et *féminin* au pluriel : *L'*ORGUE *d'une telle église est* EXCELLENT.—*Il y a de* BONNES *orgues en tel endroit.*
(L'*Académie.*)

(*Ménage*, 73ᵉ chapitre de ses Remarq.; *Wailly*, page 33; *Sicard*, page 86, t. 1; et le Dict. de l'*Académie.*)

Remarque.—L'auteur des procès-verbaux de l'*Académie gram.* pense qu'il vaut mieux employer le singulier quand on parle de cet instrument, sans avoir égard à la diversité de ses jeux : *un* GRAND *et* BEL ORGUE ; et le pluriel quand ses divers jeux fixent notre attention : *des orgues bien* HARMONIEUSES.

NOTA. Voyez, aux Remarques détachées, une question de syntaxe assez curieuse sur l'emploi de ce mot.

Aux *pronoms indéfinis*, on trouvera des observations sur l'emploi des deux mots PERSONNE et ON.

Cette variation de genres a fait encore qu'on a donné les deux genres à deux mots pareils, mais d'une acception différente.

SUBSTANTIFS DE DIFFÉRENT GENRE,

d'une même consonnance, mais ayant différentes significations.

MASCULIN.	FÉMININ.
AIDE, celui qui aide à un autre : *Aide de camp, aide des cérémonies.*	AIDE, secours, assistance qu'on donne ou que l'on reçoit : *Aide assurée, prompte.*
AIGLE. Voyez les Remarques détachées.	AIGLE. Voyez les Remarques détachées.
ANGE, créature spirituelle ; *figurément*, personne d'une piété extraordinaire, personne d'une grande douceur.	ANGE, poisson de mer qui tient le milieu entre les chiens de mer et les raies. — Petit moucheron qui naît du vin et du vinaigre.
AUNE (53), arbre de bois blanc qui croît dans les lieux humides.	AUNE, mesure ; se dit aussi de la chose mesurée.
BARBE, cheval de la côte d'Afrique qu'on appelle Barbarie.	BARBE, poil du menton et des joues. — Bande de toile ou de dentelle.—Fanons de la baleine ; petits filets qui sortent de l'épi, etc.
BARDE, poëte chez les anciens Celtes.	BARDE, tranche de lard fort mince.

---

(53) On écrivoit autrefois *aulne*, arbre, à cause de l'étymologie, *alnus*.—*Aune*, féminin, vient de *ulna*.

MASCULIN.

BERCE, petit oiseau qui vit dans les bois.

CAPRE, vaisseau armé en course (On dit plus souvent *armateur*.)

CARTOUCHE, ornement de sculpture, de peinture ou de gravure.

CLOAQUE, lieu destiné à recevoir des immondices.—Endroit sale et infecte.—*Figurément et familièrement*, réunion de vices, en parlant des personnes : *cloaque* d'impuretés, de toutes sortes de vices, etc.

COCHE, voiture d'eau ou de terre.

CORNETTE, nom que l'on donne à un officier de cavalerie ou de dragons chargé de porter l'étendard.

CRAVATE, cheval de Croatie en Allemagne. (On dit présentement *Croate*.)

CRÊPE (54), sorte d'étoffe un peu frisée et fort claire, qu'on porte en signe de deuil.

DOL, ruse, tromperie. Terme de palais.

FÉMININ.

BERCE, plante dont il y a beaucoup d'espèces.

CAPRE, fruit du caprier. (On le dit plus souvent au pluriel.)

CARTOUCHE, la charge entière d'une arme à feu. — Congé donné à un militaire.

CLOAQUE, conduit fait de pierre et voûté, par où on fait couler les eaux et les immondices d'une ville. — En ce sens, il ne se dit guères que des ouvrages des anciens.

COCHE, entaille faite en un corps solide. — Truie vieille et grasse.

CORNETTE, sorte de coiffe de femme. — Autrefois, étendard de cavalerie.

CRAVATE, linge qui se met autour du cou, et qui se noue par devant.

CRÊPE (54), pâte fort mince qu'on fait cuire, en l'étendant sur la poêle.

DOLE, ville de France dans le département d'Ille-et-Vilaine.

---

(54) CRÊPE. L'*Académie* ne dit point que ce mot s'emploie figurément ;

Cependant *Boileau* (Lutrin, ch. I), *Voltaire*, *Laharpe*, et *Delille* (Énéide, liv. III), en ont fait usage, comme synonyme de *voile*.

.... Dès que l'ombre tranquille
Viendra d'un *crêpe* noir envelopper la ville.

Delille, en parlant de la nuit :

Déjà du haut des cieux jetant ses *crêpes* sombres.

Et dans l'Énéide, livre III :

La nuit de son trône d'ébène
Jette son *crêpe* obscur sur les monts, sur les flots

Du Genre des Substantifs.

MASCULIN.	FÉMININ.
Écho, son réfléchi et répété par un ou plusieurs corps solides, disposés de manière que l'angle de réflexion est égal à l'angle d'incidence.—Lieu où se fait l'écho.	Écho (55), nom d'une nymphe fille de l'air et de la terre.
Enseigne, officier qui porte le drapeau.	Enseigne (56), marque, indice, servant à faire reconnoître quelque chose. Tableau que l'on met à la porte d'un marchand, etc.
Espace, étendue comprise entre deux points.—Étendue de temps.	Espace, ce qui sert dans l'imprimerie à espacer les mots et à justifier les lignes.
Évangile, voy. les Rem. dét.	
Foret, outil d'acier pointu en forme de vis, dont on se sert pour percer un tonneau, etc.	Forêt, grande étendue de pays couvert de bois.
Fourbe (57), trompeur, qui trompe avec adresse.	Fourbe (58), tromperie.

---

(55) Lorsque ce mot se dit de la nymphe qui porte ce nom, on peut l'employer sans article.

Echo n'est plus un son qui dans l'air retentisse;
C'est une nymphe en pleurs qui se plaint de Narcisse.   (*Boil.*, Art poét., ch. 3.)

Mais on peut aussi le faire précéder d'un article, pourvu qu'un adjectif les sépare :

Un berger chantera ses déplaisirs secrets
Sans que la triste Echo répète ses regrets.
   (P. *Corneille*, Défense des Fables dans la poésie.)

(56) Enseignes s'emploie également dans ces phrases : *Je ne me fierai à lui qu'à bonnes enseignes*, avec connoissance et sur de bonnes preuves; on dit aussi : *à telles enseignes que*, pour dire : *cela est si vrai que*.

(57) Fourbe, signifiant trompeur, ne s'emploie qu'au masculin; on ne dit point *c'est une fourbe insigne*. Telle est l'opinion de *Féraud*, de *Gattel*, de *Boiste*, de *Wailly* et de *Noël*; et les exemples cités dans *Trévoux* et dans l'*Académie*, édition de 1762, sembleroient la confirmer. On lit cependant, dans l'édition de 1798, *une insigne fourbe*, mais cet exemple n'est pas dans celle de 1762, la dernière que l'*Académie* ait reconnue.

(58) *Féraud* croit que le mot Fourbe, dans le sens de *tromperie*, est moins commun que *fourberie* : aussi lui paroît-il avoir plus de no-

MASCULIN.	FÉMININ.
GARDE, homme armé, destiné pour garder quelqu'un ou quelque chose.	GARDE (59), guet, action de garder. — Collectivement, gens de guerre qui font la garde. — Femme qui sert les malades et les femmes en couches.
GREFFE, lieu public où l'on délivre des expéditions des actes de juridiction que l'on y garde en dépôt.	GREFFE, petite branche tendre que l'on coupe d'un arbre qui est en sève, et que l'on ente sur un autre arbre.
GIVRE, espèce de gelée blanche qui s'attache aux arbres, aux buissons, etc.	GIVRE, en terme d'armoiries, grosse couleuvre ou serpent à la queue ondée.
GUIDE, tout ce qui, en général, sert à nous conduire dans une route qui nous est inconnue, se dit au propre et au figuré.	GUIDE (60), longe de cuir attachée à la bride d'un cheval, et qui sert à le conduire.
HÉLIOTROPE, plante dont le suc est, dit-on, propre à faire tomber les verrues.	HÉLIOTROPE pierre précieuse verte, espèce de jaspe.
HYMNE. Voy. les Remarques détachées.	HYMNE. Voy. les Remarques détachées.
INTERLIGNE (61), espace blanc	INTERLIGNE (61), t. d'impri-

---

blesse; la *fourbe*, dit *Roubaud*, est le vice, l'action propre du fourbe; et la *fourberie* en exprime l'habitude, le trait, le tour, l'action particulière : la *fourbe* dit plus que *fourberie*, puisque celle-ci n'est que l'action simple, le résultat de la *fourbe*.

(59) GARDE. *Voyez* plus bas comment il s'écrit au pluriel, lorsqu'il entre dans la composition d'un autre mot.

(60) GUIDE, en ce sens, s'emploie le plus ordinairement au pluriel : *Guides* est du style simple, *rênes* est de tous les styles.

(61) INTERLIGNE. *Ligne* étant féminin, il semble, dit *Féraud*, que *interligne*, dans ses deux acceptions, devroit l'être aussi; *Trévoux* et *Richelet* lui donnent ce genre; mais l'*Académie*, *Gattel*, *Wailly*, *Domergue*, etc., le marquent masculin. En effet, fait observer M. *Laveaux*, il n'en est pas du mot *interligne* comme du mot *antichambre*. Cette dernière expression est du *féminin*, parce qu'elle signifie une pièce ou chambre qui est avant la chambre proprement dite; et *interligne* ne signifie pas *ligne*, mais espace qui est entre deux lignes : le genre doit donc tomber sur *espace*, et non pas sur *ligne*.

MASCULIN.	FÉMININ.
qui reste entre deux lignes écrites ou imprimées.	merie. Lame de fonte mince qu'on place entre les lignes afin de les espacer.
LAQUE, beau vernis de la Chine, ou noir ou rouge. (M. *Laveaux* écrit *Lacque*.)	LAQUE, sorte de gomme qui vient des Indes-Orientales, et qui entre dans la composition de la cire d'Espagne.
LIS, plante, fleur.	LYS, rivière de la Belgique.
LIVRE. Manuscrit ou imprimé.— Registre.— Journal. — Ouvrage d'esprit.	LIVRE, poids contenant 16 onces. — Monnoie de compte.
LOUTRE, chapeau ou manchon de poil de loutre.	LOUTRE, animal amphibie
MANCHE, partie d'un instrument, d'un outil, par où on le prend pour s'en servir.	MANCHE, partie d'un vêtement où on met les bras. — Bras de mer entre la France et l'Angleterre.
MANOEUVRE, ouvrier subalterne qui sert ceux qui font l'ouvrage. On le dit surtout d'un aide maçon, d'un aide couvreur.	MANOEUVRE, tous les cordages destinés au service d'un vaisseau. L'usage et la manière de se servir de ces cordages. Mouvements que l'on fait faire à des troupes. — *Fig.* Conduite dans les affaires du monde.
MÉMOIRE, écrit fait, soit pour donner quelques instructions sur une affaire, soit pour faire ressouvenir de quelque chose.	MÉMOIRE, faculté par laquelle l'ame conserve le souvenir des choses. — Impression favorable ou défavorable qui reste d'une personne après sa mort. — Action; effet de la mémoire, souvenir.
MODE; en philosophie, manière d'être; en musique, ton dans lequel une pièce est composée, déterminée ordinairement par la note finale; en grammaire, manière d'exprimer l'affirmation.	MODE, usage régnant et passager introduit par le goût, la fantaisie, le caprice.
MÔLE, jetée de grosses pierres à l'entrée d'un port que l'on fait en forme de digue, pour mettre les vaisseaux plus en sûreté.	MÔLE, autrement dit *faux germe*, masse de chair informe et inanimée dont les femmes accouchent quelquefois au lieu d'un enfant.

MASCULIN.

MOUFLE, assemblage de plusieurs poulies, par le moyen desquels on élève en peu de temps des poids énormes (62).

MOULE, matière creusée de manière à donner une forme précise à la cire, au plomb, au bronze, etc., que l'on y verse tout fondus ou liquides.

MOUSSE, jeune matelot qui sert les gens de l'équipage.

ŒUVRE, recueil de tous les ouvrages d'un musicien : *le 1er, le 2e œuvre de Grétry*; de toutes les estampes d'un même graveur : *ceci est un œuvre de Calot, de Durer.*—La pierre philosophale; mais, en ce sens, il ne se dit qu'avec le mot grand : *le grand œuvre.*—Dans le style soutenu et seulement au singulier : *un œuvre de génie, un saint œuvre.* Sans cela toute fable est un œuvre imparfait. (La Font., f. 2, l. 12.) Donnons à ce *grand œuvre* une heure d'abstinence. (Boileau, le Lutrin, ch. 4.)

OFFICE, devoir, chose, que la vertu et la droite raison engagent à faire.—Assistance, protection, secours.—Le service divin.—Bréviaire.—Charge avec permanence.

OMBRE (63), jeu.—Poisson de rivière semblable à la truite.

FÉMININ.

MOUFLE, sorte de gants fourrés. Ce mot est vieux. On dit aujourd'hui *mitaine* au singul.

MOULE, petit poisson enfermé dans une coquille de forme oblongue : *de bonnes moules.*

MOUSSE, espèce d'herbe qui s'engendre sur les terres sablonneuses, sur les toits, sur les murs, sur les arbres, etc., etc.—Certaine écume qui se forme sur l'eau et sur quelques liqueurs.

ŒUVRE, ce qui est fait, ce qui est produit par quelque agent : *l'œuvre de la rédemption fut accomplie sur la croix.*—Lieu et banc des marguilliers : *l'œuvre de cette paroisse est fort* BELLE.—Action morale et chrétienne : *faire une* BONNE *œuvre. Chacun sera jugé selon ses* BONNES *ou ses* MAUVAISES *œuvres.*—Productions de l'esprit; et, en ce sens, il n'est usité qu'au pluriel : *on a fait une très-belle collection in-folio de* TOUTES *les œuvres de nos grands écrivains.*

OFFICE, lieu où l'on prépare tout ce qu'on sert sur la table pour le dessert; l'art de le faire, de le préparer. Classe de domestiques qui y mangent.

OMBRE, obscurité causée par l'interposition d'un *corps opaque*

---

(62) M. *Laveaux*, contre l'avis de tous les Lexicogr., fait le mot *moufle* féminin en ce sens.

(63) On écrit plus souvent *hombre*, jeu; et *ombre*, poisson. Le Diction-

MASCULIN.	FÉMININ.
	au-devant d'un corps lumineux.— *Figur.* protection, faveur, appui.— En peinture, les endroits les plus bruns et les plus obscurs d'un tableau, qui servent à donner du relief aux objets éclairés.
PAGE, jeune gentilhomme au service d'un roi, d'un prince.	PAGE, côté d'un feuillet de papier ou de parchemin. L'écriture contenue dans la page même.
PÂQUE, ou plus ordinairement PÂQUES; fête que l'Eglise solennise tous les ans en mémoire de la résurrection de J.-C. : *Pâques est haut cette année : Pâques est passé.*	PÂQUE (64), fête que les Juifs célébroient tous les ans, en mémoire de leur sortie d'Egypte : *La Pâque de notre Seigneur.* Au pluriel, dévotions : *faire de bonnes Pâques. Pâques fleuries,* le dimanche des Rameaux.
PARALLÈLE, comparaison d'une chose ou d'une personne avec une autre : *faire le parallèle d'Alexandre avec César, d'Alexandre et de César.* —Dans la sphère, cercle parallèle à l'équateur. *Tous ceux qui sont sous le même parallèle ont les jours et les nuits de la même longueur.*	PARALLÈLE, ligne également distante d'une autre dans toute son étendue. — En terme de guerre, communication d'une tranchée à une autre : *tirer une parallèle.*
PATER, l'oraison dominicale.— Les gros grains d'un chapelet sur lesquels on dit le Pater.	PATÈRE, t. d'antiquaire, vase très-ouvert dont les anciens se servoient pour les sacrifices.—Ornement en forme de patère pour soutenir les draperies.
PERCHE, ancienne province de France, aujourd'hui comprise dans les départements de l'Orne et d'Eure-et-Loir.	PERCHE, poisson de rivière.— Poisson de mer.—Ancienne mesure de 18, de 20 et de 22 pieds de roi (il y en avoit cent dans un arpent), etc.—*Fig.* femme dont la taille est grande et toute d'une venue.

---

naire de l'*Académie* nomme ce poisson *umble* et prononce *omble*. Quant à nous, nous lui donnons préférablement la dénomination d'*ombre*, parce que c'est celle que lui donnent *Valmont de Bomare* et les pêcheurs du lac de Genève.

(64) PÂQUES : *voyez* les Remarques détachées.

MASCULIN.

PENDULE. Voy. les R. dét.

PÉRIODE. V. les R. dét.

PERSONNE, pronom indéfini. Voyez pour l'emploi de ce mot dans les deux acceptions, l'art. *Pronom*.

PESTE, *petit peste*, méchant petit garçon.

PIVOINE, petit oiseau, nommé aussi *bouvreuil*.

PLANE, arbre que l'on appelle plus ordinairement *platane*.

POÊLE, drap mortuaire. — Autrefois, dais. — Voile qu'on tient sur la tête des mariés, durant la bénédiction nuptiale.

PONTE, terme de jeu.

POSTE, lieu où l'on a placé des troupes, ou qui est propre à en placer. — Soldats qui sont dans un poste. — Emploi, fonction.

POURPRE, sorte de maladie maligne. — Rouge foncé qui tire sur le violet. — Petit poisson.

QUADRILLE, espèce de jeu de cartes qui se joue à quatre personnes.

RELÂCHE, repos, intermission dans quelque état douloureux. — Cessation de quelque travail, étude ou exercice.

REMISE, carrosse qui se loue au jour ou au mois.

FÉMININ.

PENDULE. Voy. les R. dét.

PÉRIODE. Voy. les R. dét.

PERSONNE, substantif.

PESTE, maladie épidémique et contagieuse. — *Fig.* personne dont la fréquentation est pernicieuse.

PIVOINE, plante vivace à fleur rosacée.

PLANE, outil tranchant à deux poignées, pour unir, polir, égaliser.

POÊLE, ustensile de cuisine qui sert pour frire, pour fricasser.

PONTE, action de pondre. — Son temps, son produit.

POSTE, relais établis pour voyager diligemment. — Maison où sont ces relais. — Courrier qui porte les lettres. — Bureau de distribution ou de réception des lettres.

POURPRE, teinture précieuse qui se fait aujourd'hui avec la cochenille. *Au figuré :* dignité royale, dignité des cardinaux.

QUADRILLE, troupe de chevaliers d'un même parti dans un carrousel, un tournois, et d'autres fêtes galantes.

RELÂCHE, lieu propre aux vaisseaux pour y relâcher; *une bonne relâche, une relâche passagère*.

REMISE, lieu pour mettre une voiture à couvert. — Taillis qui sert de retraite au gibier. Délai, etc., etc.

Du Genre des Substantifs.

MASCULIN	FÉMININ.
Satyre, demi-dieu du paganisme, *moitié homme et moitié bouc. Les poètes confondent souvent les* Satyres, *les Sylènes, les Sylvains, les Faunes, les Pans.*	Satire (65). En général, peinture du vice et du ridicule en discours et en action, en vers ou en prose. Ecrit ou discours piquant, médisant contre les personnes.
Se dit encore de certains poèmes mordants chez les Grecs, que l'on nommoit ainsi, parce que les Satyres en étoient les principaux personnages.	Ils blâment la *satire*, et forgent des libelles. Ils prêchent la concorde, et vivent de querelles. (Le Franc.)
Scolie, terme de géométrie. Remarque qui a rapport à une proposition précédente.	Scolie, note de Grammaire ou de critique, pour servir à l'intelligence des auteurs classiques.
Serpentaire, constellation de l'hémisphère boréal.	Serpentaire, plante vulnéraire.
Sexte, 6ᵉ livre des décrétales.	Sexte, une des heures canoniales, appelées *petites heures*.
Solde, complément d'un paiement : *solde de compte* ; c'est la différence entre le débit et le crédit, lorsque le compte est arrêté.	Solde (66), paye que l'on donne aux gens de guerre.
Somme, repos causé par l'assou-	Somme, charge, fardeau. —

---

(65) Satyre, Satire. *Trévoux* écrit toujours ces deux mots avec un *i* grec ; et peut-être est-ce parce que l'un et l'autre s'écrivent ainsi en latin, d'où ils sont dérivés. *Satyre*, demi-dieu, se dit en latin *satyrus* ; et *satire*, écrit ou discours piquant, se dit *satyra*. Quoi qu'il en soit, l'*Académie* et les lexicographes écrivent le premier mot par un *i* grec, et le second par un *i* voyelle : d'après cela nous ne voyons pas pourquoi on n'adopteroit pas cette orthographe, puisque ces deux mots ont d'ailleurs des significations aussi différentes.

(66) Solde ; *Féraud* fait observer que quelques-uns disent *le solde* pour le complément d'un paiement ; mais il est d'avis que c'est un solécisme. A la vérité, l'*Académie*, dans son dictionnaire (édition de 1762), dit que ce mot est du *féminin* dans toutes ses acceptions. *Trévoux*, *Wailly* pensent de même ; cependant, dans l'édition de 1798, l'*Académie* marque *solde*, complément d'un compte, du *masculin* ; *Gattel*, *Rolland* et M. *Laveaux* l'indiquent de même ; et, dans le commerce, ce genre est généralement adopté.

8.

MASCULIN.	FÉMININ.
pissement naturel de tous les sens. Rendez-moi mes chansons et mon *somme*, dit le savetier au financier, dans la fable de La Fontaine.	Quantité d'argent.—Rivière de Picardie. — En t. de théol. Abrégé de toutes les parties d'une science, d'une doctrine.
Souris, action de sourire, ris modeste et de courte durée.	Souris, petit quadrupède rongeur, du genre du rat.
Tour (67). Mouvement circulaire.—Circonférence d'un lieu ou d'un corps. — Trait d'habileté, de ruse, de finesse. — Machine de tourneur, etc.	Tour, bâtiment fort élevé, de figure ronde, carrée ou à pan, dont on flanquoit autrefois les murailles des villes.—Pièce du jeu d'échecs.
Triomphe, honneur accordé chez les Romains à un général vainqueur. — Victoire, grand succès militaire.	Triomphe, sorte de jeu de cartes. — Couleur dont il retourne.
Trompette, celui dont la fonction est de sonner de la trompette. A peine il achevoit ces mots, Que lui-même il sonna la charge, Fut *le trompette* et le héros. (*La Fontaine*, liv. II, f. 6.)	Trompette, instrument dont on se sert principalement à la guerre. Partout en même temps, *la trompette* a sonné. (*Racine*, Athalie, act. V, sc. 6.) *Fig.*, homme qui a coutume de publier tout ce qu'il sait.
Vague, le milieu de l'air. Il ne s'emploie guère qu'en poésie : *le vague de l'air* ; ou comme subst. abstrait : *Dès qu'on se jette dans le* vague, *on déclame tant que l'on veut.* (Charron.)	Vague, l'eau agitée et élevée au-dessus de son niveau par la tempête, par les vents : *les vagues émues.* (*Voltaire*, Henr.)
Vase, sorte d'ustensile fait pour contenir des liqueurs, des fleurs, des parfums, ou qui sert pour l'ornement.	Vase, bourbe qui est au fond de la mer, des fleuves, des étangs, des marais.
Vigogne, chapeau fait de laine de vigogne : *un bon vigogne.*	Vigogne, animal qui tient du mouton et de la chèvre, et qu'on ne trouve qu'au Pérou. — Sa laine.

---

(67) Tour; ce mot entre dans quelques expressions adverbiales :

Entends donc et permets que je prêche à mon *tour*.
(*Boileau*, Sat. X.)

En faisant des heureux, un roi l'est à son *tour*.
(*Voltaire*, Marianne, act. III, sc. 1.)

Du Genre des Substantifs.

MASCULIN.	FÉMININ.
Voile, pièce de toile ou d'étoffe destinée à couvrir quelque chose. *Fig.*, prétexte, apparence : *un voile affreux.* (Créb., Électre, acte II, sc. 5.) *Sous le voile de l'allégorie, de l'anonyme, etc.*)	Voile, plusieurs lés de toile forte cousus ensemble, et qu'on attache aux vergues pour recevoir le vent qui doit pousser un vaisseau : *la voile est préparée.* (Racine, Phèdre, acte II, sc. 6.)

(Les Dictionnaire de l'*Académie*, de *Trévoux*, de *Wailly*, de *Féraud*, de *Gattel*, etc.)

L'usage a aussi voulu que des Substantifs, ayant la même inflexion et le même genre, servissent à désigner les deux sexes; tels sont : *auteur, docteur, général, géomètre, graveur, médecin, orateur, philosophe, poëte, sculpteur, soldat, témoin, traducteur.*

Vais-je épouser ici quelque APPRENTIF (68) AUTEUR?
(*Boileau*, Sat. X.)

Une de mes chances étoit d'avoir toujours dans mes liaisons des femmes AUTEURS. (J.-J. Rousseau, Confess., liv. IX.)

Les femmes d'à présent sont bien loin de ces mœurs ;
Elles veulent écrire et devenir AUTEURS.
(*Molière*, Femmes savantes, II, 7.)

Et les FEMMES DOCTEURS ne sont point de mon goût.
(Même pièce, I, 3.)

Marguerite d'Anjou, femme de Henri VI, roi d'Angleterre, fut active et intrépide, GÉNÉRAL *et* SOLDAT.
(*Thomas*, Essai sur les femmes.)

Mademoiselle de Schurman, née à Cologne en 1606, étoit PEINTRE, *musicienne,* GRAVEUR, SCULPTEUR, PHILOSOPHE, GÉOMÈTRE, *théologienne même ; elle avoit encore le mérite d'entendre et de parler neuf langues différentes.*
(Le Dictionnaire de Biographie.)

On pourroit dire également : *Madame Deshoulières,*

---

(68) Voyez le mot *apprenti*, aux Remarques détachées

POÈTE (69) *aimable, joignoit à une beauté peu commune, cette mélancolie douce que respirent quelques-uns de ses ouvrages.*

On lit dans une épître de *Voltaire* à madame *Du Chatelet*, mise en tête de la tragédie d'*Alzire* : *Nous sommes au temps où une femme peut être hardiment* PHILOSOPHE.

Dans madame *de Puisieux* :

Une femme AUTEUR *n'a rien à espérer que la haine de son sexe, et la crainte de l'autre.*

Et dans les Confessions de *J.-J. Rousseau* :

On ne doit pas s'attendre que le plaisir de la vengeance appartienne aux philosophes exclusivement; et que, quand ils voudront être femmes, les femmes seront PHILOSOPHES (liv. X).

Le Dictionnaire de l'*Académie* donne aussi un exemple :

Elle est TÉMOIN *de ce qui s'est passé; elle en est un bon* TÉMOIN.

Et *Marmontel* (le Philosophe soi-disant, conte moral): *Venez, Mesdames, être* TÉMOINS *du triomphe de la philosophie.*

Enfin on s'exprimeroit très-bien si l'on disoit : *Madame Dacier est un des plus fidèles* TRADUCTEURS *d'Homère.*

(Le Dictionnaire de *Trévoux*, aux mots *témoin, auteur*. — *Andry de B.*, page 288 de ses Réflexions.—Le Dictionnaire de l'élocution, au mot *adjectif*, et celui de l'*Académie*, aux mots *poëte, témoin*.)

C'est encore l'usage qui a voulu que les Substantifs, *enfant, esclave, dépositaire*, etc., servissent également à désigner les deux sexes; mais on a l'attention, si le substantif représente une personne du sexe féminin, que l'article et les adjectifs qui les accompagnent soient mis au féminin.

---

(69) Observez qu'on ne diroit pas avec l'article *la poëte Deshoulières*, ni *la poëte Sapho*. L'*Académie* pense que ce seroit le cas de dire, *la poëtesse*; mais elle ajoute avec raison qu'il faut éviter ce mot.

Le mari eut assez de crédit pour faire enlever CETTE *enfant, qu'il ne vouloit pas reconnoître.*

(La Harpe, parlant de mademoiselle de l'Espinasse. Correspondances littér., let. XLVIII, premier vol.)

Excusez ma tendresse pour UNE *enfant dont je n'ai jamais eu aucun sujet de plainte.* (Racine, Lettre à sa tante.)

De mon rang descendue, à mille autres égale,
Où la *première esclave*, enfin de ma rivale. (Racine, Bajazet, act. V, sc. 4.)
La rime est *une esclave*, et ne doit qu'obéir. (Boileau, Art poét., ch. 1er.)
Elle est de mes serments seule *dépositaire*. (Racine, Iph., IV, 6.)

L'Académie, dépositaire des bienséances et de la pureté du goût. (Massillon.)

Cette distribution de genres, faite sans motifs, sans plan et sans système, s'oppose à ce que l'on donne des règles générales et précises par le moyen desquelles on puisse, dans toute occasion, distinguer, au seul aspect d'un Substantif, de quel genre il est. Cependant plusieurs Grammairiens ont donné des traités de genre; mais, comme le fait observer M. *Lemare*, ces traités sont extrêmement incomplets, quelques-unes de leurs règles sont vagues, et surtout sujettes à beaucoup d'exceptions; et véritablement la connoissance parfaite du genre des Substantifs ne peut être que l'ouvrage du temps. C'est en lisant avec attention, et en recourant, dans le doute, aux dictionnaires, qu'on prendra insensiblement l'habitude de ne pas s'y tromper. Néanmoins, comme cette Grammaire est rédigée autant pour les étrangers que pour les Français, nous allons extraire de ces différents traités les règles qui nous ont paru devoir éclairer nos lecteurs sur une difficulté qui présente tant d'incertitude. Celui qu'a publié M. *Lemare* est clair et satisfaisant; cependant, afin de laisser peu de chose à désirer, nous nous servirons aussi du travail de l'abbé *Girard*, de celui de l'abbé *Cheucle*, et de M. *Thibierge*, auteur d'un traité figuratif sur le genre de nos Substantifs, et le collaborateur de M. *Lemare*, dans cette partie.

SUBSTANTIFS DONT LA TERMINAISON SERT À EN FAIRE CONNOITRE LE GENRE.

Les noms communs terminés par A, AS, AT: *Brouhaha, ananas, bat*, etc., etc., sont tous du genre *masculin*;

Les noms en E, dont le plus grand nombre est terminé par TÉ ; tels que : *Aparté, bénédicité, comité, comté, député, côté, été, pâté, précipité, traité*, sont *masculins*; les autres noms en TÉ, au nombre de plus de quatre cents sont tous du genre féminin.

Quelques noms *féminins* ont l'E muet après TÉ : *Assiettée, battée* (terme de relieur), *charretée, dentée* (coup de défense d'un sanglier), *futée* (sorte de mastic), *hottée, jattée, jetée, montée, nuitée* (t. popul.), *pâtée, pellettée, portée, potée, ripopée* (70).

On compte une centaine de mots où la terminaison *masculine* E, et plus de cent quatre-vingts où la terminaison *féminine* ÉE se trouvent précédées d'une articulation différente; savoir : *Abrégé, avé, blé, café, canapé, clergé, duché, gré, gué, jubé, jubilé, lé, marché, orangé* (couleur d'orange), *pré, récépissé, raisiné, scellé, thé, toisé*, noms *masculin*.

Aiguillée, année, becquée, centaurée, coudée, destinée, enjambée, fée, giroflée, huée, mêlée, ondée, panacée, ripopée, risée, saignée, noms *féminins*.

Quoique la terminaison ÉE paroisse mieux convenir aux noms FÉMININS, cela n'empêche pas qu'elle ne soit la terminaison de plusieurs noms *masculins*; tels sont les noms communs : *Apogée, athée, caducée, camée, empyrée, lycée, mausolée, périgée, périnée* (t. de médec.), *pygmée, scarabée, spondée, trochée* (t. de poés.), *trophée*, et les noms propres : *Alcée, Androgée, Asmodée, Borée, Basilée, Capanée, Égée, Élysée, Énée, Épiméthée, Hyménée, Machabée, Mélibée, Morphée,*

---

(70) Le dictionnaire de l'Académie, édition de 1762, fait le mot *ripopée* masculin ; du *ripopé*.

Orphée, Pélée, Persée, Phancé, Pompée, Prométhée, Protée, Sichée, Thésée, Zachée.

Par une espèce de compensation, la terminaison masculine é est celle de quelques noms propres *féminins* ; savoir : *Aglaé, Arachné, Asturbé, Chloé, Circé, Danaé, Daphné, Glaucé, Hébé, Leucothoé, Niobé, Psyché, Siléné, Sémélé, Thisbé.*

Tous les noms communs où la terminaison ER se prononce é fermé, comme dans *bûcher, clocher, danger, oranger*, sont *masculins.*

Pied, et plusieurs centaines de mots où la diphthongue finale *ier* se prononce *ié*, sont tous *masculins.*

On ne compte que trois noms *féminins* terminés par la diphthongue IÉ; savoir : *Amitié, moitié, pitié.*

Il y a plus de deux cent quarante noms dont le son final fait entendre e ouvert représenté par AI, AIS, AIT, AIX, ÈS, ÊT, ET.

Tous ces noms sont *masculins*, à l'exception de deux ; *forêt, paix,* qui sont du genre *féminin.*

En mettant un E muet à la suite de AI, on aura les noms *féminins* : *Baie, braie, claie, craie, étaie, futaie, haie, ivraie, laie, orfraie, paie, plaie, raie* (ligne), *raie* (poisson), *saie* (vêtement militaire), *taie.*

Plusieurs noms dont on se sert pour désigner les lieux plantés d'arbres de la même espèce, comme *aunaie* (lieu planté d'aunes), *boulaie* (lieu planté de bouleaux), *cerisaie* (lieu planté de cerisiers), *chataigneraie* (lieu planté de chataigniers), *chênaie* (lieu planté de chênes), sont terminés par AIE, et sont *féminins.*

I, IS, IT, IX sont la terminaison de plus de cent noms *masculins.* Cependant *fourmi, merci* (miséricorde, discrétion), *brebis, souris* (petit quadrupède), *vis* (sorte d'écrou cannelé), *perdrix*, sont *féminins.*

Il y a six noms communs *masculins* qui ont la terminaison *féminine* IE : *Aphélie, périhélie, incendie, parapluie, scolie* (terme de géométrie).

Quelques noms propres : *Élie, le Messie, Zacharie,* ont aussi la même terminaison.

O, OC, OP, OS, ÔT, OT, AU, EAU, AUD, AUT, AUX, terminent plus de trois cents noms dont la dernière syllabe ne donne à entendre que le son o bref ou long.

Ces noms sont *masculins*, à l'exception d'un très-petit nombre : *eau, peau, surpeau* (épiderme), *chaux, faux* (subst.), qui sont *féminins*.

Les noms terminés par U, US, UT sont *masculins*, à l'exception de trois : *glu, tribu* (une des parties dont un peuple est composé), *vertu*.

Les autres, qui ont la terminaison féminine tels que, *avenue, berlue, bévue, bienvenue, charrue, ciguë, crue, etendue, retenue, revue, rue, sangsue, statue, tortue, verrue, vue,* sont *féminins*.

Les noms terminés par la voyelle combinée EU sont tous masculins.

La terminaison féminine n'a que les trois noms *féminins* : *banlieue, lieue, queue*.

Les noms *coup, loup, pouls,* et ceux en OU, OUT, OUX sont masculins, à l'exception, parmi ces derniers, de *toux*, quoique ce mot n'ait point la terminaison des noms féminins *bajoue, boue, gadoue, houe* (instrument de labourage), *joue, moue, proue, roue, toue* (synon. de bateau).

Le mot *syllabe* est le seul nom en ABE qui soit du genre féminin ; tous les autres noms sont *masculins*, même ceux dans la composition desquels entre le féminin *syllabe*.

De tous les noms en ADE, il n'y a guère que les mots *grade, jade* (synonyme de pierre), et *stade* qui soient du genre *masculin* ; tous les noms en ADE, au nombre de plus de cent vingt, sont du genre *féminin*.

Prélude est le seul nom *masculin* de la terminaison en UDE ; les autres de cette terminaison, au nombre de vingt-huit, sont *féminins*.

Entre un grand nombre de noms qui sont terminés par F, il n'y a que *nef*, *soif* qui soient du genre *féminin* ; les autres, dont la plupart sont en *if*, sont du genre *masculin*.

Les noms en AGE sont presque tous *masculins*. Parmi plus de deux cents noms, on n'en compte que cinq du genre *féminin* : *cage*, *image*, *page*, *plage*, *rage*.

Les noms en ÈGE sont masculins, et il n'y a de *féminin* que le Substantif *neige*.

Parmi les noms en IGE, il n'y a que *tige* et *volige* qui soient du genre *féminin*.

Les noms en UGE sont tous *masculins*.

L'orthographe des noms féminins terminés par L mouillé diffère des noms masculins en ce qu'au *féminin* L final se double, et est suivi d'un *e* muet.

Noms *masculins* : *détail*, *éveil*, *péril*, *deuil*, *fenouil*.

Noms *féminins* : *maille*, *taille*, *treille*, *bille*, *feuille*, *rouille*.

Exceptions. — *Cédille* (terme de jeu), *drille* et *quadrille*, sont *masculins*, quoiqu'ils aient la terminaison féminine.

Il ne faut connoître que l'orthographe ou le genre de la plupart des noms terminés par L mouillé, pour en connoître ou le genre ou l'orthographe.

Exemple. — Si je connois l'orthographe du nom *écaille*, la terminaison *aille* m'indique que le nom est *féminin*. Si je sais que le mot *vermeil* doit être employé comme adjectif *féminin*, et alors, si je connois son genre, je sais qu'il faut écrire *vermeille*.

Il n'y a de noms *féminins* en EUILLE que *feuille* et son composé *quinte-feuille* (sorte de plante).

Chèvrefeuille et *portefeuille*, autres composés de *feuille*, sont *masculins*.

Les autres mots où la voyelle EU est suivie de L mouillé final sont *masculins*. On met au nombre de ces noms : *accueil, cercueil, écueil, œil, orgueil, recueil*, où la terminaison ŒIL se prononce comme EUIL.

Fenouil est le seul nom *masculin* où la voyelle OU est suivie de L mouillé final.

Quatorze autres noms terminés par OUILLE sont *féminins*.

Les noms dont la terminaison fait entendre le son AR, représenté par AR, ARC, ARD, ART, sont *masculins*, à l'exception de *hart* et de *part*.

Il y a des noms où l'articulation R est suivie d'un E muet. Quelques-uns sont *masculins* : les suivants sont du genre *féminin* : *Arrhes, bagarre, barre, carre* (t. de métier), *fanfare, gabarre, guitare, jarre, mare, simarre, tare, tiare*.

Les noms en IR, YR sont *masculins*. Quant aux noms en IRE, YRE, les uns sont *masculins*, les autres sont *féminins*. *Cire, Hégire* (ère des Mahométans), *ire, lyre, mire, myrrhe, satire, tire-lire*, sont *féminins*.

Les noms dont la terminaison fait entendre le son OR, représenté par OR, ORD, ORS, ORT, sont du genre *masculin*. *Mort* est le seul qui soit du genre *féminin*. Quant aux noms où l'articulation R est suivie d'un E muet, quelques-uns sont *masculins*. Les suivants : *amphore, mandore* (espèce de luth), *mandragore, métaphore, pécore, pléthore* (terme de médecine), sont du genre *féminin*.

Les trois noms masculins : *azur, futur, mur*, sont les seuls qui aient la terminaison masculine en UR.

Deux cent soixante-quinze noms environ, terminés par URE sont tous *féminins*, à l'exception des noms *Arcture, augure, colure, mercure, murmure, parjure*, qui sont *masculins*.

La plupart des noms en or sont *masculins*. On ne compte que trois noms *féminins* : *foi, loi, paroi*. Ce dernier nom est peu usité au singulier ; on dit *les parois de l'estomac*, d'un *vase*.

Poids, et les noms en *oid*, *ois*, *oit*, sont tous *masculins*.

Sur cinq noms en *oix*, *choix* est le seul qui soit *masculin* ; les quatre autres, *croix, noix, poix, voix*, sont *féminins*.

Les noms en *ase*, *aze*, sont *féminins*, à l'exception des noms *masculins gymnase, vase* (ustensile propre à contenir quelque liqueur).

Les noms en *aise*, *èse*, sont *féminins*, à l'exception des noms *masculins dièse, diocèse, diapidèze* (terme de médecine), *malaise, mésaise*.

Le Substantif *trapèze* est aussi *masculin*.

Les noms en *ise* sont presque tous *féminins*. Il n'y a guère que le nom *remise*, lorsque ce mot signifie *carrosse de remise*, qui soit du genre *masculin*.

Les noms en OSE, USE, EUSE, OISE, OUSE, sont tous du genre *féminin*. Il faut compter au nombre de ces féminins les noms *cause, clause, pause*, où l'*o* long est représenté par *au*.

Les noms terminés par A nasal, représenté par AM, AN, ANT, ENT, sont *masculins*, à l'exception de *dent, surdent, jument, gent* (singulier de *gens*).

Le Substantif *enfant* est ordinairement *masculin*. On le fait quelquefois *féminin* en parlant d'une fille fort jeune, *la jolie enfant*.

Les noms terminés par ANCE, ANSE, ENSE sont tous *féminins*. Parmi ceux qui le sont par ENCE, *silence* est le seul qui soit du genre *masculin*.

Un très-grand nombre de noms de choses terminés par E nasal, représenté par AIM, AIN, EIN, IEN, IN, YM, YN, sont presque tous *masculins*, à l'exception des trois noms *féminins* : *faim, main, fin*.

Tous les noms dont la dernière syllabe fait entendre o nasal précédé de l'une des articulations suivantes : B, C dur, CH, D, F, G dur, G doux, L, L mouillé, M, N, GN mouillé, P, R, T, V, sont *masculins*.

Savon est le seul nom où l'o nasal est précédé de l'articulation *v*.

Enfin il y a plusieurs noms de choses en *sion*, *xion*, *ction*, et *tion* (dont le *t* se prononce comme *c* doux), et ces noms sont tous du genre *féminin*.

Un moyen bien moins douteux de déterminer le genre des Substantifs, sans consulter le dictionnaire, et sans avoir égard à la terminaison, c'est de recourir au sens.

RÈGLES DES GENRES.

Sont MASCULINS, *d'après le sens :*

1° Les Noms qui désignent des objets mâles, comme *Alexandre, Hippolyte, cheval, éléphant*.

2° Les Noms désignant des objets qu'on a coutume de se figurer comme mâles; tels que : *ange, génie, centaure*.

3° Les noms des jours, des mois, et des saisons : *dimanche, janvier, printemps* (71).

Voyez plus bas, quand on joint le diminutif *mi* à un nom de mois.

4° Les Noms de la nomenclature décimale : *centime, décime, gramme, stère*, etc.

5° Les Noms des métaux et demi-métaux : *cuivre, étain, platine, manganèse* (72), etc., etc.

---

(71) *Automne* est des deux genres, *voyez* page 99.

(72) *Platine*; ce métal, récemment découvert, est, dans *Boiste, Gattel, Ph. de la M., Lemare, Butet*, et dans tous les ouvrages de chimie,

6° Les Noms d'arbres, d'arbustes, et d'arbrisseaux : *chêne, frêne* (73).

7° Les Noms des vents : *Est, Sud, Ouest, Nord,* etc. *Bise, Tramontane*, sont féminins.

8° Les noms des montagnes : *Chimboraço, Cenis, Liban, Saint-Gothard, Etna,* etc.

Alpes, Pyrénées, Cordillères, Vosges, les Cevennes, font exception.

9° Tous les Noms de ville en général ; s'il y en a de féminins, c'est en petit nombre, et quelques-uns font même très-distinctement connoître leur genre, étant composés de l'article, comme d'une partie propre et inséparable du nom ; tels que *La Rochelle, La Villette,* et autres semblables.

Au surplus, lorsque leur genre n'est pas certain, on doit faire précéder le nom du mot *ville*, et ceci doit s'observer surtout pour les noms qui sont accompagnés de l'article pluriel *les*.

Néanmoins, quand on personnifie une ville, on en met ordinairement le nom au féminin ; c'est ainsi que Fénélon a dit : *malheureuse Tyr! dans quelles mains es-tu tombée!* Dans ce cas, il y a ellipse du mot *ville* (74).

---

employé au masculin ; mais l'*Académie* paroît pencher pour le féminin ; et en effet la désinence *ine* n'offre aucun nom masculin. Cependant, comme tous les noms de métaux sont masculins, l'analogie auroit dû engager à faire le mot *platine* aussi masculin. Quoi qu'il en soit, il faut employer au masculin les noms de tous les corps dits élémentaires, l'*oxigène*, l'*hydrogène*, etc. ; et des composés binaires, comme les *sulfates* et les *sulfites*, les *nitrates* et les *nitrites*, etc.

Manganèse. Quelques minéralogistes et, à leur exemple, *Boiste*, ont fait le mot *manganèse* féminin ; mais il est présentement reçu de le faire, comme les noms de métaux, du genre masculin.

(73) *Aubépine, épine, ronce, yeuse, bourdaine, hièble, vigne,* sont féminins, et ainsi font exception à cette règle.

(74) En général les noms de villes sont *féminins* en français, lorsqu'ils dérivent d'un *féminin latin. Rome* vient du féminin *Roma* ; *Mantoue*,

10° Les noms d'états, d'empires, de royaumes, de provinces, pourvu que leur terminaison ne soit pas un *e* muet; ainsi : *Danemarck, Piémont, Portugal, Brandebourg*, etc., sont du genre *masculin*; mais : *France, Espagne, Hollande, Italie, Allemagne, Prusse,* etc., qui finissent par un *e* muet, sont du genre *féminin*.

Les exceptions auxquelles cette règle donne lieu ne sauroient embarrasser; car, lorsque ces noms ont un genre différent de celui qu'indique leur terminaison, ils sont alors, comme les noms des villes, précédés de l'article qui indique le genre qu'on doit leur donner.

11° Les infinitifs, adjectifs, prépositions, etc., pris substantivement, ainsi que toutes les phrases substantifiées par accident; comme : *manger, boire, juste, vrai, jaune, rouge, car, si,* etc., que l'on fait toujours précéder d'un article ou d'un équivalent de l'article.

---

du féminin *Mantua*; *Toulouse*, du féminin *Tolosa*; *Marseille*, du féminin *Massilia* : c'est pourquoi on dit *Rome la sainte*; *Mantoue fut malheureuse*; la *savante Toulouse*; la *florissante* Marseille.

Les noms de villes sont *masculins* en français, lorsqu'ils dérivent d'un nom *latin, masculin,* ou *neutre*. *Rouen* vient du masculin latin *Rothomagus*; *Toulon*, du masculin *Telo*; *Lyon*, du neutre *Lugdunum*; *Amsterdam*, du neutre *Amstelodamum*; ainsi, l'on dit : *Rouen est renommé par ses toiles, et Toulon par son port et sa corderie; Lyon est fameux par ses étoffes de soie; Amsterdam n'est commerçant que pendant la paix.*

Lutèce et *Paris* sont la même ville; et cependant *Lutèce* est féminin à cause du féminin *Lutetia*, et *Paris* est masculin, à cause du masculin pluriel *Parisii*.

Ce que l'on dit ici du genre des noms de villes dérivés du latin, est applicable au genre des noms de villes dérivés de toute autre langue.

Cette règle a cependant quelques exceptions.

Toutefois, pour ceux qui ne connoissent pas la langue latine, on peut donner pour règle, que tout nom de ville qui se termine par une syllabe féminine est en général féminin; dans tout autre cas il est masculin. On excepte *Jérusalem, Sion, Ilion, Albion*.

(*Domergue*, et le Man. des amat. de la lang. fr., 2ᵉ ann., p. 246 et 247.)

12° Les mots désignant un langage, un idiôme : le *basque*, l'*iroquois*.

Sont FÉMININS, *d'après le sens*,

1° Les Noms qui expriment des objets femelles : *Junon*, *Vénus*, etc.

2° Les Noms de vertus et de qualités :
Courage, *mérite* sont masculins.

1re Remarque. — Les mots composés de plusieurs mots réunis par des tirets, sont masculins ou féminins, selon que le mot principal, exprimé ou sous-entendu, est masculin ou féminin ; par exemple : *un avant-coureur* est un *courrier* qui court devant quelqu'un, et qui en marque, par avance, l'arrivée ; et *une perce-neige* est une plante qui croît en hiver, et dont la tige perce, pour ainsi dire, *la neige ;* ainsi *avant-coureur* est masculin, et *perce-neige* est féminin.

2e Remarque. — Les diminutifs suivent le genre des noms dont ils dérivent : *une maisonnette* est féminin, parce qu'il dérive de *maison*, qui est féminin ; *globule*, masculin, parce qu'il dérive de *globe ; monticule*, masculin, parce qu'il dérive de *mont ; pellicule*, féminin, parce qu'il dérive de *peau*, etc.

Cependant il y a quelques exceptions, mais elles sont rares.

3e et dernière Remarque. — Nous n'avons pas compris dans le nombre des exceptions, les Substantifs qui ont les deux genres, puisque leur conformité ou leur dérogation à la règle dépend uniquement de l'acception dans laquelle on les prend.

Toutes ces règles particulières faciliteront certainement la connoissance du genre des Substantifs ; mais, comme nous pensons qu'une liste de Substantifs, sur le genre desquels on pourroit être incertain, sera également d'une grande utilité, en ce qu'elle remédiera à l'inconvénient des exceptions, qui sont inséparables des règles, nous croyons devoir mettre sous les yeux de nos lecteurs celle qui suit.

1.

LISTE DES SUBSTANTIFS SUR LE GENRE DESQUELS ON POURROIT AVOIR QUELQUE INCERTITUDE.

Substantifs du genre masculin.

ABRÉGÉ, précis sommaire.
ABYME, trou, précipice; l'enfer.
ACABIT : *voyez* les Rem. dét.
ACCESSOIRE.
ACCOTOIR.
ACROSTICHE, petite pièce de poésie dont chaque vers commence par une lettre du nom de la personne ou de la chose qui en fait le sujet.
ACTE.
ADAGE, maxime, proverbe.
ADEPTE, initié.
AFFINAGE, action par laquelle on purifie les métaux, le sucre, etc.
AFFRONT : *voy.* les Rem. dét.
ÂGE : *voy.* les Rem. dét.
AIGLE : *voy.* les Rem. dét.
AIL.
AIS, établi de boucher; planche de bois.
ALAMBIC, vaisseau qui sert à distiller.
ALBÂTRE, pierre qui a quelque ressemblance avec le marbre.
ALVÉOLE, cellule des abeilles et des guêpes. — Cavités de l'os de la mâchoire dans lesquelles sont implantées les dents.
AMADIS, sorte de manches de chemise ou d'autres vêtemens.

AMADOU.
AMALGAME (75), combinaison des métaux avec le mercure, ou vif-argent. — Union de choses différentes.
AMBRE, substance résineuse et inflammable.
AMIDON.
AMPHIGOURI, discours obscur, sans ordre.
ANATHÈME, excommunication. Retranchement de la communion de l'Église.
ANCILE, bouclier sacré. *Voyez* les Rem. dét.
ANGAR. *Voy.* la Note 17, p. 42.
ANIMALCULE, petit insecte qu'on ne voit qu'à l'aide d'un microscope.
ANNIVERSAIRE.
ANTIDOTE, contrepoison.
ANTRE.
APOLOGUE, fable morale.
APPAREIL.
AQUÉDUC (76), canal pour conduire les eaux d'un lieu à un autre, malgré l'inégalité du terrain.
ARC.
ARMISTICE : *voy.* les Remarques dét.

---

(75) AMALGAME. On veut, dans le Dictionn. des sciences médicales, que ce mot soit *féminin*; mais tous les lexicographes que nous avons consultés s'accordent à le faire *masculin*.

(76) AQUÉDUC. L'*Académie* de 1762 écrit *aqueduc*; celle de 1798 écrit *acquéduc*, et cela est d'autant plus étonnant que ce mot est formé du latin *aquæductus* (aqua, *eau*, et ducere, *conduire*.)

Du Genre des Substantifs.

Substantifs masculins.

ARROSOIR.
ARTICLE.
ARTIFICE.
AS.
ASILE.
ASPIC.
ASSASSIN (77).
ASTÉRISQUE, signe qui est ordinairement en forme d'étoile, pour indiquer un renvoi.
ASTHME.
ATOME, corpuscule invisible, petite poussière.

Substantifs masculins.

ÂTRE.
ATTELAGE.
AUDITOIRE (78).
AUGURE.
AUNAGE.
AUTEL.
AUTOMATE.
BOUGE.
CARROSSE.
CENTIME (79), centième partie du franc.
CALQUE, trait léger d'un dessin qui a été calqué.
CIGARE (80), tabac à fumer.

---

(77) ASSASSIN. *Corneille* a fait de ce mot un substantif féminin dans ce vers de Nicomède :

Et vous en avez moins à me croire *assassine*.

Je ne sais, dit *Voltaire*, si le mot *assassine*, pris comme substantif féminin, se peut dire; il est certain du moins qu'il n'est pas d'usage.
(Rem. sur *Corneille*.)

Quant à l'adjectif *assassine*, il est très-bon; mais, quoique *Brébeuf* ait dit :

Il faut que les efforts des puissantes machines
Élancent contre lui des roches *assassines*;

Et *Delille* (trad. de l'Enéide) :

Pour punir tes forfaits de sa main *assassine*.

Et que l'emploi de cet adjectif au féminin ne soit pas, quoi qu'en dise *Féraud*, un barbarisme; il est vrai de dire que le mot *assassine* est beaucoup mieux placé dans le style burlesque ou satirique que dans le style élevé.

Que dit-elle de moi, cette gente *assassine* ? (*Molière.*)

On observera que *gente* ne se dit que comme adjectif et il ne s'emploie aujourd'hui qu'en imitant le style de nos vieux poètes.

(78) AUDITOIRE. Le peuple fait ce mot *féminin*; l'*Académie* l'avoit d'abord dit de ce genre, pour signifier le lieu où l'on plaide. Dans sa dernière édition, elle le marque du *masculin*, et tous les lexicographes l'indiquent de même.

(79) CENTIME. C'est à tort que beaucoup de personnes le font féminin.

(80) CIGARE. Ce mot est emprunté de l'espagnol *cigarro*, et c'est sûrement par cette raison que les lexicographes qui en ont parlé le font *masc.*

Substantifs masculins.

CONCOMBRE.
CRABE (81), poisson de mer du genre des crustacées.
DÉCIME, dixième partie du franc.
DÉCOMBRES
DÉLICE. *Voy.* pag. 102
DIALECTE (82).
ÉCHANGE.
ÉCHANTILLON.
ÉCHAUDÉ.
ÉCHEC.
ÉCLAIR.
ÉDREDON : *Voy.* les Rem. dét.
ÉLIXIR, liqueur spiritueuse.
ELLÉBORE, racine purgative, sternutatoire.
EMBARGO, défense faite aux vaisseaux marchands de sortir des ports.

Substantifs masculins.

EMBLÈME (83).
ÉMÉTIQUE, vomitif.
EMPLÂTRE (84).
EMPOIS.
ENCENSOIR.
ENCOMBRE, embarras, obstacle.
ENCRIER.
ENTHOUSIASME.
ENTONNOIR.
ENTR'ACTES.
ENTRE-CÔTES.
ENTRE-SOL (85).
ÉPI.
ÉPHÉMÉRIDES (86).
ÉPIDERME.

---

(81) CRABE. *Trévoux* et l'abbé *Prévost* (dans son Dict. portatif) font ce mot *féminin;* mais l'*Académie*, les autres lexicographes et tous les naturalistes ne lui donnent que le genre *masculin*.

(82) DIALECTE. Le genre de ce mot n'est point incertain, c'est le *masculin*. *Huet*, *Scaliger*, *Le Vayer*, *Regnier*, *Ménage*, *Dumarsais*, *Trévoux*, l'*Académie franç.*, et tous les lexicogr. le lui ont donné : c'en est plus qu'il ne faut pour l'emporter sur l'autorité de *Danet*, de *Richelet* et de quelques autres qui font ce mot du genre *féminin*.

Cependant nous nous permettrons de dire que le mot *Dialecte* étant purement grec, et n'étant en usage que parmi les gens de lettres, et seulement quand il s'agit de grec, on auroit dû, à l'exemple des latins, lui donner le genre féminin, qu'il a en grec.

(83) EMBLÈME. Plusieurs écrivains ont fait ce mot féminin. *Richelet* lui donne les deux genres ; mais l'*Académie*, *Trévoux*, l'abbé *Prévost*, *Gattel*, etc., etc., n'indiquent que le *masculin*, et ce genre a prévalu.

(84) EMPLÂTRE. *Trévoux* et plusieurs bons auteurs font ce mot *féminin;* mais l'*Académie*, les médecins et les lexicographes le font *masculin*.

(85) ENTRE-SOL. Autrefois on le faisoit *féminin*, et l'on écrivoit *entre-sole;* mais l'*Académie* a adopté le *masculin*.

(86) ÉPHÉMÉRIDES. L'*Académie* (éditions de 1762 et de 1798),

Substantifs masculins.

Épisode (87).
Épithalame, poème à l'occasion d'un mariage.
Épitome, abrégé d'un livre, d'une histoire.
Équilibre.
Équinoxe, temps de l'année où les jours sont égaux aux nuits.
Ermitage : *voy.* les Rem. dét.
Érysipèle.
Escompte, remise que fait au souscripteur d'un effet celui qui veut en toucher le montant avant l'échéance.
Esclandre (88).
Essaim : *voy.* les Rem. dét.
Estaminet.
Étal, table de boucher. Lieu où on vend la viande.
Été : *voyez* les Remarques détachées.
Éteignoir.
Évangile : *voy* les Rem. dét.

Substantifs masculins.

Évêché : *voyez* page 97.
Éventail.
Éventaire.
Exercice, l'action de s'exercer. *Fig.* peine, fatigue, embarras. *Voy.* les Rem. dét.
Exil.
Exorde, première partie d'un discours oratoire.
Flair, odorat du chien.
Girofle, fleur aromatique qui croît aux îles Moluques sur un arbre que l'on nomme giroflier.
Gust : *Voyez* les Rem. dét.
Hameçon.
Hanneton.
Hectare, nouvelle mesure : près de deux grands arpents.
Hémisphère, moitié du globe terrestre.
Hémistiche, moitié du vers alexandrin, après lequel il y a un repos.

Trévoux, *Wailly*, *Letellier* font ce mot *masculin*; mais *Féraud* (son Supplément), *Gattel*, *Boiste*, *Philippon de la M.*, *Rolland*, *Catineau*, *Morin*, M. *Laveaux* et M. *Noël* lui donnent le *féminin*; et ce genre, que les Latins lui ont conservé, est celui qu'il a en grec, d'où il tire son origine.

(87) Épisode. Ce mot, du temps de *Th. Corneille*, n'avoit point de genre fixe. L'abbé *Prévost* le fait *féminin* ; *Trévoux* dit qu'il est *masculin* ou *féminin*, mais plus souvent masculin. Aujourd'hui il n'y a plus de doute sur son genre. L'*Académie*, ainsi que tous les lexicographes modernes, ne le marquent que *masculin*.

(88) Esclandre. L'Académie (édit. de 1762 et de 1798), *Trévoux*, *Gattel*, *Wailly*, *Laveaux*, M. *Boniface*, etc., etc., indiquent ce mot du masculin; cependant *Boiste* et *Catineau* le font féminin. Nous ignorons sur quoi ils se fondent, puisque la véritable étymologie de ce mot est le substantif *scandale*, qui est masculin.

Substantifs masculins.

Héritage.
Hiéroglyphe, certaines images ou certaines figures dont les anciens, et particulièrement les Égyptiens, se sont servis pour exprimer leurs pensées, avant la découverte des caractères alphabétiques.
Holocauste, sorte de sacrifice parmi les Juifs et les païens.
Hôpital.
Horizon, grand cercle qui coupe la sphère en deux parties égales, etc.
Horoscope (89), prédiction de la destinée de quelqu'un, d'après l'inspection, la situation des astres, lors de sa naissance.
Hospice.
Hôtel.
Hourvari, grand bruit, grand tumulte : *voy.* les Rem. dét.
Hymne : *voy.* les Rem. dét.

Substantifs masculins.

Incendie.
Inceste.
Indice.
Insecte.
Intermède, divertissement entre les actes d'une pièce de théâtre.
Interstice, intervalle de temps. — En physique, intervalles que laissent entre elles les molécules des corps : ce sont ces interstices que l'on appelle *pores*.
Intervalle.
Inventaire.
Isthme, langue de terre resserrée entre deux mers ou deux golphes.
Ivoire (90).
Légume, plante potagère.
Leurre.
Mânes, masc. plur. Divinités domestiques des anciens païens.
Ministre (91).

---

(89) Horoscope. Anciennement on n'étoit pas d'accord sur le genre de ce mot. *Ménage* vouloit qu'il ne fût que masculin ; *Richelet* dit qu'il est masculin et féminin, mais plus souvent masculin. *Dorat* le fait féminin ; c'est le genre que lui donnoit l'*Académie*, dans les premières éditions de son Dictionnaire ; mais, dans sa dernière édition, elle le marque du genre *masculin*, et aujourd'hui on lui donne généralement ce genre.

(90) Ivoire. *Vaugelas* et *Th. Corneille* pensent que ce mot est féminin. *Boileau* et *Delille* le font *masculin*, et ce dernier genre a prévalu :

L'*ivoire* trop hâté deux fois rompt sur sa tête. (*Boileau*, Lutrin, ch. V.)

Là, sur un tapis vert un essaim étourdi
Pousse contre l'ivoire un ivoire *arrondi*;
La blouse *le* reçoit...... (*Delille*, l'Hom. des ch., ch. I.)

(91) Ministre. Ce mot est toujours masculin, même lorsqu'il modifie

Substantifs masculins.

MINUIT (92).
MONOSYLLABE.
MONTICULE.
NARCISSE, plante.
OBÉLISQUE, espèce de pyramide quadrangulaire, longue et étroite.
OBSERVATOIRE, édifice destiné aux observations astronomiques
OBSTACLE.
OING, vieille graisse de porc fondue, dont on se sert pour graisser les roues des voitures.
OLYMPE, le ciel.
OMBRAGE.
OMNIBUS. *Voy.* les Rem. dét.
ONGLE.
ONGUENT.
OPIUM, suc de têtes de pavots dont la vertu est narcotique, soporifique.
OPPROBRE.
OPUSCULE, petit ouvrage de science ou de littérature.

Substantifs masculins.

ORAGE.
ORATOIRE, petite pièce qui, dans une maison, est destinée pour y prier Dieu.
ORCHESTRE : *voy.* les Rem. dét.
ORGANE, partie du corps servant aux sensations, aux opérations de l'animal.
ORGUE : *voy.* les Rem. dét.
ORGUEIL.
ORIFICE, goulot, entrée étroite d'un vase, d'un tuyau, d'une artère, etc.
ORTEIL.
OTAGE, personne livrée pour garantie de l'exécution d'un traité.
OUBLI.
OUTRAGE.
OUVRAGE.
OVALE (93).
PAMPRE, branche de vigne avec ses feuilles.

---

un nom du genre féminin. On a donc eu raison de reprocher à *Racine* ces vers des Frères ennemis :

> Dois-je prendre pour juge une troupe insolente,
> D'un fier usurpateur *ministre violente ?*

Il faut dire *ministre violent*, quoiqu'il se rapporte à *troupe*.

Au surplus, on se rappellera que *Racine* étoit fort jeune quand il fit cette pièce.

Ministre est beau au figuré, et appliqué aux choses inanimées :

> Les foudres, les pestes, les désolations sont les MINISTRES de la vengeance de Dieu.

> *Ministre* cependant de nos derniers supplices,
> *La mort*, sous un ciel pur, semble nous respecter.   (L. Racine.)

(92) MINUIT. Ce mot, fait observer *Ménage*, a été quelquefois des deux genres ; présentement il n'est plus que du *masculin*.

(93) OVALE. *Trévoux* marque ce mot masculin et féminin ; mais l'*Académie*, *Wailly*, *Gattel*, etc., ne lui donnent que le genre *masculin*.

Substantifs masculins.

PARALLÈLE, comparaison de deux personnes ou de deux choses entre elles.

PARAFE.

PÉCULE, bien que celui qui est en puissance d'autrui, a acquis par l'industrie, le travail, et dont il peut disposer.

PENDULE : *voy.* les Rem. dét.

PÉTALE, feuilles d'une fleur qui enveloppent le pistil et les étamines.

PLEURS, m. pl. : *voy.* les Remarques détachées.

PRÉPARATIFS, masc. plur.

PRESTIGES, masc. plur.

QUADRIGE, terme d'antiquité : char en coquille monté sur deux roues, et attelé de quatre chevaux de front.

RENNE, mammifère ruminant du genre des cerfs.

RISQUE.

SALAMALEC, révérence profonde. T. familier qui nous vient de l'arabe.

SARIGUE.

SIMPLE, nom général des herbes et plantes médicinales. (Usité surtout au plur.)

SQUELETTE.

STADE, mesure de 125 pas géométriques (94 toises $\frac{1}{2}$), en usage chez les Grecs.

TERTRE, petite éminence dans une plaine.

TUBERCULE, excroissance qui survient à une feuille, à une racine, à une plante.

ULCÈRE.

ULTIMATUM, dernière et irrévocable condition qu'on met à un traité.

UNIFORME.

Us, masc. pl. Terme de palais : usages d'un pays.

USTENSILE (94), toute sorte de petits meubles, principalement à l'usage de la cuisine.

VAMPIRE, mort, cadavre, qui, dans l'opinion du peuple, suce le sang des vivants.

VIVRES, masc. plur.

VESTIGE, empreinte des pieds, figures, traces, restes informes d'anciens édifices.

Substantifs du genre féminin.

ABSINTHE (95).

ACCOLADE.

ACRE, mesure de terre, usitée autrefois en certaines provinces de France.

AGRAFE.

---

(94) USTENSILE. *Richelet* dit que ce mot est masculin et féminin ; *Fontenelle* et d'autres écrivains lui ont donné le genre féminin : suivant l'*Académie*, *Féraud*, l'abbé *Prévost*, *Gattel*, etc., etc., il est masculin.

(95) ABSINTHE. Ce mot étoit autrefois masculin. Aujourd'hui on ne le fait plus que féminin.

Du Genre des Substantifs.

Substantifs féminins.

AIRE, place pour battre le grain, etc., etc. En Géométrie, surface plane.
ALARME.
ALCOVE.
ALGARADE.
AMNISTIE : *voy.* les Rem. dét.
AMORCE.
ANAGRAMME, transposition des lettres d'un mot, de telle sorte qu'elles font un ou plusieurs autres mots ayant un autre sens.
ANALYSE.
ANCRE.
ANGOISSE.
ANICROCHE.
ANKYLOSE, privation de mouvement dans les articulations ou jointures.
ANTICHAMBRE (96).
APOTHÉOSE, action de placer un homme parmi les dieux. Cérémonie autrefois en usage chez les Grecs et les Romains.

Substantifs féminins.

APRÈS-DINÉE : *voy.* les Rem. dét
APRÈS-MIDI : *voy.* ibid.
APRÈS-SOUPÉE : *voy.* ibid.
ARABESQUES, fém. plur.
ARGILE (97).
ARMOIRE.
ARRHES, fém. pl. : *voy.* les R. d.
ARTÈRE, canal membraneux destiné à recevoir le sang du cœur, pour le distribuer dans le poumon, et dans toutes les autres parties du corps.
ASTUCE.
ATMOSPHÈRE (98).
ATTACHE.
AUBADE.
AVALANCHE, masse énorme de neiges détachées des montagnes.
AVALOIRE.
AVANT-SCÈNE (99).
AVARIE.
COURROIE.
DÉLICES : *voyez* p. 102.
ÉBÈNE. (99 *bis*) : *v.* les Rem. dét.

---

(96) ANTICHAMBRE. Quelques personnes font ce mot *masculin*, mais c'est à tort ; il doit, dit *Dumarsais*, avoir le même genre que *chambre*, et l'*Académie* ainsi que tous les lexicographes ont sanctionné cette décision.

(97) ARGILE. *Voltaire*, dans sa tragédie d'*Agathocle*, représentée après sa mort, a fait ce mot masculin ; c'est un solécisme.

(98) ATMOSPHÈRE. M. *Bailly*, ou son imprimeur, fait ce mot masculin, et *Linguet* lui a aussi donné ce genre ; mais l'*Académie* (édit. de 1762 et de 1798) ainsi que les lexicographes l'indiquent du *féminin*, et ce genre est celui que l'usage lui a reconnu.

(99) AVANT-SCÈNE. *Wailly, Gattel, Boiste, Laveaux, Catineau, Mayeux, Noël*, etc., font ce mot féminin ; mais l'*Académie*, qui ne parle de ce mot que dans l'édition de 1798, l'indique du masculin.—Il est vrai que cette édition n'est pas avouée par toute l'*Académie*; cependant nous devions en faire mention.

Substantifs féminins.

ÉCARLATE.
ÉCHAPPATOIRE
ÉCHAPPÉE.
ÉCHARDE.
ÉCHO, nymphe : *voyez* p. 109.
ÉCRITOIRE.
ÉCUMOIRE.
EFFIGIE.
ÉGLOGUE, poésie pastorale.
EMBUSCADE.
ENCLUME.
ENDOSSE. (T. famil.)
ENQUÊTE.
ENTRAVES.
ÉPÉE.
ÉPIDÉMIE.
ÉPIGRAMME, pièce de vers fort courte, terminée par une pensée vive, ingénieuse, par un trait piquant, mordant, critique.
ÉPIGRAPHE, courte sentence mise au frontispice d'un livre.

Substantifs féminins.

ÉPITAPHE (100).
ÉPITHÈTE (101).
ÉQUERRE.
ÉQUIVOQUE (102).
ÈRE, point fixe d'où l'on commence à compter les années chez les différents peuples.
ERREUR.
ESPACE : *voyez* page 109.
ESQUISSE.
ESTAMPILLE, sorte de timbre qui se met sur des brevets, etc.; avec la signature même ou quelque chose qui la remplace. — L'instrument qui sert à imprimer cette marque.
ESTOMPE, rouleau de peau coupé en pointe, qui sert à étendre les traits d'un dessin fait au crayon.
ÉTABLE.
ÉTAPE, lieu où on décharge les marchandises et les denrées qu'on

---

(100) ÉPITAPHE. *Vaugelas*, *Ménage* et *Th. Corneille* pensoient que ce mot est des deux genres, mais plutôt féminin que masculin. *Richelet* le disoit aussi masculin et féminin, mais le plus souvent masculin; *Ronsard* (dans la dédicace de ses épigrammes), *Cassandre* (dans sa traduction de la Rhétorique d'Aristote, Paris, 1675), *Corneille* (dans le Menteur) et *Bussy-Rabutin* (parlant de l'épitaphe faite pour *Molière*) lui ont donné ce genre.

Aujourd'hui *épitaphe* n'est plus que *féminin*.

(101) ÉPITHÈTE. Les anciens écrivains, tels que *Du Bellay*, *Balzac* et *Vaugelas*, ont toujours fait ce mot masculin; *Ménage* croyoit qu'on pouvoit le faire indifféremment masculin et féminin; l'*Académie* et les lexicographes ne lui donnent que le *féminin*.

(102) ÉQUIVOQUE. Ce mot étoit autrefois des deux genres; témoin ce vers de la 12ᵉ satire de *Boileau* :

De quel genre te faire, équivoque maudite,
Ou maudit, etc.

Aujourd'hui, et depuis long-temps, le *féminin* l'a emporté.

Du genre des Substantifs.

Substantifs féminins.

apporte de dehors. — Distribution de vivres, de fourrages que l'on fait aux troupes qui sont en route

ÉTUDE.

EXTASE, ravissement d'esprit, suspension des sens causée par une forte contemplation.

FIBRES (103).

FINALE : *voyez* les Rem. dét.

HORLOGE.

HORTENSIA, fleur.

HUILE : *voyez* les Rem. dét.

Substantifs féminins.

HYDRE (104), serpent fabuleux, *au fig.*, mal qui augmente à proportion des efforts que l'on fait pour le détruire.

HYPERBATE, fig. de grammaire.

HYPERBOLE, t. de rhétorique.

HYPOTHÈQUE, droit acquis par un créancier sur les immeubles que son débiteur lui a affectés.

IDOLE.

IDYLLE (105), petit poème qui tient de l'églogue.

---

(103) FIBRE. Plusieurs auteurs et quelques dictionnaires ont fait ce mot masculin; mais le *féminin* a tellement prévalu, qu'on peut regarder comme une faute de ne pas lui donner ce genre.

Ce substantif s'emploie très-rarement au singulier. L'*Académie*, *Trévoux*, et en général les dictionnaires n'en donnent aucun exemple.

(104) HYDRE. Plusieurs écrivains ont fait ce mot masculin. *Voltaire*, entre autres, a dit :

> De l'*Hydre affreux* les têtes menaçantes
> Tombant à terre et toujours renaissantes,
> N'effrayoient point le fils de Jupiter.

Voici comment s'exprime *Domergue* (p. 354 de ses Solut. gramm.) sur cette infraction de l'usage, et des décisions de l'*Académie*, et de tous les lexicographes, qui font ce mot *féminin*.

C'est évidemment le féminin latin *hydra* qui nous a donné le féminin *hydre*. Pourquoi le masculin latin *hydrus* ne nous donneroit-il pas *hydre* masculin? Les poètes auroient plus de latitude, et les deux genres auroient chacun en leur faveur une raison analogue.

Sans doute *Voltaire*, et les autres écrivains qui ont donné le genre masculin à *hydre*, ne pensoient point à ce vers latin :

> *Frigida* limosis inclusa palulibus *hydra*.

mais à celui-ci :

> *Lernœus* turbâ capitum circumstetit *hydrus*.

Quoi qu'il en soit, l'usage s'est déclaré positivement pour le genre masculin.

(105) IDYLLE : il y a des auteurs qui font ce mot masculin, et d'autres

Substantifs féminins.

IMAGE (106).
IMPASSE, t. de jeu.
IMPÉRIALE, dessus d'un carrosse ou d'un lit.—Sorte de jeu de cartes.
INSULTE (107).
ISSUE.
JUJUBE.
LAIDERON : *voy.* les Rem. dét.
LIMITES.
LOSANGE, t. de géométrie : figure à quatre côtés égaux, et qui

Substantifs féminins.

a deux angles aigus et deux autres obtus.
MÉSANGE (108)
NACRE, coquillage au-dedans duquel se trouvent les perles.
OBSÈQUES, fém. plur. Funérailles faites avec pompe.
OCRE, terre ferrugineuse dont on fait une couleur jaune.
ODE, poème divisé en strophes
OFFRE (109).

---

qui le font féminin ; l'*Académie*, dans les premières éditions de son Dictionnaire, l'indiquoit masculin ; mais elle ajoutoit, sans faire aucune réflexion, que quelques-uns s'en servoient au féminin. *Boileau* a dit : *les idylles les plus* courts, et une *élégante idylle.* Cependant l'*Académie* (éditions de 1762 et de 1798) et l'usage actuel ne lui donnent plus que le *féminin.*

(106) IMAGE est constamment du *féminin*, quoique *Ronsard* (ode 12, l. 5) l'ait fait du masculin.

(107) INSULTE. Ce mot, dont on ne doit aujourd'hui faire usage qu'au féminin, étoit autrefois masculin. *Bouhours, Fléchier* lui ont donné ce genre, et l'*Académie*, au commencement du siècle dernier, le faisoit masculin, en avertissant que plusieurs l'employoient au féminin.

Boileau a dit dans le Lutrin

    Évrard seul, en un coin prudemment retiré.
    Se croyoit à l'abri de l'*insulte sacré.*   (Chant V.)

    Deux puissants ennemis..........
    A mes sacrés autels font *un* profane *insulte.*   (Chant VI.)

(108) MÉSANGE. *Trévoux* marque ce mot masculin et féminin ; mais l'*Académie, Féraud, Wailly*, etc., etc., se sont décidés pour le *féminin.*

(109) OFFRE. Ce mot étoit autrefois masculin. *Richelet* fait observer que M. de *Sacy* lui a donné ce genre dans sa traduction de la Bible ; et *Racine* a dit (dans Bajazet, act. III, sc. 8) :

    Ah ! si d'une autre chaîne il n'étoit point *lié,*
    L'*offre* de mon hymen l'eût-il tant *effrayé,*
    L'eût-il *refusé* même aux dépens de sa vie ?

Cependant, dit *Geoffroi*, il étoit si aisé à *Racine* d'en faire usage au féminin qu'on ne peut douter de son intention ; et alors peut-être la

Substantifs féminins.

Oie.

Omoplate, os plat et large de l'épaule.

Onglée.

Opale, pierre précieuse de diverses couleurs très-vives, très-variées.

Ophthalmie, maladie des yeux.

Optique, science qui traite de la lumière, et des lois de la vision en général. — Apparence des objets vus dans l'éloignement.

Orfraie, oiseau de nuit, grand aigle de mer.

Orgie, débauche de table.

Oriflamme, étendard que faisoient porter les anciens rois de France, quand ils alloient à la guerre.

Ouate, espèce de coton fin et lustré.

Substantifs féminins.

Ouïe.

Outarde, gros oiseau, bon à manger.

Outre, peau de bouc cousue et préparée de manière à pouvoir contenir des liqueurs.

Paroi, cloison maçonnée.

Parois, membranes.

Pécune, argent. Vieux mot.

Pédale, mécanique qui, pour la harpe, sert à faire des dièses et des bémols, et, pour le piano, à modifier le son.

Prémices.

Primevère (110).

Réglisse : *voy.* les Rem. dét.

Salamandre, reptile du genre des lézards.

Sandaraque (111).

Sentinelle : *voy.* les Rem. dét.

Spirale.

---

volonté expresse de ce grand écrivain sera-t-elle de quelque poids pour un grand nombre de nos lecteurs.

Quant à nous, nous ne partageons pas l'opinion de ce critique éclairé; et quelque imposante que soit l'autorité de *Racine*, nous ne pensons pas qu'elle puisse l'emporter, dans l'esprit des lecteurs, sur l'usage établi, et généralement suivi aujourd'hui. Au surplus il seroit possible que ce grand poète n'eût point commis une semblable incorrection. Ne se pourroit-il pas que *Racine*, par une ellipse assez hardie, eût voulu faire rapporter le participe *refusé* à *hymen* ? et en effet, ce rapport paroît assez naturel ; *l'offre de mon hymen l'eût-il tant effrayé ; et eût-il refusé cet hymen même aux dépens de sa vie ?*

(110) Primevère. *Saint-Lambert*, dans son poème des Saisons, a fait ce mot *masculin* :

L'odorant primevère élève sur la plaine
Ses grappes d'un or pâle et sa tige incertaine. (Le Printemps.)

Mais l'*Académie* et tous les lexicographes le marquent féminin

(111) Sandaraque. *Richelet* fait ce mot masculin ; mais l'*Académie*,

Substantifs féminins.

STALLE (112).

TARE, t. de commerce; déchet qui se rencontre sur le poids, la quantité ou la qualité des marchandises.

TÉNÈBRES.

THÉRIAQUE : *voy.* les Remarques détachées.

TIGE.

TOUSSAINT (113).

TUILERIES.

Substantifs féminins.

URBANITÉ, politesse que donne l'usage du monde.

URNE, vase antique.

USINE, tout établissement dans lequel on emploie des machines pour alléger la fatigue des travailleurs, et pour diminuer la main d'œuvre.

USURE, intérêt illégal de l'argent.
— Dépérissement qui arrive aux hardes, aux meubles par le long usage.

VIPÈRE.

ARTICLE II.
DU NOMBRE DES SUBSTANTIFS.

Les noms communs qui conviennent à chaque individu, à chaque chose d'une même espèce, peuvent être pris en diverses façons.

Trévoux, Wailly, Gattel, M. de *Buffon*, et l'usage actuel ne lui donnent que le féminin.

(112) STALLE. On faisoit autrefois ce mot masculin au singulier et au pluriel; on l'a fait ensuite féminin, et quelques-uns ont continué de le faire masculin au pluriel. De là, quelques grammairiens timides ou minutieux ont donné les deux genres à ce nombre, et ont converti la faute en règle. *Stalle* est *féminin* au singulier et au pluriel.

(113) On dit la *Toussaint*, et c'est manifestement l'ellipse qui autorise le genre féminin; l'esprit la remplit ainsi : la fête de tous les saints, de *Toussaint.* C'est donc à cause du mot *fête* que le substantif prend l'article féminin. On dit de même *la Noël, la Saint-Jean*, quoique *Noël* et *Saint-Jean* soient du masculin. Mais faut-il dire : la Toussaint est *passé* ou *passée*; je vous paierai à *la* Saint-Jean *prochain* ou *prochaine? Regnard* dit : à *la* Saint-Jean *prochain*. Cependant *prochain* ne modifiant pas *Saint-Jean*, mais *la fête*, on doit dire : *Je vous paierai* à la Saint-Jean *prochaine*, et par conséquent, *la* Toussaint est *passée*. Dans tous les exemples de cette nature, c'est la fête que l'esprit considère; c'est donc au mot *fête* que doivent se rapporter tous les modificatifs. (*Domergue* p. 83 de son Manuel.)

Du Nombre des Substantifs.

On peut les appliquer à un des individus, à une des choses auxquelles ils conviennent;

Ou bien les appliquer à plusieurs individus, ou à plusieurs choses.

Pour distinguer ces deux sortes de manières de signifier, on a inventé les deux nombres : le *singulier* et le *pluriel*.

Le *Nom propre*, n'étant qu'un nom de famille, un nom qui distingue un homme des autres hommes, une chose des autres choses, ne peut être susceptible de l'idée accessoire de pluralité.

Si l'on trouve des exemples où le Nom propre soit mis comme le nom appellatif avec le *s*, lettre caractéristique du pluriel, c'est, ou parce que ce nom n'est plus le nom propre d'un individu, mais le nom propre d'une classe d'individus; ou bien, parce que ce nom est un nom propre employé par *Antonomase* (114), c'est-à-dire pour un nom

---

(114) L'*Antonomase* est une figure de rhétorique par laquelle on emploie un nom commun ou appellatif, à la place d'un nom propre; ou bien un nom propre à la place d'un nom commun ou appellatif.

Exemple d'un Nom commun, pour un Nom propre:

Les mots *philosophe*, *orateur*, *poëte*, *père*, sont des noms communs; l'*Antonomase* en fait des noms particuliers qui équivalent à des noms propres.

Ainsi, les Latins disoient le Philosophe, pour *Aristote*; l'Orateur, pour *Cicéron*; le Poëte, pour *Virgile*; le Carthaginois, pour *Annibal*.

La Ligue disoit : le Béarnois, pour *Henri quatre*.

Et nous, nous disons le Père de la tragédie française, pour *Corneille*; le Fabuliste français, pour *La Fontaine*; le Cygne de Cambrai, pour *Fénélon*; l'Aigle de Meaux, pour *Bossuet*.

Exemple d'un Nom propre, pour un Nom commun.

Néron, *Mécène*, *Caton*, *Zoïle*, *Aristarque* sont des Noms propres; l'*Antonomase* en fait des noms communs.

C'est ainsi qu'on appelle *un prince cruel*, un Néron; *un homme*

commun ou appellatif, à l'effet de désigner des individus semblables à ceux dont on emploie le nom propre.

Dans le premier cas, si on dit les *Henris*, les *Bourbons*, les *Stuarts*, les douze *Césars*, c'est par la même raison que celle qui fait dire les *Français*, les *Allemands*, les *Champenois*, les *Bourguignons*; chacun des noms *Henri*, *Bourbon*, *Stuart*, *César*, n'est plus le nom propre d'un individu, il est devenu le nom propre d'une classe d'individus : ce sont des classes dont tous les individus ont un nom commun. Les Romains disoient au pluriel *Julii*, *Antonii*, *Scipiones*, tout comme ils disoient *Romani*, *Afri*, *Aquitanes*. Ce sont des noms propres de collections que nous rendons aussi en français par le pluriel quand nous les traduisons.

Dans le second cas, si *Beauzée* a dit et écrit : *Les Corneilles sont rares ;*

Massillon (sermon du dimanche des Rameaux) :

Donnez-moi des Davids *et des* Pharaons, *amis du peuple de Dieu, et ils pourront avoir des* Nathans *et des* Josephs *pour leurs ministres ;*

Boileau (Discours au Roi) :

Oui, je sais qu'entre ceux qui t'adressent leurs veilles,
Parmi les *Pelletiers* on compte des *Corneilles;*

Le même (Épître au Roi) :

Un Auguste aisément peut faire des *Virgiles;*

L. Racine (Poème de la Religion, chant VI) :

C'est par eux (les chrétiens) qu'on apprend à respecter les Rois,
Et que même aux *Nérons* on doit l'obéissance ;

Le même (chant VI) :

L'exemple des *Catons* est trop facile à suivre ;
Lâche qui veut mourir, courageux qui peut vivre ;

---

puissant qui protège les Lettres, un Mécène ; *un homme sage et vertueux,* un Caton ; *un critique passionné et jaloux,* un Zoïle ; *le modèle des critiques,* un Aristarque.

Voltaire (Epître à Boileau) :

Aux siècles des *Midas* on ne voit point d'*Orphées*;

Le même (Préface d'Œdipe) :

Je placerai nos Despréaux *et nos* Racines *à côté de Virgile pour le mérite de la versification;*

Le même (Variantes sur les évènements de 1744) :

Louis fit des *Boileaux*, Auguste des *Virgiles*;

Le même (Discours sur la tragédie de D. Pèdre, édition de Kehl) :

Ceux qui ont écrit l'histoire en France et en Espagne n'étoient pas des Tacites.

Delille (Épître à M. Laurent) :

Louis de ses regards récompensoit leurs veilles :
Un coup d'œil de Louis enfantoit des *Corneilles*;

Dorat (poème de la Déclamation, chant II) :

Qu'un *Molière* s'élève, il naîtra des *Barons*;

C'est parce que tous ces Noms propres sont employés figurément : les *Corneilles* pour de grands poètes; les *Davids*, les *Pharaons* pour de grands rois; les *Nathans*, les *Josephs* pour des ministres intègres, éclairés; les *Pelletiers* pour de mauvais poètes, etc., etc., et qu'alors ces Noms propres, ainsi employés pour des dénominations communes ou appellatives qui sont susceptibles d'être mises au pluriel, ont dû en prendre la marque caractéristique.

Ainsi, à l'exception de ces deux cas, de ces deux motifs, tant qu'un nom reste Nom propre, il ne peut, comme nous l'avons déjà dit, prendre la marque du pluriel, quand bien même il désigneroit plusieurs personnes portant le même nom.

Mais s'il n'est pas permis de donner au Nom propre la marque du pluriel, l'usage est de la donner à tout ce qui y a rapport. On écrira donc :

Les deux Corneille *se sont* distingués *dans la république des lettres; les deux* Cicéron *ne se sont pas également* illustrés.

Cette phrase, qui est de *Beauzée*, se trouve ainsi orthographiée dans l'Encyclopédie méthodique; et MM. *Boinvilliers, Maugard, Caminade, Chapsal, Jacquemard, Lavaux, Roussel de Berville, Domairon* et d'autres Grammairiens modernes, l'ont citée à l'appui de leur opinion sur la manière d'écrire les noms propres au pluriel.

Vous avez pour vous les vœux des trois Guillaume.
(L. de G. Budée à *Érasme*, rapportée dans l'hist. de François Ier.)

M. l'abbé Le Bœuf a distingué deux Alain, *l'un évêque d'Auxerre; l'autre religieux de Citeaux.*
(Gaillard, Histoire de François Ier, t. V, p. 20.)

Quatre *Mathusalem* bout à bout ne pourroient
Mettre à fin ce qu'un seul désire.
(*La Fontaine*, Fable des deux Chiens et l'Âne mort.)

Les voyages me mirent à portée de faire quelques connoissances; celle des deux Barillot, *etc.*
(J.-J. Rousseau, Confessions, liv. V.)

L'Espagne s'honore d'avoir produit les deux Sénèque, *Lucain, Pomponius, Columelle, Martial, Silius Italicus, Hygin, etc.*
(M. Raynouard, Origine et formation de la langue romane.)

Jamais les deux Caton *n'ont autrement voyagé, ni seuls ni avec leurs armées.*
(J.-J. *Rousseau*, Lettre à d'Alembert sur son article Genève, page 152, édit. de Didot, 1817.)

Rodr. Orgognès conseilla à Almagro de faire mourir les deux Pizarre *qu'il avoit entre les mains.*
(Suard, Hist. d'Amér., l. VI, p. 391.)

Hélas! c'est pour juger de quelques nouveaux airs,
Ou des *deux Poinsinet* lequel fait mieux les vers. (*Rulhières*.)

Des *deux Richelieu* sur la terre
Les exploits seront admirés. (*Volt.*, Ép. au duc de Richelieu.)

(115) *Les* Visconti, *ducs de Milan, portoient une givre dans leurs armes.* (*L'Académie*, au mot *Givre*.)

---

(115) M. *Lemare* (page 17 de son Cours théor., etc.) voudroit que l'on écrivît, avec la lettre caractéristique du pluriel, *les deux Tarquins, les deux Catons, les deux Racines, les deux Cor-*

Parce qu'aucun des Noms propres n'est, dans ces phrases, employé figurément; que chacun d'eux rappelle l'idée de plusieurs personnes, mais de plusieurs personnes portant le même nom, et qu'enfin, chacun de ces noms restant Nom propre, on n'a pas dû en changer la forme.

Il arrive quelquefois que les poètes et les orateurs font précéder de l'article *les*, les Noms propres qui ne désignent qu'un seul individu. C'est une irrégularité ou du moins une licence qui a besoin, pour être tolérée, d'un mouvement oratoire, où le génie de l'écrivain, pour ainsi dire hors de lui-même, croit s'exprimer avec plus de force, en employant le signe du pluriel, lors même qu'il ne s'agit que d'une seule personne, comme dans cette phrase de *Voltaire* aux auteurs des Neuvaines du Parnasse :

Il manque à CAMPISTRON, *d'ailleurs judicieux et tendre, ces beautés de détail, ces expressions heureuses qui font l'ame de la poésie et le mérite des* HOMÈRE, *des* VIRGILE, *des* TASSE, *des* MILTON, *des* POPE, *des* CORNEILLE, *des* RACINE, *des* BOILEAU.

---

neilles, les deux Montmorencis; parce que, selon lui, les mots *Tarquins*, *Catons*, etc., quoique d'une même famille, quoique du même nom, servent à désigner plusieurs individus dont le nom doit, par cela seul, être pluralisé.

Mais il nous semble que cette opinion n'est pas fondée; dans ces phrases, le nom ne doit pas prendre le *s*, marque caractéristique du pluriel, parce que ce nom n'y est employé, ni par emphase, ni figurément; et alors il ne cesse pas d'être Nom propre. C'est un nom de famille qu'on ne peut pas défigurer. *Tarquin* et *Tarquins*, *Caton* et *Catons* ne sont pas les noms d'une même famille; conséquemment, quoiqu'on parle de plusieurs *Tarquin*, de plusieurs *Caton*, on doit écrire : les *deux Tarquin*, les *deux Caton*, etc., sans le signe du pluriel.

Ajoutons à ces motifs ceux que donne *Lavaux*. Ces Noms propres sont appliqués à plusieurs individus, mais chaque nom représente par lui-même chaque homme auquel on ne l'applique que comme un seul individu. Quand on dit *les deux Corneille*, *les deux Scipion*, il y a ellipse: c'est comme si l'on disoit les deux hommes, les deux individus qui portent chacun le Nom propre de *Corneille*, de *Scipion*; et alors le pluriel tombe sur le mot *homme* ou sur le mot *individu*, et nullement sur le mot Corneille ou sur le mot Scipion, qui par conséquent ne doivent point prendre le signe caractéristique du pluriel.

Cette opinion est d'autant plus fondée qu'elle se trouve entièrement conforme à celle de *Beauzée*, de *Wailly*, de M. *Jacquemard*, de M. *Boniface*, de plusieurs autres Grammairiens, et, comme on l'a vu, à celle de *Voltaire*, de M. *Raynouard*, de J.J. *Rousseau*, de *Marmontel*, etc.

Une licence qui fait naître une beauté se pardonne aisément.

L'abbé *Collin* a pu dire aussi, en parlant des oraisons funèbres de *Fléchier* :

Là brillent d'un éclat immortel les vertus politiques, morales et chrétiennes DES *Le Tellier,* DES *Lamoignon et* DES *Montausier.*

Parce qu'éprouvant cette émotion qui rend le style figuré, sa manière de s'exprimer est en harmonie avec sa pensée.

Mais dans cette phrase :

Nous n'avons point parmi nos auteurs modernes de plus beaux-génies que LES *Racine et* LES *Boileau.* Comme il n'y a ici ni mouvement oratoire, ni élégance, il est certain qu'il eût été plus correct de dire : *Nous n'avons point parmi nos auteurs modernes de plus beau génie que* RACINE *et* BOILEAU.

À l'égard des *noms substantifs* qui sont communs ou appellatifs, ou bien qui sont mis dans cette classe, il sembleroit que, par leur nature, ils dussent tous être employés aux deux nombres ; il en est cependant plusieurs qui ne s'emploient qu'au singulier, et d'autres dont on ne se sert qu'au pluriel.

Substantifs qui n'ont pas de pluriel.

1° Les Noms de métaux considérés en eux-mêmes : *or, argent, plomb, étain, fer, cuivre, vif-argent, bismuth, zinc, antimoine,* etc. (116).

---

(116) OBSERVATION. Si les noms de métaux et d'aromates ne s'emploient point au pluriel, c'est parce qu'ils signifient, chacun, une seule substance composée de plusieurs parties ; ou, si l'on veut, parce qu'ils désignent comme individuelle la masse de chacun de ces métaux et de ces aromates ; leur nom est, à la vérité, le nom d'une espèce, mais d'une espèce considérée individuellement, et qui ne renferme point d'individus distincts.

En effet, quand on les considère comme mis en œuvre, divisés en

2° Les aromates : *le baume, la myrrhe, le storax, l'encens, l'absinthe, le genièvre*, etc.

3° Les Noms de vertus et de vices, et quelques noms relatifs à l'homme physique et à l'homme moral : *l'adolescence, l'amertume* (117), *l'ardeur* (118), *la bassesse* (119), *la*

---

plusieurs parties, et qu'on y distingue des qualités qui permettent de les ranger dans différentes classes, alors ils prennent un *pluriel*, et le nom devient un nom commun ou appellatif : *des ors de couleur, des fers aigres, les plombs d'un bâtiment*.

En aucune langue, dit *Voltaire*, les métaux, les aromates, n'ont jamais de pluriel. Ainsi, chez toutes les nations, on offre de l'*or*, de l'*encens*, de la *myrrhe*, et non des *ors*, des *encens*, des *myrrhes*. (Comment. sur Pompée de *Corneille*, acte I, vers 127.)

(117) AMERTUME. Ce mot a cependant un pluriel, mais c'est seulement au figuré : et alors il signifie, sentiments pénibles et douloureux.

Dieu nous détache des trompeuses douceurs du monde par les salutaires AMERTUMES *qu'il y mêle.* (*Le P. Thomassin.*)

(L'*Académie, Féraud, Gattel, Laveaux*, etc.)

(118) ARDEUR. L'*Académie* dit : *les grandes ardeurs de la canicule*, et *Trévoux* : *les ardeurs du soleil sous la ligne sont tempérées par les vents frais de la nuit*.—Ce sont les seuls cas où l'on puisse, dans le sens propre, employer le mot *ardeur* au pluriel.

Les poètes qui se servent de ce mot au singulier et au pluriel pour *amour*, consultent principalement les besoins de la mesure ou de la rime :

Il n'est plus temps : il sait mes *ardeurs* insensées. (*Racine*, Phèdre, acte III, sc. 1.)

Penses-tu que, sensible à l'honneur de Thésée,
Il lui cache l'*ardeur* dont je suis embrasée ? (*Id., ibid.*, sc., III.)

Je ne prétends point blâmer ce grand écrivain, mais je crois qu'on ne doit pas l'imiter en ceci dans la prose, où la même gêne n'existe pas.

(119) BASSESSE. Quand ce mot signifie sentiment bas, état bas, il ne se dit point au pluriel :

Le maître qui prit soin d'instruire ma jeunesse
Ne m'a jamais appris à faire une *bassesse*. (*Corneille*.)

Quand il se dit des actions qui sont l'effet de ce sentiment, on peut l'y employer : *Les hommes corrompus sont toujours prêts à faire de telles bassesses*. (*Fléchier*)

bile, *la beauté* (120), *la bonté* (121), *la bienséance* (122),

---

(120) BEAUTÉ. Autrefois on employoit indifféremment le mot *beauté* au pluriel et au singulier, lorsqu'on vouloit parler des qualités ou de la réunion des qualités d'une personne qui excite en nous de l'admiration et du plaisir ; mais aujourd'hui on ne le met plus en ce sens qu'au *singulier*.

Voulant parler des détails qui concourent à former la beauté d'un *tout*, ou des parties d'une chose qui sont belles, quoique les autres ne le soient pas, le mot *beauté* se met au pluriel : *il est bien difficile de décrire toutes les* BEAUTÉS *qu'il y a dans cette ville.* (*L'Académie.*)

Cependant, quoiqu'on dise les *beautés* d'un ouvrage, on ne peut le dire d'un auteur. On dira : *les beautés de l'Enéide*, mais on ne dira point *les beautés de Virgile.*

Beauté se dit aussi quelquefois au pluriel, dans un sens indéfini : *il y a des beautés de tous les temps et de toutes les nations.*

  Ses ouvrages, tout pleins d'affreuses vérités,
  Etincèlent pourtant de sublimes *beautés*.   (*Boileau*, Art poét., ch. II.)

  Ciel! quels nombreux essaims d'innocentes *beautés* !   (*Racine*, Ath., I, 1.)

  C'est aux gens mal tournés, c'est aux amants vulgaires,
  À brûler constamment pour des *beautés* sévères.   (*Molière.*)

(121) BONTÉ. On l'emploie quelquefois au *pluriel*, mais alors il ne signifie plus simplement la qualité appelée bonté, mais ses effets, ses témoignages.   (Le Dictionnaire critique de *Féraud.*)

  Choisissez des sujets dignes de vos *bontés*.   (*Corneille.*)

  Où sont, Dieu de Jacob, tes antiques *bontés* ?   (*Racine*, Athalie, act. IV, sc. 5.)

(122) BIENSÉANCE. Quand on veut parler d'une chose que l'on trouve utile et commode, d'une chose dont on s'arrangeroit, le mot *bienséance* n'a pas de *pluriel*.

Lorsqu'il est question de la convenance, du rapport de ce qui se dit, de ce qui se fait, avec ce qui est dû aux personnes, à l'âge, au sexe, et avec ce qui convient aux usages reçus et aux mœurs publiques, ce mot s'emploie au singulier : *On peut rire des erreurs de la* BIENSÉANCE.
                      (*Pascal.*)

  ...La scène demande une exacte raison ;
  L'étroite *bienséance* y veut être gardée.   (*Boileau*, Art poét., ch. II.)

Souvent aussi il se dit au pluriel : *les* BIENSÉANCES *sont d'une étendue infinie ; le sexe, l'âge, le caractère imposent des devoirs différents.* (*Bellegarde.*)

Du Nombre des Substantifs.

le bonheur (123), *la capacité, le chagrin* (124), *la chasteté, la charité* (125), *la colère* (126), *la captivi-*

Le Tasse ne garde pas aussi exactement que *Virgile* toutes les BIENSÉANCES des mœurs, mais il ne s'égare pas comme *l'Arioste*.

(Bouhours.)

Les devoirs du christianisme entrent dans les bienséances du monde poli.

(Massillon.)

(123) BONHEUR. L'*Académie* (p. 526 de ses observ.) décide que ce mot s'emploie ordinairement au singulier: cela est vrai; mais elle auroit dû ajouter que, quand il se dit du mal qu'on évite, du bien qui arrive, il prend très-bien le *pluriel*. On lit dans *Marivaux*: *De combien de petits* BONHEURS *l'homme du monde n'est-il pas entouré!* Et l'*Académie* (dans son Dictionnaire, édition de 1798), *Th. Corneille* et *Trévoux* disent positivement qu'en ce sens, le mot *bonheur* a un *pluriel*.

(124) CHAGRIN. Dans le sens d'humeur, dépit, colère, ce mot n'a pas de *pluriel*; il ne le prend que dans le sens de peine, affliction, déplaisir:

Les CHAGRINS *montent sur le trône, et vont s'asseoir à côté du souverain.*

(Massillon.)

Oui, Lamoignon, je fuis les *chagrins* de la ville. (*Boileau*, Epitre VI.)

(125) CHARITÉ. Lorsque ce mot signifie l'amour que nous avons pour Dieu, ou pour notre prochain en vue de Dieu, il n'a point de *pluriel*. *La fin de la religion, l'ame des vertus, et l'abrégé de la loi, c'est la* CHARITÉ (*Bossuet*); mais pour exprimer l'effet d'une commisération, soit chrétienne, soit morale, par laquelle nous secourons notre prochain de notre bien, de nos conseils, etc., on dit *faire la charité, faire des* CHARITÉS, *de grandes* CHARITÉS.—On dit aussi *prêter des* CHARITÉS *à quelqu'un*, pour dire le calomnier: *lorsque le père Lachaise eut cessé de parler, je lui dis que j'étois étonné qu'on m'eût prêté des* CHARITÉS *auprès de lui.* (*Boileau*, lettre à Racine.)

(126) COLÈRE. *Corneille* et *Molière* ont employé ce mot au pluriel.

Pressé de toutes parts des *colères* célestes. (Pompée, I, 1.)

..... On m'accable, et les astres sévères
Ont contre mon amour redoublé leurs *colères*. (Les Fâcheux, III, 1.)

Colères au pluriel est un latinisme. Virgile a dit: *attollentem iras*, et *tantaene animis coelestibus irae!* En français *colère* ne s'emploie qu'au singulier; on ne dit pas plus des *colères* que des *courroux*.

On dit pourtant quelquefois, dans le langage familier, *je l'ai vu dans*

té (127), la clarté (128), la conduite (129), la connoissance (130), la considération (131), le contentement (132), le

ses COLÈRES, dans des COLÈRES affreuses : c'est qu'ici colère est pour accès de colère.

(127) CAPTIVITÉ. Bossuet a employé ce mot au *pluriel* : *s'élever au-dessus des* CAPTIVITÉS *où Dieu permet que nous soyons à l'extérieur;* cela n'est pas du goût d'aujourd'hui. (*Féraud* et M. *Laveaux.*)

(128) CLARTÉ. On se sert quelquefois de ce mot au *pluriel* dans le sens de lumières ; mais ce n'est qu'en poésie :

Etrange aveuglement!... éternelles *clartés* !
(*Corneille*, Polyeucte, acte IV, sc. 3.)

C'est à nous de chanter, nous à qui tu révèles
    Tes *clartés* immortelles. (*Racine*, Athalie, acte II, sc. 9.)

......Ce Des Barreaux qu'on outrage
S'il n'eut pas les *clartés* du sage,
En eut le cœur et la vertu. (*Voltaire*, Ode sur le Paradis.)

   Mais, sans tes *clartés* sacrées,
   Qui peut connoître, Seigneur,
   Les foiblesses égarées
Dans les replis de son cœur ? (*J.-B. Rousseau*, ode II, l. 1.)

(129) CONDUITE. Ce mot n'a de *pluriel* qu'en termes d'hydraulique ; alors il se dit des tuyaux qui conduisent les eaux d'un endroit à un autre.

(130) CONNOISSANCE. Ce mot n'a un *pluriel* que quand il se dit des relations de société que l'on forme ou que l'on a formées avec quelqu'un ; ou bien encore quand on parle des lumières de l'esprit :

On prend pour des amis de simples *connoissances* ;
Mais que de repentirs suivent ces imprudences !
(*Gresset*, le Méchant, act. IV, sc. 4.)

Les vieilles CONNOISSANCES *valent mieux que les nouveaux amis.*
(Mad *du Deffant.*)

Dans le monde on a beaucoup de CONNOISSANCES *et peu d'amis.*
(Mad. *de Puisieux.*)

Démosthènes se remplit l'esprit de toutes les CONNOISSANCES *qui pouvoient l'embellir.* (Le P. *Rapin.*)

(131) CONSIDÉRATION. Dans le sens de raisons, de motifs qui engagent à prendre tel ou tel parti, à faire telle ou telle chose, on peut employer ce mot au pluriel ; dans toute autre signification, il ne se dit qu'au singulier.

Il y a été obligé par de grandes CONSIDÉRATIONS, *par des* CONSIDÉRATIONS *d'honneur et de probité.* (L'*Académie.*)

(132) CONTENTEMENT. On dit à plusieurs personnes, ou de plusieurs :

coucher, le lever (133), *le courage* (134), *la contrainte* (135), *la curiosité* (136), *la douceur* (137), *la décence, le déses=*

---

votre contentement, leur contentement, et non pas *vos contentements, leurs contentements,* comme le dit *Racine :*

Cherchez
Tout ce que pour jouir de leurs *contentements*, etc.

L'*Académie* en blâme l'usage dans *Corneille :*

Et que tout se dispose à leurs *contentements*

(133) Coucher. Lever. Les astronomes distinguent trois couchers et trois levers des étoiles : le *cosmique*, l'*achronique* et l'*héliaque*. Ainsi dans ce cas *coucher* a un pluriel.

(134) Courage. On peut l'employer au *pluriel* en poésie, et dans le discours élevé, quand on lui donne le sens de *cœur*, d'*âme*; ou bien encore quand on le personnifie, pour lui faire signifier les *hommes courageux*.

Ce grand prince calma les courages émus.
(*Bossuet*, or. fun. du prince de Condé.)

Homère aux grands exploits anima les *courages*. (*Boileau*, Art poét., ch. IV.)

Soumettez-lui les *fiers courages*
Des plus nobles peuples du Nord. (*Cresset*, ode au roi Stanislas.)

Les grands courages *ne se laissent point abattre par l'adversité.*
(*L'Académie.*)

(135) Contrainte. Ce mot n'a de pluriel qu'en termes de jurisprudence; cependant *Bossuet* a dit : *Par ses soins, le mariage deviendra si libre, qu'il n'y aura plus à se plaindre de ses* contraintes *et de ses incommodités.*—*Contraintes* est pris ici pour diverses sortes de gênes, et nous sommes d'avis qu'il fait un bel effet.

(136) Curiosité ne se dit au *pluriel* que lorsqu'il signifie, choses rares, extraordinaires, parmi les productions de la nature ou des arts ; en ce sens même, mais fort rarement, on le dit aussi au singulier : *Cet homme donne dans la* curiosité, ce qui veut dire, dans la recherche des *curiosités*.

(137) Douceur ne se dit au *pluriel* que dans le sens figuré; ou bien encore dans le sens de paroles galantes : *dire, conter des* douceurs *à une femme*.

Ce sont les *douceurs* de la vie
Qui font les horreurs du trépas. (*Quinault.*)

La vie privée a ses douceurs.

poir (138), *l'encens*, *l'enfance* (139), *l'espoir* (140), *l'expérience* (141), *l'esprit* (142), *la félicité* (143), *la fierté* (144), *la*

(138) Désespoir. On n'emploie plus aujourd'hui ce mot au pluriel, il fait pourtant un très-bel effet.

> Et tu verras mes feux, changés en juste horreur,
> Armer mes *désespoirs*, et hâter ma fureur. (*Corneille*, Andromède, V, 1.)

> Et par les *désespoirs* d'une chaste amitié
> Nous aurions des deux camps tiré quelque pitié. (Le même, Horace, III, 1.)

Mes déplaisirs, mes craintes, mes douleurs, mes ennuis disent plus que *mon déplaisir, ma crainte*, etc. Pourquoi ne pourroit-on pas dire *mes désespoirs*, comme on dit *mes espérances*? Ne peut-on pas désespérer de plusieurs choses, comme on peut espérer de plusieurs ? (*Voltaire*, Rem. sur Corneille.)

(139) Enfance. Ce n'est qu'au figuré et dans le sens de puérilité, action d'enfant, qu'il peut se dire au pluriel.

(140) Espoir. Ce mot ne s'emploie qu'au singulier; cependant *Voiture* a dit : *Alors je revis en moi-même les doux* espoirs, *les bizarres pensers*; et *Scudéry* : *On ne peut trouver que des charmes chimériques à soupirer, et à être sans cesse agité de mille* espoirs *trompeurs* ; mais ces écrivains sont bien anciens pour faire autorité.

Observez que le sens propre de ce mot ne regarde que les choses qui sont à venir; *Racine* l'a appliqué à des choses présentes :

> ....Me cherchiez-vous, Madame,
> Un *espoir* si charmant me seroit-il permis? (Androm., I, 4.)

Pour mieux comprendre le défaut de propriété dans l'emploi de ce mot, il n'y a qu'à mettre la phrase en prose : *Madame, me seroit-il permis d'espérer que vous me cherchiez?*

(*D'Olivet*, Rem. sur Racine.)

Cette observation est la même que celle que nous faisons aux Rem. détachées sur l'emploi du mot *espérer*.

(141) Expérience. Ce mot ne se dit au *pluriel* qu'en physique, en mathématiques et en médecine. *La physique et la médecine ont besoin d'être aidées par les* expériences *que le hasard seul fait souvent naître.* (*Fontenelle.*)

(142) Esprit. Ce mot employé pour sens, sentiment, se dit au *pluriel*, surtout en poésie : *Les* esprits *étoient émus, agités, timides, glacés, égarés, éperdus*.

Il se dit également au pluriel quand on veut désigner la personne, par rapport au caractère : *c'est un de nos meilleurs esprits*.

flamme (145), *la fureur* (146), *la gloire* (147), *le goût* (148),

On dit aussi de ceux qui se distinguent par l'agrément de leurs discours ou de leurs ouvrages, que *ce sont de beaux esprits*.

On appelle *esprits forts* les personnes qui veulent se mettre au-dessus des opinions et des maximes reçues.

Enfin, *esprit* s'emploie au pluriel en parlant des *génies*, *lutins*, *spectres*, *revenants*. Des *esprits célestes*, des *esprits immondes*;

Et lorsqu'on veut désigner ces petits corps légers, subtils et invisibles qui portent la vie et le sentiment dans les parties de l'animal, et que l'on appelle *esprits vitaux*, *esprits animaux*.

Dans toute autre signification le mot *esprit* ne se dit qu'au *singulier*.

(143) FÉLICITÉ. Ce mot ne se dit guère en prose au pluriel, par la raison que c'est un état de l'ame, comme tranquillité, sagesse, repos. Cependant l'usage et l'*Académie* ont consacré cette phrase : *Les félicités de ce monde sont peu durables*.

Mais la poésie, qui s'élève au-dessus de la prose, permet le pluriel.

> Jouissez des *félicités*
> Qu'ont mérité (*) pour vous mes bontés secourables.
> (*Rousseau*, Ode XIV, I. 1.)

Que vos *félicités*, s'il se peut, soient parfaites. (*Voltaire*, Zaïre, acte I, sc. 1.)

> Allons apprendre au roi pour qui vous combattez,
> Mon crime, mes remords et mes *félicités*. (Le même.)

(144) FIERTÉ ne s'emploie pas au *pluriel*; on dit de plusieurs personnes : *leur fierté*, et non pas *leurs fiertés*; ainsi *le bruit de ses* FIERTÉS, et *si de ses* FIERTÉS, qu'on trouve dans *Molière*, sont contre l'usage.

(145) FLAMME. Ce mot, pris pour la passion de l'amour, étoit autrefois employé par les poètes au pluriel, mais à présent il ne se met qu'au *singulier*; cependant, dit *Voltaire*, à l'occasion de ce vers de Pierre Corneille :

> ....L'ardeur de Clarice est égale à *vos flammes*. (Le Menteur, III, 2.)

pourquoi ne diroit-on pas *à vos flammes*, aussi bien qu'*à vos feux*, *à vos amours* ?

(146) FUREUR. L'*Académie* ne donne pas un seul exemple où ce mot soit employé au pluriel, ce qui sembleroit indiquer qu'il ne doit l'être qu'au singulier; néanmoins comme de très-bons écrivains en ont fait usage :

> Pourquoi demandez-vous que ma bouche raconte
> Des princes de mon sang les *fureurs* et la honte ? (*Voltaire*, la Henr., ch. I.)

(*) Les entraves de la versification ont forcé *Rousseau* à violer la Grammaire, qui demandoit **méritées**.

la haine (149), *l'haleine* (150), *le hasard* (151), *la honte* (152),

---

  Vous voyant exposé *aux fureurs* d'une femme.   (*Corneille.*)
 …Défendez-moi *des fureurs* de Pharnace.   (*Racine*, Mithr., I. 2.
 …A *vos fureurs* Oreste s'abandonne.   (Le même, Andromaq., V, 5.)
  Il n'eût point eu le nom d'Auguste
  Sans cet empire heureux et juste
  Qui fit oublier *ses fureurs*.   (*J.-B. Rousseau.*)

et que d'ailleurs l'acception de ce terme au pluriel change un peu, puisqu'il marque plutôt les effets de la passion que ses degrés, il nous semble que son emploi à ce nombre est bon et même nécessaire.

(147) GLOIRE. Ce mot ne se dit au pluriel qu'en terme de peinture, pour des ouvrages représentant un ciel ouvert et lumineux, des anges, des bienheureux, etc.

(148) GOÛT. Lorsque ce mot est employé pour signifier l'application à quelque objet particulier de la faculté de distinguer les saveurs, ou de celle de juger des objets, il peut alors être mis au pluriel : *Tous les* GOÛTS *ne se rapportent pas. En peinture, il y a autant de* GOÛTS *que d'écoles.*

Goût prend aussi le pluriel, lorsqu'il signifie la prédilection de l'ame pour tels ou tels objets : *La nature nous a donné des* GOÛTS *qu'il est aussi dangereux d'éteindre que d'épuiser.*

Hors de là le mot *goût* ne se dit qu'au singulier.

(149) HAINE n'a point de pluriel quand il signifie la passion en général; mais il en a un quand il signifie les sentiments de haine qui ont quelque objet particulier en vue : *Une parole mal interprétée, un rapport douteux, un soupçon mal fondé, allument tous les jours des haines irréconciliables.* (*Fléchier.*) — *Les haines particulières cédoient à la haine générale.* (*Voltaire.*)

  Combien je vais sur moi faire éclater de *haines*! (*Racine*, Andromaq., III, 7.)

(150) HALEINE. Ce mot ne se dit des vents que lorsqu'ils sont personnifiés; alors c'est une expression prise par analogie de l'haleine de l'homme, et elle s'emploie aussi bien au singulier qu'au pluriel : *Les vents se turent, les plus doux zéphirs même semblèrent retenir leurs* HALEINES. (*Fénélon.*)—*Déjà les vents retiennent leur* HALEINE, *tout est calme dans la nature.* (*Barthélemy.*)

 …Des zéphirs nouveaux les fécondes *haleines*
 Feront verdir nos bois, et refleurir nos plaines. (*Regnard*, sat. contre les Maris.)
 Seulement au printemps, quand Flore dans les plaines
 Faisoit taire des vents les bruyantes *haleines*. (*Boileau*, le Lutrin, ch. II.)

(151) HASARD. Les poètes disent ce mot au pluriel en parlant des hasards de la guerre. Dans tout autre cas, *hasard* ne s'emploie qu'au singulier.

(152) HONTE. *Corneille* a dit, dans Pompée (acte V, sc. 3) :

Pour réserver sa tête *aux hontes* d'un *supplice.*

Et dans Rodogune (acte IV, sc. 3) :

.... Vous avez dû garder le souvenir
Des hontes que pour vous j'avois su prévenir.

Sur ce dernier vers, *Voltaire* fait cette remarque : « Le mot *honte* n'a point de *pluriel*, du moins dans le style noble; » ce qui fait voir qu'il ne le condamne pas dans le langage ordinaire ; en effet, *Féraud* luimême trouve bonne cette phrase de *La Bruyère : La plus brillante fortune ne mérite ni le tourment que je me donne, ni les humiliations, ni les* HONTES *que j'essuie.*

(153) HYMEN. Ce mot est souvent employé en vers pour signifier le mariage, et on lui donne même quelquefois ce sens en prose. *Vivre sous les lois de l'hymen.*

Quand on parle du dieu qui présidoit au mariage, il ne se dit qu'au singulier; quand il se dit du mariage même, il peut se mettre au pluriel.

J'ai vu beaucoup *d'hymens*, aucuns d'eux ne me tentent.
(*La Fontaine*, liv. VII, fable 2.)

(154) HONNEUR. Signifiant le sentiment de l'estime de nous-mêmes, et le droit que nous avons à celle de nos semblables, fondé sur notre vertu, notre probité ; ou bien encore, signifiant la bonne opinion qu'ils ont de notre droiture, de notre courage, de notre intrépidité, *honneur* ne s'emploie qu'au singulier.

Mais se disant des démonstrations de respect, des marques de civilité, de politesse, des dignités, des décorations, des honneurs funèbres, il se met au pluriel.

Ne sacrifiez pas votre HONNEUR *pour arriver aux* HONNEURS.
(*De Bugny.*)

*Ambitionnez l'*HONNEUR *et non les* HONNEURS. (*Guichardin.*)

N'accordez jamais les HONNEURS *à ceux qui n'ont point d'*HONNEUR.
(*La Beaumelle.*)

(155) INCLÉMENCE. *Molière*, dans les Précieuses ridicules, a employé ce mot au *pluriel*, mais c'est en plaisantant. *Voudriez-vous, faquins, que j'exposasse l'embonpoint de mes plumes aux* INCLÉMENCES *de la saison?*

cence (156), *l'indignité* (157), *l'indiscrétion* (158), *l'igno-rance* (159), *l'ignominie* (160), *l'injustice* (161), *l'impuis-*

---

(156) INDÉCENCE. Ce mot ne se dit en général qu'au *singulier*; cependant on le dit au *pluriel*, pour signifier des choses indécentes.

*Les derniers ouvrages de Voltaire sont si remplis d'*INDÉCENCES *et de blasphêmes, qu'en déshonorant ses talents et sa vieillesse, il ne mérite, malgré sa haute réputation littéraire, que l'indignation des gens sensés.*
(Le philosophe du Valais.)

(157) INDIGNITÉ. Ce n'est que dans le sens d'outrage, d'affront, que l'on dit ce mot au pluriel.

(158) INDISCRÉTION. Quand on parle du vice de l'indiscrétion, on met toujours ce mot au *singulier*; on dit de plusieurs personnes, ou à plusieurs : *leur indiscrétion, votre indiscrétion.*

*Appréhendez tout de l'*INDISCRÉTION *des amants heureux.* (*Vill.*)

On ne le met au *pluriel* que quand on parle des effets de ce vice, des actions, des paroles indiscrètes : *On n'a vu que trop de ces malheureuses entretenir l'audience des* INDISCRÉTIONS *de leurs vies.* (Patru.)

(159) IGNORANCE. Dans le sens de défaut de connoissance, de manque de savoir, ce mot ne se dit point au pluriel :

L'*ignorance* vaut mieux qu'un savoir affecté. (*Boileau*, Epître IX.)

Pour être sage, une heureuse *ignorance*
Vaut souvent mieux qu'une foible vertu. (*Deshoulières.*)

Quand il se prend pour fautes commises par ignorance, on peut s'en servir. Bossuet a dit en parlant d'un écrit : *on y trouve autant d'*IGNORANCES *que de mots.*

Boileau : *Dieu a permis qu'il soit tombé dans des* IGNORANCES *si grossières, qu'elles lui ont attiré la risée des gens de lettres.*

Et l'*Académie* : *Ce livre est plein d'*IGNORANCES *grossières.*

(160) IGNOMINIE. Comme le mot *indignité*, dans le sens d'outrage, d'injure, *ignominie* a un pluriel : ainsi on ne pourra pas en faire usage dans cette phrase : *Le temps ne sauroit effacer l'*IGNOMINIE *d'une lâche action*, mais on pourra s'en servir dans celle-ci : *Jésus-Christ a souffert toutes les* IGNOMINIES *dont les Juifs ont pu s'aviser.*

(161) INJUSTICE. Ce mot ne se dit au *pluriel* que quand on parle des effets de l'injustice, et alors il a un sens passif : *J'ai enduré de sa part de grandes* INJUSTICES. — Quand on veut parler du sentiment opposé à la justice, à la droiture, on doit se servir du *singulier*, et alors ce mot a

sance (162), *l'impudence* (163), *l'imprudence* (164), *l'impudeur* (165), *l'innocence* (166), *l'ivresse* (167), *la*

---

un sens actif : *la prospérité, qui devroit être le privilége de la vertu, est ordinairement le partage de l'*INJUSTICE. (*Fléchier.*)

La contrainte de la rime a fait dire à *Voltaire* :

> Le peuple, pour ses rois toujours plein d'*injustices*,
> Hardi dans ses discours, aveugle en ses caprices,
> Publioit hautement...... (Mariamne, acte I, sc. 1.)

Le sens demandoit *plein d'injustice* au singulier.

(162) IMPUISSANCE. Ce mot ne se dit jamais qu'au *singulier*. On observera que l'*Académie* et le plus grand nombre des écrivains ne l'attribuent qu'aux personnes :

*Les grands se croient dans l'*IMPUISSANCE *d'être charitables, parce qu'ils se sont imposé la nécessité d'être ambitieux ou d'être superbes.* (*Fléchier.*)

*Chacun cherche à excuser sa paresse dans la pratique de la vertu, par un prétexte d'*IMPUISSANCE. (*Fléchier.*)

Cependant *Racine* a dit, dans Iphigénie (acte I, sc. 5) :

> Seigneur, de mes efforts je connois l'impuissance.

Et Voltaire : *le drame né de l'*IMPUISSANCE *d'être tragique ou comique.*

REMARQUE. On lit dans le Dictionnaire de l'*Académie*, que le mot *impuissance* se dit plus particulièrement de l'incapacité d'avoir des enfants, causée ou par vice de conformation, ou par quelque accident. Il nous semble qu'elle devoit ajouter que, dans ce sens, ce mot ne se dit que *des hommes*, mais qu'en parlant d'une *femme* qui est incapable d'avoir des enfants, on dit qu'elle est *stérile*, et non pas qu'elle est *impuissante*.

(163) IMPUDENCE. Quand ce mot désigne le vice, on le met toujours au *singulier*; on dit de plusieurs personnes, *leur impudence*, et non pas *leurs impudences*.

Mais, quand on parle des actions, des effets de ce vice, on peut se servir du *pluriel* : *il mérite d'être châtié pour ses* IMPUDENCES.

(164) La même observation s'applique au mot IMPRUDENCE et au mot MÉCHANCETÉ.

(165) IMPUDEUR. *Domergue* se plaint avec raison de ce que l'on confond souvent le mot *impudence* avec le mot *impudeur*.

L'*impudeur* doit signifier la non pudeur, le contraire de la *pudeur*, qui est une certaine honte, un mouvement excité par ce qui blesse l'honnêteté et la modestie ;

Et l'*impudence* est un attentat contre la pudeur.

jeunesse, le mépris (168), *le martyre* (169), *la méchanceté* (170), *la misère* (171), *la miséricorde, la morale, la mollesse, la noblesse, l'obéissance, l'odorat, l'ouïe* (172).

---

(166) INNOCENCE. Ce mot se dit toujours au *singulier* : *l'*INNOCENCE *de la vie ôte la frayeur de la mort.* (Saint-Évremond.)

> Dans les temps bienheureux du monde en son enfance,
> Chacun mettoit sa gloire en sa seule *innocence.*
> (*Boileau*, Satire V, sur la Noblesse.)

Un auteur moderne a dit : *leurs* INNOCENCES ; c'est une faute, ainsi que le remarque *Féraud.*

(167) IVRESSE. Ce mot peut se dire au *pluriel* en parlant des passions, et c'est dans ce sens figuré que *J.-B. Rousseau* a dit :

> Le réveil suit de près vos trompeuses *ivresses,*
> Et toutes vos richesses
> S'écoulent de vos mains. (Ode XVI.)

(168) MÉPRIS. Quand on parle du sentiment, on met toujours *mépris* au singulier ; le *pluriel* ne s'emploie que quand on parle des paroles ou des actions qui marquent le mépris : *je ne suis pas fait pour souffrir vos* MÉPRIS. (*L'Académie.*)

(169) MARTYRE, employé figurément pour exprimer les peines du corps et de l'esprit, n'a pas ordinairement de *pluriel*; et quoiqu'on parle de plusieurs saints, on dit *leur* MARTYRE, et non pas *leurs* MARTYRES ; cependant, fait observer *Féraud*, le *pluriel* va fort bien dans cette phrase de *Bossuet : Ils* (les hérétiques) *trouvèrent bientôt le moyen de se mettre à couvert des* MARTYRES, c'est-à-dire des occasions de souffrir le martyre.

Voyez aux Remarques détachées une observation sur ce mot.

(170) *Voyez* la Remarque 163 pour l'emploi du mot MÉCHANCETÉ.

(171) MISÈRE. *Voltaire*, dans ses remarques sur les Horaces, fait observer qu'en poésie ce mot est un terme noble, qui signifie *calamité*, et non pas *indigence*; ce n'est qu'en ce sens que *misère* se dit aussi bien au pluriel qu'au singulier.

> J'ai tantôt, sans respect, affligé sa misère. (*Racine*, Iph., IV, 3.)
> Mon cœur dès ce moment partagea vos *misères.* (*Voltaire*, Alzire, II, 11.)
> ....Heureuse en mes *misères,*
> Lui seul il me rendra mon époux et ses frères.
> (Le même, Mérope, acte IV, sc. 2.)

(172) OUÏES. Au *pluriel,* ce mot ne se dit qu'en parlant des poissons,

Du Nombre des Substantifs. 161

la paresse, la pauvreté (173), *le penchant* (174), *la rage* (175), *la reconnoissance* (176), *la renommée* (177),

---

et dans un autre sens qu'*ouïs* au singulier ; il signifie certaines parties de la tête qui leur servent pour la respiration.

(173) PAUVRETÉ. Le mot *pauvreté* a un *pluriel* lorsqu'on veut parler de certaines choses basses, méprisables, sottes et ridicules, que l'on entend dire, ou que l'on voit faire :

J'ai lu la satire des femmes,
Juste ciel, que de *pauvretés* !   (*Sénecé*.)

(174) PENCHANT. Au figuré, ce mot peut se dire au *pluriel*, quand il est employé absolument et sans régime : *Plus on se livre à ses* PENCHANTS, *plus on en devient le jouet et l'esclave.*   (*Massillon*.)

Dans tout autre cas, il se met toujours au singulier.

Qu'aisément l'amitié jusqu'à l'amour nous mène ;
C'est un *penchant* si doux qu'on y tombe sans peine.
(*Corneille*, Héracl., act. III, sc. 4.)

Hélas ! de son *penchant* personne n'est le maître.   (Mad. *Deshoulières*.)

M. *Marsolier*, qui a dit : *Il y a des personnes qui ont de grands* PEN=CHANTS *à la vanité*, a donc fait une faute ; en effet, ainsi que le fait observer *Féraud*, pourquoi plusieurs *penchants* à une seule passion ?

(175) RAGE. Ce mot ne se dit plus aujourd'hui qu'au *singulier* : cependant *Voltaire* regrette le pluriel, qui fait, dit-il, un très-bel effet dans ce vers de *Corneille* (Polyeucte, acte I, sc. 2) :

Le sang de Polyeucte a satisfait leurs *rages*.

Il est aussi plus énergique dans l'Ode de *Boileau* sur la prise de Namur :

Déployez toutes vos *rages*,
Princes, vents, peuples, frimas.

(176) RECONNOISSANCE. Ce mot n'est bon au pluriel qu'en terme de guerre : *Ce général a déjà fait plusieurs reconnoissances* ; ou bien encore en terme de théâtre : *Il y a dans cette pièce plusieurs reconnoissances.* (*L'Académie et Féraud*.)

Quoiqu'on dise *reconnoître* (avouer) *ses fautes*, on ne dit point *faire la reconnoissance de ses fautes*.

Cette remarque de *Féraud* est approuvée de M. *Laveaux*.

(177) RENOMMÉE. Ce mot ne se dit au *pluriel* qu'en terme de peinture et lorsqu'on parle des figures de la Renommée : *voilà des Renommées excellentes*:

la pudeur, le *repos* (178), la *santé* (179), le *silence* (180), superflu, la *tendresse* (181), le toucher, la vue (182).

---

(178) Repos. En terme d'architecture, ce mot se dit du palier d'un escalier; en ce sens il a un *pluriel* : les repos de cet escalier ne sont pas assez grands. — Il s'emploie aussi au *pluriel*, en terme de peinture, et lorsqu'il s'agit des ouvrages d'esprit : *Dans les ouvrages comme dans les tableaux, il faut ménager les* repos *et les ombres; tout ne doit pas être également saillant et brillant.*

(179) Santé. On dit *boire des* santés, pour exprimer qu'on boit à la santé de plusieurs personnes; le mot *santé* n'a de *pluriel* que dans ce sens, et lorsqu'il est en quelque sorte personnifié : *pour les* santés *délicates, elles méritent qu'on y prenne confiance.* (*Sévigné.*) — *S'il y a un bonheur que la raison produise, il ressemble à ces* santés *qui ne se soutiennent qu'à force de remèdes.* (*Fontenelle.*)

(180) Silence. Ce mot n'a point de pluriel, si ce n'est en musique, où l'on dit, observer les *silences*; et alors il s'entend des signes qui répondent en durée aux diverses valeurs des notes, et qui, mis à la place de ces notes, indiquent que tout le temps de leur valeur doit être passé en *silence*.

L'*Académie* ne l'indique pas avec cette acception; et cependant il y est très-usité.

(181) Tendresse. L'*Académie*, Trévoux, et en général les lexicographes, ne donnent d'exemples de ce mot qu'au *singulier*; en effet il n'a point de pluriel quand il signifie la sensibilité ou la passion de l'amour; mais, quand il se dit des marques de tendresse, des témoignages de tendresse, on l'emploie fort bien au pluriel :

L'innocence succombe aux *tendresses* des grands;
Et les plus dangereux ne sont pas les tyrans.   (*Voltaire.*)

Médicis en pleurant me reçut dans ses bras,
Me prodigua long-temps des *tendresses* de mère.
                            (Le même; Henriade, chant II.)

Tu sais combien de fois ses jalouses *tendresses*
Ont pris soin d'assurer la mort de ses maîtresses.   (*Racine*, Mithr., I, 1.)

(182) Vue. Quand ce mot signifie, en général, la faculté de voir, sans application à un sujet particulier, il ne prend point de pluriel. — Il en prend dans tous les autres sens.

1re *Observation.* — Si les noms des vertus et des vices ne prennent point la marque du *pluriel*, c'est parce que notre langue a considéré comme individuelles toutes les choses que l'esprit ne peut pas diviser en plu-

4° Des adjectifs pris substantivement, comme *le beau*, *le vrai*, *l'utile*, etc., etc.

5° Tous les mots qui ont passé des langues mortes ou étrangères dans notre langue, sans être naturalisés dans la nôtre par un usage fréquent; on en excepte cependant (d'après le Dictionnaire de l'*Académie*, édit. de 1762 et de 1798), *débet*, *écho*, *factum* (183), *placet*, *quolibet* et *récepissé*, qui prennent la marque caractéristique du pluriel.

Dans le même Dictionnaire, édit. de 1798 seulement, on trouve écrit avec un *s* au pluriel le mot *numéro*; mais on sait que cette édition n'a pas été reconnue par l'Académie

D'après le même Dictionnaire, édit. de 1762 et de 1798, il faut écrire au *pluriel*, sans cette marque caractéristique, les mots *alibi*, *aparté*, *avé*, *avé-maria*, *concetti*, *déficit*, *duo trio*, *pater*, *in-folio*, *quatuor*, etc., *duplicata*, *errata*, (184),

---

sieurs individus distincts, et que ces noms, que les latins avoient divisés, sont devenus dans notre langue des espèces de noms propres. (*Laveaux*, son Dict. des diffic. au mot *nombre*.)

2ᵉ *Observation*. — Si les écrivains, poètes et même prosateurs, ont dans le genre noble quelquefois employé des pluriels pour des singuliers, c'est afin de rendre aux mots, par ce changement de nombre, quelque chose de la force que l'usage ordinaire leur avoit fait perdre avec le temps. (M. *Auger*, commentaire de Molière.)

(183) On prononce *facton*. (L'*Acad. Gattel, Féraud, Philippon* de la *Mad.*)

   Par arrêt, ta muse est bannie
   Pour certains couplets de chanson
    Et pour un mauvais *factum*
   Que te dicta la calomnie.   (*Voltaire*, le Temple du Goût.)

(184) ERRATA. Ce mot est purement latin, et signifie les fautes, les méprises; mais on l'a francisé, et du pluriel latin on en a fait en notre langue un *singulier*. On appelle *errata* un *tableau*, un *état* des fautes échappées dans l'impression d'un ouvrage, soit que ce tableau, que cet état indique *plusieurs fautes*, soit qu'il n'en indique *qu'une*, parce que la pluralité de ce mot ne peut pas tomber sur les fautes indiquées, mais sur la quantité des tableaux ou des états qui les indiquent. Cependant depuis l'apparition du Dictionnaire de l'*Académie* de 1798, beaucoup de personnes prétendent, sur la foi de ce Dictionnaire, qui, comme nous l'avons dit bien souvent n'est pas reconnu par l'Académie, que, lorsqu'il s'agit de plusieurs fautes à relever, il faut dire *un errata*; mais que lorsqu'il n'est question que d'une seule faute, on doit dire *un erratum*. De sorte que ce mot français ou francisé se trouve avec deux singuliers,

exeat, ex-voto, impromptu (185), *lazzi, quiproquo, noël, solo, zéro*. Dans l'édition de 1798, les mots *alinéa* (185 bis) et *te Deum* sont également écrits sans *s* au pluriel.

Girard, Demandre, Féraud, Laveaux, Gattel, écrivent aussi sans *s* les mots *alleluia* (186), *in-douze, in-seize, in-quarto, in-octavo, bravo, numéro, benedicite, confiteor*.

---

et alors voilà les déclinaisons latines introduites dans la langue française par l'*Académie* de 1798.

Si donc cette étrange innovation alloit être adoptée, dans peu on diroit un *duplicatum* quand il n'y en auroit qu'un, et un *duplicata* quand il y en auroit plusieurs ; et par le même motif, un *agendum* et un *agenda*, un *opus* et un *opera* ; et d'innovation en innovation un *frater* des *fratres* ; un *pater* et des *patres*, un *te Deum* et des *vos Deos*.

(185) IMPROMPTU. C'est ainsi que l'*Académie* et le plus grand nombre des lexicographes écrivent ce mot. Cependant *Trévoux* et quelques auteurs écrivent toujours *in-promptu*, et nous avouerons que cette orthographe a l'avantage d'être conforme à l'étymologie. Le mot dont il s'agit appartient à la langue latine, et puisque dans cette langue il s'écrit *in-promptu*, pourquoi ne pas l'écrire de même dans la nôtre, ainsi que nous avons fait à l'égard des mots *errata, alibi, in-quarto*, et de tant d'autres que nous avons empruntés du latin ?

Au surplus, cette observation ne tire pas à conséquence ; en fait de langage, l'usage l'emporte sur la raison, et d'après cela, nous pensons que *impromptu* doit avoir la préférence sur l'orthographe de *Trévoux*.

Le P. *Bouhours* met un *s* au pluriel de ce mot, et plusieurs poètes le mettent ou le retranchent, selon la mesure du vers ; mais l'*Académie* et le plus grand nombre des grammairiens suivent pour ce mot la règle générale, qui veut que les substantifs tirés des langues étrangères ne prennent point au *pluriel* la marque de ce nombre, à moins que l'usage ne les ait francisés.

(185 bis) *Alinéa*, dit M. *Laveaux*, est un mot qui ne prend point de *s* au pluriel, parce que c'est le nom d'un signe individuel, qui peut être répété, mais qui dans le fond est toujours le même. D'ailleurs, ajoute le même grammairien, ce nom et ceux qui le précèdent dans cette liste sont devenus des espèces de noms propres, qui alors ne prennent point de pluriel.

(186) *Restaut* et *Gattel* pensent que l'on doit prononcer *al-lé-lu-ia*, l'*Académie, Trévoux, Wailly* et *Catineau*, *al-lé-lui-ia*. — *Laveaux* pense qu'il n'y a pas grand inconvénient dans l'une ou dans l'autre prononciation, écrivez *alléluia*.

Wailly n'est pas non plus d'avis de mettre le *s* au pluriel des mots *alleluia, auto-da-fé* (187), *imbroglio, pensum* (188).

A l'égard du mot *opéra*, l'*Académie* (dans son Dictionnaire, édition de 1798) et *Trévoux* sont d'avis qu'il doit prendre un *s* au pluriel; mais *Ménage* (168e chapitre), *Th. Corneille* (sur la 438e remarque de *Vaugelas*), *Douchet* (page 95), le *P. Bouhours* (page 173 de ses Remarques), *Andry de Boisregard, Domairon, Wailly, Lévizac, Richelet, Demandre, Féraud*, et enfin l'*Académie* (édition de 1762), écrivent des *opéra* sans cette lettre caractéristique.

Si on consulte les écrivains, on voit parmi eux une plus grande diversité d'opinions que parmi les Grammairiens: *La Bruyère, Scudéry, Saint-Evremond, Racine, d'Alembert, J.-B. Rousseau* et *La Harpe* écrivoient toujours des *opéras* avec un *s*; mais *Boileau, Arnauld, Fontenelle, Voltaire, J.-J. Rousseau, Marmontel, Regnard* et *Condillac* l'écrivoient sans cette lettre au pluriel.

Quelques littérateurs écrivent avec un *s*, des *bravos*, des *concertos*, des *pianos*, des *duos*.—M. *Boinvilliers* va plus loin, il voudroit que l'on écrivît avec cette marque caractéristique le pluriel de tous les mots qu'on a francisés; comme des *zéros*, des *quiproquos*, des *accessits*, des *duos*, des *trios*, etc., et il fonde sûrement son opinion sur ce que disent les éditeurs des Œuvres de *Voltaire* (dans les additions et corrections pour le tome LXIV), que les Romains ne manquoient pas de latiniser tous les mots qu'ils empruntoient des autres langues, même les noms propres et les noms de lieu; et qu'ainsi le mot étranger *opéra* et autres semblables, tels que *factum, imbroglio, concetti*, etc., reçus par

---

(187) *Auto-da-fé*; trois mots espagnols qui signifient acte, décret, sentence de la foi.

(188) *Pensum*. L'*Académie*, édition de 1762 et de 1798; *Trévoux, Féraud, Wailly, Gattel, Boiste* et M. *Laveaux* sont tous d'avis de prononcer *painson* ou *pinson*. Cependant nous ferons observer qu'au mot *album*, également dérivé du latin, l'*Académie* dit que l'on prononce *albom*.

adoption dans notre langue, devroient, à leur exemple, en prendre la forme et les usages.

Mais, dit M. *Laveaux*, au mot *Nombre*, si beaucoup de noms étrangers introduits dans notre langue ne prennent point la marque caractéristique du pluriel, c'est parce que leur terminaison propre ne se prête pas à cette variation ; que plusieurs d'entre eux portent le caractère du pluriel dans la langue d'où ils ont été tirés; tels que *duplicata*, *errata*, *opera*, *lazzi*, etc., et que d'autres, qui sont au singulier dans ces langues, ne pourroient, sans quelque apparence de barbarie, prendre le signe de pluralité de la nôtre, comme *quatuor*, *concerto*, *te Deum*, *quiproquo*, etc. D'ailleurs la plupart de ces mots, étant peu usités parmi nous, ne sont pas encore naturalisés dans notre langue, et ne peuvent, pour cette raison, être soumis à son orthographe.

6° Enfin, ne prennent point de *s* au pluriel, les mots employés accidentellement comme Substantifs, et pour représenter une chose ou une idée unique; tels sont : les *on dit*, les *qu'en dira-t-on*, les *un*, les *quatre*, les *cinq*, les *car*, les *si*, les *pourquoi*, etc.

(M. *Lemare* et M. *Laveaux*.)

Trois UN *de suite* (111) *font cent onze en chiffres arabes.*
(Le Dict. de l'*Académie*.)

On n'écouta ni les *si* ni les *mais*.
Sur l'étiquette on me fit mon procès.
(Le P. *du Cerceau*.)

Les SI, *les* POURQUOI *sont bien vigoureux; on pourra y joindre les* QUI, *les* OUI, *les* NON, *parce qu'ils sont plaisants*.
(*Voltaire*, à D'*Alembert*.)

Deux A, *deux* B, *quatre* IL, *deux* TU, *deux* MOI, *plusieurs* PEU, *deux* MONSIEUR, *deux* MADAME, *deux* SOL, *deux* MI, etc. (189).
(M. *Lemare* et M. *Laveaux*, au mot *nombre*.)

Les *si*, les *car*, les *pourquoi* sont la porte
Par où la noise entra dans l'univers.
(*Lafontaine*.)

---

(189) *Molière*, qui a dit (Femmes sav., II, 6):
    Veux-tu toute ta vie offenser la grammaire?
    —Qui parle d'offenser grand'-mère, ni grand-père?
    —O ciel! grammaire est prise à contre sens par toi!

a fait une faute, car le mot *grammaire* est là matériellement employé,

Les lettres de l'alphabet, les chiffres, les notes de musique, et tous les mots de la langue considérés matériellement, ne prennent point la terminaison caractéristique du pluriel, parce qu'ils n'expriment point plusieurs choses distinctes réunies sous le même nom, mais plusieurs choses de la même espèce considérées individuellement, enfin des mots pris pour des signes vides d'idées, de purs assemblages de lettres, ensuite, comme le fait observer judicieusement M. *Lemare*, si l'on écrivoit des *sis*, des *pourquois*, des *ouis*, des *nons*, etc., ce ne seroit plus le mot qu'on vouloit peindre.

Substantifs qui n'ont pas de Singulier.

Voici les principaux : *accordailles*, *acquêts* (190), *affres*, *aguets*, *alentours*, *ancêtres* (191), *annales*, *appas* (192),

---

et alors il ne peut pas plus être du genre féminin qu'il n'est du nombre pluriel; c'est-à-dire que ce grand comique auroit dû mettre *pris*, au lieu de *prise*.

(190) Acquêts. Ce mot, dans la signification d'un immeuble acquis à titre onéreux ou lucratif par une personne avant le mariage, ne se dit qu'au *pluriel* et en terme de droit; mais on l'emploie au *singulier*, en parlant d'une chose acquise ou d'un bien acquis par donation ou autrement.—*Il a fait un bel* ACQUÊT.—*Il n'y a si bel* ACQUÊT *que le don*.

(191) Ancêtres. Ce mot, dit *Th. Corneille*, n'a point de *singulier*; il ne faut pas dire : *Un tel est mon* ANCÊTRE, mais *un tel est un de mes* ANCÊTRES. *Ronsard* et *Malherbe* avoient dit *mon ancêtre*, *leur ancêtre*; *Ménage* les condamne; *Trévoux*, *Féraud* approuvent cette décision, et, dans les exemples donnés par l'*Académie*, ce mot n'est employé qu'au *pluriel*. Quelque imposantes que soient ces autorités, nous pensons cependant qu'on ne sauroit blâmer ce mot sur M***, qui avoit un air antique, qu'il ressembloit *à un ancêtre*.

Voy. aux *Rem. détach.* le mot *aïeul*.

(192) Appas. (Les charmes de la beauté) :

La timide pudeur relève les *appas*.

Marivaux a dit au singulier : *l'appas que l'or a pour ceux qui le possèdent*. C'est une faute, car le mot *appas* employé soit au propre, soit au figuré, ne se dit jamais qu'au *pluriel*.

J.-B. *Rousseau* en a fait une d'un genre différent; il a dit dans sa 5.ᵉ cantate :

Tous les amants savent feindre;
Nymphes, craignez leurs *appas*.

Il n'est point ici question de la beauté des amants, mais de leurs moyens de séduction : ainsi *appats* étoit le mot propre.

armoiries, arrérages, assistants (192), *assises* (193), *atours* (194), *besicles, bestiaux, bornes* (195), *brous-*

Boileau s'est encore plus écarté de la véritable acception du mot *appas*, lorsque dans sa 6e épitre, il dit : *aux appas d'un hameçon perfide*, car ici point d'équivoque ;

Il n'y a ni charmes, ni beauté dans un hameçon, il n'y a que des moyens de séduction, des choses qui attirent, et cela s'appelle *appât*; il se dit au singulier comme au pluriel, au propre comme au figuré.

(192) ASSISTANTS. *On dit un des* ASSISTANTS, *et non pas un* ASSISTANT.

(193) ASSISE. Ce mot se dit au singulier et au pluriel, d'un rang de pierres de taille de même hauteur que l'on pose horizontalement pour construire une muraille; mais *assises* signifiant les séances extraordinaires que tiennent des magistrats dans divers départements de la France pour rendre la justice, ne se dit qu'au pluriel.

(194) ATOURS. *Féraud* fait observer que ce mot, qui se dit toujours au pluriel, en parlant de la parure des femmes, s'emploie au *singulier* avec le mot *dame : les dames d'*ATOUR *de la Reine.* En effet tous les lexicographes et l'*Académie* sont de cet avis.

(195) BORNES. Ce n'est que lorsque ce mot se dit de ce qui sert à séparer un état, un pays, une contrée, d'un autre état, d'un autre pays, d'une autre contrée : ou bien encore lorsqu'il est employé figurément, et qu'il signifie les limites d'une chose, qu'il n'a pas de singulier : *l'Espagne a pour* BORNES *les deux mers et les Pyrénées. La France a pour* BORNES *la mer, le Rhin, les Alpes, les Pyrénées.*

Il n'y a que la religion qui nous puisse consoler des BORNES *étroites de la vie.* (*Nicole.*)

Aujourd'hui le luxe et la vanité n'ont plus de BORNES. (*Fléchier.*)

Les vertus ont leurs BORNES, *et ne vont point dans l'excès.*
(*D'Ablancourt.*)

Le désordre et les fantaisies n'ont point de BORNES, *et font plus de pauvres que les vrais besoins.* (*J.-J. Rousseau.*)

Son ambition n'a point de BORNES, *est sans* BORNES, *ne connoît point de* BORNES. (*L'Académie.*)

La franchise a ses BORNES, *au-delà desquelles elle devient bétise, étourderie.* (*Oxenstiern.*)

Quelques écrivains estimés ont cependant, dans le sens figuré, fait

sailles (196), *broutilles, catacombes, charmes* (attraits, appas)*, *ciseaux* (197), *confins, décombres, dépens, doléances, entours, entraves* (198), *entrailles, épousailles, fiançailles, fonts, frais* (199), *funérailles, har-*

---

usage de ce mot au singulier; par exemple *Corneille* a dit) dans Cinna, acte II, sc. 1) :

<blockquote>Cette grandeur sans *borne* et cet illustre sang.</blockquote>

Racine (dans Esther, acte II, sc. 9) :
<blockquote>Son orgueil est sans *borne* ainsi que sa richesse.</blockquote>

Et *Boileau* (dans sa 10ᵉ Satire) :
<blockquote>Dans ses prétentions une femme est sans *borne*.</blockquote>

Mais il faut attribuer cet emploi à la gêne de la mesure ou de la rime.

(196) BROUSSAILLES. *Marmontel* a dit : *les sots sont la* BROUSSAILLE *du genre humain*. Cette expression employée au singulier et dans un sens figuré est bien hardie, mais elle n'étonne pas dans un écrivain qui regrettoit tant de mots que l'usage actuel a proscrits de la langue française, et ensuite elle ne cause pas le dégoût que fait éprouver le mot *chiasse* dont se sert l'Académie en parlant d'un homme très méprisable. (V. les Rem. dét. pour l'emploi du mot *charme* au singulier et au pluriel.)

(197) CISEAU se dit quelquefois au *singulier* : *on n'a pas encore mis le* CISEAU *dans cette étoffe.* — *Le chirurgien a donné trois coups de* CISEAU *dans cette plaie.* — On dit aussi poétiquement, *le* CISEAU *de la Parque.*
(Le Dict. de l'*Académie*, et les autres Dictionn.)

(198) Dans le sens propre et littéral, ENTRAVES ne se dit qu'au pluriel; mais, dans le sens figuré et métaphorique, il se dit au *singulier* et au *pluriel* : *La jeunesse est naturellement emportée, elle a besoin de quelque* ENTRAVE *qui la retienne.* (Le Dict. de l'*Académie*.)

(199) FRAIS. Dans le sens de *dépenses, avances, dépens*, ce mot n'a jamais de *singulier*.

<blockquote>Faisons l'amour, faisons la guerre,
Ces deux métiers sont pleins d'attraits ;
La guerre au monde est un peu chère,
L'amour en rembourse les *frais*.   (*Boufflers* le Non Avis.)

Moi je tiens qu'ici bas, sans faire tant d'apprêts,
La vertu se contente et vit à peu de *frais*.   (*Boileau*, Epître V.)</blockquote>

Au contraire, dans le sens de *fraîcheur*, qui tempère la grande chaleur, il n'a jamais de *pluriel* : *Le* FRAIS *est dangereux aux gens sujets aux fluxions.*

<blockquote>A peine, à la faveur du *frais* et du silence,
Souffroit-il du sommeil la douce violence.   (*Perrault*.)</blockquote>

---

* CHARMES. Voy. les Rem. dét.

des, immondices (199 bis), *instances* (200), *jours* (le temps auquel on vit), *limites* (201), *mânes* (202), *matériaux, matines, mécontents* (203), *mœurs, mouchettes, nationaux* (204),

---

(199 bis) IMMONDICE se dit au singulier en terme d'écriture sainte : *immondice légale*, impureté légale dans laquelle les Juifs tomboient lorsqu'il leur étoit arrivé de toucher quelque chose d'immonde.

(200) INSTANCES. Ce mot, dans le sens de *sollicitation pressante* et *réitérée*, ne s'emploie point au *singulier*.
Tel est l'avis de *Féraud*, de *Gattel* et de *Boiste ;* et l'auteur du *Dict. néol.* condamne un poëte qui a dit :
Thétis à ses genoux redouble son *instance*.
Il a évité, fait-il observer, une fausse rime aux dépens de l'exactitude. L'*Académie* dit, il est vrai, *faire instance, je l'ai fait à son instance*, et quelques auteurs l'ont dit aussi; mais, comme le fait observer *Féraud*, *à son instance* n'est pas de l'usage actuel ; on dit *à sa prière, à sa sollicitation ;* et, si l'on veut dire quelque chose de plus fort, *à son instante prière*.

(201) LIMITE se dit quelquefois au *singulier : cette rivière est la* LIMITE *de sa puissance.* (Le *Dict*. de l'*Académie*.)
Et l'on appelle en astronomie la *limite* septentrionale et méridionale, les points de l'excentrique de la lune les plus éloignés de l'écliptique.

(202) MANES se dit toujours au *pluriel*, même quand il s'agit d'un seul : *Polixène fut sacrifiée aux* MANES *d'Achille.*
(L'*Académie* et tous les lexicographes.)

(203) MÉCONTENTS. Ce n'est que comme Substantif, et lorsqu'on veut désigner ceux qui se plaignent du gouvernement et de l'administration des affaires, que ce mot ne se dit qu'au *pluriel : — La fermeté d'un roi et l'amour de ses sujets apaisent les* MÉCONTENTS, *ou du moins les compriment.*

(204) NATIONAUX. Ce Substantif se dit des habitants d'un même pays ; il est l'opposé d'*étrangers*.
Cet établissement n'est peut-être pas assez connu des étrangers, et même des NATIONAUX (l'abbé *Grosier*).—*Elle rappelle Jean de Hainaut, et quelque cavalerie, dont la discipline et les armes étoient préférables à celles des* NATIONAUX. (Histoire d'Angleterre.)
L'*Académie* a oublié d'indiquer ce mot comme Substantif.
Dans le Dictionnaire gramm., on critique un auteur *moderne*, qui emploie *national* substantivement ; *un national, les nationaux.* Il est vrai que le singulier ne se dit point ; mais depuis quelque temps on emploie le *pluriel*. (*Féraud*.)

nipes, *nones* (205), *obsèques*, *pincettes* (206), *pleurs* (207),

---

(205) NONE se dit au *singulier* pour celle des sept heures canoniales qui se récite ou se chante après Sexte. Au pluriel, il se dit pour le 5e jour de certains mois chez les Romains, le 7e dans d'autres, et toujours le 8e jour avant les Ides. (Le Dict. de l'*Académie*.)

(206) PINCETTE se dit quelquefois au *singulier* dans la même acception qu'au pluriel : *donnez-moi la* PINCETTE. — M. *Laveaux*, dans son Dict. des Difficultés, etc., critique cette décision donnée par l'*Académie*; mais, dans son nouveau Dictionnaire, il paroît l'approuver.

(207) PLEURS : voyez les Remarques détachées.

(208) PRÉMICES. L'*Académie* dit que ce mot désigne les premiers fruits de la terre ou du bétail; et par extension les premières productions de l'esprit; mais *prémices* a une signification beaucoup plus étendue.

> Toujours la tyrannie a d'heureuses *prémices*,

a dit *Racine*, dans Britannicus (act. I, sc. 1).

Et l'abbé *D'Olivet* avoit critiqué ce vers. L'abbé *Desfontaines* répondit qu'avoir d'*heureuses prémices* est une façon de parler poétique et élégante, qu'on peut employer même en prose, dans le style noble. *Racine* le fils trouvoit que l'abbé *Desfontaines* avoit raison; quant à *Féraud*, il pense que cette expression va fort bien dans ce vers de *Racine*, mais que dans un grand nombre de phrases elle iroit fort mal. C'est une de ces expressions délicates qui ont besoin d'être placées à propos, et dont l'emploi n'est pas indifférent.

On lit encore dans Racine (Bérénice, act. I, sc. 5) :

> Cependant Rome entière, en ce même moment,
> Fait des vœux pour Titus, et par des sacrifices
> De son règne naissant célèbre les *prémices*.

Et *Féraud*, à l'occasion de ce vers, est d'avis que, puisqu'on dit *les prémices de mon travail*, on peut dire aussi les *prémices* d'un règne, c'est-à-dire ses commencements. Cette remarque de *Féraud* est d'autant meilleure, que *Racine* a dit, dans Britannicus (act. V, sc. 5) :

> Ma main de cette coupe épanche les *prémices*.

Dans Iphigénie (act. V, sc. 6) :

> Déjà couloit le sang, *prémices* du carnage.

Et *Voltaire*, dans Oreste (act. III, sc. 8) :

> De la vengeance au moins j'ai goûté les *prémices*.

prémices (208), *proches* (209), *ténèbres*, *vêpres* (210), *vergettes* (211), *vitraux*, *vivres*, etc., etc.

S'il y a dans notre langue des noms qui n'ont point de *singulier*, c'est parce qu'ils expriment plusieurs choses distinctes réunies sous la même dénomination.

DE LA FORMATION DU PLURIEL DES SUBSTANTIFS.

Quoique le pluriel ne se forme pas de la même manière dans tous les Substantifs, on peut cependant partir d'un point fixe.

Règle générale. — Pour former le pluriel des Substantifs, de quelque terminaison qu'ils soient, masculins ou féminins, on ajoute un *s* à la fin du mot : cette lettre est,

---

Dans la Henriade (chant II) :

La mort de Coligny, *prémices* des horreurs,
N'étoit qu'un foible essai de toutes leurs fureurs.

Et dans l'Enfant prodigue (act. I, sc. 3) :

...D'Euphémon qui, malgré tous ses vices,
De votre cœur eut les tendres *prémices*.

(209) Proches. *Vaugelas* ne pouvoit souffrir qu'on se servît de *proches* au lieu de *parents*, et il cite *Coëffeteau*, qui étoit de son sentiment. « Cependant, disent *Th. Corneille* et *Chapelain*, cette phrase : je suis « abandonné de tous mes *proches*, est dans la bouche de tout le monde; » et l'*Académie*, *Patru*, MM. de *Port-Royal*, et nombre d'auteurs, tant anciens que modernes, fournissent des exemples de l'emploi de ce mot en cette signification.—Comme adjectif, *proche* se dit au *singulier*: *c'est mon* proche *parent*.

(210) Vêpres se disoit autrefois au *singulier* pour le *soir*, la *fin du jour*: *Je vous souhaite le bon* vêpre. Le peuple le dit encore en quelques provinces; mais il est vieux, et ne se dit qu'en plaisantant.

(*L'Académie.*)

(211) Vergettes. Ce n'est que dans *Trévoux* et dans l'édition de 1798 du Dictionnaire de l'*Académie*, que l'on trouve que ce mot s'emploie au *singulier*, dans le même sens qu'au *pluriel*. M. *Laveaux* disoit dans son Dictionnaire des Difficultés, que ce mot ne devoit point avoir de *singulier*; mais dans son nouveau Dictionnaire il pense que l'on dit aussi bien *une vergette* que *des vergettes*.

dans le génie de la langue française, le vrai caractère du pluriel : *le roi, les rois ; le prince, les princes, la loi, les lois.*

Première exception. — Les Noms qui se terminent au singulier par *s*, par *x*, ou par *z*, ne subissent aucun changement au pluriel : *le lis, les lis ; le lambris, les lambris ; le panaris, les panaris ; le remords, les remords* (212) *; la croix, les croix ; le nez, les nez ; le sonnez, les sonnez,* etc.

(Beauzée, Encycl. méth.—Girard, page 272.—Le Dict. de l'*Acad.* et les Gramm. mod.)

Deuxième exception. — Les Noms terminés par *eau*, et par *au* (213), prennent un *x* au lieu d'un *s* pour former leur pluriel : *le lapereau, les lapereaux ; le perdreau, les perdreaux ; le chevreau, les chevreaux ; le gluau, les gluaux ; l'étau, les étaux.*

(Mêmes autorités.)

Troisième exception.—Ceux qui sont terminés par *eu* ou par *ou* prennent également un *x* au lieu d'un *s* ; *le milieu, les milieux ; l'enjeu, les enjeux ; l'aveu, les aveux,* etc., etc. ; *le genou, les genoux ; le chou, les choux,* etc., etc.

---

(212) REMORDS. Boileau, Crébillon, Delille et Voltaire ont cru devoir ôter à ce mot la lettre *s*, qu'il prend même au singulier :

C'est elle (la Raison) qui, farouche au milieu des plaisirs,
D'un *remord* importun vient brider nos désirs.   (Satire IV.)

Qu'importe à mes affronts ce foible et vain *remord* ?
   (Le Triumvirat, act. II, sc. 1.)

Tous, à leur infortune ajoutant le *remord*,
Séparés par l'effroi, sont rejoints par la mort.   (Poëme de la Pitié, ch. III.)

..........Et laisser, à ma mort,
Dans ton cœur qui m'aima, le poignard du *remord*.   (Tancrède, IV, 7.)

Cette licence peut se pardonner en poésie, mais en prose elle ne seroit pas excusable.—Voy. aux Rem. dét. diverses acceptions de ce mot

(213) Observez que nous n'avons que quinze mots terminés par *au* ; ce sont les mots : *aloyau, bacaliau* (morue sèche), *boyau, cornuau* (poisson), *étau, gluau, gruau, hoyau* (instrument de vigneron), *huyau* (coucou), *joyau, noyau, pilau* (riz cuit avec du beurre ou de la graisse), *sarrau* (souquenille), *tuyau, unau* (espèce de mammifère) ; et que nous en avons à peu près 250 terminés par *eau*.

Bleu, bambou, clou, coucou, cou, écrou, filou, fou, joujou, matou, sou, toutou, bijou, trou et *verrou*, suivent la règle générale, c'est-à-dire, prennent un *s* au pluriel. (Le D. de *Trévoux* et l'*Acad.*)

Quatrième exception. — La plupart des Noms terminés au singulier par *al* ou par *ail* ont leur pluriel en *aux*, comme *arsenal, arsenaux; canal, canaux; local* (214), *locaux; cordial, cordiaux; corail, coraux; émail, émaux; fanal, fanaux; travail, travaux; ail, aulx* (215); *étal, étaux*, etc., etc.

Il n'y a que les mots qui se terminent en *eau* au singulier, qui prennent l'*e* au pluriel; ainsi ne faites pas la faute grossière d'écrire, par exemple, au pluriel *orienteaux, coreaux*, etc., etc.

Observez encore que *travail* fait au *pluriel*, *travails*, lorsqu'il signifie une machine de bois à quatre piliers entre lesquels les maréchaux attachent les chevaux fougueux pour les ferrer; ou bien lorsqu'il s'agit du compte qu'un ministre ou un autre administrateur rend des affaires de son département, ou du rapport que le commis fait au ministre ou au chef d'une administration de celles qui leur ont été renvoyées.
(Le Dict. de l'*Académie*, édit. de 1798.)

Les Noms suivans : *bal* (215 bis), *camail, carnaval, détail, épouvantail, éventail, gouvernail, mail, pal, portail, régal, sérail*, etc., suivent la règle générale, c'est-à-dire que leur finale prend un *s* au pluriel. (Le Dict. de l'*Académie.*)

Remarques. — *Bercail* n'a pas de pluriel. Le Dictionnaire de

---

(214) LOCAL. Aucun des Dictionnaires que nous avons consultés ne parle du *pluriel* de ce Substantif; mais comme tous indiquent celui de l'adjectif, et qu'ils disent des *usages locaux*, il nous semble que l'on pourroit très bien dire aussi *locaux*, employé comme Substantif. Un grand nombre de personnes en font usage dans la conversation.

(215) AIL.
 Tu peux choisir ou de manger trente *aulx*,
 J'entends sans boire et sans prendre repos.
  (La Fontaine, le Paysan qui avoit offensé son Seigneur.)

Cependant ce pluriel est peu usité; et, quand on veut l'exprimer il est mieux de dire des *gousses d'ail*.

(215 bis) BAL. Voltaire a employé ce mot au figuré :

 Ce monde est un grand *bal* où des fous déguisés
 Sous les risibles noms d'éminence et d'altesse
 Pensent enfler leur être et hausser leur bassesse.
  (Discours sur l'inégalité des conditions.)

l'*Académie* n'en indique pas non plus aux mots *bétail* (216), *bocal*; cependant *Caminade*, *Catineau*, *Freville* et *Boiste* (Dictionnaire des *Rimes*) sont d'avis que l'on doit dire *bocals* au pluriel; mais *Bernardin de Saint-Pierre* (Études de la Nature, étude VI, liv. Ier), M. *Boinvilliers* et M. *Laveaux* préfèrent *bocaux*. En effet, pourquoi augmenter sans nécessité le nombre des exceptions?

Ciel et *œil* font *cieux* et *yeux* au pluriel; cependant on dit quelquefois *ciels* et *œils*: par exemple on dira des *ciels* de lit, de carrière; les CIELS de ce tableau sont admirables. L'Italie est sous un des plus beaux CIELS de l'Europe.

(L'*Académie* et le plus grand nombre des lexicographes.)

On dira aussi des *œils* de bœuf (terme d'architecture); de *chat*, de *serpent* (terme de lapidaire); de *perdrix* (terme de broderie).

(Mêmes autorités.)

M. *Chapsal* (dans un article du Manuel des amateurs de la langue française) voudroit que l'on dît les *œils* de la soupe, du fromage; mais l'*Académie* (dans son Dictionnaire, au mot *œil*), *Trévoux*, *Boiste* et M. *Laveaux* sont d'avis qu'on doit dire les *yeux* du fromage, ainsi que les *yeux* du pain, de la soupe.

Pénitentiel, rituel de la pénitence, fait *pénitentiels* au pluriel; *pénitentiaux* est un adjectif masculin qui n'a point de singulier et qui ne se dit guère que de certains *psaumes*.

(L'*Académie*, p. 358 de ses Observ., et son Diction.)

Universel (217) fait au pluriel masculin *universaux*: On

---

(216) BESTIAUX. L'*Académie* fait observer que ce mot est un Substantif qui a la même signification que le mot *bétail*; de sorte qu'elle semble dire que *bestiaux* n'est pas le pluriel de *bétail*; mais *Trévoux*, *Féraud*, *Gattel*, *Wailly*, etc., sont d'un avis contraire. — Laveaux croit que *bétail* se dit de l'espèce: *le gros bétail, le petit bétail*, et *bestiaux* des individus, *allez soigner les bestiaux*.

(217) Ce mot, en terme de logique, se dit de ce qu'il y a de commun dans les individus d'un même genre, d'une même espèce.

distingue cinq UNIVERSAUX : *le genre, la différence, l'espèce, le propre et l'accident.*

(Le Dict. de l'*Académie*.)

NOTA. Voyez, pour le mot *Aïeul*, les Remarques détachées.

OBSERVATION.—La plupart des écrivains modernes forment le pluriel des Substantifs qui sont terminés au singulier par *ant* ou par *ent*, en ajoutant un *s*, et en supprimant le *t* final dans les polysyllabes ; mais ils le conservent dans les monosyllabes (*). Quoi de plus inconséquent ? Pourquoi, puisqu'ils écrivent les *dents*, les *plants*, les *vents*, s'obstinent-ils à écrire les *méchans*, les *contrevens* ? Pourquoi terminer de la même manière au pluriel des mots qui ont des terminaisons différentes au singulier, tels que *musulman, protestant*, dont les féminins sont *musulmane, protestante*, et dont on veut que les pluriels masculins soient *musulmans, protestans* ? Cependant, si l'on ne supprimoit pas la lettre *t* dans ces sortes de mots, on s'épargneroit une règle particulière, et par conséquent une peine ; puisqu'alors, pour former le pluriel de ces Substantifs, il y a deux opérations à faire au lieu d'une : retrancher le *t*, ensuite ajouter *s*. En outre on conserveroit l'*étymologie* et l'*analogie* entre les primitifs et les dérivés ; l'étymologie, puisqu'avec *aimant* on fait *aimanter*, avec *instrument, instrumenter* ; l'analogie, puisque l'on écrit *l'art*, et au pluriel *les arts ; le vent, les vents ; la dent, les dents*. Enfin, cette lettre seroit un secours pour distinguer la différente valeur de certains Substantifs, comme de *plans des sinés*, et de *plants plantés*.

Toutefois cette suppression n'est pas généralement adoptée ; et en effet, *Regnier Desmarais*, MM. de *Port-Royal, Beauzée, D'Olivet, Douchet, Restaut, Condillac* ; beaucoup de Grammairiens modernes, tels que *Domergue, Lemare, Destutt de Tracy, Lévizac, Maugard, Gueroult*, etc. ; et un grand nombre d'imprimeurs que l'on peut citer comme au-

---

(*) Nous disons des écrivains modernes ; car *Racine, Boileau* et *Fénélon*, dont nous avons consulté les manuscrits ou les premières éditions, ne retranchent point le *t*. Voy. page 260 ce que nous disons encore sur cette suppression.

torités : MM. *Didot, Crapelet, Michaud, Tilliard, Herhan,* conservent le *t* final dans le pluriel des Substantifs terminés par *ant* ou par *ent* ; mais, puisque l'*Académie* a adopté cette suppression, nous ne pouvions nous dispenser d'en faire la remarque.

DES SUBSTANTIFS COMPOSÉS.

On appelle *Substantifs composés* certains termes dans la composition desquels il entre plusieurs mots, dont la réunion forme un sens équivalent à un Substantif, comme Hôtel-Dieu, qui équivaut à *hôpital* ; petit-maître, à *fat* ; garde-manger, à *buffet* ; contre-coup, à *répercussion* ; arc-en-ciel, à *Iris*, etc., etc.

Dans un Substantif composé il entre :

Premièrement, un *Substantif* accompagné

ou d'un autre substantif.............. *garde-bois ;*
ou d'un adjectif.................... *loup-marin ;*
petit-maître ;
ou d'un mot qui ne s'emploie plus isolément........................ *loup-garou ;*
ou d'un adverbe................... *quasi-délit ;*
ou d'une partie initiale inséparable.... *vice-président ;*
ou d'un mot altéré ; c'est-à-dire dont la forme est changée............... *contre-danse.*

Nota. Le Substantif composé peut renfermer aussi un *Nom propre* comme dans : *Jean-le-Blanc, Messire-Jean, Bon-Henri, Reine-Claude* etc., etc.

Dans un Substantif composé il entre :

Deuxièmement, un *Verbe* accompagné ou

d'un substantif..................... *passe-temps ;*
ou d'un adjectif.................... *passe-dix ;*
ou d'un second verbe................ *passe-passe ;*
ou d'une préposition................ *passe-avant ;*
ou d'un adverbe................... *passe-partout ;*

Troisièmement, une *Préposition* accompagnée ou d'un substantif............ *après-dîné ;*
ou d'un adjectif................... *haute-contre ;*
ou d'un adverbe................... *après-demain ;*

Quatrièmement, plus de deux mots......
- *arc-en-ciel ;*
- *eau-de-vie ;*
- *tête-à-tête ;*
- *boute-en-train ;*

Cinquièmement, plusieurs mots étrangers.
- *post-scriptum ;*
- *mezzo-termine ;*
- *auto-da-fé ;*
- *forté-piano.*

L'usage varie beaucoup sur la formation du pluriel de ces Substantifs composés : les uns, les regardant comme de véritables substantifs qui, en résultat, ne réveillent plus qu'une seule idée, ne mettent le signe du pluriel qu'à la fin, quels que soient les mots dont ils sont composés; ils écrivent des *prie-dieux*, des *arc-en-ciels*, des *coup-d'œils*, etc. etc.

Mais, comme le fait observer M. *Boniface*, puisque ces Grammairiens regardent ces expressions comme un seul mot, pourquoi emploient-ils le trait d'union? et, s'ils ôtent ce trait d'union, comment, pour se conformer à la prononciation, écriront-ils des *arc-en-ciel*, qui, sans trait d'union, feroit *arcenciel; croc-en-jambe*, qui feroit *crocenjambe*, à moins que d'en changer l'orthographe, et d'écrire des *arquenciels*, des *crocquenjambes*? Ils seroient de même obligés d'écrire des *blanbecs*, comme ils écrivent des *béjaunes ;* des *portaiguilles*, comme ils écrivent des *portors*.

D'autres, tels que *Wailly* et *Lévizac*, mettent au pluriel chaque substantif et chaque adjectif qui se trouve dans une expression composée employée au pluriel, à moins qu'une préposition ne les sépare; et, dans ce cas, le second seul reste invariable : ainsi ils écrivent des *abat-vents*, des *contre-jours*, des *rouges-gorges*, des *eaux-de-vie*, des *chefs-d'œuvre*.

Cependant *Lévizac* ajoute que la marque du pluriel ne se met pas dans les mots composés qui, par leur nature, ne changent pas de terminaison; comme des *crève-cœur*, des *rabat-joie*, des *passe-partout*, etc., etc.

L'adverbe *partout* est invariable de sa nature; mais *cœur* et *joie* ne se mettent-ils pas, selon le sens, au singulier et au pluriel? c'est donc le sens, et non leur nature, qui s'oppose ici à ce qu'ils prennent le *s*; en effet des *crève-cœur*, sont des déplaisirs qui crèvent le cœur.

Wailly, de son côté, dit que, par exception, il faut écrire sans *s*, des *coq-à-l'âne*. N'y a-t-il que cette exception à sa règle, et pourquoi a-t-elle lieu? c'est, auroit-il répondu, parce que le sens s'oppose au pluriel, comme dans des *prie-dieu*, que l'*Académie* écrit ainsi. Hé bien, d'après cette réponse même, *Wailly* auroit donc écrit des *pieds-à-terre*, des *têtes-à-tête*, des *hôtels-dieux*, des *garde-manger*; ce qui prouve d'une manière évidente que, pour l'orthographe de ces sortes d'expressions, ce n'est point le matériel des mots partiels qu'on doit consulter, mais bien le sens qu'ils présentent.

Au surplus, *Wailly* et *Lévizac* n'ont pas prévu tous les cas; beaucoup de Substantifs composés n'entrent dans aucune de leurs règles, qui cependant ont été copiées, sans examen, par la plupart de nos Grammairiens modernes.

MM. *Boinvilliers*, *Wicard* et *Crépel* sont les seuls qui aient plus ou moins rectifié la règle donnée par *Lévizac* et *Wailly*, et MM. de *Port-Royal*, *Dumarsais*, *Condillac*, *Marmontel*, *Beauzée* et *Fabre* n'ont point traité cette question, qui présente cependant beaucoup d'intérêt.

D'autres Grammairiens, et particulièrement MM. *Lemare* et *Freville*, ne consultent que la nature et le sens des mots partiels pour l'orthographe des Substantifs composés. Au singulier, ils écrivent un *serre-papiers*, parce que la décomposition amène un arrière-cabinet ou une tablette pour serrer *des papiers* et non *du papier*; et, d'après la même analogie, un *va-nu-pieds*, un *couvre-pieds*, un *gobe-mouches*; et d'autres Substantifs composés dont nous donnerons la décomposition. Au pluriel, ils écrivent des *serre-tête*, parce que la décomposition amène des rubans, des bonnets qui *serrent la tête* et non *les têtes*; et, d'après la même analogie, des *abat-jours*, des *boute-feu*, des *arcs-en-ciel*, des *haut-de-chausses*, des *tête-à-tête*, etc., etc.

Enfin pour cette question d'orthographe, le Dictionnaire de l'*Académie* ne peut faire autorité, parce qu'il est souvent en contradiction avec lui-même.

On y trouve :

Un	*chasse-mouche*.........	et un	*gobe-mouches.*
Un	*couvre-pied*...........	et un	*va-nu-pieds.*
Des	{ *rouge-gorges,* *chauve-souris,* }	...... et des	{ *basses-fosses.* *sages-femmes.* }
Des	{ *pot-au-feu,* *coq-à-l'âne,* }	...... et des	{ *arcs-en-ciel.* *chefs-d'œuvres.* }
Des	*mille-feuille*.........	et des	*mille-fleurs.*
Des	*casse-noisettes*........	et des	*grattes-culs.*
Des	*essuie-main*..........	et des	*serre-papiers.*

La plupart des auteurs ne sont pas plus d'accord entre eux, ni avec eux-mêmes.

Buffon écrit : des *chauves-souris*, des *porcs-épics*, des *pie-grièches.*

Marmontel : des *tête-à-tête*, et des *têtes-à-têtes.*

J.-J. Rousseau : des *pot-au-feux*, et des *tête-à-tête.*

De tout cela il résulte que, pour l'orthographe des Substantifs composés, les règles qu'ont données plusieurs Grammairiens sont erronées, insuffisantes même; et qu'en outre il règne une grande diversité d'opinions parmi eux. Ainsi c'est rendre un grand service à nos lecteurs que de les faire jouir du travail que M. *Boniface*, éditeur du Manuel des amateurs de la langue française, et l'un de ses plus zélés collaborateurs, a consigné dans le 1er et le 2e numéro de ce Manuel; mais, afin de donner à cet article tout le développement que demande une question aussi délicate, nous y ajouterons des réflexions que nous avons puisées dans le Traité d'orthographe de M. *Lemare* : ces réflexions sont d'autant plus précieuses pour nos lecteurs, que M. *Lemare* est un de nos meilleurs Grammairiens, et que c'est lui qui a posé le principe qui sert de base à la règle que M. *Boniface* énonce en ces termes :

« Tout *Substantif composé* qui n'est point encore passé à
» l'état de mot (*) doit s'écrire au singulier et au pluriel,
» suivant que la nature et le sens des mots partiels exigent
» l'un ou l'autre nombre; c'est la décomposition de l'expres-
» sion qui fait donner aux parties composantes le nombre
» que le sens indique. »

Observations préliminaires.

1° Dans les Substantifs composés, les seuls mots essentiellement invariables sont le *verbe*, la *préposition* et l'*adverbe*, comme : des *casse-noisettes*, des *avant-coureurs*, des *quasi-délits*.

2° Le *Substantif* et l'*adjectif* se mettent au singulier ou au pluriel, selon le sens et selon les règles de notre orthographe; comme dans : des *contre-vent*, des *contre-amiraux*, des *cure-dents*, des *terre-pleins*, des *demi-heures*, des *quinze-vingts*.

3° Si, comme dans *pie-grièche*, *franc-alleu*, il entre un mot qu'on emploie plus isolément, ce mot prend la marque du pluriel, parce qu'alors il joue le rôle d'un adjectif ou d'un substantif pris adjectivement; comme dans : des *nerfs-*

(*) C'est par la suppression du trait d'union, et, si la prononciation l'exige, par quelques changements dans l'orthographe, qu'un *substantif* composé passe à l'état de mot, comme on peut le voir dans *adieu*, *auvent*, *justaucorps*, *portefeuille*, *contrevent*, etc.

férures, des *gommes-guttes*, des *pies-grièches*, des *loups-garous*, des *loups-cerviers*, des *arcs-boutants*, des *arcs-doubleaux*, des *épines-vinettes*.

4° La préposition latine *vice*, qui signifie *à la place de*, et les mots initials, *demi*, *semi*, *ex*, *in*, *tragi*, *archi*, placés avant un Substantif, restent toujours invariables, comme dans : des *vice-rois*, des *mi-août*, des *demi-dieux*, des *semi-tons*, des *ex-généraux*, des *in-douze*, des *tragi-comédies*.

5° Lorsque l'expression est composée de plusieurs mots étrangers, l'usage général est de ne point employer la marque du pluriel; comme dans : des *te-Deum*, des *post-scriptum*, des *auto-da-fé*, des *mezzo-termine*, des *forte-piano*.

Développements de la règle précédente, ou application de cette règle à chacun des Substantifs composés dont l'analyse pourroit présenter quelques difficultés.

ABAT-JOUR, plur. des *abat-jour* : des fenêtres qui abattent le *jour;* ou, comme le dit l'*Académie*, des fenêtres construites de manière que le jour qui vient d'en haut, se communique plus facilement dans le lieu où elles sont pratiquées.

ABAT-VENT, plur. des *abat-vent* : des charpentes qui abattent *le vent*, qui en garantissent.

AIGUE-MARINE, plur. des *aigues-marines* : des pierres précieuses, couleur de vert de mer. *Aigue* vient du latin AQUA, *eau;* ainsi *aigue-marine* signifie *eau-marine*, ou *de mer*.

APPUI-MAIN, plur. des *appui-main* (218) : des baguettes servant d'*appui à la main* qui tient le pinceau.

ARC-BOUTANT, plur. des *arcs-boutants* : des *arcs*, ou des

---

(218) La décomposition d'un Substantif composé peut amener un singulier aussi bien qu'un pluriel ; mais alors c'est toujours la raison qui doit décider de l'emploi de l'un des deux nombres : en conséquence, quoique l'on puisse dire, par exemple, que des *appuis-mains* sont des *appuis de mains*, il nous semble qu'il est encore mieux de dire que ce sont des *baguettes servant d'appui à la main*.

parties d'arc, qui appuient et soutiennent une muraille; comme on en voit aux côtés des grandes églises. Dans cette expression, *boutant* est un adjectif verbal qui vient de l'ancien verbe *bouter*, pousser.

BAIN-MARIE, plur. des *bains-marie* : des *bains* de la prophétesse *Marie*, qui, dit-on, en est l'inventrice.

BELLE-DE-NUIT, plur. des *belles-de-nuit* : des fleurs belles la *nuit*.

BLANC-SEING, plur. des *blanc-seings* : des *seings en blanc*, des papiers signés *en blanc*, sur du blanc.

BON-CHRÉTIEN, BON-HENRI, plur. des *bon-chrétien*, des *bon-henri*. Ce sont, dit M. *Laveaux*, des poires d'une espèce à laquelle on a donné le nom de *bon-chrétien*, le nom de *bon-henri*.

On dit abusivement au singulier, dans quelques cas seulement, du *bon-chrétien*, du *bon-henri*, c'est-à-dire, des poires de l'espèce dite *bon-chrétien*, *bon-henri*; mais il faut dire au pluriel des *poires de bon-chrétien*, des *poires de bon-henri*. C'est l'espèce qui a donné le nom de *bon-chrétien*, de *bon-henri*, et non pas les individus.

BOUTE-EN-TRAIN, plur. des *boute-en-train* : des hommes qui *boutent*, qui mettent les autres *en train*, qui les animent soit au plaisir, soit au travail : suivant la définition de l'*Académie*.

BOUTE-FEU, plur. des *boute-feu* : au propre, incendiaire; des hommes qui, de dessein formé, *boutent* ou mettent le *feu* à un édifice, ou à une ville (peu usité en ce sens).

BOUTE-TOUT-CUIRE, plur. des *boute-tout-cuire* : des hommes qui *boutent*, qui mettent *tout cuire*, qui mangent, qui dissipent tout ce qu'ils ont.

BRISE-COU, BRISE-VENT, plur. des *brise-cou*, des *brise-vent*: des escaliers où l'on risque de tomber, de se briser le cou, si l'on n'y prend pas garde; des clôtures qui servent à briser le vent.—D'après la même analogie, on écrira des *brise-glace*, des *brise-raison*, des *brise-scellé*, etc.

Casse-cou, plur. des *casse-cou* : des endroits où l'on risque de se casser *le cou*.

Voyez, page 193, pourquoi il faut écrire, même au singulier, *casse-noisettes*, *casse-mottes* avec un *s*.

Chasse-marée, plur. des *chasse-marée* : des voituriers qui chassent devant eux *la marée*, qui apportent *la marée*.

Un *chasse-marée*, dit l'*Académie*, est un voiturier qui apporte *la marée*; l'*Académie* dit aussi *marée fraîche*, *vendeur* de *marée*. Comment a-t-elle donc pu écrire : les huîtres que les *chasse-marées* apportent? Qu'importe le nombre des voituriers? C'est toujours de la marée qu'ils apportent.

Voy. page 193, pourquoi il faut écrire, même au singulier, *Cent-suisses* et *Chasse-mouches* avec un *s*.

Chauve-souris, plur. des *chauves-souris* : des oiseaux qui ressemblent à une souris qui est chauve, c'est-à-dire qui a des ailes *chauves*, des ailes sans plumes.

Chef-d'œuvre, plur. des *chefs-d'œuvre* (219) : des chefs, des pièces principales d'exécution ; au figuré, des ouvrages parfaits en leur genre. Les Italiens disent : *i capi d' opera*, et ne pluralisent jamais le dernier mot.

Chou-fleur, plur. des *choux-fleurs* : des *fleurs* qui sont *choux*.

Colin-maillard, plur. des *colin-maillard* : des jeux où *Colin* cherche, poursuit *Maillard*.

Contre-danse, plur. des *contre-danses* : on croit que ce mot est une altération de l'anglais *country-dance* (danse de la contrée, de la campagne).

---

(219) Chef-d'œuvre. L'*Académie* a oublié de dire, en parlant de ce mot, que, quand il est joint par la préposition *de* à un autre substantif, il peut se prendre en bonne et en mauvaise part : *un chef-d'œuvre d'habileté*, *un chef-d'œuvre de bêtise*. (Gattel, Féraud et Laveaux.)

On n'a guère vu jusqu'à présent un chef-d'œuvre *d'esprit qui soit l'ouvrage de plusieurs.* (La Bruyère.)

Cette harangue étoit un chef-d'œuvre *d'impertinence, et en la lisant j'ai désespéré du salut de son esprit.* (Balzac.)

Contre-jour, plur. des *contre-jour* : des endroits qui, comme le dit l'*Académie*, sont contre *le jour*, opposés *au jour*.

Contre-poison, plur. des *contre-poison*. Remède, dit l'*Académie*, qui empêche l'effet du poison; alors on doit, ainsi que le fait observer M. *Lemare*, écrire *contre-poison* au pluriel comme au singulier, car le même antidote peut servir également contre un ou plusieurs poisons.

Contre-vérité, plur. des *contre-vérités*. La *contre-vérité* a beaucoup de rapport avec l'ironie. *Amende honorable*, par exemple, est une *contre-vérité*, une vérité prise dans un sens opposé à celui de son énonciation; car, au lieu d'être honorable, elle est infamante, déshonorante.

Coq-à-l'ane, plur. des *coq-à-l'âne* : des discours qui n'ont point de suite, de liaison, qui ne s'accordent point avec le sujet dont on parle. *Faire un coq-à-l'âne*, c'est passer d'une chose à une autre tout opposée, comme du *coq à un âne*.

Coupe-gorge (220), plur. des *coupe-gorge* : des lieux écartés, secrets, obscurs, déserts, où l'on court risque d'avoir la gorge coupée.

Courte-pointe, plur. des *courtes-pointes* : ce Substantif composé est une altération de *contre-points*, espèce de couverture où les *pointes* ou *points* sont piqués les uns contre les autres; couverture *contre-pointée*. La préposition *contre* étant changée en l'adjectif *courte*, les deux mots qui forment le Substantif composé doivent prendre alors le *s* au pluriel.

Couvre-chef, plur. des *couvre-chef* : des coiffures propres à couvrir le *chef* ou la *tête*.

---

(220) Coupe-jarret : on écrit de même des *coupe-jarret*, des *coupe-pâte*. L'*Académie* écrit néanmoins des *coupe-jarrets*. Mais *jarret* est ici employé dans un sens vague, indéfini, dans un sens général; et certainement, quand on dit *coupe-jarret*, il ne s'agit pas du nombre des jarrets; autrement, un seul quelquefois feroit, en ce genre, plus d'ouvrage que quatre.

Couvre-feu, plur. des *couvre-feu* : des ustensiles qui servent à couvrir le *feu*.

Voyez, page 194, pourquoi il faut écrire, même au singulier, *couvre-pieds* avec un *s*.

Crève-cœur, plur. des *crève-cœur* : des déplaisirs qui crèvent, qui fendent le *cœur*.

Cul-de-jatte, plur. des *culs-de-jatte*. Ici la partie est prise pour le tout : ce sont des hommes nommés *culs-de-jatte*, à cause de la *jatte* sur laquelle ils se traînent.

Voyez, page 194, pourquoi il faut écrire, même au singulier, *cure-dents*, *cure-oreilles* avec un *s*.

Cric-crac, plur. des *cric-crac* : c'est, dit M. Lemare, une onomatopée, c'est-à-dire un mot dont le son est imitatif de la chose qu'il signifie. Trictrac est ainsi formé, mais *tric* et *trac* étant sans tiret, on écrit, au pluriel des *trictracs*.

Croc-en-jambes, plur. des *crocs-en-jambes* : plusieurs *crocs* que l'on forme en mettant son pied entre les jambes de quelqu'un pour le faire tomber.

Dame-jeanne, plur. des *dames-jeannes*. —Voyez le Substantif composé *Pont-neuf*.

Eau-de-vie, plur. des *eaux-de-vie*. On dit *diverses eaux-de-vie*.

Voyez, page 194, pourquoi il faut écrire, même au singulier, *entr'actes*, *entre-côtes*, et *essuie-mains* avec un *s*.

Fesse-Mathieu, plur. des *fesse-Mathieu*. Ce Substantif composé est une altération de *il fait saint Mathieu* ; c'est-à-dire il fait comme saint Mathieu, qui, dit-on, avant sa conversion, étoit usurier. C'est par analogie avec cette expression qu'on appelle des *fesse-cahiers*, des copistes qui font bien vite, et le plus au large qu'ils peuvent, les cahiers, les rôles dont on les a chargés.

Fier-à-bras, plur. des *fier-à-bras*. Ce mot composé est une altération de *fiert-à-bras*, c'est-à-dire qui frappe à tour de bras. — Ici *fier* vient du latin *ferit*, il frappe. Nous avons retenu, dans la locution *sans-coup-férir*, l'infinitif de ce verbe.

FOUILLE-AU-POT, plur. des *fouille-au-pot* : des hommes, des marmitons dont la fonction est de fouiller, de visiter le *pot*.

GAGNE-DENIER, plur. des *gagne-denier* : tous ceux qui gagnent leur vie par le travail de leur corps, sans savoir de métier. Il n'y a pas plus de raison, dit M. *Lemare*, pour écrire un *gagne-denier* que des *gagne-denier* : car s'il s'agissoit du nombre plutôt que de l'espèce, un seul homme pourroit être appelé *gagne-denier*, ou *gagne-deniers*. Ainsi, quelque opinion que l'on adopte, le singulier et le pluriel doivent avoir la même orthographe.

GAGNE-PAIN, plur. des *gagne-pain* : des outils avec lesquels on gagne son pain.

GAGNE-PETIT, plur. des *gagne-petit* : des remouleurs qui gagnent peu, qui se contentent d'un petit gain.

GARDE-CÔTE (221), plur. des *gardes-côtes* : des gardiens des côtes.

GARDE-FEU, plur. des *garde-feu* : des grilles qui gardent, qui garantissent du feu.

Voyez, page 194, pourquoi l'on doit écrire, même au singulier, *garde-fous* avec un *s*.

GARDE-NOTE, plur. des *garde-note* : des personnes qui gardent *note*. On dit *prendre note*, *tenir note* ; de même on doit dire *garder note*, d'où *garde-note*.

GÂTE-MÉTIER, plur. des *gâte-métier* : des hommes qui

---

(221) *Observation.* — Si *garde*, en composition, se dit *d'une personne*, alors il a le sens de *gardien* ; substantif qui doit prendre le *s* au pluriel : des *gardes-champêtres*, des *gardes-marines*, des *gardes-magasins*, des *gardes-manteaux*, etc. ; mais si *garde* se dit *d'une chose*, ou se rapporte à *une chose*, alors il est verbe, et par conséquent invariable : des *garde-vue*, des *garde-manger*, des *garde-robes*, etc., etc.

gâtent le métier, en donnant leur marchandise ou leur peine à trop bon marché.

Voyez, page 194, pourquoi l'on doit écrire, même au singulier, *gobe-mouches* avec un *s*.

GRIPPE-SOU, plur. des *grippe-sou* : des gens d'affaires qui, moyennant le *sou pour livre*, c'est-à-dire une très-légère remise, reçoivent les rentes. C'est dans le même sens que l'on écrira des *pince-maille*. *Maille*, dit l'*Académie*, était une monnoie au-dessous du denier : *Trois sous, deux deniers et maille. Il n'a ni sou ni maille.* — Des *pince-maille* sont des personnes qui *pincent*, qui ne négligent pas une *maille*. Ainsi les *pince-maille* sont de deux ou de trois degrés plus ladres, plus avides que les *grippe-sou*.

HAUSSE-COL, plur. des *hausse-col* : des plaques que les officiers d'infanterie portent au-dessous du cou, ainsi que le dit l'*Académie*, et non pas au-dessous des *cous*.

HAUT-LE-CORPS, plur. des *hauts-le-corps* : les sauts, les premiers mouvements d'un homme à qui l'on fait des propositions qui le révoltent.

HAUTE-CONTRE, plur. des *hautes-contre* : des parties de musique, des voix qui sont opposées, qui sont contre une autre sorte de voix.

HAUTE-FUTAIE, plur. des *hautes-futaies* : des bois, des futaies élevées, hautes.

HAVRE-SAC, plur. des *havre-sacs* : ce mot, dit *Ménage*, est entièrement allemand. *Habersack* signifie littéralement dans cette langue *sac à avoine*, du mot *sak*, sac, et *haber*, avoine. *Sac* est donc le seul mot qui doive prendre le pluriel.

HORS-D'ŒUVRE, plur. des *hors-d'œuvre* : certains petits plats qu'on sert avec les potages et avant les entrées ; avant que les convives se mettent à l'œuvre. On le dit aussi des parties d'un livre, d'un ouvrage de l'art, qui ne terminent pas immédiatement au sujet traité.

Mouille-bouche, plur. des *mouille-bouche*, des poires qui mouillent la bouche.

Passe-droit, plur. des *passe-droit* : des graces qui passent le droit, des graces qu'on accorde à quelqu'un contre le droit.

Passe-parole, plur. des *passes-paroles* : des commandements, des paroles que l'on donne à la tête d'une armée, et qui, de bouche en bouche, passent aux derniers rangs.

Passe-partout, plur. des *passe-partout* : des clefs qui passent partout, qui ouvrent toutes les portes.—L'*Académie* écrit aussi des *passe-partout*.

Passe-passe, plur. des *passe-passe*. Voyez le mot Pique-nique.

Passe-port, plur. des *passe-port* : qu'il y ait un ou plusieurs *passe-port*, dit M. *Lemare*, ce sont toujours des papiers pour passer le *port*, ou son chemin.

Percé-neige, perce-pierre, plur. des *perce-neige* : de petites plantes qui percent *la neige, la pierre*, qui croissent à travers *la neige, la pierre*.

Pied-à-terre, plur. des *pied à terre* : des lieux, des logements où l'on met seulement le *pied à terre*, où l'on ne vient qu'en passant.

Pied-plat, plur. des *pieds-plats* : on appelle, dit l'*Académie*, un *pied-plat*, un homme qui, par son état et par sa conduite, ne mérite que le mépris. Il paroît, selon M. *Boniface*, que cette locution s'est introduite dans le temps que les hommes de basse naissance portoient des souliers plats, et que les talons hauts étoient la marque distinctive de la noblesse.

Pique-nique, plur. des *pique-nique* : des repas où ceux qui *piquent*, qui *mangent*, font signe de la tête qu'ils paieront.

Les Allemands, dit M. *Lemare*, ont aussi leur *picknick*, qui a le même sens que le nôtre. *Picken* signifie *piquer, becqueter*, et *nicken* signifie *faire signe de la tête.*—Pique-

nique est donc, comme *passe-passe*, un composé de deux verbes; il est dans l'analogie de cette phrase, *qui touche mouille*.

PLAIN-CHANT, plur. des *plains-chants* : des chants plains, unis, simples, ordinaires de l'église.

PONT-NEUF, plur. des *ponts-neufs* : un *pont-neuf* est un nom que l'on donne à de mauvaises chansons, telles que celles qui se chantoient sur le *Pont-neuf*, à Paris. On écrit des *ponts-neufs*, d'après une figure de mots par laquelle on prend la partie pour le tout. Le fondement de cette figure est un rapport de connexion; l'idée d'une partie saillante d'*un tout* réveille facilement celle de ce tout. Dans le Substantif composé *pont-neuf*, la partie saillante est un *pont-neuf*; mais comme l'idée de chanson prédomine toujours, on a dit un *pont-neuf*, et au pluriel des *ponts-neufs*, parce que le Substantif composé *pont-neuf*, remplaçant le mot *chanson*, est susceptible, comme lui, de prendre la marque du pluriel.

C'est par la même figure que l'on dit *cent voiles*, pour *cent vaisseaux*; *cent feux*, pour *cent ménages*; voilà de *beaux loutres*, pour signifier de beaux chapeaux faits avec le poil de la *loutre*; des *rouges-gorges*, pour des oiseaux qui ont la *gorge rouge*; des *blancs-becs*, pour des jeunes gens sans expérience, sans barbe, qui, pour ainsi dire, ont *le bec blanc*.

C'est encore par la même figure, qui prend la cause pour l'effet, l'inventeur pour la chose inventée, le possesseur pour la chose possédée, que l'on dit un *Raphaël*, un *calepin*, une *dame jeanne*, un *messire-jean*, une *reine-claude*, etc., et au pluriel, des *Raphaëls*, des *calepins*, des *dames-jeannes*, des *messires-jeans*, des *reines-claudes*.

PORTE-AIGUILLE, plur. des *porte-aiguille* : des instruments qui *portent* ou alongent une aiguille; ils n'en portent, ils n'en alongent qu'une à la fois. Il ne s'agit point, dans ces mots et les semblables, du nombre des choses, mais de l'espèce de la chose portée. C'est ainsi que l'on dit de plusieurs:

Ils portent la haire, ils portent l'épée, ils portent perruque, etc., etc. — Par analogie on écrira : des *porte-arquebuse*, des *porte-dieu*, des *porte-drapeau*, etc., etc.

Voyez, page 195, pourquoi l'on doit écrire, même au singulier, *porte-mouchettes*, avec un *s*.

Pot-de-vin, plur. des *pots-de-vin*, c'est-à-dire ce qui se donne par manière de présent, au-delà du prix qui a été arrêté entre deux personnes pour plusieurs marchés conclus, et pour tenir lieu des pots de vin qu'on a coutume de payer en pareilles circonstances.

C'est ici le signe pour la chose signifiée.

Reine-claude, plur. des *reines-claudes*. On prétend que cette sorte de prunes doit son nom à la *reine Claude*. Alors c'est la cause pour l'effet, comme lorsqu'on dit, des *ponts-neufs*.

Réveille-matin, plur. des *réveille-matin* : horloges ou montres qui réveillent le matin.

Sage-femme, plur. des *sages-femmes* : des femmes qui, par leur état, leur profession, doivent être prudentes, sages ; c'est la cause pour l'effet.

Sauf-conduit, plur. des *saufs-conduits* : des papiers qui assurent que *quelqu'un* ou *quelque chose est conduit sain et sauf*. On a pris l'objet *sauf-conduit* pour le papier ; c'est la chose signifiée pour le signe, ou c'est l'effet pour la cause. C'est, au contraire, le fait observer M. *Lemare*, en prenant le signe pour la chose signifiée, que Lemierre a dit :

Le trident de Neptune est le sceptre du monde.

Serre-tête, plur. des *serre-tête* : des rubans ou bonnets de nuit avec lesquels on se serre la tête.

Serre-file, plur. des *serre-file* : un serre-file est le dernier de la file ; par conséquent, des *serre-file* sont les derniers de *chaque file*, et non les derniers de toutes les files.

Voyez, pag. 195, pourquoi, il faut écrire, même au singulier, *serre-papiers* et *sous-ordres* avec un *s*.

Tête-à-tête, plur. des *tête-à-tête* : des conversations où entrevues qui se font tête-à-tête, ou seul à seul.

Terre-plein, plur. des *terre-pleins* : des endroits pleins de terre, et présentant une surface unie.

Tire-balle, plur. des *tire-balle* : des instruments qui, d'après la définition de l'*Académie*, servent à extirper la balle de plomb, du corps de ceux qui sont blessés d'un coup de fusil ou de pistolet. Comme ces armes à feu ne sont ordinairement chargées que d'une seule balle, ce mot se prend au singulier, dans l'expression dont il fait partie. Par analogie on écrira : des *tire-bouchon*, des *tire-bourre*, des *tire-moelle*, parce que ce sont des instruments pour tirer *le bouchon, la bourre, la moelle*.

Voyez, page 196, pourquoi l'on doit écrire, même au singulier, *tire-bottes* avec un *s*.

Tire-lire, plur. des *tire-lires* : ce mot composé est une altération de *tire-liard*, ainsi appelé parce que cette espèce de tronc sert à enfermer de la menue monnoie. M. *Boniface*, l'*Académie* et plusieurs Lexicographes écrivent *tirelire* en un seul mot, et alors ils écrivent au pluriel *tirelires*.

Voyez, page 196, pourquoi il faut écrire, même au singulier, le mot *vide-bouteilles* avec un *s*.

Trouble-fête, plur. des *trouble-fête* : des importuns, des indiscrets qui viennent interrompre la joie d'une assemblée publique ou particulière. L'idée du nombre tombe sur le mot *personne*, qui est sous-entendu ; et qu'il y ait un ou plusieurs *trouble-fête*, c'est toujours une ou plusieurs personnes qui troublent la joie d'une assemblée.

Il est vrai que *Voltaire* a dit dans l'Enfant prodigue (acte 1er, scène 5) :

Je veux un peu voir nos deux *troubles-fêtes*,

Mais c'est apparemment parce qu'il avoit besoin d'un *s* pour la rime.

Vole-au-vent, plur. des *vole-au-vent* : des pâtisseries si légères qu'elles voleroient au moindre vent.

Observation. — Il nous semble que cet article seroit incomplet si nous négligions de le faire suivre de la liste des *Substantifs composés* dont le second mot doit prendre *la marque du pluriel*, quoique le Substantif composé *soit employé au singulier.*

On écrira, au *singulier,* comme au *pluriel,* avec la lettre *s* au second mot :

Un brèche-dents, parce qu'un *brèche-dents* est un homme qui a une brèche ou un vide aux *dents antérieures;* soit que l'on parle d'une seule personne ou de plusieurs, ce n'est toujours que l'idée d'un vide qu'on veut faire entendre, et ce vide est aux *dents;*

Un casse-noisettes, un *casse-mottes;* parce que, comme le dit l'*Académie*, l'un et l'autre sont des instruments avec lesquels on casse des *noisettes*, des *mottes*, des *noix;*

Chasse-chiens, parce que ce Substantif composé se dit de celui qui chasse les chiens d'un lieu quelconque;

Un chasse-mouches, parce que (d'après l'*Académie* elle-même) c'est un petit balai avec lequel on chasse les *mouches;*

Un cent-suisses, parce que ce Substantif composé se dit (suivant la définition de l'*Académie*) d'un des *cent-suisses* de la garde du roi.

A l'égard du mot *chevau-léger*, M. *Lemare* voudroit qu'on écrivît au singulier comme au pluriel, *chevaux-légers* avec un *x* à *chevaux*, parce que, selon lui, on dit : *mille chevaux*, pour *mille cavaliers*, et que d'après la même analogie, on a dit *être dans les chevaux-légers*, et, par une abréviation plus grande, un *chevaux-légers*.

Quoi qu'il en soit, l'usage est d'écrire *chevau-léger* au singulier, et *chevau-légers* au pluriel; c'est, comme le fait observer

M. *Boniface*, une expression consacrée, de même que *franc-maçonnerie*, Substantif féminin formé sur *franc-maçon* ; et *haute-liceur*, Substantif masculin formé sur *haute-lice*, où les deux dérivés, *lice* et *haute*, sont invariables ;

Un CHÈVRE-PIEDS, parce que ce Substantif signifie (d'après le Dictionnaire de l'*Académie*) un satyre qui a des pieds de chèvre ;

Un CLAQUE-OREILLES, parce que (d'après la définition de l'*Académie*) c'est un chapeau dont les bords sont pendants et se soutiennent peu ; ainsi *claque-oreilles* est un chapeau dont les bords pendants claquent les oreilles.

Un COUVRE-PIEDS, parce que (d'après la définition de l'*Académie*) c'est une sorte de petite couverture d'étoffe qui sert à couvrir les *pieds* ;

Un CURE-DENTS, parce que (d'après la définition de l'*Académie*) c'est un petit instrument dont on se cure les *dents* ;

Un CURE-OREILLES, parce que (d'après la définition de l'*Académie*) c'est un petit instrument propre à curer les *oreilles* ;

Un ENTR'ACTES, parce que (selon la définition de l'*Académie*) c'est un espace, un intervalle qui est *entre deux actes, entre deux nœuds* d'une pièce de théâtre ;

Un ENTRE-CÔTES, parce que (d'après la définition de l'*Académie*) c'est un morceau de viande coupé entre *deux côtes* de bœuf ; par la même raison, on écrira un *entre-lignes*, un *entre-nœuds*, un *entre-sourcils*.

Un ESSUIE-MAINS, parce que (d'après la définition de l'*Académie*) c'est un linge qui sert à essuyer les *mains* ;

Un LAVE-MAINS, parce que ce mot signifie un ustensile de cuisine, de salle à manger où on se lave les mains ;

Un GARDE-FOUS, parce que, dit M. *Lemare*, un *garde-fous* est une barrière que l'on met au bord des quais, des terrasses, pour empêcher que les *fous* ou les étourdis ne tombent

Une GARDE-ROBES, parce que (selon l'*Académie*) c'est une chambre destinée à renfermer les robes, les habits;

Un GOBE-MOUCHES, parce que ce mot signifie une espèce de petit lézard fort adroit à gober les *mouches*. Figurément on a donné ce nom à l'homme qui n'a pas d'avis à lui;

Un HAUT-DE-CHAUSSES, parce que cette expression s'entend de la partie du vêtement de l'homme qui le couvre jusqu'au *haut des* CHAUSSES, actuellement appelé *bas*, *culotte*, *pantalon*. — *Chausser* vient du latin *calceare* (de *calceus*, talon); au pluriel on écrit *hauts-de-chausses*;

Un PÈSE-LIQUEURS, parce que (d'après la définition de l'*Académie*) c'est un instrument par le moyen duquel on découvre la pesanteur des LIQUEURS;

Un PORC-ÉPICS, parce que d'après la définition de l'*Académie*) un *porc-épics* est un animal dont le corps est couvert de beaucoup d'*épics* ou de piquants. — Le mot *épics*, dit M. *Boniface*, n'est point une altération, c'est l'ancienne orthographe; on disoit *épic* pour *épi*, *piquant*. Ce mot vient du latin *spica*;

Un PORTE-MOUCHETTES, parce que ce mot signifie un plateau de métal où l'on met des *mouchettes*.—Par analogie on écrira un *porte-lettres*, et un *porte-manteaux* (autrement dit *porte-habits*) etc., etc.

Un QUINZE-VINGTS, parce qu'un *quinze-vingts* est un des aveugles placés dans l'hôpital des *Quinze-vingts* ou trois cents aveugles.—L'*Académie* écrit l'hôpital des *Quinze-vingts* avec un *s*, et un *quinze-vingt* sans *s*; mais M. *Lemare* et M. *Boniface* font observer avec raison que *quinze-vingts* désigne dans les deux cas, au singulier et au pluriel, *quinze-vingtaines*, ou *trois cents*;

Un SERRE-PAPIERS, parce qu'un *serre-papiers* est une sorte de tablette où l'on serre des *papiers*;

Un SOUS-ORDRES, parce que (dit l'*Académie*) ce Substantif signifie celui qui est soumis *aux ordres* d'un autre;

Un TIRE-BOTTES, parce que c'est un instrument propre à tirer *les bottes ;*

Un VIDE-BOUTEILLES, parce qu'il n'est pas probable que cette dénomination familière ait été affectée au lieu où l'on ne boit qu'une bouteille, mais à celui où l'on en vide plusieurs.

Les détails dans lesquels nous venons d'entrer lèvent toutes les difficultés sur la manière d'écrire au singulier et au pluriel tous les Substantifs composés; cependant, pour ne rien laisser à désirer, nous allons donner la liste des Substantifs le plus en usage, rangés par ordre alphabétique, et tels qu'il faut les écrire au *pluriel.* Quant à leur orthographe au *singulier,* nous ne la donnerons point, afin d'abréger, et parce qu'elle ne peut pas présenter d'incertitude, puisque tous les mots qui ont dans cette liste la marque du pluriel, ne la prennent (sauf les cas indiqués par l'expression au singulier *un* ou *une*) que quand on les emploie au pluriel.

LISTE DES SUBSTANTIFS COMPOSÉS LE PLUS EN USAGE,

Orthographiés ainsi qu'ils doivent l'être au pluriel.

Nota. Il y a des Substantifs composés qui ne peuvent s'employer qu'au singulier; ils ne sont pas compris dans cette liste.

Des	Des	Des
Abat-faim (*grosses pièces de viande*).	Arcs-doubleaux.	Avant-bras.
	Arcs-en-ciel.	Avant-cours.
Abat-jour. *Voy.* p. 182.	Arrière-boutiques.	Avant-coureurs.
Abat-vent. *Ibid.*	Arrière-corps.	Avant-derniers.
Abat-voix.	Arrière-gardes.	Avant-faire-droit
Aigues-marines. *Vyez* pag. 182	Arrière-goûts.	(*terme de palais*).
	Arrière-neveux.	Avant-fosses.
Appui-main. *V.* p. 182.	Arrière-pensées.	Avant-goûts.
Après-demain.	Arrière-petits-fils.	Avant-gardes.
Après-dinées, après-diner.	Arrière-petites-filles.	Avant-main.
	Arrière-points.	Avant-murs.
Après-midi.	Arrière-saisons.	Avant-pieux.
Après-soupées.	Arrière-vassaux.	Avant-propos.
Arcs-boutants. *Voyez* pag. 183.	Avant-becs	Avant-scène.
	(*terme d'architect.*)	Avant-postes.

Des Substantifs composés.

Des
Avant-toits.
Avant-trains.
Avant-veilles.
Ayant-cause.
Bains-Marie *V.* p. 183.
Barbes-de-bouc
  (*salsifis sauvages*).
Barbes-de-chèvre
  (*sorte de plantes*).
Barbes-de-Jupiter
  (*sorte de plantes*).
Bas-fonds (*un ou des*)
  (*terrains bas*).
Bas-reliefs (*des*).
Bas-ventres.
Basses-contre.
Basses-cours.
Basses-fosses
  (*cachettes obscures et profondes*).
Basses-lices
  (*terme de marine*).
Basses-tailles.
Basses-voiles.
Beaux-esprits.
Beaux-fils.
Beaux-frères.
Beaux-pères.
Bec-figues
  (*oiseaux qui becquettent les figues*).
Becs-d'âne
  (*sorte d'outils*).
Becs-de-canne.
Becs-de-corbin.
Becs-de-grue.
Belles-dames. *V.* p. 190.
  (*sorte de plantes*).
Belles-de-jour.
Belles-de-nuit. *Voyez* pag. 183.
Belles-filles.

Des
Belles-mères.
Belles-sœurs.
Bien-aimés.
Bien-être.
Biens-fonds.
Blancs-becs. *V.* p. 188.
  (*jeunes gens sans expérience*) : *la partie prise pour le tout*.
Blanc-manger.
Blancs-de-baleine.
Blancs-manteaux.
  (*religieux en manteaux blancs*) : *l'habit pour la personne*.
Blancs-seings. *V.* p. 183.
Blanc-signés.
Bon-Henri. *V.* p. 183.
Bon-chrétien. *Voyez* pag. 183.
Bon-mots (*des*).
Bouche-trous
  (*terme de théorie : remplaçants*).
Boute-en-train. *V.* p. 183.
Boute-hors
Boute-tout-cuire. *Voy.* pag. 183.
Boute-feu. *Voy.* p. 183.
Boute-selle.
Bouts-d'ailes.
Bouts-rimés.
Branches ursines
  (*sorte de plantes*).
  (*un ou des*)
Brèche-dents. *Voyez* pag. 193.
  (*des*)
Brise-cou. *V.* p. 183.
Brise-glace. *V.* p. 183.
Brise-mottes.

Des
Brise-pierre.
Brise-raison
  (*hommes qui parlent sans raison, sans suite*).
Brise-scellé
  (*voleurs*).
Brise-vent. *V.* p. 183.
Brûle-tout.
Caille-lait
  (*sorte de plantes*).
Caillots-rosats
  (*sorte de poires*).
Carême-prenant (*hommes prenant le carême*).
Casse-cou. *V.* p. 184.
Casse-croutes.
Casse-tête.
Casse-cul.
  (*un ou des*)
Casse-mottes. *Voyez* pag. 193.
Casse-noisettes. *Voyez* pag. 193.
Casse-noix. *V.* p. 193.
Cent-suisse. *Voyez* pag. 193.
Cerfs volants (*des*)
  insectes à quatre ailes).
  (*un ou des*)
Chasse-chiens. *V.* p. 193.
Chasse-coquins.
Chasse cousin (*des*),
  (*méchant vin*).
Chasse-marée. *Voyez* pag. 184.
  (*un ou des*)
Chasse-mouches. *Voy.* pag. 193.
Chats-huants.
Chauffe-cire
  (*officiers qui chauffent la cire*).

Des Substantifs composés.

Des
- Chauffe-lit.
- Chausse-pied
  (*morceaux de cuir propres à chausser un soulier*).
- Chausses-trapes
  (*piége*).
- Chauves-souris. *Voyez* pag. 184.
- Chefs-d'œuvre. *Voyez* pag. 184.
- Chefs-lieux.
  (*des*)
- Chênes-verts
  (*chênes, autrement dit yeuses*).
- Chevau-légers. *Voyez* pag. 193.
- Chèvre-feuilles.
  (*un ou des*)
- Chèvre-pieds. *Voyez* pag. 194.
  (*faunes, satyres*).
  (*des*)
- Chiants-lits
  (*Volt., poésies mêl.*).
- Chiches-faces
  (*hommes qui ont une face chèche*).
- Chien-loups.
- Chiens-marins.
- Choux-fleurs. *Voyez* pag. 184.
- Choux-navets.
- Choux-raves
- Ciels-de-lit
  (*de lit en général*).

Des
- Ciels-de-tableau
  (*de tableau en général*).
- Claires-voies.
  (*un ou des*)
- Claque-oreilles. *Voyez* pag. 194.
  (*chapeaux qui claquent les oreilles*).
  (*des*)
- Co-états.
- Coiffes-jaunes
  (*oiseaux qui portent une coiffe jaune : la partie prise pour le tout*).
- Colin-maillard. *Voyez* pag. 184.
- Contre-allées.
- Contre-amiraux.
- Contre-appels.
- Contre-basses.
- Contre-batteries.
- Contre-charges.
- Contre-chevrons.
- Contre-clefs.
- Contre-cœurs.
- Contre-coups.
- Contre-danses. *Voyez* pag. 184.
- Contre-échanges.
- Contre-épreuves.
- Contre-espaliers.
- Contre-fenêtres
- Contre-fentes.
- Contre-finesses.
- Contre-fugues.
- Contre-jour. *V.* p. 185.
- Contre-lettres.

Des
- Contre-maîtres.
- Contre-marches.
- Contre-marée.
- Contre-marques.
- Contre-ordres.
- Contre-poison. *Voyez* pag. 185.
- Contre-révolutions.
- Contre-rondes.
- Contre-ruses.
- Contre-vérités. *Voyez* pag. 185.
- Co-propriétaires.
- Coq-à-l'âne. *V.* p. 185.
- Cordons-bleus
  (*espèce d'oiseaux*).
- Corps-de-garde.
- Corps-de-logis.
- Coupe-cu
  (*terme de jeu*)
- Coupe-gorge. *Voyez* pag. 185.
- Coupe-jarret. *Voyez* pag. 185.
- Coupe-pâte
  (*ce qu'emploient les boulangers pour couper la pâte*).
- Courtes-bottes
  (*petits hommes : c'est la partie pour le tout*).
- Courtes-pailles.
- Courtes-pointes. *Voy.* pag. 185.
- Cous-de-pied (222).
- Couvre-chef. *V.* p. 185.
- Couvre-feu. *V.* p. 185.

---

(222) voyez les remarques détachées, pour savoir pourquoi il faut écrire *Cou-de-pied*, et non *coude-pied*.

Des Substantifs composés.

(un ou des)
Couvre-pieds. *Voyez* pag. 194.
(des)
Crève-cœur. *V.* p. 186.
Cric-crac. *Voy.* p. 186.
(un)
Croc-en-jambes.
(des)
Crocs-en-jambes. *Voy.* pag. 186.
Croix-de-par-Dieu.
(un ou des)
Croque-notes
(*musiciens de peu de talent*).
Culs-de-jatte. *Voyez* pag. 186.
Culs-de-basse-fosse
(*cachot*).
Culs-de-lampe.
Culs-de-sac
(*rues qui imitent un sac*).
(un ou des).
Cure-oreilles. *V.* p. 194.
Cure-dents. *V.* p. 194.
(des)
Dames-jeannes
(*grosses bouteilles*).
Voy. pag. 186.
Demi-bains.
Demi-dieux (223).
Demi-heures, etc.
Demi-lunes.
Demi-métaux.
Demi-savants.

Des
Doit-et-avoir
(*t. de fin.*)
Doubles-feuilles.
Doubles-fleurs.
Eaux-de-vie. *V.* p. 186.
Eaux-fortes.
Écoute-s'il-pleut
(*moulins qui vont par des écluses*).
(un ou des)
Entr'actes. *V.* p. 194.
Entre-colonnes. *Voyez* pag. 194.
(une ou des)
Entre-côtes. *V.* p. 194.
Entre-lignes. *V.* p. 194.
(un ou des)
Entre-nœuds. *Voyez* pag. 194.
Entre-sourcils. *Voyez* pag. 194.
(des)
Entre-deux.
Entre-sol.
Épines-vinettes
(un ou des)
Essuie-mains. *Voyez* pag. 194.
(des)
Ex-généraux.
Fausses-braies
(*t. de fortification*).
Faux-germes.
Fausses-couches.
Fausses-fenêtres.
Fausses-portes.
Fausses-clefs.

Des
Faux-fuyants.
Faux-incidents.
Faux-semblants.
(un ou des)
Fesse-cahiers
(*qui gagne sa vie à faire des cahiers, des rôles d'écriture*).
Fesse-Matthieu. *Voyez* pag. 186.
(des)
Fêtes-Dieu.
Fier-à-bras. *V.* p. 186.
Fins-de-non-recevoir
(*t. de palais*).
Folles-enchères.
Fort-vêtus
(*Regnard, le Distrait, act. I, sc. 1*).
Fouille-au-pot *Voyez* pag. 187.
Fourmis-lions.
Francs-alleux
(*biens francs*).
Francs-réals
(*espèce de poires*).
Francs-salés.
Francs-maçons.
Fripe-sauce
(*goinfres, t. bas*).
Gagne-denier. *Voyez* pag. 187.
(des)
Gagne-petit. *V.* p 187.
Gagne-pain. *V.* p. 187.
Garde-bourgeoise
(*t. de palais*).

---

(223) Au pluriel, le mot qui suit *demi* prend toujours la marque caractéristique de ce nombre; et *demi* ainsi placé ne varie jamais. Voyez le § où il est question de l'accord des Adjectifs.

Des Substantifs composés.

Des
Garde-boutique
(*marchandises qui sont depuis long-temps dans la boutique, sans pouvoir être vendues*).
Gardes-champêtres (224).
Gardes-chasse. *Voyez* pag. 187.
Gardes-côtes. *Voyez* pag. 187.
Gardes-forestiers. *Voy.* pag. 187.
Gardes-magasins. *Voy.* pag. 187.
Gardes-marines. *Voy.* pag. 187.
Gardes-marteau. *Voy.* pag. 187.
(*des*)
Garde-noble
(*t. de palais*).
Gardes-note. *V.* p. 187.
Garde-vue.
Garde-manger.
(*un* ou *des*)
Garde-fous. *V.* p. 194.
(*une* ou *des*)
Garde-robes. *V.* p. 194.
Garde-feu. *V.* p. 187.
(*un* ou *des*)
Garde-meubles.
(*un*)
Garde-malades.
(*des*)
Gardes-malades.

Des
Gâte-métier. *V.* p. 187.
Gâte-pâte.
(*un* ou *des*)
Gobe-mouches. *Voyez* pag. 194.
(*des*)
Gommes-guttes.
Gommes-résines
(*qui tiennent de la nature de la gomme et de la résine*).
Gorges-chaudes.
Gouttes-crampes
(*convulsions soudaines du nerf de la jambe*).
Grands-maîtres.
Grands-pères.
(GRAND, sans apostrophe, suit toujours le sort de son substantif.)
Grand'-mères (225).
(GRAND' est toujours invariable.)
Grand'-messes.
Grands-oncles.
Grand'-rues.
Grand'-tantes.
Gras-doubles.
Gratte-cul.
Grippe-sou. *V.* p. 188.
Gros-becs
(*oiseau*).
Gros-blancs,
(*mastic*).
Gros-textes
(*t. d'imprimerie*).

Des
Guets-apens.
Guide-âne.
Hausse-col. *V.* p. 186.
Haut-à-bas
(*portes-balles*).
Hauts-bords.
(*un*)
Haut-de-chausses. *V.* pag. 195.
(*des*)
Hauts-de-chausses. *V.* pag. 195.
Hautes-contre. *Voyez* pag. 188.
Hautes-cours.
Hautes-lices,
(*fabr. de tapisserie*).
Hautes-futaies. *Voyez* pag. 188.
Hautes-payes.
Hautes-tailles.
Hauts-le-corps. *Voyez* pag. 188.
Havre-sacs. *V.* p. 188.
Hors-d'œuvre. *Voyez* p. 188.
Hôtels-Dieu.
In-dix-huit, in-douze, etc., etc.
(*un* ou *des*)
Lave-mains. *V.* p. 194.
(*des*)
Loups-cerviers.
Loups-garous.
Loups-marins.
Main-levée.

---

(224) *Voyez*, page 187, la règle sur l'emploi, au pluriel, du mot *garde*, en composition avec un autre mot.

(225) *Voyez* à l'apostrophe, chapitre de l'Orthographe, dans quel cas l'*e* de *grande* s'élide.

Des Substantifs composés.

(un)
Maître-ès-arts.
 (des)
Maîtres-ès-arts.
Mal-aise
 (*l'Académie supprime le trait d'union*).
Mal-entendu.
Mal-être.
Messires-Jeans. *Voyez* pag. 190.
Meurt-de-faim.
Mezzo-termine
 (*parti moyen, expédient que l'on prend pour terminer une affaire.*)
Mezzo-tinto,
 (*estampes en manière noire*).
Mi-août.
 (*on ne pluralise jamais les noms de mois*).
Mi-carêmes (226)
 (*on pluralise carême*).
 (un ou des)
Mille-pieds
 (*famille d'insectes*).
 (une ou des)
Mille-feuilles.
Mille-fleurs.
 (des)
Mortes-saisons.

Des
Mouille-bouche. *Voyez* pag. 188.
Nerfs-ferrurer.
 (*t. de maréchalerie*).
Non-paiements.
Non-valeurs.
Opéra-comiques.
Orties-grièches
 (*espèce partic. d'orties*).
Ouï-dire
 (*ce qu'on ne sait que sur le dire d'autrui*).
Outre-passes.
 (*terme d'admin. forest.*)
Pains-de-coucou
 (*sorte de plantes*).
Pains-de-pourceau
 (*sorte de plantes*).
Passe-debout
 (*t. de finance*).
Passe-droit. *V.* p. 189.
Passe-paroles. *Ibid.*
Passe-partout. *Ibid.*
Passe-passe. *Ibid.*
Passe-pied.
Passe-poil.
Passe-port. *V.* p. 189.
Passe-temps.
Passe-velours.

Des
Perce-neige. *V.* p. 189.
 (*espèce de plantes*).
Perce-oreille
 (*petits insectes qui s'introduisent dans l'oreille*).
Perce-pierre, *ou* Passe-pierre
 (*espèce de plantes*).
 (un ou des)
Pèse-liqueurs. *Voyez* pag. 195.
 (des)
Petits-deuils, mésange du Cap, poisson.
Petits-maîtres.
Petits-neveux.
Petits-textes.
 (*t. d'imprimerie*).
Petites-nièces.
Pieds-d'alouette
 (*plante*).
Pieds-de-biche
 (*instrum. de dentiste*).
Pieds-de-bœuf.
Pieds-de-chat
 (*sorte de plantes*).
Pieds-de-veau.
Pieds-droits
 (*t. d'architecture*).

---

(226) *Mi.* L'*Acad.* au mot *mi*, écrit d'abord à *mi-jambes*, ou jusqu'à *mi-jambes*; puis elle donne pour exemple *il n'y a de l'eau qu'à mi-jambo*, que jusqu'à *mi-jambe*. On dit bien d'une personne qu'elle a la *jambe fine*, parce qu'une seule suffit pour modèle; mais on ne dit point lorsqu'elle traverse un ruisseau ou une rivière, *elle a la jambe dans l'eau*, mais, *elle a les jambes dans l'eau*: donc il faut dire, *il n'y a de l'eau que jusqu'à moitié des jambes*, ou *jusqu'à mi-jambes*, avec un *s* à *jambe*.
(M. Lemare, pag. 250.)

J.-J. Rousseau (dans ses Confessions, liv. IV) a dit *les haut-le-corps*, et dans un autre endroit (même livre) : *mi-jambes*.

Observez que ces mots ne s'emploient jamais que précédés de *à*.

Des Substantifs composés.

Des
Pieds-forts
(pièces de monnoie).
Pied-à-terre. *V.* p. 189.
Pieds-plats. *Ibid.*
Pieds-bots. *Ibid.*
Pies-grièches
(espèce d'oiseaux dont la voix est très-aigre).
Pince-maille. *V.* p. 188
(personnes qui ne négligent pas une maille, monnoie de très-peu de valeur).
Pince-sans-rire
(hommes malins et sournois).
Pique-nique. *V.* p. 189.
Plains-chants. *Voyez* pag. 190.
Plats-bords
(garde-fous qui règnent autour du pont d'un vaisseau).
Plates-bandes.
Plates-formes.
Plats-pieds *ou* pieds-plats
(hommes méprisables).
Pleure-misère.
Ponts-neufs. *V.* p. 190.
Ponts-levis.

(*un*)
Porc-épics. *V.* p. 195.
(*des*)
Porcs-épics. *V.* p. 195.
Porte-aiguille. *Voyez* pag. 190.
Porte-arquebuse. *Ibid.*
Porte-bougie. *Ibid.*
Porte-broche. *Ibid.*
Porte-crayon. *Ibid.*
Porte-croix. *Ibid.*
Porte-crosse. *Ibid.*
Porte-dieu. *Ibid.*
Porte-drapeau. *Ibid.*
Porte-enseigne. *Ibid.*
Porte-étendard. *Ibid.*
Porte-faix. *Ibid.*
Porte-huilier. *Ibid.*
(*un ou des*)
Porte-clefs
(guichetiers qui portent les clefs).
Porte-lettres. *Voyez* pag. 195.
(*des*)
Porte-lumière. *Voyez* pag. 190.
Porte-malheur. *Ibid.*
Porte-manteau. *Ibid.*
(officiers qui portent le manteau devant le roi, devant les princes).

(*un ou des*)
Porte-manteaux. *Voy.* pag. 184.
(morceaux de bois qui servent à suspendre les manteaux ou les habits).
Porte-montres. *Voyez* pag. 195.
Porte-mouchettes. *V.* pag. 195.
(*des*)
Porte-mousqueton. *V.* pag. 190.
(*un ou des*)
Porte-rames. *V.* p. 195,
(t. de manuf.).
(*des*)
Porte-respect. *Voyez* pag. 190.
Porte-vent. *Ibid.*
(terme d'organiste).
Porte-verge. *Ibid.*
(bedeaux).
Porte-voix. *Ibid.*
Post-scriptum.
Pots-au-feu (227).
Pots-de-vin
(présents au-delà du prix convenu).
Pots-pourris
(t. de littér., de mus.)
Pour-boire (228).

---

(227) Observez que, pour exprimer que l'on a mis au feu des pots pour toute autre chose que pour faire du bouillon et du bouilli, on écrit sans traits d'union *des pots au feu* ; alors il n'y a plus à craindre d'équivoque avec le mot composé *pot-au-feu*.

(228) L Académie, *Boiste*, *Gattel*, et beaucoup d'écrivains écrivent *pour-boire* en un seul mot, et alors ils lui donnent au pluriel la lettre s (*pourboires*).

Des Substantifs composés.

Des
Pousse-cul
(archers de la pousse).
(un ou des)
Pousse-pieds
(espèce de coquilles).
(des)
Prête-nom.
Quasi-contrats.
Quasi-délits.
Quartiers-maîtres
(officiers milit.).
Quartiers-mestres
(maréchaux de logis).
Qu'en-dira-t-on.
(un ou des)
Quinze-vingts. Voyez
p. 195.
(des)
Qui-va-là.
Rabat-joie.
Reines-claudes. Voyez
pag. 191.
Relève-moustache
(pinces d'émailleur).
Remue-ménage
(troubles, désordres).
Réveille-matin. Voyez
pag. 191.
Revenants-bon
(profits éventuels.)
Rose-croix
(secte d'empiriques).
Rouges-gorges. Voyez
pag. 190.
Sages-femmes. Voyez
pag. 191.
Saints-Augustins
(t. d'imprim., plusieurs
sortes de caractères aux-
quels on donne le nom
de Saint-Augustin : la
cause pour l'effet.)

Des
Saintes-Barbes
(où on met la poudre
dans un vaisseau).
Sangs-de-dragon
(sorte de plantes).
Saufs-conduits. Voyez
pag. 194.
Savoir-faire.
Savoir-vivre.
Semi-pensions.
Semi-tons.
Sénatus-consultes.
(un ou des)
Serre-ciseaux. V. p. 195.
(des)
Serre-file. Voy. p. 191.
(un ou des)
Serre-papiers. Voyez
pag. 195.
(des)
Serre-tête. V. p. 180.
Serre-point.
Songe-creux
(hommes rêveurs, mé-
lancoliques).
Songe-malice
(personnes malignes).
Sot-l'y-laisse
(dessus du croupion
d'une volaille.)
Souffre-douleur.
Sous-arbrisseaux.
Sous-baux.
Sous-barbe
(t. de maréchalerie).
Sous-ententes.
Sous-fermes.
Sous-lieutenants.
Sous-locataires.
Sous-maîtres.
(un ou des)
Sous-ordres. V. p. 195.

Des
Sous-préfets.
Sous-secrétaires.
Sur-arbitres.
Tailles-douces.
Tâte-vin
(instruments pour tirer
le vin).
Taupes-grillons.
Terre-pleins. V. p. 192
(t. de fortification).
Tête-à-tête. V. p. 192
Têtes-cornues
(sorte de plantes).
Tire-balle. V. p. 192.
(un ou des)
Tire-bottes. V. p. 196
(des)
Tire-bouchon. Voyez
pag. 192.
Tire-bourre. Ibid.
Tire-fond. Ibid.
Tire-lires. Ibid.
Tire-moëlle. Ibid.
Tire-pied.
Toute-bonnes
(sortes de plantes).
Toute-saines
(plantes totalement bon-
nes et saines).
Toute-épice
(sorte de plantes qui ont
le goût de l'épice).
Tou-tou
(petits chiens).
Tout-ou-rien
(terme d'horlogerie).
Tragédies-opéra.
(La Harpe.)
Trente-et-un
(espèce de jeu)
Trippes-madame
(sorte d'herbes).

Des
- Trouble-fête. *Voyez* pag. 192.
- Trous-madame (*un ou des*)
- Va-nu-pieds (*hommes obscurs*) (*des*)
- Va-tout (*terme de jeu*).
- Vade-mecum (*choses qu'on porte avec soi*).
- Veni-mecum (*sorte de livres qu'on porte avec soi et com=*

Des
- modes par leur petitesse).
- Vers-coquins (*chenilles de vigne*).
- Vers-luisants.
- Vers-à-soie.
- Verts-de-gris.
- Vice-amiraux (*officiers de marine après l'amiral*).
- Vice-baillis.
- Vice-consuls.
- Vice-gérants.
- Vice-légats.
- Vice-présidents.

Des
- Vice-rois.
- Vice-reines. (*un ou des*)
- Vide-bouteilles (*petit bâtim.; lieu de plaisir*). *Voy.* pag. 196. (*des*)
- Vis-à-vis (*sorte de voitures*).
- Vol-au-vent (*pâtisserie*). *Voy.* pag. 193.

Quand deux Noms sont unis par DE, *dans quels cas le second doit-il être au singulier ou au pluriel ?*

Nous ne connoissons que trois Grammairiens qui se soient occupés de cette question : M. *Lemare*, M. *Fréville* et M. *Ballin* (un des rédacteurs du Manuel des amateurs de la langue française). C'est principalement l'opinion de ce dernier Grammairien qui va servir de base à la solution de cette difficulté.

Il ne paroîtra sûrement pas inutile de faire remarquer d'abord que le Dictionnaire de l'*Académie*, qui est en général la source la plus certaine du bon usage, ne peut être ici d'aucune autorité, puisqu'il emploie le singulier et le pluriel dans les mêmes circonstances; par exemple, on trouve :

Aux mots :

AMANDE....... Pâte d'AMANDE, huile d'AMANDE *douce*, gâteau d'AMANDES.
PÂTE.......... Pâte d'AMANDES.
HUILE......... Huile d'OLIVE, huile d'AMANDES *douces*.
COUVERTURE... Couverture de MULET, couverture de CHEVAUX.
GELÉE........ Gelée de POMME, de GROSEILLE.
COING........ Gelée de COINGS.

MARMELADE... Marmelade de POMMES, de PRUNES.
OEILLET....... Un pied d'OEILLETS.
PIED.......... Un pied d'OEILLET, trois ou quatre pieds de BASILIC, de GIROFLÉE, deux cents pieds d'ARBRES.

L'édition de 1798 est absolument conforme aux précédentes, excepté que le mot *amande* y est toujours au pluriel dans *pâte* d'amandes, et *huile* d'amandes.

Les Auteurs du Dictionnaire dit de *Trévoux* n'ont pas suivi une marche plus sûre; on lit dans ce dictionnaire:

*Le chagrin se fait de peaux d'*ANE *et de* MULET; *les parchemins de peaux de* MOUTON *et de* CHÈVRES.

Ces citations, qu'il eût été facile de rendre plus nombreuses, sont suffisantes pour prouver l'incertitude qui règne sur ce point de grammaire, et par conséquent l'intérêt que présente la question à résoudre.

Pour en donner la solution, *il faut principalement s'attacher à distinguer dans quelle acception est employé le nom qui suit* DE.

1° Si le second nom ne sert qu'à spécifier la nature du premier nom, ou, ce qui est la même chose, s'il n'est employé que dans un sens général, indéterminé, ce second nom ne prend point le *s*, qui est le signe du pluriel.

S'il est employé dans un sens particulier, un sens déterminé, il prend ce signe, c'est-à-dire qu'il se met au pluriel.

On écrira donc:

Des *caprices* de FEMME.
Des *tas*, des *touffes* d'HERBE.
Des *coups* de POING, de PIED.
Des *vaisseaux* chargés de TOILE.
Des *pots* de BASILIC, des *pots* de BEURRE.

Une *pension* de FEMMES.
Un *tas* d'HERBES médicinales.
Un *coup* d'ONGLES.
Un *vaisseau* chargé de MORRUES.
Un *pot* de FLEURS, un *pot* à FLEURS (229), un *pot* d'OEILLETS.

---

(229) Un pot *de* fleurs est un pot où il y a des fleurs; et un pot *à* fleurs est un pot propre à mettre des fleurs.

Des *marchands* de PLUME (pour lit). Un *marchand* de PLUMES (à écrire).

Des *marchands* de PAILLE, de FOIN, de CIDRE. Un *marchand* d'ARBRES, d'ABRICOTS, de RAISINS.

Des *marchands* de DRAP, de LINGE, de TOILE, de PAPIER, de SOIE. Un *marchand* de DRAPS de Louviers et d'Elbeuf, de TOILES blanches, de TOILES grises.

Des *marchands* de MUSIQUE. Un *marchand* de GRAVURES, d'ESTAMPES.

Des *marchands* de VIN, de BEURRE, de POISSON, de MORRUE, de FLEUR D'ORANGE. Un *marchand* de VINS FINS, de BEURRES salés et fondus, de HARENGS, de CARPES, d'ANGUILLES, d'ÉCREVISSES, de FLEURS.

Parce que, dans tous les exemples de la première colonne, le second nom est pris dans un sens général, indéterminé, tandis que, dans ceux de la seconde colonne, il est pris dans un sens *particulier*, dans un sens déterminé.

En effet, *des caprices de femme* sont des caprices que l'on attribue au sexe en général; donc le mot *femme* est pris là dans un sens général, indéterminé.—Une *pension de femmes* est composée d'individus : alors le mot *femme* est pris dans un sens particulier, déterminé.

Des *marchands de plume* sont des marchands qui vendent en masse de la plume pour faire des lits, des oreillers; là le sens est général, indéfini, indéterminé; mais un *marchand de plumes* est un marchand qui vend des plumes à écrire : ici le sens est individuel, déterminé.

Des *marchands de paille*, de *foin*, de *cidre*, sont des marchands qui ne vendent pas individuellement une paille, deux pailles, etc.; mais qui vendent en masse des parties tirées de l'espèce; donc le sens est général, déterminé, et

---

On dit de même : un pot *de* confitures et un pot *à* confitures; un pot *de* beurre et un pot *à* beurre.

Observez que l'on dit un pot *à* l'eau, un *pot* propre *à* mettre de l'eau; et non pas *pot à eau*, qui est un gasconisme.

On dit aussi un *pot au lait*, et non *un pot à lait*.

(L'*Académie, Féraud, Gattel, Trévoux*.)

un marchand d'*arbres*, d'*abricots*, de *raisins*, vend toutes ces choses par individus, c'est-à-dire que le sens est déterminé, individuel.

Des *marchands de vin* : on n'entend pas dire qu'ils vendent des vins, quoiqu'ils en aient de plusieurs espèces, on veut dire, en général, que ce sont des marchands qui vendent *du vin*, et non *du cidre*, *du bois*, *du drap*, ou toute autre marchandise : ces mots *du vin* sont purement spécificatifs, ils forment un tout, une masse de même espèce, enfin un sens général, indéterminé; mais un *marchand de vins fins*, s'entend d'un marchand qui tient différentes sortes de vins : là le sens est individuel, déterminé.

Enfin des *marchands de poisson* sont des marchands qui vendent le poisson, le plus souvent, par *morceaux*, par *tranches*, comme la morue, le saumon, qui le vendent en masse, et toujours ce sont des parties de l'espèce en général; au lieu qu'un *marchand de harengs*, *de carpes*, *d'anguilles*, vend par individus, c'est-à-dire que ce sont des espèces particulières ou individuelles de ce que l'on appelle *poisson*.

Quelquefois aussi il s'agit d'*extraction* ou de *composition*. —Voyons dans ce cas ce que l'on doit faire :

Il faut examiner s'il est question de choses *tirées* ou *extraites* d'une certaine espèce, d'une certaine classe d'êtres, comme des *têtes de coq*, des *queues de mouton*, des *coulis de chapon*; ou s'il est question de choses *faites*, composées d'individus de certaines espèces, de certaines choses, comme *gelée de groseilles*, *marmelade d'abricots*, *coulis d'écrevisses*.

Dans le premier cas, le second mot ne prend jamais la marque de pluriel, parce qu'il a un sens indéterminé, et qu'il indique une espèce, une classe, une sorte. Dans le second cas, il prend le *s*, parce qu'il a un sens déterminé, et qu'il signifie des individus d'une espèce, d'une classe, d'une sorte qui entrent dans la composition de la chose.

On écrira donc : des queues de *cheval;* des crins de *cheval;* de l'huile d'*olive;* du suc de *pomme;* des gigots de *mouton;* de l'eau de *poulet;* du sirop de *groseille;* de la gelée de *viande,* de *poisson;* de la conserve de *mauve,* de *violette;* de la fécule de *pomme de terre;* des morceaux de *brique;* parce que les *queues,* les *crins* sont tirés de l'espèce d'animal nommé *cheval;* les *olives* n'entrent pas individuellement dans la composition de l'huile, mais l'*huile* en est tirée, extraite; le *suc* est extrait de l'espèce de fruit nommé pomme; les *gigots* sont tirés, sont séparés d'un animal de l'espèce des moutons; l'*eau* est tirée de l'espèce d'animal que l'on nomme poulet; le *sirop* est tiré, est extrait de la groseille, et ce fruit n'entre pas individuellement dans sa composition ; la *viande,* le *poisson,* n'entrent pas comme individus dans la composition de cette gelée ; la *mauve,* la *violette* est tirée, est extraite de l'espèce appelée mauve, violette; la *fécule de pomme de terre* est tirée, est extraite de la pomme de terre, qui y entre comme espèce et non comme individu; enfin la *brique* est tirée de l'espèce de pierre factice que l'on nomme brique.

Dans le second cas, on écrira : une troupe de *chevaux;* un baril d'*olives,* une assiettée d'*olives;* une marmelade de *pommes;* un troupeau de *moutons;* une fricassée de *poulets;* de la gelée de *groseilles;* de la conserve de *pistaches,* de *citrons,* de *roses;* un ragoût de *pommes de terre;* une muraille de *briques :* parce qu'une *troupe de chevaux* est composée de plusieurs individus de cette espèce; l'*assiettée,* le *baril d'olives* sont composés d'un nombre d'individus de l'espèce de fruit nommé olive; les *pommes* entrent individuellement dans la composition de la marmelade; le *troupeau de moutons* est composé de plusieurs individus de cette espèce; la *fricassée de poulets* est composée de plusieurs individus qui portent ce nom; les *groseilles* entrent individuellement dans la composition de cette espèce de confiture appelée gelée; la *conserve de pistaches,* de *citrons,* de *roses,* est composée d'un nombre d'individus, de choses appelées pistache, citron, conserve; enfin un *ragoût de pommes de terre* est fait avec un nombre d'individus que l'on appelle pomme de terre; et une *muraille de briques* est faite avec un nombre de pierres appellées briques.

Présentement il ne sera pas inutile d'ajouter quelques observations *sur le nombre que l'on doit employer après la préposition* DE, *quand elle n'est pas précédée d'un nom substantif.* Les exemples suivants feront voir que la moindre attention suffit pour reconnoître s'il faut le singulier ou le pluriel :

 Un enfant plein de *bonne volonté.*
 Un homme plein de *défauts.*
 Un peintre rempli de *talent.*
 Une jeune personne remplie de *talents.*

Bonne volonté est au singulier, parce qu'on ne dit pas des *bonnes volontés; défauts* est au pluriel, parce qu'on ne diroit pas qu'un homme est plein de défauts s'il n'en avoit qu'un. *Talent* est au singulier dans le premier cas, parce qu'il n'est question que d'un seul talent, celui de la peinture porté à un haut degré; dans le second, on veut dire que la jeune personne possède les divers talents que donne une bonne éducation.

Je me nourris de beaucoup de LAIT *et de* FRUITS.

On ne dit pas *des laits ;* mais, quand on se nourrit de fruits, on en mange nécessairement plusieurs.

La grêle a fait beaucoup de TORT *dans ce canton.*

Cet homme a eu beaucoup de TORTS *envers moi.*

Beaucoup est suivi d'un singulier quand il marque l'*extension*, et d'un pluriel quand il marque la *quantité;* dans le premier exemple, il est question d'un tort *étendu, grand, considérable;* dans le second, on veut désigner plusieurs torts.

Enfin, pour compléter cet article, nous allons examiner *quand le nom, précédé des prépositions* À, EN *ou* SANS, *doit s'employer au singulier ou au pluriel.* Ce sera M. *Ballin* qui résoudra cette question ; nous ajouterons seulement des exemples à ceux qu'il a donnés.

Le nombre est toujours indiqué par le sens ; ainsi il n'y a aucune difficulté à cet égard. Quelques exemples en donneront la preuve : j'écrirai avec le singulier *être sur pied, être en pied, faire pied sur quelqu'un, aller à pied*, parce que *pied* est spécificatif, employé d'une manière vague, indéfinie (230) ; mais j'écrirai sauter à *pieds joints*, parce que le mot *joints* réveille nécessairement l'idée de deux pieds.

J'écrirai : *ils courent de province en province*. (D'une province à l'autre.) — *L'air est en feu*, parce que *feu*, considéré comme un des quatre éléments, n'est pas susceptible de plusieurs unités.

Elle a mis ses enfants en NOURRICE, parce que *en nourrice* est pris métaphysiquement et généralement comme le mot *nourrissage,* qui signifie le soin et la manière de nourrir et d'élever les bestiaux ; mais j'écrirai, en faisant usage du pluriel, *c'est une femme en* COUCHES, parce qu'on dit *les couches d'une femme ; sa mère a assisté à ses couches,* et que dans ce sens jamais le mot *couches* n'est au singulier. L'*Académie* cependant écrit des *femmes en couche,* le second mot au singulier, et *Féraud* approuve cette orthographe ; mais M. *Lemare,* qui est un bon juge en grammaire, se range à l'avis de M. *Ballin.*

J'écrirai, *elle avoit l'éventail* EN MAIN, parce qu'il ne faut qu'une main pour tenir l'éventail, et, *elle avoit le van* EN MAINS, parce qu'on vanne avec les deux mains.

---

(230) L'usage, dit M. *Lemare*, a, dans toutes ces phrases, consacré le singulier, parce qu'on prend le *pied* pour signifier la *marche*, la *base. Habiller de pied en cap,* c'est-à-dire depuis *la base*, etc. ; des *valets* de *pied*, c'est-à-dire *des valets de marche*, qui marchent et ne vont pas à cheval ; *aller à pied*, c'est aller en marchant, et non pas en voiture.

Je suis sans pain, sans argent, parce que *pain* et *argent* sont ici pris dans un sens vague, indéfini, et qu'ils n'ont point de pluriel dans ce sens; mais j'écrirai avec le pluriel, *je suis sans souliers,* parce que l'on pense nécessairement à deux souliers.

J'écrirai avec le pluriel : cette *mer célèbre en naufrages* (231):

> Tu vas donc, égaré sur l'océan du monde,
> Affronter cette mer en *naufrages* féconde.
> (*Delille,* Épître sur l'util. de la Retr. pour les Gens de lettres.)

parce que une mer ne seroit pas féconde pour un seul naufrage (232).

---

(231) *Boileau* avoit dit dans la première édition de ses œuvres (Épître au roi) :

> Regagne le rivage;
> Cette mer où tu cours est célèbre *en naufrage.*

Mais ses amis lui conseillèrent de mettre au pluriel *célèbre en naufrages,* et *regagne les rivages.* Cependant, comme *les rivages* au pluriel n'est pas une expression tout-à-fait juste, il changea entièrement le premier vers, et écrivit :

> Sais-tu dans quels périls aujourd'hui tu t'engages?
> Cette mer où tu cours est célèbre en *naufrages.*

(231 *bis*) Observez qu'avec les adjectifs *abondant, célèbre, fécond, formidable, fertile, fameux, stérile,* accompagnés d'un régime, le substantif qui suit ce régime doit toujours être mis au pluriel. On verra l'application de ceci lorsqu'il sera question du régime dont chacun de ces adjectifs doit être suivi.

(232) J'écrirai encore.

> De *voleur à voleur* on parle probité;
> L'injustice en appelle à ses droits légitimes;
> Mais elle invoque l'équité
> Pour elle, et non pour ses victimes.   (M. *Fr. de Neufch.,* f. 7, l. 4.)

> De *larrons à larrons* il est bien des degrés,
> Les petits sont pendus, et les grands sont titrés.   (Le même, f. 7, l. 3.)

Parce que, pour parler de probité entre voleurs, il suffit du voleur qui porte la parole, et du voleur qui écoute.

Mais, pour établir bien des degrés entre les larrons, il faut comparer des larrons avec d'autres larrons.   (M. *Lemare,* p. 542.)

En voilà assez pour mettre le lecteur en état de reconnoître lui-même quel est le nombre qui convient à un nom précédé d'une préposition ; et il a dû remarquer qu'en général c'est le *singulier* qu'il doit employer, et qu'il ne doit faire usage du *pluriel* que quand le sens réveille une idée précise de *nombre*, de *quantité*.

Enfin j'écrirai :

Un lac de cette étendue avoit été fait de *main d'homme*, sous un seul prince. (*Bossuet*, Hist. univ., 3e partie.)

Jusqu'ici j'ai vu beaucoup de masques ; quand verrai-je des visages *d'homme*? (*J.-J. Rousseau*, Nouv. Hél.)

C'est même une des raisons qui m'a fait aller bride en *main*, puisque, etc. (*Racine*, lettr. 39e à son fils.)

Règne ; de *crime en crime* enfin te voilà roi. (*Corneille*, Rodogune, V, 4.)

Il vous faudra, seigneur, courir de *crime en crime*.
(*Racine*, Britannicus, act. IV, sc. 2.)

Quant à moi, j'étois conduit de *bâillement* en *bâillement* dans un sommeil léthargique, qui finit tous mes plaisirs.
(*Montesq.*, 40e let. pers.)

Le spectateur est comme la confidente, il apprend de *moment* en *moment* des choses dont il attend la suite.
(*Voltaire*, Comment. sur Rodog., act. II, sc. 2.)

Quittez-moi la règle et le pinceau ; prenez un fiacre et courez de *porte en porte* ; c'est ainsi qu'on acquiert de la célébrité.
(*J.-J. Rousseau*, Emile, chap. III.)

Ainsi, de *piège* en *piège*, et d'*abîme* en *abîme*,
Corrompant de vos mœurs l'aimable pureté. (Athalie, act. IV, sc. 3.)

Un lit *de plume* à grands frais amassée. (*Boileau*, le Lutrin, ch. I.)

Elle prépare des peaux d'*agneau*.

On me craint dans les cours (la vérité),
On me chasse *de ville en ville*. (*Fr. de Neuch.*, f. 11.)

Principe qu'il importe de ne pas oublier. Pour ne point errer dans le choix du nombre, il faut se bien pénétrer de la pensée que l'on a intention d'exprimer, ou tout au moins recourir aux signes qui l'analysent.

CHAPITRE II.

ARTICLE PREMIER.

DE L'ARTICLE.

Le mot *Article*, dérivé du latin *articulus*, qui signifie *membre*, se dit, dans le sens propre, des jointures des os du corps des animaux, unies de différentes manières; et selon les divers mouvements qui leur sont particuliers; de là, par métaphore, on a donné divers sens à ce mot.

Les Grammairiens, par exemple, ont appelé *Article* un petit mot qui, sans rien énoncer par lui-même, sert exclusivement à déterminer le sens plus ou moins restreint sous lequel on veut faire considérer le substantif commun, ou le substantif abstrait avant lequel on le place.

On divise l'article, en *Article simple* et en *Article composé*. L'article simple est *le*, *la*, *les*; l'article composé : *au*, *aux*, *du*, *des* (233).

Comme notre langue a beaucoup emprunté du latin, il y a lieu de penser que nous avons formé notre *le* et notre *la* du pronom *ille*, *illa*, *illud*. De la dernière syllabe du mot masculin *ille*, nous avons fait *le*; et de la dernière du mot

---

(233) Cependant on peut regarder aussi comme *articles*, ou plutôt comme *équivalents de l'Article* : *ce*, *cet*, *cette*, *ces*; *mon*, *ton*, *son*; *notre*, *votre*, *quelque*, *nul*, *aucun*, *tout*, dans le sens de *chaque*; et *un*, *deux*, *trois*, etc., parce qu'en effet ils font eux-mêmes la fonction de l'article, en donnant un sens restreint au substantif qu'ils précèdent; mais ces équivalents n'en conservent pas moins leur nature d'adjectifs, car, outre qu'ils déterminent la signification du substantif, ils le modifient en y ajoutant une idée de *possession*, de *nombre*, etc., etc.; seulement on ne met point l'article avant les noms qui en sont précédés. C'est au surplus ce que nous verrons plus bas. (Article VII.)

féminin *illa*, nous avons fait *la*; c'est ainsi que de la première syllabe de cet adjectif, nous avons pareillement fait notre pronom *il*, dont nous faisons usage avec les verbes, comme du féminin *illa* nous avons fait *elle*.

Nous nous servons de *le* avant les noms masculins au singulier : *le roi, le jour;* nous employons *la* avant les noms féminins aussi au singulier : *la reine, la nuit;* et, comme la lettre *s*, selon l'analogie de la langue, marque le pluriel quand elle est ajoutée au singulier, nous avons formé *les* du singulier *le*. *Les* sert également pour les deux genres : *les rois, les reines*. C'est en contractant avec la préposition *à* et la préposition *de*, les trois *Articles simples* : *le, la, les*, que nous avons formé les quatre *Articles composés* : *au, aux, du, des*.

Au est composé de la préposition *à* et de l'Article *le;* en sorte que *au* est autant que *à le*. Nos pères ne formoient qu'un seul mot de cet Article composé *à le*, en supprimant l'*e*, et disoient AL : AL TEMPS INNOCENT III, c'est-à-dire, *au temps d'Innocent III*. — L'APOISTOLE MANDA AL PRODOME, *le pape envoya au prud'homme*.—MINTE LARME I FU PLORÉE DE PITIÉ AL DEPARTIR, *maintes larmes furent plorées à leur partement, et au prendre congé*.

Toutefois, ce changement de l'Article composé *al* en *au* n'a pas lieu avant les noms qui commencent par une voyelle ou un *h* muet; et, pour éviter l'hiatus qui auroit lieu si l'on disoit *au esprit, au animal, au homme*, on a continué de se servir de la préposition *à* jointe à l'Article *le*, en élidant l'*e* muet de *le* avant la voyelle. Ainsi, quoiqu'on dise *au chapeau, au bois*, on dit *à l'esprit, à l'animal, à l'homme*. Mais si le nom est féminin, comme il n'y a point d'*e* muet dans l'Article *la*, on ne peut plus en faire *au;* alors on conserve la préposition et l'Article : *à la raison, à l'amitié, à la vertu*.

Aux sert au pluriel pour les deux genres; c'est une contraction de *à les* : *aux hommes, aux femmes, aux rois*, *aux reines*, pour *à les hommes, à les femmes, à les rois, à les reines.*

Du est une contraction de *de le*, et, tandis qu'on disoit *al* pour *à le*, on disoit aussi *del* en un seul mot, pour *de le*, afin d'éviter le son obscur de deux *e* muets de suite : *l'arrêt* DEL *conseil*, pour *l'arrêt du conseil*, *Gervaise* DEL *chastel*, pour *Gervaise du castel*. L'Article contracté *du* se place avant tous les noms masculins qui commencent par une consonne; mais la préposition *de*, jointe à l'Article *le* ou *la*, selon le genre du nom, a été conservée avant tous ceux qui commencent par une voyelle : ainsi on dit *de l'esprit, de l'homme, de la vertu*. Par-là on évite l'hiatus; c'est la même raison qu'on a donnée pour *au*.

Enfin DES sert pour les deux genres au pluriel : DES *rois*, DES *reines*, pour DE *les rois*, DE *les reines*.

Cette notion de l'Article est nette, simple et conforme au génie de notre langue. Ainsi nous exprimons avec des prépositions, et surtout avec *de* et *à*, les rapports que les Grecs et les Romains exprimoient par les diverses terminaisons de leurs noms. Donc il n'y a pas de *cas* dans notre langue, et les Grammairiens qui en ont admis ont manqué d'exactitude (234).

---

(234) *Examen de l'opinion des Grammairiens qui veulent qu'il y ait dans la langue française* DES CAS, *et des Articles* DÉFINIS *et* INDÉFINIS.

Des Grammairiens regardent les prépositions *de* et *à* comme des particules, comme des CAS qui servent, disent-ils, à décliner nos noms : l'une, dans cette supposition, est la marque du *génitif*, et l'autre, celle du *datif*. Mais n'est-il pas mieux de distinguer entre les langues dont les noms changent de terminaisons, et celles où les terminaisons sont invariables, et de dire que les premières seules ont des CAS et des DÉCLINAISONS, et que les autres les suppléent par des PRÉPOSITIONS? Ce sont des moyens différents, dont l'office est également d'énoncer les différentes vues de l'esprit. Ainsi, dans notre langue, les prépositions tiennent lieu de la désinence des noms; et nous n'avons en réalité ni cas, ni déclinaisons; d'où il faut conclure que les prépositions *de* et

ARTICLE II.

DE L'ACCORD DE L'ARTICLE.

L'Article, modifiant le nom auquel on le joint, en indiquant

à sont semblables à toutes les autres prépositions, par leur usage et par leur effet, et qu'elles ne servent qu'à faire connoitre les rapports que nous avons à marquer.

Et, en effet, pourquoi les Grammairiens dont nous parlons veulent-ils former des cas et des déclinaisons avec les prépositions *de* et *à*, plutôt qu'avec toute autre préposition, comme *sans*, *avec*, *pour*, *dans*, etc.? Quand je dis *l'amour* DE LA *patrie*, la préposition *de* fait-elle une autre fonction que la préposition *pour*? Lorsque je dis *des vœux pour la patrie*, n'est-ce pas, dans l'un et dans l'autre cas, une préposition qui exprime un rapport ou une relation entre deux termes? N'est-ce pas la même manière d'énoncer des vues différentes? La similitude est parfaite autant qu'elle est sensible. Mais, pour se tirer d'embarras, dans une distinction si peu motivée que celle qu'ils ont imaginée, les partisans d'une erreur si palpable n'ont autre chose à dire, sinon que, comme les Latins n'ont que six cas dans leurs déclinaisons, nous ne devons de même en avoir que six : étrange raison pour attribuer une fonction particulière et privilégiée aux prépositions *à* et *de*, et pour les faire servir exclusivement à l'office imaginaire des déclinaisons. Encore une fois, les *cas* et les *déclinaisons* sont étrangers à la langue française : les noms qui se déclinent en latin, parce qu'ils changent leur dernière syllabe dans le passage d'un cas à un autre, et qu'il en résulte un changement de voix et de son dans la prononciation, demeurent invariables dans notre langue ; et c'est abuser des termes que d'induire les cas et les déclinaisons de l'identité des vues ou des rapports, quand les mots sont privés des *terminaisons* et des *désinences* qui constituent, à proprement parler, les *cas* et les *déclinaisons*. Que nous apprend-on quand on nous dit que notre *accusatif* est semblable au *nominatif*? ce ne sont là que des mots vides de sens ; l'esprit ne conçoit rien dans cette assertion, sinon que l'un se met avant le verbe, et l'autre après ; c'est la place seule qui les distingue ; et, dans l'une et dans l'autre occasion, le nom n'est qu'une simple dénomination.

Par exemple, si je veux rendre raison de cette phrase : *la lecture orne l'esprit*; je ne dirai pas que la lecture est au *nominatif*, ni que l'esprit est à l'*accusatif*; je ne vois dans l'un et dans l'autre mot, qu'une simple dénomination, *la lecture*, *l'esprit*; mais, comme par l'analogie et la syntaxe de notre langue, la simple position de ces mots me fait connoitre

une vue particulière de l'esprit, doit, de même que l'ad-

leurs rapports, et les différentes vues de l'esprit de celui qui a parlé, je dis :

1° Que *la lecture*, paroissant le premier, est le sujet de la proposition, qu'il en est l'agent, que c'est la chose qui a la faculté d'orner ; 2° Que, l'*esprit* étant énoncé après le verbe, il est l'objet (le régime) de *orne*; je veux dire que *orne* tout seul ne feroit pas un sens suffisant, qu'il ne seroit pas complet : *il orne*, hé, quoi? *l'esprit* ; ces deux mots, *orne l'esprit*, font un sens indivisible dans la proposition ; l'*esprit* est l'objet de la faculté d'orner, c'est le patient ; or, ces rapports sont indiqués en français par le sens de la phrase, ou par la place ou la position des mots, et ce même ordre l'est en latin par les terminaisons.

On nous dit encore que le *génitif* est toujours semblable à l'*ablatif*, et que le *datif* est marqué par le prétendu article *à*. Mais à chacune de ces deux prépositions *de* et *à*, substituez toute autre préposition, et le mode ne différera pas du premier, parce que, dans l'une et dans l'autre occasion, il ne s'agit également que de marquer des rapports quelconques par le même moyen, c'est-à-dire par l'usage d'une préposition, qui peut bien changer le rapport, mais qui n'altère le mode en aucune manière

S'il faut pousser plus loin cet éclaircissement, nous ferons observer que les deux prépositions dont l'examen nous occupe viennent, l'une de la préposition latine *de*, et l'autre de *ad* ou de *à*.

Les Latins ont fait de leur préposition *de*, le même usage que nous faisons de notre *de* : or, si en latin *de* est toujours préposition, le *de* français doit l'être également.

1° Le premier usage de cette préposition est de marquer l'extraction, c'est-à-dire, d'où une chose est tirée, d'où elle vient. En ce sens nous disons *un temple* DE *marbre*, *un pont* DE *pierre*, *un homme* DU *peuple*.

2° Et, par extension, cette préposition sert à marquer la propriété : *le livre* DE *Pierre*, c'est-à-dire le livre tiré d'entre les choses qui appartiennent à Pierre.

En voilà assez pour détruire le préjugé répandu dans quelques-unes de nos grammaires, que notre *de* est la marque du *génitif* ; car, pourquoi ce complément, qui est toujours à l'ablatif en latin, se trouveroit-il au génitif en français ? Encore une fois, ce n'est qu'une préposition semblable à toutes les autres usitées dans notre langue, par l'office qu'elle fait de marquer les rapports qu'elle sert à nous indiquer.

A l'égard de *à*, il vient le plus souvent de la préposition latine *ad* ; mais, dans cette langue, cette préposition n'indiquoit point le *datif*.

D'après cette observation, et celle que nous avons faite sur le mot *de*,

jectif, dont il sera question bientôt, s'accorder toujours en

---

on ne voit donc pas pourquoi *à quelqu'un* pourroit être un datif en français ; nous devons regarder *de* et *à* comme de simples prépositions, aussi bien que *par*, *pour*, *avec*, etc. Les unes et les autres servent à faire connoître en français les rapports particuliers que l'usage les a chargées de marquer, sauf à la langue latine à exprimer autrement ces mêmes rapports.

Il seroit superflu de s'étendre davantage, pour détruire un préjugé victorieusement combattu par *Dumarsais*, de qui nous avons extrait en partie ce qu'on vient de lire ; par *Duclos*, *Fromant*, *Beauzée*, *Dangeau*, *Douchet*, *Hardouin*, *Batteux*, *Girard*, *D'Olivet* ; par un grand nombre de Grammairiens modernes, tels que *Wailly*, *Lévizac*, *Marmontel*, *Sicard*, M. *Laveaux*, etc., et enfin, un préjugé contre lequel s'est prononcée, d'une manière non équivoque, l'*Académie*, qui a dit (dans son Dictionnaire, au mot *cas*) : « Il n'y a point de cas proprement dits « dans la langue française, quoiqu'il y ait des désinences différentes « dans les pronoms. »

Présentement, *examinons si la division de l'article en défini et en indéfini, est fondée.*

Quelques Grammairiens français, à la tête desquels il faut mettre les Auteurs de la Grammaire générale (partie II, chap. VII), ont distingué deux sortes d'articles, l'un *défini*, comme *le*, *la* ; et l'autre *indéfini*, comme *un*, *une*.

Non content de cette première distinction, *Latouche*, qui vint après *Arnauld* et *Lancelot*, fut d'avis de reconnoître trois articles *indéfinis*. « Les deux premiers, dit-il, servent pour les noms de choses qui se prennent par parties dans un sens indéfini ; le premier est pour les substantifs, et le second pour les adjectifs : je les appelle *Articles indéfinis* ; le troisième *Article indéfini* sert à marquer le nombre des choses, et c'est pour cela que je le nomme *numéral*. » (L'Art de bien parler français, liv. 2, chap. I.)

Le P. *Buffier* et *Restaut* ont adopté, à quelques différences près, le même système.

Mais *Duclos* (Rem. sur le chap. VII de la 2e partie de la Grammaire générale) et *Beauzée* (Encycl. méth, au mot *indéfini*) ont pensé que ces divisions d'articles, *défini* et *indéfini*, n'avoient servi qu'à jeter de la confusion sur la nature de l'article.

Un mot, dit *Duclos*, peut, sans aucun doute, être mis dans un sens indéfini, c'est-à-dire dans sa signification vague et générale ; mais, loin qu'il y ait un article pour la marquer, il faut alors le supprimer. On dit, par exemple, qu'un *homme a été traité avec honneur* ; mais, comme il ne s'agit pas de spécifier l'*honneur particulier* qu'on lui a rendu, on n'y

genre et en nombre avec le substantif qu'il accompagne : *La beauté* LA *plus rare est fragile et mortelle.*

---

met point d'article ; *honneur* est pris *indéfiniment*, parce qu'il est employé, en cette occurrence, dans son acception primitive, selon laquelle, comme tout autre nom appellatif, il ne présente à l'esprit que l'idée générale d'une nature commune à plusieurs individus ou à plusieurs espèces, mais abstraction faite des espèces et des individus. Ainsi il est raisonnable de dire qu'il n'y a qu'une seule espèce d'article, qui est *le* pour le masculin, dont on fait *la* pour le féminin, et *les* pour le pluriel des deux genres.

Beauzée (sur le même sujet) ajoute à ces observations de *Duclos* ce qui suit :

Dès qu'il est arrêté que nos noms ne subissent, dans leurs terminaisons, aucun changement qui puisse être regardé comme cas ; que les sens accessoires, représentés par les cas en grec, en latin, en allemand, et dans toute autre langue qu'on voudra, sont suppléés en français, et dans tous les idiomes qui ont à cet égard le même génie, par la place même des noms dans la phrase, ou par les prépositions qui les précèdent ; enfin, que la destination de l'article est de faire prendre le nom dans un sens précis et déterminé ; il est certain, ou qu'il ne peut y avoir qu'un article, ou que, s'il y en a plusieurs, ce seront différentes espèces du même genre, distinguées entre elles par les différentes idées accessoires ajoutées à l'idée commune du genre.

Dans la première hypothèse, où l'on ne reconnoîtroit pour articles que *le, la, les*, la conséquence est toute simple. Si l'on veut déterminer un nom, soit en l'appliquant à toute l'espèce dont il exprime la nature, soit en l'appliquant à un seul individu déterminé de l'espèce, il faut employer l'article ; c'est pour cela qu'il est institué : *l'homme est mortel*, détermination spécifique ; *l'homme dont je vous parle*, etc., détermination individuelle. Si l'on veut employer le nom dans son acception originelle, qui est essentiellement *indéfinie*, il faut l'employer seul, l'intention est remplie : *Parler en homme*, c'est-à-dire, *conformément à la nature humaine*, sens indéfini, où il n'est question ni d'aucun individu particulier, ni de la totalité des individus. Ainsi, l'introduction de l'article *indéfini* seroit au moins une inutilité, si ce n'étoit même une absurdité et une contradiction.

Dans la seconde hypothèse, où l'on admettroit diverses espèces d'articles, l'idée commune du genre devroit encore se retrouver dans chaque espèce, mais avec quelque autre idée accessoire, qui seroit le caractère distinctif de l'espèce. Tels sont les mots *tout, chaque, nuls quelque, certain, ce ; mon, ton, son ; un, deux, trois*, et tous les autres

Il ne faut jamais, devant les *femmes, rien dire qui blesse* les *oreilles chastes.*

Tout le *monde convient à présent que l'astrologie est* la *science* la *plus vaine et* la *plus incertaine; mais du temps de* la *reine Catherine de Médicis, elle étoit si fort en vogue, qu'on ne faisoit rien sans consulter* les *astrologues.*

(*Wailly*, page 130.)

ARTICLE III.

DE LA RÉPÉTITION DE L'ARTICLE.

L'Article servant à déterminer la signification du substantif doit conséquemment être répété avant chaque substantif :

Le cœur, l'esprit, les mœurs, tout gagne à la culture.

D'après cela, il est donc incorrect de dire : *Les préfet et maires de Paris ont présenté leur hommage au roi. — Les père et mère de cet enfant. — Les lettres, paquets et argent doivent être affranchis.* La grammaire exige : *Le préfet et les maires; le père et la mère de cet enfant; les paquets, les lettres et l'argent doivent être affranchis.*

Nota. Cette règle s'applique à tous les mots qui tiennent lieu de l'article. Il faut donc dire : *son père et sa mère*, et non *ses père et mère.*

Quand les adjectifs unis par *et* modifient un seul et même

---

nombres cardinaux; car tous ces mots servent à faire prendre dans un sens précis et déterminé les noms avec lesquels l'usage de notre langue les place; mais ils le font de diverses manières, qui pourroient leur faire donner diverses dénominations : *tout*, *chaque*, *nul,* articles collectifs, distingués encore entre eux par des nuances délicates; *quelque*, *certain*, articles partitifs; *un*, *deux*, *trois*, etc., articles numériques, etc. Ici, il faut toujours raisonner de même : vous déterminerez le sens d'un nom par tel article qu'il vous plaira, ou que le besoin exigera : car ils sont tous destinés à cette fin; mais dès que vous voudrez que le nom soit pris dans un sens *indéfini*, n'employez aucun article; le nom a ce sens par lui-même.

De l'Article.

substantif, de manière qu'on ne puisse pas en sous-entendre un autre, l'Article ne doit pas être répété ; ainsi on dira avec les grammairiens modernes : *Le sage et pieux Fénélon a des droits bien acquis à l'estime générale ;*

avec *Boileau :*

A ces mots il lui tend le doux et tendre *ouvrage.*
(Le Lutrin, ch. V.)

parce que, dans l'une et dans l'autre phrase, le substantif déterminé est unique ; que c'est la même personne qui est sage et pieuse, et le même ouvrage qui est doux et tendre.

Mais, lorsqu'il y a deux adjectifs unis par la conjonction *et*, et dont le motif est un substantif exprimé, l'autre un substantif sous-entendu, l'Article doit se répéter.

L'*histoire ancienne et* LA *moderne.*
LES *philosophes anciens et* LES *modernes.*
LE *premier et* LE *second étage.*

Il y a *deux histoires, deux étages, des philosophes* anciens et des modernes ; l'un exprimé, et l'autre, à la vérité, sous-entendu, mais indiqué par un qualificatif qui lui est propre exclusivement ; donc il faut répéter l'Article.
(*Domergue,* Solutions gramm., page 443.)

NOTA. Cette règle sur la répétition, ou la non répétition de l'Article, s'applique aux adjectifs pronominaux, *mon, ma, mes,* et aux pronoms démonstratifs *ce, cet, cette.*

Voici comment *Wailly* établit cette règle : « L'Article se
» répète avant les adjectifs, surtout lorsqu'ils expriment
» des qualités opposées »

Cette règle, copiée par le plus grand nombre des Grammairiens, est, comme le fait observer *Domergue,* absolument fausse.

1° L'Article peut ne pas se répéter avant les adjectifs, et personne ne blâmera ces phrases : *L'élégant et fidèle traducteur de Cornélius-Népos, l'abbé Paul. — Le traducteur élégant et fidèle de Cornélius-Népos, l'abbé Paul.*

2° L'Article peut ne pas se répéter, quoique les adjectifs expriment des qualités opposées ; on dit fort bien : *Le simple et sublime Fénélon, le naïf et spirituel La Fontaine.*

3° Enfin l'Article doit se répéter, quoique les qualités qu'expriment les adjectifs ne soient pas opposées : *Le second et le troisième étage.*

La règle de *Wailly* manque donc de vérité et d'étendue, et celle de *Domergue* doit lui être substituée, comme étant très-propre à guider la plume souvent incertaine de nos écrivains.

Voyez, page 279, une difficulté résolue qui a beaucoup de rapport avec celle-ci.

Voyez aussi, aux Pronoms possessifs, ce que nous disons sur la répétition de ces pronoms.

ARTICLE IV.

DE LA PLACE DE L'ARTICLE

La place de l'Article est toujours avant les substantifs, de façon que, si ces substantifs sont précédés d'un adjectif, même modifié par un adverbe, l'*Article* doit être mis avant eux, mais néanmoins après les prépositions, s'il s'en trouve :

La nature ne demande que le nécessaire ; la raison veut l'utile ; l'amour-propre recherche l'agréable ; la passion exige le superflu.

D'un pinceau délicat l'artifice agréable
Du plus affreux objet fait un objet aimable.
(Boileau, Art poét., ch. III.)

(Girard, Principes de la lang. franç., p. 212, t. 1. *Wailly*, p. 129.)

Il n'y a que l'adjectif *tout*, et les expressions de *Monsieur, Madame, Monseigneur*, par la raison qu'elles sont composées d'un adjectif possessif et d'un substantif, qui font changer cette marche de l'Article ; ils le renvoient après eux ; on dit : Tout *le monde*, toutes *les années*, monsieur *le président*, madame *la comtesse*, monseigneur *l'évêque*.

(Le P. *Buffier*, n° 677.—Et *Girard*.)

ARTICLE V.

DE L'EMPLOI DE L'ARTICLE.

Il n'y a point de difficultés sur les règles précédentes ; mais il n'est pas aussi aisé de connoître d'une manière précise les cas où l'on doit faire usage de l'Article, et ceux où l'on ne doit pas s'en servir. Néanmoins voici un principe qui sera d'un grand secours pour les distinguer, puisque toutes les règles particulières que nous allons donner n'en sont que des conséquences.

PRINCIPE GÉNÉRAL.—On doit employer l'Article avant tous les noms communs pris *déterminément*, à moins qu'un autre mot n'en fasse la fonction ; mais on ne doit jamais en faire usage avant ceux qu'on prend *indéterminément*.

Un nom est pris *déterminément*, lorsqu'il est employé pour désigner tout un genre, toute une espèce, ou enfin un individu. Quand je dis : *Les femmes ont la sensibilité en partage*, le mot *femmes* est genre, parce qu'il se prend dans toute son étendue, que c'est la totalité des *femmes* que l'on caractérise ; mais si je dis : *Les hommes à prétention sont insupportables*, le mot *hommes* est espèce, parce qu'il est restreint à une certaine classe, ou à un certain nombre d'individus. Enfin, dans cette phrase : *Le roi est bon et juste*, le mot *roi* est employé individuellement.

Un nom est pris *indéterminément*, lorsqu'on s'en sert uniquement pour réveiller l'idée qu'on y attache ; que, ne voulant ni restreindre cette idée, ni la considérer comme genre, on ne détermine rien sur l'étendue dont elle est susceptible. C'est ce qu'on voit dans cet exemple : *Il est moins qu'homme* ; car, alors, je ne veux pas donner à la signification du mot *homme* une étendue déterminée ; je n'entends parler ni de tous les hommes en général, ni de telle classe particulière, ni de tel individu, je veux seulement réveiller, *d'une manière vague*, l'idée dont ce mot est le signe.

Un coup d'œil sur ces exemples suffira pour faire connoître la nature de l'Article : 1° Dans les *femmes* ou dans la *femme*, on voit qu'il oblige ce substantif à être pris dans toute sa généralité. La différence d'un nombre à l'autre fait seulement qu'au pluriel, l'idée générale, les *femmes*, se prend collectivement, c'est-à-dire pour toutes les femmes à la fois; et qu'au singulier, l'idée générale, la *femme*, se prend distributivement, c'est-à-dire, pour toutes les femmes considérées une à une; 2° dans *les hommes à prétention*, l'Article contribue avec les mots *à prétention* à déterminer *hommes* à une certaine classe; 3° dans *le roi est bon et juste*, l'Article concourt avec *bon et juste* à restreindre le nom *roi* à un seul individu.

Remarque. — Ce que l'on dit ici des noms appellatifs qui indiquent des objets réels ou physiques, est applicable aux noms abstraits qui représentent des objets métaphysiques. En effet les noms abstraits désignent une qualité ou une action d'une manière générale, mais indépendante des diverses nuances dont elle est susceptible, et qui en font, en quelque sorte, différents individus. Par exemple, le mot *paresse* renferme également la paresse du corps et celle de l'esprit, la lenteur à sortir du lit, et celle qui empêche de s'acquitter de ses devoirs; le mot *vertu* renferme également la prudence, la tempérance, la docilité, etc., etc.

Ainsi on peut également considérer les NOMS ABSTRAITS dans un sens vague et indéterminé, et les considérer dans un sens général et déterminé. L'Article employé avec ces noms indiquera ces nuances différentes.

ARTICLE VI
CAS OÙ L'ON DOIT FAIRE USAGE DE L'ARTICLE.

RÈGLE GÉNÉRALE. — L'Article, comme nous l'avons déjà dit, accompagne essentiellement les substantifs, lorsqu'ils désignent toute une espèce, tout un genre ou un individu particulier.

Si, par exemple, en parlant des devoirs de l'homme, je veux en déterminer l'étendue à l'égard de l'espèce humaine, je ne dirai point, les devoirs d'*homme* à *homme*; idée vague et qui ne met confusément en relation que deux individus. je dirai, les devoirs de l'*homme* envers l'*homme*, et l'Article alors désignera l'espèce entière.

Ce que l'on dit du général peut se dire du particulier.

Si je dis : LES HOMMES À IMAGINATION *sont exposés à faire bien des fautes : presque toujours hors d'eux-mêmes, ils ne voient rien sous son vrai point de vue, ce qui fait qu'ils prennent souvent des chimères pour des réalités;*

Dans cette phrase *les hommes à imagination* désigne une collection qui forme une espèce, une classe distincte parmi les hommes.

Enfin, si je dis : *La* NATURE *est le trône extérieur de la magnificence divine;* l'HOMME *qui la contemple, qui l'étudie, s'élève par degrés au trône extérieur de la toute-puissance;*

Dans cette phrase, l'*homme* ne désigne qu'un individu, par la restriction de la phrase incidente, *qui la contemple*. La *nature* forme aussi un sens individuel; et *le trône* est une chose déterminée, puisque c'est celui de la *magnificence divine*.

De cette théorie de l'Article, il résulte :

Premièrement, que la destination de l'Article étant de donner une signification déterminée au mot qu'il accompagne, alors, toutes les fois qu'il entrera dans les vues de l'esprit de donner aux adjectifs, aux infinitifs de quelques verbes, aux prépositions, aux adverbes ou aux conjonctions, la fonction des substantifs, on les fera précéder de l'Article, puisqu'ils auront une signification déterminée : L'HONNÊTE *est inséparable du* JUSTE. (*Marmontel.*)

Dans tous les temps, dans tous les pays et dans tous les genres, le MAUVAIS *fourmille et le* BON *est rare.* (*Voltaire.*)

Laissez dire les sots, le *savoir* a son prix. (*La Fontaine*, F. 161.)

Le MOURIR *est commun à la nature, mais le* BIEN MOURIR *est propre aux gens de bien.* (Mot d'*Agésilas*.)

Un bon esprit ne soutient jamais LE POUR *et* LE CONTRE.

Il n'y a pas moyen de contenter ceux qui veulent savoir LE POURQUOI *du* POURQUOI. (*Leibnitz.*)

Qu'en savantes leçons votre muse fertile
Partout joigne au plaisant le *solide et l'utile.* (*Boil.*, Art poét., c. IV.)

Deuxièmement, que l'on fait usage de l'Article avant les substantifs pris dans un sens partitif, c'est-à-dire qui désignent une partie de la chose dont on parle; parce que, dans ce cas, il y a toujours quelque mot sous-entendu, qui indique que les substantifs sont réellement employés dans toute leur étendue, et conséquemment dans un sens déterminé. En effet, cette phrase tirée de Fénélon : *Nous ne pouvions jeter les yeux sur les deux rivages, sans apercevoir* DES VILLES *opulentes,* DES MAISONS *de campagne agréablement situées,* DES TERRES *qui se couvroient tous les ans d'une moisson dorée,* DES PRAIRIES *pleines de troupeaux*, etc., équivaut à celle-ci : *Nous ne pouvions jeter les yeux sur les deux rivages, sans apercevoir* UNE PORTION *ou* QUELQUES-UNES DE TOUTES *les villes opulentes,* DE TOUTES *les maisons de campagne,* DE TOUTES *les terres qui se couvroient tous les ans d'une moisson dorée*, etc., etc., où l'on voit que : *des villes opulentes, des maisons de campagne, des terres qui*, etc. exprimant tout un genre, sont par conséquent dans un sens déterminé; et qu'ils ne sont considérés comme employés dans un sens partitif, que parce que l'esprit, frappé de l'idée partitive renfermée dans les mots *une portion, quelques-unes*, sous-entendus, rattache cette idée aux substantifs *villes, maisons, terres*, etc. : il y a là une sorte de syllepse (*).

(*) Voyez l'emploi de la syllepse, ch. XII, § 3.

Cette règle est sujette cependant à une exception : c'est lorsque le substantif pris dans un sens partitif est précédé d'un adjectif, car alors on fait simplement usage de la préposition *de*, comme dans cet autre exemple tiré de Fénélon : *Celui qui n'a point vu cette lumière pure est aveugle comme un aveugle-né. Il croit tout voir, et il ne voit rien ; il meurt n'ayant rien vu ; tout au plus il aperçoit de* SOMBRES *et* FAUSSES LUEURS, DE VAINES *ombres, qui n'ont rien de réel.* Ici les substantifs *lueurs* et *ombres* ne sont pas précédés de l'*Article*, parce que les adjectifs *sombres* et *fausses* se trouvent avant *lueurs* ; et l'adjectif *vaines* avant *ombres* ; ces substantifs n'ont pas besoin d'une marque de détermination, puisqu'ils sont déterminés par les adjectifs qui les précèdent.

Mais il faut alors prendre garde de confondre le sens partitif avec le sens général ; car ce n'est que dans le sens général que l'on fait usage de l'*Article* devant le substantif précédé d'un adjectif. Ainsi on dira : *La suite* DES GRANDES *passions est l'aveuglement de l'esprit et la corruption du cœur.*— *Le propre* DES BELLES ACTIONS *est d'attirer le respect et l'estime ;* parce que ces expressions *des grandes passions, des belles actions*, ne désignent pas une partie, mais une universalité.

On observera cependant que cette distinction du sens partitif avec le sens général, n'auront pas lieu pour le cas où le substantif employé dans un sens partitif seroit lié par le sens d'une *manière indivisible* avec un adjectif, de sorte qu'ils équivaudroient tous les deux à un seul nom, car alors ce nom auroit besoin d'être déterminé, c'est-à-dire, d'être précédé de l'*Article* ; en conséquence on diroit : DES *petits maîtres et* DES *petites maîtresses sont des êtres insupportables dans la société*, et non pas *de petits maîtres, de petites maîtresses.*

Heureux ! si, de son temps (d'Alexandre), pour cent bonnes raisons,
La Macédoine eût eu *des* Petites-Maisons.   (Boil., Sat. VIII.)

Ici *Petites-Maisons* signifient hôpital où on met les fous

Remarque. — Il y a des Grammairiens qui soutiennent qu'au singulier, on doit mettre l'Article devant les noms pris dans un sens partitif, quoique ces noms soient précédés de l'adjectif, afin d'éviter l'équivoque dans le nombre du nom et de l'adjectif. Si l'on entend prononcer, disent-ils, *de bon pain* et *de bonne viande*, on ne saura si *bon pain* et *bonne viande* sont au singulier ou au pluriel, inconvénient que l'on éviteroit en disant *du bon pain* et *de la bonne viande*. Mais nous leur répondrons que, quand même cette équivoque ne seroit pas presque toujours levée par ce qui précède ou par ce qui suit, ce ne seroit pas une raison pour chercher à l'éviter par une faute réelle, puisque dans ce cas on doit prendre un autre tour. Quant à ceux qui s'appuieroient sur le témoignage de l'*Académie*, parce qu'on trouve dans l'édition de 1762 de son Dictionnaire, *du grand papier, et du petit papier*, nous leur ferions observer que cette faute, qui apparemment étoit une faute d'impression, a été corrigée dans l'édition de 1798.

C'est donc avec raison qu'on écrira sans l'Article, pour indiquer un sens partitif, un sens pris indéterminément. *On n'a employé que* DE *bon papier à cet ouvrage.* — *Voilà* DE *bon papier,* et non pas DU *bon papier.* — *Code* DE *commerce,* et non pas *Code* DU *commerce.*

Mais, voulant marquer un sens individuel, général, déterminé, on écrira : *Je me suis servi* DU *grand papier qui étoit au magasin,* c'est-à-dire, *de* TOUT *le grand papier que je savois être au magasin. Chambre* DU *commerce,* et non pas *chambre* DE *commerce.*

Observez bien que, si l'on ôte de cette phrase la proposition incidente, on ne pourra plus alors employer que la préposition *de*, c'est-à-dire qu'il faudra supprimer l'Article : *Je me suis servi* DE *grand papier;* dans ce cas, le sens est toujours partitif.

Troisièmement. — Si un substantif est sous-entendu, l'adjectif qui le représente reçoit pour lui l'Article.

Les beaux vers me ravissent, les MAUVAIS *me rebutent.*

Quatrièmement. — Les noms propres désignent les êtres

d'une manière déterminée, en sorte qu'ils n'ont besoin d'aucun autre signe pour faire connoître les individus auxquels ils s'appliquent. C'est un principe que nous établirons dans un instant.

Mais l'usage paroît, au premier coup d'œil, bien bizarre, lorsqu'il s'agit des noms de villes, de provinces, de royaumes, etc.; car, si l'on ne donne pas l'Article aux noms de villes, parce qu'ils sont des noms propres, pourquoi le donne-t-on quelquefois aux noms de provinces et de royaumes? et, si on le donne à ces derniers, pourquoi ne le leur donne-t-on pas toujours? Est-ce caprice? est-ce raison? Nous aurions tort de condamner l'usage, si, dans cette variété où il paroît se contredire, il y avoit plus d'analogie que nous n'en voyons d'abord. Essayons donc de chercher cette analogie.

Il y a des noms qui, sans être noms propres, ont cependant une signification fort étendue, parce qu'ils représentent un tout qui embrasse un grand nombre de parties : tels sont les noms de métaux. Or, on peut prendre ces noms dans toute l'étendue de leur signification, et alors on les fait précéder de l'Article; on dit l'or, l'argent, c'est-à-dire *tout ce qui est or, tout ce qui est argent;* mais on ne les emploie que pour réveiller indéterminément l'idée du métal, on omet l'Article : *Une tabatière d'or.*

Si l'on dit, *je vous paierai avec de l'or,* et non pas *avec d'or,* c'est que ce mot est alors déterminé; car il est employé par exclusion à *argent*. On ne s'arrête plus à la seule idée du métal, on se représente l'idée générale de la monnoie dont l'or et l'argent sont deux espèces, et ils demandent par conséquent l'Article. Cependant on dit, *je vous paierai en or,* parce que la préposition *en* porte toujours avec elle une idée vague, qu'elle communique au nom qu'elle précède. Nous le démontrerons quand nous traiterons de cette préposition.

Les hommes jugent toujours par comparaison, et, en conséquence, ils ont regardé une ville comme un point par rapport à une province, à un royaume. Dès-lors le nom de ville n'est pas susceptible de plus ou de moins d'étendue, et il se trouve naturellement parmi ceux qui ne doivent pas prendre d'article. *Le Catelet*, et d'autres semblables, ne font pas exception; car *le Catelet* est employé, par corruption, pour *le petit château*.

Mais les provinces et les royaumes ont, comme les métaux, cette signification étendue qui embrasse plusieurs choses. Ils peuvent donc être pris déterminément et indéterminément, et être employés avec l'Article ou sans Article.

Dans ces occasions, il faut considérer si le discours appelle l'attention sur toute l'étendue du pays, ou seulement sur le pays, abstraction faite de l'idée d'étendue. On dit *je viens d'Espagne, de France*, sans l'Article, parce qu'alors il suffit de regarder l'*Espagne*, ou la *France* comme un terme d'où l'on part, et qu'il est inutile de penser à l'étendue de ces royaumes. Mais, parce que les mots *limites* et *bornes* font penser à cette étendue, on dit *les limites de la France* et *les bornes de l'Espagne*.

Pourquoi dit-on, sans l'Article, *la noblesse de France*, et, avec l'Article; *la noblesse de la France?* c'est que, par *la noblesse de France*, on entend la collection des gentilshommes français; et que, pour les distinguer de ceux des autres royaumes, il suffit d'ajouter à *noblesse* les mots *de France*, sans rien déterminer davantage. Mais, par *la noblesse de la France*, on entend les prérogatives, les avantages, l'illustration dont elle jouit: or ces choses s'étendent sur toute *la France*, et exigent que ce nom soit précédé de l'Article pour indiquer toute l'étendue de sa signification.

L'usage, remarque l'abbé *Régnier Desmarais*, permet qu'on dise, presque également bien, *les peuples* DE L'ASIE, *les villes* DE L'ASIE, et *les peuples* D'ASIE, *les villes* D'ASIE; *les villes* DE FRANCE, *les peuples* DE FRANCE, *les villes* DE LA FRANCE, *les peuples* DE LA FRANCE. Ce Grammarien auroit pu remarquer qu'on dit *également bien*, et non pas *presque également*.

En effet l'usage autorise ces manières de s'exprimer; mais il ne permet pas qu'on les emploie indifféremment l'une pour l'autre; parce que, lorsqu'on dit *les peuples d'Asie*, les vues de l'esprit ne sont pas absolument les mêmes que lorsqu'on dit *les peuples de l'Asie*. Si l'on ne veut comparer que peuples à peuples, villes à villes, on dit : *Les peuples et les villes d'Europe ne ressemblent pas aux peuples ni aux villes d'Asie.* Alors il suffit de déterminer les peuples et les villes d'Asie par opposition aux peuples et aux villes d'Europe; et, pour les déterminer ainsi, il n'est pas nécessaire de mettre l'Article avant *Asie*, ni avant *Europe*. C'est une règle générale, qu'un nom substantif ne prend point l'Article, quand il n'est employé que pour en déterminer un autre : *les jeux de société, les talents d'agrément.*

Mais on dit avec l'Article : *Les peuples de l'Asie ont toujours été faciles à subjuguer,* parce que l'on a moins dessein de considérer ces peuples par opposition à d'autres, que par rapport à l'étendue du pays qu'ils habitent. On dira de même avec l'Article : *Les villes de l'Asie ont connu le luxe de bonne heure;* et sans l'Article : *Les villes d'Asie ne sont point bâties comme celles d'Europe.*

D'après les règles que nous avons données, on devroit dire, *il vient d'Asie, d'Afrique, d'Amérique,* comme on dit, *il vient d'Espagne, d'Angleterre;* car, dans l'un et dans l'autre cas, il suffiroit de considérer ces pays comme le terme d'où l'on est parti. Cependant il me semble qu'on dit plus communément *il vient de l'Asie, de l'Afrique, de l'Amérique.* C'est peut-être parce que, supposant qu'on n'y a été que pour y voyager, on les considère moins comme un terme d'où l'on part, que comme des pays qu'on quitte après les avoir parcourus. Il me paroît donc que, suivant les différentes vues de l'esprit, on pourroit dire également *il vient d'Asie* et *il vient de l'Asie*. Par exemple, je ne crois pas qu'on puisse blâmer cette phrase : *il part d'Europe pour aller en Afrique.*

Cependant il y a des noms de royaumes qui veulent absolument l'Article, et l'on dit toujours, *les rois de la Chine, du Pérou*, *du Japon*. Voilà donc des exemples où l'analogie paroît nous échapper. Voyons s'il seroit possible de la saisir encore; car enfin nous avons de la peine à croire que l'usage soit aussi bizarre qu'on le suppose.

Pourquoi disons-nous avec l'Article, *les limites de la France?* C'est, comme nous l'avons remarqué, parce que le mot *limites* nous force à déterminer le mot *France* par rapport à l'étendue de tout le royaume. Il faudra donc toujours joindre l'Article aux noms *Chine*, *Pérou*, *Japon*, si, quelques circonstances nous ayant habitués à considérer ces pays comme fort grands, nous ne savons plus faire abstraction de l'idée de grandeur avec laquelle ils s'offrent à notre esprit. Or voilà précisément ce qui est arrivé. Le vulgaire, qui fait l'usage, rempli des vastes idées qu'on lui a données de ces pays, et n'en jugeant que par les richesses que le commerce en a transportées dans nos climats, leur a attaché une idée de grandeur qu'il ne leur ôte plus.

La Terre, *le Soleil*, *la Lune*, *l'Univers*, prennent l'Article, et cela est fondé sur l'analogie; mais on ne le donne pas à *Mercure*, *Vénus*, *Mars*, *Jupiter* et *Saturne*, parce que, dans l'origine, c'étoient des noms propres.

Ces règles sont, pour les noms de rivières, de fleuves et de mer, les mêmes que pour les noms de royaumes. Je dirai sans l'Article, *je bois de l'eau de Seine;* parce que, pour faire connoître l'espèce d'eau que je bois, il me suffit d'employer indéterminément le mot *Seine*. Mais je dirai avec l'Article, *l'eau de la Seine est bourbeuse;* parce que je considère *la Seine* dans son cours, et que j'en détermine le nom à toute l'étendue de sa signification.

On dit *le poisson de mer*, lorsqu'on ne veut que distinguer ce poisson de celui de rivière : mais on dit le *poisson de la mer des Indes;* et l'Article est nécessaire pour contribuer à déterminer ce nom à une certaine partie de la mer.

Selon l'abbé *Régnier*, il faut toujours dire avec l'Article, *l'eau de la mer*. Cependant il me semble qu'on ne pourroit guère être repris pour avoir dit, *l'eau de rivière est douce*, et *l'eau de mer est salée*. Mais j'avoue que l'usage paroît favorable à la décision de ce Grammairien. Pourquoi donc ne dit-on pas *l'eau de mer*, comme on dit *le poisson de mer ?*

En parlant de *l'eau de la mer,* on n'a pas besoin de varier les tours, comme en parlant du *poisson* qui s'y trouve; parce que *cette eau* est supposée à peu près la même partout, et que le *poisson* est différent, suivant les parties où il est pêché. Il falloit non seulement distinguer *le poisson de mer* de celui *de rivière*, il falloit encore le distinguer suivant la différence des lieux, et c'est ce qui a introduit ces façons de s'exprimer : *poisson de mer, poisson de la mer de*..... Mais, comme *l'eau* ne demande pas ces mêmes distinctions, l'esprit s'est fait une habitude de considérer alors *la mer* dans toute l'étendue qu'il lui donne naturellement, et nous avons en conséquence conservé l'Article dans cette phrase, *l'eau de la mer.*

ARTICLE VII.

CAS OÙ L'ON NE DOIT PAS FAIRE USAGE DE L'ARTICLE.

Règle générale. — On ne met point l'Article devant les noms communs, quand, en les employant, on ne veut désigner ni un *genre*, ni une *espèce*, ni un *individu*, ni une partie quelconque d'un genre ou d'une espèce; c'est-à-dire quand on ne veut rien déterminer sur l'étendue de leur signification.

> Le mal vient à cheval, et s'en retourne à pied.
> C'est peu d'être équitable, il faut rendre service. (*Voltaire*).
> Un bienfait reproché tient toujours lieu d'offense. (*Racine*).
> A vaincre sans péril, on triomphe sans gloire. (*Corneille*).

Pour bien entendre cette règle, on doit distinguer deux choses dans les noms communs : la signification, et l'étendue de cette signification. La signification est ordinairement fixe; car ce n'est que par accident qu'on change quelquefois l'acception du mot; mais l'étendue de cette signification varie, selon que les noms expriment des idées générales, particulières ou singulières; et, dans ces trois cas, elle est déterminée. Ainsi donc, comme le disent MM. *de Port-Royal*, un nom est déterminé toutes les fois qu'il n'y a dans le discours rien qui marque qu'on doive le prendre généralement, particulièrement ou singulièrement; et c'est pour cela que, dans l'exemple que nous avons rapporté, les mots *cheval, pied, service, offense, péril*, ne sont pas précédés de l'Article.

Remarque. — Les noms communs sont souvent de purs qualificatifs; mais alors il faut distinguer le qualificatif d'espèce ou de sorte, du qualificatif individuel. Dans ces phrases: *Une table* DE MARBRE *est belle; une tabatière* D'OR *est précieuse*; ces substantifs, *de marbre* et *d'or*, sont des qualificatifs d'espèce ou de sorte, parce que, à l'aide de la préposition *de*, ils ne servent qu'à désigner qu'un tel individu, savoir, *une table, une tabatière*, est d'une telle espèce: on n'a donc pas besoin de l'Article. Mais dans ces phrases: *Une table* DU MARBRE *qu'on tire de Carrare est belle; une tabatière* DE L'OR *qui vient d'Espagne*; ces mots *du marbre, de l'or*, sont des qualificatifs individuels, puisqu'ils sont réduits à l'individu par les propositions incidentes; ce qui fait qu'ils sont précédés de l'*Article*.

Du principe établi ci-dessus, il résulte que les noms communs sont sans *Article*:

1° Quand ils sont placés en forme de titre ou d'adresse; comme: OBSERVATIONS *sur l'état de l'Europe*; RÉFLEXIONS *générales*; PRÉFACE; *il demeure* RUE *Piccadily*, QUARTIER *Saint-James, à Londres*;

2° Quand ils sont sous le régime de la préposition *en*; comme: *être* en ville, *regarder* en pitié, *raisonner* en homme sensé;

3° Quand ils s'unissent aux verbes *avoir, faire*, et quelques autres, pour n'exprimer avec eux qu'une seule idée: *avoir envie, faire peur*,

Ou lorsqu'ils sont avant *tout* et *chacun* : *Hommes, femmes, enfants*, TOUS *y accourent.*—*Centurion et soldats*, CHACUN *murmuroit contre les ordres du général ;* (*Vertot.*)

Avec *ni* : *Chacun de ces deux ordres ne pouvoit souffrir* NI *magistrats*, NI *autre dans le parti contraire ;* (*Idem.*)

Avec *soit* redoublé : SOIT *inspiration de Dieu*, SOIT *erreur de l'homme, qui se fait un dieu de son désir.*
(Trad. de la Jérus. délivr.)

Avec *jamais* : JAMAIS, *peut-être, historien n'a été plus attachant.*

Après *tout* : TOUT *alors pouvoit être embûche, et* TOUT *en effet étoit trahison.*

4° Quand le substantif est à la suite d'un verbe accompagné d'une négation, comme dans ces phrases : *il n'a pas* D'*esprit ; elle n'a pas prêté* D'*argent ;* parce qu'alors le substantif est employé dans un sens indéterminé.

Remarque. — On feroit cependant usage de l'article, si le substantif était suivi d'un adjectif ou d'une phrase incidente qui le modifiât.

Je ne vous ferai point *des* reproches frivoles. (*Racine*, Bajaz., V, 4.)
Madame, je n'ai point *des* sentiments si bas. (*Le même*, Phèd., II, 5.)
N'affectez point ici *des* soins si généreux. (*Voltaire*, Mér., I, 3.)

— *Ne donnez jamais* DES *conseils qu'il soit dangereux de suivre.*

On emploieroit également l'article après un verbe accompagné d'une négation, si ce verbe étoit interrogatif ; parce qu'alors le substantif seroit pris dans un sens partitif ; exemples : *N'a-t-elle pas* DE *l'esprit ? n'a-t-elle pas* DE *l'argent ?*

5° On ne fait pas usage de l'article quand le substantif est pris adjectivement :

Le mensonge est BASSESSE. — *La sévérité dans les lois est* HUMANITÉ *pour le peuple.* (*Vauvenargues.*)

6° Quand un des équivalents de l'article (235), placé avant

---

(235) Voyez, p. 243, ce que c'est que les équivalents de l'Article.

le nom, le rend individuel, comme lorsqu'on dit *ce temps*, *un* temps, *quelque* temps; et de même, quand un adverbe de quantité précède le nom, l'article n'a plus lieu; *tout* et *nul* l'écartent de même : TOUT HOMME *est misérable lorsqu'il est délaissé; aucun, nul homme n'est infaillible.* Mais comme *tout*, au pluriel, n'exprime qu'une totalité susceptible de restriction, il demande l'article : TOUS LES HOMMES *sont dominés par quelque passion, qui décide leur caractère.*

Cette différence se fait sentir, en ce que l'on peut dire, *les hommes sont tous*, comme on dit, *tous les hommes sont*; au lieu que *tout homme est*, ne peut pas se renverser de même; *l'homme est tout*, diroit autre chose.

On dit *tout l'homme*, pour dire *tout dans l'homme*, totalité individuelle, quoique sous le nom de l'espèce : *tout l'homme n'est pas matière, tout l'homme ne meurt pas*, pour dire, *tout dans l'homme n'est pas matière, tout ne meurt pas dans l'homme, tout dans l'homme n'est pas mortel.*

7° Quand les noms sont en apostrophe.

Fleurs charmantes! par vous la nature est plus belle.
(Delille, les Jardins, ch. III.)

HOMME, *qui que tu sois, si l'orgueil te tente, souviens-toi que ton existence a été un jeu de la nature, que ta vie est un jeu de la fortune, et que tu vas bientôt être le jouet de la mort.* (Marmontel.)

8° Quand ils sont sous le régime des mots *sorte*, *genre*, *espèce*, et semblables : *Le méchant se laisse entraîner dans toute* SORTE *d'excès, par l'habitude de ne jamais résister à ses passions.*

De cette caverne sortoit, de temps en temps, une fumée noire et épaisse, qui faisoit UNE ESPÈCE *de nuit au milieu du jour.* (Fénélon.)

9° Pour donner au discours plus de rapidité et d'énergie, ce qui a lieu dans les expressions proverbiales et dans les sentences :

Gens trop heureux font toujours quelque faute (La Font., t. I, p. 29.)

Toujours par quelque endroit *fourbes* se laissent prendre.
(*Le même*, le Loup devenu berger.)

Le repentir est *vertu* du pécheur. (*Voltaire.*)

Je préfère
Laideur affable à beauté rude et fière. (*Le même.*)

Les arts sont ENFANTS *des richesses et de la douceur du Gouvernement.* (*Fontenelle*, Eloge de Pierre Ier.)

PAUVRETÉ *n'est pas vice*. — CONTENTEMENT *passe richesse*. —*Plus fait* DOUCEUR *que* VIOLENCE.

Je ne saurois tenir contre *femme* qui crie.
(*La Fontaine*, le Rossignol.)

Il faudroit qu'on sentît même *ardeur*, même *flamme*.
(*Th. Corneille*, Ariane, II, 7.)

Souvent aussi, lorsqu'on fait une *énumération* :

Citoyens, étrangers, ennemis, peuples, rois, empereurs
le plaignent et le révèrent. (*Fléchier.*)

Je ne trouve partout que lâche *flatterie*,
Qu'*injustice*, *intérêt*, *trahison*, *fourberie*.
(*Molière*, Misanthrope, I, 1.)

Ce que les hommes appellent GRANDEUR, GLOIRE, PUISSANCE, PROFONDE POLITIQUE, *ne paroît à ces suprêmes divinités que* MISÈRE *et* FOIBLESSE. (*Fénélon.*)

Que la royauté est trompeuse! quand on la regarde de loin, on ne voit que GRANDEUR, ÉCLAT *et* DÉLICES; *mais de près, tout est épineux.* (*Le même.*)

10° Les noms propres de divinités, d'animaux, de villes et de lieux particuliers se mettent aussi sans l'Article, parce que, comme nous l'avons déjà dit, le sens de ces noms est tellement déterminé par lui-même, qu'on ne peut pas se méprendre sur sa détermination. Ainsi l'on dit :

Au milieu des clartés d'un feu pur et durable
Dieu mit avant le temps son trône inébranlable. (*Voltaire.*)

Minerve est la prudence, et *Vénus* la beauté.
(*Boileau*, Art poét., ch. III.)

Mais si, après avoir généralisé ces noms, on veut les déterminer, on ne les regarde plus alors comme noms propres ; on les considère comme des noms communs, que l'on restreint à un seul individu ; voilà pourquoi l'on dit : *Bien des personnes regardent le Tasse comme l'*Homère *de l'Italie.*

Voilà aussi pourquoi l'on dit : *Les* Racines *et les* Molières *seront toujours rares.*

<small>Voyez ce que nous disons à ce sujet, au chapitre des Substantifs, page 143.</small>

Cependant on ne doit pas regarder comme une exception l'usage où nous sommes de joindre l'article aux noms des poètes et des peintres italiens ; nous ne le faisons que parce qu'il y a ellipse dans cet emploi ; car ce n'est pas à ces noms que nous les joignons, c'est à un substantif sous-entendu. Nous imitons ce tour de l'italien, où *la Malaspina, il Tasso*, signifient *la contessa Malaspina, il poeta Tasso.*

Il y a également ellipse dans le tour de phrase que nous employons, quand notre dessein est de placer la personne dont nous parlons dans une classe pour laquelle on a assez ordinairement peu d'égards : La Lemaure *soutenoit par la beauté de sa voix les plus mauvais opéra.........* La G...... *n'étoit pas moins étonnante par sa légèreté que par sa grace..... C'est un tour de* la Gaussin.

Toutefois, l'urbanité française a depuis long-temps proscrit de la bonne compagnie ce tour de phrase, où on le regarderoit comme un signe apparent et probable de mauvaise éducation.

Tout ce chapitre est l'analyse de ce qu'ont dit sur cette importante matière, *Dumarsais, D'Olivet, Condillac, Marmontel, Lévizac,* MM. *Silvestre de Sacy* et *Maugard.*

CHAPITRE III.

DE L'ADJECTIF.

L'Adjectif (*) ne désigne ni un être physique, ni un être métaphysique; il exprime seulement la *qualité* ou la *manière d'être* du *substantif*.

Quand l'*Adjectif* est seul, il ne présente rien de fixe à l'esprit, il ne lui offre que l'idée vague d'une qualité. Si l'on dit *bon*, *grand*, *juste*, l'esprit a une perception vague de *bonté*, de *grandeur*, de *justice*; mais, si l'on joint ces mots à des substantifs, il saisit un rapport réel, et voit ces qualités subsistantes dans un sujet, comme *bon père*, *grand arbre*; ainsi un mot est *Adjectif*, quand il présente l'idée vague d'une qualité, sans spécifier l'objet auquel on l'attribue.

(Dumarsais, et Lévizac, page 243, t. 1.)

La nature des *Adjectifs* n'est pas tellement fixe et déterminée qu'ils ne puissent devenir quelquefois de véritables substantifs; c'est lorsque, cessant de les considérer sous leur rapport de qualification, nous en faisons les objets de nos pensées, comme *le bon est préférable au beau*, *le vrai doit être le but de nos recherches*; dans ces exemples, le BON, c'est-à-dire, *ce qui est bon*; le VRAI, c'est-à-dire, *ce qui est vrai*, ne sont pas de purs *Adjectifs*; ce sont des *Adjectifs* pris substantivement et qui désignent un sujet quelconque, en tant qu'il est *bon* ou *vrai*.

(*) Le mot *adjectif*, dit Domergue, signifie plutôt *qui ajoute à*, que *ajouté à*. La terminaison *if* exprime, en général, un sens actif: *Destructif* ne signifie pas *détruit*, mais *qui porte la destruction*. *Corrosif* ne signifie pas *rongé*, mais *qui ronge*. Cette opinion a pour elle l'analogie, elle a de plus la raison : *Ajouté à* n'exprimeroit que le matériel de l'adjectif; *qui ajoute à* en exprime la fonction; en effet le nom Adjectif ajoute toujours au sens du substantif exprimé ou sous-entendu.

Souvent aussi le nom qu'on nomme substantif devient *Adjectif*, et cela arrive lorsque ce nom est employé pour qualifier ; ainsi quand je dis : *Henri IV fut* VAINQUEUR *et* ROI *comme Alexandre ; vainqueur* et *roi*, substantifs, deviennent des *Adjectifs*, puisqu'ils qualifient le mot *Henri IV*.

(Dumarsais, au mot *Adjectif* ; Lévizac, t. 1, page 243.)

Mais, si je dis *Corneille* est un *poète*, le mot *poète* est substantif, parce qu'il est évident que je veux mettre *Corneille* dans une certaine classe d'écrivains. *Poète*, au contraire, est *Adjectif* quand je dis *Corneille est poète ;* car alors je ne veux qu'indiquer la qualité que j'attribue à *Corneille*.

(Condillac, page 163, chap. XI, 1re part.)

Il y a autant de sortes d'*Adjectifs* qu'il y a de sortes de rapports ou qualités sous lesquelles on peut considérer les substantifs. Qu'un homme paroisse *beau, laid, ridicule, spirituel*, etc., on a besoin d'un mot pour exprimer chacune de ces qualités, et ce mot est un *Adjectif*.

Il suit de là que les mots *un, tout, nul, quelque, aucun, chaque, tel, quel, ce, cet, mon, ton, son, vos, votre, notre*, sont de véritables *Adjectifs*, puisqu'ils modifient des substantifs, en les faisant considérer sous des points de vue particuliers.

(Même autorité, p. 215, chap. XII, p. 1.)

Les Grammairiens qui ont rangé les *Adjectifs* dans la classe des noms, et n'ont fait des uns et des autres qu'une même partie du discours, se sont donc grandement mépris. Cela doit d'autant plus étonner que la dissemblance entre les *noms Substantifs* et les *Adjectifs* n'est pas plus équivoque qu'entre les noms et les verbes, ou même entre la cause et l'effet.

ARTICLE PREMIER.

VARIATION ACCIDENTELLE DES ADJECTIFS.

La fonction des *Adjectifs* est, ainsi que nous l'avons dit, d'exprimer la qualité ou la manière d'être des substantifs; et c'est ce qu'ils font en s'identifiant, pour ainsi dire, avec eux. Comme l'*Adjectif* n'est réellement que le Substantif même, considéré avec la qualification que l'*Adjectif* énonce, il en résulte qu'ils doivent avoir l'un et l'autre les mêmes signes des vues particulières sous lesquelles l'esprit considère la chose qualifiée. Parle-t-on d'un objet singulier, l'*Adjectif* doit avoir la terminaison destinée à marquer le singulier. Le Substantif est-il de la classe des noms qu'on appelle masculins, l'*Adjectif* doit avoir le signe destiné à marquer les noms de cette classe. Enfin l'*Adjectif* doit être au masculin ou au féminin, au singulier ou au pluriel, selon la forme du Substantif qu'il qualifie; mais en exprimant les qualités des objets auxquels l'*Adjectif* est ainsi identifié, il peut les exprimer avec plus ou moins d'étendue : c'est ce que les Grammairiens nomment degrés de *Signification* ou de *Qualification*.

(*Dumarsais*, Encycl. méthod., au mot *Adjectif.*)

Il y a donc trois choses à considérer dans les *Adjectifs*: *le genre, le nombre, et les degrés de signification ou de qualification.*

§ I.

DU GENRE DES ADJECTIFS.

Le Substantif n'est, à l'exception d'un petit nombre de mots, que d'un seul genre. L'Adjectif, au contraire, exprimant la manière d'être du Substantif, doit être susceptible des deux genres : *le masculin* et *le féminin*; il faut donc qu'il en revête la forme.

Ire RÈGLE. Les *Adjectifs* terminés par un *e* muet ne changent pas de terminaison au féminin. On ne connoît alors dans quel genre ils sont employés que par celui des Substantifs qu'ils accompagnent; tels sont, *volage, fidèle, aimable, prude*, etc.

Cependant *maître, traître*, font au féminin *maîtresse, traîtresse;* mais peut-être est-ce parce qu'on emploie souvent ces adjectifs substantivement.

2ᵉ RÈGLE. Les *Adjectifs* terminés par une consonne, ou par une voyelle autre que l'*e* muet, servent pour le genre masculin : *sain, pur, sensé, poli*, etc., et leur féminin se forme par l'addition d'un *e* muet : *saine, pure, sensée, polie*, etc.

Sont exceptés :

1° Les *Adjectifs* où l'usage a voulu qu'on doublât la consonne finale, en y ajoutant un *e* muet : *sujet, sujette* (236); *partisan, partisanne* (237), etc., etc. Cependant on écrit *sultane, anglicane, océane, mahométane, persane, porte-ottomane*, etc.

Voyez le doublement des Consonnes au chapitre de l'Orthographe.

2° *Malin, bénin*, qui font au féminin *maligne, bénigne*.

3° Les Adjectifs en *eur* formés d'un participe présent par le changement de *ant* en *eur*, et qui font *euse* au féminin.

QUÊTANT, *quêteur, quêteuse*.
POLISSANT, *polisseur, polisseuse*.
CONNOISSANT, *connoisseur, connoisseuse*.
CHANTANT, *chanteur, chanteuse* (238).

---

(236) *Le duc d'York avoit fait demander une de ses* SUJETTES *pour femme.* (*Pélisson.*)

(237) *Elle vous rendoit bien justice, vous n'avez pas de* PARTISANNE *plus sincère.* (*Volt.*, lettr. 29e à *d'Alembert.*)

(238) *Chanteuse* désigne simplement celle qui chante. Quand on veut parler d'une personne qui a une grande réputation dans l'art du chant,

OBSERVATION. Ces sortes de mots sont essentiellement adjectifs : un homme *quêteur, connoisseur, polisseur*; mais la plupart sont employés substantivement, soit par ellipse, comme un *flatteur*; soit par analogie comme un *polisseur*.

Nous avons près de cent mots qui suivent cette règle.

Il faut en excepter :

BAILLEUR (de fonds), qui fait *bailleresse*.

DEMANDEUR (qui forme une demande en justice), *demanderesse*.

DÉFENDEUR (qui se défend contre le demandeur), *défenderesse*.

PÉCHEUR (qui commet des péchés), *pécheresse*.

Je crois que, dans ces mots, pour éviter l'équivoque, on a enfreint la règle, et qu'on a suivi une autre analogie; celle de *pauvre*, *pauvresse*, *drôle*, *drôlesse* (239), parce que l'on aura craint de confondre le féminin de ces Substantifs avec celui de *bâilleur* (qui bâille), *demandeur* (qui importune par ses demandes), *pécheur* (qui prend du poisson), quoique *bâilleur* et *pécheur* ne s'emploient pas ordinairement au féminin.

Défenderesse s'est dit par analogie avec *demanderesse*.

Il faut encore en excepter :

INVENTEUR, *inventrice*.

INSPECTEUR, *inspectrice*.

Ceux-ci n'ont pas adopté la terminaison en *euse*, soit par raison d'euphonie, car *inspecteuse*, *inventeuse*, etc., ne

---

on emploie le mot *cantatrice*, qui n'est point une forme particulière de l'adjectif *chanteur*, employé au féminin; *cantatrice* est le féminin d'un adjectif inusité au masculin.

(239) *Pauvre*, *borgne* et *drôle* sont communément du masculin et du féminin; mais les expressions populaires données à une femme ont une inflexion particulière : *c'est une méchante borgnesse, c'est une pauvresse, c'est une drôlesse*. (Domergue.)

flattent pas agréablement l'oreille ; soit parce que ces mots appartiennent plutôt au style noble qu'à la langue usuelle. C'est un fait remarqué par plusieurs Grammairiens, que, pour rendre l'expression plus énergique, on s'éloigne souvent de la route ordinaire.

A l'égard des adjectifs en *teur*, non dérivés d'un verbe au participe par le changement de *ant* en *eur*, ils changent *teur* en *trice*, pour le féminin :

DISPENSATEUR, dispensa*trice*.
CONDUCTEUR, conduc*trice*.
ACCUSATEUR, accusa*trice*.
INSTITUTEUR, institu*trice*.

Plus de cinquante Substantifs suivent cette règle.

On n'a pas d'exemple du mot *imposteur* employé au féminin, soit comme Substantif, soit comme Adjectif.

Ceux des adjectifs en *eur* qui éveillent une idée d'*opposition* ou de *comparaison* prennent un *e* muet au féminin.

ANTÉRIEUR, *antérieure*.   MEILLEUR, *meilleure*.
CITÉRIEUR, *citérieure*.   MINEUR, *mineure*.
EXTÉRIEUR, *extérieure*.   POSTÉRIEUR, *postérieure*.
INFÉRIEUR, *inférieure*.   SUPÉRIEUR, *supérieure*.
INTÉRIEUR, *intérieure*.   ULTÉRIEUR, *ultérieure*.
MAJEUR, *majeure*.

AMBASSADEUR, GOUVERNEUR, SERVITEUR, font au féminin *ambassadrice, gouvernante, servante*. Ces deux derniers sont formés sur les participes *gouvernant, servant*.

Les personnes qui savent le latin verront que la plupart des Substantifs en *teur* et en *trice* dérivent des mots en *tor* et en *trix* : *accusator, accusatrix*, etc.

Chasseur fait *chasseuse*, dans le style ordinaire : *Cette femme est une grande* CHASSEUSE,

(L'Académie.)

Et CHASSERESSE, dans le style poétique : *les nymphes chasseresses.*

(Même autorité.)

NOTA. On peut voir ici que la finale *euse* éveille ordinairement l'idée d'*habitude*.

Les mots qui expriment des *états*, des *actions* convenables à l'homme seul, ou qui sont censés ne convenir qu'à lui, n'ont point de féminin ; tels sont : *censeur, assesseur, appariteur, docteur, imprimeur* ; et même, quoiqu'il y ait des femmes qui *professent*, qui *composent* de la musique, qui *traduisent*, etc., l'usage n'admet point encore *compositrice, traductrice*, et l'oreille rejette *professeuse*.

OBSERVATION. *J.-J. Rousseau* a employé le féminin AMATRICE : « *A Paris, le riche sait tout, il n'y a d'ignorant que
« le pauvre ; cette capitale est pleine d'amateurs et surtout
« d'*AMATRICES, *qui font leurs ouvrages comme M. Guillaume
« faisoit ses couleurs.* »

Ce mot, dit M. *Boniface*, est approuvé par les règles de la néologie.

Linguet, Domergue et d'autres savants l'ont également employé, et en ont pris la défense. Cependant le Dictionnaire de l'*Académie*, éditions de 1798 et de 1802, fait remarquer qu'il est encore nouveau ; et, en effet, il est si rarement employé qu'on peut dire que les écrivains, et surtout les Grammairiens, doivent être extrêmement circonspects lorsqu'ils en font usage.

On dit BUVEUSE, EMPAILLEUSE, ÉMAILLEUSE, COLPORTEUSE DÉCROTEUSE :

Un certain homme avoit trois filles,
Toutes trois de contraire humeur :
Une *buveuse*, une coquette,
La troisième, avare parfaite. (*La Fontaine*, Fab. 45.)

Et *Domergue* approuve l'emploi de ces mots, quoique l'*Académie* ne les ait point admis dans son Dictionnaire.

Au surplus l'*Académie* n'est pas la seule autorité qui

n'indique pas ces féminins; nous avons consulté beaucoup de Grammaires et de Dictionnaires, et nous ne les y avons pas trouvés, de sorte qu'il faut avouer qu'ils ne sont pas généralement adoptés.

Les féminins des mots *appréciateur, consolateur, créateur, dénonciateur, destructeur, inventeur, scrutateur, imitateur, législateur, adulateur, producteur, triomphateur,* et quelques autres, peuvent être employés avec succès.

En voici des exemples :

Heureux qui possède cette philosophie APPRÉCIATRICE *de toutes choses!* (Mercier.)

Quand l'imagination CRÉATRICE *eut élevé ces premiers monuments, qu'est-il arrivé? le sentiment général fut d'abord sans doute celui de l'admiration.* (La Harpe, Introd. au C. de Littér.)

C'étoit une nation bien DESTRUCTRICE *que celle des Goths.* (Montesquieu.)

*La nature est l'*INVENTRICE *et la* LÉGISLATRICE *de tous les arts.* (Vauvenargues.)

M. *Moreau* et M. l'abbé *Royou* ont aussi employé ce mot; et *Richelet* l'indique comme le féminin de *destructeur.*

Tel est le morceau qui a allumé la bile DÉNONCIATRICE *de M. de.....* (Linguet, Journal polit. et litt., tom. IX, p. 227.)

Là une industrie CRÉATRICE *de jouissances appeloit les richesses de tous les climats.* (Volney.)

L'histoire, ainsi que les nations DÉPRÉDATRICES *et conquérantes, semble avoir pris pour règle d'équité le mot de Brennus :* Væ victis! (Marmontel, Elém. de litt., tom. IV, liv. 2.)

Rome, cette nouvelle Babylone IMITATRICE *de l'ancienne, comme elle enflée de ses victoires, triomphante de ses richesses, souillée de ses idolâtries, et* PERSÉCUTRICE *du peuple de Dieu, tombe aussi comme elle d'une grande chute.* (Bossuet, disc. sur l'Hist. univ., 3ᵉ part., p. 395.)

Vos ennemis ne seront parvenus qu'à faire graver sur vos médailles, TRIOMPHATRICE *de l'empire ottoman et* PACIFICATRICE *de la Pologne.* (*Voltaire*, lettre à Catherine II.)

>Du cœur humain sombres *dominatrices*,
>C'est vous surtout, fougueuses passions,
>Dont les folles émotions
>Des plus chers entretiens nous gâtent les délices.
>(*Delille*, la Conversation.)

Faudra-t-il toujours que l'imagination ADULATRICE *ajoute à la majesté d'un débris antique?* (La Harpe, Éloge de Voltaire.)

>L'insatiable et honteuse avarice,
>Du genre humain pâle *dominatrice*. (*J.-B. Rousseau.*)

>De mes douleurs noble *consolatrice*.
>(*Campenon*, l'Enfant prod. chant. IV).

>O toi! l'*inspiratrice* et l'objet de mes chants.
>(*Delille*, la Pitié, ch. 1.)

Nous pouvons l'appeler la RESTAURATRICE *de la règle de S. Benoît.* (Bossuet.)

La vérité mène à sa suite le doute philosophique, l'analyse SCRUTATRICE, *la raison aux cent yeux.* (Domergue.)

Combien je suis éloigné de ces philosophes modernes qui nient une suprême intelligence, PRODUCTRICE *de tous les mondes!* (*Voltaire.*)

Enfin, qui craindroit de dire la peste *désolatrice*, une nation *spoliatrice* ; et, en parlant d'une femme, c'est une habile *spéculatrice*, *calculatrice* ; elle ne sera jamais *délatrice* de personne ?

Ces mots et plusieurs autres seroient certainement très-bons dans nos écrivains, dans nos dictionnaires.

Tout ce que l'on vient de lire sur le féminin des Adjectifs en *eur*, est en partie extrait du Manuel des amateurs de la langue française par M. *Boniface*, à qui nous devons beaucoup d'autres remarques également utiles sur les difficultés de notre langue.

4° Sont exceptés, les *Adjectifs* en *eux* qui font *euse* au féminin : *heureux*, *heureuse* ; *vertueux*, *vertueuse*, etc.

5° Les adjectifs en *f*, qui changent cette consonne en *ve* : *bref*, *brève*; *neuf*, *neuve*, etc.

6° Les *Adjectifs* ci-après qui font leur féminin de la manière suivante :

Absous { Composés et analogues }	absoute.
Beau	belle.
Blanc	blanche.
Caduc	caduque.
Doux	douce.
Epoux	épouse.
Faux	fausse.
Favori	favorite.
Fou	folle.
Frais	fraîche.
Franc	franche.
Grec	grecque.
Jaloux	jalouse.
Jouvenceau	jouvencelle.
Long	longue.
Mou	molle.
Nouveau	nouvelle.
Public	publique.
Roux	rousse.
Sec	sèche.
Tiers	tierce.
Turc	turque.
Vieux	vieille.

1re *Remarque*. — Les Adjectifs *fou, mou, beau, nouveau*, peuvent être considérés comme ne donnant pas lieu à l'exception, parce que leur féminin *molle, folle, belle, nouvelle*, se forme du masculin *fol, mol, bel, nouvel*, dont on fait usage avant un mot qui commence par une voyelle, ou par un *h* muet.

(*Dumarsais*, et le Dict. de l'*Académie*.)

2e *Remarque*. — *Fat, châtain, résous*, n'ont pas de féminin.

3 *Remarque*. — On écrivoit autrefois, au masculin comme au féminin, les adjectifs *momentanée, instantanée, éthérée, ignée, simultanée, spontanée* ; on les trouve même indiqués ainsi dans le Dictionnaire de l'*Académie* (édit. de 1762) : mais l'usage a fait raison de cette exception, et ces Adjectifs suivent aujourd'hui la règle générale, c'est-à-dire qu'ils ne prennent deux *e* qu'au féminin. L'*Académie*, dans l'édition de 1798, a adopté ce changement, excepté pour le mot *simultanée*, auquel elle conserve, dans tous les cas, la terminaison féminine, et en cela elle est en opposition avec la majorité des bons écrivains.

§ II.

DU NOMBRE DES ADJECTIFS.

RÈGLE GÉNÉRALE. Tous les *Adjectifs*, de quelque terminaison qu'ils soient, forment leur pluriel par la simple addition d'un *s*, soit à la forme masculine, soit à la forme féminine, *grand*, *grands*; *petit*, *petits*; *grande*, *grandes*; *mou*, *mous* (240).

(*Dumarsais*, Encycl. méth., et les Gramm. mod.)

Cette règle est sujette à trois exceptions.

1re *Exception*. — Les *Adjectifs* terminés au singulier par *s* ou par *x* ne changent point de forme au pluriel; tels sont *gras*, *gros*, *heureux*, etc.; ils ressemblent en cela aux substantifs *chasselas*, *carquois*, *croix*, *sens*, etc.

(Mêmes autorités.)

2e *Exception*. — Les *Adjectifs* terminés en *eau* au singulier, forment leur pluriel au masculin, en ajoutant un *x* : ainsi *beau*, *jumeau*, *nouveau*, font *beaux*, *jumeaux*, *nouveaux*.

(Le Dict. de l'*Académie*.)

3e *Exception*.— Les *Adjectifs* terminés en *al* forment leur pluriel au masculin, en changeant cette terminaison en *aux* : ainsi l'on dira, avec l'*Académie* : des droits *abbatiaux*, des biens *allodiaux*, des verbes *anomaux*, des esprits *arsenicaux*, des fonts *baptismaux*, des nerfs *brachiaux*, des édits *bursaux*, des péchés *capitaux*, des points *cardinaux*, des lieux *claustraux*, des héritiers *collatéraux*, des officiers *commensaux*, des effets *commerciaux*, des remèdes *cordiaux*, des droits *curiaux*, des prix *décennaux*, des biens *domaniaux*, des deniers *dotaux*, des poids *égaux*, des ornements *épiscopaux*, des droits *féodaux*, des points *fondamentaux*,

---

(240) L'*Académie* n'indique point quel est le pluriel masculin de cet adjectif; mais il fait *mous* avec un *s* et non pas un *x*, comme l'a écrit *Rollin*, ou son imprimeur. (*Féraud*, *Gattel*, M. *Lavaux*.)

des principes *généraux*, des juges *infernaux*, des points *lacrymaux*, des sinus *latéraux*, des moyens *légaux*, des princes *libéraux*, des usages *locaux*, des remèdes, des *jeux martiaux*, des peuples *méridionaux*, des préceptes *moraux*, des **juges** *municipaux*, des conciles *nationaux*, des habits *nuptiaux*, des psaumes *pénitentiaux*, des nombres *ordinaux*, des peuples *orientaux*, *occidentaux*, des biens *patrimoniaux*, des ornements *pontificaux*, des juges *présidiaux*, des cas *prévotaux*, des articles *principaux*, des verbes *pronominaux*, des jeux *quinquennaux*, des notaires *royaux* (241), des biens *ruraux*, des ornements *sacerdotaux*, des mots *sacramentaux*, des droits *seigneuriaux*, des pays *septentrionaux*, des vases *sépulcraux*, des pouvoirs *spéciaux*, des ressorts *spiraux*, des règlements *synodaux*, des trésoriers *triennaux*, des arcs *triomphaux*, des offices *vénaux*, des cercles *verticaux*, des esprits *vitaux*.

L'*Académie* ne s'est pas expliquée sur beaucoup d'autres *Adjectifs* qui ont, au singulier, leur terminaison en *al*; cependant comme nous pensons avec *Domergue* que la plupart, pour ne pas dire tous, du moins si l'on en excepte *ceux dont on ne fait usage qu'avec des substantifs féminins*, peuvent s'employer au pluriel, alors c'est à l'analogie de décider s'ils doivent se terminer en *als* ou en *aux*, puisque ces deux

---

(241) L'Adjectif *royal* précédé des substantifs *lettres*, *ordonnances*, fait *royaux* et non *royales* : *les lettres royaux* sont les lettres qui s'expédient, en chancellerie, au nom du roi.

Ménage (chap. 26 de ses observations) est d'avis que ce pluriel féminin *royaux* vient de ce qu'autrefois on l'employoit en toute occasion, pour le féminin, comme pour le masculin.

Toutefois, dit *Fabre*, p. 195 de sa grammaire, si l'usage autorise ces locutions rebelles à la loi de l'accord, il ne faut pas oublier qu'elles ne sont usitées qu'au pluriel ; et, excepté ces termes de formule, on dit, au féminin, *royales* : *Il y avoit autrefois en France plusieurs abbayes* ROYALES. (L'*Académie*.) — *La clémence et la libéralité sont des vertus* ROYALES. (Le Dict. critique de *Féraud*, et le Dict. de *Trévoux*.)

NOTA. Aujourd'hui, en parlant des ordonnances nouvelles qui émanent de l'autorité royale, on dit *des ordonnances royales*.

terminaisons sont également grammaticales. Toutefois, pour la satisfaction de nos lecteurs, nous allons présenter des observations sur chacun de ces *Adjectifs*.

AMICAL : le pluriel de cet *Adjectif* n'est indiqué nulle part ; mais puisque l'on dit *un conseil amical*, pourquoi ne seroit-il pas permis d'exprimer cette idée au pluriel ? et pourquoi blâmeroit-on celui qui diroit : *j'ai des conseils amicals* à vous donner ?

ANNAL : *Féraud* et *Trévoux* disent *des arrêts annaux*.

ARCHIÉPISCOPAL : le pluriel n'est pas indiqué ; mais, puisque l'*Académie* dit *épiscopaux*, il n'est pas douteux qu'on peut dire *archiépiscopaux*.

AUSTRAL : *Féraud* est d'avis qu'il ne faut dire ni *australs* ni *austraux*; et il se fonde sur ce que l'on n'emploie cet adjectif qu'avec le mot féminin *terre*, et avec le mot *pôle* : *pôle austral* ou *méridional*, qui ne sauroit se dire au pluriel ; cependant dans le Dictionnaire de l'*Académie* (édit. de 1798), et dans celui de M. *Laveaux*, on trouve *les signes austraux*.

AUTOMNAL : le même Grammairien (*Féraud*) ne croit pas que l'on puisse dire *les trois mois automnaux*, mais bien *les trois mois d'automne*. L'*Académie* et plusieurs lexicographes disent positivement que ce mot n'a point de pluriel masculin ; cependant, comme le fait observer M. *Chapsal*, n'est-ce pas être bien scrupuleux que de ne pas vouloir qu'on dise *les trois mois automnaux ?* Lorsqu'une expression est réclamée par la pensée, et qu'elle a pour elle l'analogie et la raison, pourquoi ne pas l'employer ? Le Dictionnaire de M. *Laveaux* met *des fruits automnaux*.

BANAL : *Trévoux* et M. *Laveaux* disent des fours *banaux*, et l'usage paroît avoir adopté cette expression.

* BÉNÉFICIAL : ce mot, ne s'employant qu'avec les substantifs féminins *matière*, *pratique*, ne doit point être en usage au pluriel masculin (242).

---

(242) NOTA. Nous ferons précéder d'un astérisque tous les mots dont on ne fait point usage au pluriel masculin.

Biennal : puisque l'on dit, d'après l'*Académie*, des officiers *triennaux*, pourquoi ne diroit-on pas *des officiers biennaux*, *des emplois biennaux* ?

* Boréal : cet adjectif ne s'employant qu'avec les mots féminins *terre*, *régions*, *contrées*, *aurore*, etc., et avec le mot masculin *pôle*, et n'y ayant qu'un *pôle boréal* (côté du nord), on ne sauroit lui donner un pluriel masculin.

* Brumal, ne s'employant qu'avec les mots féminins *plantes* et *fête*, ne peut pas non plus avoir de pluriel au masculin.

Brutal : *Bossuet* a dit (dans son Disc. sur l'hist. univ., page 480), des conquérants *brutaux* ; *Vaugelas*, des esprits *brutaux* ; *Molière*, dans les Femmes savantes : des sentiments *brutaux* ; et *Buffon* : des habitants *brutaux*.

* Canonial, ne se disant qu'avec les mots féminins *heure*, *maison*, ne doit point avoir de pluriel au masculin.

Cérémonial : *Trévoux* et *Gattel* emploient ce mot comme Adjectif : *préceptes cérémoniaux*.

Collégial : L'*Académie* observe que ce mot n'est guère en usage qu'au féminin, et dans cette phrase : *église collégiale* ; mais *Féraud* pense qu'on le dit aussi de ce qui sent le collége : *poète collégial, production collégiale* ; dans *Gresset*, on trouve un exemple de ce mot employé au pluriel masculin : des *poètes collégiaux* ; et *Trévoux* parle de *chapelains collégiaux*, qui formoient les six colléges de la cathédrale de Rouen.

Colossal : l'*Académie*, dans son Dictionnaire, n'emploie cet Adjectif qu'avec les mots féminins *figure*, *statue* ; aussi dit-elle que *colossal* n'a de pluriel qu'au féminin. Cependant on dit *monument*, *édifice colossal*, et même *pouvoir colossal* ; d'après cela, qui empêcheroit de faire usage de ces mots au pluriel masculin, et conséquemment de dire, avec M. Daunou, des *monuments*, des *édifices colossals* ou *colossaux* ?

Conjugal : les Grammairiens et les lexicographes n'indiquent pas de pluriel à ce mot, mais il nous semble que l'on pourroit très-bien dire *des liens, des devoirs conjugaux*.

CRURAL : les meilleurs anatomistes disent des nerfs *cruraux*, *cérébraux*, *rénaux*, et il n'y a pas un seul Adjectif que les chirurgiens, comme terme de leur art, aient fait terminer autrement que par *aux*.

DÉCEMVIRAL : on ne trouve nulle part *décemviraux* au pluriel ; mais, si l'on avoit besoin de ce terme, je ne vois pas pourquoi on ne l'emploieroit pas.

DÉCIMAL : cet Adjectif n'étant d'usage que dans ces phrases : *fraction décimale*, *calcul décimal*, paroîtroit ne devoir point avoir de pluriel au masculin ; cependant nombre d'écrivains ont dit *les calculs décimaux*.

DÉLOYAL : voyez plus bas *loyal*.

DIAGONAL : cet Adjectif, disent les lexicographes, n'étant d'usage qu'avec le mot *ligne*, ne sauroit avoir de pluriel au masculin ; cependant, puisque l'on dit, un *plan horizontal*, pourquoi ne diroit-on pas un *plan diagonal*, et dès-lors des *plans diagonaux* ?

* DIAMÉTRAL : cet Adjectif ne s'employant qu'avec le mot féminin *ligne*, n'a pas de pluriel au masculin.

DOCTRINAL : *Trévoux* et M. *Laveaux* disent des *jugements doctrinaux*.

ÉLECTORAL : quoique les lexicographes n'indiquent pas le pluriel de cet Adjectif, il est certain cependant que l'usage lui en designe un, comme dans cette phrase : *colléges électoraux*.

ÉQUILATÉRAL : l'*Académie* et d'autres autorités disent des *sinus latéraux* ; il nous semble que des *triangles équilatéraux* ne sonneroient pas plus mal.

ÉQUINOXIAL : l'*Académie*, *Trévoux*, *Féraud*, etc., n'indiquent ni le pluriel masculin, ni le pluriel féminin de ce mot ; cependant les géographes et les astronomes appellent *points equinoxiaux*, les deux points de la sphère où l'équateur et l'écliptique se coupent l'un l'autre ; et *Gattel* indique ce pluriel dans son dictionnaire.

* EXPÉRIMENTAL, ne s'employant qu'avec les mots féminins

philosophie, *physique*, *preuve*, etc., n'a point de pluriel au masculin.

FATAL : *Saint-Lambert* a dit :

<blockquote>Fuyez, volez, instants *fatals* à mes désirs;</blockquote>

cependant *Trévoux* et *Féraud* ne veulent pas que ce mot ait un pluriel au masculin.

FÉAL : ce vieux mot, dit l'*Académie*, qui signifie *fidèle*, étoit, il y a peu de temps, encore en usage dans les ordonnances royales : *à nos amés et féaux conseillers*.

FINAL : *Féraud* dit positivement que cet Adjectif n'a point de pluriel au masculin; cependant plusieurs Grammairiens, parmi lesquels il faut citer *Beauzée* et *Dumarsais*, ont dit *des sons finals*.

FISCAL : le pluriel de cet Adjectif n'est point indiqué; cependant on dit *des avocats, des procureurs fiscaux*.

FRUGAL : *Féraud* est d'avis qu'on ne dit point des hommes *frugals* ni *frugaux*; mais il nous semble que *des repas frugals* ne seroit point incorrect.

GLACIAL : l'*Académie*, *Gattel*, *Féraud* et d'autres lexicographes sont d'avis que ce mot n'a point de pluriel au masculin. Cependant *Bailly* l'astronome a dit des *vents glaciales*, et assurément l'oreille n'en est pas blessée.

GRAMMATICAL : *Beauzée* a dit *des accidents grammaticaux*; et M. *Raynouard* (Éléments de la Grammaire de la langue romane), *des rapports grammaticaux*.

HORIZONTAL : des *plans horizontaux* ne nous semble pas être une expression incorrecte.

IDÉAL : *Féraud* et *Gattel* pensent qu'on ne dit point *des trésors idéaux*, mais bien *des trésors en idée*; *Buffon* a dit cependant *des êtres idéaux*, et on ne peut que l'approuver.

ILLÉGAL : le pluriel n'est point indiqué; mais, de même que l'on dit *des moyens légaux*, ne pourroit-on pas dire *des moyens illégaux*?

IMMORAL : cet Adjectif est trop nouveau pour que nous

puissions citer des exemples de l'emploi de ce mot au masculin pluriel ; mais il nous semble qu'on pourroit très-bien dire *des principes immoraux*.

Impartial : *Trévoux* a dit *des historiens impartiaux*, et *La Harpe* (Cours de littérature, tom. VIII, p. 66) : *des juges impartiaux* ; ce pluriel a même passé dans la conversation.

Impérial, inégal : aucun Grammairien, si ce n'est M. *Laveaux*, n'indique de pluriel à ces deux Adjectifs ; mais s'exprimeroit-on incorrectement si l'on disoit *des ornements impériaux, des mouvements inégaux* ?

Initial : les lexicographes ne donnent d'exemple de cet Adjectif qu'avec un mot féminin ; cependant, puisqu'on dit *des sons finals*, l'analogie n'autorise-t-elle pas à dire, comme *Beauzée* et *Dumarsais*, *des sons initials* ?

* Labial, lingual : comme on ne fait usage de ces Adjectifs que dans : *offres labiales, consonnes, lettres labiales, linguales*, l'un et l'autre ne sauroient avoir de pluriel au masculin.

Littéral : *Féraud* veut que cet Adjectif n'ait pas de pluriel au masculin ; cependant le *P. Berruyer* a dit *des commentaires littéraux* ; *Fabre* et *D'Olivet*, *des caractères littéraux* ; et *Trévoux* cite le *P. Lagny*, qui a dit *des membres littéraux*.

Lombrical : *Wailly, Trévoux, Féraud, Boiste* et *Roland* appellent *muscles lombricaux* les quatre muscles qui font mouvoir les doigts de la main.

Loyal : on ne donne pas ordinairement de pluriel à cet Adjectif ; cependant, dans le style burlesque, ou bien encore dans le style de chancellerie, on dit : *Mes bons et loyaux sujets* ; et d'après l'*Académie* : *les frais et loyaux coûts* (terme de pratique) ; alors *des procès loyaux* trouveront peut-être grâce aux yeux de nos lecteurs. — Par la même raison, il doit être permis de dire : *Mes déloyaux sujets, des procédés déloyaux*.

* Lustral : ce mot, d'après l'*Académie* et *Féraud*, n'est d'usage qu'en cette phrase : *eau lustrale;* cependant les Romains appeloient *jour lustral*, le jour où les enfants nouveau-nés recevoient leur nom, et où se faisoit la cérémonie de leur lustration ou purification ; alors, pourquoi ne diroit-on pas les *jours lustraux?*

MACHINAL : *Buffon* a dit *des mouvements machinaux.*

MARTIAL : cet Adjectif n'a point de pluriel au masculin ; néanmoins on dit, en pharmacie, *des remèdes martiaux*; et *Gattel* parle de jeux qu'on appelle *jeux martiaux*.

MATRIMONIAL : l'*Académie* et *Féraud* étant d'avis que cet Adjectif n'est d'usage qu'avec les mots *question, cause, convention*, on pourroit croire d'après cela que *matrimonial* n'a pas de pluriel au masculin; cependant, puisque l'on dit *biens patrimoniaux*, peut-être que *biens matrimoniaux* ne paroîtra pas incorrect.

MÉDIAL : *Beauzée* et *Dumarsais*, qui ont dit *des sons finals, initials, labials*, ont dit également *des sons médials.*

* MÉDICAL : cet Adjectif ne sauroit avoir de masculin au pluriel; parce qu'on n'en fait usage qu'avec le substantif féminin *matière.*

* MENTAL : la même raison est applicable à cet Adjectif, puisqu'on ne s'en sert qu'avec les mots féminins *oraison, restriction*, etc., etc.

MÉDICINAL. Les lexicographes sont d'avis que cet Adjectif ne doit point avoir de masculin au pluriel, parce que, disent-ils, on n'en fait usage qu'avec les mots féminins *herbe, plante, potion*; mais il nous semble que l'on ne s'exprimeroit pas incorrectement si l'on disoit un *remède médicinal*, et alors *des remèdes médicinaux.*

NASAL : *Beauzée* dit *des sons nasals.*

NATAL : d'après l'*Académie*, *Féraud* et *Gattel*, on ne dit ni *natals* ni *nataux;* toutefois *Trévoux* parle de *jeux nataux*, que l'on célébroit tous les ans au jour natal des grands hommes; et, d'après la même autorité, on nomme les quatre grandes fêtes de l'année (Noël, Pâques, la Pentecôte et la

Toussaint) les quatre *nataux*; autrefois, pour jouir du droit de bourgeoisie dans une ville, il falloit y avoir maison et s'y trouver aux quatre *nataux*, ce dont on prenoit attestation. On lit dans le Dictionnaire de M. *Laveaux* que ce mot fait au pluriel *natals*.

Naval : la plupart des lexicographes et l'*Académie* elle-même sont d'avis que ce mot n'a point de pluriel au masculin; mais les rédacteurs du Dictionnaire de *Trévoux* sont assez disposés à lui en donner un : ils sont seulement incertains s'ils diront *navals* ou *navaux*; cependant ils aimeroient mieux encore que l'on dît *des combats sur mer*. *Laveaux* ne voit pas pourquoi on ne dirait pas des *combats navals*, puisqu'on dit un *combat naval*.

Numéral : *Beauzée* et le plus grand nombre des Grammairiens disent *des Adjectifs numéraux*.

Original : le pluriel au masculin de cet Adjectif n'est point indiqué; mais nous croyons que *titres originaux, esprits originaux*, sont des expressions très-correctes. *Condillac* a dit *des écrivains originaux*.

Paradoxal : si l'on dit *esprit paradoxal*, qui empêche de dire au pluriel *esprits paradoxaux* ?

Paroissial : cet Adjectif, ne se disant qu'avec les mots féminins *messe paroissiale, église paroissiale*, ne sauroit avoir de pluriel au masculin.

Partial : si *Trévoux* et *La Harpe* ont dit avec raison *des historiens impartiaux*, ne pourroit-on pas dire *des historiens partiaux* ? Dacier, *Plutarque* (vie d'Aratus), *Bernardin de Saint-Pierre* (Études de la nature, étude 1re). *Sicard* (Hist. de Charles-Quint), ont fait usage de ce pluriel.

Pascal : ce mot, dit *Féraud*, n'a pas ordinairement de pluriel au masculin; cependant *Trévoux*, *Gattel*, M. *Boniface* et M. *Laveaux* sont d'avis qu'on peut très-bien dire *des cierges pascals*.

Pastoral : le pluriel de ce mot n'est indiqué dans aucun dictionnaire; mais il nous semble que *des chants pastoraux* peut bien se dire.

Patriarcal : *Trévoux* dit *des juges patriarcaux*.

* Patronal ne se dit qu'avec un mot féminin : *fête patronale*; et dès-lors il ne sauroit avoir de pluriel au masculin.

Pectoral : *muscles pectoraux* est indiqué par M. *Laveaux*, et *remèdes pectoraux* ne nous paroît pas incorrect.

Primordial s'emploie dans cette phrase : *titre primordial*, qui est le titre premier, originel. Cependant, s'il y avoit plusieurs titres de cette nature, ne pourroit-on pas employer cet Adjectif au pluriel, et dire avec M. *Laveaux*, des *titres primordiaux?*

Proverbial : les dictionnaires et les écrivains n'employant cet Adjectif qu'avec les mots féminins *conversation*, *locution*, *façon de parler*, ne devroit pas avoir de pluriel au masculin; mais il nous semble que l'on pourroit fort bien dire *un mot*, *un dictum proverbial*, et dès-lors des *mots*, des *dictums proverbiaux*.

Provincial : *Trévoux* a dit *des juges provinciaux*.

Pyramidal : cet Adjectif, ne s'employant communément qu'avec les mots féminins *forme*, *figure*, ne devroit donc point avoir de pluriel au masculin; cependant, en termes d'anatomie, on dit *des muscles pyramidaux*, *des mamelons pyramidaux*; et *Gattel* est d'avis qu'on peut très-bien dire *des nombres pyramidaux*.

Quatriennal : l'*Académie* étant d'avis qu'on peut dire *des officiers triennaux*, ne paroît-elle pas autoriser à dire aussi *des officiers quatriennaux?*

Radical : *Trévoux* et *Wailly* on dit *des nombres radicaux*.

Sentimental : cet adjectif ne se disant qu'avec les mots féminins, *expression*, *tirade*, n'a point de pluriel au masculin.

Social, total : ces Adjectifs ne s'employant, disent les lexicographes, qu'avec des mots féminins : *qualité sociale*, *vertu sociale*; *somme totale*, *ruine totale*; n'ont donc pas de pluriel masculin; cependant on dit très-bien un *rapport social*; d'après cela, des *rapports sociaux* est très-correct.

Théatral : l'*Académie*, *Trévoux* et *Féraud* ne donnent d'exemple de cet adjectif qu'avec des mots féminins; *Gattel* et M. *Boniface* sont cependant d'avis que l'on peut dire au pluriel, *théatrals*; et *La Harpe*, écrivain correct, en a fait usage.

Transversal : l'*Académie* est d'avis que cet Adjectif ne se dit guère que dans cette phrase : *ligne transversale, section transversale;* néanmoins *Buffon* a dit des *muscles transversaux*.

Trivial : *J.-J. Rousseau* et l'abbé *Desfontaines* ont dit *des compliments triviaux*. — *Féraud* fait observer cependant que cet Adjectif n'a point de pluriel au masculin; mais l'*Académie*, dans son Dictionnaire de 1798, et M. *Laveaux*, disent positivement qu'on peut très-bien dire *des détails triviaux*.

Verbal : *Beauzée* et plusieurs autres Grammairiens ont dit des *Adjectifs verbaux*.

* Virginal, zodiacal : ces Adjectifs, selon les lexicographes, ne s'employant qu'avec des mots féminins, ne peuvent pas avoir de masculin au pluriel : *pudeur, modestie virginale; lumière zodiacale, des étoiles zodiacales*; mais ne dit-on pas un *teint*, un *air virginal*; et alors des *teints*, des *airs virginals?*

* Vocal : cet Adjectif n'étant, suivant l'*Académie*, en usage qu'avec les mots *prière, oraison, musique*, ne sauroit avoir de pluriel au masculin.

A l'égard des Adjectifs *adverbial, clérical, central, conjectural, diagonal, ducal, doctoral, filial, immémorial, instrumental, jovial, lustral, magistral, marital, monacal, musical, pénal, préceptoral, primatial, proverbial, quadragésimal, social, virginal*, etc., etc., l'Académie, Trévoux, Féraud, Wailly, Gattel, etc., ne leur assignent pas de pluriel au masculin, et même plusieurs d'entre eux vont jusqu'à dire qu'on ne doit pas leur en donner: cependant pourquoi cette exception? et, puisqu'on emploie ces Adjectifs avec des substantifs masculins, et que l'on dit: *mot adverbial; point central; art conjectural; titre clérical; plan diagonal; banc doctoral; usage immémorial; jour lustral; manteau* ducal; sentiment filial; homme jovial; ton magistral; concert instrumental; pouvoir marital; habit monacal; code pénal; conseil préceptoral; siége primatial; mot, dictum proverbial; rapport social; jeûne quadragésimal; teint, air virginal, pourquoi ne suivroit-on pas l'analogie à l'égard de tous ces Adjectifs, sauf à voir, *d'après le goût et l'oreille*, si ces Adjectifs doivent se tourner en *als* ou en *aux*?

Alors il ne resteroit plus que les mots *bénéficial, boréal, brumal, canonial, diamétral, labial, lingual, médical, mental, patronal, total* (243), *expérimental, sentimental, vocal* et *zodiacal* (tous adjectifs marqués d'un astérisque dans les observations précédentes), que l'on ne pourrait effectivement pas employer au pluriel masculin, puisque l'on n'en fait usage qu'avec des substantifs féminins.

OBSERVATION. — Le Dictionnaire de l'*Académie* et beaucoup d'écrivains modernes suppriment le *t* au pluriel des Adjectifs qui se terminent au singulier par le son nasal *ant, ent*; mais les objections faites par MM. de *Port-Royal, Régnier Desmarais, Beauzée, D'Olivet*, et plusieurs Grammairiens modernes, contre la suppression du *t* à l'égard des *substantifs* terminés, au singulier, par *ant, ent*, sont également d'un grand poids pour les Adjectifs; et, en effet, cette suppression a bien des inconvénients; car, si l'on écrit au masculin pluriel *alezans*, et *bienfaisans*, sans *t* final, les étrangers n'en concluront-ils pas que le pluriel féminin est le même pour ces deux mots, et, par conséquent, ou que l'on doit dire au féminin *alezantes*, parce qu'on dit *bienfaisantes*, ou que l'on doit dire *bienfaisanes*, parce qu'on dit *alezanes*? S'ils ne portent pas leur attention sur le singulier, l'analogie doit les conduire à l'une ou à l'autre de ces conséquences. — Voyez p. 176 ce que nous avons déjà dit contre cette suppression.

---

(243) On dit la somme des *totaux*, mais *totaux* est là un substantif.

§ III.

DES DEGRÉS DE SIGNIFICATION OU DE QUALIFICATION DANS LES ADJECTIFS.

Les *Adjectifs* peuvent qualifier les objets, ou absolument, c'est-à-dire sans aucun rapport à d'autres objets; ou relativement, c'est-à-dire avec rapport à d'autres objets, ce qui établit différents degrés de qualification, que l'on a réduits à trois; savoir : *le Positif*, *le Comparatif*, et *le Superlatif.*
(*Levizac*, page 235.)

Le *Positif* est l'adjectif dans sa simple signification; c'est l'adjectif sans aucun rapport de comparaison. Ce premier degré est appelé *positif*, parce que, comme le dit M. *Chapsal*, il exprime la qualité d'une manière positive : *Un enfant sage et laborieux est aimé de tout le monde.*
(*Dumarsais*, page 183, t. I de sa Gramm., et *Lévizac*.)

Le *Comparatif*, ou second *degré de qualification*, est l'adjectif exprimant une comparaison, en plus ou en moins, entre deux ou plusieurs objets. Alors il y a entre les objets que l'on compare, ou un rapport de *supériorité*, ou un rapport d'*infériorité*, ou un rapport d'*égalité* : de là trois sortes de rapports ou de comparaisons.

Le rapport ou la comparaison de *supériorité* énonce une qualité à un degré plus élevé dans un objet que dans un autre : cette comparaison se forme en mettant *plus*, *mieux*, avant l'adjectif ou le participe, et la conjonction *que* après :

Les remèdes sont plus lents QUE *les maux.*
(Pensée de *Tacite*.)

Le bien est PLUS *ancien dans le monde* QUE *le mal.*
(*D'Aguesseau.*)

C'est bien fait de prier, mais c'est MIEUX FAIT *d'assister les pauvres.*
(*Massillon.*)

Le rapport ou la comparaison d'*infériorité* énonce une qualité à un degré moins élevé dans un objet que dans un autre;

elle se forme en mettant *moins* avant l'adjectif, et la conjonction *que* après ; exemple :

Le naufrage et la mort sont MOINS *funestes que les plaisirs qui attaquent la vertu.* (Fénélon, Télémaque, liv. 1.)

Le rapport ou la comparaison d'*égalité* énonce une qualité à un même degré dans les objets comparés ; elle se forme en mettant *aussi* avant l'adjectif ou le participe, *autant* avant le substantif et le verbe, et la conjonction *que* après ; exemples :

Il est peut-être AUSSI *difficile de former un grand roi que de l'être.* (De Neuville, Oraison fun. du Cardinal de Fleury.)

Il est AUSSI *dangereux, pour un tyran de descendre du trône que d'en tomber.* (Barthelemy.)

Le mauvais exemple nuit AUTANT *à la santé de l'ame, que l'air contagieux à la santé du corps.* (Marmontel.)

Nous n'avons que trois adjectifs qui expriment seuls une comparaison : *meilleur, moindre, pire*.

Meilleur est le comparatif de *bon* : *ceci est bon, mais cela est* MEILLEUR. Ce comparatif est pour *plus bon*, qui ne se dit pas, si ce n'est dans cette phrase : *Il n'est plus bon à rien*, qui veut dire, *il ne vaut plus rien*. Mais alors *plus* cesse d'être adverbe de comparaison. De même, au lieu de *plus bien* on dit *mieux* ; cependant on dit *moins bon, aussi bon ; moins bien, aussi bien*.

Moindre est le comparatif de *petit* : *Cette colonne est* MOINDRE *que l'autre. Son mal n'est pas* MOINDRE *que le vôtre.*
(L'Académie.)

Moindre est aussi le comparatif de *bon* en ce sens : *Ce vin-là est* MOINDRE *que l'autre.* (Même autorité.)
(Régnier Desm., p. 181. — Girard, p. 382. — Fabre, p. 57. — Lévizac.)

Pire est le comparatif de *mauvais*, méchant, nuisible : *Il y a de mauvais exemples qui sont* PIRES *que les crimes.*
(Montesquieu, Grand. et Décad. des Romains, ch. VIII.)

1ʳᵉ *Remarque.* — Ordinairement parlant, il faut qu'il y ait un certain rapport de construction entre les deux termes de comparaison, et il est nécessaire de suivre, après la conjonction *que*, qui est le lien de ces deux membres, le même ordre de phrase qu'on a suivi auparavant : *Il y a plus de sots non imprimés qu'imprimés.*

Dites QU'IL N'Y EN A D'*imprimés.*

On voit plus de personnes être victimes d'un excès de joie que de tristesse.

Il falloit dire *que* D'UN EXCÈS *de tristesse.*

En effet la comparaison n'est pas entre la tristesse et la joie, mais elle est entre l'excès de l'une et l'excès de l'autre.

(Féraud, au mot *Comparaison*.)

2° *Remarque.* — L'Adjectif, ou, suivant l'expression de *Domergue*, l'attribution qui fait le fond du caractère, celle qui est plus connue, doit se placer après la conjonction *que*; et l'attribution qu'on veut égaler à la première, et qui n'est pas connue ou l'est moins, se placer après l'adverbe de comparaison; on dira donc : *Socrate étoit aussi vaillant que sage*, plutôt que *aussi sage que vaillant.* — *Turenne étoit aussi sage que vaillant*, plutôt que *aussi vaillant que sage.*

En effet, ce qui frappe le plus, ce qui est le plus connu, dans Socrate, c'est la sagesse; dans Turenne, c'est la vaillance.

Lorsque le bourgeois gentilhomme de *Molière* veut prouver la douceur de Jeanneton :

> Je croyois Jeanneton
> Aussi *douce* que *belle*;
> Je croyois Jeanneton
> Plus *douce* qu'un *mouton*.   (Act. 1, sc. 2.)

douce est placé avant *belle*, parce que le point connu de M. *Jourdain*, c'est *la beauté*, et c'est à ce point qu'il compare la douceur; de même rien n'est plus connu que la douceur d'un mouton, et c'est à ce point que notre bourgeois gentilhomme veut comparer celle de Jeanneton.

(Le Dict. crit. de *Féraud* — *Urb. Domergue*, pag. 148 de sa Gramm., et pag. 102 de son Journal. — M. *Lemare*, pag. 210.)

Le *Superlatif*, ou troisième degré *de qualification*, est

l'Adjectif exprimant la qualité portée au suprême degré ; soit en plus, soit en moins. En français on en distingue de deux sortes : *le superlatif relatif, et le superlatif absolu.*

Le *Superlatif relatif* exprime une qualité à un degré plus élevé ou moins élevé, dans un objet que dans un autre ; mais il exprime cette qualité *avec rapport* ou *comparaison à une autre chose.*

Ce superlatif ne doit pas être confondu avec le simple comparatif, ou simple degré de qualification ; en effet le *superlatif relatif* exprime une comparaison ; mais cette comparaison est *générale,* au lieu que le *comparatif simple* n'exprime qu'une comparaison *particulière.*

On forme *le superlatif relatif,* en plaçant *le* (244), *la,*

---

(244) Quand on veut exprimer le superlatif relatif, l'article, comme nous le disons, est nécessaire. On lit dans *Malherbe* (Ode au roi Louis XIII) :

Et c'est aux plus saints lieux que leurs mains sacrilèges
Font *plus* d'impiétés.

On diroit aujourd'hui, fait observer *Ménage*, font LE *plus* d'impiétés.

Cependant, pour se décider à mettre *plus* ou *le plus* avant l'adjectif, il faut remarquer quel est l'article qui affecte le nom de substantif. *Leibnitz* a dit : *la Providence s'en est servie comme* DU *moyen* PLUS *propre à garantir la pureté de la religion.* Il devoit dire : *comme d'un moyen plus propre,* ou bien, *comme du moyen le plus propre,* etc. Ainsi, *plus* se met après la préposition *de,* et *le plus,* après l'article composé *du* ou *de le.*

Si le superlatif relatif précède son substantif, un seul article suffit pour l'un et pour l'autre : LE *plus célèbre orateur qu'aient eu les Romains, est* CICÉRON.

Mais si c'est le substantif qui précède le superlatif, il faut mettre un article à l'un et à l'autre : LE *triomphe* LE *plus pur est celui de la vertu.*

Racine et *Molière* n'ont pas observé cette règle :

Chargeant de mon débris les reliques *plus* chères*.
(Bajazet. act. III, sc. 2.)

Mais je veux employer mes efforts *plus* puissants. (L'Étourdi, act. V, sc. 12.)

L'exactitude demandoit LES *reliques* LES PLUS *chères* ; — MES *efforts* LES PLUS *puissants.*

Enfin si les mots *plus, moins, mieux,* modifiant des adjectifs, doi-

*) Voyez les Rem. dét., lettre D

les, *du*, *de la*, *des*, *mon*, *ton*, *son*, *notre*, *votre*, *leur* (245), avant les mots *plus*, *pire*, *meilleur* (246), *moindre*, *mieux*, et *moins*. Exemples : LA PLUS *douce consolation de l'homme affligé, c'est la pensée de son innocence.*

(Bossuet, serm. du jeudi de la Passion.)

La confession est LE PLUS *grand frein de la méchanceté humaine.* (Volt., Siècle de Louis XIV, t. III, p. 60, édit. in-12, mort de Madame.)

La prospérité est LA PLUS *forte épreuve de la sagesse.*
(La Harpe, Cours de littér., t. III, 2e part.)

La guerre LA PLUS *heureuse est* LE PLUS *grand fléau des peuples, et une guerre injuste est* LE PLUS *grand crime des rois.*
(Fénélon, Télém.)

LA PIRE *des bêtes est le tyran, parmi les animaux sauvages ; et parmi les animaux domestiques, c'est le flatteur.*
(Marmontel, le Trépied d'Hélène.)

Le PLUS *absolu des monarques est celui qui est le plus aimé.*
(Marmontel, Bélisaire.)

---

vent être précédés de l'article, il faut répéter l'article autant de fois que ces mots : *C'est la* PLUS *inexcusable et la* PLUS *grande de ses fautes.* — *Les* PLUS *habiles gens font quelquefois les fautes les* PLUS *grossières.* (Beauzée, Encycl. méth., au mot *Répétition*, et *Wailly*, pag. 130.)

Cependant *Vaugelas* voudroit que, quand les adjectifs sont synonymes ou approchants, on ne répétât ni l'article ni le terme comparatif, et il seroit d'avis que l'on dît : *Il pratique les plus hautes et héroïques vertus.*

Mais, suivant les autorités que nous venons de citer, *Il pratique les plus hautes et les plus héroïques vertus* est la construction la plus correcte.

(245) Les adjectifs pronominaux *mon*, *ton*, *son*, *notre*, *votre*, *leur*, placés avant les adverbes comparatifs, font la fonction d'articles ; ces phrases, *C'est mon meilleur ami*, *C'est leur plus grande jouissance*, équivalent à celles-ci, *C'est le meilleur de mes amis*, *C'est la plus grande de leurs jouissances*.

(246) Ainsi, le superlatif de *meilleur* est *le meilleur*, et non pas *le plus bon*.

Comme dans *le Superlatif relatif,* il y a excès et comparaison avec d'autres objets (personnes ou choses), ce superlatif est en quelque sorte le degré appelé *Comparatif;* aussi l'article, qui correspond *à un substantif exprimé, ou à un substantif non exprimé, mais sous-entendu,* prend-il les inflexions du substantif énoncé auparavant. On dira donc: *Quoique cette femme montre plus de fermeté que les autres, elle n'est pas pour cela* LA MOINS AFFLIGÉE.

(*Beauzée.*)

Elle n'est pas pour cela *la femme* moins affligée que *les autres* femmes.

Les bons esprits sont LES PLUS *susceptibles de l'illusion des systèmes.* (*La Harpe.*)

Sont *les esprits* plus susceptibles que *les autres* esprits.

La honte suit toujours le parti des rebelles :
Leurs grandes actions sont *les plus criminelles.*
(*Racine*, les Frères ennemis, act. I, sc. 5.)

Sont *les actions* plus criminelles que *les autres actions.*

Les Chaldéens, les Indiens, les Chinois me paroissent être les nations LES PLUS *anciennement policées.* (*Voltaire.*)

Me paroissent être *les nations* plus anciennement policées que *les autres* nations.

Le superlatif absolu exprime, de même que le superlatif relatif, une qualité à un degré plus ou moins élevé; mais il exprime cette qualité d'une manière absolue, sans aucune relation, *sans aucune comparaison avec d'autres objets de même espèce* (personnes ou choses).

On le forme en plaçant avant l'Adjectif un de ces mots, *fort, très, bien, infiniment, extrêmement, le plus, le moins, le mieux;* exemples: *Le style de Fénelon est* TRÈS-*riche,* FORT *coulant, et* INFINIMENT *doux, mais il est quelquefois prolixe; celui de Bossuet est* EXTRÊMEMENT *élevé, mais il est quelquefois dur et rude.*

La superstition est à la religion ce que l'astrologie est à l'astronomie, la fille TRÈS-*folle d'une mère* TRÈS-*sage.*
(*Voltaire*, Polit. et législ., Œuvres, t. 43.)
(*Wailly*, pag. 153.—*Lévizac*, pag. 254, t. I.—*Fabre*, pag. 56 et 58.—*Sicard*, pag. 163 et 200, t. II.)

Dans le *superlatif absolu*, il y a excès, c'est-à-dire que ce superlatif exprime, de même que le *superlatif relatif*, une qualité à un degré plus ou moins élevé; mais, comme il exprime cette qualité d'une manière absolue, sans aucune relation, sans aucun rapport à un autre objet (personne ou chose); comme enfin il y a exclusion de comparaison avec d'autres objets de la même espèce, l'article qui précède les mots *plus*, *moins*, est pris adverbialement, et par conséquent n'est susceptible d'aucune distinction de genre ni de nombre: il ne correspond pas au substantif, mais seulement à l'adjectif. On doit donc dire:

Ceux que j'ai toujours vus le PLUS FRAPPÉS *de la lecture des écrits d'Homère, de Virgile, d'Horace, de Cicéron, sont des esprits du premier ordre.* (*Boileau*, lettre à M. Perrault.)

Le premier inventeur des arts est le besoin; le plus ingénieux de tous les maîtres est celui dont les leçons sont LE PLUS ÉCOUTÉES. (*Le Batteux.*)

Il s'est baigné dans l'endroit où les eaux sont LE MOINS *rapides.* (*M. Lemare.*)

C'étoit de tous mes enfants celle que j'ai toujours LE PLUS *aimée.* (*Racine*, lettre à sa sœur.)

À ces mots, dans les airs le trait se fait entendre:
À l'endroit où le monstre a la peau *le plus tendre*,
Il en reçoit le coup, se sent ouvrir les flancs.
(*La Fontaine*, Adonis, poème.)

C'est dans le temps que les plus grands hommes sont LE PLUS COMMUNS, *dit Tacite, que l'on rend aussi le plus de justice à leur gloire.* (*Thomas*, Essai sur les éloges.)

Les objets qui lui étoient LE PLUS *agréables étoient ceux dont la forme étoit unie, et la figure régulière.* (*Buffon.*)

La manière de nous vêtir est celle qui demande le plus de temps, celle qui me paroit être LE MOINS *assortie à la nature.* (Le même.)

> Mais qu'on me nomme enfin, dans l'histoire sacrée,
> Le roi dont la mémoire est *le plus* révérée.
> (*Voltaire*, Épître au prince royal de Prusse, 1739.)

Il n'est guère possible de rendre un vers par un vers, lorsque cette précision est LE PLUS *nécessaire, comme dans une inscription.* (La Harpe.)

Parce que, dans chacune de ces phrases, il y a excès sans aucune relation; sans aucun rapport à un autre objet (personne ou chose); enfin sans comparaison à d'autres objets de la même espèce; et, en effet, c'est comme si l'on disoit : *Cette scène est une de celles qui furent applaudies le plus, dans le plus haut degré.—Ceux que j'ai toujours vus frappés le plus, dans le plus haut degré*, etc., etc. Le mot qui exprime le superlatif tombe donc sur l'adjectif et non sur le substantif; dès-lors il a dû rester invariable.

(Mêmes autorités.)

C'est également le *Superlatif absolu* qu'il faut employer; ou, ce qui est la même chose, *le* est également invariable, lorsque les adverbes de comparaison, *plus, moins, mieux*, ne sont suivis ni *d'un participe*, ni *d'un adjectif*; on dira donc, en parlant d'une femme : *C'est elle qui me plaît* LE PLUS, *ou* LE MIEUX, *ou* LE MOINS.—*De toutes ces musiciennes, voilà celle qui chante* LE MIEUX.

(Mêmes autorités.)

Comme cette règle, sur la déclinabilité ou l'indéclinabilité de l'article, présente quelques difficultés, nous croyons devoir nous y arrêter encore un moment.

C'est *Marmontel* qui va parler (Leçons d'un père à son fils, pag. 118).

Dira-t-on : les opinions *les plus* ou *le plus* généralement suivies? *les mieux* ou *le mieux* établies, les sentiments *les plus* ou *le plus* approuvés? les opérations *les plus* ou *le plus* sagement combinées ? Ceux qui étoient *les plus* ou *le plus* favorables ?

La réponse dépend de l'intention de celui qui parle, et de ce qu'il veut faire entendre.

Des opinions, considérées en elles-mêmes et sans comparaison, peuvent être MAL *établies*, BIEN *établies*, MIEUX ou PLUS MAL *établies*, PLUS ou MOINS *généralement suivies*. Si c'est là ce que vous entendez, *le*, relatif au participe qui suit, doit rester indéclinable, et *le plus*, *le mieux*, signifiera *le plus, le mieux* qu'il est possible.

Si vous avez en vue d'autres opinions *moins bien établies, moins suivies que celles-là*, et que vous vouliez indiquer cette comparaison, c'est au nom que doit se rapporter l'article, et vous direz, *les plus*, *les mieux*.

De même, si vous n'avez égard qu'au degré d'approbation que tels sentiments ont pu obtenir, vous direz, LE PLUS *approuvés*. Si vous comparez cette estime à celle que d'autres sentiments obtiennent, vous direz, LES PLUS *approuvés*.

De même encore vous direz, les opérations LE PLUS *sagement combinées*, s'il ne s'agit que de faire entendre qu'on a mis à les combiner toute la sagesse possible; et LES PLUS *sagement combinées*, si l'on veut leur attribuer cet avantage sur d'autres opérations. Cela est si vrai, que, si un objet de comparaison est indiqué, et que l'on dise par exemple : *les opérations* LE *mieux combinées de la campagne*, on parlera mal; c'est LES qu'on devra dire.

Il en est de même de tout superlatif dont le rapport est déterminé : *Les arbres* LES PLUS *hauts de la forêt*. — *Les arbres* LES PLUS *hauts sont* LES PLUS *exposés aux coups de la tempête;* mais, si le rapport n'est pas déterminé : *Les arbres* LE PLUS *profondément enracinés*. — *Les arbres* LE PLUS *endurcis par le temps.* — *Les arbres* LE PLUS *chargés de fruits.*

En parlant d'une femme, on dit : *Dans une fête, à un spectacle, elle étoit toujours* LA PLUS BELLE; mais on devroit dire : *C'est dans son négligé qu'elle étoit* LE PLUS BELLE ; mais cela répugne à l'oreille ; que faut-il faire alors ? Un solécisme, en disant, LA PLUS BELLE ? Non, il faut prendre une autre tournure, et dire, *qu'elle avoit le plus de beauté.*

Si l'adjectif est le même pour les deux genres, *le plus*, au féminin, n'a plus rien de sauvage : *C'est dans le tête-à-tête qu'elle est* LE PLUS AIMABLE. *C'est quand son mari gronde qu'elle est* LE PLUS *tranquille*.

Remarque. — M. Boniface, qui (dans son Manuel des amat. de la langue franç., n° 2) a traité la question qui nous occupe en ce moment, fait observer qu'on trouve des exemples où *le* précède un adjectif à *inflexion féminine*. Voici les deux qu'il cite : *Je ne vois dans toute la conduite de Rosalie que de ces inégalités auxquelles les femmes les mieux nées sont* LE PLUS SUJETTES. (Diderot.) — *Je n'en indiquerai que deux, parce que ce sont ceux dont la vérité est* LE PLUS FRAPPANTE.
(Lévizac.)

Ensuite, pour justifier les principes énoncés par *Marmontel*, et dont nous venons de rendre compte, ce même professeur a enrichi son journal de nombreux exemples recueillis dans les meilleurs écrivains. Nous ne les présenterons pas tous à nos lecteurs ; mais, pour ne laisser rien à désirer sur cette importante question, nous avons fait choix de ceux-ci :

Les grands esprits sont LES *plus susceptibles de l'illusion des systèmes*. (La Harpe.) — *La distinction* LA *moins exposée est celle qui vient d'une longue suite d'ancêtres.*
(Fénélon, Télém.)

Ceux mêmes qui s'y étoient LE *plus divertis ont eu peur de n'avoir pas ri dans les règles*. (Racine.) — *Remarquez que ces gens à qui l'on ne peut rien apprendre ne sont pas ceux qui savent* LE *plus*. (La Harpe.) — *Ceux qui seroient* LE *mieux organisés ne feroient-ils pas leurs nids, leurs cellules ou leurs coques d'une manière plus solide ?* (Buffon.)

L'homme est le même dans tous les états : si cela est, les états LES *plus nombreux méritent* LE *plus de respect.* (J.-J. Rousseau.) — *Les mœurs sont aussi une des parties* LES *plus importantes de l'épopée, et ce n'est pas celle sur laquelle les critiques aient été* LE *moins injustes envers Homère.* (La Harpe.)

Hélie ne put condamner ses enfants, qui étoient LES PLUS *coupables des Hébreux.*

Hélie ne put reprendre ses enfants, lors même qu'ils étoient LE PLUS *coupables.*

La lune n'est pas la planète LA PLUS *éloignée de la terre.*

La lune n'est pas aussi éloignée de la terre que le soleil, lors même qu'elle en est LE PLUS *éloignée.*

Le sanglier est un des animaux qui ont la peau LA PLUS *dure.*

C'est sur le dos que le sanglier a la peau LE PLUS *dure.*

Il y aura un prix pour les leçons LES MIEUX *apprises dans l'année.*

C'est aujourd'hui que nos leçons ont été LE MIEUX *apprises.*

Ces huit derniers exemples sont de M. Lemare.

Parmi les Adjectifs, il en est qui, lorsqu'ils sont employés au propre, ne sont pas susceptibles de comparaison, soit en plus, soit en moins ; ou, si l'on veut, qui ne sont susceptibles ni d'extension, ni de restriction, et qu'on ne peut employer alors ni au comparatif, ni au superlatif, c'est-à-dire avec les mots *plus, extrêmement, infiniment, moins, aussi, autant, si, combien*, ou avec tout autre mot équivalent. Ces Adjectifs sont ceux qui expriment une qualité qui résulte de la figure des corps, comme *circulaire, carré, conique*, etc., parce que si un million de corps ont la même figure, il faut qu'ils l'aient tous au même degré. Dire que *A* et *B* sont deux carrés, mais que *A* l'est plus que *B*, c'est une absurdité.

Il en est de même des Adjectifs qui expriment des quantités finies, continues, discrètes, comme *deux, vingt, triple, quadruple*, etc. ; car il n'y a pas de comparaison, dans un degré plus grand ou moindre, et les quantités finies, continues ne sont pas susceptibles de cette espèce de différence. Il en est encore de même, par les mêmes motifs, des adjectifs qui expriment une qualité absolue, comme *divin, éternel, excellent, extrême* (247), *mortel, immortel, im-*

---

(247) EXTRÊME. L'*Académie dit les maux les plus extrêmes ; et cette*

mense, impuni, infime, parfait, unique, universel, suprême (248), etc., etc.

Il n'y a donc que *les qualités relatives* qui admettent *le plus* et *le moins*. On dit la *neige* est *plus blanche* que le lait, *l'or* est *plus ductile* que l'argent, parce qu'il y a différents degrés dans la blancheur, dans la ductilité ; mais conçoit-on un degré au-delà ou en-deçà de la *perfection*, de l'*immortalité*, de l'*universalité*, de la *divinité*, etc., etc. ? La *perfection* est le plus haut degré ; ce qui est au-delà ou en-deçà n'est plus la perfection. L'*universalité* embrasse tout ; dira-t-on qu'il y a quelque chose au-delà de l'universalité rigoureuse et absolue ?

(*Domergue*, Solut. gramm., pag. 172; M. *Boniface* et le plus grand nombre des grammairiens ; *J. Harris* (Hermès, liv. I, ch. 11) ; et *Voltaire*, dans son Comm. sur Corneille, au sujet du mot *unique*, que ce grand tragique a employé avec le mot *plus*, dans les Horaces, act. I, sc. 3.)

Excepté le mot *généralissime*, qui est tout français, et

---

manière de s'exprimer est conforme à l'usage généralement suivi. Aussi *Féraud* ne la blâme-t-il pas, mais il fait observer qu'en général *extrême*, ayant la force d'un superlatif, n'est pas susceptible de degrés de comparaison, et qu'ainsi ce seroit une faute de dire une *douleur si extrême, plus extrême*, etc.

M. *Laveaux* ne pense pas ainsi ; il soutient que l'*extrémité* a des degrés, puisqu'on dit : *être réduit aux dernières extrémités*. Mais M. *Laveaux* n'a pas pris garde que le mot *extrémité*, dans cette dernière phrase, a quitté sa véritable signification, pour en prendre une susceptible de degrés, et qu'on dit les *dernières extrémités* comme on diroit *les derniers malheurs, les dernières misères*, etc. Dans sa signification propre, qui est celle qu'il a presque toujours, le mot *extrémité* a une signification absolue, et certes personne ne s'aviseroit de dire, *les dernières extrémités d'une ligne* ; autrement il faudroit avouer qu'une ligne a plus de deux extrémités.

(248) DIVIN, PARFAIT. Beaucoup d'écrivains ont dit PLUS *divin*, PLUS *parfait* ; mais, quoique plusieurs d'entre eux soient du nombre des autorités que nous invoquons avec le plus de confiance, ce n'est pas un motif pour les imiter, puisque la saine raison et les principes, fondés sur l'acception que leur ont donnée l'*Académie* et les *lexicographes*, ne veulent pas que ces adjectifs soient susceptibles de comparaison.

que le cardinal de Richelieu fit de son autorité privée, en allant commander les armées de France en Italie, la langue française n'a point de ces termes qu'on appelle Superlatifs. Ceux dont nous faisons usage nous viennent de la langue italienne ; nous leur avons seulement donné une terminaison française ; tels sont *grandissime, nobilissime, illustrissime, révérendissime, excellentissime, éminentissime, sérénissime* : ces deux derniers sont des qualificatifs qui accompagnent toujours le mot *altesse* ; mais, en général, ces superlatifs ne sortent guère de la conversation ; on les souffre tout au plus dans une lettre, pourvu qu'elle ne soit pas trop sérieuse. Au surplus, il y a dans la langue française plus de précision et de justesse que dans quelques langues étrangères, puisqu'avec son secours on peut exprimer les deux sortes d'excellences, l'*absolue* et la *relative* ; comme dans cette phrase : *On peut être un* TRÈS-*grand seigneur en Angleterre, sans en être* LE PLUS *grand seigneur.*

(Le P. *Bouhours*, pag. 312 de ses Rem. nouv.; l'abbé *Le Batteux* ; *Begnier Desmarais*, pag. 185; *Balzac*, Doutes sur la langue française; *Marmontel*, pag. 119.)

ARTICLE II.
DES ADJECTIFS CONSIDÉRÉS DANS LEURS RAPPORTS AVEC LES SUBSTANTIFS.

§ I.
ACCORD DES ADJECTIFS.

Règle générale. — L'Adjectif, exprimant les qualités du substantif, et ne formant qu'un avec lui, doit énoncer les mêmes rapports, c'est-à-dire que l'Adjectif doit être du même genre et du même nombre que le substantif auquel il se rapporte : *Une vie* SOBRE, MODÉRÉE, SIMPLE, EXEMPTE *d'inquiétudes et de passions,* RÉGLÉE *et* LABORIEUSE, *retient, dans les membres d'un homme* SAGE, *la* VIVE *jeunesse, qui, sans ces précautions, est toujours* PRÊTE *à s'envoler sur les ailes du temps.*

(Télémaque, liv. IX.)

Que votre ame et vos mœurs, *peintes* dans vos ouvrages,
N'offrent jamais de vous que de nobles images.
(*Boileau*, Art poét., ch. IV.)

Peu importe que l'Adjectif soit séparé de son substantif, du moment que les deux mots se correspondent, rien ne dispense de les faire accorder en genre et en nombre : *Il y a* DES HOMMES *qu'il ne faut jamais voir* PETITS. (*Voltaire.*)

Selon que notre *idée* est plus ou moins *obscure*,
L'expression la suit ou moins *nette*, ou plus *pure*.
(*Boileau*, Art poét., ch. I.)

(*Restaut*, pag. 60 et 64; *Wailly*, pag. 131; *Condillac*, pag. 184, 5ᵉ chap.; et les Gramm. modernes.)

1ʳᵉ *Remarque.* — Lorsque les adjectifs *demi*, *nu*, sont placés avant le substantif, et quand l'adjectif *feu* n'est ni précédé de l'article, ni d'un adjectif pronominal, l'un et l'autre ne prennent ni *genre* ni *nombre*, parce qu'alors ils rentrent en quelque sorte dans la classe des mots composés, *grand-père*, *grand'-mère*, qui sont si étroitement unis, qu'ils ne forment plus qu'un seul mot; ainsi on écrira : *une* DEMI-*lieue*, *des* DEMI-*héros*, NU-*pieds*, NU-*jambes*, FEU *la reine* FEU *mes oncles*, FEU *ma nièce*.

(Th. *Corneille* sur la 80 et la 328ᵉ rem. de *Vaugelas.*— L'*Académie*, pag. 81 de ses observ.; son dict. aux mots *demi*, *nu* et *feu*; et le plus grand nombre des Gramm. modernes.)

J'ai ouï dire à FEU *ma sœur que sa fille et moi naquîmes la même année.* (*Montesq.*, 51ᵉ l. pers.)

Vous étiez, Madame, aussi bien que FEU *Madame la princesse de Conti, à la tête de ceux qui se flattoient de cette espérance.*
(*Voltaire*, Epît. adressée à Mad. la duchesse du Maine, et mise en tête de sa tragédie d'Oreste.)

Si nul d'eux n'avoit su marcher NU-*pieds, qui sait si Genève n'eût point été prise?*
(J.-J. *Rousseau*, Emile, l. II, pag. 221 de l'édit. de Didot le j.)

Saint Louis porta la couronne d'épines NU-*pieds*, NU=*tête, depuis le bois de Vincennes jusqu'à Notre-Dame.*

(*Wailly.*)

Près du temple sacré les Grâces *demi-nues.*

(*Voltaire*, la Henr., ch. IX.)

Je n'aime ni les DEMI-*vengeances ni les* DEMI-*fripons.*

(*Le même*, variantes de l'Ecossaise.)

Un homme issu d'un sang fécond en *demi*-dieux.

(*Boileau*, Ve Satire.)

Mais cette expression n'a lieu que dans ce cas ; car si *demi* et *nu* sont placés après le substantif, et *feu* après l'article ou l'adjectif possessif, ils rentrent alors dans la classe des autres adjectifs, c'est-à-dire qu'ils cessent d'être invariables, et l'on écrit *une livre et demie*, les *pieds nus*, les *jambes nues*, la *feue reine*, ma *feue nièce*.

(Mêmes autorités.)

Observez, 1°, que l'adjectif *demi*, placé après le substantif, ne prend jamais la marque du pluriel ; en effet l'accord n'a pas lieu avec le substantif qui précède, mais avec un substantif suivant, qui est sous-entendu, et qui est toujours du nombre singulier. Cette phrase : *Il a étudié deux ans et demi* équivaut à celle-ci : *il a étudié deux ans et un demi an.*

2° Que l'adjectif *feu* n'a point de pluriel ; et que ce seroit mal s'exprimer que de dire *la feue reine* dans un pays où il n'y auroit pas une reine vivante ; il faudroit dire alors *feu la reine.*

2° *Remarque.* — *Excepté, supposé*, placés avant des substantifs, deviennent de vraies prépositions, espèce de mots toujours invariables, et dès-lors font encore exception à la règle de l'accord.

Voyez aux Rem. détachées, lettre C, des observations sur ces deux mots, et sur les participes *compris, joint, inclus.*

Il en est de même des *Adjectifs* qui sont pris adverbialement, c'est-à-dire qui ne figurent dans la phrase que pour modifier le verbe auquel ils sont joints, ou pour en exprimer une circonstance. On dit : *Ces dames parlent* BAS ; (*L'Académ.*) —*Ces fleurs sentent* BON ; (*L'Académie.*)— *Il a vendu* CHER

sa vie; (L'Académie.) — *Je vous prends tous à* TÉMOIN (249);
(L'Académie.) — *Ces dames se font* FORT *de faire signer leur
mari;* (L'Académie.) — *Il prit ses mesures si* JUSTE; *voilà du
blé* CLAIR *semé, de l'avoine* CLAIR *semée, des orges* CLAIR *semées.*
— *La pluie tomboit* DRU *et* MENU.

(Les décisions de l'Académie, rec. par *Tallemant*.)

C'est un ordre des dieux qui jamais ne se rompt,
De nous vendre bien *cher* les grands biens qu'ils nous font.
(*Corneille*, Cinna, act. II, sc. 4.)

Vous m'avez vendu *cher* vos secours inhumains.
(*Racine*, Bajazet, act. V, sc. 4.)

Et moi, pour trancher *court* toute cette dispute.
(*Molière*, les Femmes savantes, act. V, sc. 3.)

Légère et *court-vêtue*, elle alloit à grands pas.
(*La Fontaine*, la Laitière et le Pot au lait.)

D'un regard étonné, j'ai vu sur les remparts
Ces géants *court-vêtus* automates de Mars.
(*Voltaire*, t. XII, Voyage à Berlin, poème.)

Il en coûte bien CHER *pour mourir à Paris.*
(*Andrieux*, les Etourdis, 1, 2.)

Parce que les mots *bas*, *bon*, *cher*, *témoin*, *fort*, *juste*, *court*, ne servent pas dans ces phrases à qualifier les substantifs ni les pronoms qui les précèdent; ils servent seulement à modifier les verbes *parler, sentir, vendre, prendre,* etc., ou à exprimer une circonstance; ce sont par conséquent de vé-

---

(249) Il y a une grande différence entre *je vous prends à témoin*, et *je vous prends pour témoin*; la première locution signifie, j'invoque votre témoignage; et la seconde, j'accepte ou je présente votre témoignage : *On peut prendre* À TÉMOIN *les grands, les princes, les rois, Dieu même; mais on ne les prend pas* POUR TÉMOINS.

Observez que, dans le second membre de cette phrase, *témoin* s'écrit avec un *s*, marque caractéristique du pluriel, et que dans le premier membre il s'écrit sans *s*.

Voyez les Remarques détachées, au mot *témoin*.

ritables adverbes, qui, comme tels, ne doivent prendre ni genre ni nombre.

(*Vaugelas*, 542ᵉ rem.; l'*Académie*, sur cette rem., pag. 583; *Dumarsais*, Encycl. méth, au mot Adjectif; *Marmontel*, pag. 93; et les Gramm. modernes.)

Remarque. Nouveau s'emploie aussi quelquefois adverbialement; il signifie alors *nouvellement*, et est invariable : du *beurre* NOUVEAU *battu. Des vins* NOUVEAU *percés. Des enfants* NOUVEAU-*nés*. Mais dans ces phrases : *ce sont de* NOUVEAUX *venus, de* NOUVEAUX *débarqués*, le mot *nouveau* n'est plus employé adverbialement; il modifie les participes *venus*, *débarqués*, qui sont employés substantivement, et qui, en cette qualité, font la loi à leur adjectif.

Il faut observer que le mot *nouveau* ne s'emploie pas dans un sens adverbial avec un substantif féminin, et qu'on ne dit pas par conséquent : une *fille nouveau-née*.

Outre la règle générale sur l'accord de l'Adjectif avec le substantif qu'il qualifie, il y a des règles particulières qu'il est indispensable de connoître, parce qu'elles servent à expliquer la règle générale.

1° L'*Adjectif* se rapportant à deux ou plusieurs Substantifs distincts (250) et du nombre singulier, se met au pluriel, et prend le genre *masculin*, si les Substantifs sont du genre masculin, le *féminin* si les Substantifs sont du genre féminin, et le genre *masculin* si les Substantifs sont de genres *différents*.

Ce qui est de plus charmant en elle, c'est une douceur et une égalité d'esprit MERVEILLEUSES. (Racine.)

Le riche et l'indigent, l'imprudent et le sage
Sujets à même loi, subissent même sort.
(J.-B. Rousseau, Ode III.)

---

(250) On appelle substantifs *distincts* ceux qui ne sont pas *synonymes;* et substantifs *synonymes* ceux qui ont presque la même signification : *Ambiguïté* et *équivoque* sont deux substantifs synonymes.

La clémence et la majesté PEINTES *sur le front de cet auguste enfant nous annoncent la félicité des peuples.*

(Massillon.)

Quoique tout le monde reconnût dans l'armée que cette descente étoit téméraire et funeste pour les Crétois, chacun travailloit à la faire réussir, comme s'il avoit sa vie et son bonheur ATTACHÉS *au succès.* (Fénélon, Télém., liv. XIII.)

Remarque. Lorsque l'Adjectif n'a pas la même terminaison pour les deux genres, et que les Substantifs sont de genres différents, l'oreille exige que l'on énonce le substantif masculin le dernier ; ainsi il est mieux de dire : *la bouche et les yeux* OUVERTS, que, *les yeux et la bouche* OUVERTS. — *Cet acteur joue avec une noblesse et un goût* PARFAITS ; que, *avec un goût et une noblesse* PARFAITS.

2° L'*Adjectif*, placé après deux ou plusieurs Substantifs qui sont synonymes, s'accorde avec le dernier :

Auguste gouverna Rome avec un tempérament, une douceur SOUTENUE, *à laquelle il dut le pardon de ses anciennes cruautés.* (Domergue.)

Il honore les lettres de cet attachement, de cette protection CAPABLE *de les faire fleurir.*

(Même autorité.)

Toute sa vie n'a été qu'un travail, qu'une occupation CONTINUELLE. (Massillon.)

Remarque.—Quand les Substantifs sont synonymes, il n'y a réellement qu'une seule idée d'exprimée ; et, comme l'unité ne permet pas l'addition, l'additionnel *et* ne sauroit être admis dans ces phrases ; ainsi, dans celle-ci, *un tempérament* ET *une douceur soutenue*, etc., etc., il y a une faute, que l'inattention fait souvent commettre.

3° Lorsque dans plusieurs Substantifs l'esprit ne considère que le dernier, soit parce qu'il explique ceux qui précèdent, soit parce qu'il est plus énergique, soit parce qu'il est d'un tel intérêt qu'il fait oublier les autres, l'Adjectif placé après ces Substantifs s'accorde avec le dernier :

..... Le fer, le bandeau, la flamme est toute *prête*.
(Racine, Iphigénie, act. III, sc. 5.)

Le *fer*, le *bandeau*, peuvent fixer un instant l'attention, mais ils s'effacent devant l'idée de la flamme qui doit dévorer une victime innocente et chère; le mot *flamme* reste seul pour faire la loi à l'Adjectif *prête*. — On conçoit que, dans cette phrase et dans celles qui sont semblables, la conjonction *et* formeroit un contre-sens, puisqu'il n'y a ici qu'un seul mot à modifier.

(*Domergue*, Solut. gramm., pag. 457.)

Voyez, à l'Accord du verbe avec son sujet, la solution d'une difficulté qui a beaucoup de rapport avec celle-ci.

Voici une autre difficulté sur laquelle les écrivains ne sont pas d'accord : il s'agit de savoir si deux ou plusieurs Adjectifs peuvent forcer un Substantif à prendre le nombre pluriel. Les uns, dans ce cas, font usage du *pluriel*, et les *Adjectifs* restent au *singulier*; les autres, au contraire, mettent au *singulier* le Substantif, ainsi que les *Adjectifs* qui l'accompagnent.

PREMIÈRE CONSTRUCTION : — *Les* COTES *personnelle, mobiliaire et somptuaire.* — LES *premier et second volumes.*

SECONDE CONSTRUCTION : LA *cote personnelle*, LA *mobiliaire* et LA *somptuaire.* — LE *premier* et LE *second volume*, ou LA *cote personnelle, mobiliaire et somptuaire ;* LE *premier et second volume.*

Pour savoir laquelle de ces deux constructions il faut adopter, il suffit de se rappeler que le Substantif impose ses accidents, sa forme à tous les *Adjectifs* qui le qualifient; mais que ce droit n'est pas réciproque, car tous les *Adjectifs* réunis ne sauroient forcer un Substantif à l'accord. Or, si l'on admettoit la première construction, c'est-à-dire si, dans le cas où un nom Substantif se trouve suivi de plusieurs *Adjectifs* servant à le qualifier, on admettoit que ce Substantif dût être mis au pluriel, lorsque chacun des *Adjectifs* resteroit au singulier, ce seroit alors ces *Adjectifs* qui règleroient l'accord, ce qui ne peut être toléré en grammaire.

La seconde construction est donc la seule que l'on doive

admettre; c'est-à-dire, que, pour s'exprimer correctement, il faut dire : La *cote personnelle*, la *mobiliaire* et la *somptuaire*, etc., etc.; de cette manière les lois de la syntaxe ne sont pas violées, et l'on peut rendre raison de ces phrases au moyen de l'ellipse; en effet, c'est comme s'il y avoit : La cote *personnelle*, la cote *mobiliaire*, la cote *somptuaire*.

Vaugelas (466ᵉ remar.)—*Th. Corneille* (sur cette rem.)—*L'Académie* (pag. 485ᵉ de ses Observ.)—*Beauzée* (Encyclop. méth., au mot *Possessif*.)—*Urb. Domergue* (pag. 58 de sa Gramm., et pag. 732 de son Journ., 1ᵉʳ nov. 1787.)—*Sicard* (pag. 190, t. 2.)—*Lévizac* (pag. 263, t. 1.)—M. *Bescher* (pag. 501 du Journal Gramm.), et M. *Lemare* (pag. 41 et 74.) *ont émis leur opinion en faveur de ces principes.*

On peut mettre aussi au nombre de ces autorités *Fromant*, qui (dans son supplément à la Grammaire de Port-Royal), après avoir repris *Restaut* d'avoir dit, *les langues grecque et latine*, a donné cet exemple, *Si ce sont deux sœurs que* la langue italienne *et* l'espagnole, *celle-ci est la prude, et l'autre la coquette;*

D'Olivet, qui (à la page 147 de ses Essais de grammaire) a fait usage de la même phrase;

M. *Boniface*, qui (dans son Manuel, n° 3 et n° 4) a dit : Le premier *et* le second *acte*, la première *et* la quatrième *classe;*

Thomas (dans son Eloge de *Descartes*) : *Il est très-sûr que* le seizième *et* le dix-septième siècle *furent marqués par de grands changements et de grandes découvertes;*

Voltaire (dans la préface de ses remarques sur le Menteur) : *Corneille a réformé* la scène *tragique et* la scène *comique par d'heureuses imitations;*

(Dans une de ses lettres à *Thiriot*) : *Milord Bolingbroke aime* la *poésie anglaise,* la *française et* l'italienne; *mais il les aime différemment, parce qu'il sait discerner parfaitement les genres;*

La Harpe (parlant de la traduction de l'Énéide par *De-*

lille, t. I) : LE *deuxième*, LE *quatrième* et LE *sixième* LIVRE *de l'Enéide sont trois grands morceaux regardés universellement comme les plus finis, les plus complètement beaux que l'épopée ait produits chez aucune nation;*

Montesquieu (Grand. et Décad. des Romains, II) : LES *nouveaux citoyens et* LES *anciens ne se regardent plus comme les membres d'une même république.*

Dans ses Mélanges littéraires, t. II, conseils à un journaliste : *Je crois que les lecteurs seroient charmés de voir sous leurs yeux la comparaison de quelques scènes de la Phèdre grecque, de* LA *latine, de* LA *française, et de* L'*anglaise.*

Le chevalier de *Jaucourt* (Encyclop., au mot *Comédie*) : *Les comédies saintes étoient des espèces de farces sur des sujets de piété, qu'on représentoit publiquement dans* LE *quinzième et* LE *seizième siècle.*

Ces vers, rapportés par M. *Lemare* (dans son Cours théorique, pag. 41) :

*La langue anglaise, l'espagnole,
Cèdent à la française en douceur, en beauté;
Depuis Deucalion, de l'un à l'autre pôle,
Toutes lui cèdent en clarté.*

Enfin, on peut ajouter ce que nous avons dit, page 221, sur la répétition de l'article.

Observez bien que, dans tous les exemples que nous venons de citer, et qui tendent à prouver que la seconde construction est la seule correcte, le Substantif ne se met pas au pluriel : *le premier et le second volume, la première et la seconde classe*, etc., etc., parce que, comme nous l'avons déjà dit, il y a ellipse dans ces phrases; c'est comme s'il y avoit *le premier volume et le second volume; la première classe et la seconde classe.*

Il faut toujours que l'Adjectif ajoute quelque idée accessoire à l'idée principale exprimée par le Substantif, et que cette idée accessoire convienne au Substantif.

Ainsi, c'est mal s'exprimer que de dire, *ils furent surpris tout-à-coup par une tempête* ORAGEUSE, parce que l'adjectif n'ajoute rien au sens du Substantif *tempête.*

(*Dumarsais*, pag. 352 de ses Principes de grammaire.)

Quand *Voltaire* dit (dans Adélaïde du Guesclin) :

Mais on craint trop ici l'*aveugle* Renommée. (Act. I, sc. 3.)

l'Adjectif *aveugle* est déplacé ; car on ne peut regarder comme aveugle ce qui est représenté avec tant d'yeux. La Renommée est trompeuse, incertaine, infidèle, mais non pas aveugle.

(*La Harpe*, Cours de littérature, t. VIII, pag. 309.)

Les Adjectifs, ainsi que nous l'avons déjà dit au chapitre où il est question de l'article, s'emploient comme noms Substantifs, et en font toutes les fonctions lorsqu'on les fait précéder de l'article. Employés ainsi, dit M. *Maugard* (p. 274 de sa Grammaire), ils se rapportent à un nom générique sous-entendu :

. . . . .*Le sage*, en ses desseins,
Se sert des fous pour aller à ses fins.
(*Voltaire*, la Prude, act. IV, sc. 1.)

l'*homme sage.*

Si les VIVANTS *vous intimident, qu'avez-vous à craindre* DES MORTS ? (*Marmontel*.)

les *hommes* vivants, — des *hommes* morts.

N'espérons des *humains* rien que par leur foiblesse (*Voltaire*.)

des *êtres* humains.

Une *coupable* aimée est bientôt innocente.
(*Molière*, le Misanthrope, act. IV, sc. 2.)

une *femme* coupable.

Les *menteurs* les plus grands disent vrai quelquefois.
(*Corneille*, le Menteur, act. IV, sc. 7.)

les hommes *menteurs*

Les Adjectifs pris substantivement et joints au verbe *être* sont beaucoup plus expressifs que les Substantifs ; par exemple : *c'est un fourbe*, *c'est un méchant*, *c'est un menteur*, est une manière plus expressive de s'énoncer que si l'on disoit *il a fait une fourberie*, *une méchanceté*, *un mensonge*. La raison est que l'Adjectif dénote une habitude, et le substantif marque seulement un acte.

Cependant le substantif, suivi du mot *même*, est souvent plus fort et plus significatif que l'Adjectif pris substantivement : *Ce n'est pas seulement un fourbe, c'est la fourberie même ;* c'est-à-dire c'est un fourbe achevé; ici on personnifie en quelque sorte le substantif, et il a bien plus d'énergie que l'Adjectif.

(*Wailly*, pag. 174; et le Dict. de *Trévoux*.)

§ II.

DE LA PLACE DES ADJECTIFS.

Il n'est pas indifférent en français d'énoncer le Substantif avant l'Adjectif, ou l'Adjectif avant le Substantif. Il est vrai que, pour faire entendre le sens, il est égal de dire *bonnet blanc*, ou *blanc bonnet ;* mais, par rapport à l'élocution et à la syntaxe d'usage, on ne doit dire que *bonnet blanc*. Nous n'avons sur ce point d'autre guide que l'oreille ; cependant voici des exemples qui pourront servir de règle dans les occasions analogues : on dit *habit rouge*, ainsi dites *habit bleu*, *habit gris*, et non *bleu habit*, *gris habit ;* on dit *mon livre*, ainsi dites *ton livre, son livre, leur livre ;* on dit *Zone torride*, ainsi dites par analogie, *Zone tempérée*, *Zone glaciale*, et ainsi des autres.

On peut aussi établir en principe, que l'Adjectif se place avant ou après le Substantif, selon l'acception que l'on veut donner à ce substantif ;

Que, placé avant le Substantif, l'Adjectif lui est plus intimement uni, et dit plus que quand il est placé après (251);

---

(251) Les Allemands sont si sensibles à cette différence, que l'*Adjec-*

Que néanmoins il ne faut pas perdre de vue que, pour la construction des Adjectifs, on doit consulter le goût et l'oreille ; alors on n'oubliera pas :

Qu'avant les substantifs monosyllabes, les *Adjectifs* de plusieurs syllabes font rarement bien, comme : *les champêtres airs, les imaginaires lois, les terrestres soins*, etc.;

Que les *Adjectifs* masculins par leur terminaison sont encore moins supportables avant les substantifs monosyllabes, comme, *les sacrés os, ces affreux temps*, etc., etc. On dit pourtant de *jolis airs*, mais c'est une exception, et, s'il y en a d'autres, elles sont en petit nombre;

Que les *Adjectifs* pluriels s'unissent ordinairement mieux avec les substantifs commençant par une voyelle, parce que le *s* qui termine les premiers se lie très bien avec les voyelles par où les autres commencent : *brillants atours*; qu'il en est de même des *Adjectifs* qui, quoiqu'au singulier, sont terminés par un *x* que l'on prononce comme un *s* : *courageux ami, heureux artifice*, etc., etc.;

Que les *Adjectifs* masculins, modifiant un substantif de terminaison féminine, font mieux après qu'avant : *astres brillants*, et non pas *brillants astres*; mais que les adjectifs de terminaison féminine précèdent élégamment : *brillante lumière, vaste champ*.

On peut encore établir en principe que les Adjectifs qui peuvent s'employer seuls se placent après le substantif; alors on dira : *un homme bossu, une femme boiteuse, un enfant aveugle,* puisqu'on peut dire *l'aveugle, le boiteux, le bossu*;

---

tif ajouté au nom, et placé après le verbe, ne prend pas de concordance. Ils disent : *diese* SCHOENE *Frau*, cette belle femme ; et *diese Frau ist* SCHOEN, cette femme est beau

Dans un *grand homme*, un *brave homme*, un *honnête homme*, les adjectifs *grand, brave, honnête* sont plus étroitement unis au nom ; ils disent plus que dans un *homme grand*, un *homme brave*, un *homme honnête*. C'est ce que nous verrons plus bas.

Que les nombres *ordinaux* (*premier* (252), *second*, *troisième*, etc.), et les nombres *cardinaux* employés comme *ordinaux*, se placent après le substantif quand ils sont employés en citation, sans article, ou avant un nom propre : *livre second, chant trois, Henri quatre*, etc.;

Que les articles *le, la, les*, et les Adjectifs pronominaux *ce, cet, ces, quelque, tout*, etc., *son, sa, ses, notre, votre, leur*, etc., précèdent toujours le substantif : *l'homme, la femme, mon père, ta harangue, cette circonstance, ce personnage*, etc., etc. (253);

Que tous les Adjectifs formés du participe passé se placent toujours après le substantif : *pensée embrouillée, homme instruit, figure arrondie*, etc., etc. (254);

Que, dans les exclamations, l'Adjectif se plaît à marcher

---

(252) Si le substantif est employé avec l'article, ces adjectifs de nombre se placent avant :

<blockquote>
Le *premier* moment de la vie
Est le *premier* pas vers la mort.   (J.-B. Rousseau, Ode 13, l. II.)
</blockquote>

Virgile est le PREMIER *poète des Latins; Cicéron est le* PREMIER *de leurs orateurs.*—*On compte* DIX-HUIT *siècles depuis la naissance de J.-C., et le* DIX-NEUVIÈME *sera un des plus remarquables.*

NOTA. Les poètes cependant mettent l'adjectif *premier* après le substantif, quoique celui-ci soit accompagné de l'article ou d'un équivalent :

<blockquote>
Mais enfin rappelant son audace *première*.   (*Boileau*, le Lutrin, ch. II.)

Il étoit les amours et la gloire *première*
   Des bois et des hameaux   (*Gresset*, Eglogue V.)

La plus pure lumière
Va rendre à sa vertu sa dignité *première*.   (Le même, Édouard III, act. IV, sc. 8.)
</blockquote>

(253) L'Adjectif pronominal *quelconque* se place toujours après le substantif : *obstacle quelconque, raison quelconque*.

(254) C'est pour cela qu'on doit dire : *Les ennemis de la religion les plus déclarés*, et non pas *les plus déclarés ennemis*.—*C'est le ministre le plus occupé*, et non pas *le plus occupé ministre*.—*Manguchi étoit une des villes les plus peuplées, et par conséquent les plus débordées du Japon*, et non pas *des plus peuplées, et des plus débordées villes*, etc., etc.

avant : *Charmant auteur! Quelle étrange démarche!* etc. ; mais cette règle est loin d'être sans exception ;

Qu'une règle assez générale, c'est qu'un Adjectif qui a un régime, ou qui est modifié par un adverbe, doit toujours être placé après le substantif : *malheur* COMMUN *à tous, fief* DÉPENDANT *de ce duché, homme* EXTRÊMEMENT *aimable* ; qu'au contraire, quand c'est le substantif qui a un régime, il faut, autant que l'usage peut le permettre, que l'Adjectif précède, afin que ce régime suive le nom qui le régit : l'INCOMPARABLE *auteur de Ver-vert* ; l'ÉLÉGANT *traducteur* DES *Géorgiques* ; ou du moins qu'on doit placer l'Adjectif après le régime, et non pas après le substantif : *Une* NATTE *de jonc* GROSSIÈRE *lui servoit de lit*. (ibid.) — *Une natte grossière de jonc* formeroit une mauvaise construction ;

Que, dans le style élevé, l'Adjectif peut quelquefois se placer après le verbe et loin du substantif : *les* BERGERS, *loin de secourir le troupeau, fuient* TREMBLANTS, *pour se dérober à la fureur du lion*, etc. ;   (Télémaque.)

*Dans la langueur qui l'*ACCABLE, *ce héros hésite et balance* INCERTAIN. (Trad. de la Jérus. déliv.) — *Les* RÊNES *de l'empire ne* FLOTTENT *plus* INCERTAINES *au gré de mille passions contraires qui se croisent ;*   (Royou, de l'État monarch.)

Que, dans le style sérieux, quand l'Adjectif est régi par le verbe *être*, il doit toujours être placé après : *il est aimable, elle est douce* et *modeste* ; mais que, dans le style burlesque et marotique, il précède même le pronom personnel. Ainsi, *Voltaire* (dans son conte du Pauvre Diable) a bien plus péché contre le goût, ou contre l'équité et la vérité, que contre la grammaire, quand il a dit des Cantiques sacrés de *Le Franc de Pompignan :*

Sacrés ils sont, car personne n'y touche ;

Que *la règle la plus générale*, et que le bon sens seul nous dicte, c'est que, dans la construction de la phrase, il faut placer l'Adjectif de manière qu'on voie sans peine à quel nom il se rapporte, afin qu'il n'y ait point d'équivoque dans le sens;

Enfin que la place d'un grand nombre d'Adjectifs avant ou après le substantif tient tellement au génie de la langue, que de cette place, avant ou après, dépend souvent le sens du substantif; et l'usage dicte si impérieusement la loi qu'on ne seroit plus entendu si l'on se permettoit de l'enfreindre.

Dans la quatrième édition de cet ouvrage j'avois donné la liste des adjectifs qui se placent habituellement après leur substantif; celle des adjectifs qui précèdent le plus souvent leur substantif; celle des adjectifs dont l'oreille et le goût déterminent la place; celle des adjectifs qui, dans le style simple, se mettent après leur substantif, et qui, en vers et dans le style oratoire et poétique, se plaisent à le précéder; enfin la place des adjectifs qui donnent aux substantifs une acception différente, selon qu'ils sont placés avant ou après. Mais comme toutes ces règles sont sujettes à une infinité d'exceptions, et que d'ailleurs nombre de personnes éclairées, et qui s'intéressent à l'amélioration de cet ouvrage, m'ont convaincu que cette matière est plutôt du ressort d'un dictionnaire, je me suis décidé à supprimer cet article, me bornant à donner la liste suivante :

Un BON homme signifie le plus souvent un homme simple, crédule, qui se laisse dominer, tromper.	Un homme BON se dit d'un homme plein de candeur, d'affection; d'un homme charitable, compatissant.
Un BRAVE homme (255) est un homme de bien, de probité, dont le commerce est sûr.	Un homme BRAVE est un homme intrépide, qui affronte le danger sans crainte.

---

(255) BRAVE, substantifié, s'emploie le plus souvent au pluriel, et alors il se prend presque toujours en mauvaise part :

Il est de faux dévots, ainsi que de faux braves.
(Molière, Tartufe, act. I, sc. 6.)

Je crains peu, direz-vous, les braves du Parnasse. (Boileau, Satire IX.)

Faisons tant que nous voudrons les BRAVES, la mort est la fin qui attend la plus belle vie du monde. (Pascal.)

Certain mal est un mal que l'on voit, que l'on distingue de tous les autres, que l'on pourroit décrire, que l'on pourroit nommer.

Une COMMUNE *voix* est la réunion de tous les suffrages prononcés unanimement.

Un CRUEL *homme* est un homme ennuyeux, importun, etc., etc.

Une FAUSSE *corde* est une corde d'instrument qui n'est pas montée sur un ton juste, sur le ton qu'il faut.

Un FAUX *accord* est un accord qui choque l'oreille, parce que les sons, quoique justes, ne forment pas un tout, un ensemble harmonique.

Un tableau est dans un FAUX *jour* quand il est éclairé du sens contraire à celui que le peintre a choisi dans son sujet.

Une FAUSSE *clef* est une clef que l'on garde, le plus souvent à dessein, pour en faire un usage illicite.

Une FAUSSE *porte* est une issue ménagée à l'effet de se dérober aux importuns, sans être vu.

FURIEUX, avant le substantif, signifie prodigieux, excessif, extraordinaire dans son genre : *Un* FURIEUX *menteur*. *Une* FURIEUSE *entorse*.

Un GALANT *homme* est un homme à nobles procédés, qui a des talents, des mœurs, et dont le commerce est sûr et agréable. Il tient de l'honnête homme.

On ne dit pas *une* GALANTE *femme*.

Un mal CERTAIN est un mal que l'on voit comme assuré, indubitable.

Une voix COMMUNE est une voix ordinaire, qui n'a rien de plus remarquable qu'une autre.

Un homme CRUEL est un homme inhumain, insensible, qui aime à faire souffrir ou à voir souffrir les autres.

Une corde FAUSSE est celle qui ne peut jamais s'accorder avec une autre.

Un accord FAUX est celui dont les intonations ne sont pas justes, dont les intonations ne gardent pas entre elles la justesse des intervalles.

Il y a un *jour* FAUX dans un tableau quand une partie y est éclairée contre nature, la disposition générale du tout exigeant, par exemple, que cette partie soit dans l'ombre.

Une clef FAUSSE est une clef qui n'est pas propre à la serrure pour laquelle on veut s'en servir.

Une porte FAUSSE est un simple simulacre de porte, en pierre, en marbre, en menuiserie, ou en peinture.

FURIEUX, après le substantif, signifie transporté de fureur, en furie : *Fou* FURIEUX. *Lion* FURIEUX.

Un homme GALANT, est un homme qui cherche à plaire aux femmes, qui leur rend de petits soins. Il se rapproche du petit-maître, de l'homme à bonnes fortunes.

Une femme GALANTE est une femme qui a des intrigues, et dont la conduite est déréglée.

La DERNIÈRE *année* est la dernière des années, dans une période dont on parle : *la dernière année de son règne.*

Un GRAND *homme* (256) est un homme d'un grand mérite moral.

Le GRAND *air* se dit d'un homme qui a les manières d'un grand personnage.

Une GROSSE *femme* est une femme qui a beaucoup d'embonpoint.

Le HAUT *ton* est une manière de parler audacieuse, arrogante.

Un HONNÊTE *homme* (258) est un

L'année DERNIÈRE est l'année qui précède immédiatement celle où l'on parle : *j'ai beaucoup voyagé l'année dernière.*

Un homme GRAND (257) est un homme d'une grande taille.

L'air GRAND se dit d'un homme dont la physionomie noble annonce une âme douée de grandes qualités.

Une femme GROSSE est une femme enceinte.

Le ton HAUT est un degré supérieur d'élévation d'une voix chantante, ou du son d'un instrument.

Un homme HONNÊTE est un hom-

(256) Le P. *Bouhours*, le Dictionnaire de *Trévoux*, *Féraud* et l'Académie (édition de 1798), sont d'avis que l'adjectif *grand*, qualifiant le mot *femme*, ne doit pas s'employer pour désigner une femme d'un grand mérite, et qu'ainsi en parlant de *Catherine* II et d'*Elisabeth*, on ne diroit pas que ce furent de *grandes femmes*; mais on diroit, par exemple, *Catherine* II *fut une* GRANDE *impératrice, et Élisabeth une* GRANDE *reine.*

Voltaire fait dire à Henri IV, parlant à la reine d'Angleterre :

..L'Europe vous compte au rang des plus *grands hommes*.   (Henriade, ch. III.)

Il s'est bien gardé de dire, *des plus grandes femmes*; je n'en connois pas un seul exemple. D'après cela, je pense que M. *Laveaux* est dans l'erreur quand il soutient qu'on peut dire *une grande femme*, comme on dit *un grand homme*.

(257) Si après un *grand homme* on ajoute un autre adjectif qui énonce une qualité du corps, comme *un grand homme sec*, *un grand homme brun*, le mot *grand* ne s'applique alors qu'à la taille; de même, si après *homme* GRAND, on ajoute quelque modificatif qui ait rapport au moral, comme *un homme* GRAND *dans ses projets*, le mot *grand* cesse d'avoir rapport à la taille.

(258) *Honnête homme* ne s'emploie pas au pluriel : on dit, *honnêtes gens*, et non pas *honnêtes hommes* : *Ne confondons pas les honnêtes gens avec les gens de bien.*   (Marmontel)

Voltaire, dans une de ses épîtres, a dit en parlant d'une femme :

Une femme sensible et que l'amour engage,
Quand elle est *honnête homme*, à mes yeux est un sage.

Ce qui veut dire *quand elle a les qualités d'un honnête homme*; ce que n'auroit pas signifié l'expression *honnête femme*.   (Laveaux).

Puisque nous parlons de cette expression *honnête homme*, nous ne

homme qui a des mœurs, de la probité, qui jouit de l'estime publique, etc.

me qui observe toutes les bienséances et tous les usages de la société.

Une *honnête femme* est une femme d'une conduite irréprochable, quelques défauts qu'elle puisse avoir d'ailleurs.

D'HONNÊTES *gens* sont ceux qui ont une réputation intègre, une naissance honnête et des mœurs douces.

Des gens HONNÊTES sont des personnes polies qui reçoivent bien ceux qui les visitent.

Un MALHONNÊTE *homme* est un homme qui n'a ni probité, ni sentiment d'honneur.

Un homme MALHONNÊTE est un homme qui fait des choses contraires à la civilité, à la bienséance.

JEUNE, *voy.* la Note 259.

MAUVAIS *air* est un extérieur ignoble, un maintien gauche.

L'air MAUVAIS est un extérieur redoutable.

Cet air tient aux manières.

Celui-ci tient au caractère.

---

croyons pas inutile d'entretenir nos lecteurs d'une locution qui est dans la bouche de tout le monde, c'est celle de *parfait honnête homme*. Beaucoup de grammairiens sont d'avis qu'elle n'est pas bonne, parce que, disent-ils, deux adjectifs ne doivent pas être joints à un nom sans conjonction, et que *parfait* et *honnête*, qui précèdent le nom *homme*, ont cette incorrection.

Mais il nous semble que ce principe n'est pas applicable au cas où l'un des adjectifs est tellement nécessaire au substantif auquel il est immédiatement joint, qu'on ne peut l'ôter, sans changer le sens de ce substantif, ou sans lui donner un sens vague et indéterminé. Or, dans la phrase précitée, *honnête* est tellement lié à *homme*, il en est tellement inséparable, que, si on l'ôtoit, on donneroit à ce nom un sens indéterminé, et l'on ne rendroit pas sa pensée : *honnête homme*, dans le sens qu'on veut lui donner, renferme deux mots aussi inséparables que les mots *grand homme, jeune homme, sage-femme*, etc.; et, de même que Voltaire a dit (dans l'Éducation d'un prince), *ce pauvre honnête homme*, et (dans le Triumvirat, III, 1re), *infortuné grand homme!* La Rochefoucault (Maxim.) : *le vrai honnête homme est celui qui ne se pique de rien;* Colardeau (dans les Perfidies à la mode, I, 8), *ce sévère honnête homme*;

De même on doit pouvoir dire *Parfait honnête homme*.

A ces motifs, à ces citations, nous ajouterons cet exemple d'un des plus corrects, comme des plus élégants écrivains du siècle de Louis XIV :

Je veux me flatter que, faisant votre possible pour devenir un PARFAIT HONNÊTE HOMME, *vous concevrez qu'on ne peut l'être sans rendre à Dieu ce qu'on lui doit.* (Racine, lettre 34e à son fils.)

Cléon, lorsque vous nous bravez,
En démontant votre figure,
Vous n'avez pas *l'air mauvais*, je vous jure :
C'est *mauvais air* que vous avez.

(Le Comte *de Choiseul*.)

Méchant homme a rapport aux actions.

Une MÉCHANTE *épigramme* est une épigramme sans sel, sans esprit.

Du MORT *bois* est du bois de peu de valeur qui n'est propre à aucun ouvrage.

MORTE *eau* se dit des marées quand elles sont extrêmement basses.

Le NOUVEAU *vin* est le vin nouvellement mis en perce, ou du vin différent de celui que l'on buvoit.

De NOUVEAUX *livres*, ce sont d'autres livres, des livres autres que ceux que l'on a, ou que l'on n'a plus.

Un NOUVEL *habit* est un habit différent de celui que l'on vient de quitter.

Un PAUVRE *homme* est un homme de peu de mérite, qui est incapable de faire ce que l'on désire de lui.

Une PAUVRE *langue* est celle qui, outre la disette des termes, n'a ni douceur, ni énergie, ni beauté.

Homme méchant a rapport aux pensées et aux discours.

Une épigramme MÉCHANTE est une épigramme qui offre un trait malin et piquant.

Du bois MORT est du bois séché sur pied.

Eau MORTE, c'est l'eau qui ne coule pas, comme l'eau des étangs, des mares, etc.

Le vin NOUVEAU, c'est le vin nouvellement fait.

Des livres NOUVEAUX, ce sont des livres imprimés depuis peu.

Un habit NOUVEAU est un habit de nouvelle mode.

Un habit NEUF est un habit qui n'a point, ou qui a peu servi.

Un homme PAUVRE est un homme sans biens.

Une langue PAUVRE est celle qui n'a pas tout ce qui est nécessaire à l'expression des pensées

---

(259) JEUNE : quand l'adjectif *jeune* est précédé de l'article, il a des sens différents, selon qu'il est placé avant ou après le nom : *le jeune Scipion* signifie que Scipion n'était pas âgé ; et *Scipion le jeune* se dit pour le distinguer de Scipion l'ancien.

Placé après le nom propre, *le jeune* se dit aussi pour le cadet, afin de le distinguer de son aîné.

Un PLAISANT *homme* est un homme bizarre, ridicule, singulier.

Un homme PLAISANT est un homme qui se distingue des autres par des manières enjouées, folâtres et qui font rire.

Un PLAISANT *personnage* est un impertinent digne de mépris.

Un personnage PLAISANT est celui dont le rôle est rempli de traits divertissants, de saillies fines, de reparties ingénieuses.

Un PLAISANT *conte* est un récit sans vérité et sans vraisemblance.

Un conte PLAISANT est un récit agréable et amusant.

Un PETIT *homme* est un homme d'une petite stature.

Un homme PETIT est un homme méprisable, qui fait des choses au-dessous de son rang, de sa dignité.

Les PROPRES *termes* sont les mêmes mots sans y rien changer : *la confiance dans les citations dépend de la fidélité à rapporter les* PROPRES TERMES *des livres ou des actes qu'on allègue.*

Des termes PROPRES sont des mots qui expriment bien, et selon l'usage de la langue, ce que l'on veut dire : *la justesse dans le langage exige que l'on choisisse scrupuleusement les* TERMES PROPRES.

NOTA. *Propre*, employé par énergie, et par une sorte de redondance, doit précéder le substantif : *ses* PROPRES *amis le blâment, il néglige ses* PROPRES *intérêts*. Le sens est : *ses amis le blâment, il néglige jusqu'à ses intérêts* (260).

Un SEUL *mot : voyez les Rem. détachées, lettre S.*

Un mot SEUL *: voyez les Rem. détachées, lettre S.*

―――――

(260) Quelques auteurs ont mal placé l'adjectif *propre* :
Votre expérience PROPRE. (Mascaron.) *Le voilà convaincu de son aveu* PROPRE. (Bossuet.) L'Académie elle-même a dit autrefois, dans ses Sentiments sur le Cid : *Il n'y avoit pas d'apparence de s'imaginer que Chimène se résolût à faire cette vengeance avec ses mains* PROPRES. L'équivoque de *ses mains* PROPRES (nettes) rend cette dernière transposition presque ridicule. — Il faut, *de ses* PROPRES *mains ; de son* PROPRE *aveu* ; il faut aussi *votre* PROPRE *expérience*.

Corneille, dans deux vers qui se suivent, le met une fois après, et une fois avant :

Il veut de sa main *propre* enfler sa renommée,
Voir de ses *propres* yeux l'état de son armée.

On seroit plus sévère aujourd'hui. (Le Dict. crit. de *Féraud*.)

Un SIMPLE *homme* (261) est un nomme seul, unique : *Cette personne n'a qu'un simple homme, un simple valet à son service.*

Des SIMPLES *airs* sont des airs qui ne sont pas accompagnés de paroles.

UNIQUE *tableau*, seul en nombre.

Un VILAIN *homme, une* VILAINE *femme,* c'est un homme ou une femme désagréable par la figure, par la malpropreté, ou méprisable par les manières et par les vices.

Un homme SIMPLE est un homme qui a de la simplicité : *Les gens simples sont crédules; sans déguisement, sans malice.*

Des airs SIMPLES sont des air naturels, sans ornements.

Tableau UNIQUE, seul en son genre, incomparable.

Un homme VILAIN, ou plutôt *un homme fort vilain* (262), signifie un homme qui vit très-mesquinement et qui épargne d'une manière sordide.

DU RÉGIME OU COMPLÉMENT DES ADJECTIFS.

Le régime ou complément des Adjectifs est un Substantif ou un verbe précédé de l'une des prépositions *à, de, dans, en, sur,* etc. :

Quelques Adjectifs ne régissent rien; ce sont ceux qui, par eux-mêmes, ont une qualification déterminée, tels que *intrépide, inviolable, vertueux,* etc. :

Un général d'armée doit avoir une âme INTRÉPIDE, *être*

---

(261) SIMPLE. L'auteur de l'Eloge de M. de Vendôme a fait une faute, lorsqu'il a dit : *Vendôme réunissoit les plus* SIMPLES *mœurs avec ce naturel heureux qui porte aux plus belles actions ;* c'étoit *les mœurs les plus* SIMPLES qu'il devoit dire.

Et *La Bruyère* en a commis une semblable, lorsqu'il a dit des apôtres, que *c'étoient de* SIMPLES *gens ;* il falloit *c'étoient des gens* SIMPLES.

(262) VILAIN. Il faut pourtant observer qu'on ne dit pas absolument *un homme* VILAIN, *une femme* VILAINE, car on ne veut marquer ici que la situation de l'adjectif après le nom : mais on diroit, *voilà un homme bien* VILAIN ; *on m'a adressé à une femme excessivement* VILAINE.

froid et tranquille dans un jour de bataille (Fénelon.) — *Les droits sacrés de l'amitié sont* INVIOLABLES (Bossuet). — *La fortune se range difficilement du parti des hommes* VERTUEUX. (*Colurdeau*, Trad. de la lettre d'Héloïse à Abailard.)

Quelques autres doivent nécessairement avoir un complément, soit un nom, soit un verbe ; ce sont ceux qui, ayant un sens vague, ont besoin d'être restreints pour avoir une signification déterminée, comme *capable, prêt, comparable*, etc., etc. :

L'exercice et la tempérance sont CAPABLES DE *conserver aux vieillards quelque chose de leur première vigueur.*
(*D'Olivet*, Pensées de Cicéron.)

L'ignorance toujours est prête à s'admirer.
(*Boileau*, Art poét., ch. I.)

Turenne étoit un homme COMPARABLE à *tous les grands capitaines de l'antiquité.*

Enfin il y a des Adjectifs qui n'ont point de régime, quand on les emploie dans une signification générale ; et qui en ont un, quand on veut les appliquer à quelque chose de particulier : *Il n'est pas même au pouvoir des dieux de rendre l'homme* CONTENT. (*Scudéri.*)

Qu'heureux est le mortel qui, du monde ignoré,
Vit *content* de soi-même en un coin retiré ! (*Boileau*, Ép. VI.)

Le plus HEUREUX EN *bien des choses est celui qui sait se faire une agréable imagination.* (*S.-Evremond.*)

1re REMARQUE. — Il ne faut pas donner de complément ou régime à un Adjectif qui n'est pas susceptible d'en recevoir.

C'est d'après ce principe (reconnu dans les *Opuscules* sur la langue française, page 302 ; dans *Wailly*, page 173 ; et dans presque toutes les Grammaires) que *Voltaire* blâme *P. Corneille* d'avoir dit :

Je cherche à l'arrêter parce qu'il *m'est unique*.
(Le Menteur, act. II, sc. 1.)

« *Il m'est* unique ne se dit pas, puisque l'adjectif *unique*
» s'emploie sans régime. »

Le *P. Bouhours* (page 191 de ses Remarques) a conclu aussi de ce principe que *d'Ablancourt* s'est exprimé incorrectement, lorsqu'il a dit : *Guillaume, prince d'Orange, étoit doux, affable, populaire, et* ambitieux d'*autorité*; parce que, suivant lui, l'Adjectif *ambitieux* ne doit pas avoir de régime.

Toutefois *Ménage* et *La Touche* ne sont pas de cet avis ; en effet, plusieurs écrivains lui ont donné un régime. *Boileau* a dit : ambitieux de *gloire*; et *L. Racine* a dit des Saints (la Rel., ch. III) :

Ils sont *ambitieux de* plus nobles richesses ;

et des enfants de Mars (ch. V) :

Ambitieux de vaincre, et non *de* discourir (263).

Voyez, aux Remarques détachées, ce que nous disons sur l'adjectif *Impatient*.

2º *Remarque.*—Il ne faut pas donner à un Adjectif un autre régime que celui qui lui est assigné par l'usage; ainsi, on ne seroit pas correct, si l'on disoit : *cela m'est aimable*, comme on dit *cela m'est agréable*; pourquoi cela? parce que *agréable* vient d'*agréer*, cela m'agrée; mais il n'en est pas ainsi d'*aimer*; on dit *j'aime cette pièce*, et non *cette pièce aime à moi*; donc on ne peut pas dire *cela m'est aimable*.
(*Voltaire*, Comment. sur le Menteur de *P. Corneille*, act. II, sc. 24.)

L'application de ces deux règles est très-embarrassante pour les étrangers, parce qu'elles dépendent principalement de l'usage, qu'ils ne peuvent connoître qu'à la longue,

---

(263) Aujourd'hui on dit une *phrase ambitieuse*, une *expression ambitieuse*; mais, comme le remarque M. *Laveaux*, il y a trop loin de l'ambition à une épithète, ou à une tournure de phrase, pour qu'on puisse qualifier l'une ou l'autre de l'adjectif *ambitieux*.

et qui même est souvent contraire à celui de leur propre langue (264).

3° *Remarque.*—Il y a encore une difficulté bien grande à surmonter pour les étrangers, c'est de bien connoître la nature des Adjectifs, car il en est qui ne conviennent qu'aux personnes, et d'autres qui ne peuvent qualifier que les choses.

---

(264) Il y a des adjectifs *dont le régime varie,* selon que le verbe *être* auquel ils sont joints, a pour sujet *il* ou *ce.* On dit par exemple : *il est horrible* DE *penser,* DE *voir* ; mais on doit dire : *c'est horrible* À *penser,* À *voir :*

Il est *beau* de mourir maître de l'univers. (*Corneille,* Cinna, act. I, sc. 1.)

C'est BEAU *à* considérer.

Quelques autres adjectifs veulent *de* avant un *verbe,* et *à* avant un *nom* ; tels sont : *doux, agréable, désagréable, facile, aisé, utile, inutile, naturel,* etc.

Il est *doux* de revoir les murs de la patrie. (*Corneille,* Sertor., act. III, sc. 2.)

Il est doux DE *jouir dans la solitude, des plaisirs innocents, que rien ne peut ôter aux sages.* (Télémaque.)

Il est *dur* de haïr ceux qu'on voudroit aimer. (*Voltaire,* Mahomet, act. III, sc. 3.)

Il est AGRÉABLE DE *vivre avec ses amis.* (Trévoux.)—*C'est une chose* AGRÉABLE *à un bon esprit que la bonne compagnie.*

La bouillante jeunesse est *facile* à séduire. (*Voltaire,* Brutus, act. I, sc. 4.)

Il est UTILE DE *s'habituer de bonne heure au travail.* (Laveaux.)

L'amour-propre NOUS FAIT *aimer ceux qui* NOUS *sont* UTILES. (Nicole.)

Chacun doit suivre courageusement sa destinée ; il est INUTILE DE *s'affliger.* (Le même.)

Il n'y a rien de plus honteux que d'être INUTILE AU *monde,* À *soi-même, et que d'avoir de l'esprit pour n'en rien faire.* (Pascal.)

Il est très-facile DE *tromper l'homme en matière de religion, et très-difficile* DE *le détromper.* (Bayle.)

OBSERVATION. Lorsque *facile* régit *à,* il donne au verbe régi le sens passif : *facile à séduire, facile à être séduit* ; en conséquence il ne doit pas régir de cette manière des verbes pronominaux ; ainsi il ne faut pas dire, comme Linguet, *pamphlets faciles à se procurer,* mais *pamphlets qu'il est facile de se procurer.* (*Féraud* et M. *Laveaux.*)

des Adjectifs.

Pour savoir si un Adjectif peut se dire des personnes, il faut examiner, lorsqu'il dérive d'un verbe, si le verbe dont

---

D'autres adjectifs, lorsqu'on ne les emploie pas absolument, ce qui arrive assez souvent, ont pour régime, soit la préposition *à*, soit la préposition *de* :

Adjectifs qui ont pour régime la préposition À, *c'est-à-dire qui ont un complément construit avec cette préposition :*

ACCESSIBLE :
    Il se rend *accessible à* tous les janissaires.
                  (*Racine*, Bajazet, act. I, sc. 1.)

ACCOUTUMÉ :
    Nourri dans l'abondance, *au* luxe *accoutumé*.
                  (*Voltaire*, la Henr., ch. X.)

ADHÉRENT : Un arbre est *adhérent au* tronc. — Une statue est *adhérente à* son piédestal.
                  (*L'Académie.*)

AGRÉABLE : Croyez un homme qui doit être *agréable aux* dieux, puisqu'il souffre pour la vertu.
                  (*Montesquieu.*)

ANTÉRIEUR : L'ouvrage dont je vous parle est *antérieur à* celui dont vous parlez.

ÂPRE : Voyez, page 303, dans quel cas cet adjectif prend *à*, dans quel cas il prend *de*.

ARDENT :
    Tantôt comme une abeille *ardente à* son ouvrage.
                  (*Boileau*, Art poét., ch. II.)
    ....Ce Parthe, seigneur, *ardent à* nous défendre.
                  (*Racine*, Mithr., act. III, sc. 4.)

ASSIDU : Voyez page 303, quand il prend *à*, quand il prend *auprès*.

ATTENTIF :
    Le fidèle, *attentif aux* règles de sa loi.
                  (*Boileau*, le Lutrin, ch. VI.)

CHER :
    Cette grandeur sans borne, *à* ses désirs si *chère*.
                  (*Voltaire*, la Henr., ch. III.)

CONFORME : Une fille qui
    S'est fait une vertu *conforme à* son malheur.
                  (*Racine*, Britann., act. II, sc. 3.)

il dérive peut avoir les personnes pour régime direct; par

Contraire :
   Mon cœur, toujours rebelle, et *contraire* à lui-même,
   Fait le mal qu'il déteste, et fuit le bien qu'il aime.
                              (*L. Racine*, la Grâce, ch. 1.)

Enclin : Censeur
   Plus *enclin* à blâmer que savant à bien faire.
                                (*Boileau*, Art poét., ch. III.)

Exact : Cet homme est laborieux, et *exact* à remplir ses devoirs.
                                (L'*Académie*.)

Favorable :
   De David à ses yeux le nom est *favorable*.
                                (*Racine*, Athalie, act. III, sc. 6.)

Formidable : Voyez page 314 si cet adjectif doit prendre la préposition à.

Funeste : Il n'y a rien de si *funeste* à la piété que le commerce du monde.
                                    (*Fléchier*.)

Importun :
   Importun à tout autre, à soi-même incommode.
                                (*Boileau*, sat. VIII.)

Impénétrable : Voyez page 314, si cet adjectif prend toujours la préposition à.

Inaccessible :
   Toujours *inaccessible aux* vains attraits du monde.
                                (*Voltaire*, la Henr., ch. V.)

Invisible : Dieu
   Invisible à tes yeux........   (*Voltaire*, la Henr., ch. VII.)

Insensible :
   Insensible à la vie, insensible à la mort,
   Il ne sait quand il veille, il ne sait quand il dort.
                                (*L. Racine*, la Religion, ch. II.)

Nuisible : Sa conduite est *nuisible* à sa santé.

Odieux : Cet Achille
   De qui, jusques au nom, tout doit m'être *odieux*.
                                (*Racine*, Iphigénie, act. II, sc. 1.)

Préférable : La vertu est *préférable* à tous les autres biens.

Propice :
   Il est dans ce saint temple un sénat vénérable,
   Propice à l'innocence, au crime redoutable.
                                (*Voltaire*, Henriade, ch. IV.)

exemple, on dira bien : *Cette personne est admirable, est*

REBELLE :
>Cette reine elle seule à mes bontés *rebelle.*
>>(*Racine*, Alexandre-le-Grand, act. V, sc. 3.)

REDOUTABLE :
>Saint Louis étoit redoutable *aux* vices par son équité.
>>(*Fléchier.*)

SENSIBLE :
>*Aux* larmes de sa mère il a paru *sensible.*
>>(*Racine*, les Frères ennemis, act. II, sc. 3.)

SEMBLABLE :
>Du titre de clément rendez-le ambitieux ;
>C'est par là que les rois sont *semblables aux* dieux. (*La Fontaine.*)

SUJET :
>Et ce roi, très-souvent *sujet au* repentir,
>Regrettait le héros qu'il avait fait partir.
>>(*Voltaire*, Henriade, ch. IV.)

Adjectifs qui ont pour régime la préposition DE, *c'est-à-dire qui ont un complément construit avec cette préposition.*

AMOUREUX :
>Tous ces pompeux amas d'expressions frivoles
>Sont d'un déclamateur *amoureux de* paroles.
>>(*Boileau*, Art poétique, ch. III.)

CAPABLE :
>De quel crime un enfant peut-il être *capable* ?
>>(*Racine.* Athalie, act. II, sc. V.)

COMPLICE :
>Ainsi tu fais les dieux *complices de* ta haine. (*La Harpe.*)

CONTENT :
>Qui vit *content de* rien possède toute chose. (*Boileau*, Epître V.)

DÉSIREUX :
>Et *désireux de* gloire,
>Son char rase les champs et vole à la victoire.
>>(*Delille*, trad. de l'Enéide.)

DIFFÉRENT :
>Elle le voit d'un œil bien *différent du* vôtre. (*Corneille.*)

DIGNE :
>*Digne de* notre encens et *digne de* nos vers.
>>(*Boileau*, sat. VII.)

Voyez les Remarques détachées.

excusable, parce qu'on peut dire *admirer quelqu'un, accu-*

Envieux :
J'ai rendu mille amants *envieux de* mon sort. (*Boileau*, Enigme.)

Esclave :
L'impie *esclave*
De la foi, *de* l'honneur, *de* la vertu qu'il brave.
(*L. Racine*, la Religion, ch. I.)

Exempt :
Ô vous dont les grands noms sont *exempts de* la mort!
(*L. Racine*, la Religion, ch. II.)

Fier :
...Tout *fier* d'un sang que vous déshonorez. (*Boileau*, Sat. V.)

Fou :
Un avare idolâtre et *fou de* son argent. (*Boileau*, Sat. IV.)

Glorieux :
Il n'est pas de Romain
Qui ne soit *glorieux de* vous donner sa main. (*Corneille*, Horace, IV, 5.)

Honteux :
J'ai cru *honteux* d'aimer, quand on n'est plus aimable.
(*Corneille*, Sertorius, IV, 2.)

Indigne :
Joyeuse, né d'un sang chez les Français insigne
D'une faveur si haute étoit le moins *indigne.*
(*Voltaire*, la Henr., ch. III.)

Incapable :
Incapable à la fois *de* crainte et *de* fureur. (*Voltaire*, la Henr., ch. VI.)

Ivre :
Toujours *ivre de* sang, et toujours altéré
(*L. Racine*, la Religion, ch. I.)

Las : Le ciel
....Lent à punir, mais *las* d'être outragé.
(*L. Racine*, la Religion, ch. III.)

Mécontent :
Mais un esprit sublime......
Et toujours *mécontent de* ce qu'il vient de faire. (*Boileau*, sat. II.)

Plein :
Elle est dans un palais tout *plein de* ses aïeux.
(*Racine*, Britann., I, 2.)

ser quelqu'un; mais, comme on ne dit pas *pardonner quel-*

SOIGNEUX :
>Il offre à ma colère
>Un rival dès long-temps *soigneux* de me déplaire.
>(*Racine*, Mithr., II, 3.)

SÛR :
>Il attendoit Bourbon *sûr de* vaincre avec lui.
>(*Voltaire*, la Henr., ch. IV.)

TRIBUTAIRE :
>Rendez *de* mon pouvoir Athènes *tributaire*.
>(*Racine*, Phèdre, II, 3.)

VICTIME :
>Triste jouet des vents, *victime de* leur rage,
>Le pilote effrayé ...
>(*L. Racine*, la Religion, ch. II.)

VIDE :
>Lorsque, *vide de* sang, le cœur reste glacé,
>Son ame s'évapore; et tout l'homme est passé.
>(*L. Racine*, la Religion, ch. II.)

D'autres adjectifs enfin ont un *régime différent*, selon qu'on les emploie avant un nom ou avant un verbe, ou bien encore selon qu'on les emploie pour les personnes ou pour les choses.

ABSENT se dit sans régime :
>Présente, je vous fuis, *absente*, je vous trouve.
>(*Racine*, Phèdre, act. II, sc. 2.)

Le sentiment de la fausseté des plaisirs présents, et l'ignorance des plaisirs ABSENTS, *causent l'inconstance.* (Pensée de *Pascal*.)

Se dit aussi avec un régime et la préposition *de*;
1° En parlant des lieux et des choses.

>*Absente de* la cour, je n'ai pas dû penser,
>Seigneur, qu'en l'art de feindre il fallût m'excuser.
>(*Racine*, Britann., act. II, sc. 4.)
>*De* ce même rivage *absent* depuis un mois.
>(Le même, Iphig., act. II, sc. 7.)

2° En parlant des personnes.

Absent de vous, je vous vois, vous entends. (*Fontenelle*, X, 468.)
Quand j'ai été ABSENT DE *Camille, je veux lui rendre compte de ce que j'ai pu voir ou entendre.* (*Montesquieu*, le Temple de Gnide, ch. V.)
>*J'étois absent de vous, inquiet, désolé.* (*Campistron*.)

Ces exemples confirmeroient l'emploi de cet adjectif suivi de la préposition *de*, rejeté par l'*Académie*.

ABSURDE se dit le plus souvent sans régime :

Conséquence *absurde*; conduite *absurde*; proposition *absurde*; raisonnement *absurde*.

Imaginez ce que vous pourrez de plus monstrueux, de plus ABSURDE, *vous le trouverez dans Shakespeare.* (*Voltaire.*)

Cependant il paroîtroit qu'on peut aussi le construire avec la préposition *à* :

Il mentait à son cœur, en voulant expliquer
Ce dogme *absurde à* croire, *absurde à* pratiquer.
(*Voltaire*, Disc. sur la liberté morale.)

Voyez aux Remarques détachées si cet adjectif peut se dire des personnes.

ADORÉ : Avec les personnes, cet adjectif régit *de* :

Dieu veut être ADORÉ *de ses créatures.* (*Massillon.*)

Ou bien, il se dit sans régime :

Diane ADORÉE *dans toute l'Asie.* (*Bossuet.*)

Avec les choses, *adoré* s'emploie sans régime :

L'audace est triomphante, et le crime adoré. (*Brébeuf.*)

ADROIT régit la préposition *à* :

ADROIT À *manier les esprits.* (*L'Académie.*)

Le merveilleux Protée, adroit à nous surprendre. (*L. Racine.*)

AFFABLE se dit, ou tout seul :

Lui, parmi ces transports, *affable* et sans orgueil,
À l'un tendoit la main, flattoit l'autre de l'œil.
(*Racine*, Athalie, act. V, sc. 1.)

ou avec les prépositions *à*, *envers* :

AFFABLE À *tout le monde ou* ENVERS *tout le monde.* (*L'Académie et Féraud.*)

AFFABLE À *tous avec dignité, elle savoit estimer les uns sans fâcher les autres.* (*Bossuet.*)

ALARMANT. Cet adjectif régit quelquefois la préposition *pour* :

Dans la plupart des romans, ce ne sont que conversations tendres, que sentiments passionnés, que peintures séduisantes, que situations ALARMANTES POUR *la pudeur.* (*L'abbé Reyre.*)

contestable, et *incontestable*, ne peuvent convenir aux per-

---

ÂPRE. Dans le sens d'*avide*, cet adjectif prend *à* :

Peut-être la réputation qu'il a d'être ÂPRE *au gain contribue-t-elle à cette coupable honte.* (J.-J. Rousseau.)

Par extension, et signifiant ce qui est difficile et dont on ne peut venir à bout qu'avec beaucoup de peine, il prend *de* :

Quelques grandes difficultés qu'il y ait à se placer à la cour, il est encore plus difficile et plus ÂPRE DE *se rendre digne d'y être placé.* (La Bruyère.)

ASSIDU. Avant les personnes, il régit *auprès* :

ASSIDU AUPRÈS *du prince.*

Avant des noms de choses et des verbes, il régit *à* :

ASSIDU À *l'étude;* ASSIDU À *son devoir.* (L'*Académie.*)

A prier avec vous jour et nuit assidus. (Racine, Esther, act. I, sc. 3.)

D'écoliers libertins une troupe indocile,
Loin des yeux d'un préfet au travail assidu,
Va tenir quelquefois un brelan défendu.
(Boileau, le Lutrin, ch. III.)

AUCUN régit la préposition *de* devant les noms ou les pronoms.

Aucun d'eux (les plaisirs) n'assouvit la soif qui me dévore. (L. Racine, la Religion, ch. II.)

AUCUN DE *vous ne peut se plaindre de moi.*

....*Aucun de nous ne seroit téméraire*
Jusqu'à s'imaginer qu'il eût l'heur de vous plaire.
(Corneille, Rodog., act. IV, sc. I.)

Fénélon l'emploie dans le sens de *rien*, et lui fait régir la préposition *de* devant les adjectifs :

Il n'a eu dans toute sa vie AUCUN *moment* D'*assuré;*

de même que l'on dit :

Il n'y a RIEN DE *prêt.*

Féraud ne croit pas devoir condamner *de* dans cette phrase, mais il ne pense pas qu'on doive toujours mettre cette préposition dans des cas semblables. *De* fait fort bien, ajoute-t-il, quand le pronom *en* est joint à *aucun*, ainsi en parlant de livres, de tableaux, on dira :

Il n'y en a AUCUN DE *relié.*—*Il n'y en a* AUCUN D'*encadré.*

Mais, hors de là, il ne faut pas, généralement parlant, mettre ce *de* avant l'adjectif, et alors il faut dire :

Il n'a AUCUN *livre relié.*—*Il n'a* AUCUN *de ses tableaux encadrés.*

sonnes, et dès-lors on ne peut pas dire : *Cet homme est pardonnable, contestable, incontestable.*

(*L'Académie*, sur la 343e remarque de *Vaugelas*, pag. 584; *Wailly*, pag. 171, et *D'Olivet*, 35e remarque sur *Racine*.)

Voyez les Remarques détachées, au mot *excuse*.

AVEUGLE se dit au propre sans régime :

Le hasard, AVEUGLE *et farouche divinité, préside au cercle des joueurs.*
(*La Bruyère*, des Biens de fortune.)

Celui qui n'a jamais vu la lumière pure, est AVEUGLE *comme un aveugle-né.*
(*Fénélon.*)

Au figuré, il se dit aussi sans régime.

Rien n'étoit plus AVEUGLE *que le paganisme.*

La fortune ne paroît jamais si AVEUGLE *qu'à ceux à qui elle ne fait pas de bien.*
(*La Rochefoucauld.*)

ou bien avec les prépositions *sur*, *dans* ou *en*.

On est AVEUGLE SUR *ses défauts, clairvoyant sur ceux des autres.*
(*La Rochefoucauld.*)

La haine est AVEUGLE DANS *sa propre cause.* (*L'Académie.*)

... *Dieu veut qu'on espère en son soin paternel.*
Il ne recherche point, aveugle en sa colère,
Sur le fils, qui le craint, l'impiété du père.
(*Racine*, Athalie, act. I, sc. 2.)

AVIDE, au propre, se dit sans régime; ainsi l'on ne dit point : *avide de* pain, *avide de* viande, comme on dit au figuré : *avide du* bien d'autrui, *avide de* gloire, *de* savoir, *de* louanges, *avide de* sang.

Ils s'étonnent comment leurs mains, de sang avides,
Voloient, sans y penser, à tant de parricides.
(*Corneille*, Hor., act. I, sc. 4.)

Tu n'en fis pas assez, reine de sang avide;
Il falloit joindre encor l'inceste au parricide!
(*Crébillon*, Sémiramis, act. V, sc. 1.)

CÉLÈBRE, suivi d'un régime, demande la préposition *par* et la préposition *pour*.

CÉLÈBRE PAR *ses vertus*, CÉLÈBRE PAR *ses crimes*. (*L'Académie.*)

CÉLÈBRE *partout l'Orient*, POUR *sa doctrine et* POUR *sa piété.*
(*Bossuet.*)

Cependant *Boileau* a dit :

Sais-tu dans quels périls aujourd'hui tu t'engages?
Cette mer où tu cours est célèbre en naufrages. (*Épître au Roi.*)

Mais nous croyons que ce régime est un peu hasardé.

Voir, page 211, une observation sur l'emploi de l'adjectif *célèbre*.

La même faute a lieu lorsqu'on applique aux choses des adjectifs qui ne conviennent qu'aux personnes. *Balzac* a dit :

CIVIL : On dit ordinairement *civil envers* et *civil à l'égard* de tout le monde.

Fléchier avoit dit : CIVIL À *ceux à qui il ne pouvoit être que favorable*, et l'*Académie* avoit adopté ce régime dans son édition de 1762 ; mais elle ne l'a pas mis dans celle de 1798. En cela, elle a profité de la remarque de *Féraud*.

COMMUN s'emploie sans régime :
Le soleil, l'air, les élémens sont COMMUNS.   (L'*Académie*.)
et quelquefois avec un régime et les prépositions *à*, *avec* :
Le nom d'animal est COMMUN À *l'homme et* À *la bête*.   (L'*Académie*.)
Le Dieu des Hébreux n'a rien de COMMUN AVEC *les divinités pleines d'imperfections*.
Le sentiment de l'immortalité leur est COMMUN À *tous*.   (*Massillon*.)
L'amour a cela de COMMUN AVEC *les scrupules, qu'il s'aigrit par les réflexions.*   (*La Bruyère*.)

On remarquera que l'adjectif *commun* n'a pas toujours le même sens employé sans régime ou employé avec un régime :

Des disgrâces communes sont des *disgrâces ordinaires et peu considérables* ; mais des *disgrâces communes à tous les hommes* sont des disgrâces auxquelles tous les hommes peuvent être sujets, et qui peuvent être des *disgrâces extraordinaires et considérables*.

De cette distinction, il faut conclure avec *Féraud* que le p. Rapin a parlé peu exactement lorsqu'il a dit :

La fin de la tragédie est d'apprendre aux hommes à ne pas craindre trop foiblement LES DISGRÂCES COMMUNES.

Assurément les disgrâces représentées sur la scène ne sont pas ordinairement *des disgrâces communes et légères* ; alors il devoit dire :.... à ne pas craindre avec trop de foiblesse *des disgrâces* qui leur sont *communes avec les grands, avec les héros*.

COMPARABLE régit la préposition *à*.
Turenne est COMPARABLE AUX *plus grands capitaines de l'antiquité*.
Les biens de ce monde ne sont pas COMPARABLES À *ceux de l'éternité*.
                                                              Féraud.)

  Les efforts des Titans n'ont rien de comparable
  Au moindre effet de sa fureur.   (J.-B. Rouss., Cantate pour l'Hiver.)

Cet adjectif régit aussi la préposition *avec*, lorsqu'il s'agit de choses qui sont d'une nature absolument différente, et alors il ne se dit qu'avec la négative : *L'esprit n'est pas comparable avec la matière*.
                                                              (*Laveaux*.)

je trouve en lui une admiration si intelligente de votre

COMPATIBLE. Au singulier, cet adjectif régit la préposition *avec*.

Il ne croit pas l'exactitude des règles de l'Evangile COMPATIBLE AVEC *les maximes du gouvernement et* AVEC *l'intérêt de l'état.* (Massillon.)

au pluriel, il se met sans régime

Celui dont la postérité a fait un dieu, a vécu méprisé et méprisable; deux choses COMPATIBLES. (Voltaire.)

Voltaire parle ici d'Homère. Le mot *méprisable* n'est certainement pas juste.

Voyez plus bas la note sur le mot *incompatible*.

COMPLAISANT. En prose, on ne donne point de régime à cet adjectif. *Racine* et *Molière* lui en ont donné un en vers :

Les dieux, *à vos desirs toujours si complaisants*. (Iphig., act. I, sc. 2.)

..... Je hais tous les hommes ;
Les uns, parce qu'ils sont méchants et malfaisants,
Et les autres, pour être *aux* méchants *complaisants*.
(Le Misanthrope, act. I, sc. 1.)

CONFIDENT.

Prêt à faire sur vous éclater la vengeance
D'un geste *confident* de notre intelligence.
(Racine, Britannicus, act. III, sc. 7.)

CONNU. Voyez plus bas le mot *inconnu*.

CONSOLANT régit *pour* :

Les promesses de la religion sont bien CONSOLANTES POUR *les malheureux.* (L'Académie.)

Voilà une vérité bien CONSOLANTE POUR *vous.* (Massillon.)

et *de* :

C'est une chose bien CONSOLANTE *dans ses malheurs, de ne pas se les être attirés par sa faute.* (L'Académie.)

CONSTANT régit *dans* ou *en* :

Il est ferme et CONSTANT DANS *l'adversité.*
CONSTANT EN *amour.* CONSTANT DANS *son amour.* (L'Académie.)
Le peuple romain a été le plus CONSTANT DANS *ses maximes.*
(Bossuet.)

Lui, que j'ai vu toujours, *constant* dans mes traverses,
Suivre d'un pas égal mes fortunes diverses.
(Racine, Bérénice, act. I, sc. 4.)

vertu, etc. Celui qui admire peut être intelligent, mais

COUPABLE. Cet adjectif, qui ne se dit au propre que des personnes, et au figuré, des choses, s'emploie quelquefois absolument.

    D'une tige *coupable* il craint un rejeton.   (*Racine*, Phèdre act. I, sc. 1.)

Quelquefois il régit la préposition *de* :

    Hélas ! *de* vos malheurs, innocente ou *coupable*.   (*Racine*.)
    Coupable de la mort qu'ici tu me prépares,
    Lâche....   (*Voltaire*.)

quelquefois la préposition *devant* :

    Ils sont COUPABLES DEVANT Dieu des désordres publics. (*Massillon*.)

et quelquefois la préposition *envers* :

    Pour un fils téméraire, et *coupable envers* vous.   (*Voltaire*, Sémiram., act. III, sc. 5.)

Voy. les Rem. dét. B. C.

CRUEL se met quelquefois avec la préposition *à* :

Valérien ne fut CRUEL QU'AUX *chrétiens*.   (*Bossuet*.)

    Les dieux depuis long-temps me sont *cruels et* sourds.
    (*Racine*, Iphigénie, act. II, sc. 2.)
    C'est cette vertu même *à* nos desirs *cruelle*
    Que vous louiez encore en blasphémant contre elle.
    (*Corneille*, Polyeucte, act. II, sc. 2.)

On dit aussi, *cruel envers* quelqu'un.

CURIEUX se construit avec *en* devant les noms.

Cette femme est fort CURIEUSE EN *linge*, EN *habits*.   (*L'Académie*.)

DANGEREUX. Avec le verbe être employé impersonnellement, et suivi d'un infinitif, cet adjectif régit la préposition *de* :

    Il est DANGEREUX DE *dire au peuple que les lois ne sont pas justes*.
    (*Pascal*.)

Devant les noms, *dangereux* se met avec la préposition *pour* :

De tendres entretiens sont DANGEREUX POUR *l'innocence*.
Tous les grands divertissements sont DANGEREUX POUR *la vie chrétienne*
    (*Pascal*.)

Quelques écrivains ont fait usage de la préposition *à* :

Aman trouva la puissance et la religion des Juifs DANGEREUSES À *l'Empire*.
    (*Massillon*.)

    Dangereux à lui-même, à ses voisins terrible.
    (*Voltaire*, la Henriade, ch. I.)

l'admiration ne peut être intelligente. On lit, dans la vie

Mais *Féraud* est d'avis que ce régime est un anglicisme. *To the religion and liberty.*

Enfin, *dangereux* suivi d'un infinitif régit *à* :

Cet ouvrage n'est ni mauvais ni DANGEREUX *à publier.* (Pascal.)

DÉDAIGNEUX. Quand on donne un régime à cet adjectif, on se sert de la préposition *de* :

Tout monarque indolent, *dédaigneux de s'instruire*,
Est le jouet honteux de qui veut le séduire.
(*Voltaire*, Épitre au Prince royal de Prusse, 1735.)

DIFFICILE avec le verbe *être*, régit *à* ou *de*, suivant que ce verbe est employé ou non comme impersonnel, et cela lui est commun avec un grand nombre d'adjectifs. On dit : Il est *difficile à* conduire, et : Il est *difficile de* le conduire. Mais, dans le second exemple, le verbe *être* est employé impersonnellement.

Les fautes des sots sont quelquefois si lourdes et si DIFFICILES *à prévoir, qu'elles mettent souvent le sage en défaut.* (La Bruyère, De l'Homme.)
La raison n'en est pas DIFFICILE À *trouver.* (Massillon.)
Qu'il est DIFFICILE D'*être victorieux et humble tout ensemble!*

DOCILE est quelquefois suivi d'un régime ; alors il prend la préposition *à* :

DOCILE AUX *leçons de son maître.* L'*Académie.*

Il fallut qu'*au travail son corps rendu docile*
Forçât la terre avare à devenir fertile. (*Boileau*, Épître III.)

Cet adjectif ne se met point avant les noms de personnes ; ainsi l'on ne dit pas : Les enfants doivent être *dociles à leurs pères*, mais bien : ..... *dociles aux volontés* de leurs pères.

INDOCILE se met avec la même préposition, et ne se dit pas non plus avec les noms de personnes.

DUR *et* FÂCHEUX, joints à *être*, régissent *de*, quand ce verbe est employé impersonnellement :

Il est DUR, *il est* FÂCHEUX DE *se voir préférer un sot.*
(Le Dict. de *Trévoux.*)
Il est plus DUR D'*appréhender la mort que de la souffrir.*
(La Bruyère, De l'Homme.)

On dit aussi, dans le sens de rude, inhumain : *dur à soi-même, dur à la peine, dur au travail, dur à ses débiteurs.*

de S. Barthélemy des martyrs : *Tous les pauvres le pleu-*

EFFROYABLE. Cet adjectif s'emploie ordinairement sans régime, surtout en prose :

Il faisoit des serments EFFROYABLES. (*L'Académie.*)

Ce songe et ce rapport, tout me semble *effroyable*.
(*Racine*, Athalie, act. II, sc. 5.)

Cependant, en vers, on peut le faire suivre de la préposition *à* :

Un Hérode, un Tibère *effroyable à nommer*. (*Boileau*, sat. XI.)

Je le vois comme un monstre *effroyable à mes yeux*.
(*Racine*, Phèdre, act. III, sc. 3.)

ENDURCI. On dit *endurci aux coups* de la fortune, *aux* louanges, *contre* l'adversité, *dans le* crime, *au crime*. (*L'Académie.*)

Ses yeux indifférents ont déjà la constance
D'un tyran *dans* le crime *endurci* dès l'enfance.
(*Racine*, Britannicus, act. V, sc. 7.)

J'irois par ma constance, *aux* affronts *endurci*,
Me mettre au rang des saints qu'a célébrés Bussi. (*Boileau*, sat. 8.)

ÉTRANGER demande différents régimes, selon ses diverses acceptions.
Il est ÉTRANGER EN *médecine*.
Il est ÉTRANGER DANS *ce pays*.
Il a des habitudes ÉTRANGÈRES À *toute espèce d'intrigue*. (*L'Académie.*)

EXPERT régit quelquefois la préposition *en* :

Cet homme est EXPERT EN *chirurgie*. (*L'Académie.*)

FÂCHEUX. Voyez *Dur*.

FACILE :

......Ces promesses stériles
Charmoient ces malheureux, à tromper trop *faciles*.
(*Voltaire*, la Henr., ch. X.)

Employé impersonnellement, *facile* demande la préposition *de* :

Il n'est pas si *facile* qu'on pense
D'être fort honnête homme, et de jouer gros jeu.
(*Madame Deshoulières*, Réflexion XV.)

FAMEUX. Cet adjectif, qui se dit des personnes et des choses, régit la préposition *par* devant les noms.

Le cardinal FAMEUX PAR *la force de son génie*. (*Fléchier.*)

Ce brillant escadron, *fameux par* cent batailles. (*Voltaire*, Fontenoi.)

roient avec des larmes inconsolables. Celui qui pleure peut être inconsolable; mais comment des larmes seront-elles inconsolables?

(*Th. Corneille*, 143ᵉ Rem., et *Lévizac*, pag. 383 de sa Gramm.)

---

la préposition *dans*:

    Faut-il peindre un fripon *fameux dans cette ville*?   (*Boileau*, sat. VII.)

    ...Ce roi si *fameux dans* la paix, dans la guerre.   (Le même.)

et quelquefois *en*: mais alors le nom doit être mis au pluriel:

    Cette mer FAMEUSE EN *orages*.   (L'Académie et M. Laveaux.)

FÉCOND. Cet adjectif, que l'on emploie fréquemment au figuré, se met, soit absolument, comme quand on dit: un esprit *fécond*, une verve, une veine *féconde*, un sujet *fécond*, une matière *féconde*; soit avec un régime amené par la préposition *en*:

    Chaque siècle est *fécond en* heureux téméraires.   (*Boileau*, Epître I.)

    Digne fruit d'une race *en* héros si *féconde*.
                              (*J.-B. Rousseau*, ode IV, liv. 4.)

    ....*Féconde en* agréments divers,
    La riche fiction est le charme des vers.
                              (*L. Racine*, la Religion, ch. IV.)

On s'en sert le plus ordinairement en parlant des choses; cependant on peut le dire des personnes. *Féraud*, *Boiste*, M. *Laveaux* ont dit: *auteur fécond*, *écrivain fécond*; et ce vers de *Boileau*:

    Qu'en nobles sentiments il soit toujours *fécond*.   (Art poét., ch. III.)

semble les justifier.

FERTILE régit la préposition *en*, au propre comme au figuré.

    Son esprit est FERTILE EN *expédients*, EN *inventions*. (L'Académie.)

    .....Ainsi qu'*en* sots auteurs,
    Notre siècle est *fertile en* sots admirateurs.
                            (*Boileau*, Art poét., ch. I.)

    La satire, *en* leçons, *en* nouveautés *fertile*,
    Sait seule assaisonner le plaisant et l'utile.
                            (Le même, satire IX.)

    L'hypocrite, *en* fraudes *fertile*,
    Dès l'enfance est pétri de fard.
                           (*J.-B. Rousseau*, ode IV, liv. 1.)

FIDÈLE demande la préposition *à* et la préposition *en* ou *dans*:

    FIDÈLE À *Dieu et* AU *Roi*.—FIDÈLE EN *ses promesses*.   (Bossuet.)
    FIDÈLE À *ses promesses*.—DANS *ses promesses*.   (Fléchier.)

des Adjectifs.

4ᵉ *Remarque.* — Un substantif peut être régi par deux

Quand on délibère si l'on restera FIDÈLE *à son prince, on est déjà criminel.*
(Fénélon, Télémaque.)

Soyons-nous donc au moins *fidèles* l'un à l'autre. (Racine, Mithrid., act. I, sc. 5.)
Et Dieu trouvé fidèle en toutes ses menaces. (Le même, Athal., I, 5.)
...Ah! mon fils! qu'il est partout des traîtres!
Qu'il est peu de sujets *fidèles* à leurs maîtres! (Corn., Nicomède, V, sc. 8.)

FOIBLE. **On trouve dans** *Corneille* **un exemple de** *foible de* **suivi d'un infinitif.**

Faible d'avoir déjà combattu l'amitié,
Vaincroit-elle à la fois l'amour et la pitié?

Comme *Voltaire*, dans ses remarques, ne blâme point cette construction, il paroîtroit permis de l'employer, quoiqu'on en trouve peu d'exemples.

FORMIDABLE. L'*Académie* ne fait point régir à cet adjectif la préposition *à*; ce qui sembleroit indiquer qu'elle n'approuve point ce régime. Cependant on lit dans le Dictionnaire de *Trévoux* :

Les forces de Xercès étoient FORMIDABLES *à la Grèce.*

dans *Fléchier* :

On ne sait que trop combien est FORMIDABLE *à la délicatesse des hommes mondains; le temps que l'église destine à la mortification des sens.*

dans *Voltaire* :

Harlai, le grand Harlai, dont l'intrépide zèle
Fut toujours *formidable à* ce peuple infidèle. (Henriade, ch. V.)

et dans *Racine* :

......Aux portes de Trézène
Est un temple sacré, *formidable aux* parjures. (Phèdre, act. V.)

Il nous semble, d'après ces exemples, que l'on peut sans crainte lui donner ce régime.

FORT, dans le sens d'*habile, expérimenté*, se construit avec la préposition *sur* et la préposition *à* :

FORT SUR *l'histoire;* FORT SUR *le droit canon;* FORT À *tous les jeux.*
(L'*Académie.*)

Mais pour indiquer la cause qui rend fort, qui produit la force, on fait usage de la préposition *de*, au propre et au figuré :

Semblables à ces enfans FORTS D'*un bon lait qu'ils ont sucé.*
(*La Brayère.*)

Adjectifs, pourvu que les rapports qui les lient soient expri-

---

> Je m'attachois sans crainte à servir la princesse,
> Fier de mes cheveux blancs et *fort* de ma foiblesse:
> (*Corneille*, Pulchérie, act. II, sc. 1.)

> Valois, plein d'espérance, et *fort* d'un tel appui.
> (*Voltaire*, la Henr., ch. IV.)

FURIEUX, dans le sens de *transporté de colère*, *d'amour*, demande la préposition *de*:

Dans les premiers temps de la république romaine, on étoit FURIEUX DE *liberté et* DE *bien public; l'amour de la patrie ne laissoit rien aux mouvements de la nature.* (Saint-Evremond.)

> Il dit, et *furieux* de colère et d'amour.
> (*De Saintange*, trad. des métam. d'Ov., liv. VI.)

Astarbé le vit, l'aima, et EN *devint* FURIEUSE. (Fénélon, Télémaque.)

On dit, ainsi que le fait observer *Féraud*, en devint *folle*; mais l'auteur de Télémaque a regardé cette expression comme trop familière, et en a employé une moins usitée, mais plus noble et plus énergique.

GROS, employé au figuré, se dit familièrement, et même dans le style noble, avec la préposition *de*, devant les noms et devant un infinitif:

> Le temps présent est GROS DE *l'avenir*. (Leibnitz.)
> Les yeux GROS DE *larmes*. (L'*Académie*.)

> ..Par un long soupir, trop sincère interprète,
> Son cœur, *gros* de chagrins, avouoit sa défaite.
> (*Delille*, les trois Règnes de la Nature, ch. III.)

> Le cœur *gros de* soupirs, et frémissant d'horreur.
> (*Corneille*, Rodogune, act. II, sc. 4.)

Le cœur gros de soupirs, est une expression familière, mais le second hémistiche relève le premier: il n'est pas donné à tous les poètes d'employer avec dignité les expressions les plus communes, ni d'allier le naturel à la noblesse.

Delille a fait plus; il s'est servi de cette expression en parlant du cheval de Troie.

> Quand ce colosse altier, apportant le trépas,
> Entroit *gros de* malheurs, d'armes et de soldats.
> (Traduction de l'Énéide, livre IV.)

HABILE. L'*Académie* ne fait régir à cet adjectif la préposition *à* qu'en termes de jurisprudence. C'est une erreur. Ce mot régit les préposi-

més par la même préposition, ou, ce qui est la même

---

tions *à*, *dans* et *en*, et la première n'est pas bornée à la jurisprudence. On dit : *habile dans* un art ; *habile à* manier le ciseau ; *habile en* mathématiques.

Boileau a dit :

> Car tu ne seras point de ces jaloux affreux,
> *Habiles à* se rendre inquiets, malheureux. (Satire X.)

J.-B. Rousseau :

> *Habile* seulement *à* noircir les vertus. (Ode contre les Hypocrites.)

l'abbé Girard :

> *Les plus habiles gens ne sont pas ceux qui font la plus grande fortune ; il n'y a que ceux qui sont* HABILES À *flatter.*

et *Voltaire* :

> Plus il se fie à vous, plus je dois espérer
> Qu'*habile à* le conduire, et non à l'égarer, etc. (Brutus, act. II, sc. 4.)

HEUREUX, dans son sens le plus naturel, régit *à*, *en*, *dans* avant les noms et *de* avant les verbes : *heureux à* la guerre ; *heureux au* jeu ; *Heureux du* bonheur des autres ; *heureux d'être* dans une honnête indigence.

> *Le plus* HEUREUX EN *bien des choses est celui qui sait se faire la plus agréable imagination.* (Saint-Evremond.)

> *Heureux dans* mes malheurs *d'en avoir* pu, sans crime
> Conter toute l'histoire à ceux qui les ont faits.
> (Racine, Bérénice, acte I, sc. 4.)

Dans un sens qui lui est un peu étranger, et qui signifie le *talent naturel*, *l'habilité*. Heureux régit la préposition *à* devant un infinitif :

> *Un esprit prompt à concevoir les matières les plus élevées, et* HEUREUX À *les exprimer quand il les avoit une fois conçues.* (Fléchier.)

IDOLÂTRE, au figuré, se dit absolument et avec la préposition *de* :

> Je ne prends point pour juge une cour *idolâtre*. (Racine, Bérén., act. II, sc. 2.)

> Périsse le cœur dur, de soi-même *idolâtre*.
> (Voltaire, Mérope, act. I, sc. 1.)

IGNORANT régit *en* et *sur* :

> *Il est fort* IGNORANT EN *géographie.*—*Il est* IGNORANT SUR *ces matières* (L'Académie.)

chose, pourvu que ces Adjectifs demandent le même ré-

On donne quelquefois à cet adjectif la préposition *de* pour régime :
Ô vanité! ô mortels IGNORANTS DE *leurs destinées!* (*Bossuet.*)

Mais, sans cesse *ignorants* de nos propres besoins,
Nous demandons au ciel ce qu'il nous faut le moins.
(*Boileau*, Épître V.)

C'étoit un jeune métaphysicien fort IGNORANT DES *choses de ce monde.*
(*Voltaire.*)

L'*Académie* ne dit *ignorant* que des personnes. Cependant de bons auteurs l'ont dit des choses :

Leurs IGNORANTES *et uniques* DÉCISIONS. (*Bossuet.*)
*Choqué de l'*IGNORANTE AUDACE *avec laquelle,* etc (*Boileau.*)

......Un *ignorant* usage
Ne l'est pas moins qu'un *ignorant* suffrage. (*J.-B. Rousseau.*)

Et puisque l'on dit : Une *savante décision*, une *savante interprétation*, pourquoi ne diroit-on pas : Une *ignorante décision*, une *ignorante interprétation*? l'une signifie une *décision*, une *interprétation qui montre, qui annonce de la science, de l'instruction*; l'autre signifieroit une *décision*, une *interprétation qui décèle de l'ignorance*. Il est probable que l'*Académie* a oublié d'indiquer cette acception dans son Dictionnaire.

IMPATIENT. *Voyez* les Remarques détachées.

IMPÉNÉTRABLE. Cet adjectif s'emploie le plus souvent sans régime. Lorsqu'il en prend un, c'est la préposition *à* :

Cette cuirasse est IMPÉNÉTRABLE AUX *coups de mousquet.* (L'*Académie.*)
Les mystères de la Foi, les décrets de la Providence sont IMPÉNÉTRABLES À *l'esprit humain.*
Je rencontrois de temps en temps des touffes obscures IMPÉNÉTRABLES AUX *rayons du soleil.* (*J.-J. Rousseau.*)

INABORDABLE, INACCESSIBLE. *Voyez* INCONCEVABLE.

INCERTAIN. *Féraud* pense que cet adjectif prend pour régime la préposition *de*; mais il est d'avis que ce n'est qu'avec le pronom *ce* : *Je suis incertain de ce qui arrivera*. Il ne croit pas qu'on puisse dire : *Incertain de son amitié, de sa protection.*

Cependant *Delille* a dit dans son poème de la Pitié (chant II) :

...A leur naissance, *incertains* d'un berceau,
D'une goutte de lait, d'un abri, d'un tombeau.

gime : *Ce père est utile et cher à sa famille*, est une phrase

et *Racine* a fait plus encore ; il s'est servi d'un tour latin, hardi, mais heureux, dans Bajazet (act. II, sc. 2.) :

>Infortuné, proscrit, *incertain de* régner.
>Dois-je irriter les cœurs au lieu de les gagner?

De sorte que, quoique l'*Académie* n'ait point donné d'exemple de ce régime, et malgré l'opinion de *Féraud*, il semble qu'on pourroit se le permettre.

INCOMPATIBLE et INCONCILIABLE, ayant un sens relatif, ne doivent pas s'employer au singulier absolument et sans la préposition *avec* :

La piété n'est point INCOMPATIBLE AVEC *les armes.* (Fléchier.)

>Sans cesse elle présente, à mon ame étonnée,
>L'empire *incompatible avec* votre hyménée.
> (Racine, Bérénice, act. V, sc. 6.)

Cet abus étoit INCONCILIABLE AVEC *toute espèce de constitution.*

Féraud, qui émet cette opinion, a pour lui le véritable sens de ces deux expressions, dont l'une signifie *qui ne peut s'accorder avec*, et l'autre, *qui ne peut se concilier avec* : d'où il suit qu'on doit exprimer les deux termes de la relation, les deux choses qui ne peuvent pas compatir, qui ne peuvent pas se concilier ensemble.

D'après cela, on ne comprend pas comment l'*Académie* a donné les exemples suivants :

C'est un esprit INCOMPATIBLE.—*Un homme* INCOMPATIBLE.—*C'est une chose* INCONCILIABLE.

Avec qui? avec quoi?

INCONCEVABLE, INABORDABLE *et* INACCESSIBLE se construisent ordinairement sans régime :

La grande étendue de l'univers et la petitesse des atomes sont des choses INCONCEVABLES.—*Depuis qu'il est en place, il est* INACCESSIBLE *,* INABORDABLE. (L'*Académie*)

ces adjectifs peuvent pourtant régir la préposition *à* :

>Ô doux amusements! ô charme *inconcevable*
>À ceux que du grand monde éblouit le chaos!
> (J.-B. Rousseau, Ode VII, liv. 3.)

Toute la côte de la pêcherie est INABORDABLE AUX *vaisseaux de l'Europe.*

On trouve peu de cœurs INACCESSIBLES À *la flatterie.* (Bellegarde.)

>....Une profonde obscurité
>Aux regards des humains le rend *inaccessible.*
> (J.-B. Rousseau, parlant de Dieu.)

correcte, parce que les Adjectifs *utile* et *cher* régissent la même préposition; on dit *utile à, cher à.*

INCONCILIABLE. Voyez INCOMPATIBLE.

INCONNU et CONNU. *Inconnu* régit la préposition *à* :

L'ennui, qui dévore les autres hommes, est INCONNU À *ceux qui savent s'occuper.* (Fénélon, Télémaque.)

Connu régit la préposition *de* :

Quand on cherche de nouveaux amis, c'est qu'on est trop bien CONNU DES *anciens.*

Delille fait régir à *inconnu* la préposition *de* :

L'hymen est *inconnu de* la pudique abeille.
(Traduction des Géorgiques, ch. IV.)

mais ce régime n'est pas autorisé, puisqu'avec le verbe être et les pronoms personnels, *connu* se construit toujours avec la préposition *à*.

INCONSOLABLE. Cet adjectif régit *de* :

Toute l'Egypte parut INCONSOLABLE DE *cette perte.*
(Fénélon, Télémaque.)

L'*Académie*, édition de 1762, lui a donné pour régime la préposition *sur* :

Il est INCONSOLABLE SUR *cette mort.*

mais ce régime ne nous semble pas être reçu.

INCURABLE n'a point de régime, ni au propre ni au figuré : mal *incurable*; caractère *incurable*, passion *incurable*. Ce mot, dit *Voltaire* (Dict. phil., tom. 3), n'a encore été enchâssé dans un vers que par l'industrieux *Racine* :

D'un *incurable* amour remèdes impuissants. (Phèdre, act. I, sc 3.)

et *incurable*, qui n'est pas toujours très-noble dans notre langue, est ici très-élégant et très-poétique.

INDOCILE. Voyez DOCILE.

INDULGENT. Les écrivains lui ont fait régir la préposition *à* et la préposition *pour* :

Il est trop INDULGENT À *ses enfants,* POUR *ses enfants.*
(L'*Académie* et *Féraud*.)

Mais chacun *pour* soi-même est toujours *indulgent.* (*Boileau*, sat. IV.)

Mais on ne pourroit pas dire, *Cet homme est utile et* CHÉRI

  Rome *lui sera-t-elle indulgente ou sévère ?*   (Racine, Bérénice, act. II, sc. 2.)

Henri IV étoit INDULGENT *à ses amis, à ses serviteurs, à ses maîtresses.*
    (*Voltaire*, Histoire du Parlement.)

Quoi qu'il en soit de ces importantes autorités, nous pensons qu'en prose surtout, la préposition *envers* est préférable avec *indulgent*.

INÉBRANLABLE. On dit dans le Dictionnaire néologique que cet adjectif se met sans régime, et l'on critique un auteur d'avoir dit : *Il demeure* INÉBRANLABLE *à toutes les secousses de la fortune.* cependant il y a plusieurs exemples de ce régime :

Ce rocher est INÉBRANLABLE *à l'impétuosité des vents.* — *Il demeure* INÉBRANLABLE CONTRE *la violence des vagues.*   (L'*Académie*.)

  Mon cœur, *inébranlable aux* plus cruels tourments.   *Corneille.*

INÉBRANLABLE DANS *ses amitiés.*

INÉBRANLABLE DANS *ses résolutions.*

INEXORABLE régit la préposition *à* :

Saint Louis se rendit INEXORABLE AUX *larmes et* AU *repentir du blasphémateur.* (*Fléchier.*) — *Dur au travail et à la peine, un homme* INEXORABLE *à soi-même n'est indulgent aux autres que par excès de raison.*
    (*La Bruyère*, chap. IV.)

  Est-ce m'aimer, cruel, autant que je vous aime,
  Que d'être *inexorable* à mes tristes soupirs. (Racine, les Frères enn., act. II, sc. 3.)

Cet adjectif se dit aussi des choses : *Le rigide et inexorable ministère de la justice.*   (*Bossuet.*)

  Ma gloire *inexorable* à toute heure me suit. (Racine, Bérénice, V, 6.)
  Jéhu n'a point un cœur farouche, *inexorable*. (Le même, Ath., act. III, sc. 6.)

Voy. le mot EXORABLE aux Rem. dét.

INEXPLICABLE se construit quelquefois avec la préposition *à* :

Ils sont une énigme INEXPLICABLE *à eux-mêmes.*   (*Massillon.*)

Cet illustre orateur applique cet adjectif aux personnes; mais, comme le fait très-bien observer *Féraud*, on dit d'un homme qu'il est *indéfinissable*, et l'on ne peut pas dire qu'il est *inexplicable*.

Cette observation, que la plupart des lexicographes ont sanctionnée, n'a pas empêché madame de *Staël* de dire :

Ces femmes sont pour l'ordinaire INEXPLICABLES.

INFATIGABLE. *Bossuet* et le traducteur de *Hume* ont fait régir à cet adjectif la préposition *à* et l'infinitif :

INFATIGABLE *à instruire, à reprendre, à consoler,* etc.

de sa famille, parce que *utile* et *chéri* ne veulent pas après

---

Il étoit INFATIGABLE *à expédier promptement les causes.*
Ce régime paroît fort bon à *Féraud*.

INFÉRIEUR régit *à* pour les personnes et *en* pour les choses.
Nous les regardons comme d'un ordre INFÉRIEUR À *nous.* (*Bossuet*)
Les ennemis nous sont INFÉRIEURS EN *forces,* EN *nombre,* EN *infanterie.*
(*L'Académie.*)

INFIDÈLE. Cet adjectif, appliqué aux choses, se dit, ou sans régime :

La société des hommes est une mer INFIDÈLE, *et plus orageuse que la mer même.* (*L'abbé Esprit.*)

ou avec un régime accompagné de la préposition *à* :

Infidèle à sa secte et superstitieuse.
(*Voltaire*, la Henriade, ch. II.)

INGÉNIEUX régit *pour* devant les noms et *à* devant les verbes :

Les esprits délicats, si INGÉNIEUX POUR *les plaisirs des autres, ont trop de goût pour eux-mêmes.* (*Saint-Evremond.*)
Le vice est INGÉNIEUX À *se déguiser.* (*Féraud.*)
Les hommes sont INGÉNIEUX À *se tendre des pièges les uns aux autres.*
(*L'abbé Esprit.*)

INGRAT s'emploie avec la préposition *envers* quand le régime est un nom de personne : *Ingrat envers* Dieu ; *ingrat envers* son bienfaiteur ; et avec la préposition *à* quand le régime est un nom de chose.

Une terre INGRATE À *la culture ; un esprit* INGRAT AUX *leçons.*
(*Roubaud.*)

.....*Ces mêmes dignités*
Ont rendu Bérénice ingrate à vos bontés.
(*Racine*, Bérénice, act. I, sc. 3.)

Mais voyant que ce prince ingrat à ses mérites.
(*Corneille*, Pompée, act. II, sc. 2.)

Ingrat à tes bontés, ingrat à ton amour.
(*Voltaire*, Mort de César, act. I, sc. 2.)

Malheur au citoyen ingrat à sa patrie
Qui vend à l'étranger son avare industrie. (*Delille*, la Pitié.)

INIMITABLE. Voyez, aux Remarques détachées, une observation sur l'emploi de cet adjectif.

eux la même préposition ; dans ce cas, il faut appliquer à

INJURIEUX se construit avec la préposition *à* et la préposition *pour* :

Ce mémoire est INJURIEUX AUX *magistrats; cela est* INJURIEUX POUR *lui,* POUR *sa maison,* POUR *ses amis.* (L'*Académie.*)

INQUIET a une signification différente suivant qu'il demande *de* ou *sur.* Etre *inquiet de* exprime la cause de l'inquiétude : Je suis *inquiet de* ne pas recevoir de vos nouvelles ; Je suis *inquiet de* ce triste événement.

Etre *inquiet sur* exprime l'objet de l'inquiétude : Je suis *inquiet sur* son sort ; Je suis *inquiet sur* ce qu'il résultera de cet événement.

Observez encore que l'adjectif *inquiet* n'exprime qu'une situation de l'âme sans avoir égard à la cause qui la produit. Il diffère en cela du participe passé *inquiété*, qui renferme et l'idée de cette situation et l'idée d'une cause étrangère d'où elle vient ; ainsi *inquiet* peut s'employer absolument ; *inquiété* veut toujours un régime. C'est donc à tort que *Racine* a dit dans Andromaque, act. I, sc. 2 :

La Grèce en ma faveur est trop *inquiétée.*

et dans Alexandre-le-Grand, act. II, sc. 1 :

.....Mon âme *inquiétée,*
D'une crainte si juste est sans cesse agitée.

(D'*Olivet*, remarques sur *Racine.*)

INSATIABLE. Le père *Bouhours* est d'avis que cet adjectif doit s'employer absolument, et il condamne : *Insatiable de biens, insatiable de voir.*

Cependant l'*Académie* donne des exemples du régime des noms : *Insatiable de gloire, d'honneurs, de richesses, de louanges* ; et ce régime est usité aujourd'hui ; mais celui des verbes est très-douteux.

INSÉPARABLE. Quand cet adjectif se dit des personnes, il s'emploie toujours sans régime.

Ces deux amis sont INSÉPARABLES. (L'*Académie.*)

quand il se dit des choses, on peut l'employer sans régime : *La chaleur et le feu sont inséparables.*

Mais le plus souvent il se construit avec la préposition *de* :

La reconnoissance est une des qualités les plus INSÉPARABLES *des âmes bien nées.* (Pensée de *Louis XIV.*)

Le remords est INSÉPARABLE DU *crime.* (*Académie.*)

L'orgueil est presque INSÉPARABLE DE *la faveur.* (*Fléchier.*)

chaque adjectif le régime qui lui convient : *Cet homme est utile à sa famille et en est chéri.*

(L'*Académie* sur la 89ᵉ Remarque de *Vaugelas*, pag. 94 ; — le P. *Buffier*, nᵒˢ 672 et 673 ; — *Restaut*, pag. 289, et *Wailly*, pag. 311.)

INSOLENT peut être accompagné d'une des prépositions *dans*, *en*, *avec* :

Les ames basses sont INSOLENTES DANS *la bonne fortune et consternées dans la mauvaise.*

Ce valet est INSOLENT EN *paroles.* — *Combien de gens sont* INSOLENTS AVEC *les femmes!* (L'*Académie.*)

Un écrivain a fait régir à l'adjectif *insolent* la préposition *de* :

Ils devinrent INSOLENTS DE *leurs forces, et poussèrent plus loin leurs prétentions.*

Ce régime, fait observer *Féraud*, n'est pas assez autorisé ; cependant il n'ose le condamner. On dit : *Il est* ORGUEILLEUX DE *ses succès.* Pourquoi ne diroit-on pas : *Insolent de ses succès, de sa force, de sa puissance?*

INVINCIBLE. *Rollin* fait régir à cet adjectif la préposition *à* :

Peuples INVINCIBLES AU *fer et* AUX *armes.*

Et *Féraud* pense que ce régime, quoique peu usité, doit-être autorisé. Nous sommes d'autant plus de cet avis, que *Boileau* et *Racine*, deux des meilleurs modèles dans l'art d'écrire, s'en sont servis :

Mais qui peut t'assurer qu'*invincible aux* plaisirs. (*Boileau*, sat. X.,

Bajazet, à vos soins tôt ou tard plus sensible,
Madame, à tant d'attraits n'étoit pas *invincible*.
(*Racine*, Bajazet, act. V, sc. 6.)

INVULNÉRABLE régit la préposition *à* :

Il est INVULNÉRABLE AUX *traits de la médisance.* (L'*Académie.*)
Socrate étoit aussi INVULNÉRABLE AUX *présents qu'Achille l'étoit à la guerre.* (*Scudéri.*)

JALOUX prend ordinairement *de* pour régime :

Une femme doit être JALOUSE DE *son honneur jusqu'au scrupule.*
(L'*Académie.*)

On est plus JALOUX DE *conserver son rang avec ses égaux qu'avec ses inférieurs.* (L'abbé *Esprit.*)

INSOLENT. Voy. les Rem. dét. lettre *i*.

ARTICLE III.

DES ADJECTIFS DE NOMBRE.

Les Adjectifs de nombre servent à exprimer la quantité, ou l'ordre et le rang des personnes et des choses.

.....*Peu jaloux* de ma gloire,
Dois-je au superbe Achille accorder la victoire?
(*Racine*, Iphigénie, act. IV, sc. 8.)

Cependant quand *jaloux* est employé dans le sens de *délicat*, on le fait alors quelquefois suivre de la préposition *sur* :

Les hommes sont aussi JALOUX SUR *le chapitre de l'esprit que les femmes* SUR *celui de la beauté.*

Jaloux employé comme substantif se met toujours sans régime. On ne dit pas : Les *jaloux* de sa gloire.

LENT se construit avec *dans* devant les noms, et avec *à* devant les verbes :

Il faut être LENT DANS *le choix de ses amis.*

L'homme juste est LENT À *punir, prompt à récompenser.*

.....Le bras de sa justice,
Quoique *lent* à frapper, se tient toujours levé.
(*J.-B. Rousseau*, Ode XII, liv. I.)

LIBRE régit *de*, dans le sens de *délivré, exempt* :

LIBRE DE *soins*; LIBRE DE *soucis*. (L'*Académie.*)

Voici, voici le temps où *libres de* contrainte.
(*J.-B. Rousseau*, Ode sur la Mort du Pr. de Conti.)

Mon cœur exempt de soins, *libre de* passion,
Sait donner une borne à son ambition. (*Boileau*, sat. 2.)

Libre d'ambition, de soins débarrassé,
Je me plais dans le rang où le ciel m'a placé.
(*L. Racine*, la Religion, ch. IV.)

Montesquieu lui fait régir également la préposition *de*, dans le sens de *peu attaché à, peu scrupuleux sur* :

Les Étoliens étoient hardis, téméraires, toujours LIBRES DE *leurs paroles.*

Corneille lui donne un régime précédé de la préposition *à* :

Car enfin je suis *libre* à disposer de moi.
(D. Sanche d'Arragon, act. 1, sc. 3.)

On en distingue de deux sortes : les Adjectifs de nombre *cardinaux* et les Adjectifs de nombre *ordinaux*.

C'est une faute, et il n'y a pas de doute que, sans la mesure, il eût dit : je suis *libre de* disposer.

MÉNAGER. Cet adjectif fait bien au figuré, et alors il prend pour régime la préposition *de* :

Le sage est *ménager du* temps et des paroles.
(*La Fontaine*, liv, VI, Fable 8.)

Un bon roi est le meilleur MÉNAGER DE *ses sujets*.

MISÉRICORDIEUX. On dit sans régime : une providence *miséricordieuse*;

DIEU MISÉRICORDIEUX, LE SAUVEUR MISÉRICORDIEUX. (*Bossuet*.)

Mais on ne dit pas : *Un homme miséricordieux, une femme miséricordieuse*. Il faut dire : un homme *miséricordieux envers* les pauvres, une femme *miséricordieuse envers* les malheureux. Et avec *Bossuet* : Jésus-Christ a été MISÉRICORDIEUX ENVERS *les pécheurs*.

MOURANT. *Delille* a fait usage de cet adjectif avec la préposition *de* :

Et sur un lit pompeux la portent loin du jour
Mourante de douleur, et de rage et d'amour.
(Traduction de l'Enéide, liv. IV.)

Rien n'empêche de l'imiter.

NÉCESSAIRE s'emploie tantôt absolument :

Cette austère sobriété dont on fait honneur aux anciens Romains, étoit une vertu que l'indigence rendoit NÉCESSAIRE. (*Saint-Evremond*.)

Tantôt avec la préposition *à* :

La doctrine d'une vie à venir, des récompenses et des châtiments après la mort, est NÉCESSAIRE *à toute société civile*. (*Voltaire*.)

Et quelquefois avec la préposition *pour* devant un nom :

La foi est absolument NÉCESSAIRE POUR *le salut*. (*Académie*.)

Suivi d'un infinitif, l'adjectif *nécessaire* prend également la préposition *pour* :

L'ardeur et la patience sont NÉCESSAIRES POUR *avancer dans le monde*.
(*De Meilhan*.)

Les Adjectifs de nombre *cardinaux* (265) servent à mar-

OFFICIEUX. *Fléchier* fait régir à cet adjectif la préposition *à* :

Il est facile, OFFICIEUX À *ceux qui sont au-dessous de lui, commode à ses égaux.*

mais *envers* vaudroit mieux. (*Féraud.*)

ORGUEILLEUX. Cet adjectif régit quelquefois *de*, devant les noms et devant les verbes

Rome, tout ORGUEILLEUSE *encore* DE *la gloire de son empereur.*
(L'abbé *Cambacérès.*)

D'Ailli, tout *orgueilleux* de trente ans de combats.
(*Voltaire*, la Henriade, ch. VIII.)

Orgueilleux de leur pompe, et fiers d'un camp nombreux,
Sans ordre, ils s'avançoient d'un pas impétueux.
(Le même, *ibid*, ch. III.)

Dans le Dictionnaire grammatical, on cite cette phrase : ORGUEILLEUX D'UN *commandement universel.* Mais, comme le fait observer *Féraud,* c'est un latinisme admis par l'usage.

PARESSEUX. On dit *paresseux à* lorsque l'action est un but qu'il s'agit d'atteindre : *Il est paresseux à remplir ses devoirs.* — On emploie *de* lorsqu'il s'agit d'une détermination intérieure.

Je sais que vous êtes un peu PARESSEUX D'*écrire,* mais vous ne l'êtes ni DE *penser, ni* DE *rendre service.* (*Voltaire.*)

Vos froids raisonnements ne feront qu'attiédir
Un spectateur toujours *paresseux* d'applaudir. (*Boileau*, Art poét., ch. III.)

PLAUSIBLE. *Bossuet* a dit :

Ils tournent l'écriture en mille manières PLAUSIBLES AU *genre humain.*

L'usage n'admet pas ce régime ; et cet adjectif n'en demande pas.
(*Féraud.*)

PÉNIBLE. Quelques auteurs ont fait régir à cet adjectif la préposition *à* devant un infinitif :

Ce bois est PÉNIBLE À *travailler.*

Un trône est plus *pénible* à quitter que la vie.
(*Racine*, les Freres ennemis, act. III, sc. 4.)

Tout doit tendre au bon sens, mais pour y parvenir
Le chemin est glissant et *pénible* à tenir.
(*Boileau*, Art poét., ch. I.)

Mais *Racine* le fils n'approuve pas ce régime. En effet l'*Académie*

quer la quantité des personnes et des choses, et répondent

---

n'en donne pas d'exemple; mais *Boileau* et *Racine* sont des écrivains d'un si grand poids, que nous n'osons pas décider contre eux.

Avec le verbe être employé impersonnellement, *pénible* régit très-bien la préposition *de* :

> Ingrats, un Dieu si bon ne peut-il vous charmer?
> *Est-il* donc a vos cœurs, *est-il* si difficile
> Et *si pénible de* l'aimer?
> (*Racine*, Athalie, act. I, sc. 4.)

PRÉCIEUX se met avec la préposition *à* devant les noms :

> *Cet enfant est fort* PRÉCIEUX À *son père et* À *sa mère.* (L'*Académie.*)

> .....Tu verras
> Cet objet à mon cœur jadis si *précieux*.
> (*Voltaire*, Mariamne, act. IV, sc. 2.)

> Le mérite pourtant m'est toujours *précieux*. (*Boileau*, sat. VII.)

PRÉLIMINAIRE. Le P. *Paulian* fait régir à cet adjectif la préposition *à* :

> *Cette seconde lettre lui présentera les connoissances* PRÉLIMINAIRES À *la révélation surnaturelle.* (Préface du Dict. phil.-théol.)

Ce régime, dit *Féraud*, est utile, mais il est peu usité.

PRODIGUE s'emploie souvent sans régime :

> *Les personnes* PRODIGUES *vivent comme si elles avoient peu de temps à vivre, et les personnes avares comme si elles ne devoient pas mourir.*
> (*Sarrasin.*)

Quelquefois on lui donne la préposition *en* :

> Vers ce temple fameux, si cher à tes désirs,
> Où le ciel fut pour toi si *prodigue en* miracles.
> (*Boileau*, Lutrin, ch. VI.)

> Je vois de toutes parts, *prodigue en* ses largesses,
> Cybèle à pleines mains répandre ses richesses. (*J.-B. Rousseau.*)

et plus souvent la préposition *de* :

> *Ceux qui sont avides de louanges sont* PRODIGUES D'*argent.*
> (Maxime lat.)

> Un menteur est toujours *prodigue de* serments.
> (*Corneille*, le Menteur, act. III, sc. 5.)

> *Prodigue de ses biens*, un père plein d'amour
> S'empresse d'enrichir ceux qu'il a mis au jour.
> (*L. Racine*, la Religion, ch. III.)

des Adjectifs.

à cette question ; *combien y en a-t-il ?* On les a ainsi nom-

> .. ..Les cœurs remplis d'ambition
> Sont sans foi, sans honneur et sans affection,
> *Prodigues de* serments.... (*Crébillon*, le Triumvirat, act. IV, sc. 4

ou encore, avec la préposition *envers* :

> Et, *prodigue envers* lui *de* ses trésors divins,
> Il ouvrit à ses yeux le livre des destins.
> (*Voltaire*, la Henriade, ch. I.)

PROMPT suivi d'un infinitif veut la préposition *à* :

La jeunesse est PROMPTE À *s'enflammer.* (*Fénélon.*)

> Un jeune homme, toujours bouillant dans ces caprices,
> Est *prompt à recevoir* l'impression des vices.
> (*Boileau*, Art poét., ch. III.)

L'homme PROMPT À *se venger n'attend que le moment de faire du mal.*
(*Bacon.*)

Féraud ne lui donne ce régime qu'en parlant des personnes. Voici plusieurs exemples qui prouvent qu'il a eu tort :

> Aussitôt ton *esprit*, *prompt à se révolter.* (*Boileau*, Épit. IX.)
> Cet orageux *torrent*, *prompt à se déborder*,
> Dans son choc ténébreux alloit tout inonder.
> (*Voltaire*, la Henriade, ch. IV.)
> Iphigénie en vain s'offre à me protéger,
> Et me tend une *main prompte à me soulager.*
> (*Racine*, Iphigénie, act. II, sc. 1.)
> Mon *cœur*, je le vois bien, trop *prompt à se gêner*,
> Devoit mieux vous connoître et mieux s'examiner.
> (*Le même*, Androm., act. IV, sc. 5.)
> Mes homicides *mains*, *promptes à me venger*,
> Dans le sang innocent brûlent de se plonger.
> (*Le même*, Phèdre, act. IV, sc. 6.)

PROPRE. Voyez les Remarques détachées.

RECONNOISSANT. En parlant des personnes, il régit la préposition *envers*, et en parlant des choses la préposition *de* :

On ne sauroit trop être RECONNOISSANT ENVERS *ses parents* DE *la bonne éducation qu'ils vous ont donnée.* (*Féraud.*)

REDEVABLE. Cet adjectif demande la préposition *à* devant un nom de personnes et de choses personnifiées, et la préposition *de* devant un nom de choses :

més, parce qu'ils sont le principe des autres nombres, et

Les hommes croyoient être REDEVABLES À *ces dieux* DE *la sérénité de l'air,* D'*une heureuse navigation ; aux autres, de la fertilité des saisons.*
(*Massillon.*)

Jamais *à son sujet un roi n'est redevable.*
(*Corneille*, Le Cid, act. II, sc. 1.)

Tout citoyen est REDEVABLE À *sa patrie de ses talents et de la manière de les employer.* (*D'Alembert.*)

Mais *redevable aux soins de* mes tristes amis.
(*Racine*, Bajazet, act. V, sc. 11.)

REDOUTABLE régit la préposition *dans*, et quelquefois la préposition *à* :

Dès sa première campagne le duc d'Enghien passa pour un capitaine également REDOUTABLE DANS *les siéges et* DANS *les batailles.*
(*Bossuet.*)

Saint Louis étoit cher à son peuple par sa bonté, REDOUTABLE AU *vice par son équité.* (*Fléchier.*)

Condé même, Condé, ce héros formidable,
Et non moins qu'*aux* Flamands, *aux* flatteurs *redoutable.*
(*Boileau*, Epître IX.)

RESPECTABLE se met avec la préposition *par* ou la préposition *à* :

Ce vieillard est RESPECTABLE PAR *son âge et* PAR *ses vertus.*
(L'*Académie.*)

Rien n'est plus RESPECTABLE *que la vertu malheureuse.*

Et crois que votre front prête à mon diadème
Un éclat qui le rend *respectable aux* dieux même.
(*Racine*, Esther, act. II, sc. 7.)

RESPONSABLE régit la préposition *de* et la préposition *à* ou *envers* :

Vous serez RESPONSABLES À *Dieu,* ENVERS *Dieu des mauvais effets qui pourront naître de vos opinions inhumaines.*

Il (Henri de Bourbon) *s'estimoit* RESPONSABLE À *Dieu,* AUX *hommes et* À *soi-même de la grâce qu'il avait reçue en quittant le parti de l'erreur.*
(*Bourdaloue.*)

Des froideurs de Titus je serai *responsable*?
Je me verrai puni parce qu'il est coupable?
(*Racine*, Bérénice, act. III, sc. 4.)

Non, il n'est rien dont je ne sois capable.
Vous voilà *de mes jours* maintenant *responsable.*
(Le même, *ibid.*, act. V, sc. 6.)

qu'ils servent à les former ; ce sont *un*, *deux*, *trois*, *quatre*, *vingt*, *soixante*, *soixante* et *onze* (266), etc.

RICHE demande ordinairement la préposition *en* et la préposition *de* :

Les patriarches n'étoient RICHES *qu'*EN *bestiaux. Ce pays est* RICHE EN *blés*, EN *vins*, EN *sel*, etc. (*L'Académie*.)

Riche de ses forêts, de ses prés, de ses eaux.
(*Delille*, les Jardins, ch. I.)

Du reste, je suis devenu RICHE DE *bons mémoires.*
(*Racine*, lettre à Boileau.)

Il est *riche en* vertu, cela vaut des trésors.
(*Molière*, Femmes savantes, act. II, sc. 4.)

Moins *riche de* ce qu'il possede,
Que pauvre de ce qu'il n'a pas. (*J.-B. Rousseau.*)

La Bruyère met *par* et *de* dans la même phrase ; *de* pour les noms qui expriment les biens ; *par* pour ceux qui expriment les moyens de les acquérir :

Nos ancêtres en avoient moins que nous, et ils en avoient assez; plus RICHES PAR *leur économie et* PAR *leur modestie, que* DE *leurs revenus et* DE *leurs domaines.*

Ces deux régimes différents peuvent faire un bon effet dans des phrases semblables.

SÉVÈRE demande *pour*, *envers*, *à l'égard* :

Un magistrat doit être SÉVÈRE *et impitoyable* POUR *les perturbateurs du repos public.*

Ce père n'est pas assez SÉVÈRE ENVERS *ses enfants*, À L'ÉGARD *de ses enfants.*

Quelques auteurs lui ont donné la préposition *à* :

.....Que faut-il que Bérénice espère ?
Rome *lui* sera-t-elle indulgente ou *sévère* ?
(*Racine*, Bérénice, act. II, sc. 2.)

Promettez sur ce livre,......
Que, *sévère aux* méchants et des bons le refuge,
Entre le pauvre et vous vous prendrez Dieu pour juge.
(*Le même*, Athalie, act. IV, sc. 3.)

Coriolan étoit SÉVÈRE AUX *autres comme à lui-même.*
(*Vertot*, Révol. rom.)

SOURD, employé au figuré, régit la préposition *à* :

La colère est SOURDE AUX *remontrances de la raison* (*L'abbé Esprit*.)

Les Adjectifs de nombre *ordinaux* marquent l'ordre et le

<blockquote>Il (le ciel) devroit être *sourd aux* aveugles souhaits.
(*La Fontaine*, la Tête et la Queue du Serpent.)</blockquote>

Exemples pris dans *Racine* : *Sourde à* la pitié. (Thébaïde, act. II, sc. 3.) — *Sourd à* la voix d'une mère. (Iphigénie, act. IV, sc. 6.)

Et dans *Voltaire* : *Sourds aux* cris. (La Henriade, chant III.)

Observez que l'on dit *sourd à la voix, aux cris, aux menaces*, parce que l'on peut être sourd à toutes les choses qui peuvent s'entendre ; mais quand *Racine* a dit, dans Iphigénie (act. V, s. 2) : En vain *sourd à* Calchas, pour dire *sourd à la voix de* Calchas, c'est par une ellipse hardie, qui est autorisée en poésie parce que cette sorte de figure contribue à l'animer.

SUPPORTABLE, dans le sens de *tolérable*, se met sans régime ou avec un régime et la préposition *à* : *L'égoïsme n'est pas* SUPPORTABLE.

Employez vos richesses à rendre la vie plus SUPPORTABLE À *des infortunés que l'excès de la misère a peut-être réduits mille fois à désirer la mort.*
(*Massillon.*)

Quelques auteurs lui ont aussi fait régir la préposition *à* dans le sens d'*excusable*.

Les offenses sont SUPPORTABLES À *un homme sage.* (*Mallebranche.*)
Mais, comme le fait observer *Laveaux*, ce régime n'est pas celui qui lui convient : il faut dire : *Les offenses sont supportables* DANS *un homme sage.* — *Cette expression n'est pas supportable* DANS *une tragédie.*

VICTORIEUX s'emploie, ou sans régime :

Un conquérant ruine presque autant sa nation VICTORIEUSE *que les nations vaincues.* (*Fénélon*, Télémaque, liv. V.)

ou avec la préposition *de* :

<blockquote>*Victorieuses des* années,
Nymphes, dont les inventions, etc. (*Racan.*)

..... *Victorieux* de cent peuples altiers. (*Boileau*, Epit. IV.)

Vos illustres travaux *des ans victorieux*. (Mad. *Deshoulières.*)</blockquote>

Racine a dit dans le prologue d'Esther :

<blockquote>Et *sur* l'impiété, la foi *victorieuse*.</blockquote>

VIF. *Bossuet*, dans l'Oraison funèbre de la duchesse d'Orléans, fait régir à cet adjectif la préposition *à* et l'infinitif :

Elle aimoit à prévenir les injures par la douceur; VIVE À *les sentir, facile à les pardonner.*

rang que les personnes et les choses occupent entre elles : tels sont *premier, second, troisième, quatrième*, et ainsi de suite.

Excepté *premier* et *second*, on forme tous les *nombres ordinaux* des nombres *cardinaux*, en terminant en *vième* ceux qui finissent en *f;* en changeant en *ième* l'*e* muet de ceux qui ont cette terminaison; enfin en ajoutant *ième* à ceux qui finissent par une consonne : le nombre *cinq* exige en outre *u* avant *ieme;* ainsi de *neuf*, de *quatre*, de *trois*, de *cinq*, on fait *neuvième, quatrieme, troisième, cinquième*.

(*Lévizac*, pag. 289.)

Voisin. Quand cet adjectif prend un régime, c'est la préposition *de* que l'on emploie :

Ces terres sont trop voisines du *grand chemin.*   (*L'Académie.*)

Fusses-tu par delà les colonnes d'Alcide.
Je me croirois encor trop *voisin* d'un perfide.
(*Racine*, Phèdre, act. IV, sc. 2)

Cependant *La Fontaine* a dit :

......Il déracine
Celui de qui la tête *au* ciel étoit *voisine.*
(Fable du Chêne et le Roseau.)

Mais le datif, dans le latin *proxima cœlo*, a pu tromper le poète.

(265) Cardinal se dit de ce qui est le principal, le premier, le plus considérable, le fondement de quelque chose. C'est ainsi que l'on appelle la *Prudence*, la *Justice*, la *Force*, la *Tempérance*, les quatre vertus cardinales, parce qu'elles servent de fondement à toutes les autres. De même que l'on appelle l'*Orient*, l'*Occident*, le *Midi* et le *Septentrion*, les quatre points cardinaux.

Cardinal vient de *cardo*, mot latin qui signifie un *gond;* en effet, il semble que ce soit sur ces points principaux que roulent toutes les autres choses de même nature.

(266) Quelques personnes écrivent *unze*, par *u* initial, et non pas par *o*, sous prétexte qu'en finance l'*o* peut favoriser la fraude : cette orthographe est extrêmement vicieuse, et le motif que l'on donne n'est pas suffisant pour l'autoriser. — *Voyez*, page 46, s'il est permis d'écrire l'*onzième.*

Unième ne s'emploie qu'à la suite d'autres nombres : le *vingt et unième*, le *trente et unième*, etc., etc.

Parmi les mots qui expriment une idée de nombre, il y en a qui sont de véritables *substantifs* ; ceux-ci sont de trois sortes.

Les uns expriment une certaine quantité ou collection des choses, comme une *dizaine*, une *douzaine*, une *vingtaine*, une *centaine*, un *millier*, un *million* ; on les appelle *noms de nombre collectifs*.

Les autres marquent les différentes parties d'un tout, comme un *demi*, un *quart*, un *tiers*, un *centième*.

D'autres enfin désignent l'augmentation progressive du nombre des choses ; ce sont le *double*, le *triple*, le *quadruple*, le *centuple*.

On emploie les Adjectifs de nombre *cardinaux*, au lieu des adjectifs de nombre *ordinaux*, 1° en parlant des heures et des années courantes, comme *il est six heures.* — *Nous sommes en mil huit cent dix-neuf.*

(*Wailly*, pag. 175.— *Lévizac*, pag. 290.)

2° En parlant du jour du mois : *le deux mars, le quatre mai* (267) ; mais on dit toujours avec le nombre ordinal, le

---

(267) *Voltaire* disoit *le deux de mars, le quatre de mai*, et *Racine le deux mars, le quatre mai*. Sous le rapport de la correction grammaticale, la première construction est certainement préférable, puisque *deux* et *quatre* sont là pour *deuxième*, *quatrième*, et que l'on dit toujours avec la préposition *de*, *le deuxième jour de mai*, *le quatrième jour de juin*. Ensuite les Latins disoient avec le génitif : *primus februarii, secundus aprilis.*

Ainsi, la grammaire et l'analogie sont pour *le deux* DE *mars, le quatro* DE *mai* ; mais si on consulte l'usage, qui, en fait de langage, est la règle de l'opinion, on dira *le deux mars, le quatre mai*. C'est ainsi que s'expriment presque toujours nos bons auteurs, et les personnes qui se piquent de parler purement, et qui évitent toute espece d'affectation.

premier mai, *le premier juin*, et non pas *le un mai*, *le un juin*.

3° On les emploie encore en parlant des souverains et des princes, comme *Louis douze*, *Henri quatre*, *Louis quatorze*; mais on ne dit pas *Henri un*, *François un*, pour *Henri premier*, *François premier*. On dit assez indifféremment *Henri deux*, et *Henri second*. On dit aussi *Charles cinq*, *Philippe cinq*, etc.; mais on dit *Charles-Quint*, empereur contemporain de *François premier*; *Sixte-Quint*, pape contemporain de *Henri quatre*.

(*Patru* et *Th. Corneille*, sur la 127ᵉ rem. de *Vaugelas*. — Le P. *Buffier*, n° 369. — Le P. *Bouhours*, pag. 585. — *Wailly*, pag. 175.)

Les *Adjectifs de nombre cardinaux* s'emploient quelquefois substantivement : comme le *huit*, le *dix de cœur*; jouer au *trente* et *quarante*; nous partîmes le *douze*, et nous ne revînmes que le *trente*. On m'a livré *un cent*, *deux cents de paille*.

(*L'Académie*.)

Il en est de même des *Adjectifs de nombre ordinaux* : *Socrate est le* PREMIER *qui se soit occupé de la morale* : le substantif est sous-entendu; c'est comme si l'on disoit : *Socrate est le* PREMIER *philosophe*, etc.

De tous les Adjectifs de nombre *cardinaux*, il n'y a que *vingt* et *cent* qui, précédés d'un autre adjectif de nombre par lequel ils sont multipliés, prennent un *s* au pluriel : *quatre*-VINGTS *chevaux*, *cent quatre*-VINGTS *pistoles*; *deux* CENTS *chevaux*, *cinq* CENTS *francs*.

(*L'Académie*, *Féraud*, *Gattel*, *Wailly*, M. *Lemare*, etc.)

Deux cents auteurs extraits m'ont prêté leurs lumières.

(*Boileau*, Epître XII.)

*De l'autre part se sont trouvés quatre-*VINGTS *docteurs séculiers... qui ont condamné les propositions de M. Arnauld.*

(*Pascal*, 1ʳᵉ lett. provinc.)

Sait-il bien ce que c'est que cinq CENTS *écus?—Oui, monsieur, il sait que c'est mille cinq* CENTS *livres.*

(*Molière*, les Fourberies de Scapin, act. II, sc. 11.)

On assure que les porte-faix ou crocheteurs de Constantinople portent des fardeaux de neuf cents livres pesants.
(*Buffon*, Hist. nat. de l'Homme.)

Observez que, dans *quatre-vingts docteurs*, dans *cinq cents ans*, et autres phrases semblables, *vingt* et *cent* sont regardés comme des substantifs; l'un pris pour *vingtaine*, l'autre pris pour *centaine*.

La même chose a lieu, lorsqu'on sous-entend le substantif après *vingt* et *cent* précédés d'un adjectif numéral. Ainsi l'on écrira avec la marque du pluriel *quatre-vingts, six vingts* (268), *deux cents*.
(*L'Académie.*)

La Suède et la Finlande composent un royaume large d'environ deux cents de nos lieues, et long de TROIS CENTS.
(*Voltaire*, Histoire de Charles XII.)

Nous partîmes *cinq cents* ; mais, par un prompt renfort,
Nous nous vîmes trois mille en arrivant au port.
(Le Cid, act. IV, sc. 3.)

Maudit soit l'auteur dur, dont l'âpre et rude verve,
Son cerveau tenaillant, rima malgré Minerve ;
Et, de son lourd marteau martelant le bon sens,
A fait de méchants vers douze fois *douze cents*.
(*Boileau*, vers en style de Chapelain.)

---

(268) *Six vingts* vieillit; on dit plus ordinairement *cent vingt*; on disoit encore, dans le siècle passé, *sept vingts ans, huit vingts ans* : *Depuis six ou sept vingts ans que l'église calvinienne a commencé.* (Bossuet.) —*Des femmes enceintes au nombre de huit vingts et plus.*—L'Académie ne condamnoit pas autrefois cette manière de s'exprimer, et en permettoit l'usage jusqu'à *dix-neuf vingts*, en excluant seulement *deux vingts, trois vingts, cinq vingts*, et *dix vingts*. Dans l'édition de 1762 et dans celle de 1798 (au mot *quatre* et au mot *vingt*), elle approuve encore *six vingts*, et même *sept vingts, huit vingts*.

Il y a plus, c'est que plusieurs écrivains modernes ont fait usage de quelques-uns de ces termes. *Voltaire*, dans sa XIe remarque sur Cinna a dit : *Remarquez que dans cette scène il n'y a presque que deux mots à reprendre, et que la pièce est faite depuis* SIX VINGTS *ans*. Fénélon (dans le Télémaque, liv. VIII) : *On y voit des vieillards de* CENT *et de* SIX VINGTS *ans, qui ont encore de la gaieté et de la vigueur;* cependant cet exemple n'est plus suivi aujourd'hui.

Le Français de vingt-quatre ans l'a emporté, en plus d'un endroit, sur le Grec de QUATRE-VINGTS. (*Rousseau.*)
(Le Dictionnaire de l'*Académie*, et le plus grand nombre des Grammairiens tant anciens que modernes.)

Exception. — *Vingt* et *cent* s'écrivent sans *s*, quoique précédés d'un nombre, lorsqu'un autre nombre est à la suite, c'est-à-dire que l'on doit écrire *quatre-vingt-deux;* — *quatre-vingt-dix;* — *deux cent vingt-quatre* chevaux ; telle est l'opinion émise par *Wailly, Lévizac, Domergue, Féraud, Gattel;* et par MM. *Lehodey, Lemare* et *Chapsal.*

L'*Académie*, néanmoins, a écrit, dans son Dictionnaire, édition de 1762 et de 1798, *neuf cents mille* avec un *s* à *cent;* mais l'usage est contraire à cette orthographe.

S'il étoit question de dater les années, alors on écriroit, sans la marque du pluriel, *l'an mil sept* CENT, *l'an mil sept cent* QUATRE-VINGT, quoique *cent* et *vingt* fussent précédés d'un autre Adjectif de nombre, parce que ces nombres seroient employés pour des nombres ordinaux, et qu'il ne s'agiroit que d'une année, comme s'il y avoit *l'an mil sept centième, l'an mil sept cent quatre-vingtième.*

(Mêmes autorités.)

Quant au genre, il n'y a de tous les nombres *cardinaux* que *un* dont la terminaison varie, selon qu'elle doit être masculine ou féminine : *un tableau, une bouteille.*

(*D'Olivet*, pag. 132.)

N'oubliez pas de lire, aux Remarques détachées, quelques observations sur *un, vingt, cent* et *mille.*

On dit *vingt et un, trente et un, quarante et un,* etc., jusqu'à *soixante et dix* inclusivement; mais on dit, sans la conjonction, *vingt-deux, vingt-trois, trente-deux, trente-trois,* etc., *soixante-deux,* etc.

(Le Dictionnaire de l'*Académie*, aux mots *dix, vingt, trente, quarante, cinquante,* et *soixante.*)

La Fontaine, qui avoit besoin d'une syllabe de plus, a dit:

Enfin, quoique ignorante à *vingt et trois* karats,
    Elle passoit pour un oracle. (Fable 139e, les Devineresses.)

Dans une édition de *Boileau* (Genève, 1724), on lit aussi en plusieurs endroits *vingt et trois*, *vingt et quatre*; mais cette faute a été corrigée dans les éditions subséquentes.

Enfin on dit, sans la conjonction *et*: *quatre-vingt-un*, *quatre-vingt-onze*, *cent un*, comme *quatre-vingt-deux*, *quatre-vingt-trois*, etc.   (*Féraud*.)

Quand le substantif auquel se rapporte l'adjectif de nombre cardinal est représenté par le pronom *en*, placé avant le verbe précédent, ou bien encore quand le substantif est sous-entendu, l'*adjectif* ou le *participe* qui suit le nombre cardinal doit être précédé de la préposition *de* : *sur mille habitants, il n'y* EN *a pas un* DE *riche*. — *Sur cent mille combattants, il y* EN *eut mille* DE *tués, et cinq cents* DE *blessés*. — *Sur mille, il y* EN *eut cent* DE *tués*.

(*Th. Corneille*, sur la 181ᵉ rem. de *Vaugelas.*—L'*Académie*, pag. 196 de ses observations.—*Wailly*, pag. 179.—*Marmontel*, pag. 419.—*Laveaux*, au mot nombre.)

Mais l'emploi de la préposition *de* ne doit pas avoir lieu avant l'adjectif ou le participe, lorsque l'adjectif numéral cardinal est suivi du substantif avec lequel il est en rapport : *Sur mille combattants, il y eut cent hommes tués*, ou *il y en eut cent qui furent tués. Cent hommes* DE *tués* seroit une faute.

(L'*Académie*, p. 196 de ses observ. sur *Vaugelas*.)

On met au singulier le substantif qui est avant un nombre *cardinal* employé pour un nombre *ordinal*, et l'on dit, L'AN *dix-huit cent dix*; les mots *dix-huit cent dix* sont ici pour *dix-huit cent dixième*.

Pour ce qui est des Adjectifs de *nombre ordinaux*, et de ces substantifs qui expriment une idée de nombre, ils prennent, dans tous les cas, la marque du *pluriel* : *les premiers, les seconds, les douzièmes, les vingtièmes, les deux douzaines, les trois quarts, les trois centièmes* (269), *trois millions, quatre milliards*.

(Le *Dictionnaire de l'Académie*, et les Autorités ci-dessus.)

---

(269) On ne doit pas confondre *le trois-centième* avec *les trois cen-*

CHAPITRE IV.

DES PRONOMS PROPREMENT DITS,
ET DES ADJECTIFS PRONOMINAUX.

A en juger par l'étymologie, le *Pronom* proprement dit est un mot qui n'a par lui-même aucune signification, et qu'on met à la place d'un nom précédemment énoncé, pour le remplacer, et en éviter la répétition.

Dès que le Pronom tient la place d'un nom, c'est une conséquence qu'il en réveille l'idée telle qu'elle est, telle que le nom la réveilleroit lui-même, c'est-à-dire sans y rien ajouter, et sans en rien retrancher. Un mot employé au figuré peut être substitué à un mot pris dans le propre : *voile*, par exemple, à *vaisseau*. Dans ce cas on substitue d'autres idées, et *voile* est employé pour une toute autre raison que pour tenir la place de *vaisseau*; *voile* n'est donc pas un *Pronom*.

Mais, lorsqu'après avoir parlé d'*Alexandre* et de son passage en Asie pour combattre les Perses, on dit qu'*il les subjugua*, et qu'*il renversa leur empire*; les mots *il* et *les*, mis à la place des noms *Alexandre*, *Asie*, *Perses*, ont chacun la même signification que les noms dont ils rappellent l'idée : ce sont des *Pronoms*. Quelquefois encore le *Pronom* tient lieu d'une phrase entière; par exemple, si l'on me dit : *Avez-vous vu la belle maison de campagne que M. le comte a achetée ?* et que je réponde *je* L'*ai vue*, le *Pronom l'* ne tient pas la place du seul mot *maison*, mais de ce mot accom-

---

tièmes ; car *le trois-centième* s'écriroit en chiffres 1/300, et *les trois centièmes* s'écriroient 3/100. Le *trois-centième* de cent est *un tiers*, puisque la trois-centième partie de cent est la même chose que la troisième partie de un. Les *trois centièmes* de cent sont *trois*, puisque la centième partie de cent est un. (M. Collin-d'Ambly, pag. 66.)

pagné de toutes ses modifications de *la belle maison de campagne que M. le comte a achetée*.

Le sens exige encore que, dans quelques cas, le *Pronom* tienne lieu d'une phrase construite différemment de celle dont il prend la place : *Voulez-vous que j'aille vous voir ? je le veux*, c'est-à-dire, *je veux que vous veniez me voir*.

(*Condillac*, pag. 197.)

Les *Pronoms* sont d'un grand avantage dans les langues : ils épargnent des répétitions qui seroient insupportables ; ils répandent sur tout le discours plus de clarté, de variété et de grâce ; mais on feroit une faute si on les employoit pour réveiller une idée autre que celle du nom dont ils prennent la place ; et c'est avec raison que l'on a critiqué ce vers de *Racine* :

Nulle paix pour l'impie ; il *la* cherche, *elle* fuit.
(*Esther*, act. II, sc. 9.)

En effet, *la* et *elle* ne rappellent pas *nulle paix*, ils rappellent seulement *la paix*, c'est-à-dire une idée toute contraire. Cependant il faut convenir qu'il y a dans ce vers une vivacité et une précision qui doivent d'autant plus faire pardonner cette licence au poète, qu'avant d'apercevoir la faute l'esprit a suppléé à ce qui manque à l'expression.

(Même autorité.)

On divise ordinairement les *Pronoms* en cinq classes ; savoir : en *Pronoms personnels*, en *Pronoms possessifs*, en *Pronoms démonstratifs*, en *Pronoms relatifs*, et en *Pronoms indéfinis*. Nous adopterons cette division, comme étant reçue par la presque totalité des grammairiens ; mais, parmi les *Pronoms possessifs*, *démonstratifs* et *indéfinis*, il en est auxquels plusieurs Grammairiens refusent, avec raison, le nom de *Pronom*. Tels sont, par exemple, *mon*, *ma*, *ton*, *ta*, *son*, *sa*, *nul*, *aucun*, etc., etc. En effet, si le Pronom est destiné à remplacer le nom, il est clair que les mots dont il s'agit, ne tenant la place d'aucun nom, mais étant au contraire toujours joints à un nom qu'ils qualifient en le déterminant, ne sauroient être considérés comme Pronoms; ce sont de véritables adjectifs, car ils en ont l'essence, et en subissent les lois; c'est pourquoi nous les considérerons comme adjectifs, et nous les appellerons *Adjectifs pronominaux*, à cause de l'espèce d'affinité qu'ils ont avec les Pronoms, ou du moins à cause de l'usage où l'on est souvent de les classer parmi les Pronoms. Nous ferons pour chacune de ces sortes d'adjectifs un article séparé, qui viendra immédiatement après le Pronom avec lequel ils ont rapport. Ainsi, après le Pronom possessif, nous parlerons de l'Adjectif pronominal possessif; et il en sera de même à l'égard des Adjectifs pronominaux démonstratifs et indéfinis.

DES PRONOMS PERSONNELS.

La fonction des Pronoms personnels est de désigner les personnes.

Le mot *personne*, dérivé du latin *persona*, *personnage*, *rôle*, désigne, en Grammaire, le personnage, le rôle que joue dans le discours le nom ou le Pronom. Il y a trois personnes : la première est celle qui parle, la seconde est celle à qui l'on parle, et la troisième celle de qui l'on parle.

Les Pronoms personnels de la première personne sont : *je*, *moi*, *me* (pour *moi* ou *à moi*), et *nous*.

Ceux de la seconde sont: *tu*, *toi*, *te* (pour *toi* ou *à toi*), et *vous*.

Ceux de la troisième sont : *il, lui, elle, ils, elles, soi, se* (pour *soi* ou *à soi*), *leur* (pour *à eux*, *à elles*).

§ I.
JE.

Je, Pronom de la première personne, dont *nous* est le pluriel, est des deux genres; masculin, si c'est un homme qui parle; féminin, si c'est une femme. Il est toujours sujet de la proposition, et se met ordinairement avant le verbe : *je vais, je cours.* Quand le verbe commence par une voyelle, on élide l'*e*, et l'on dit, *j'ordonne, j'entends.*

Je, cependant, se met après le verbe, soit dans les phrases interrogatives ou admiratives, comme *que deviendrai-je? que ferai-je?*

Soit quand le verbe se trouve enfermé dans une parenthèse, comme (*lui répondis-je*).

Soit quand on l'emploie par manière de souhait : *puissé-je!* ou par manière de doute : *en croirai-je mes yeux?*

Soit enfin quand il est précédé de la conjonction *aussi*, ou de quelqu'un des adverbes *peut-être*, *à peine*, etc.; AUSSI *puis-je vous assurer;* AUSSI *pensai-je mourir d'effroi;* INUTILEMENT *voudrois-je me persuader;* PEUT-ÊTRE *irai-je;* À PEINE *fus-je arrivé.*

(*Wailly*, pag. 313; *Restaut*, pag. 303; et les Gramm. modernes.)

On observera que, si le sens de la phrase demande l'emploi du présent de l'indicatif, et que ce temps appartienne à un verbe qui se termine par un *e* muet, il faudra, dans les phrases interrogatives, changer cette finale en *é* fermé; ainsi, *j'aime* se changera en *aimé-je*, et non pas, comme le font quelques écrivains, en *aimè-je*, avec un *è* ouvert.

Veillé-je? puis-je croire un semblable dessein?
(*Racine*, Phèdre, act. II, sc. 2.)

Si le sens de la phrase demande l'emploi du présent du subjonctif, ou de l'imparfait du même mode, comme *je dusse, je puisse*, on écrira *dussé-je, puissé-je* (270) :

---

(270) Quand la dernière syllabe d'un mot est muette, la pénultième ne sauroit être muette, parce que deux syllabes de cette nature ne peuvent se trouver de suite à la fin du même mot; dans ce cas, la pénultième se prononce avec le son ouvert, et prend un accent grave : *père*, *sincère*. Il n'y a d'exception à cela que pour les mots en *ége*, comme *piége*, *manége*, etc., dans lesquels l'usage a voulu que la pénultième fût

Dussè-je, après dix ans, voir mon palais en cendre (271) !
(*Racine*, Andromaque, act. I, sc. 4.)

On lit dans la première épître de Boileau (édition de *Saint-Marc* et de *Brossette*) :

Mais où *cherchai-je* ailleurs ce qu'on trouve chez nous ?

Cette faute, très commune alors, ne seroit point pardonnable à présent.

(*Vaugelas*, 203e remarque.—L'*Académie*, pag. 223 de ses observ. sur cette rem.—Son Dictionnaire.—MM. de *Port-Royal*, pag. 211. —*Ménage*, 57e chap.— *D'Olivet*, *Girard*, et tous les Gramm. modernes sont d'accord sur cette orthographe.)

Les mêmes grammairiens pensent que, dans le cas où *je*, mis après le verbe, seroit susceptible de produire un son dur et désagréable, ce qui n'a lieu que pour les verbes composés d'une seule syllabe au présent de l'indicatif, il faudroit alors prendre un autre tour, et dire, au lieu de, *dors-je? ments-je? sens-je?* etc., *est-ce que je dors? est-ce que je ments? est-ce que je sens?*

Voyez, à la fin de ce chapitre, quand on doit répéter le Pronom *je*.

---

prononcée avec le son de l'*é* fermé, et prît un accent aigu. Cela s'applique aussi aux verbes de la première conjugaison, lorsque ces verbes sont suivis du pronom *je* ; ils semblent alors ne former avec ce pronom, du moins pour l'oreille, qu'un seul et même mot.

(271) *En cendre* au singulier est une inexactitude. On dit *réduire*, on *mettre en cendres* au pluriel, et non pas *en cendre* au singulier ; c'est ainsi que pense *Féraud*, et l'*Académie* donne deux exemples qui confirment cette opinion.

Cendre se dit quelquefois pour *mort*, et dans cette acception il peut très-bien se dire au singulier :

J'ai donné comme toi des larmes à sa *cendre*.
(*Voltaire*, Alzire, act. 1, sc. 4.)

Nous avons beau vanter nos grandeurs passagères,
Il faut mêler sa *cendre* aux cendres de ses pères. (*J. B. Rouss.*, Ode III, liv. 1.)

Si, dans la nuit du tombeau,
La voix du Dieu vivant a ranimé la *cendre*. (*Rac.*, Ath. act. IV, sc. 6.)

Les Thébains, de Laïus n'ont point vengé la *cendre* (Même pièce, même scène.)

§ II.

MOI.

Moi, Pronom de la première personne, dont *nous* est le pluriel, est des deux genres; il ne se dit que des personnes ou des choses personnifiées. On voit, par cette dernière définition, que *moi* est un synonyme réel de *me* et de *je*; mais ce n'est pas un synonyme grammatical, puisqu'il s'emploie différemment, et que, dans aucun cas, il ne peut être remplacé ni par *je* ni par *me*. C'est ce qui sera éclairci par ce qui suit.

Moi se joint à *je*, par apposition et réduplication, pour donner plus d'énergie à la phrase, soit qu'il vienne après le verbe, comme dans ces phrases : *Je dis moi, je prétends moi;* soit qu'il précède *je* et le verbe : *Moi, je dis. Moi, je prétends.* Moi, *dont il déchire la réputation,* je *ne lui ai jamais rendu que de bons offices.* Moi, *à qui il fait tant de mal,* je *cherche toutes les occasions de le servir.* Moi, *ne songeant à rien, j'allai bonnement lui dire....*

> *Moi, que j'ose opprimer et noircir l'innocence!*
> (*Racine*, Phèdre, act. III, sc. 3.)

Quelquefois *je* ne paroît point, mais il est sous-entendu : *moi, trahir le meilleur de mes amis! faire une lâcheté, moi!* phrase elliptique, où il est aisé de suppléer, *je voudrois! je pourrois!*

Moi, se met de même par apposition avant ou après *me* : *voudriez-vous me perdre,* moi *votre allié!* moi, *vous me soupçonneriez de....*

Il se met aussi par apposition avec *nous* et *vous*, lorsqu'il est accompagné d'un autre nom ou pronom. *Vous et* moi *nous sommes contents de notre sort. Nous irons à la campagne* lui *et* moi. *Il est venu* nous *voir,* mon frère *et* moi. Dans ces phrases, *moi* et le nom ou pronom qui lui est joint ont tout ensemble l'apposition et l'explication de *nous*; et il faut observer que *moi*, étant joint à un autre nom ou pronom, ne doit paroître qu'en second : *vous et moi* ; *un tel et moi* : à moins que le nom auquel il est joint ne soit celui d'une personne très-inférieure. Ainsi un père dira, *moi et mon fils* ; un maître, *moi et mon laquais*.

Moi est encore une sorte d'apposition qui détermine les pronoms indéfinis *ce* et *il* : *C'est* MOI *qui vous en réponds. Qui fut bien aise ? ce fut* MOI. *Il n'y eut que lui et* MOI *d'un tel avis. Que vous reste-t-il ?* MOI.

Après une préposition, il n'y a que le pronom *moi* qui puisse exprimer la première personne. *Vous servirez-vous de* MOI ? *Pense-t-on à* MOI ? *Ils auront affaire de* MOI. *Ils auront affaire à* MOI. *Cela vient de* MOI. *Cela est à* MOI. *Cela est pour* MOI. *Je prends cela pour* MOI. *Selon* MOI, *vous avez raison. Vous serez remboursé par* MOI. *Cela roulera sur* MOI. *Tout est contre* MOI.

Il en est de même après une conjonction : *Mon frère et* MOI. *Mon frère ou* MOI. *Mon frère aussi bien que* MOI. *Ni mon frère ni* MOI. *Personne que* MOI. *Nul autre que* MOI.

Quand le verbe est à l'impératif, et que le pronom qu'il régit n'est pas suivi du pronom relatif *en*, c'est *moi* qu'il faut employer après le verbe, soit comme régime simple : *Louez-*MOI, *récompensez-*MOI ; soit comme régime composé : *Rendez-*MOI *compte ; dites-*MOI *la vérité* ; et alors *moi* se joint au verbe par un tiret ; mais on diroit : *Donnez-*M'*en*, à cause du pronom *en*.

Quelquefois, mais dans le discours familier seulement, *moi* se met par redondance, et pour donner plus de force à ce que l'on dit : *Faites-*MOI *taire ces gens-là ; donnez-leur-*MOI *sur les oreilles*.

Dans le même cas, le pronom *moi* se met après l'adverbe de lieu *y*, soit comme régime simple du verbe, soit comme régime composé : *Tu vas à l'Opéra, mènes-y-*MOI ; *tu vas en voiture, donnes-y-*MOI *une place*. Au contraire, l'adverbe *y*,

dans le même cas, se met après le pronom *nous* : *menez-*
NOUS-*y. Donnez-*NOUS-*y une place.*

Lorsque le verbe est au singulier, et que la seconde personne de l'impératif finit par un *e* muet, on ajoute, ainsi qu'on a pu le voir dans les deux exemples qui précèdent, un *s* au verbe (272) : *mènes-y moi ; donnes-y moi une place.*

Voyez plus bas (au pronom *qui*, §. 1), et à l'accord du verbe avec son sujet (5ᵉ remarque), comment on doit s'exprimer, 1° lorsque *moi* est employé comme sujet, et si l'on doit dire MOI *qui* AI *parlé*, ou MOI *qui* A *parlé* ; *si c'étoit* MOI *qui* PROPOSASSE, ou *si c'étoit* MOI *qui* PROPOSÂT ; *c'est* MOI *qui* M'*intéresse*, ou *c'est* MOI *qui* S'*intéresse* ; 2° lorsque *moi* est joint à un autre pronom personnel ou à un substantif pour former le sujet d'un verbe, si l'on doit dire : *C'est mon père ou moi qui* AVONS *dit cela*, ou *c'est mon père ou moi qui* A *dit cela*.

§ III.
ME.

Me, Pronom personnel qui signifie la même chose que *je* et que *moi*, n'est jamais employé comme sujet ; il est des deux genres, et est tantôt régime direct et tantôt régime indirect : *il* ME *chérit*, pour *il chérit moi* ; *il* ME *plaît*, pour *il plaît à moi.*

Me s'allie à *je* et à *moi*.

>Moi, je m'arrêterois à de vaines menaces !
>(*Racine*, Iphigénie, act. I, sc. 2.)

Me, régime direct ou indirect, se place toujours avant le verbe.

>Bajazet aujourd'hui m'honore et *me* caresse.
>(*Racine*, Bajazet, act. I, sc. 1.)

>Venez ; les malheureux *me* sont toujours sacrés.
>(*Voltaire*, Oreste, act. II, sc. 2.)

(*Wailly*, pag. 348. — Le Dict. de l'*Académie*, au mot *me*.)

---

(272) Cette lettre, qu'on appelle euphonique, est mise pour éviter la rencontre de deux voyelles qui se choqueroient désagréablement pour

Quand plusieurs pronoms régimes accompagnent un verbe, *me* (ainsi que *te*, *se*, *nous*, *vous*) doit être placé le premier :
(*Wailly*, pag. 319.— *Lévizac*, t. I, pag. 325.)

Accordez-moi votre amitié; si vous ME *la refusez, j'en serai vivement affecté.*

Dans les phrases où il y a deux verbes, on place ordinairement le pronom *me* près du verbe qui le régit : *On ne sauroit* ME *reprocher d'aimer la table.*

Cependant ce ne seroit pas une faute de dire : *On ne* ME *sauroit reprocher.* C'est l'oreille que l'on doit consulter alors.

Mais on remarquera que ce dérangement n'est pas autorisé, quand le premier verbe est à un temps composé; et, en effet, il seroit déplacé de dire : *Je* M'*aurois voulu procurer ce plaisir*, au lieu de *j'aurois voulu* ME *procurer ce plaisir.*

(L'*Académie*, sur la 357ᵉ rem. de *Vaugelas*, pag. 372 de ses Observ. —*Wailly*, pag. 320.)

Le Pronom *me* doit toujours se répéter avant chaque verbe employé à un temps simple : *Il* ME *flatte et* ME *loue*. Lorsque les verbes sont à des temps composés, il est permis de sous-entendre le second Pronom *me* avec l'auxiliaire du verbe qu'il précède, pourvu que les deux verbes demandent le même régime; on dira donc également bien : *Il* M'*a loué et récompensé généreusement*, et *il* M'*a loué et* M'*a récompensé généreusement;* mais il faudroit dire : *Il* M'*a plu et* M'*a enchanté*, attendu qu'on dit *plaire* À *quelqu'un*, et *enchanter* QUELQU'UN.

'oreille; quelques personnes la placent entre deux traits d'union; d'autres, et cette orthographe est celle que l'on doit préférer, la placent à la suite du verbe, pour annoncer qu'elle doit être unie d'une manière intime à la syllabe qui précède, et à celle qui suit. Il y en a aussi qui mettent entre la lettre euphonique un trait d'union et une apostrophe, *mène-s'y;* mais c'est une faute, puisque l'apostrophe ne s'emploie jamais qu'à la place d'une voyelle que l'on supprime.

Cette règle sur l'emploi de *me* s'applique aux pronoms *nous*, *vous*, *te*, et *se*.

<small>(L'*Académie*, sur la 327e et la 467e rem. de *Vaugelas*, pag. 530 et 490 de ses Observ. — Le P. *Buffier*, n° 1047. — *Marmontel*, pag. 202.)</small>

§ IV.
NOUS.

Nous, Pronom pluriel de la première personne, est des deux genres, et se dit des personnes et des choses personnifiées ; il peut être ou sujet, ou régime direct, ou régime indirect : Nous *avons dit, et* nous *allons prouver qu'il n'y a pas de bonheur sans la vertu.* (Beauzée.) *Les grandes prospérités* nous *aveuglent*, nous *transportent*, nous *égarent*.

<small>(*Bossuet*, Oraison funèbre de la reine d'Angleterre.)</small>

Tout ce qui *nous* ressemble est parfait à nos yeux.

<small>(L'abbé *Aubert*, fab. 6, liv. IV.)</small>

Dans la première phrase, *nous* est sujet ; dans la seconde, il est régime direct ; et dans la troisième, il est régime indirect.

<small>(*Wailly*, pag. 182. — *Lévizac*, t. I, pag. 310.)</small>

Lorsque *nous*, employé comme sujet ou comme régime, est joint à un autre nom ou pronom qui concourt, avec *nous*, à former le sujet ou le régime, il faut d'abord mettre *nous* avant le verbe, puis le répéter après ce verbe sans préposition, s'il est sujet ou régime direct : *Nous partirons demain, eux et* nous ; *il nous a bien accueillis* nous *et nos amis.* Et avec une préposition, s'il est régime indirect, afin de le lier avec le nom qui concourt a former le sujet ou le régime : *Il* nous *doit cette somme à* nous *et à nos associés.*

<small>(Mêmes autorités.)</small>

Quant à la place que ce Pronom doit occuper dans le discours, ce que nous venons de dire pour le Pronom *me*, et pour le Pronom *moi*, lui est applicable.

<small>Voyez, au pronom vous, ce que nous disons sur l'emploi du pronom nous, dont on fait quelquefois usage au lieu de *je*.</small>

§ V.

TU.

Tu, Pronom personnel de la seconde personne, est des deux genres, mais seulement du nombre singulier; il ne se dit que des personnes et des choses personnifiées.

Tu, ainsi que le Pronom *je*, ne peut jamais être que le sujet de la proposition. Exemples: *Si* TU *as un ami véritable, tâche de le conserver.*—*Aimes*-TU *la paix, ne parle jamais des absents que pour en dire du bien.*

Le pronom *tu* s'emploie dans bien des cas.

1° On peut tutoyer ses inférieurs, s'ils sont beaucoup au-dessous de soi; un maître peut donc fort bien tutoyer son laquais.

2° On peut aussi tutoyer ceux que l'on méprise ou que l'on insulte; quelle que soit alors leur condition, on se met bien au-dessus d'eux. C'est ainsi que le grand-prêtre Joad, n'ayant plus besoin de dissimuler, dit à la reine Athalie (act. V, sc. 5):

...... *tu* seras satisfaite,
Je *te* les vais montrer l'un et l'autre à la fois.
....
Connois-*tu* l'héritier du plus saint des monarques,
Reine? ......

3° On tutoie ceux avec qui l'on est très-familier.

Cependant le favori même d'un prince ne pourroit décemment le tutoyer.

4° Dans le style élevé, on tutoie tout, même ce qu'il y a de plus grand, de plus vénéré.

O *Dieu* de vérité, quand *tu* parles, je crois;
De ma fière raison j'arrête l'insolence.

(*L. Racine*, la Grâce, ch. IV.)

(M. *Lemare*, pag. 100 de son Cours théor. et prat.).

Le tutoiement, qui rend, dit *Voltaire*, le discours plus serré, plus vif, a de la noblesse et de la force dans la tragédie ; mais il doit être banni de la comédie, qui est la peinture de nos mœurs.

§ VI.
TE.

Te, Pronom singulier de la seconde personne, et des deux genres, ne peut jamais, ainsi que le Pronom *me*, être que le régime direct ou le régime indirect du verbe, et il s'élide avant une voyelle : *Je* TE *promets de grandes jouissances, si tu as le goût du travail.—Je* T'*en conjure.—Je* T'*en remercie.*

Te se place toujours avant le verbe dont il est le régime : *Je veux* TE *convaincre.—Comment a-t-elle pu* TE *faire consentir à cela?*

Cependant on pourroit dire aussi : *Je* TE *veux convaincre.* — Mais, *comment* T'*a-t-elle pu faire consentir à cela?* ne seroit pas correct, parce que le premier verbe est à un temps composé.

(L'*Académie*, sur la 357e rem. de *Vaugelas*, pag. 372.—*Wailly*, pag. 118 et 320.)

Quoiqu'on dise *transportez-vous-y*, l'usage ne permet pas que l'on se serve au singulier du *Pronom* TE, avant cet adverbe, et que l'on dise, *transporte-*T'*y*; il faut dire *transportes-y-*TOI; ou, ce qui est encore mieux, il faut éviter avec soin cette manière de s'exprimer, parce que, quoique régulière, elle choque l'oreille.

(*Vaugelas*, 106e rem.; l'*Académie* sur cette rem., pag. 110 de ses Observations, et les Grammairiens modernes.)

§ VII.
TOI.

Toi, Pronom singulier de la seconde personne, est des

deux genres, et ne se dit que des personnes et des choses personnifiées : *On aura soin de* TOI, *on pensera à* TOI, *on fera cela pour* TOI.

Quelquefois on l'emploie par opposition avec *tu* et *te*, pour donner plus d'énergie à l'expression : TOI *qui fais tant le brave, tu oserois ; on t'a chassé*, TOI; *on t'a traité ainsi*, TOI *qui étois l'ame de ses conseils.*

Enfin, *toi* indique la seconde personne du verbe; ainsi, que ce pronom soit exprimé ou sous-entendu, il faut écrire :

> O *toi* qui *vois* la honte où je suis descendue,
> Implacable Vénus, suis-je assez confondue !
> (*Racine*, Phèdre, act. III, sc. 2.)

> Approche, heureux appui du trône de ton maître,
> Ame de mes conseils, et qui seul tant de fois
> Du sceptre dans ma main *as* soulagé le poids.
> (*Racine*, Esther, act. II, sc. 5.)

Dans ce second exemple, *toi* est sous-entendu.

Si le Pronom *toi* est joint à un autre Pronom personnel de la troisième personne, ou à un Substantif, pour former le sujet d'un verbe, on les fait suivre du pronom personnel *vous*, qui devient le sujet de la proposition : *Toi et lui* VOUS ÊTES *de mes amis; ton frère et toi* VOUS IREZ *à la campagne.*

Dans les phrases impératives, *toi* est régime direct ou régime indirect : REGARDE-TOI *dans ce miroir*, régime direct; DONNE-TOI *la peine de m'écouter*, régime indirect.

> *Figure-toi* Pyrrhus, les yeux étincelants,
> Entrant à la lueur de nos palais brûlants.
> (*Racine*, Andromaque, act. III, sc. 8.)

> A ta foible raison *garde-toi* de te rendre ;
> Dieu t'a fait pour l'aimer, et non pour le comprendre
> (*Voltaire* la Henriade, ch. VII.)

> *Aide-toi*, le ciel t'aidera.
> (*La Fontaine*, le Charretier embourbé.)

(*Restaut*, pag. 94.—*Wailly*, pag. 182.—*Lévizac*, pag. 311, t. 2; et M. *Laveaux*.)

§ VIII.

VOUS.

Vous, Pronom de la seconde personne et des deux genres, se dit des personnes et des choses personnifiées; il peut être, comme le pronom *nous*, ou sujet, ou régime direct, ou régime indirect; exemple : Vous *êtes riche, je* vous *en félicite; cherchez présentement* à vous *faire des amis*. Le premier *vous* est sujet; le second, régime direct, et le troisième, régime indirect.

Si le pronom *vous* n'est pas seul employé comme sujet ou comme régime du verbe, et qu'il soit uni à un autre Pronom personnel, ou à un Substantif, on répète le Pronom personnel *vous*, qui alors, comme sujet de la phrase, veut que le verbe soit à la seconde personne :

Je vous *récompenserai vous et votre frère*.—Vous *et celui qui vous mène*, VOUS PÉRIREZ.   (Télém., liv. 1.)

Le roi, *vous*, et les dieux, *vous êtes* tous complices.
(*Th. Corneille*, Ariane, act. V, sc. 4.)

(*Wailly*, pag. 182.—*Lévizac*, pag. 810, t. 1.)

Vous suit, pour la place qu'il doit occuper dans la phrase, les mêmes règles que le pronom *me* ; et, quand il est accompagné d'une préposition, il suit celles qui sont indiquées pour le pronom *moi*.

Vous est singulier, quand on n'adresse la parole qu'à une seule personne, et il est pluriel, quand on adresse la parole à plusieurs; mais remarquez que, quand par politesse, on emploie le pronom pluriel *vous* au lieu du Pronom *tu*, le participe prend bien la terminaison féminine lorsqu'il est question d'une femme, mais il ne prend pas le *s* qui est la marque du pluriel, et l'on dit : *Madame, vous êtes* ESTIMÉE, et non pas *estimées*, parce qu'alors on emploie le participe par rapport à la personne à laquelle on parle, et non par rapport au Pronom *vous*, ni au verbe auxiliaire pluriel dont on se sert.

(*Dangeau*, pag. 184.—*Girard*, pag. 55, t. II, et les Gramm. modernes.)

De quoi vous *êtes-vous* AVISÉ, *de charger les enfers d'une si dangereuse créature ?* (*Boileau*, les Héros de roman.)

Le dieu n'est entouré que des monuments de nos fureurs ; et VOUS ÊTES ÉTONNÉ *que ses prêtres aient accepté l'hommage d'une courtisane.* (Voyage d'Anacharsis, chap. XXII.)

La syntaxe est la même pour les adjectifs et pour les Pronoms, et l'on dit, quand on n'adresse la parole qu'à une seule personne : *Vous pourrez peut-être cacher aux autres des actions répréhensibles, mais jamais à vous-même.*

(Pensée D'*Isocrate*, t. I, pag. 25.)

Vous en allez juger VOUS-MÊME *tout-à-l'heure.*

(*Boileau*, les Héros de roman.)

...... AVOCAT,
De votre ton *vous-même* adoucissez l'éclat.
(*Racine*, les Plaideurs, act. III, sc. 3.)

(*Restaut*, pag. 205, et *Girard*.)

Quelquefois aussi on fait usage du pronom *nous* au lieu du pronom *je*, et dans ce cas le principe invoqué pour le pronom *vous*, au lieu du pronom *tu*, est également applicable ; c'est-à-dire que l'on doit écrire avec le *nombre singulier* le participe mis en rapport avec le pronom *nous* ; et alors dire : PERSUADÉ *comme nous le sommes*, parce que cette phrase n'est qu'une syllepse, c'est-à-dire une figure par laquelle le discours répond plutôt à la pensée qu'aux règles de la grammaire.

Quelle pensée réveille en moi cette phrase, *persuadé comme nous le sommes ?* aucune autre que celle-ci : *persuadé comme je le suis.* Le *je* a paru trop tranchant, et par modestie on s'est servi de *nous* au lieu de *je* ; si donc on considère qu'en effet *nous* n'exprime qu'un seul individu, on doit laisser au singulier l'adjectif qui suit, puisque dans notre esprit nous n'avons d'autre intention que de modifier le pronom *je*.

Ce vers de Molière (Sganarelle ou le Mari trompé, sc. 16) :

Sans respect ni demi nous a *déshonoré*,

dans lequel *déshonoré* est mis au singulier, quoique précédé d'un régime direct au pluriel, qui est *nous* employé pour *moi*, vient fortifier ce principe; et l'opinion de son judicieux commentateur (M. Auger), qui approuve ce singulier, achèvera sûrement de convaincre nos lecteurs.

On verra, lorsque nous parlerons de l'emploi du mot appelé impératif (art. XVII, §. 3. vol. 2), que très-souvent une personne, se parlant à elle-même, fait usage de la première personne du *pluriel* de l'impératif; et qu'en pareil cas on ne met pas l'adjectif au pluriel : SOYONS *digne de notre naissance*; SOYONS *sage* : certainement si l'on employoit le pluriel dans ce cas, ce seroit ôter tout le charme, tout le piquant de cette façon de parler, ce seroit faire même un contresens.

(M. *Vanier*, l'un des rédact. du Man. des amat. de la langue fr.)

Nous avons fait observer (page 345) que le pronom *tu* peut exprimer dans le discours deux sentiments de l'ame absolument opposés, *l'amitié ou la haine*. En effet, lorsque nous parlons ou écrivons à des personnes que nous aimons, ou contre lesquelles nous sommes fort en colère, nous nous servons du pronom *tu*; de même le pronom *vous*, qui fut de tout temps employé, en parlant à une seule personne, comme une marque d'égard, de respect ou d'indifférence, n'est plus dans quelques circonstances que l'expression de la douleur. Nous n'en citerons qu'un exemple, mais il suffira pour faire sentir combien le pronom *vous* mis à la place du pronom *tu* change le sens d'une phrase.

Un père est prévenu que son fils, abandonné à la débauche, se propose de forcer son secrétaire, pour y prendre de l'argent : il ouvre lui-même son secrétaire, et y met en évidence une somme d'argent, avec ce billet foudroyant adressé à son fils :

Des Pronoms personnels.

Puisqu'un lien fatal a pour *vous* tant d'appas
Qu'il vous fait renoncer à votre propre estime,
Je veux, du moins, *vous* épargner un crime :
Acceptez..... ne dérobez pas.
(M. *Picyre*, l'École des Pères, act. IV, sc. 14.)

Tous nos lecteurs sentiront que ce fils, accoutumé à entendre de la bouche de son père le mot *tu*, expression de sa tendresse, aura été abîmé à la lecture de ces *vous*, qui sont le langage d'un père péniblement affecté; ils sentiront aussi que ce reproche paternel n'auroit pas été aussi touchant, et n'auroit pas produit l'effet que ce père se proposoit, s'il avoit parlé ainsi

Puisqu'un lien fatal a pour TOI *tant d'appas, qu'il* TE *fait renoncer à* TA *propre estime, je veux du moins* T'ÉPARGNER *un crime : accepte... ne dérobe pas.*

Vous, tu, toi, peuvent se dire des animaux, et même des choses inanimées, mais uniquement en apostrophe; un berger diroit très-bien *Mes chères brebis,* VOUS *êtes l'unique objet de mes soins* ; et un Israélite indigné pourroit tenir ce langage : *Et* TOI, *sainte montagne de Sion, tu t'es vue profanée par des impies.* (*Girard*, p. 325, t. I.)

Il est quelquefois permis de mettre à la seconde personne ce qu'on exprime ordinairement par la troisième : *Il y a des gens si complaisants que* VOUS *ne* SAURIEZ *vous empêcher de rechercher leur société,* — pour *qu'on ne sauroit s'empêcher*, etc.

C'est quelque chose de bien terrible qu'une tempête; il est bien difficile de ne pas craindre, lorsque VOUS *voyez les flots soulevés qui viennent fondre sur* VOUS, VOTRE *pilote, qui se trouble*, etc.

Ce tour de phrase réveille l'attention de ceux à qui l'on parle; il les intéresse, ils croient voir ce qu'on leur dit.

Mais ce seroit en abuser que de dire à quelqu'un : *Quand* VOUS VOLEZ *sur les grands chemins, et que* VOUS ÊTES PRIS, *on* VOUS *juge, et l'on* VOUS *pend en vingt-quatre heures.*
(*Wailly*, pag. 179.)

§ IX.
IL.

Il, Pronom singulier masculin de la troisième personne, se dit des personnes et des choses, et est toujours sujet de la proposition :

> Un dévot aux yeux creux, et d'abstinence blême,
> S'*il* n'a point le cœur juste, est affreux devant Dieu ;
> L'Évangile au chrétien ne dit en aucun lieu :
> « Sois dévot. » Il nous dit : « Sois doux, simple, équitable. »
> (*Boileau*, sat. XI.)

Le premier *il* se rapporte à *dévot*, et le second à *évangile*.

Il, dans les verbes unipersonnels ou pris unipersonnellement, s'emploie sans rapport à un nom déjà exprimé ; il se rapporte à ce qui suit, et sert à l'indiquer. Quand je dis : IL *s'est passé bien des choses depuis que nous ne nous sommes vus* ; IL est mis pour BIEN *des choses*, et ces mots sont le sujet, et non pas le régime du verbe *s'est passé*. C'est comme s'il y avoit, *bien des choses se sont passées*.

(*Restaut*, pag. 308.—*Wailly*, pag. 219.)

Le pronom *il*, et en général les Pronoms doivent rappeler l'idée de la personne ou de la chose, ou du nom de la personne ou de la chose dont ils tiennent la place ; et être au même nombre et au même genre :

> Voilà l'homme en effet ; *il* va du blanc au noir :
> *Il* condamne au matin ses sentiments du soir.
> Importun à tout autre, à soi-même incommode,
> *Il* change à tous moments d'esprit comme de mode :
> *Il* tourne au moindre vent, *il* tombe au moindre choc :
> Aujourd'hui dans un casque, et demain dans un froc.
> (*Boileau*, Sat. VIII.)

Dans cet exemple, *il*, qui se rapporte à *homme*, en réveille l'idée, et est le seul pronom qui convienne ; aussi prend-il la forme masculine et singulière, parce que *homme* est de ce genre et de ce nombre.

(Le Dict. crit. de *Féraud*, au mot *il*.—*Lévizac*, pag. 306 t. 1.)

Lorsque le sujet du verbe vient d'être énoncé, le pronom *il* ne doit pas précéder ce verbe; ainsi cette phrase de *Fontenelle* n'est pas correcte : *Licinius étant venu à Antioche, et se doutant de l'imposture,* IL *fit mettre à la torture le prophète de ce nouveau Jupiter;* on doit supprimer le pronom *il*, puisque Licinius est le sujet du verbe.

(Le Dict. crit. de *Féraud,* au mot *il.*)

Dans l'emploi du pronom *il*, ce qu'il faut surtout éviter, ce sont les équivoques; par exemple, quand on dit : *Molière a surpassé Plaute dans tout ce qu'*IL *a fait de meilleur;* on ne sait d'abord si *Molière,* dans tout ce qu'il a fait de meilleur, a surpassé *Plaute,* ou si, *Plaute,* dans tout ce qu'il a fait de meilleur, a été surpassé par *Molière.* Voilà ce qui ne doit pas rester en doute.

(*Wailly*, page 219. — Le Dict. de *Féraud.* — *Lévizac*, pag. 317, t. I.)

§ X.

ILS.

Ils est le pluriel de *il*, et tout ce qu'on vient de lire sur ce Pronom, lui est applicable.

§ XI.

LUI.

Lui est un Pronom de la troisième personne, et du nombre singulier.

Sa fonction ordinaire est de servir de complément à une préposition exprimée ou sous-entendue : *J'allai à lui. Je tombai sur lui. Vous irez avec lui.*

Une grenouille vit un bœuf
Qui *lui* sembla de belle taille.

Dans ce dernier exemple, la préposition est sous-entendue; c'est comme si l'on disoit, qui sembla *à elle* de belle taille.

(*Féraud* et l'*Académie.*)

Ce n'est que dans ce dernier cas que le Pronom *lui* est commun aux deux genres.

Hors de là, il n'appartient qu'au genre masculin : *C'est lui qui me l'a donné ; c'est de lui que je le tiens ; vous pensez ainsi, mais lui pense autrement.*

(L'*Académie*.)

Lui s'emploie quelquefois comme mot explétif, et quand on veut donner plus de force au discours : *Il est impossible qu'un homme de mauvais naturel aime le bien public ; car comment pourroit-il aimer un million d'hommes,* LUI *qui n'a jamais aimé personne ?* (Fréron.) — *Je le verrai* LUI-MÊME. Il s'emploie encore quand on veut marquer la part que différentes personnes ont eue ou auront à un fait ou à une action : *Mes frères et mon cousin m'ont secouru ; eux m'ont relevé, et* LUI *m'a pansé.*

(*Wailly*, pag. 181. — *Lévizac*, pag. 310, t. 1.)

Lui se place après le verbe, 1° quand ce Pronom est précédé d'une préposition : *Comme on conseilloit à Philippe, père d'Alexandre, de chasser de ses États un homme qui avoit mal parlé de* LUI, *je m'en garderois bien*, dit-il, *il iroit partout médire de moi.*

(*Wailly*, pag. 318.)

2° Lorsque le verbe est à l'impératif : *Dites-*LUI *ce qui en est.*

(Le même.)

NOTA. Ce que nous avons dit au pronom *me*, sur la place des pronoms en régime, est applicable au pronom *lui*.

Et l'observation que nous faisons au pronom *se*, pag. 361, sur l'inconvénient qu'il peut y avoir à placer ce pronom près du premier verbe, dans les phrases où il y a deux verbes, s'applique également au pronom *lui*.

Lui, joint à un *nom* ou à un Pronom, soit par la conjonction *et*, soit par la conjonction *ni*, veut toujours que le verbe qui est auparavant, soit précédé d'un Pronom de même nature que le Pronom ou les Pronoms qui suivent. Exemples : *Je* L'*en félicite,* LUI *et ses amis.* — *Je ne l'es-*

time ni LUI *ni son frère.* — *On ne* NOUS *accueillit ni* LUI *ni* MOI.

Bossuet n'a donc pu dire correctement : *Il semble que Valdo ait eu un bon dessein, et que la gloire de la pauvreté (évangélique)* AIT SÉDUIT LUI *et ses partisans.* — Il falloit *l'*AIT *séduit,* LUI *et ses partisans.* — *Fénélon* n'a pu dire non plus : *Pénélope, ne voyant revenir ni* LUI *ni* MOI, *n'aura pu résister à tant de prétendants ;* il falloit *ne* NOUS *voyant revenir ni* LUI *ni moi.*

(Le Dict. crit. de *Féraud*, au mot *eux*.)

Une grande différence, et la plus remarquable qu'il y ait, entre les Pronoms de la troisième personne et ceux des deux premières, c'est que ceux-ci (*je, moi, nous, tu, toi, vous*), ne peuvent jamais désigner que des personnes ou des choses personnifiées; et que ceux-là (*il, ils, elle, elles*) servent à désigner les personnes et quelquefois les choses.

Mais il faut observer que *lui* (*) ne se dit point des choses, quand il est en régime indirect, c'est-à-dire quand il est précédé d'une préposition; alors on le supplée par les Pronoms *le, la, les*, ou par les Pronoms *en* et *y*; ainsi, au lieu de dire, en parlant d'une maison : *Je lui ajouterai un pavillon*, vous direz : *j'y ajouterai un pavillon*; d'une affaire ou de plusieurs, *je lui* ou *je leur donnerai mes soins*, vous direz : *j'y donnerai mes soins.*

Vous pourrez dire d'un poète : *Que pense-t-on* DE LUI? Mais de ses ouvrages, il faudra dire, *qu'*EN *pense-t-on?*

On ne dira pas non plus d'un arbre : *Ne montez pas sur* LUI *pour* EN *cueillir* LES *fruits, vous tomberiez;* mais on dira : *n'*Y *montez pas pour* EN *cueillir* LES *fruits, vous tomberiez.*

(Le P. *Bussier*, n° 699. — Th. *Corneille*, sur la 104e rem. de *Vaugelas*. — MM. de *Port-Royal*, pag. 110. — *Condillac*, ch. VIII, pag. 201. — *D'Olivet*, pag. 165. — *Restaut*, pag. 99. — Et *Wailly*, pag. 184.)

(*) Remarquez que cette règle, ainsi qu'on va le voir, s'applique aux pronoms *elle* et *eux*.

Enfin à ces questions :

Est-ce-là votre demeure ?		ce ne *l*'est pas.
Sont-ce-là vos appartemens ?	Vous répondrez :	ce *les* sont.
Sont-ce-là vos robes ?		ce ne *les* sont pas.
Que peut-on faire de cet enclos ?		on n'*en* peut rien faire.

(Le P. *Buffier*, n° 698.— *D'Olivet*, pag. 165.— *Wailly*, pag. 184.)

Cependant l'usage autorise à se servir des pronoms *lui*, *eux*, *elles*, en régime direct ou en régime indirect, quand on parle de choses personnifiées, ou auxquelles on attribue ce qu'on a coutume d'attribuer aux personnes : *J'aime* LA VÉRITÉ *au point que je sacrifierois tout pour* ELLE.

L'*innocence* vaut bien que l'on parle pour *elle*.
(*Racine*, les Frères ennemis, act. III, sc. 6.)

(*Fromant*, pag. 135 de son supplém. à la Gramm. de *Port-Royal*.— Le P. *Buffier*, n° 790.—*Wailly*, pag. 185.)

Condillac (pag. 202 de sa Gramm.) pense que, si, dans ces sortes de phrases, les Pronoms *lui* et *elle* se disent des choses aussi bien que des personnes, c'est seulement parce qu'il n'y a pas d'autre manière de s'exprimer, et qu'il importe peu que *la vérité* soit personnifiée ou ne le soit pas.

§ XII.
ELLE.

Elle, pronom de la troisième personne du féminin singulier, fait *elles* au pluriel. Il est tantôt le féminin de *il*, et tantôt le féminin de *lui*; dans le premier cas, il est toujours le sujet du verbe, le précède toujours, excepté dans les interrogations, et ne peut en être séparé que par un autre pronom personnel ou une négative. — ELLE *danse*, ELLE *lui a donné sa grâce*. — *Vient-*ELLE? *Danse-t-*ELLE?

Elle, sujet d'une proposition, se dit également des personnes et des choses.

Quand *elle* est le féminin de *lui*, il ne se dit pas toujours des choses. — On ne dit pas d'une science ou d'une profession, IL S'EST ADONNÉ À ELLE, il faut dire, IL S'Y EST ADONNÉ; ni d'une jument, *je ne me suis pas encore servi d'*ELLE, mais *je ne m'en suis pas encore servi.*

Il semble qu'avec les prépositions *de* et *à*, les pronoms *elle*, *lui*, *eux*, ne se disent pas indifféremment des choses et des personnes. — Cependant, lorsqu'ils sont précédés des prépositions *avec* ou *après*, ils peuvent se dire des choses. *Cette rivière, dans ses débordements, entraîne avec* ELLE *tout ce qu'*ELLE *rencontre,* ELLE *ne laisse rien après* ELLE.

Elle ne peut pas servir de régime indirect à un verbe actif; on y substitue *lui*, qui alors est féminin. — En parlant d'une femme on dit : *Donnez-lui ce qu'elle demande ;* ELLE *demande ses gages, donnez-les-*LUI. — Cependant, s'il étoit question de savoir à qui, de plusieurs femmes, on doit donner quelque chose, on diroit fort bien, *ces femmes ne méritent pas ce présent, faites-le à* ELLE, en désignant celle que l'on entend indiquer par le pronom. C'est par la même raison qu'on lit dans Télémaque : *Il croyoit ne pas parler à* ELLE, *ne sachant plus où il étoit*. Dans cette phrase, *elle* est considéré, non comme une personne à qui l'on dit quelque chose, mais comme une personne à qui l'on adresse la parole. — *Il veut* LUI *parler*, signifie, *il veut lui dire quelque chose*, lui communiquer quelque chose par le moyen de la parole.

Il veut parler à ELLE, signifie *c'est à* ELLE *qu'il veut adresser la parole*, et dans ce tour, il y a toujours une sorte d'opposition; *ce n'est pas à* LUI *que je veux parler, c'est à* ELLE.

Après les verbes neutres et pronominaux qui régissent la préposition *à*, on dit *elle* et *elles*. — *Il faut s'adresser à* ELLE *ou à* ELLES, *il faut revenir à* ELLE *ou à* ELLES. — Quand on y ajoute *même*, on peut dire *à elle* avec les verbes actifs, en faisant précéder *lui : donnez-les-*LUI *à* ELLE-*même*.

Quand le pronom *la* est le régime direct d'un verbe, et qu'il y a après ce verbe un nom qui concourt avec le pronom à former ce régime direct, on le répète après le verbe, par le moyen d'*elle* : *Le lion la dévora,* elle *et ses enfants;* de même au pluriel : *On les condamna,* elles *et leurs complices.*

Lorsque le pronom *elle* est le sujet d'une proposition, et qu'on veut le joindre à un nom qui concourt avec lui à former ce sujet, on laisse le verbe après le pronom, parce qu'il ne peut en être séparé; mais après le verbe, on répète *elle*, pour le joindre au nom qui concourt avec ce pronom à former le sujet : Elle *mourut,* elle *et les siens.*

Le pronom *elle*, comme plusieurs autres pronoms, s'emploie aussi pour rappeler des phrases entières. — *Qui a commis ce crime abominable? Elle;* c'est-à-dire, elle *a commis ce crime abominable.* — Voyez *lui.*

Voltaire a dit dans Oreste (act. V, sc. 7) :

Fers, tombez de ses mains; le sceptre est fait pour *elles.*

Observez, dit à ce sujet *La Harpe* (Cours de littér.), qu'il n'est ni dans le génie de notre langue, ni dans l'usage des bons écrivains, de placer le pronom *elle* autrement que comme sujet, quand il se rapporte aux choses; on ne l'emploie comme régime que quand il se rapporte aux personnes ou aux choses personnifiées : la violation de cette règle jette de la langueur dans le style; c'est une sorte d'inélégance. La même faute est dans ces vers de *Tancrède* (act. I, sc. 4) :

Mais qui peut altérer vos bontés paternelles?
Vous seule, vous, ma fille, en abusant trop d'*elles.*

Il n'y a personne qui ne sente combien ce pronom *elles* qui finit la phrase et le vers, produit un mauvais effet; et cet effet se retrouvera dans toutes les phrases du même genre, en prose comme en vers. — *Il se souvient de vos bontés, il en est pénétré.* Si l'on disoit *il est pénétré d'*elles, cela paroîtroit ridicule. C'est que notre langue y a pourvu moyennant le pronom *en*, qui, se plaçant avant le verbe, réunit la précision et la rapidité. Il est vrai qu'il y a des occasions où l'on ne sauroit se servir du mot *en*; mais alors il faut éviter ce pronom, et chercher une autre tournure.

(M. *Laveaux*.)

§ XIII.
EUX.

Eux, pronom de la troisième personne, masculin pluriel. C'est le pluriel de *lui*; mais il ne s'emploie pas comme singulier, en régime indirect, sans le secours d'une préposition exprimée; on y supplée par le pronom *leur*, qui se dit au masculin et au féminin. — Voyez *Leur*.

Eux se met toujours après le verbe; souvent il est précédé d'une préposition, et alors il est le terme du rapport. S'il n'en est pas précédé, il est le sujet d'une proposition; dans le dernier cas, il ne se met jamais seul, et est suivi ou d'un autre Substantif, ou de l'Adjectif même : *Ils souffrent beaucoup*, EUX *et leurs enfants*, c'est-à-dire, *eux* et *leurs enfants souffrent beaucoup; ils le disent* EUX-*mêmes*.

Après un Substantif suivi de la préposition *de*, on n'emploie guère *eux*; mais, au lieu de ce pronom, on met l'Adjectif possessif *leur*, avant le Substantif. On ne dit pas *c'est le livre d'*EUX, mais *c'est leur livre*. Cependant on dit *j'ai besoin d'*EUX, *j'ai soin d'*EUX; parce qu'*avoir besoin, avoir soin* sont des verbes, et qu'il ne s'agit pas ici d'un sens possessif.

Eux s'emploie aussi pour rappeler au masculin, l'idée du pronom *les* mis en régime direct, et lier ce pronom avec une proposition incidente : *Vous les blâmez*, EUX *qui n'ont suivi que vos conseils*.

Eux rappelle aussi ce même pronom au masculin, lorsque ce pronom partage la fonction de régime avec un ou plusieurs substantifs placés après le verbe, et sert à le lier avec ces Substantifs. *Je les ai vus*, EUX *et leurs enfants : je les ai vus*, EUX, *leurs femmes et leurs enfants. Eux* sert aussi, dans un cas semblable, à rappeler l'idée du pronom *leur*, employé comme régime indirect : *Je leur ai parlé, à* EUX *et à leurs adhérents.* — On peut dire, *je veux leur parler*, ou *je veux parler à* EUX; mais avec la même différence de sens que nous avons expliquée au mot *Lui.*—Voyez LUI, LEUR.

§ XIV.
LEUR.

Leur. Il ne faut pas confondre ce Pronom pluriel de la troisième personne, avec l'Adjectif pronominal possessif *leur*, dont nous parlerons page 367.

Leur, Pronom *personnel*, est des deux genres; il signifie *à eux, à elles*, et il se dit principalement des personnes : *Les femmes doivent être attentives, car une simple apparence* LEUR *fait quelquefois plus de tort qu'une faute réelle.*
(Girard.)

Il faut compter sur l'ingratitude des hommes, et ne laisser pas de LEUR *faire du bien.*   (Télém., liv. XXIV.)

Quelquefois on s'en sert en parlant des animaux, des plantes, et même des choses inanimées : *Quand je vois les nids des oiseaux, formés avec tant d'art, je demande quel maître* LEUR *a appris les mathématiques et l'architecture.*— *Ces orangers vont périr si on ne* LEUR *donne de l'eau.*—*Ces murs sont mal faits, on ne* LEUR *a pas donné assez de talus.*
(Le Dict. de l'*Académie*, et les Grammairiens modernes.)

Mais en général l'emploi du Pronom personnel *leur* est restreint aux personnes, et ce seroit s'exprimer incorrectement que de dire : *Ces projets parurent sages, et Henri* LEUR *donna son approbation*, au lieu de *Henri y donna son approbation*.

Outre que la signification de *leur*, Pronom personnel, est

différente de celle de *leur*, Adjectif possessif, c'est qu'encore celui qui est Pronom personnel se joint toujours à un *verbe*, et désigne un nom pluriel qu'il remplace sans jamais prendre de *s* final; au lieu que celui qui est Adjectif précède toujours un Substantif qu'il modifie, et avec lequel il s'accorde : *Le pardon des ennemis ne consiste pas seulement à ne* LEUR *nuire ni dans leur réputation ni dans leurs biens; il faut encore les aimer véritablement, et* LEUR *faire plaisir si l'occasion s'en présente.*

(Girard.)

Va, dis-*leur* qu'à ce prix je *leur* permets de vivre.

(*Racine*, Athalie, act. V, sc. 2.)

Quant à la place que *leur* occupe à l'égard du verbe, il suit la règle du pronom *lui*, non précédé d'une préposition.

(Les Grammairiens anciens et les modernes.)

§ XV.

SE.

Se, Pronom de la troisième personne, des deux nombres et des deux genres, s'emploie pour les personnes et pour les choses, et accompagne toujours un *verbe* : *Cette femme* SE *promène; ces hommes* SE *querellent; cette fleur* SE *flétrit; ces arbres se meurent.*

Les yeux de l'amitié *se* trompent rarement.

(*Voltaire*, Oreste, act. IV, sc. 1.)

Il sert à la conjugaison des verbes pronominaux : *il* ou *elle* SE *repent de sa faute.*

Se est tantôt régime direct des verbes actifs : SE *rétracter*, SE *perdre*, *rétracter soi, perdre soi*; tantôt régime indirect : SE *faire une loi*, SE *prescrire un devoir; faire une loi à soi, prescrire un devoir à soi.*

(Le Dict. de l'*Académie.*)

Observez que, quand deux verbes sont à des temps composés, *se* peut servir pour l'un et pour l'autre, sans qu'il soit besoin de le répéter, s'il est régime direct ou régime indirect des deux verbes; comme dans cette phrase : *Il s'est instruit et rendu recommandable par ses lumières.*

Mais on ne sauroit se dispenser de répéter ce pronom, s'il est régime direct d'un verbe, et régime indirect d'un autre. On ne dira donc pas : *Il s'est instruit et acquis beaucoup d'estime par ses lumières*, mais bien *il s'est instruit et s'est acquis*, etc.

(*Marmontel* et M. *Laveaux*.)

Le Pronom *se* précède toujours le verbe dont il est le régime; mais dans les phrases où il y a deux verbes, sa place n'est pas aussi certaine. Autrefois on plaçoit plus volontiers ce Pronom avant le verbe régissant auquel il n'appartenoit pas, qu'avant le verbe régi auquel il appartenoit; on disoit : *Il se peut faire*, plutôt que *il peut se faire*; *ils se peuvent entr'aider*, plutôt que *ils peuvent s'entr'aider*.

Votre idée SE *sait toujours faire place*, a dit madame de Sévigné.

Racine, dans *Bajazet* :

Viens, suis-moi; la sultane en ce lieu *se* doit rendre.
(Act. I, sc. 1.)

Et *La Fontaine* (dans sa fable de l'Ane et le Chien) :

Il *se* faut entr'aider, c'est la loi de nature.

L'abbé *D'Olivet* trouvoit que ces deux manières de s'exprimer étoient également bonnes. *Lamothe-Levayer* pensoit qu'il étoit beaucoup mieux de placer le pronom avant l'infinitif qui le régit; effectivement, fait observer *Féraud*, cela est plus analogue au génie de la langue, qui est de rapprocher, autant qu'elle peut, les mots qui ont relation entre eux. Ce dernier avis a prévalu; mais, si habituellement on doit le suivre, on peut, pour la variété ou pour la mélodie, s'en écarter quelquefois.

Voyez ce que nous disons au pronom *le*, pag. 391.

§ XVI.
SOI.

Soi, Pronom singulier de la troisième personne, et des deux genres, se dit des personnes et des choses.

(Le Dict. de l'*Académie*.)

Quand *soi* se dit *des personnes*, on en fait usage dans les propositions générales ou indéterminées; et, dans ce cas, ce Pronom est toujours accompagné ou d'un nom collectif, ou d'un pronom indéfini; tels que, *chacun, ce, quiconque, aucun, celui qui, heureux qui, personne, tout homme*, etc., etc.; ou bien encore d'un verbe employé, soit unipersonnellement, soit à l'infinitif:

Quiconque n'aime que *soi* est indigne de vivre.—

 Aucun n'est prophète chez *soi*.
    (*La Fontaine*, f. de Démocrite.)

On a souvent besoin d'un plus petit que *soi*.
    (Le même, f. 2, liv. II.)

Des passions la plus triste en la vie
C'est de n'aimer que *soi* dans l'univers
    (*Florian*, la Poule de Caux.)

 Heureux qui vit chez *soi*,
De régler ses désirs faisant tout son emploi!
  (*La Fontaine*, l'homme qui court après la Fortune.)

IL *dépend toujours* DE SOI *d'agir honorablement.*

ÊTRE *trop mécontent de* SOI *est une foiblesse; en être trop content est une sottise.* (Mad. de Sablé.)

(Le P. *Buffier*, n° 704.—*D'Olivet*, pag. 166 de sa Gramm. et 20ᵉ rem. sur *Racine.*—*Girard*, pag. 345, t. I.—*Wailly*, pag. 185.)

Si l'on veut appliquer individuellement à quelque sujet chacune de ces mêmes propositions générales, ou, ce qui est la même chose, si la proposition est individuelle et indéterminée, *D'Olivet* est d'avis que ce n'est plus du Pronom personnel *soi* que l'on doit alors se servir, mais du

Pronom défini *lui* ou *elle*, suivant le genre; qu'en conséquence on doit dire : *Cet homme a pour* LUI *un œil de complaisance.* — *Il rapporte tout à* LUI, *il ne parle que de* LUI. *Cette personne est contente d'*ELLE, *lorsqu'elle a fait une bonne action.*—*Elle vit retirée chez* ELLE.

(Mêmes autorités.)

Wailly, Lévizac, Caminade et plusieurs autres Grammairiens se sont rangés à cet avis; mais M. *Lemare,* M. *Boinvilliers,* et, après eux, M. *Boniface* pensent que *soi*, se rapportant à des personnes, peut très-bien s'employer dans les propositions qui présentent un sens déterminé. Ce Pronom, disent-ils, est indispensable lorsque l'emploi de *lui*, ou *eux*, pourroit donner lieu à une équivoque, comme dans cette phrase : *Ce jeune homme, en remplissant les volontés de son père, travaille pour* SOI; car si l'on disoit *travaille pour* LUI, on ne sauroit si le jeune homme dont il est question travaille pour ses intérêts, ou pour ceux de son père.

Soi indique une action qui tombe sur le sujet de la proposition, au lieu que *lui* annonce que l'action passe au-delà du sujet; de sorte que l'on doit dire : *Paul pense à* SOI, si l'on veut faire entendre que Paul est l'objet de ses propres pensées; et, si l'on veut exprimer qu'il pense à Luc, on dira : *il pense à* LUI. Cette nuance se trouve parfaitement exprimée dans les vers suivants :

Ou mon amour me trompe, ou Zaïre aujourd'hui,
Pour l'élever à *soi*, descendroit jusqu'à *lui*.

(*Voltaire*, Zaïre, act. 1, sc. 1.)

À ces motifs, ces Grammairiens ajoutent beaucoup d'exemples choisis dans de bons écrivains, tant anciens que modernes.

Un homme peut parler avantageusement de SOI *lorsqu'il est calomnié.* (*Voltaire.*)

Charmant, jeune, traînant tous les cœurs après *soi*.

(*Racine*, Phèdre.)

Qui ne vit que pour soi n'est pas digne de vivre.

(*Boissy*, la Sage Étourdie.)

Il faut laisser Mélinde parler de SOI, *de ses vapeurs, de son insomnie.* (La Bruyère.)

L'avare qui a un fils prodigue n'amasse ni pour SOI *ni pour* LUI.

Ensuite ils invoquent l'autorité de *Marmontel,* qui a fait observer que plusieurs écrivains n'ont eu aucun égard à la règle donnée par *D'Olivet;* enfin ils citent *Domergue,* qui, dans son journal, dit que *soi* écarte tout rapport d'ambiguité, qu'il nous vient d'une langue à laquelle nous devons une infinité d'autres mots (273); que tous nos poètes l'emploient comme étant plus sonore, et alors que la raison, l'harmonie et l'usage sont bien des titres pour forcer les Grammairiens au silence.

Quand *soi* se rapporte à des *choses,* tous les Grammairiens sont d'avis qu'on peut l'employer non-seulement avec l'indéfini, mais encore avec le défini; qu'il convient aux deux genres, et se met avec une préposition : DE SOI *le vice est odieux.* — *La vertu est aimable en* SOI. (*L'Académie.*) — *La franchise est bonne de* SOI, *mais elle a ses excès.* (Marmontel.) — *Le crime traine toujours après* SOI *certaine bassesse dont on est bien aise de dérober le spectacle au public.* (Massillon, Myst. serm. de la Visitat.) — *Le chat paroit ne sentir que pour* SOI. (*Buffon.*) — *La poésie porte son excuse avec* SOI. (*Boileau.*)

Soi, rapporté au singulier, ne renferme aucune difficulté qui ne se trouve résolue par ce qui vient d'être dit : car *soi* est un singulier. Mais *soi* peut-il se rapporter à un pluriel ?

Tout le monde, dit *D'Olivet* (80ᵉ rem. sur *Racine*), convient que non : s'il s'agit de personnes, on ne dit *qu'eux* ou *elles;* mais à l'égard des choses, les avis sont partagés. *Vau-*

---

(273) Les Latins, à qui nous devons nos pronoms, disent : *quisque sibi timet* (chacun craint pour soi); et, *avarus opes sibi congerit* (l'avare amasse pour soi).

gelas (17ᵉ rem.) propose trois manières de l'employer : *Ces choses sont indifférentes* DE SOI; *ces choses* DE SOI *sont indifférentes;* DE SOI *ces choses sont indifférentes.* Il ne condamne que la première de ces trois phrases, n'approuvant pas que l'on mette soi après l'adjectif. Mais *Th. Corneille* et l'*Académie* (dans leurs Observations sur cette remarque) n'admettent que la dernière de ces trois phrases, et rejettent les deux autres. Pour moi, continue *D'Olivet*, si je n'étois retenu par le respect que je dois à l'*Académie*, je n'en recevrois aucune des trois, étant bien persuadé que *soi*, qui est un singulier, ne peut régulièrement se construire avec un pluriel.

Condillac, pag. 204; *Wailly*, pag. 186; *Domairon*, pag. 108, t. I; *Lévizac*, pag. 304, t. I; et *Gueroult*, pag. 19, 2ᵉ partie, sont entièrement de l'avis de *D'Olivet*.

Quant à l'*Académie*, elle dit positivement, dans la dernière édition de son Dictionnaire, que *soi* est un pronom de la troisième personne, seulement du *nombre singulier*.

Soi, joint à *même* par un trait d'union, ne signifie rien de lus que *soi* employé sans suite; seulement il a plus de force, et n'a pas toujours besoin d'être accompagné d'une préposition : *Celui qui aime le travail a assez de* SOI-MÊME. (*La Bruyère.*) *Pour avoir le véritable repos, il faut être en paix avec Dieu, avec les autres et avec* SOI-MÊME. (*Bouhours.*) *Un ami est un autre* SOI-MÊME. (*Trévoux.*) *On est si partial et si aveugle pour* SOI-MÊME *que l'on blâme avec emportement, dans les autres, des choses que l'on pratique journellement.* (*Saint-Evremond.*)

> Souvent, sans y penser, un écrivain qui s'aime,
> Forme tous ses héros semblables à *soi-même*.
>
> (*Boileau*, Art poétique, ch. 3.)

Soi-même s'applique aux personnes, et ne se dit jamais des choses.

ARTICLE II.

DES PRONOMS POSSESSIFS.

Les Pronoms possessifs marquent la possession des personnes ou des choses qu'ils représentent.

Ces Pronoms sont le *mien*, le *tien*, le *sien*, le *nôtre*, le *vôtre*, le *leur*. Tous sont susceptibles de varier dans leur forme, selon le genre et le nombre du substantif auquel ils ont rapport.

Quand ces Pronoms le MIEN, le TIEN, le SIEN, n'ont rapport qu'à une seule personne, ils font, à la première personne, le *mien*, masculin, et la *mienne*, féminin ; et au pluriel, les *miens*, masculin, et les *miennes*, féminin. À la seconde personne du singulier le *tien*, masculin, et la *tienne*, féminin, et au pluriel les *tiens*, masculin, et les *tiennes*, féminin. À la troisième personne le *sien*, singulier masculin, la *sienne*, singulier féminin, et au pluriel les *siens*, masculin, et les *siennes*, féminin.

Quand ils ont rapport à plusieurs personnes, c'est à la première personne ; le *nôtre*, la *nôtre*, les *nôtres* ; à la seconde, le *vôtre*, la *vôtre*, les *vôtres* ; à la troisième, le *leur*, la *leur*, les *leurs*.

(*D'Olivet*, pag. 172.)

Ces Pronoms doivent toujours se rapporter à un nom exprimé auparavant.

REMARQUE.—On manque souvent à cette règle dans la correspondance entre négociants. Rien de plus ordinaire que de leur voir commencer la réponse à une lettre par cette phrase barbare : *J'ai reçu la* VÔTRE *en date de*, etc.; il faut dire : *J'ai reçu* VOTRE LETTRE *en date de*, etc.

(*Lévizac*, pag. 336, t. I.)

Quand le *mien*, le *tien*, le *sien*, le *nôtre*, le *vôtre*, le *leur*, tiennent lieu de la personne, ils ne peuvent pas se rapporter à des substantifs de choses, tels que *ame*, *esprit*, *plume*, *épée*, etc. On dit, en parlant d'un excellent écrivain : *Il n'y a pas de meilleure plume que* LUI, et non pas *que la sienne*, ce qui feroit un autre sens.

On dit encore, en parlant d'un homme qui excelle à faire des armes : *Il n'y a pas de meilleure épée que* LUI ; si l'on disoit : *Il n'y a pas de meilleure épée que la sienne, que celle de monsieur*, cela signifieroit que son épée est de la meilleure trempe.

(Le P. *Bouhours*, pag. 546.—*Wailly*, pag. 180.)

Mais toutes les fois que ces Pronoms possessifs peuvent se rapporter à un nom pris dans une signification définie ; ou, ce qui est la même chose, toutes les fois qu'un nom est employé avec l'article ou avec quelque équivalent, on doit faire usage des Pronoms possessifs, préférablement au Pronom personnel correspondant. On doit donc dire : *C'est* LE SENTIMENT *de mon frère, et* LE MIEN, plutôt que *c'est le sentiment de mon frère et* DE MOI.

(*Lévizac*, pag. 337, t. I.)

Il n'y a nulle difficulté sur l'emploi des quatre Pronoms possessifs qui servent aux deux premières personnes ; car le *mien*, le *tien*, le *nôtre*, le *vôtre*, avec leur féminin et leur pluriel, se disent des personnes et des choses ; comme : *Votre père et* LE MIEN *étoient amis ; la maison qui touche à* LA MIENNE ; *c'est votre avantage et* LE NÔTRE ; *je soumets mon opinion à* LA VÔTRE.

Le sien et *le leur*, avec leur féminin et leur pluriel, se disent également de tout ce qui appartient aux personnes : *Ce n'est pas votre avis, c'est* LE SIEN.—*Ce n'est pas mon affaire, c'est* LA SIENNE.—*C'est votre avantage et* LE LEUR.

En tâchant d'usurper vos avantages, elles abandonnent LES LEURS. (*J.-J. Rousseau*, Emile, l. III, ch. 19.)

Mais, à l'égard des animaux et des choses, les Pronoms possessifs *le sien* et *la sienne* ne peuvent s'employer que dans les mêmes occasions où l'on emploie les Adjectifs pronominaux *son* et *sa.* Alors on dira fort bien de deux fleuves que *l'un a sa source dans les Alpes, et l'autre a* LA SIENNE *dans les Pyrénées ; que l'un a son embouchure dans la mer Noire, et l'autre a* LA SIENNE *dans l'Océan ;* parce qu'en parlant d'une rivière, d'un fleuve, on dit *sa source, son embouchure.* Par la même raison, on dira également de deux chevaux, que *l'un a déjà mangé son avoine, et que l'autre n'a pas mangé* LA SIENNE.

Mais, après avoir parlé de la bonté des fruits d'un arbre, on ne dira pas que LES SIENS *sont meilleurs que ceux d'un autre ;* parce qu'on ne dit pas d'un arbre, que SES *fruits sont excellents,* mais que *les fruits* EN *sont excellents.*

Comme cette règle de syntaxe sera suffisamment établie au Pronom *en*, on y renvoie le lecteur.

(*Regnier Desmarais*, pag. 264.—*Wailly*, pag. 187.)

Ce qu'il y a de plus à remarquer relativement à ces Pronoms possessifs, c'est qu'ils font les fonctions de substantifs en deux occasions différentes, où, à proprement parler, ils cessent d'être Pronoms, puisqu'ils ont, par eux-mêmes, un sens qui leur est propre. La première est quand on dit *le mien, le tien, le sien,* pour signifier ce qui appartient à chacun : *Le* TIEN *et le* MIEN *sont la source de toutes les divisions et de toutes les querelles.*

> Et le *mien* et le *tien*, deux frères pointilleux,
> Par son ordre amenant les procès et la guerre.
>
> (*Boileau*, Sat. XI.)

Cependant l'usage de cette signification est tellement renfermé dans ces mots *mien, tien, sien,* qu'elle ne passe ni à leur féminin ni à leur pluriel.

(Mêmes autorités.)

L'autre occasion où les Pronoms possessifs sont employés substantivement, les embrasse tous, à la vérité, mais seulement au masculin et au pluriel ; *les miens, les tiens, les siens, les nôtres, les vôtres, les leurs,* qui se disent des personnes à qui l'on est attaché par le sang, par l'amitié, ou par quelque sorte de dépendance. Alors on dit : MOI et *les* MIENS, TOI et *les tiens*, LUI et *les siens*, NOUS et *les nôtres*, VOUS et *les vôtres*, EUX et *les leurs*; pour dire les parents, les amis, les adhérents des uns et des autres ; et ce n'est que de cette manière qu'on peut employer, en ce sens, *les miens*, *les tiens*, etc., le Pronom personnel devant toujours précéder le Pronom possessif, qui, sans cela, n'auroit plus la même signification.

(Mêmes autorités.)

Nôtre, vôtre, précédés d'un article, prennent un accent circonflexe; alors l'*o* est long

(Le Dict. de l'Académie.)

Parce qu'un fort grand bien a venu joindre *au vôtre*
A peine à nos discours répondez-vous un mot :
 Quand on est plus riche qu'un autre,
 A-t-on droit d'en être plus sot ? (*Voltaire*, le Dimanche.)

 Je dis du bien de toi,
 Tu dis du mal de moi;
Damon, quel malheur est *le nôtre!*
On ne nous croit ni l'un ni l'autre.
Nous devons nous prêter aux foiblesses des autres (274),
Leur passer leurs défauts, comme ils passent les *nôtres*.
(*Regnard*, les Ménechmes, act. I, sc. 2.)

En plaignant les autres, nous nous consolons nous-mêmes : en partageant leurs malheurs, nous sentons moins LES NÔTRES. (*Le Tourneur*, trad. d'*Young*, 1re nuit.)

ARTICLE III.

DES ADJECTIFS PRONOMINAUX POSSESSIFS.

On appelle ainsi certains mots qui qualifient, ou, pour parler plus exactement, qui déterminent le nom auquel ils sont joints, en y ajoutant une idée de possession.

---

(274) Voyez, plus bas, ce que nous disons sur l'emploi du pronom *autre*

Ces Adjectifs pronominaux sont :

M. S.	F. S.	Pluriel des deux genres.
Mon	ma	mes.
Ton	ta	tes.
Son	sa	ses.
Notre	notre	nos.
Votre	votre	vos.
Leur	leur	leurs.

Ces Adjectifs donnent lieu à plusieurs observations importantes.

§ I.
MON, MA, MES.

Mon est pour le masculin singulier; *ma* pour le féminin singulier; et *mes* pour le pluriel des deux genres.

Lorsqu'un nom féminin, soit substantif, soit adjectif, commence par une voyelle ou par un *h* non aspiré, et qu'il suit immédiatement ce pronom, on met *mon* au lieu de *ma*, afin d'éviter l'hiatus qui résulteroit de la rencontre des deux voyelles : on dit *mon ame, mon épée, mon aimable amie*, et non pas *ma ame, ma épée, ma aimable amie*; et avant un *h* aspiré, *ma* au féminin, *ma hache, ma harangue*.

(*Th. Corneille*, sur la 320ᵉ rem. de *Vaugelas.*— L'*Académie*, pag. 344 de ses Observ., et son Dict.)

On met l'article, et non pas l'Adjectif pronominal possessif, avant un nom en régime, quand un des pronoms personnels, sujet ou régime, comme *je, tu, il, me, te, se nous, vous*, y supplée suffisamment, ou que les circonstances ôtent toute équivoque. Ainsi, au lieu de dire : *j'ai mal à* MA *tête, il a reçu un coup de feu à* SON *bras*; on dit : *j'ai mal à* LA *tête, il a reçu un coup de feu* AU *bras*.

Dans ces phrases, les Pronoms personnels *je, il*, indiquent d'une manière claire le sens qu'on a en vue; alors il n'y a pas d'équivoque à craindre.

Mais si le Pronom personnel n'ôte pas l'équivoque, on doit joindre alors l'Adjectif pronominal possessif au nom, comme : *je vois que* MA *jambe s'enfle*. Et si l'on s'exprime ainsi, c'est parce qu'on peut voir s'enfler la jambe d'un autre, aussi bien que la sienne. C'est encore pour cette raison que l'on dit : *Elle lui donna* SA *main à baiser;—il a donné hardiment* SON *bras au chirurgien;—il perd tout* SON *sang* : car dans ces phrases il n'y a que les Adjectifs possessifs qui indiquent d'une manière positive qu'on parle de sa main, de son bras, de son sang; et non de la main, du bras et du sang d'un autre.

(Le P. *Buffier*, n° 705. — *Regnier Desmarais*, pag. 260.— *Wailly*, pag. 189.)

Les verbes qui se conjuguent avec deux Pronoms de la même personne, ôtent communément toute équivoque; et quand je dis : JE ME *suis blessé* À LA MAIN, il est évident que je parle de ma main; alors l'emploi de l'Adjectif possessif seroit une faute.

(*Lévizac*, pag. 330, t. I.—*Wailly*, pag. 189.)

Cependant l'usage autorise à dire : *Je me suis tenu toute la journée* SUR MES JAMBES ;—*je l'ai vu* DE MES PROPRES YEUX ; —*je l'ai entendu* DE MES PROPRES OREILLES.

(Les Décisions de l'*Académie*, pag. 38, et son Dictionn —*Dumarsais*, pag. 93, t. I — Et *Wailly*, pag. 353.)

Voyez ce que nous disons sur les Pléonasmes.

Les Adjectifs pronominaux possessifs se remplacent par l'article, avant les noms qui doivent être suivis de *qui, que, dont*, et d'un Pronom de la même personne que ces adjectifs possessifs. Ainsi, au lieu de dire : *J'ai reçu* VOTRE *lettre* QUE *vous m'avez écrite ;— tenez* VOS *promesses* QUE *vous m'avez faites ;* il faut dire : *J'ai reçu* LA *lettre* QUE *vous m'avez écrite; tenez* LES *promesses* QUE *vous m'avez faites*.

(*Wailly*, pag. 187.—*Lévizac*, pag. 334, t. I.)

Les Adjectifs pronominaux possessifs *se répètent* : 1° avant chaque substantif; on doit dire : MON *père et* MA *mère sont venus ;* MON *père,* MA *mère,* MES *frères et* MES *sœurs ont été en butte à la plus affreuse calomnie*, et non pas, *mes père et mère sont venus ; mes père et mère, mes frères et sœurs nt été en butte*, etc.

(*Vaugelas*, 513ᵉ remarque. — Le *P. Buffier*, n° 1027. — *Wailly*, pag. 189. — Et *Lévizac*, pag. 333, t. I.)

2° Ils se répètent avant les adjectifs qui ne qualifient pas n seul et même substantif : *Je lui ai montré* MES *beaux et* ES *vilains habits*.

(Mêmes autorités.)

Cette phrase équivaut à celle-ci : *Je lui ai montré* MES *beaux habits et* MES *vilains habits*. Or, puisqu'il y a un substantif sous-entendu, il faut bien l'indiquer et le déterminer ; cela ne peut se faire qu'en répétant le déterminatif *mes*.

3° Mais les Adjectifs possessifs ne se répètent pas, quand les adjectifs qui les accompagnent qualifient le même substantif : MES *beaux et riches habits*. En effet, les mêmes habits peuvent être tout à la fois *beaux* et *riches*.

Remarque. — *Lamothe-Levayer* pense que l'on a tort de bannir cette phrase, *mes père et mère*, et que c'est une propriété de notre langue qu'il faut conserver. La raison qu'il en donne est qu'elle s'emploie où l'on diroit autrement *mes parents*, et où l'on veut unir les deux auteurs de notre être, sans les considérer séparément, ce qu'il trouve significatif et élégant ; comme : *il a maltraité* MES *père et mère*, MES *père et mère sont morts*.

Chapelain et **Th. Corneille** ne sont pas de cet avis ; ils trouvent *mes père et mère*, une phrase de palais, un style de pratique extrêmement incorrect. — Enfin, quoique cette manière de s'exprimer soit dans la bouche de beaucoup de monde, bien certainement elle est contraire aux principes de la langue, et condamnée, comme on vient de le voir, par le *P. Buffier*, par *Vaugelas*, par *Wailly*, par les *Grammairiens modernes*, et enfin par l'*Académie*.

Voyez, page 220 et suivantes, ce que nous disons sur la Répétition de l'article.

§ II.

TON, TA, TES.

La Syntaxe de ces *Adjectifs* pronominaux est celle des *Adjectifs* pronominaux *mon*, *ma*, *mes*.

§ III.

SON, SA, SES.

Ces *Adjectifs* pronominaux possessifs se mettent toujours avant le substantif. Le premier est du genre masculin au singulier, *son père*, *son honneur;* le second est du genre féminin au singulier, *sa sœur*, *sa hardiesse;* le troisième est de tout genre au pluriel, *ses biens*, *ses honneurs*.

Quoique l'*Adjectif* pronominal *son* soit de sa nature masculin, il tient lieu du féminin, lorsque le mot qui suit commence par une voyelle ou par un *h* non aspiré, comme *son amitié*, *son habitude*.

(*Th. Corneille*, sur la 22ᵉ remarque de *Vaugelas*. — *Marmontel*, pag. 207. — Le Dict. de l'*Académie*.)

Les *Adjectifs* possessifs *son*, *sa*, *ses*, ont rapport à des personnes ou à des choses personnifiées, ou ils ont simplement rapport à des choses.

S'ils ont rapport à des personnes ou à des choses personnifiées, nulle difficulté, il faut les employer; mais s'ils ont rapport à des choses non personnifiées, l'usage varie, et c'est au pronom *en*, dont nous parlerons dans un instant, qu'on trouvera la règle qu'il faut suivre.

(Le P. *Bouhours*, pag. 157 de ses Rem. nouv.)

Il en est des *Adjectifs* pronominaux possessifs *son*, *sa*, *ses*, comme des *Adjectifs* possessifs *mon*, *ma*, *mes*, ils suivent la même loi, quant à leur répétition; ainsi il faut dire : son *père et* sa *mère sont estimables.—Je connois* ses *grands et* ses *petits appartements;* ses *beaux et* ses *vilains habits.—Il faut honorer* son *père et* sa *mère*.

Mais aussi l'on dira : *Je ne saurois m'empêcher de parler de* SES *grandes et mémorables actions*, et non pas *de* SES *grandes et de* SES *mémorables actions*.

Voyez ce que nous disons sur la Répétition de l'Article, page 220, et ur l'Emploi du Pronom *en*.

§ IV.
NOTRE, VOTRE, NOS, VOS.

Notre, votre, Adjectifs pronominaux possessifs des deux genres, font au pluriel *nos, vos*, et ils sont toujours joints à un substantif; comme : *notre frère, notre sœur, votre oncle, votre tante ; nos frères, nos sœurs, vos oncles, vos tantes*.

Quand, par politesse, on emploie *vous* au lieu de *tu*, quoiqu'on ne parle qu'à une seule personne, on fait usage alors de l'*Adjectif possessif* correspondant *votre*, et non pas de l'adjectif *ton*; on dira donc : *Vous êtes trop occupé de* VOTRE *fortune, et vous ne l'êtes pas assez de* VOTRE *salut*.
(*Lévizac*, pag. 328, t. I, et le Dict. de l'*Académie*.)

Notre, votre, joints à un substantif, ne prennent point l'accent circonflexe, et l'o est bref : *notre livre, votre livre*.

La certitude de l'existence de Dieu est NOTRE *premier besoin.* (*Voltaire*, l. à M. Kœnig, 7ᵉ vol. des Œuvres, p. 463.)

(Mêmes autorités.)

§ V.
LEUR.

Leur, Adjectif pronominal possessif, et des deux genres, s'écrit au singulier *leur* et au pluriel *leurs*. Cet adjectif signifie *d'eux, d'elles*, et est ordinairement relatif aux personnes : *Les enfants doivent le respect à leurs maîtres*.

... Il est bien dur, pour un cœur magnanime,
D'attendre des secours de ceux qu'on mésestime :
Leurs refus sont affreux, *leurs* bienfaits font rougir.
(*Voltaire*, Zaïre, act. II, sc. I.)

Il se dit aussi quelquefois des animaux et des plantes, même des choses inanimées : *Les bêtes avec* LEUR *seul instinct sont quelquefois plus sages que l'homme avec sa raison.* — *Mes orangers ont perdu toutes* LEURS *feuilles.* — *La fonte des neiges a fait sortir les rivières de* LEURS *lits.*

(Girard, pag. 293, t. I. — D'Olivet, pag. 164. — Restaut, Wailly, etc.)

Leur, Pronom personnel, se joint, comme nous l'avons dit page 335, toujours à un verbe, et ne prend, à cause de la forme particulière qu'il a au pluriel, jamais le *s* final, signe ordinaire de ce nombre ; au lieu que *leur*, Adjectif pronominal possessif, est toujours joint à un substantif qu'il modifie, et avec lequel il s'accorde.

Quant à l'emploi de cet *Adjectif* possessif ; quant à sa suppression avant les noms qui doivent être suivis de *qui*, *que*, et d'un pronom de la même personne que l'Adjectif *leur* ; enfin quant à sa répétition, la syntaxe des *Adjectifs* possessifs, *mon*, *ma*, *mes*, *son*, *sa*, *ses*, lui est applicable.

Avant de passer à un autre pronom, nous croyons devoir parler d'une locution qui se présente très-fréquemment, et sur laquelle on pourroit avoir quelque incertitude : doit-on dire : *Tous les maris étoient au bal avec* LEURS FEMMES, ou *avec* LEUR FEMME ? Examinons : chaque mari en particulier n'avoit que sa femme, il est vrai ; mais tous les maris considérés ensemble comme formant un seul tout, étoient au bal avec plusieurs femmes ; or, dans la proposition précitée, on les envisage tous à la fois, pour leur donner une attribution commune.

L'*Adjectif* possessif *leur* doit donc être orthographié de manière à attester son rapport avec plusieurs pris collectivement, et non pas avec des unités prises distributivement, puisque la proposition offre un sens collectif, mais non distributif. En conséquence on doit dire : *Tous les maris étoient au bal avec* LEURS *femmes.* — *Ces dames attendent* LEURS *voitures.* — *Je vous ai dit un mot sur Aristide et sur Epaminondas, mais je vous ferai connoitre* LEURS *vies.*

Si l'on disoit : *Tous les maris étoient au bal avec* LEUR

femme, on croiroit que les maris n'avoient qu'une femme pour eux tous.

Ces dames attendent LEUR *voiture*, on croiroit qu'elles attendent une voiture pour plusieurs; et ainsi des autres phrases.

Cette solution, donnée par M. *Boinvilliers*, se trouve confirmée par l'exemple de nombre d'écrivains.

Racine a dit :

> Lorsque d'un saint respect tous les Persans touchés
> N'osent lever *leurs* fronts à la terre attachés.
>
> (Esther, act. II, sc. 1.)

Ginguené :

> Les dons sont dans leurs mains, sur *leurs* fronts, l'allégresse.

Regnard, dans Démocrite (act. I, sc. 1) :

> Et je suis convaincu que nombre de maris
> Voudroient de *leurs* moitiés se voir loin à ce prix.

Marmontel, dans le conte de la Veillée : *Ma fille, votre modestie, les tendres soins que vous rendez à vos parents, font souhaiter à toutes les mères de vous donner pour épouse à* LEURS *fils*.

Fénelon, dans Télémaque, parlant de deux pigeons : LEURS *cœurs étoient tendres, le plumage de* LEURS *cous étoit changeant*.

Bernardin de Saint-Pierre : *Paul et Virginie ne connoissoient d'autres époques que celles de la vie de* LEURS *mères*.

La Harpe (Cours de littér., t. II, p. 135) : *Voyons dans quelles circonstances l'un et l'autre peignirent les mœurs, et ce qui constitue la différence de* LEURS *caractères*.

J.-J. Rousseau : *L'aigreur et l'opiniâtreté des femmes ne font qu'augmenter* LEURS *maux et les mauvais procédés de* LEURS *maris*.

Le Sage : *Ils entassoient dans* LEURS *chapeaux des pièces d'or et d'argent*.

M. *de Chateaubriand* : *Les mots de morale et d'humanité sont sans cesse dans* LEURS *bouches.*

Le même : *Quelques matelots fumoient* LEURS *pipes en silence.*

Cette même solution se trouve ensuite appuyée de l'autorité de M. *Lemare*, dont l'opinion, sur la question qui nous occupe, est si clairement exprimée, que nous croyons ne pas devoir en priver nos lecteurs.

Leur, leurs, dit ce Grammairien (page 42 de son Cours analytique), est un adjectif qui, ainsi que tous les autres, reçoit la loi, et jamais ne la fait. On doit dire :

Ces messieurs ont présenté *leur* offrande (c'étoit une pendule achetée en commun).	Ces messieurs ont présenté *leurs* offrandes (l'un des vers, un autre des roses).
Ces deux enfants (ils sont frères) ont perdu *leur* père.	Ces deux enfants (ils sont cousins) ont perdu *leurs* pères.
Ces deux hommes ont perdu *leur* honneur.	Ces deux hommes ont perdu *leurs* femmes, *leurs* chapeaux.
Ces deux charrettes perdront *leur* maître (elles n'en ont qu'un).	Ces deux charrettes perdront *leurs* essieux.
J'ai envoyé ces deux lettres à *leur* adresse (à M. Lucas).	J'ai envoyé ces lettres à *leurs* adresses (à Lyon, à Nantes).

Dans la première colonne, *offrande, père, honneur, maître, adresse*, et l'Adjectif possessif *leur* sont au singulier, parce qu'en effet il n'y a qu'une *offrande*, qu'un *père*, etc.; dans la seconde, *offrandes, pères, femmes, chapeaux, essieux, adresses*, et l'Adjectif possessif *leurs* sont au pluriel, parce qu'il y a plusieurs *offrandes*, plusieurs *pères*, etc., quoique en effet chaque monsieur n'ait fait qu'une offrande; que chaque cousin n'ait qu'un père; que chaque homme n'ait qu'une femme, qu'un chapeau; chaque charrette qu'un essieu; chaque lettre qu'une adresse.

Au surplus, comme le fait fort bien observer M. *Boinvilliers*, si l'on craint l'équivoque dans ces sortes de locutions, on peut avoir recours au sens distributif, et employer le pronom indéfini *chacun*, et dire par exemple : *Tous les maris étoient au bal*, CHACUN *avec sa femme.*—Voyez, plus bas, ce que nous disons sur le pronom *chacun.*

Remarque.—L'Adjectif possessif *leur* peut être employé au singulier, quand il est joint à un de ces substantifs abstraits qui n'ont pas de pluriel. Exemples : *Nous devons approuver* LEUR CONDUITE.—*Messieurs, il faut prendre* VOTRE PARTI.— *Mes lettres sont arrivées à* LEUR DESTINATION.—*Je ne puis qu'admirer* LEUR BRAVOURE *et gémir sur* LEUR DESTINÉE.

ARTICLE IV.

DES PRONOMS DÉMONSTRATIFS.

Ces Pronoms servent à démontrer, à indiquer les personnes ou les choses qu'ils représentent.

Ce sont :

Ce, celui, celle, celui-ci, celle-ci, celui-là, celle-là, ceci, cela, ceux, celles, ceux-ci, celles-ci, ceux-là, celles-là.

§ I.

Ce, Pronom démonstratif, se distingue de CE, adjectif pronominal démonstratif, dont nous parlerons bientôt, en ce que lorsqu'il est Pronom démonstratif, il est toujours joint au verbe *être*, ou suivi de *qui* ou de *que* relatif, et alors il est sujet ou régime ; au lieu que, quand il est adjectif pronominal démonstratif, il accompagne toujours un substantif, dont il détermine la signification. Ainsi dans ces phrases : CE *qui me plaît,* C'EST *sa modestie.* (Lévizac.) C'EST *un poids bien pesant qu'un grand nom à soutenir* (Montesquieu, Arsace et Isménie, p. 24.), CE est Pronom démonstratif; et il est adjectif pronominal démonstratif dans cette autre : *Ce discours est éloquent.*

Lorsque *ce* n'est pas joint à un nom, il répond aux deux nombres et aux deux genres : *De toutes les vertus celle qui se fait le plus admirer,* c'est *la force de l'ame ; le plus respecter,* c'est *la justice ; le plus chérir,* c'est *l'humanité.*

 Ce n'est pas un portrait, une image semblable,
 C'est un amant, un fils, un père véritable.
     (*Boileau*, Art poétique, chant III.)

 Celui que vous voyez, vainqueur de Polyphonte,
 C'est le fils de vos rois ; *c'est* le sang de Cresfonte ;
 C'est le mien, *c'est* le seul qui reste à ma douleur.
     (*Voltaire*, Mérope, act. V, sc. 7.)

 Ce sont les rois qui font les destins des mortels.

Ce furent *les Phéniciens qui, les premiers, inventèrent l'écriture.*   (*Bossuet.*)

Ce furent *les Français qui assiégèrent la place.*
     (L'*Académie.—Lévizac*, pag. 362.)

Ce est souvent relatif à ce qui précède dans le discours, et alors il tient lieu de *il* ou de *elle*, et indique une personne dont on a déjà parlé ; quand on dit : *Les enfants sont des liens qui retiennent les maris et les femmes dans leur devoir,* ce *sont les fruits et les gages de leur tendresse, c'est un intérêt commun qui les lie ;—Les astronomes, qui prétendent connoitre la nature des étoiles fixes, assurent que* ce *sont autant de soleils. Ce,* dans la première phrase, se rapporte à *enfants*, et dans la seconde, à *étoiles fixes.*
     (*Restaut*, pag. 117.—*Wailly*, pag. 209.)

Quelques Grammairiens pensent que ce ne seroit pas une faute que d'employer *il* ou *elle* dans ces phrases ; mais la plupart sont d'avis que cet emploi seroit moins élégant, moins conforme à l'usage, et moins dans le génie de notre langue.

Cependant si le verbe *être* n'étoit suivi que d'un adjectif, ou d'un substantif pris adjectivement, il faudroit faire usage du Pronom personnel *il* ou *elle*; comme : *Lisez Démosthène* et *Cicéron*, ILS *sont très-éloquents.*—*J'ai vu le Louvre*, IL *est magnifique, et digne d'une grande nation.*

(*Wailly*, pag. 210.—*Demandre*, au mot *Pronom ;*—et le Dict. crit. de *Féraud*.)

Ce, n'étant pas joint à un nom, peut être relatif à ce qui suit dans le discours, et alors il indique une personne ou une chose dont on va parler, comme quand on dit : C'EST *acheter cher un repentir que de se ruiner pour satisfaire une fantaisie* (l'*Académie*); on voit que *ce* se rapporte à ces mots, *de se ruiner*, etc.

(*Restaut* et *Wailly*.)

C'EST *bien peu connoître les chances de la fortune que de s'abandonner au désespoir.* (*De Bugny*.)

C'EST *être en mauvaise compagnie que de se trouver livré à soi-même, quand on ne sait ni s'occuper, ni s'amuser de lectures.* (Mad. du *Deffant*.)

Dans plusieurs occasions où *ce* est relatif à ce qui suit dans le discours, il n'y est souvent employé que par élégance, et pour donner plus de force, de variété et de grâce à l'expression ; quand je dis : CE *fut l'envie qui occasionna le premier meurtre dans le monde* ; c'est au fond comme si je disois, *l'envie occasionna le premier meurtre dans le monde*. Cependant il y a dans la première phrase une certaine énergie qui ne se trouve pas dans l'autre.

De même si je dis : CE *qui me révolte le plus, c'est de voir les hommes puissants abuser de leur autorité* ; ou : CE *dont je suis fâché, c'est que les hommes oublient trop leur première condition* ; la répétition du Pronom *ce*, dans ces sortes de phrases, rend certainement l'expression plus énergique.

(*Th. Corneille*, sur la 261e remarque de *Vaugelas*.—M. *Boinvilliers*, pag. 151.— Et les autorités ci-dessus citées.)

Ce forme aussi divers gallicismes propres à réveiller l'attention, par le piquant qu'ils répandent dans le discours ;

comme : *C'est obliger tout le monde que* DE *rendre service à un honnête homme.* (Pensée de *Publ. Syrus.*)

C'est créer les talents que *de* les mettre en place. (*Voltaire.*)

..... *C'est* imiter les dieux,
Que *de* remplir son cœur du soin des malheureux.
(*Crébillon*, Atrée et Thyeste, act. IV, sc. 1.)

Observez que l'omission du *de* dans ces phrases, seroit une faute ; on doit le considérer comme une particule explétive commandée par l'euphonie, et que l'usage exige.
(Le P. *Buffier*, n°s 366 et 721.—*Vaugelas*, pag. 461 de ses rem. nouv., t. II.)—*Féraud*, Dict. crit.—*Marmontel*, pag. 309.)

Enfin, quelquefois *ce* est mis pour le mot général *chose*, dont la signification est restreinte et déterminée par les mots qui le suivent ; comme dans cet exemple : *On ne doit s'appliquer qu'à* CE *qui peut être utile*, c'est-à-dire, *à la chose ou aux choses qui peuvent être utiles*, etc.
(*Th. Corneille*, sur la 261e remarque de *Vaugelas.*—*Restaut*, pag. 117 et 263.—*Wailly*, pag. 209.)

Le pronom *ce* avant le verbe *être*, étant susceptible de beaucoup de règles, demande un examen particulier.

PREMIÈRE RÈGLE.—Le verbe *être* précédé immédiatement du Pronom *ce*, et uni à un pluriel par une préposition, se met toujours au singulier.

Cruel ! *c'est* à ces dieux que vous sacrifiez.
(*Racine*, Iphigénie, act. IV, sc. 4.)

C'EST *des contraires que résulte l'harmonie du monde.*
(*Bernardin de Saint-Pierre*).

Le motif de cette règle est que, dans ces deux phrases, et dans celles qui sont analogues, il y a inversion ; de telle sorte que la préposition et le substantif pluriel mis à la suite du verbe *être*, appartiennent à un verbe qui est après : dans la première phrase, c'est *sacrifiez*, et dans la seconde, c'est *résulte*. En effet, la décomposition donne : *sacrifiez à des dieux,—l'harmonie résulte des contraires*. Ce se rapporte à la préposition qui suit le verbe *être*; il est par conséquent du nombre singulier, et oblige le verbe *être* à prendre ce nombre.

(M. *Chapsal.*)

SECONDE RÈGLE. — *Ce* devant le verbe *être* demande que ce verbe soit au singulier, excepté quand il est suivi de la troisième personne du pluriel. Ainsi l'on dira, avec le verbe *être*, au singulier : C'EST *le nombre du peuple, et l'abondance des aliments, qui font la vraie force et la vraie richesse d'un royaume.*

(*Fénelon*, Télém., liv. XXII.)

Dans les ouvrages de l'art, C'EST *le travail et l'achèvement que l'on considère, au lieu que dans les ouvrages de la nature*, C'EST *le sublime et le prodigieux.*

(*Boileau*, Traité du Sublime, chap. XXX.)

Ce n'est plus le jouet d'une flamme servile ;
C'est Pyrrhus, *c'est* le fils et le rival d'Achille.

(*Racine*, Andromaque, act. II, sc. 5.)

CE SERA *nous tous qui nous ressentirons de sa bonté.* — C'EST *vous tous qui faites des vœux pour lui.* — C'EST *vous qui êtes chéris.* — C'ÉTOIT *nous qui étions malheureux.*

Mais on dira, en mettant le verbe au pluriel : CE SONT *les ingrats, les menteurs, les flatteurs qui ont loué le vice.* (*Fénelon*, Télém., l. XVIII). — CE SONT *les ouvrages médiocres qu'il faut abréger.*

(*Vauvenargues.*)

CE NE SONT *ni les arts ni les métiers qui peuvent dégrader l'homme*, CE SONT *les vices.* (*Bernardin de Saint-Pierre.*)

CE SONT *eux qui lui montreront de quoi il peut s'applaudir.* — C'ÉTOIENT *eux qui ordonnoient la cérémonie.* (*L'Académie.*)

Parce que, dans tous ces exemples, le verbe *être* est suivi d'une troisième personne du pluriel.

Néanmoins d'excellents auteurs font indifféremment rapporter le verbe *être* soit au substantif qui le suit, soit au pronom *ce*; *Racine* dit dans Andromaque :

Ce n'est pas les Troyens, *c'est* Hector qu'on poursuit.

(Act. I, sc. 2.)

> *Ce* n'étoit plus ces jeux, ces festins et ces fêtes,
> Où de myrte et de rose ils couronnoient leurs têtes.
> (*Voltaire*, la Henriade, chant. X.)

Boileau (les Héros de roman) :

Volontiers. Regardez-bien. Ne les sont-ce pas là ? (*vos tablettes*)—*Ce les sont là elles-mêmes.*

Racine (les Frères ennemis, act. II, sc. 3. Polynice parlant du peuple) :

> Sa haine, ou son amour, *sont-ce* les premiers droits
> Qui font monter au trône ou descendre les rois ?

Chamfort (Éloge de Molière) :

CE SONT *les résultats qui constituent la bonté des mœurs théâtrales, et la même pièce pourroit présenter des mœurs odieuses, et être d'une excellente moralité.*

D'Olivet :

Dites-moi, SONT-CE *là des signes d'opulence ou d'indigence ?*

Enfin l'*Académie* écrit elle-même dans son Dictionnaire : EST-CE *les Anglois que vous aimez ?*—*Quand* CE SEROIT *les Romains qui auroient fait cela.*

Dans ces phrases, dit *Condillac*, le sujet du verbe est une idée vague que montre le mot *ce*, et que la suite du discours détermine. Si l'esprit se porte sur cette idée, nous disons au singulier, *c'est eux*; et nous disons au pluriel, *ce sont eux*, si l'esprit se porte sur le nom qui suit le verbe. Cependant il est vrai de dire que la majorité des écrivains emploient le pluriel.

Mais une chose sur laquelle les grammairiens et les écrivains sont bien d'accord, c'est que jamais *ce sont* ne peut régir le singulier.

Buffon, qui a dit (dans son Hist. nat. de l'Homme) : *Les negres blancs sont des negres dégénérés de leur race;* CE NE SONT *pas* UNE ESPÈCE *d'hommes particulière et constante,*

devoit donc dire : CE N'EST *pas une espèce d'hommes particulière et constante*, etc.

Remarque.—Quand la phrase est interrogative, et que le verbe *être* employé au pluriel fait très-mal, comme quand on dit : *furent-ce les Romains qui vainquirent ?* c'est à l'écrivain de prendre un autre tour qui concilie ce qu'on doit à la grammaire avec ce qu'exigent l'oreille et l'usage.

TROISIÈME RÈGLE.—Après un nom ou un pronom précédé d'une préposition, et de *c'est*, *c'étoit*, etc., on doit faire usage de la conjonction *que* : *C'est* À *vous* QUE *je parle*.

C'est à Rome, mes fils, *que je prétends marcher*.
(Racine, Mithr., act. III, sc. 1.)

Ce n'est pas de cela *qu'il s'agit aujourd'hui*.
(La Fontaine, liv. V, fab. 1.)

(*Regnier Desmarais*, pag. 377.—*Domergue*, pag. 62.)

Si l'on disoit, par exemple, *c'est à vous à qui je parle*, la même préposition se trouveroit deux fois dans la même phrase, quoiqu'il n'y ait qu'un seul rapport à indiquer. En effet, supprimez *c'est*, qui ne sert qu'à marquer d'une manière plus sensible la chose dont il s'agit ; la phrase sera réduite à ces termes : *Je parle à vous, à qui*... La préposition *à* marque le rapport de *parler* avec *vous* ; mais *à qui* n'est précédé d'aucun mot dont il puisse marquer le rapport ; le sens est suspendu et la phrase incorrecte. Il faut donc *que*, et non *à qui*, puisqu'il ne s'agit que de lier une proposition avec une autre.

Voyez ce que nous disons encore sur ce sujet au régime *nom*, article XV, § 3.

Remarque.—Au lieu de la conjonction *que*, on pourroit employer un pronom relatif précédé d'une préposition, si *c'est*, *c'étoit* étoient suivis d'un substantif ou d'un pronom non précédé d'une préposition.

C'est vous, *mon cher Narbal*, POUR QUI *mon cœur s'attendrit*. (Télém., liv. III.)—*Vous avez fait de grandes choses*,

mais, avouez la vérité, ce n'est guères VOUS PAR QUI *elles ont été faites*. (Télém., liv. XXII.) Ces tours de phrases seroient aussi corrects que ceux-ci : *C'est* POUR VOUS QUE *mon cœur s'attendrit. Ce n'est guère* PAR VOUS QU'*elles ont été faites*.
(Caminade, pag. 130.)

QUATRIÈME RÈGLE.—*Ce*, joint à un des Pronoms relatifs *qui*, *que*, *dont*, etc., et à la tête d'une phrase, forme avec le pronom relatif et le verbe suivant, le sujet d'une autre phrase dont le verbe est presque toujours *être ;* or *être* peut être suivi ou d'un verbe, ou d'un adjectif, ou d'un substantif.

Quand le verbe *être* est suivi d'un *verbe*, on répète le Pronom *ce* : CE *que je crains*, *c'est d'être surpris*.
(Le P. Buffier, n° 465.)

L'emploi du Pronom *ce*, dans le second membre de la phrase, est également nécessaire, lors même qu'il ne se trouve pas dans le premier membre. On dira donc avec *Voltaire* :

Le véritable éloge d'un poète C'EST *qu'on retienne ses vers*.

Le seul moyen d'obliger les hommes à dire du bien de nous, C'EST *d'en faire*. (Hist. de Charles XII, Disc. prél.)
(Le P. Buffier, n° 463. — L'*Académie*, pag. 288 de ses observations.)

Suivi d'un adjectif, *ce* ne se répète pas : CE *qu'on loue* EST *souvent blâmable*.—CE *qui réussit* EST *rarement condamné*.—CE *qui est vrai* EST *beau*.

<small>Nous mettons ici les Participes au rang des adjectifs.</small>
(Le P. Buffier, n° 463.—Demandre, au mot Pronom.)

Quand le verbe *être* est suivi d'un substantif du nombre *singulier*, on a la liberté de répéter ou de ne pas répéter le pronom *ce*, selon que l'oreille et le goût en décident : *Rendre des grâces* EST, ou C'EST *le plus bel apanage de la souveraineté*.
(Voltaire, Essai sur le Goût.)

La première qualité d'un roi EST, ou C'EST *la fermeté*.
(Louis XIV.)

L'enfer des femmes EST, ou C'EST *la vieillesse*.
(La Rochefoucauld.)
(Le P. Buffier, n. 463 —Demandre, et Lévizac.)

Mais, la répétition du Pronom *ce* est indispensable, dans le cas où le verbe *être* est suivi d'un substantif du nombre pluriel, ou d'un Pronom personnel : CE *qui m'attache le plus à la vie*, CE SONT *mes enfants et ma femme.* (*Marmontel.*)— CE *qui m'arrache au sentiment qui m'accable*, C'EST VOUS. (*Demandre.*)—CE *qu'on souffre avec le moins de patience*, CE SONT *les perfidies, les trahisons, les noirceurs.* (*Th. Corneille.*)

§ II.

CELUI.

Celui fait *ceux* au pluriel ; le féminin *celle* forme son pluriel par la seule addition d'un *s* ; et les deux autres, *celui-ci*, *celui-là*, suivent entièrement la même règle : les adverbes *ci* et *là* n'admettent aucune variation.

Les Pronoms *celui*, *celle*, appliqués aux personnes et aux choses, ont toujours rapport à un nom énoncé auparavant :

Je ne connois d'avarice permise que CELLE *du temps.*
(*Le roi Stanislas.*)

Les défauts de Henri IV étoient CEUX *d'un homme aimable, et ses vertus*, CELLES *d'un grand homme.*
(Note de *Voltaire* sur un ouvrage de M. de *Buri*, vol. 14 de ses œuvr.)

Les seules louanges que le cœur donne sont CELLES *que la bonté s'attire.* (*Massillon*, Orais. funèbr.)

La phrase suivante, par laquelle beaucoup de négociants et de marchands sont dans l'usage de commencer leurs lettres d'affaires, n'est donc pas correcte : *J'ai* CELUI *de vous annoncer*, etc.; puisque le pronom *celui* ne s'y trouve précédé d'aucun nom.

Il faut remarquer cependant que ces pronoms font quelquefois exception à cette règle, c'est-à-dire qu'ils s'emploient, dans quelques cas, sans aucun rapport à un nom qui précède; en ce sens, ils se disent seulement des personnes, et sont suivis d'un pronom; tels que : *de qui*, *que*, *dont*, *du-*

quel, *ci*, *là*, etc., nécessaire pour restreindre l'idée générale de ce mot à une idée particulière comme dans les exemples suivants :

Ceux qui font des heureux sont les vrais conquerants.
(*Voltaire*, lettre à Christian VII, roi de Danemarck.)

Celui qui fait tout vivre, et qui fait tout mouvoir,
S'il donne l'être à tout, l'a-t-il pu recevoir?
(*L. Racine*, Poëme de la Religion, ch. I.)

Aimer CEUX QUI *vous haïssent*, CEUX QUI *vous persécutent, et les aimer lors même qu'ils travaillent avec le plus d'ardeur à vous opprimer, c'est la charité du chrétien, c'est l'esprit de la religion.*
(*Bourdaloue*, sermon pour la fête de Saint-Etienne.)

CELUI QUI *rend un service doit l'oublier*, CELUI QUI *le reçoit, s'en souvenir.* (Pensée de *Démosthène* : Voyage d'*Anacharsis*.)
(Le Dictionnaire de *Féraud*. — *Marmontel*, pag. 247. — Et les Gramm. mod.)

Souvent, pour donner plus de force et d'élégance à l'expression, on supprime le pronom ; ainsi *Racine*, au lieu de dire : *Voyez si mes regards sont* CEUX *d'un juge sévère*, a dit :

Voyez si mes regards sont d'un juge sévère.
(Andromaque, act. III, sc. 6.)
(Le P. *Buffier*, n° 468. — *Demandre* et *Lévizac*.)

Les écrivains se permettent rarement cette ellipse, qui a quelque chose de hardi, et qui peut rendre la phrase obscure.

Les pronoms *celui*, *ceux*, *celle*, *celles*, ne peuvent pas être suivis immédiatement d'un adjectif ou d'un participe, comme *celle reçue*, *ceux aimables* ; ils ont besoin, pour être modifiés par un adjectif ou un participe, d'avoir après eux un pronom relatif : CELLE QUI *est reçue*, CEUX QUI *sont aimables*.

Wailly n'a donc pas été correct lorsqu'il a dit : *Les*

nombres ordinaux se forment des cardinaux ; dans CEUX TERMINÉS *en* F, *on change* F *en* vième ; et en effet,

Dans ceux terminés en F, signifie, *dans ces nombres terminés en f*; ce qui forme un sens tout contraire à l'idée de l'écrivain; car sa pensée est de présenter une idée indicative avec restriction. Or, qu'on relise la phrase décomposée, et l'on verra que l'idée indicative n'est pas restreinte. *Les nombres ordinaux se forment des cardinaux ; dans ces nombres terminés en* F, *on change* F *en* vième. Le sens embrasse la totalité des nombres dont on est censé avoir parlé; pour restreindre l'idée, il faut donc dire, *dans ceux* QUI *sont terminés en* F.

Cette phrase de *Legendre* a la même incorrection : *Pline dit que Carès inventa les augures tirés des oiseaux, et qu'Orphée inventa* CEUX TIRÉS *des autres animaux*.

Décomposons : *Orphée inventa les augures tirés des autres animaux*. Ne semble-t-il pas que *ces augures* désignent des augures dont on a déjà parlé? que le sens est complet et précis? Hé bien, *Legendre* avoit dans l'esprit une idée indicative avec restriction; il bornoit son idée *aux augures qui sont tirés des autres animaux*. Le *qui* étoit donc nécessaire pour restreindre la signification, et l'idée exigeoit qu'il mît : *Orphée inventa ceux* QUI SONT *tirés des autres animaux*.

L'auteur du Dictionnaire historique, article *Delille*, s'est également mal exprimé, lorsqu'il a dit : *Le goût de la philosophie n'étoit pas alors* CELUI DOMINANT ; *celui dominant*, par la force des termes, équivaut à *ce goût dominant*, ce qui exprime une idée indicative complète, contre la pensée de l'auteur, qui n'a aucune idée indicative à peindre, qui veut seulement présenter son idée dans un sens fixe et précis. Aussi, pour que les mots répondent à la chose, faut-il dire : *Le goût de la philosophie n'étoit pas alors celui* QUI *est dominant*.

Mais pourquoi *celui* ou *celle* ne peut-il pas être immédiatement suivi d'un attribut particulier (adjectif ou participe)? parce qu'il exprime une idée indicative avec restriction, équivalente à *cet homme, cet objet, cette femme, cette chose*. En effet, on ne dit pas *celui* absolument, il doit nécessairement être accompagné de quelque chose qui en circonscrive, qui en restreigne la signification. *Celui homme, celui beau*, sont des locutions que rejette notre langue.

(Domergue, pag. 294 de ses Solut. gramm.)

M. *Lemare* (pag. 606), *Féraud*, et les Grammairiens qui ont abordé cette difficulté ont approuvé cette solution.

Présentement il s'agit de savoir si l'usage permet de faire rapporter les pronoms *celui*, *celle* à un substantif pluriel, et les Pronoms *ceux*, *celles* à un substantif singulier.

Quelques exemples, pris dans nos écrivains les plus estimés, prouveront que l'usage admet ce rapport :

L'amour est CELUI *de tous* LES DIEUX *qui sait le mieux le chemin du Parnasse.* (Racine, lett. V, à M. Le Vasseur.)

J'ai tout réduit à TROIS STANCES, *et j'ai ôté* CELLE *de l'ambition, qui me servira peut-être ailleurs.*

(Le même, lettr. XXIX, à M. Le Vasseur.)

CETTE PHRASE *et* CELLES *qui la suivent deviennent claires.* (Voltaire.)

L'influence du luxe se répand SUR TOUTES LES CLASSES *de l'état, même* SUR CELLE *du laboureur.* (Marmontel.)

Vous serez seul de votre parti, peut-être ; mais vous porterez en vous-même UN TÉMOIGNAGE *qui vous dispensera* DE CEUX *des hommes.* (J.-J. Rousseau.)

LA SATIRE *de Boileau sur l'Homme est une de* CELLES *où il y a le plus de mouvement et de variété.* (La Harpe.)

On répétoit avec admiration LE NOM *des Solon et des Lycurgue avec* CEUX *des Miltiade et des Léonidas.* (Thomas.)

CETTE LOGIQUE *ne ressemble à aucune de* CELLES *qu'on a faites jusqu'à présent.*

Cette construction, dit M. *Boniface* (dans son Manuel des amat. de la l. franç., p. 167), contraire en effet aux lois de la grammaire, qui veulent que le pronom prenne le genre et le nombre du nom qu'il représente, peut être justifiée par la syllepse (275), figure dont les écrivains se servent fréquemment.

Il est vrai qu'on peut éviter cette construction en répétant le substantif, et que souvent même cette répétition est élégante; par exemple, *Marmontel* auroit pu dire : *L'influence du luxe se répand sur toutes* LES CLASSES *de l'état, même sur* LA CLASSE *du laboureur;* mais ce n'est pas là un motif pour proscrire ces sortes de phrases. Il y a plus, si le Pronom étoit accompagné de quelque chose qui en déterminât le nombre, de même que si la répétition du substantif produisoit un effet désagréable, il ne faudroit pas craindre d'employer le Pronom.

§ III.

CELUI-CI, CELUI-LÀ.

Le Pronom *celui*, ainsi qu'on vient de le voir, n'a de lui-même qu'une signification vague; aussi exige-t-il toujours après lui un *qui* relatif qui en détermine le sens. Mais *celui-ci* et *celui-là* ayant une signification fixe, par le moyen de *ci* et de *là*, qui en sont inséparables, n'exigent ni *qui* ni *que*.

Celui-ci, glorieux d'une charge si belle,
N'eût voulu pour beaucoup en être soulagé,
(La Fontaine, fab. 3.)

Celui-là fait le crime à qui le crime sert.
(Voltaire, sur Médée, III, 3.)

---

(275) La *syllepse*, comme on le verra à la *construction figurée*, a lieu lorsque les mots sont employés selon la pensée, plutôt que selon l'usage de la construction grammaticale. Par cette figure, on met souvent au singulier ce qui devroit être au pluriel, et au pluriel ce qui a rapport au singulier; nos meilleurs grammairiens voient de l'élégance dans ce tour, où d'autres ne voient qu'une faute.

Ce seroit donc mal parler que d'en ajouter un immédiatement, et de dire : *Celui-là qui voudra être heureux*, etc.

Autrefois cependant on en faisoit usage :

> Mais qu'il soit une amour si forte
> Que *celle-là que* je vous porte,
> Cela ne se peut nullement.   (*Malherbe.*)

> .... Le feu qui brûla Gomore
> Ne fut jamais si véhément
> Que *celui-là qui* me dévore.   (*Voiture.*)

A présent on ne le tolère pas; cependant lorsqu'il y a quelque chose entre ces Pronoms et le pronom *qui*, on permet l'emploi de ce relatif.

CELUI-LÀ *est deux fois grand, qui, ayant toutes les perfections, n'a pas de langue pour en parler.* (*Pensée de Gracian.*)

Celui-ci peut aussi être suivi du *qui* relatif dans une seule circonstance, c'est lorsque *qui* est le sujet d'une proposition incidente explicative, c'est-à-dire, qu'on peut retrancher, sans altérer le sens de la proposition qui a pour sujet *celui-ci* ou *celui-là* : CELUI-CI, *qui est déjà usé, vaut mieux que* CELUI-LÀ, *qui est tout neuf.*

Celui-ci, celui-là s'emploient quand il s'agit de personnes ou de choses présentes, mais avec cette différence que *celui-ci* sert à désigner un objet (personne ou chose) près de celui qui parle; et *celui-là*, un objet moins près. Supposons qu'il soit question de deux livres placés sur une table, mais l'un à l'extrémité de la table, et l'autre presque sous ma main; je dirai, en parlant du dernier, *donnez-moi celui-ci* (le plus près), et en parlant de l'autre, *donnez-moi celui-là* (le moins près).

La même règle s'observe quand les personnes ou les choses dont on parle ne sont pas présentes; c'est-à-dire, que *celui-ci* se rapporte à ce qui a été dit en dernier lieu, comme étant plus près, et *celui-là* à ce qui a été dit auparavant, comme étant plus éloigné. Exemples :

La Folie et l'Amour jouoient un jour ensemble :
Celui-ci n'étoit pas encor privé des yeux.

(*La Fontaine*, l'Amour et la Folie.)

Tel est l'avantage ordinaire
Qu'ont sur la beauté les talents ;
Ceux-ci plaisent dans tous les temps,
Celle-là n'a qu'un temps pour plaire. (*Voltaire.*)

Un magistrat intègre et un brave officier sont également estimables ; CELUI-LÀ *fait la guerre aux ennemis domestiques,* CELUI-CI *nous protège contre les ennemis extérieurs.*
(*Regnier Desmarais*, pag. 270.— *Restaut*, pag. 119.— *Wailly.*— Le Dict. de l'*Académie.*)

§ IV.

CECI, CELA.

Les Pronoms démonstratifs *ceci*, *cela*, diffèrent des Pronoms dont on vient de parler, en ce qu'ils ne se disent proprement que des choses, et qu'ils n'ont point de pluriel.

Ceci, *cela* s'emploient quelquefois dans la même phrase, et en opposition ; alors *ceci* désigne l'objet qui est plus près de nous, et *cela*, l'objet qui en est plus éloigné ; comme : *Je n'aime pas* CECI, *donnez-moi de* CELA.

(*L'Académie.*)

Quand le Pronom *cela* est seul, et sans opposition au Pronom *ceci*, il se dit, de même que *ceci*, d'une chose que l'on tient et que l'on montre : *Que dites-vous de* CELA, CELA *est fort beau.*

(*L'Académie.*)

Dans le style tout-à-fait familier, surtout dans la conversation, on dit *ça* au lieu de *cela*.

Le soir Alain fit un beau songe ;
C'est toujours ça.

Quelquefois *cela* se dit aussi des personnes ; par exemple, l'usage permet de dire, en parlant d'un enfant, mais dans le style familier ; CELA *est heureux ;* CELA *ne fait que jouer.*

(Le Dict. de l'*Académie*, au mot *cela*.)

ARTICLE V.

DES ADJECTIFS PRONOMINAUX DÉMONSTRATIFS.

Les *Adjectifs pronominaux démonstratifs* sont *ce*, *cet*, *cette*, *ces*; ils sont toujours joints à un nom, dont ils restreignent la signification, et qu'ils modifient, en y ajoutant une idée d'indication.

> De *cette* nuit, Phénice, as-tu vu la splendeur?
> Tes yeux ne sont-ils pas tout pleins de sa grandeur?
> *Ces* flambeaux, *ce* bûcher, *cette* nuit enflammée,
> *Ces* aigles, *ces* faisceaux, *ce* peuple, *cette* armée,
> *Cette* foule de rois, *ces* consuls, *ce* sénat,
> Qui tous de mon amant empruntoient leur éclat;
> *Cette* pourpre, *cet* or, que rehaussoit sa gloire,
> Et *ces* lauriers encor témoins de sa victoire.
> (*Racine*, Bérénice, act. 1, sc. 5.)

L'Adjectif pronominal servant à déterminer la signification du substantif, il est évident que *ce* est Adjectif pronominal démonstratif, lorsqu'il précède un nom, soit seul, soit accompagné de son adjectif, comme *dans ce château, ce superbe monument*.

L'Adjectif pronominal démonstratif, ainsi qu'on a pu le remarquer dans les vers qui viennent d'être cités, se répète avant chaque substantif; on le répète aussi lorsqu'un nom est accompagné de deux Adjectifs qui ne qualifient pas le même substantif; comme dans cette phrase : CES *beaux et* CES *vilains appartements*.—Cette règle ayant été expliquée, page 221 et page 272, nous ne pensons pas qu'il soit nécessaire d'en parler davantage.

ARTICLE VI.

DES PRONOMS RELATIFS.

La fonction des *Pronoms relatifs* est de rappeler dans le discours l'idée des personnes ou des choses dont on a déjà parlé, afin de déterminer l'étendue du sens qu'on leur donne. On les appelle *relatifs* à cause de la relation ou du rapport qu'ils ont avec les noms ou les Pronoms qui les précèdent, et qui expriment les personnes ou les choses dont ils rappellent l'idée. Quand je dis : *Il y a bien des personnes* QUI *aiment les livres comme des meubles; qui,* a rapport à *personnes*, et c'est comme si je disois : *Il y a des personnes,* LESQUELLES *personnes aiment les livres*, etc. De même, quand je dis : *L'or* QUE *nous recherchons tant, est,* etc., *que* se rapporte à *or*, et c'est comme si je disois : *L'or,* LEQUEL *or,* — et ainsi des autres Pronoms relatifs.

(*Restaut*, pag. 121 et 122.)

Ce nom ou Pronom qui précède le relatif est ce que l'on appelle *antécédent*. Cet antécédent n'est pas toujours exprimé; dans bien des phrases, il est sous-entendu; mais l'esprit le supplée aisément, et le place près du relatif qui s'y rapporte; dans cette phrase : *Il est étonnant que Henri IV ait péri sous le fer d'un assassin,* LUI QUI *n'étoit occupé que du bonheur de ses peuples; lui*, antécédent de *qui*, tient la place de Henri IV, exprimé auparavant. Mais dans cette autre phrase : Qui *veut être heureux doit dompter ses passions*, le nom substantif est sous-entendu; c'est comme s'il y avoit : *L'homme qui veut être heureux*, etc.

(*Lévizac*, pag. 339, t. I.)

NOTA. Dans un instant nous dirons ce que c'est qu'un Pronom *explicatif*, et un Pronom *indéterminatif*.

Les Pronoms relatifs ont encore la propriété de faire l'office de conjonction, en unissant deux membres de phrase; quand on dit : *Les biens de la fortune,* QUE *nous recherchons avec un si grand empressement, peuvent se perdre facilement;* le relatif *que* réunit en une seule phrase ces deux membres : *Les biens de la fortune peuvent se perdre facilement. — Nous recherchons avec empressement les biens de la fortune;* et il a de plus l'avantage de déterminer, avec le membre qui le suit, l'étendue du sens que l'on donne aux mots, *les biens de la fortune*.

(Même autorité.)

NOTA. Quelques Grammairiens, et, entre autres, l'abbé de *Condillac*, donnent à ces Pronoms, le nom de *Pronoms conjonctifs*.

Les Pronoms relatifs sont *qui, que, quoi, lequel, dont, où, le, la, les, en, y.*

§ I.

QUI.

Qui est Pronom *absolu*, ou Pronom *relatif*.

Il est Pronom absolu, quand il n'a pas d'antécédent exprimé, et qu'il n'offre à l'esprit qu'une idée vague et indéterminée ; il signifie alors *quiconque, celui qui, celle qui*. Exemples :

Qui se lasse d'un roi peut se lasser d'un père.
Mille exemples sanglans nous peuvent l'enseigner.
(P. *Corneille*, Nicomède, act. II, sc. 1.)

Qui veut parler sur tout, souvent parle au hasard ;
On se croit orateur, on n'est que babillard.
(M. *Andrieux*, Mém. de l'Inst., vol. IV, pag. 443.)

Qui ne fait des heureux n'est pas digne de l'être.
(Des *Boulmiers*.)

Lâche *qui* veut mourir, courageux *qui* peut vivre.
(*Racine* le fils, la Religion, ch. VI, vers 168.)

Qui absolu peut être sujet ou régime. Il est sujet dans les exemples qui précèdent ; il est régime dans QUI *aimez-vous ?* DE QUI *parlez-vous ?*
(*Regnier Desmarais*, pag. 295 — *Wailly*, pag. 201.—*Restaut*, pag. 151.)

Qui est relatif, quand il a un antécédent exprimé, nom ou Pronom ; en ce sens il signifie *lequel, laquelle, lesquels, lesquelles*. Exemples

Le premier *qui* fut roi fut un père adoré.
(L'abbé *Aubert*, Prologue, l. V, de ses fables.)

L'amour avidement croit tout ce *qui* le flatte.
(*Racine*, Mithr., act. III, sc. 4.)

Le premier QUI *versa des larmes fut un père malheureux.*

Qui *absolu*, n'offrant à l'esprit qu'une idée vague et indéterminée, ne s'emploie ordinairement qu'au masculin et au singulier, c'est-à-dire, que les adjectifs qui peuvent s'y rapporter, sont mis au masculin et au singulier.

Qui ne sait compatir aux maux qu'on a soufferts !
(*Voltaire*, Zaïre, act. II, sc. 2.)

Il est cependant quelquefois suivi de noms qui marquent un féminin et un pluriel : comme quand on dit à une femme, QUI *choisissez-vous pour* COMPAGNES ? et à un homme, QUI *choisissez-vous pour* COMPAGNONS ?
(*Restaut*, pag. 150. — *Wailly*, pag. 201.)

Le QUI *absolu* ne s'emploie qu'en parlant des personnes ou des choses personnifiées, comme dans ces exemples :

Qui est celui qui vient le premier de tous, nonchalamment appuyé sur son écuyer ? (*Boileau*, les Héros de Roman.)

Dites-moi, je vous prie, lui demanda Clorinde, QUI *sont ces jeunes gens ?* (*J.-J. Rousseau*, Olinde et Sophronie.)

Qui sont ces magistrats..... (*Voltaire*, Henriade, ch. IV.)
Qui sont ces étrangers ?......
(Le même, les Scythes, act. I, sc. 1.)

On dit bien : *Il y avoit hier chez vous beaucoup de personnes ;* QUI *sont-elles ?* mais on ne dit pas : *Vous avez plusieurs raisons à alléguer contre ce que je dis,* QUI *sont-elles ?* parce que le Pronom absolu *qui* ne s'emploie pas pour les choses ; il faut dire : QUELLES *sont-elles ?* ou prendre un autre tour.
(*Th. Corneille*, sur la 122ᵉ rem. de *Vaugelas*. — *Wailly*, pag. 200. — *Marmontel*, pag. 225.)

Qui Pronom relatif est tantôt sujet, et tantôt régime indirect ; il est sujet dans ces phrases : *L'ame du souverain est un moule* QUI *donne la forme à toutes les autres.* (*Montesquieu*, Lettres pers., l. 99ᵉ.) — Il est régime indirect, toutes les fois qu'il est précédé d'une préposition :

L'enfant à qui tout cède est le plus malheureux. (*Villefré.*)

Lorsque *qui* est *sujet*, il se dit des *personnes* et des *choses*, et doit être préféré à *lequel, laquelle* : *L'homme* QUI *vit content de ce qu'il possède, est vraiment heureux.*

L'amitié est une ame QUI *habite deux corps, un cœur qui habite deux ames.* (Pensée d'*Aristote*.)

La manie de conquérir est une espèce d'avarice QUI *ne s'assouvit jamais.* (*Marmontel*, Bélisaire, ch. VIII.)
(Le P. *Buffier*, n° 443. — *D'Olivet*, pag. 180. — *Th. Corneille*, sur la 122ᵉ remarque de *Vaugelas*. — *Restaut*, pag. 129. — *Wailly*, pag. 190.)

Il ne seroit pas permis de substituer dans ce cas le pronom *lequel* au pronom *qui*.

Cependant, comme *lequel* est susceptible de genre et de nombre, il y a bien des écrivains qui l'emploient volontiers pour prévenir les équivoques; mais il faut, autant qu'il est possible, choisir un autre tour.
(*Condillac*, chap. XII, pag. 246.)

Lorsque le relatif *qui* est *régime indirect*, il ne se dit que des *personnes* ou des *choses personnifiées* : *Il y a du plaisir à rencontrer les yeux de celui à* QUI *l'on vient de donner.*
(*La Bruyère*, chap. IV, pag. 246.)

Le bonheur appartient à *qui* fait des heureux.
(*Delille*, P. de la Pitié, ch. II.)

Rochers à *qui* je me plains,
Bois à *qui* je conte mes peines. (*Marmontel*.)

La gloire À QUI *je me suis dévouée.* (*Vaugelas*.)
(*Th. Corneille*, sur la 64ᵉ rem. de *Vaugelas*.—L'*Académie*, pag. 67 de ses observ., et son Dict. au mot *qui*.—*D'Olivet*, pag. 180.— *Condillac*, pag. 318.—Les Grammairiens modernes.)

Remarque.—Quand le relatif *qui* ne se dit ni des personnes, ni des choses personnifiées, on ne doit point le faire précéder d'une préposition.
(Le P. *Buffier*, n° 444.—*Condillac*, pag. 249.)

Il semble qu'en poésie, et dans le style élevé, il soit permis de déroger à ce principe. On lit dans *Corneille* :

Soutiendrez-vous un faix *sous qui* Rome succombe?
(Pompée, act. I, sc. 1.)

Dans *Racine* (la Nymphe de la Seine à la Reine):

Je t'amène, après tant d'années,
Une paix *de qui* les douceurs,
Sans aucun mélange de pleurs,
Feront couler tes destinées.

Dans *J.-B. Rousseau* (Ode XVI):

Du haut de la montagne où sa grandeur réside,
Il a brisé la lance et l'épée homicide
Sur qui l'impiété fondoit son ferme appui.

Dans *Voltaire* (Alzire, act. V, sc. 4):

Je pardonne à la main *par qui* Dieu m'a frappé.

Cette inexactitude est excusable en poésie, où l'on met plus de force dans l'expression, et où l'on sait d'ailleurs que tout s'anime, et que l'on y personnifie souvent les objets.
(Mêmes autorités.)

Voyez plus bas ce que nous disons sur l'emploi du pronom *lequel*.

Le pronom *qui* n'a point par lui-même de nombre ni de personne, il prend le nombre et la personne de son antécédent, ou, si l'on veut, du nom ou du pronom auquel il se rapporte, et les communique au verbe dont il est le sujet; conséquemment on dira: 1°, *Moi qui* AI *parlé, toi qui* AS *parlé, lui* ou *elle qui* A *parlé, nous qui* AVONS *parlé, vous qui* AVEZ *parlé, eux* ou *elles qui* ONT *parlé*.

Parce que *qui* représente la première personne, dans *moi qui* AI *parlé, nous qui* AVONS *parlé*, les Pronoms *moi* et *nous* étant de la première personne; il indique la seconde personne dans *toi qui* AS *parlé, vous qui* AVEZ *parlé*, les Pronoms *toi* et *vous* étant de la seconde personne; enfin, *qui* désigne a troisième personne dans *lui* ou *elle qui* A *parlé, eux* ou *elles qui* ONT *parlé*, les Pronoms *lui, elle, eux* et *elles* étant de la troisième personne.

(MM. de *Port-Royal*, pag. 132.— *Th. Corneille*, sur la 96ᵉ rem. de

Vaugelas, pag. 273.— L'Académie, pag. 103 de ses Observ.— Restaut, etc., etc.)

2° D'après le même principe, on dira :

> Pour *moi* qu'en santé même un autre monde étonne,
> Qui *crois* l'âme immortelle, et que c'est Dieu qui tonne.
> (*Boileau*, Satire 1,)

et non pas qui *croit*.

Si c'étoit moi qui voulusse, si c'étoit vous qui voulussiez, si c'étoit lui qui voulût, et non pas *si c'étoit moi qui voulût*, etc.

(Même autorité.)

Toutefois, *Racine* (dans Britannicus, act. II, sc. 3) a fait usage du Pronom *qui* à la troisième personne, quoique se rapportant à *moi* :

> Britannicus est seul : quelque ennui qui le presse,
> Il ne voit dans son sort que *moi* qui s'intéresse.

Geoffroi, un de ses commentateurs, n'a fait aucune remarque sur l'emploi de cette troisième personne, ce qui donne lieu de penser qu'il l'approuve; il dit seulement que *à son sort* seroit plus correct que *dans son sort*.

Et *Marmontel* (p. 49 de sa Grammaire) dit, sur ce vers, que *Racine* s'est exprimé comme il le devoit en pareil cas.

Sedaine, s'il est permis de citer *Sedaine* dans un ouvrage sur la langue, a, de même que *Racine*, dit dans son opéra de Richard Cœur-de-lion :

> O Richard ! ô mon roi !
> L'univers t'abandonne ;
> Sur la terre il n'est donc que *moi*
> Qui s'intéresse à ta personne !

et *Molière* a dit aussi (dans le Mari trompé, sc. 2) :

> Ce n'est pas *moi* qui *se* feroit prier.

Mais *Domergue* (p. 306 de ses Solut. gram.) n'approuve ni *Racine*, ni *Sedaine*, ni *Molière*, et il pense que ces écrivains ont fait une faute que rien ne sauroit excuser; voici ses motifs :

Dans les verbes pronominaux, tels que *se repentir*, *s'intéresser*, etc., l'usage seul indique assez qu'il faut *me* à la première personne, *te* à la seconde, *se* à la troisième, et que l'on dit, *je m'intéresse, tu t'intéresses, il s'intéresse*. *Qui* équivaut à *lequel* : *L'homme* QUI *est venu*; *l'homme*, LEQUEL *homme est venu.*—*Il n'est que moi* QUI *m'intéresse*, c'est-à-dire, *il n'est que moi*, LEQUEL *moi m'intéresse*; *il n'est que toi* QUI *t'intéresses*; c'est-à-dire, *il n'est que toi*, LEQUEL *toi t'intéresses*, etc. L'application à tous les cas est facile, de sorte que, pour connoître de quelle personne est le sujet *qui*, il ne faut pas considérer *qui* tout seul, ce Pronom n'étant pas plus doué de personnalité que *ce*, *grand*, *beau*, et autres mots de cette espèce; mais il faut faire attention au Pronom sous-entendu, qui a seul le droit de communiquer les accidents de la personne et ceux du nombre.

M. *Boniface*, M. *Serreau*, et M. *Auger* (dans son Commentaire sur Molière, le Dépit am., act. III, sc. 7; et le Médecin malgré lui, act. I, sc. 6), se rangent à l'avis de *Domergue*.

3° On dira : *Vous parlez comme un homme* QUI ENTEND *la matière*, et non pas, QUI ENTENDEZ *la matière.* (*Domergue.*) —*Vous parlez en hommes, ou comme des hommes* QUI S'Y CONNOISSENT, *et non pas en hommes, ou comme des hommes* QUI VOUS Y CONNOISSEZ. (*Lemare.*)—*Ce ne sont pas des gens comme vous, messieurs,* QUI SE PERMETTENT *d'affirmer*, et non pas QUI VOUS PERMETTEZ. (Le même.)—*Paris est fort bon pour un homme comme vous, monsieur,* QUI PORTE *un grand nom, et qui le soutient*, et non pas QUI PORTEZ, *et* QUI LE SOUTENEZ (*Voltaire*, let. 470); parce que, dans chacune de ces phrases, le relatif *qui* ne représente pas le Pronom, il représente le substantif qui le précède immédiatement et que l'on peut sous-entendre après lui; et, en effet, c'est comme si l'on disoit : *Vous parlez comme un homme*, LEQUEL HOMME *entend la matière.*—*Vous parlez en hommes*, LESQUELS

HOMMES *s'y connoissent.—Paris est fort bon pour un homme,* LEQUEL HOMME, *etc., etc.*

Ce substantif que l'on est censé répéter après *lequel* dans ces phrases, en est donc réellement le sujet ; et alors c'est lui qui a seul le droit de communiquer au verbe la personne et le nombre.

L'exemple des meilleurs écrivains vient fortifier cette règle. *Boileau* a dit (dans une de ses lettres à M. le duc de Vivonne) : *Êtes-vous encore ce même* GRAND SEIGNEUR *qui* VENOIT *souper chez un misérable poète ?*

Rousseau (Nouvelle Héloïse, p. 259, t. 1) : *Je suis sûr que, de nous quatre, tu es* LE SEUL *qui* PUISSE *lui supposer du goût pour moi.*

Rotrou (Iphig., act. IV, sc. 3) :

S'il vous souvient pourtant que je suis la *première*,
Qui vous *ait* appelé de ce doux nom de père.

Montesquieu (Lett. pers.) : *Tu étois* LE SEUL *qui* PÛT *me dédommager de l'absence de Rica.*

Voltaire (l. à M. Caperonnier, juin 1762) : *Je suis* L'HOMME *qui* ACCOUCHA *d'un œuf.*

Le même (l. à M. Walpole) : *Ma destinée a encore voulu que je fusse* LE PREMIER *qui* AIT *expliqué à mes concitoyens les découvertes du grand Newton.*

Le même (l. à M. de Croimont) : *Vous êtes aussi* LE PREMIER *qui* AIT *commandé son souper chez soi.*

Le même : *Je pense que vous et moi nous avons été* LES SEULS *qui* AIENT *prévu que la destruction des Jésuites les rendroit trop puissants.*

Fénélon (dial. de Pithias et de Denis) : *Souviens-toi que je suis* LE SEUL *qui* T'A *déplu.*

Il est vrai que *Racine* a dit (dans Iphigénie, act. IV, sc. 4) :

Fille d'Agamemnon, c'est *moi* qui *la première*
Seigneur, vous *appelai* de ce doux nom de père.

(Dans *Britannicus*, act. III, sc. 3) :

> Pour *moi*, qui *le premier secondai* vos desseins.

Et *Voltaire* (dans sa correspondance, sur Shakespeare, p. 417) : *C'est moi qui*, LE PREMIER, MONTRAI *aux Français quelques perles que j'avois trouvées dans son énorme fumier.*

Et dans sa tragédie de Brutus (act. I, sc. 1) :

> C'est *vous* qui le *premier avez* rompu nos fers.

Mais le *qui* suivant immédiatement le mot *moi*, c'est à ce nom qu'il doit se rapporter. Le sens est, *c'est moi qui*, c'est-à-dire *lequel moi, vous appelai*, etc., et la preuve que le pronom *qui* ne se rapporte pas au mot *le premier*, c'est qu'on peut déplacer celui-ci et le mettre, par exemple, après le verbe. On peut dire : *C'est moi qui vous appelai* LA PREMIÈRE ; *c'est vous qui avez rompu* LE PREMIER, etc.

4° Lorsque le relatif QUI est précédé d'un adjectif de nombre cardinal ou simplement d'un adjectif, c'est au pronom placé auparavant que se rapporte le relatif, et non pas à l'adjectif, qui, n'ayant par lui-même ni genre ni nombre, ne peut communiquer l'accord ; en conséquence il faut dire avec *Corneille* :

> N'accuse point mon sort, c'est *toi* seul qui *l'as* fait.
> (Cinna, act. III, sc. 4.)

Avec *Massillon* (Vices et Vertus des grands) : *C'est* vous SEULS (les riches et les puissants) *qui* DONNEZ *à la terre des poëtes lascifs, des auteurs pernicieux, des écrivains profanes.*

Avec *Dacier* (vie d'Annibal) : *Nous sommes ici* PLUSIEURS *qui nous* SOUVENONS *des grands succès que nous eûmes dans la dernière guerre.*

Avec *J.-J. Rousseau* (la Nouv. Héloïse, l. I, pag. 7) : *C'est vous* SEULS *qui vous* CHARGEZ, *par cet éclat, de publier et de confirmer tous les propos de Mylord Edouard.*

Avec *Collin d'Harleville* :

Je ne vois que nous *deux* qui *soyons* raisonnables.

Avec M. *Jacquemard* : *Nous étions* DEUX *qui* ÉTIONS *du même avis*.

Avec *Marmontel* (dans Lausus et Lydie) : *C'est moi* SEUL *qui* SUIS *coupable*.

Parce que, dans ces exemples, ce sont les pronoms *toi*, *vous* et *nous*, antécédents de *qui*, qui communiquent la personne et le nombre au pronom relatif, et conséquemment au verbe.

Observez que l'on diroit : *Nous étions* DEUX *juges qui* ÉTOIENT *du même avis*, et non pas *qui* ÉTIONS *du même avis*, à cause du substantif *juges*, qui est l'antécédent du pronom relatif *qui*.

Quand c'est un *nom propre* qui précède le relatif *qui*, il n'est pas aisé de déterminer à quelle personne doit se mettre le verbe dont le *qui* relatif est le sujet.

Comme aucun grammairien n'a encore abordé cette question, c'est mon opinion que je suis obligé de donner; peu confiant dans mes propres lumières, je crains de m'égarer : j'appuierai du moins ce que je vais dire d'exemples choisis dans les meilleurs écrivains. Le lecteur, au surplus, fera de mon opinion l'usage qu'il jugera convenable; il me suffit de lui avoir donné cette preuve de mon zèle pour la perfection du langage.

Ou le *nom propre* indique la personne qui parle, et alors il tient la place de *moi*, Pronom de la première personne; ou le *nom propre* indique la personne à qui l'on parle, et alors il tient la place de *vous*, Pronom de la seconde personne; ou enfin le *nom propre* indique la personne de qui l'on parle, et alors il tient la place de *lui* ou d'*elle*, Pronom de la troisième personne.

Dans le premier cas, *qui* est de la première personne; dans le second cas, de la seconde personne; et dans le troisième cas, de la troisième personne. Je dirai donc : *Je suis Samson qui* AI *fait écrouler les voûtes du temple;* car c'est moi Samson qui parle, c'est de moi-même que je parle, et je me nomme; mon nom tient évidemment la place du Pronom *je*, et s'identifie avec ce mot; il en prend toutes les formes, il devient avec lui l'antécédent de *qui*, et, comme cet antécédent est de la première personne, je suis obligé de dire, *qui* AI *fait écrouler*, etc.

Fénélon vient à l'appui de cette opinion, lorsqu'il fait dire à Diomède (dans Télém., l. XXI) : *Je suis Diomède, roi d'Étolie, qui* BLESSAI *Vénus au siége de Troie.* Dans cette phrase, il n'y a évidemment qu'un seul individu, qui est Diomède, et Diomède parle, et parle de lui; son nom tient donc lieu du Pronom *moi* : aussi *Fénélon* a-t-il mis le verbe à la première personne.

Mais je dirai : *Vous êtes Samson qui* AVEZ *fait écrouler les voûtes du temple*, parce qu'ici il est évident que c'est à Samson que je parle, et qu'alors le nom propre Samson tient la place du Pronom *vous*; conséquemment j'ai été correct, lorsque j'ai mis le verbe à la seconde personne.

Fénélon vient encore à l'appui de cette opinion, lorsqu'il fait dire à Timon, dans son dialogue avec Socrate : *Je suis tenté de croire que vous êtes Minerve, qui* ÊTES *venue, sous une figure d'homme, instruire sa ville.*

Enfin je dirai : *Si vous étiez fort comme* SAMSON, *qui* A FAIT *à lui seul écrouler les voûtes du temple, vous....* parce que, dans cette phrase, ce n'est pas Samson qui parle, ce n'est pas non plus à lui que je parle, mais c'est de Samson que je parle, et j'en parle ici seulement pour le comparer avec la personne à qui j'adresse la parole : ce n'étoit donc ni à la première personne ni à la seconde personne que je devois mettre le verbe qui exprime l'action; mais c'étoit à la troisième personne, puisque, comme on vient de le voir, c'est d'une troisième personne que je parle.

Remarquez bien que, si dans chacun des cas dont il vient

d'être parlé, nous avions fait précéder le nom propre du déterminatif CE, ou de tout autre déterminatif, et que nous eussions dit, par exemple: *Je suis ce Samson; vous êtes ce Samson*, etc., etc., alors, au moyen de ce déterminatif, de ce véritable adjectif, le mot *Samson* resteroit dans la classe des noms substantifs, et deviendroit l'antécédent de *qui*; et comme tout nom est de la troisième personne, il obligeroit le pronom *qui* et le verbe à prendre la troisième personne. Conséquemment, au lieu de dire, comme on vient de le voir: *Je suis* SAMSON *qui* AI *fait écrouler; vous êtes Samson qui* AVEZ *fait écrouler*; on diroit: *Je suis* CE *Samson qui* A *fait écrouler; vous êtes* CE *Samson qui* A *fait écrouler*; ainsi que *Fénélon* a dit: *Je suis* LE SEUL *qui* T'AIT *déplu;* — *Domergue: Vous parlez en homme,* OU *comme* UN HOMME *qui* ENTEND *la matière.*

Lanoue (dans Mahomet II, act. II, sc. 5):

.... Oui, connois-moi, je suis *ce Grec* enfin
Qui, dans ces mêmes murs, *balança* ton destin.

Et le traducteur de la Jérusal. déliv. (ch. VII):

Je suis CE TANCRÈDE *qui* A *ceint l'épée pour Jésus-Christ.*

Observez que, dans les phrases *interrogatives* ou *négatives*, le doute qu'elles expriment fait considérer le nom propre comme énonçant une troisième personne, et dès-lors demande que le verbe soit mis à la troisième personne.

Êtes-vous Samson qui FIT *écrouler les voûtes du temple?* — *Je ne suis pas Samson qui* FIT *écrouler*, etc.

N'êtes-vous plus cet Ulysse qui A *combattu tant d'années pour Hélène contre les Troyens?*

(Mad. *Dacier*, trad. de l'Odyss. d'Hom., liv. XXII).

On diroit cependant: *Est-ce vous, Samson, qui* FÎTES *écrouler les voûtes du temple?* parce que *Samson*, employé ici en apostrophe, forme une espèce d'incise, et que ce n'est point par conséquent à ce nom, mais au pronom *vous*, que se rapporte le relatif *qui*.

Des Pronoms relatifs.

Quand le Pronom relatif *qui* est sujet, il ne doit pas être séparé de son antécédent, si cet antécédent est un nom : *La* CONSCIENCE *est un* JUGE *incorruptible* QUI *ne s'appaise jamais : c'est un* MIROIR QUI *nous montre nos fautes ; un* BOURREAU QUI *nous déchire le cœur.* Ainsi, il n'est pas bien de dire : *Le* PHÉNIX *que l'on dit* QUI *renaît de sa cendre.* Il faut rapprocher le *qui* de son antécédent, et dire : *Le* PHÉNIX QUI, *à ce que l'on dit, renaît de sa cendre.*

(*D'Olivet*, 78e rem. sur *Racine*. — *Domairon*, pag. 115, t. 1. — *Lévizac*, pag. 341.)

À l'égard des phrases où *qui* est répété, comme dans cet exemple : *Un auteur* QUI *est sensé,* QUI *sait bien sa langue,* QUI *médite bien son sujet,* QUI *travaille à loisir,* QUI *consulte ses amis, est presque sûr du succès;* tous ces *qui*, par le moyen du premier, touchent immédiatement leur substantif, et rentrent par conséquent dans la règle.

(Mêmes autorités.)

Qui, employé absolument, c'est-à-dire, sans antécédent énoncé, est le sujet du verbe suivant ; et le second verbe n'a ni ne sauroit avoir de sujet exprimé : l'antécédent sous-entendu du pronom *qui* en est le sujet. Dans ce vers :

Qui vit aimé de tous à jamais devroit vivre. (Pradon.)

Qui, est le sujet du verbe *vivre* ; et *celui*, antécédent sous-entendu du pronom relatif, est le sujet du verbe *devoir*.

(Le Dict. crit. de *Féraud*.)

On est donc fâché de lire dans la IVe satire de *Boileau* :

En un mot, *qui* voudroit épuiser ces matières,
Peignant de tant d'esprits les diverses manières,
Il compteroit plutôt combien, dans un printemps,
Guénaud et l'antimoine ont fait mourir de gens.

Cet *il* est de trop.

(Même autorité.)

On répète le Pronom sujet *qui*, quand la clarté et le goût l'exigent. Par exemple, c'est le goût qui veut qu'on le répète dans cette phrase : *Ceux* QUI *écoutent la parole de Dieu*, QUI *en méditent les oracles sacrés ;* QUI *souffrent avec joie les tribulations où ils sont exposés*, etc.; mais il veut qu'on ne le répète pas dans celle-ci : *L'homme* QUI *aime la campagne et habite la ville, n'est point heureux.*

Voyez, art. XX, §. 3, chap. des Verbes, dans quels cas le *qui* relatif demande le Subjonctif.

§. II.
QUE.

Ce *Pronom* est, de même que le Pronom *qui*, *Pronom absolu* ou *Pronom relatif*.

Il est Pronom absolu, quand il n'a pas d'antécédent exprimé, et alors il signifie *quelle chose? qu'est-ce que?* et s'emploie dans les phrases interrogatives, *que voulez-vous? que dit-on?*

Il est Pronom relatif quand il a un antécédent; et alors il est des deux genres et des deux nombres, et, dans tous les cas, on peut lui substituer *lequel, laquelle*, etc., avec le nom dont il tient la place.

Trouverai-je partout un rival *que* j'abhorre?
(*Racine*, Andromaque, act. V, sc. 5.)

Songiez-vous aux douleurs *que* vous m'alliez coûter?
(Le même, Britannicus, act. II, sc. 6.)

La modestie ajoute au talent *qu'on* renomme
Le pare, l'embellit : c'est la pudeur de l'homme.
(L'abbé *Royou*.)

Que, relatif ou absolu, ne peut jamais être sujet; il est ordinairement régime direct, et quelquefois régime indirect : *Un grand cœur est aussi touché des avantages* QU'*on lui souhaite, que des dons* QU'*on lui fait*. Ici qu', pour *que*, est régime direct.

Mais, dans cette autre phrase : *Une fontaine ne peut jeter*

de l'eau douce par le même tuyau QU'*elle jette de l'eau salée.*
Qu' *est mis pour* par lequel, *et est régime indirect.*

(Wailly, pag. 182.)

Nota. Au chapitre des *Participes*, et au chapitre des *Conjonctions*, nous faisons beaucoup d'observations relatives aux *que* qui font la matière de ce paragraphe.

Et, comme il est essentiel, pour l'application des règles sur les Participes, de savoir distinguer le Pronom relatif *que* de la Conjonction *que*, nous en indiquons le moyen à chacun de ces chapitres; pour ne pas nous répéter, nous y renvoyons nos lecteurs.

§ III.

QUOI.

Ce Pronom peut être aussi, ou Pronom absolu, ou Pronom relatif : il est Pronom absolu, quand il s'emploie sans antécédent : QUOI *de plus aimable que la vertu ?* et il est Pronom relatif, quand son antécédent est exprimé : *J'ignore ce à* QUOI *il pense.*

Quoi, dans ces deux cas, se dit, non des personnes, mais uniquement des choses, et il garde toujours sa terminaison, sans égard au genre ni au nombre du substantif dont il rappelle l'idée.

(D'Olivet, pag. 181.)

Comme Pronom absolu, *quoi* signifie *quelle chose*, et il est surtout d'usage dans les phrases interrogatives, et dans celles qui marquent doute et incertitude : *Quoi de plus satisfaisant pour des parents que des enfants sages et laborieux ?*

Il y a dans cette affaire je ne sais QUOI *que je n'entends pas.*

(L'Académie.)

Il avoit je ne sais QUOI, *dans ses yeux perçants, qui me faisoit peur.* (Télémaque.)

Si *quoi* absolu est suivi d'un adjectif, il le régit avec la préposition *de*; et quant aux adjectifs qui peuvent se rapporter à ce Pronom, ils sont toujours au masculin et au singulier : *Le jour n'inspire point je ne sais* QUOI *de triste et de passionné comme la nuit.* (Télémaque.) — À QUOI *vous attendez-vous de fâcheux?*

(L'*Académie*.)

(*D'Olivet*, pag. 180.—*Restaut*, pag. 153.—*Wailly*, pag. 202.)

Comme Pronom relatif, *quoi* tient lieu du Pronom *lequel*, *laquelle*; il est des deux nombres et des deux genres, et toujours régime indirect : *La chose à* QUOI *l'avare pense le moins, c'est à secourir les pauvres.* (*Wailly*.) — *C'est encore ici une des raisons pour* QUOI *je veux élever Émile à la campagne.* (J.-J. Rousseau, Émile, t. I.)

(Mêmes autorités.)

Observez que, dans ces exemples, on pourroit se servir de *lequel*, *laquelle*, *duquel*, *auquel*, etc.; et même, Marmontel est d'avis que l'usage et l'oreille désavouent l'emploi des Pronoms *quoi*, *de quoi*, *à quoi*, quand ils ont pour antécédent un nom variable.

Le Pronom *quoi* a une signification vague; c'est pour cette raison qu'on doit le préférer, lorsque son antécédent est *ce*, *voilà*, *rien*, qui n'ont pas une signification plus déterminée : *Les maladies de l'ame sont les plus dangereuses; nous devrions travailler à les guérir, c'est* À QUOI *cependant nous ne travaillons guère.*—VOILÀ DE QUOI *je voulois vous parler.* — *Il n'y a* RIEN *sur* QUOI *on ait plus écrit.*

Voilà *sur quoi* je veux que Bajazet prononce.
(*Racine*, Bajazet, act. I, sc. 3.)

Dans ces phrases, *auxquelles*, *de quelles choses*, et *sur lequel* ne vaudroient rien.

Cependant, comme il y a toujours un peu de bizarrerie dans les langues, on doit avec *rien* préférer *dont* à *duquel* et à *de quoi*. — *Il n'y a rien* DONT *Dieu ne soit l'auteur.*

(*Wailly*, pag. 197.)

Le quoi a un usage étendu, et l'on s'en sert pour signifier *le moyen, la faculté, la manière,* enfin tout ce qui est nécessaire ou convenable pour la chose dont il s'agit. Dans ce sens, on l'emploie sans aucune relation : *Donnez-moi* de quoi *écrire.—Il est riche, il a* de quoi *être content.—Nous avons* de quoi *nous amuser;* mais il est employé relativement dans cette phrase, et dans toutes les autres de même nature : *J'écrirois volontiers, si j'avois* de quoi.

(*Regnier Desmarais*, pag. 280.—Et le Dict. de l'*Académie*.)

Enfin, lorsque le pronom *quoi* se trouve suivi de *que*, il signifie *quelque chose que*; en ce sens, il demande le subjonctif, et s'écrit en deux mots :

Jamais un lourdaud, *quoi qu'il* fasse,
Ne sauroit passer pour galant. (*La Fontaine*, fab. 65.)

Aux Pronoms indéfinis, nous parlerons de l'emploi du pronom *quoi* suivi de *que*.

Remarque.—On dit substantivement, un *je ne sais quoi,* pour dire certaine chose qu'on ne peut exprimer.

§ IV.

LEQUEL, LAQUELLE, DUQUEL, DE LAQUELLE, DONT.

De tous les Pronoms relatifs, *lequel* est le seul qui prenne l'article; encore cet article lui est-il si intimement uni qu'il ne s'en sépare jamais, et ne fait plus qu'un seul et même mot : il s'incorpore à *quel,* et dans son état naturel, et dans son état de contraction.

Lequel, et *laquelle,* son féminin, peuvent se dire, tant au singulier qu'au pluriel, des personnes ou des choses. Mais l'usage ne les admet pas dans toutes les occasions où l'on auroit lieu de les employer.

On ne s'en sert presque jamais en sujet ou en régime direct, et les oreilles seroient blessées de ces expressions : *Dieu,* lequel *a créé le ciel et la terre.* — *Les vertus* lesquelles *nous rendent agréables à Dieu.* — Il faut alors, pour parler purement, avoir recours au Pronom relatif QUI, et dire : *Dieu*, QUI *a créé le ciel et la terre.* — *Les vertus* QUI, etc.

(*Vaugelas*, 122ᵉ rem.— *Condillac*, pag. 126.— *Restaut*, pag. 131.— *Wailly*, pag. 195.)

Ce n'est pourtant pas qu'on ne puisse, et qu'on ne doive même quelquefois employer *lequel*, *laquelle*, etc., en sujet et en régime direct ; quand on veut éviter une équivoque, ou deux *qui* de suite qui auroient des rapports différents, et dire, par exemple : *C'est un effet de la divine Providence,* LEQUEL *attire l'admiration de tout le monde.*—*Aussitôt que je fus débarrassé des affaires de la cour, j'allai trouver l'homme qui m'avoit parlé du mariage de Mad. de Miramion,* LEQUEL *me parut dans les mêmes sentiments.* (*B. Rabutin.*) Mais, dans ces occasions, il ne s'agit pas de l'élégance du style ; il semble que le génie de la langue répugne à l'employer ailleurs.

(Mêmes autorités.)

Les Pronoms *lequel*, *laquelle*, sont d'un usage un peu plus étendu en régime indirect. Il est à propos, pour en faciliter l'intelligence, de faire ici une observation particulière sur le Pronom *lequel* régi par la préposition *de*.

Les Pronoms relatifs, quels qu'ils soient, précédés de la préposition *de*, ne supposent pas seulement un antécédent qui les précède, ils supposent encore ordinairement un autre nom substantif dont ils dépendent et avec lequel ils ont une liaison nécessaire. Ainsi dans cette phrase : *Henri IV,* DUQUEL *la bonté est assez connue ; duquel*, dont l'antécédent est *Henri IV*, a une liaison nécessaire avec le nom substantif *bonté :* DUQUEL *la bonté*. Quelquefois ce substantif est joint au Pronom *duquel*, comme on vient de le voir ; quelquefois il en est séparé par quelques mots, comme quand on dit : *Henri IV,* DUQUEL *on connoît assez la bonté.* Or, dans le premier cas, le Pronom peut se trouver avant ou après le nom substantif ; et comme on dit : *Henri IV,* DUQUEL *la bonté est assez connue ;* on dira : *Henri IV, à la bonté* DU

QUEL *on a donné tant de louanges.* Ce qui fait le fondement des règles suivantes :

Quand le Pronom relatif est avant le nom substantif dont il dépend, l'usage ne souffre guère que l'on emploie *duquel* ou *de laquelle*, et que l'on dise, par exemple : *Le livre* DUQUEL *vous m'avez fait présent.* — *La religion* DE LAQUELLE *on méprise les maximes*, au lieu de dire : *Le livre dont.* — *La religion dont*, etc.

Mais si ce Pronom est après le nom substantif dont il dépend, *duquel* et *de laquelle* sont les seuls dont on puisse se servir en parlant des *choses* ou des *animaux*, et il faut dire : *La Seine, dans le lit* DE LAQUELLE *viennent se jeter l'Yonne, la Marne, et l'Oise.* — *Les moutons, à la dépouille* DESQUELS *les hommes doivent leurs vêtements.*

(Restaut, pag. 133.)

En parlant des *personnes*, il est souvent indifférent d'employer *de qui*, ou *duquel*, *de laquelle*. Quelquefois l'un a plus de grâce que l'autre, et c'est à l'oreille d'en décider. Ainsi je puis dire : *Le prince à la protection* DE QUI ou DUQUEL *je dois ma fortune.* — *C'est une femme sur le compte* DE LAQUELLE *il ne court pas de mauvais bruits;* cependant *de laquelle* seroit ici à préférer à *de qui*.

Duquel ne se met après le nom substantif dont il dépend, que quand ce nom est précédé d'une préposition ; comme dans : *C'est une femme sur le compte* DE LAQUELLE, etc.

Au reste, il est bon d'observer qu'on ne doit mettre les Pronoms *duquel* et *desquels* après les noms substantifs dont ils dépendent, que quand il est indispensable de le faire, parce qu'il y a toujours dans cette transposition une certaine dureté qu'il faut éviter, et qu'à cet égard il n'y a pas d'autres règles à suivre que celle du goût et de l'oreille.

(Même autorité.)

Auquel, à laquelle sont d'un usage très-ordinaire, et presque toujours indispensable, quand il est question de *choses*

Ainsi il faut dire : *Le jardin* AUQUEL *je donne tous mes soins.*
— *Les sciences* AUXQUELLES *je m'applique.*

Les Lapons danois ont un gros chat noir AUQUEL *ils confient tous leurs secrets, et qu'ils consultent dans leurs affaires.*
(Buffon, Hist. nat. de l'Homme.)

Mais, si l'on parle des *personnes*, on est libre d'employer *à qui* ou *auquel*, *à laquelle*, suivant que l'un ou l'autre conviendra mieux dans le discours ; et l'on peut dire également : *Dieu,* À QUI ou AUQUEL *nous devons rapporter toutes nos actions.*—*Il faut bien choisir les personnes* À QUI ou AUXQUELLES *on veut donner sa confiance.*
(Le P. Buffier, n° 444.—*Condillac*, pag. 271.—*Restaut*, pag. 134.— — Et les gramm. mod.)

Quand ce sont des prépositions autres que *de* ou *à*, qui régissent le Pronom relatif, on peut employer indifféremment *qui* ou *lequel*, *laquelle*, si l'on parle des *personnes*, et dire : *Songeons à fléchir le juge* DEVANT QUI ou DEVANT LEQUEL *nous devons paroître un jour.*—*On s'ennuie presque toujours avec ceux* AVEC QUI ou AVEC LESQUELS *il n'est pas permis de s'ennuyer.*
(La Rochefoucauld.)

Mais, si l'on parle des *choses*, on doit se servir de *lequel*, *laquelle*, et dire : *Le bois* DANS LEQUEL *nous nous sommes promenés.*—*L'opinion* CONTRE LAQUELLE *je me déclare.*—*Le fauteuil* SUR LEQUEL *je suis assis.*

NOTA. *Qui*, comme nous l'avons déjà dit, pag. 396, s'emploieroit cependant dans le cas où les choses seroient personnifiées : *L'oreille à qui l'on peut en imposer.*
(*Vaugelas.*)

DONT, Pronom relatif des deux nombres et des deux genres s'emploie lorsqu'on parle des choses ou des personnes ; il se dit pour *duquel, de laquelle, desquels, desquelles, de quoi,* dans tous les cas où nous avons dit que l'on peut faire usage de ces Pronoms.

La lecture DONT *je fais mon amusement.* — *C'est un homme* DONT *le mérite égale la naissance.*
(*Th. Corneille.*)

Vous descendez en vain des aïeux DONT *vous êtes né, et tout ce qu'ils ont fait d'illustre ne vous donne aucun rang.*
(*Molière.*)

Des pronoms relatifs.

On attribue à la cigogne des vertus morales DONT *l'image est toujours respectable : la tempérance, la fidélité conjugale, la piété filiale et paternelle.*
(Buffon.)

Mais dans les vers suivants on peut mettre *de qui* et *dont :*

.... Il est un Dieu dans les cieux
Dont (de qui) le bras soutient l'innocence,
Et confond des méchants l'orgueil ambitieux.
(J.-B. Rousseau, Ode 4, liv. I.)

Exemples où *duquel, de laquelle* ne sont plus d'usage.

Les méchants servent à éprouver un petit nombre de justes répandus sur la terre ; et il n'y a point de mal DONT *il ne naisse un bien.* (Voltaire, Zadig, ch. IX.)

Le premier pas, mon fils, que l'on fait dans le monde
Est celui *dont* dépend le reste de nos jours.
(Le même, l'Indiscret, act. I, sc. 1.)

Exemple où *dont* vaut mieux que *de quoi : Il n'y a rien dans le monde* DONT *Dieu ne soit l'auteur.*
(Restaut, pag. 138.)

Le Pronom *dont* ne doit jamais être précédé d'une préposition, et ainsi, dans le cas où il s'en trouve une après le sujet auquel il se rapporte, *duquel, de laquelle* doivent être préférés ; on dira donc : *Les hommes* À *la faveur* DESQUELS *on aspire.*—*Les fleurs* SUR *le calice* DESQUELLES *repose l'abeille.*—*Le prince* À *la protection* DUQUEL *j'ai recours.*

On préfère aussi *duquel, de laquelle* à *dont,* si l'on craint quelque équivoque : *La bonté du Seigneur,* DE LAQUELLE *nous ressentons tous les jours les effets, devroit bien nous engager à observer ses commandements.*
(Wailly, pag. 197.—Lévizac, pag. 355, t. 1.)

Voyez, au chapitre où nous parlons de l'emploi du Subjonctif, dans quel cas on doit faire usage de ce mode avec le pronom *dont.*

(Le P. Buffier, n° 524.—Wailly, pag. 274.—Restaut, pag. 234.)

§ V.
OÙ, D'OÙ, PAR OÙ.

Où est ou pronom absolu, ou pronom relatif.

Il est pronom absolu, quand il n'a pas d'antécédent : Où *allez-vous* ? Où *aspirez-vous* ? Par où *commencerez-vous cet ouvrage* ? D'où *venez-vous* ?

(*Wailly*, pag. 203.—*Restaut*, pag. 53.—*Lévizac*, pag. 360, t. I.)

Comme pronom absolu, *où* se dit seulement par interrogation, ou avec des verbes, et des façons de parler qui désignent *connoissance* ou *ignorance*.

Où, d'où, par où sont pronoms relatifs, quand ils sont précédés d'un antécédent :

L'instant *où* nous naissons est un pas vers la mort.
(*Voltaire*, fête de Bellebat.)

Le ciel devint un livre *où* la terre étonnée
Lut, en lettres de feu, l'histoire de l'année.
(*Rosset*, l'Agriculture.)

Heureux qui, satisfait de son humble fortune,
Libre du joug superbe *où* je suis attaché,
Vit dans l'état obscur *où* les dieux l'ont caché !
(*Racine*, Iphigénie, act. I, sc. 1.)

Henri IV regardoit la bonne éducation de la jeunesse comme une chose D'OÙ *dépend la félicité des peuples.*

Il n'y a pas un honnête homme qui voulût faire usage du moyen PAR OÙ *cet intrigant est arrivé à la fortune.*
(*Regnier Desmarais*, pag. 291.—*Wailly*, pag. 199.—*Restaut*, pag. 141.)

Où, d'où, par où ne se disent jamais que des choses ; ils sont des deux genres et des deux nombres, et ont souvent, dans le discours, plus de grâce que *duquel, dans lequel, par lequel*, dont ils font les fonctions ; cependant, on ne doit en faire usage qu'avec réserve, et quand les noms auxquels ils se rapportent, ou les verbes auxquels ils sont joints, marquent une sorte de localité physique ou morale; on dira donc :

La maison d'où je sors.—Le péril d'où l'on m'a sauvé.—Le péril où je m'engage; parce qu'il y a là une idée de localité.

(Restaut, pag. 142.— Wailly, pag. 199.— Sicard, pag. 214, t. II.— Marmontel, pag. 229.)

Cependant, comme ces petits mots *où, d'où, par où,* sont commodes, la poésie en a fait quelquefois usage dans des cas où il n'y a pas localité physique ou morale; *Racine* a dit (dans **Iphig.**, act. III, sc. 5; et dans **Mithr.**, act. I, sc. 3) :

........L'hymen *où* j'étois destinée.

Et dans Alexandre (act. II, sc. 2) :

............Il ne reste que moi
Où l'on découvre encor les vestiges d'un roi.

Mais, si ces licences sont permises à un grand poète, il est certain qu'elles ne le seroient pas dans la prose, et ce seroit bien certainement une faute que de dire *où* pour *à qui,* et *à laquelle* pour *en qui, en laquelle,* etc.

(Même autorité.)

Ce seroit également une faute que de préférer *d'où* à *dont,* lorsqu'il s'agit d'origine, de race, et de ne pas dire comme *Boileau,* dans sa 5ᵉ Satire :

Sans respect des aïeux *dont* elle est descendue.

Comme *Racine* (dans **Iphig.**, act. I, sc. 1) :

L'hymen vous lie encore aux dieux *dont* vous sortez.

Dans Phèdre, act. IV, sc. 6 :

Misérable! et je vis! et je soutiens la vue
De ce sacré soleil *dont* je suis descendue!

Enfin comme *Racine* le fils (dans son poème de la Religion, chant II) :

Le corps, né de la poudre, à la poudre est rendu;
L'esprit retourne au ciel, *dont* il est descendu.

Parce qu'alors, c'est une idée de relation, plutôt qu'une idée d'extraction, qu'il s'agit d'exprimer.

Toutefois *dont* ne doit jamais être employé lorsqu'il s'agit d'un lieu quelconque, et qu'il est suivi d'un verbe qui marque l'action de *sortir*, de *venir*, etc.; c'est une idée d'extraction qu'on veut exprimer, c'est *d'où* qu'il faut employer.

Wailly a donc blâmé, avec raison, la phrase suivante d'un historien moderne : *Les alliés de Rome, indignés et honteux tout-à-la-fois de reconnoitre pour maitresse une ville* DONT *la liberté paroissoit être bannie pour toujours, commencèrent à secouer un joug qu'ils ne portoient qu'avec peine.*

(*Marmontel* et *Domergue*.)

§ VI.

LE, LA, LES.

LE, masculin singulier, fait au féminin singulier LA. LES se dit pour les deux genres.

Ce pronom accompagne toujours un *verbe*, et se distingue en cela de l'article, qui accompagne constamment un *nom*. Ainsi dans ces vers :

On dit que l'abbé Roquette
Prêche *les* sermons d'autrui :
Moi qui sais qu'il *les* achète,
Je soutiens qu'ils sont à lui.

(*Boileau*, épigr. rapportée dans les observ. de *Bret*, sur le *Tartufe*.)

le premier *les* est article et le second est pronom.

Le, Pronom, se dit des personnes et des choses, et est toujours régime direct :

Elle *le* voit, frémit, veut lui parler, et n'ose.
(*Parseval Grandmaison.*)

Le vrai bien n'est qu'au ciel, il *le* faut acquérir. (*Godeau.*)

Des Pronoms relatifs.

Les succès couvrent les fautes, les revers LES *rappellent.*
(M. de Lévis, 84ᵉ Max.)

Les Pronoms *le*, *la*, *les*, et en général les Pronoms en régime, se placent ordinairement avant les verbes dont ils sont le régime :

> Il n'est point de mortel qui n'ait son ridicule ;
> Le plus sage est celui qui *le* cache le mieux.
> (Regnard, Démocrite, act. V, sc. 5.)

(L'*Académie* sur la 35ᵉ rem. de *Vaugelas*, pag. 39 de ses observ.— *Marmontel*, pag. 191.—*Lévizac*, pag. 325, t. 1.)

Cependant, dans les phrases où il y a deux verbes, leur place, surtout en poésie, n'est pas aussi certaine.

Racine a dit, dans les Frères ennemis, act. II, sc. 3 :

> Que le peuple à son gré nous craigne ou nous chérisse,
> Le sang nous met au trône, et non pas son caprice :
> Ce que le sang lui donne, il *le* doit accepter,
> Et s'il n'aime son prince, il *le* doit respecter.

Dans Britannicus, act. I, sc. 1 :

> Il m'écarta du trône où je *m*'allois placer.

Dans ses Poésies diverses (la Renommée) :

> Quoi que fasse Louis, soit en paix, soit en guerre,
> Il *vous* peut inspirer.

Louis Racine (poème de la Religion, ch. III) :

> Ne pouvant plus s'étendre, il *se* faut séparer.

Et là chacun des Pronoms se trouve mis devant le verbe régissant auquel il n'appartient pas, au lieu d'être devant le verbe régi auquel il appartient ; mais alors beaucoup de poètes se permettoient cette licence, et à présent même on ne doit pas la regarder comme une faute.

Voyez page 362 ce que nous disons de la place du Pronom *se*.

Quand plusieurs Pronoms accompagnent un verbe, *me*, *te*, *se*, *nous*, *vous* doivent être placés les premiers ; *le*, *la*, *les* se placent avant *lui*, *leur*; enfin *en* et *y* sont toujours les derniers : et ce que nous avons dit au Pronom *me*, dans le cas où il y a deux verbes dans une même phrase, est applicable au Pronom *le*.

(*Girard*, pag. 330, t. 1; *Wailly*, pag. 519.)

Voyez, à chacun des *Pronoms personnels*, et au *Rég. pron.*, art. 15, § 4, à la fin de ce volume, ce que nous disons sur la place que ces Pronoms doivent occuper.

Le Pronom *le* peut tenir la place, soit d'UNE PROPOSITION, soit d'UN VERBE, soit d'UN NOM, soit d'UN ADJECTIF.

1° Lorsque ce Pronom tient la place d'une proposition ou d'un verbe, il est invariable, parce qu'une proposition ou un verbe n'a ni genre ni nombre ; exemples :

Si le public a eu quelque indulgence pour moi, je LE *dois à votre protection.* (*Condillac.*)

Va, je ne te hais point.—Tu *le* dois.—Je ne puis.
(*Corneille*, le Cid, act. III, sc. 4.)

J'aime donc sa victoire, et *je le* puis sans crime.
(*Le même*, act. IV, sc. 5.)

..... Asseyons-nous ici.
—Qui, moi, Monsieur ?
—Oui, je *le* veux ainsi.
(*Voltaire*, Nanine, act. I, sc. 7.)

2° Lorsque ce Pronom tient la place d'un nom, soit commun, soit propre, il se présente sous les mêmes formes que ce nom :

Miracle ! crioit-on : venez voir dans les nues
 Passer *la reine* des tortues.
La reine !—Vraiment oui ; je *la* suis en effet.
(*La Fontaine*, f. la Tortue et les deux Canards.)

Si c'est effacer les sujets de haine que vous avez contre moi, que de vous recevoir pour MA FILLE, *je veux bien que vous* LA *soyez.* (*Le même*, les Amours de Psyché.)

Ne me trompé-je pas en vous croyant ma nièce ?
—Oui, Monsieur, je *la* suis.
(*Boissy*, Pouvoir de la Sympathie, act. II, sc. 2.)

Il seroit à souhaiter que tout homme fît son épitaphe de bonne heure, qu'il LA *fît la plus flatteuse qu'il seroit possible, et qu'il employât toute sa vie à* LA *mériter.*

(Marmontel, Éléments de littérature, au mot *Épitaphe*.)

L'esclave vainement lutte contre sa *chaîne;*
L'intrépide *la* porte, et le lâche *la* traîne.

À ces questions,

Êtes-vous Pauline ?		Je *la* suis.
Êtes-vous *la mariée?*	il faut répondre :	Je *la* suis.
Êtes-vous *la maîtresse* du logis ?		Je *la* suis.
Êtes-vous *les héritiers* du défunt ?		Nous *les* sommes.

Dans toutes ces phrases, le substantif communique au Pronom les inflexions du genre et du nombre.

3° Lorsque ce Pronom tient la place d'un adjectif ou d'un substantif pris adjectivement, il doit rester invariable, parce qu'un adjectif ne communique pas l'accord, mais le reçoit :

Catherine de Médicis étoit JALOUSE *de son autorité, et elle* LE *devoit être.* (Le P. Daniel, Hist. de France.)

La noblesse donnée aux pères, parce qu'ils étoient VERTUEUX*, a été donnée aux enfants afin qu'ils* LE *devinssent.*
(Trublet.)

Je veux être MÈRE*, parce que je* LE *suis, et c'est en vain que je ne* LE *voudrois pas être.*
(Molière, Les Amants magnifiques, act. I, sc. 2.)

Une pauvre fille demande à être CHRÉTIENNE*, et on ne veut pas qu'elle* LE *soit.* (Voltaire, Correspondance, p. 348.)

Mais je naquis *sujette* et je *le* suis encore.
(Le même, Sémiramis, act. III, sc. 6.)

Je ne suis CONTENTE *de personne, je ne* LE *suis pas de moi-même.* (Marivaux, Jeux de l'Am. et du Has., II, 2.)

Dire : je suis chrétienne.
— Oui. . . . seigneur. . . . je *le* suis.
(Voltaire, Zaïre, act. II, sc. 3.)

À ces questions :

Êtes-vous *mariée?*		Je *le* suis.
Êtes-vous *maitresse* de ce logis ?	il faut répondre :	Je ne *le* suis pas.
Êtes-vous *heritiers* du défunt ?		Nous *le* sommes.

(*Beauzée*, Encycl. méth., au mot *le*.—*Girard*, pag. 332, t. I.—*Condillac*, pag. 205 — *Wailly*, pag. 138. — *Marmontel*, pag. 76. — M. *Lemare*, etc.

Dans l'incertitude, voulez-vous savoir si le Pronom tient lieu d'un substantif ou d'un adjectif? substituez *lui, elle, eux, elles;* ou bien *tel, telle, tels, telles, cela,* suivant le genre et le nombre ; la première substitution vous indiquera un substantif, la seconde un adjectif.

(*Domergue*.)

Au surplus, voici sur quoi la règle que nous venons de donner est fondée. Il y auroit un défaut de sens, un défaut de rapport entre la demande et la réponse, si celle à qui l'on demande si elle est *veuve,* répondoit *je la suis;* car que signifieroit ce *la?* il signifieroit, *je suis la veuve,* la veuve dont vous parlez. Or ce n'est pas ce qu'on lui demande, mais seulement si elle est veuve indéfiniment; alors le substantif *veuve* est indéterminé, et dès-lors pris adjectivement. Conséquemment le Pronom qui en tient la place ne doit pas s'accorder avec ce nom autrement qu'avec un adjectif, c'est-à-dire, qu'il doit rester invariable.

(*La Harpe*, Cours de littérature.)

Voyez, à l'article où il est question des degrés de signification et de qualification, page 267, dans quel cas le pronom *le* joint avec *plus, moins* et *mieux* ne prend ni genre ni nombre.

Souvent un verbe a deux régimes, l'un direct, et l'autre indirect; par exemple, quand je dis : *Payez le tribut à César; tribut* est le régime direct, *à César* est le régime indirect, or, si nous voulons mettre, à la place de ces deux noms, deux Pronoms, la phrase alors sera ainsi conçue : *Payez-*LE LUI; omettre le Pronom *le,* ce seroit une licence qui n'est permise ni en prose ni en poésie. *Gresset* ne doit donc pas être imité lorsqu'il dit, dans le Méchant (act. I, sc. 2):

Des Pronoms relatifs.

Je ne suis point ingrat, et je *lui rendrai* bien.

Il falloit, *je* LE *lui rendrai bien*.

Racine ne doit pas non plus être imité quand il dit, dans les Frères ennemis (act. II, sc. 3) :

> Il veut que je vous voie, et vous *ne voulez pas*.

Il devoit dire, *et vous ne le voulez pas*.

Mais on observera que cette tragédie est celle par laquelle *Racine* débuta.

(*D'Olivet*, pag. 168. — *Vaugelas*, et *Th. Corneille*, 34e remarq.— L'*Académie* sur cette rem.— *Wailly*, et plusieurs Grammairiens modernes.)

Le Pronom *le* ne doit également pas se supprimer dans cette phrase : *Quand je ne serois pas votre serviteur comme je* LE *suis* ; et en effet, remplacez cette phrase par une semblable, mais en faisant usage de la négative, vous verrez alors qu'il faut nécessairement dire : *Quand je ne serois pas votre serviteur, comme en effet je ne* LE *suis pas*, plutôt que *comme en effet je ne suis pas*, qui seroit évidemment incorrect.

Cette règle est aussi applicable au Pronom *en*, et ce seroit une faute que de dire : *On ne peut pas avoir plus d'esprit qu'il n'a ;* rien à la vérité ne déplaît à l'oreille dans cette phrase, mais on connoîtra que le Pronom *en* y manque, si l'on met devant le verbe un autre sujet que le Pronom *il ;* comme si l'on disoit, par exemple : *On ne peut pas avoir plus d'esprit que mon frère n'a*, au lieu de *que mon frère n'en a*.

(*Th. Corneille*, sur la 323e rem. de *Vaugelas*.)

Enfin il ne faut pas trop éloigner le Pronom *le* du substantif auquel il se rapporte. *Boileau* a fait cette faute dans le Lutrin (ch. III) :

> Ce spectacle n'est pas pour amuser nos yeux,
> Dit-il, le temps est cher ; portons-*le* dans le temple
> ....
> ....
> Lui-même, se courbant, s'apprête à *le* rouler.....

Ces deux *le* se rapportent au mot *Lutrin*, qui se trouve quatre vers plus haut. Cela n'est pas régulier.

Racine a fait la même faute dans Bajazet (act. V, sc. 1):

Hélas! je cherche en vain : rien ne s'offre à ma vue.
Malheureuse! comment puis-je *l'avoir perdue!*

Trois vers après on voit qu'il est question d'une lettre qu'elle avoit perdue. L'éloignement du Pronom relatif est d'autant plus irrégulier dans cette occasion, qu'il cause une équivoque, puisqu'on peut également le faire rapporter à *vue*, qui précède immédiatement l'expression *l'avoir perdue*.

(*Féraud.*)

Après ces règles sur l'emploi que l'on doit faire du Pronom *le*, il ne sera pas inutile de lire à la fin de ce chapitre, art. X, ce que nous disons sur la répétition des Pronoms, ainsi qu'une règle applicable à tous les Pronoms.

§ VII.

EN.

En, Pronom relatif des deux genres et des deux nombres, se dit des personnes et des choses:

Néron, bourreau de Rome, *en* étoit l'histrion.
(*Delille*, l'Homme des champs, ch. I.)

Soyez moins épineux dans la société; c'est la douceur des mœurs, c'est l'affabilité qui EN *fait le charme.*
(*Voltaire*, recueil de l., 1752.)

Le pronom *en* peut être considéré comme faisant tantôt les fonctions de régime direct, tantôt celles de régime indirect.

Il figure comme *régime direct* toutes les fois qu'il remplace un substantif, pris dans un sens partitif; dans un sens qui exprime une des personnes ou des choses dont on parle; comme dans cette phrase, où il est question d'amis : *j*'EN *ai rencontré*, et dans cette autre, où il s'agit de lettres : *j*'EN *reçois.* En effet, j'ai rencontré qui? *des amis, quelques amis,* représentés par *en.* Je reçois quoi? *des lettres, quelques lettres,* représentées par *en.* Ainsi *en* est régime direct des verbes *rencontrer, recevoir,* puisqu'il est l'objet de l'action qu'exprime chacun de ces verbes. C'est l'opinion de *Lévizac, Féraud, Caminade,* M. *Bescher,* et de M. *Auger* dans son commentaire sur *Molière.*

Voici comment s'exprime ce commentateur : Dans cette phrase du Médecin malgré lui (act. III, sc. 2) : « *Le bon de* « *cette profession est qu'il y a, parmi les morts, une hon-* « *nêteté, une discrétion la plus grande du monde, et ja-* « *mais on n'*EN *voit se plaindre du médecin qui l'a tué*; le « pronom *relatif* EN est un pluriel, régime direct du verbe « *voir*; or, *jamais on n'en voit,* c'est-à-dire, *jamais on ne* « *voit des morts.* Par conséquent, *qui l'a tué* est une faute ; « il falloit mettre *qui les a tués,* ou bien tourner ainsi la « phrase : *et l'on n'*EN *voit aucun se plaindre du médecin* « *qui l'a tué.* »

En est *régime indirect* quand il ne se rapporte pas à un substantif partitif. Ex. : *Elle s'*EN *flatte ; les nouvelles que j'*EN *ai reçues.*

En se place ordinairement avant le verbe dont il est le régime :

<blockquote>
La vie est un dépôt confié par le ciel ;
Oser *en* disposer, c'est être criminel.
(*Gresset*, Edouard III, act. IV, sc. 7.)

Nourri dans le sérail, j'*en* connois les détours.
(*Racine*, Bajazet, act. IV, sc. 7.)
(*Wailly*, et les Gramm. modernes.)
</blockquote>

Si la religion étoit l'ouvrage de l'homme, elle EN *seroit le chef-d'œuvre.* (*De Bruix.*)

Toutes les fois qu'il s'agit de choses, l'usage varie sur le choix que l'on doit faire du Pronom *en,* ou des adjectifs possessifs *son, sa, ses, leur, leurs,* et les Grammairiens ont bien de la peine à se faire des règles ; le seul moyen d'en trouver une, c'est d'observer quelques exemples.

On ne dira pas en parlant d'une rivière : *Son lit est profond*, mais *le lit* EN *est profond;* on dit cependant : *elle est sortie de son lit.* — On ne dira pas en parlant d'un parlement, d'une armée, d'une maison : SES *magistrats sont intègres;* SES *soldats sont disciplinés;* SA *situation est agréable;* il faut dire : *Les magistrats* EN *sont intègres; les soldats* EN *sont disciplinés; la situation* EN *est agréable.* On dit néanmoins : *Le parlement est mécontent de plusieurs de* SES *magistrats; l'armée a perdu une partie de* SES *soldats; cette maison est mal située, il faudroit pouvoir l'ôter de sa place.*

Cet examen fait, il est aisé d'établir pour règle que, s'il est question de choses qui ne soient pas personnifiées, on doit se servir du pronom *en*, toutes les fois qu'il peut entrer dans la construction de la phrase; et que, lorsqu'il est impossible de faire usage de ce pronom, on doit employer l'adjectif possessif *son, sa, ses, leur, leurs*. En effet, quoique ces adjectifs possessifs paroissent plus particulièrement destinés à marquer le rapport de propriété aux personnes, il est cependant naturel de les employer pour marquer ce même rapport aux choses, lorsqu'on n'a pas d'autre moyen; en conséquence on doit dire : *L'église a* SES *priviléges, le parlement a* SES *droits; la ville a* SES *agrémens, la campagne a les* SIENS; par la raison qu'il n'est pas possible de substituer ici le Pronom *en*.

Mais on dira de la ville : *Les agrémens* EN *sont préférables à ceux de la campagne;* d'une république : *Les citoyens* EN *sont vertueux;* du parlement : *Les membres* EN *sont éclairés;* de l'église : *les priviléges* EN *sont grands;* par cela seul que le pronom *en* entre très-bien dans la construction de la phrase. Par la même raison, on dira : *Ce tableau a* SES *beautés; cette maison a* SES *agrémens;* mais on ne dira point : SES *beautés sont supérieures;* SES *agrémens sont grands;* il faut dire : *Les beautés* EN *sont supérieures, les agrémens* EN *sont grands.*

(*Condillac*, pag. 240, ch. X.)

Voltaire cependant s'écarte de cette règle, quand il dit :

> Mais la mollesse est douce, et *sa* suite est cruelle.
> (Zaïre, act. I, sc. 11.)

Ainsi que le fait observer judicieusement M. *Chapsal*, *la mollesse est douce, et la suite* EN *est cruelle*, eût été plus correct ; mais quelle différence de cette phrase lourde, languissante, au vers harmonieux que nous venons de citer !

Thomas, en comparant les Grands au marbre, dit :

> S'ils ont l'éclat du marbre, ils ont *sa* dureté.

Je crois encore, dit le même professeur, qu'on n'oseroit le blâmer ; quelle oreille assez peu délicate pourroit préférer *ils* EN *ont la dureté* ? Les entraves de la versification peuvent faire pardonner cette faute, lorsque la phrase en acquiert plus d'élégance, d'harmonie ou de force.

§ VIII.

Y

Ce Pronom relatif, des deux genres et des deux nombres, s'emploie pour *à lui, à elle, en lui, en elle, sur lui*, etc., et il est d'un usage indispensable quand on parle des choses :

> Tout mortel en naissant apporte dans son cœur
> Une loi, qui du crime y grave la terreur.
> (*L. Racine*, Ép. sur l'Homme.)

> J'ai connu le malheur, et j'y sais compatir. (*Gaillard.*)

Socrate dit à celui qui lui annonça que les Athéniens l'avoient condamné à mort : la nature les Y *a condamnés aussi*.

> Mon trône vous est dû : loin de m'en repentir,
> Je vous y place même avant que de partir.
> (*Racine*, Mithridate, act. III, sc. 5.)

Qui grave *dans lui*, je sais compatir *à lui*, la conscience s'intéresse *à eux*, je vous place *sur lui*, seroient autant de fautes contre la Grammaire.

Cependant, en poésie, et en prose lorsque le style est élevé, les auteurs, au lieu de *y*, emploient à la suite d'une préposition les Pronoms personnels, *lui, elle, eux, elles*, quand les objets sont personnifiés.

Lorsqu'il s'agit des personnes, on ne fait ordinairement usage du Pronom relatif *y* que lorsqu'on les assimile en quelque sorte aux choses, et que le verbe qui les accompagne peut se dire également des personnes et des choses. Ainsi l'on dit : *En approfondissant les hommes, on* Y *découvre bien des imperfections*. On découvre également des imperfections dans les hommes et dans les choses.

Hors de là, on doit se servir, pour les personnes, des Pronoms personnels. On ne dira donc pas : *C'est un honnête homme, attachez-vous-*Y, mais *attachez-vous à lui*; en effet, on ne s'attache pas aux choses comme on s'attache aux personnes. Cependant l'usage permet de dire : *Je connois cet homme, et je ne m'*Y *fie pas*. — L'usage veut aussi qu'on se serve de *y* dans les réponses aux interrogations : *Pensez-vous à moi? j'*Y *pense*. — *Travaillez-vous pour moi? j'*Y *travaille*.

(*Wailly, Féraud, Buffier, Marmontel.*)

Toutefois, beaucoup d'écrivains, les poètes surtout, ont fait usage du Pronom *y*, en parlant des personnes :

Pour ébranler mon cœur,
Est-ce peu de Camille, y joignez-vous ma sœur ?
(*P. Corneille*, Horace, act. II, sc. 6.)

Prince, n'y pensez plus (à Laodice), si vous m'en pouvez croire.
(*Le même*, Nicomède, act. IV, sc. 5.)

N'y songeons plus. Allons, cher Paulin : plus j'y pense (à Bérénice),
Plus je sens chanceler ma cruelle constance.
(*Racine*, Bérénice, act. II, sc. 2.)

*On me dit tant de mal de cet homme, et j'*Y *en vois si peu*.
(*La Bruyère.*)

Des Pronoms indéfinis.

A chaque moment qu'on la voit, on y (en elle) trouve un nouvel éclat.
(Télémaque.)

Mais que doit-on conclure de là ? que ce sont des licences que les poètes et les grands prosateurs se permettent; et si on les leur pardonne, il est certain qu'on ne les toléreroit pas dans la prose ordinaire.

Voyez, au chap. de l'Adverbe, ce que nous disons sur *y* adverbe.

ARTICLE VII.

DES PRONOMS INDÉFINIS.

La fonction des Pronoms indéfinis est de désigner les personnes et les choses sans les particulariser, et c'est à cause de ce défaut de précision qui se trouve toujours dans leur manière de désigner, qu'on les nomme indéfinis.

Ces Pronoms sont : *on, quiconque, quelqu'un, chacun, autrui, personne, l'un l'autre, l'un et l'autre, tel, tout.*

§ I.

ON.

On (276), toujours sujet, ne se joint jamais qu'avec la

---

(276) Le mot *on* vient du latin *homo*; il a par conséquent le même sens que le substantif *homme*, que l'on trouve dans nos anciens auteurs. En effet, on disoit autrefois *hom, home, hon, omme, ome, om*, pour *homme* et pour *on*. (Voyez le Trésor de *Borel*, et les Glossaires de *Carpentier* et de *Ducange*; voyez aussi celui de M. *Roquefort*.)
Le Roman de la Rose, pag. 282, dit, *beau gentilhom*, pour *beau gentilhomme*.—Marot, en ses ballades, page 321, dit: *Noé le bon hom*, pour *Noé le bon homme :* enfin *hom* se prononçoit *on*, dont on a ôté le *h* comme inutile.
Ce qui d'ailleurs vient à l'appui de l'opinion que nous nous sommes rmée de l'origine du pronom *on*, c'est qu'il reçoit l'article *le* avec l'a-strophe, comme le nom *homme*; en effet, nous disons *l'on étudie*,

troisième personne singulière du verbe; et quoiqu'au singulier, il sert à exprimer une idée de multitude, d'universalité, et il n'est guère d'usage que dans les façons de parler indéfinies où aucun sujet n'est spécifié :

On garde sans remords ce qu'on acquiert sans crimes.
(*Corneille*, Cinna, act. II, sc. 1.)

O<small>N</small> *ne doit pas attribuer à la religion les défauts de ses ministres.* (*Leclerc.*)

On relit tout *Racine*, on choisit dans *Voltaire.*
(*Delille*, l'Homme des champs, ch. 1er.)

O<small>N</small> *ne surmonte le vice qu'en le fuyant.*
(*Fénélon*, Télémaque, l. VII.)

Dans ces exemples, je fais usage d'une troisième personne singulière, après le Pronom *on*; je ne désigne aucune personne, *qui garde, qui ne doit pas, qui relit*, et je n'en détermine pas le nombre.
(*Regnier Desmarais*, pag. 245. — *Restaut*, pag. 89.— *Marmontel*, pag. 204.—Le dict. de l'*Académie.*)

Le Pronom *on*, d'un usage très-étendu dans la langue française, ne se dit absolument que des personnes; toutefois on n'en fait point usage en parlant de Dieu; ainsi, au lieu de dire : *Au jugement dernier*, o<small>N</small> *ne nous demandera pas ce que nous avons dit, mais ce que nous avons fait*, dites: *Dieu ne nous demandera pas*, etc.
(*Wailly*, pag. 204.)

'on joue, et non pas l-on *étudie*, l-on *joue*, sans doute parce qu'on disoit autrefois *l'homme étudie, l'homme joue*, c'est qu'encore les Italiens se sont servis du mot *uomo*, et *uom*, pour signifier *homme* et *on*; et enfin, que les peuples septentrionaux, d'origine germanique, se servent également du mot *man* ou *mann*, *homme*, soit au singulier, soit au pluriel, dans les cas où nous nous servons de *on*.
(*Regnier Desmarais*, pag. 246. — Le P. *Buffier*, n° 395. — *Vaugelas*, 9e rem. — *Condillac*, VIIIe chap, page 205. — *Restaut*, pag. 89, et plusieurs Grammairiens modernes.)

Pour la douceur de la prononciation on met, avant *on*, la lettre euphonique *l'*, ou plutôt l'article *le* dont l'*e* s'élide toujours avant une voyelle; et les mots après lesquels *l'on* doit être employé plutôt que *on*, sont : *et, si, ou, que* et *qui*; exemples :

> Ce que l'on conçoit bien s'énonce clairement.
> (*Boileau*, Art poétique, ch. I.)

> Pour paroître à mes yeux, son mérite est trop grand
> On n'aime pas à voir ceux à qui l'on doit tant.
> (*Corneille*, Nicomède, act. II, sc. I.)

> C'est d'un roi (Agésilas) que l'on tient cette maxime auguste,
> Que jamais on n'est grand qu'autant que l'on est juste.
> (*Boileau*, Satire IX)

Si L'ON *veut vivre tranquille, il faut mépriser les propos des sots, la haine des envieux, l'insolence des riches.*
> (*Gaubertin.*)

Cependant, dans le cas où le Pronom *on* seroit suivi de *le, la,* ou *les*, il ne faudroit pas faire usage de *l'* avant *on*, afin d'éviter un son désagréable; on dira donc : *Je ne veux pas qu'*ON *le tourmente*, plutôt que, *je ne veux pas que* L'ON *le tourmente*.
(*Lemare*, pag. 609. — *Laveaux* et *Boiste*, Dict. des diff.)

Enfin *on* est en général préférable à *l'on*; et, comme on n'emploie *l'on* que pour éviter une consonnance désagréable, il ne faut pas en faire usage au commencement d'une phrase, puisqu'il n'y a pas dans ce cas à craindre de mauvaise consonnance (277). Il est donc mieux de dire : ON *met à l'abri des coups du sort ce que l'on donne à ses amis* (Pensée de Martial.) ON *a vu la gloire sortir d'une source déshonorée.* (M. *Villemain*); que, L'ON *met à l'abri,* etc., L'ON *a vu la gloire,* etc.
(*Vaugelas*, 9, 10 et 11e rem.—*Th. Corneille* et l'*Académie* sur ces rem. — *Fromant*, pag. 157. — *Restaut*, *Wailly* et *Boiste*.)

Le Pronom *on*, à cause de sa signification vague, est du

---

(277) Ce seroit même une faute, parce que ce seroit prendre le mot *on* ou *homme* dans un sens défini, tandis que l'usage veut qu'il soit pris dans le sens le plus indéfini, le plus général, surtout au commencement de la période.

genre masculin, comme l'indiquent les exemples ci-dessus ; cependant il y a des circonstances qui marquent si précisément qu'on parle d'une femme, qu'alors ce pronom a une signification plus déterminée, et adopte le genre féminin, qu'il communique à l'adjectif dont il est accompagné ; ainsi l'on dira à une femme :

On *n'est pas toujours* JEUNE *et* JOLIE.   (L'*Académie*.)

Quelque mine qu'on fasse, ON *est toujours bien aise d'être* AIMÉE. (*Molière*, le Sicilien.) — *C'est un admirable lieu que Paris; il s'y passe tous les jours cent choses qu'*ON *ignore dans les provinces, quelque* SPIRITUELLE *qu'*ON *puisse être.*
(Le même, les Précieuses ridicules, sc. 10.)

Quand on a tout pour soi, que l'on est *fraîche et belle*,
S'attrister est bien fou.   (Le même.)

On est plus *jolie* à présent,
Et d'un minois plus séduisant
On a les piquantes finesses.
(*Marmontel*, Mél. de litt., rép. à *Voltaire*.)

Demeurez pour servir aux femmes de modèle,
Montrez-leur qu'*on* peut être et *jeune*, et *sage*, et *belle* ;
Sage sans pruderie, avec simplicité ;
Que cela même ajoute un charme à la beauté.
(*Collin d'Harleville*.)

(Le Dictionnaire de l'*Académie*. — *Wailly*, pag. 294. — *Marmontel*, pag. 205. — M. *Lemare*, pag. 373, note 154e, t. I. — *Sicard*, pag. 139, t. II.)

On peut être suivi aussi d'un adjectif ou d'un substantif pluriel ; c'est lorsque le sens indique évidemment que ce pronom se rapporte à plusieurs personnes :

ON *n'est pas* DES ESCLAVES *pour essuyer de si mauvais traitements.* (L'*Académie*.) — *Le commencement et le déclin de l'amour se font sentir par l'embarras où l'*ON *est de se trouver* SEULS. (*La Bruyère*.) — *Personne n'est surpris de me voir passer l'hiver à la campagne ;* MILLE GENS *du monde en ont fait* autant; ON *est toujours* SÉPARÉS, *mais on se rapproche par de longues et* DE *fréquentes visites.* (*J.-J. Rouss.*, l. au Maréc. de Luxemb.

*Ici l'*ON *est égaux.* (Inscription sur la porte d'un cimetière.)

On n'a tous deux qu'un cœur qui sent mêmes traverses.

(*Corneille*, Polyeucte, act. I, sc. 3.)

A l'occasion de ce dernier exemple, *Voltaire* (dans ses remarques sur Corneille) fait observer que cette expression ne paroît pas d'abord française, mais que cependant elle l'est : *Est-*ON *allé là?* dit-il, ON *y est allé* DEUX. C'est là une syllepse ou synthèse, figure dans laquelle les mots sont employés selon la pensée, plutôt que selon l'usage de la construction grammaticale.

Il faut répéter le Pronom *on* avant chaque verbe auquel il sert de sujet : ON *le loue,* ON *le menace,* ON *le caresse; mais, quoi que l'on fasse,* ON *ne peut en venir à bout.* Sans cette répétition, il semble que l'oreille ne seroit pas satisfaite ; aussi le goût en a-t-il fait une loi.

(*Le P. Buffier*, n° 1017.)

Toutefois, quand on répète ce Pronom, on doit toujours, pour éviter l'obscurité, le faire rapporter à un seul et même sujet; par conséquent les phrases suivantes ne sont pas correctes :

ON *dit qu'*ON *a pris telle ville.* — ON *croit n'être pas trompé, cependant* ON *nous trompe à tous moments.*—ON *croit être aimé, et l'*ON *ne vous aime pas.*—ON *peut à-peu-près tirer le même avantage d'un livre où l'*ON *a gravé ce qui nous reste des antiquités de la ville de Rome.*

Dans la première phrase, le premier *on* se rapporte à ceux qui disent qu'on a pris telle ville, et le second à ceux qui l'ont prise.—Dans la seconde, le premier *on* se rapporte à ceux qui croient n'être pas trompés, et le second à ceux qui trompent ; et ainsi des autres phrases : mais le rapport sera le même, et la faute disparoîtra, si l'on dit : ON *dit que telle ville a été prise;*—ON *croit n'être pas trompé, cependant* ON *l'est à tous moments;*—ON *croit être aimé, et* ON *ne l'est* pas ; — On *peut tirer le même avantage d'un livre où* est *gravé*, etc.

(Le P. *Bouhours*, pag. 240.—*Beauzée*, Encycl. méth., au mot *répétition*. — *Wailly*, pag. 344. — *Domergue*, pag. 62. — *Marmontel*, pag. 206.—*Sicard*, pag. 340, t. II.)

Tous les verbes, à l'exception des verbes unipersonnels de leur nature, peuvent être précédés du Pronom *on*. Ainsi on dit : On *aime*, on *est aimé*, on *tombe*, on *est puni*, on *se promène*, on *convient*; mais on ne dit pas *on importe, on faut, on pleut*, parce que ces verbes ne peuvent avoir pour sujet le mot *homme*, dont, comme nous venons de le dire, s'est formé par corruption le Pronom *on* ; et qu'il est de principe, ainsi qu'on le verra plus bas, qu'on ne peut pas, dans les verbes unipersonnels, mettre de nom à la place du Pronom *il*.

(Restaut, pag. 326.)

Plusieurs personnes, accoutumées à lier le *n* final de *on* avec la voyelle suivante, suppriment le *n* qui doit caractériser la négation que le sens de la phrase exige ; par exemple, au lieu d'écrire : *On* n'*a rien à faire, on* n'*est bon à rien*, elles écrivent, *on a rien à faire, on est bon à rien*.

Mais dans ces phrases *rien*, signifiant *néant, nulle chose, pas du tout*, et ayant conséquemment un sens négatif, demande évidemment la négative *ne*.

Si cependant on étoit embarrassé de savoir si l'on doit faire ou ne pas faire usage de la négative, on s'en assureroit en substituant le Pronom personnel *je* au Pronom *on*; c'est-à-dire que, si, dans cette phrase, on n'*a rien à faire*, on employoit *je*, on verroit de suite que la négative est impérieusement exigée après le Pronom *je* ; et en effet, *j'ai rien à faire*, choqueroit l'oreille la moins délicate.

§ II.

QUICONQUE.

Ce Pronom indéfini, ordinairement masculin, n'a point de pluriel; il ne se dit que des personnes, et il signifie, *quelque personne que ce soit qui*:

> *Quiconque a pu franchir les bornes légitimes*
> *Peut violer enfin les droits les plus sacrés.*
> (*Racine*, Phèdre, act. IV, sc. 2.)

> *Exterminez, grands dieux, de la terre où nous sommes*
> *Quiconque avec plaisir répand le sang des hommes!*
> (*Voltaire*, Mahomet, act. III, sc. 8.)

Quand le Pronom *quiconque* est employé dans le premier membre d'une phrase, on ne doit pas faire usage du Pronom *il* dans le second membre : QUICONQUE *attend un malheur certain* PEUT *déjà se dire malheureux.*

(Saint-Evremond, l. à Mme de Mazarin.)

Quiconque est riche est tout. . . . . (*Boileau*, Satire VIII.)

Le motif de cette règle, qui nous est donnée par *Vaugelas, Richelet, Féraud*, l'*Académie*, et les Grammairiens modernes, est, comme le dit fort judicieusement *Féraud*, que *quiconque* renferme deux sujets, l'antécédent et le relatif; en effet, c'est comme si l'on disoit : CELUI QUI *est riche,* IL *est tout.*

Cependant *Massillon* avoit coutume de mettre ce Pronom *il* après *quiconque*, lorsque le second verbe en étoit un peu éloigné : QUICONQUE *n'est pas sensible au plaisir si vrai, si touchant, si digne du cœur, de faire des heureux,* IL *n'est pas né grand;* IL *ne mérite pas même d'être homme.*

(Humanité des Grands.)

D'Olivet, dans sa traduction des Pensées de *Cicéron*, a dit aussi : QUICONQUE *découvrit les diverses révolutions des astres,* IL *fit voir par là que son esprit tenoit de celui qui les a formés dans le ciel.* (Chap. II, sur l'Homme.)

Mais ni l'un ni l'autre ne doivent être imités.

Lorsque le Pronom *quiconque* a un rapport bien précis à une femme, on peut le faire suivre d'un adjectif féminin; on pourroit donc dire à des dames : Quiconque *de vous sera assez* hardie *pour médire de moi, je l'en ferai repentir.*

(Le Dictionnaire de l'*Académie.* — *Wailly*, pag. 207. — *Sicard*, pag. 187, t. II. — Le Dictionnaire critique de *Féraud.* — *Domergue*, pag. 108 de son Manuel.)

Regnier Desmarais pense que ce qui donne lieu dans cet exemple à l'adjectif féminin dont *quiconque* est suivi, c'est que ce Pronom n'est plus employé indéfiniment, et qu'il est restreint et déterminé par *de vous;* autrement il ne seroit pas d'avis de préciser le genre d'un mot dont la signification est si vague, si indéfinie.

§ III.

QUELQU'UN.

Ce Pronom a deux significations différentes, selon qu'il est employé *absolument*, c'est-à-dire, sans rapport à un substantif; et selon qu'il est employé *relativement*, c'est-à-dire avec rapport à un substantif.

Quand il n'a pas rapport à un substantif, il signifie *une personne*, comme : Quelqu'un *a dit que l'ame du monde est le soleil.*—Quelqu'un *a-t-il jamais douté sérieusement de l'existence de Dieu ?*

En ce sens, il ne se dit que des personnes, et ne prend le féminin ou le pluriel que quand il est sujet; on ne dit donc pas dans le sens absolu, *je connois* quelqu'une;—ni au pluriel, *je connois* quelques-uns, *j'ai parlé à* quelques-unes.

(*Regnier Desmarais*, pag. 305.—Le P. *Buffier*, n° 478.—*Dangeau*, dans la première partie de son Traité sur le mot *quelqu'un.*—*Wailly*, pag. 205.—*Restaut*, pag. 162.)

Mais quand *quelqu'un* a rapport à un substantif; il se dit

des personnes et des choses, et se joint avec un nom ou un Pronom précédé du Pronom *en*, ou de la préposition *de*, et s'emploie aux deux genres et aux deux nombres ; comme : *Connoissez-vous* QUELQUES-UNS DE *ces messieurs ?* QUELQUES-UNES DE *ces dames ? J'*EN *connois* QUELQUES-UNS, QUELQUES-UNES. — *Avez-vous encore de ces étoffes ? Je crois* EN *avoir* QUELQUES-UNES.

(Mêmes autorités.)

Quelquefois on emploie le Pronom *quelqu'un* tout seul, et cela arrive lorsque le nom est manifestement sous-entendu, et que ce nom a été exprimé immédiatement auparavant, comme si l'on disoit : *Ces fleurs sont belles, mais* QUELQUES-UNES *ont des épines* ; c'est-à-dire, *quelques-unes de ces fleurs.*—*Plusieurs de ces dames m'ont promis de venir ; il en viendra* QUELQUES-UNES ; c'est-à-dire, *il viendra quelques-unes de ces dames.*

(Le P. Buffier, n° 480.—Regnier-Desmarais, pag. 306.)

§ IV.

CHACUN.

Ce Pronom a, comme le Pronom *quelqu'un*, deux significations différentes ; tantôt il s'emploie dans une signification générale et indéfinie, qui comprend aussi bien les hommes que les femmes, et alors il signifie *toute personne, chaque personne*, et ne peut jamais être mis au féminin : on s'en sert de même que du Pronom *quelqu'un*, et il ne se dit également que des personnes :

Le sens commun n'est pas chose commune :
Chacun pourtant croit en avoir assez.   (*Valaincourt.*)

CHACUN *sait combien curieusement les Egyptiens conservoient les corps morts ; ainsi leur reconnoissance envers leurs parents étoit immortelle.*

(*Bossuet*, Discours sur l'Histoire universelle, p. 45.)

> . . . . . *Chacun* est prosterné
> Devant les gens heureux. Sont-ils dans la misère ?
> On les plaint tout au plus ; et l'on croit beaucoup faire.
> (*Destouches*, le Dissipateur, act. V, sc. 15.)

Tantôt *chacun* se dit par relation, soit à quelque terme qui précède, soit à quelque terme qui suit ; et alors il a une signification individuelle et distributive dans laquelle il est susceptible de l'un ou de l'autre genre, suivant que le terme de sa relation est masculin ou féminin ; en ce sens *chacun* se dit des personnes et des choses, comme : CHACUNE *d'elles fut surprise.*—*Ces tableaux ont* CHACUN *leur mérite.*

(*Féraud et Lévizac.*)

Observez que, quoique le nom régi par *chacun* soit au pluriel, le verbe se met toujours au singulier, parce que *chacun* a une signification distributive : *Chacune de ces femmes est très-attachée à son mari.* (*Fabre*, p. 145.)

CHACUN *de nous prendra son parti.* (M. *Lemare*, p. 42.)

CHACUN *des juges s'étoit adjugé le prix, en même temps que la plupart avoient accordé le second à Thémistocle.*
(*Barthélemy*, Voy. d'Anach., introd., partie II, pag. 234.)

L'auteur moderne qui a écrit, CHACUN *d'eux furent d'avis,* devoit donc écrire, CHACUN *d'eux fut d'avis.*

(*Féraud*, Dict. crit.)

Quand *chacun* est suivi d'un nom ou d'un Pronom, il prend la préposition *de* à sa suite : *Éprouvez séparémen* CHACUN *de vos amis, et voyez combien il y en a peu de sincères.*

(*Regnier Desmarais*, pag. 307.—*Wailly*, pag. 305.—*Féraud.*)

Il se présente, sur l'emploi du Pronom *chacun*, par rapport aux adjectifs possessifs *son* et *leur*, une difficulté assez embarrassante ; c'est de savoir dans quelles circonstances on doit, avec le mot *chacun*, employer un de ces deux Pronoms préférablement à l'autre.

Il est certain que *leur, leurs,* ne peut jamais être employé

dans les phrases où il n'y a pas de pluriel énoncé, telles que celles-ci : *Il a donné à chacun sa part.* Le sens est entièrement distributif ; il y a unité dans l'idée, il doit y avoir unité dans les mots.
(*Wailly* et *Girard.*)

Ce n'est donc que dans les phrases où un pluriel fait contraste avec *chacun*, qu'il peut y avoir du doute. Dans ce cas, il faut bien examiner auquel du nom pluriel, ou du distributif singulier *chacun*, répond directement l'adjectif *pronominal possessif*.
(Mêmes autorités.)

Si le rapport répond directement au distributif *chacun*, c'est à *son, sa, ses*, de figurer dans la phrase ; s'il répond au nom pluriel, c'est *leur, leurs*, qui doit énoncer cette correspondance.

Le rapport répond directement au distributif *chacun*, et conséquemment on emploie *son, sa, ses*, lorsque *chacun* est placé après le régime direct du Verbe.
(Mêmes autorités, et le Dictionnaire de l'*Académie.*)

On se battoit pour avoir le pillage du camp ennemi ; après quoi le vainqueur et le vaincu SE *retiroient,* CHACUN *dans* SA *ville.* (*Montesquieu*, Grand. et Décad. des Rom., ch. I.)

Voulez-vous savoir ce que c'est que l'ode ? contentez-vous d'en lire de belles. Vous en verrez d'excellentes, CHACUNE *en* SON *genre.*
(*D'Alembert.*)

Tandis que les deux rois faisoient chanter des te Deum, CHACUN *dans son camp.* (*Voltaire*, Candide, ch. III.)

Tous les habitants se sont engagés à ces fournitures, CHACUN *pour sa quote-part.*
(*Girard.*)

Ils ont donné LEUR AVIS, CHACUN *selon ses vues.*
(*Voltaire.*)

La plupart des commentateurs se sont donné la peine de dessiner cet édifice, CHACUN *à sa manière.* (Le même.)

Il faut remettre CES LIVRES, CHACUN *à* SA *place.*
(L'Académie.)

— *Ils ont apporté des offrandes au temple,* CHACUN *selon* SES *moyens et* SA *dévotion.* (Même autorité.)

Le rapport répond directement au nom pluriel, et conséquemment on emploie *leur, leurs*, quand *chacun* précède le régime direct :

Les langues ont, CHACUNE, LEURS *bizarreries.* (Boileau.)

Les abeilles, dans un lieu donné, tel qu'une ruche ou le creux d'un vieux arbre, bâtissent, CHACUNE, LEUR *cellule.*
(Buffon.)

La nature semble avoir partagé des talents divers aux hommes pour leur donner, à CHACUN, LEUR *emploi, sans égard à la condition dans laquelle ils sont nés.*
(J.-J. Rousseau.)

Ils ont donné, CHACUN, LEUR *avis, selon leurs diverses vues.* (Girard.)

Les deux charrettes perdirent, CHACUNE, LEUR *essieu.*
(Domergue.)

L'un de ces peintres excelle dans le dessin, et l'autre dans le coloris, deux mérites qui ont, CHACUN, LEURS *partisans.* — *Ils ont payé,* CHACUN, LEUR *écot.* — *Ils ont apporté,* CHACUN, LEUR *offrande.* — *Ils ont rempli,* CHACUN, LEUR *devoir.*
(L'Académie, au mot *chacun*, et au mot *mérite*.)

César et Pompée avoient, CHACUN, LEUR *mérite, mais c'étoient des mérites différents.* (L'Académie, au mot *mérite*.)

(*Wailly*, pag. 206. — *Condillac*, pag. 212, ch. IX. — *Lévizac*, pag. 474, t. 1.) (278)

Lorsque le verbe n'a pas de régime direct, la difficulté est

---

(278) Observez que, quand *chacun* est suivi de *leur, leurs*, il faut le mettre entre deux virgules ; et que, quand il est suivi de *son, sa, ses*, il suffit de le faire précéder d'une virgule.

plus grande. Il faut alors examiner si le régime indirect n'est qu'accessoire, c'est-à-dire, s'il n'est qu'une espèce d'incise qu'on peut supprimer, sans que le sens principal en souffre; ou bien si ce régime indirect est lié, par le sens, d'une manière indivisible avec le verbe, de sorte qu'on ne pourroit le supprimer sans porter atteinte à la signification du verbe. Dans le premier cas, *chacun* doit être suivi de *son*, *sa*, *ses*, et dans le second, de *leur*, *leurs*. Ainsi on dira : *Tous les juges ont opiné,* CHACUN *selon* SES *lumières;* —*Ils ont prononcé,* CHACUN *selon* SA *conscience*, parce qu'*ils ont opiné, ils ont prononcé* offrent un sens fini, et que les régimes indirects qui suivent expriment une circonstance particulière, dont l'esprit n'a pas absolument besoin pour être satisfait. Mais on dira avec *leur*: *Il vit Homère et Esope, qui venoient,* CHACUN, *de* LEUR *maison;* attendu que le verbe *venir* exprimeroit ici une action incomplète, si l'on retranchoit le régime indirect *de leur maison;* quand on vient de quelque lieu, le régime indirect est donc indispensable.

On doit remarquer que, presque toujours, quand le Verbe est neutre, ou employé neutralement, c'est-à-dire, sans régime direct, c'est *son*, *sa*, *ses* qu'il faut employer, parce qu'alors le Verbe a, par lui-même, une signification complète et indépendante du régime indirect, qui, dans ce cas, exprime une circonstance purement accessoire.

Chacun n'a point de pluriel; et *un chacun* a été long-temps usité. *Molière* a dit dans l'Ecole des Femmes (act. I, sc. 1) :

Chose étrange de voir comme avec passion
Un chacun est chaussé de son opinion !

Plusieurs autres écrivains, d'ailleurs estimables, l'ont aussi employé.

Mais, comme le font observer *Féraud*, *Wailly*, *Caminade* et M. *Laveaux*, *un chacun* est banni de la langue, parce que c'est une sorte de pléonasme.

Tout chacun est encore *plus suranné.*

> Sous ce tombeau gît Françoise de Foix,
> De qui tout bien *tout chacun* souloit dire. (*Marot.*)
> (Le Dictionnaire critique de *Féraud.*)

Voyez plus bas ce que nous disons sur le pronom *chaque.*

§ V.

AUTRUI (279).

Ce Pronom, qui ne se dit que des hommes et des femmes, n'a ni genre ni nombre, et ne s'emploie qu'en régime indirect :

*L'honnête homme est discret; il remarque les défauts d'*AUTRUI*, mais il n'en parle jamais.* (*Saint-Evremond.*)

Autrui n'est proprement d'usage qu'avec les prépositions *à* et *de*, et jamais il n'est accompagné de l'article : *La générosité souffre des maux d'*AUTRUI*, comme si elle en étoit responsable.* (*Vauvenargues.*)

> Heureux ou malheureux, l'homme a besoin d'*autrui;*
> Il ne vit qu'à moitié, s'il ne vit que pour lui.
> (*Delille*, l'Homme des champs, ch. II.)

Ne fais à AUTRUI *que ce que tu voudrois qui te fût fait à toi-même.* (L'*Académie.*)

> Dans le bonheur d'*autrui* je cherche mon bonheur.
> (*Corneille*, le Cid, acte 1, sc. 6.)

---

(279) C'est par erreur que les anciens Grammairiens ont mis ce mot au nombre des pronoms, car il ne tient jamais la place d'un nom.

La signification du mot *homme* est renfermée dans ce mot, et de plus par accessoire, la signification de *un autre.* Ainsi quand on dit, *ne faites aucun tort à autrui*, c'est comme si l'on disoit, *ne faites aucun tort à un autre homme.* Or, s'il est évident que la signification du mot *autrui* est celle d'*homme*, ce mot doit être de même nature et de même espèce que le mot *homme* lui-même, nonobstant l'idée accessoire rendue par *un autre.*

Des Pronoms indéfinis.

Il est vrai que l'on dit *l'autrui*, pour dire *le droit d'autrui*, comme dans cette phrase : *Sauf en autres choses notre droit, et l'*AUTRUI *en toutes* ; mais cette façon de parler est du vieux temps, et usitée seulement en termes de chancellerie et au palais.

(Le Dict. de l'*Académie.*—*Regnier Desmarais*, pag. 305.—*Restaut*, pag. 173.—*Wailly*, pag 212.)

Le mot *autrui* présentant quelque chose de vague et d'indéterminé, on ne doit point y faire rapporter les adjectifs possessifs *son, sa, ses, leur, leurs*, en régime simple, c'est-à-dire, quand les substantifs auxquels ils sont joints sont sans préposition ; et dans ce cas, il faut faire usage du relatif *en* et de l'article ; on dira donc : *En épousant les intérêts d'*AUTRUI, *nous ne devons pas* EN *épouser* LES PASSIONS. *Leurs passions* ou *ses passions* eût été une faute.

Mais on peut faire rapporter à *autrui* les Pronoms *son, sa, ses, leur, leurs*, en régime composé ou indirect, c'est-à-dire, quand les substantifs auxquels ces Pronoms sont joints, sont précédés d'une préposition : *Nous reprenons les défauts d'*AUTRUI, *sans faire attention à* SES ou *à* LEURS *bonnes qualités.*

(*Wailly*, pag. 212.—*Lévizac*, pag. 378.)

Cependant M. *Boinvilliers* n'est pas d'avis de permettre l'emploi du pronom *ses* ou *leurs*, à cause de la nature du Pronom *autrui*, qui est d'être indéfini, c'est-à-dire présentant quelque chose de vague et d'indéterminé.

Comme aucun autre grammairien n'a traité cette difficulté, nous laisserons nos lecteurs juger du mérite de cette observation.

Vaugelas (504ᵉ remarque) pense que ce seroit mal s'exprimer que de dire : *Il ne faut pas désirer le bien* DES AUTRES, au lieu de, *il ne faut pas désirer le bien d'*AUTRUI, parce que *autre* a relation aux personnes dont il a déjà été parlé ; si l'on disoit, *il ne faut pas ravir le bien des uns pour le donner* AUX AUTRES, on s'exprimeroit bien ; mais, *il ne faut* *pas ravir le bien des uns pour le donner à* autrui, ne seroit pas correct, par la raison que, quand il y a relation des personnes, il faut employer *autre*, et que, quand il n'y a point de relation, il faut employer *autrui*. D'ailleurs, ajoute *Vaugelas*, *autre* s'applique aux personnes et aux choses; mais *autrui* ne se dit que des personnes, et toujours avec *les articles indéfinis*. (Il entend, mais toujours avec une préposition.)

Th. Corneille pense (sur cette remarque de *Vaugelas*) que peut-être ce ne seroit pas parler mal que de dire : *Il ne faut point faire* aux autres *ce que nous ne voulons pas qui nous soit fait;* mais l'Académie, dans son Dictionnaire, dit : *Il ne faut pas faire* à autrui *ce que nous ne voulons pas qui nous soit fait;* et dans ses Observations sur Vaugelas (p. 535), elle est, comme lui, d'avis que *autre* seroit une faute.

§ VI.

PERSONNE.

Personne est tantôt Pronom indéfini, et tantôt nom substantif : nous avons cru devoir *le considérer en même temps sous ces deux points de vue*, afin que la différence de leur syntaxe fût plus sensible. Dans l'une et dans l'autre signification, il ne se dit jamais des choses.

Comme *substantif*, le mot personne a un sens déterminé; il est toujours accompagné d'un article ou d'un autre déterminatif, et on l'emploie au féminin et au singulier aussi bien qu'au pluriel. Exemples : *Il y a en Sorbonne* des personnes *très-*savantes *et très-*discrètes, auxquelles *on peut se fier pour la conduite de ses mœurs.* (Le P. Bouhours.) — Les personnes *qui sont incapables d'oublier les bienfaits, sont ordinairement* généreuses. (Th. Corneille.) — *La modération* des personnes heureuses *vient du calme que la bonne fortune donne à leur humeur.* (La Rochefoucauld.) — *J'ai vu* des per=

sonnes *encore plus* vaines *que ces deux hommes.* (*Girard.*) — *Je sais cette nouvelle* d'une personne *bien* instruite.

(*Restaut.*)

(*Th. Corneille*, sur la 7⁰ rem. de *Vaugelas*, et l'*Académie*, pag. 11 de ses observ. — *Regnier Desmarais*, pag. 304. — *Girard*, pag. 300. — *Restaut*, pag. 464. — Les Gramm. mod.)

Vaugelas pense qu'il faut mettre au masculin les adjectifs et les pronoms qui se rapportent au substantif féminin *personne*, lorsque ces adjectifs en sont séparés par un grand nombre de mots : *Les personnes consommées dans la vertu ont en toute chose une droiture d'esprit et une attention judicieuse qui les empêchent d'être* médisants.

(*Vaugelas*, 7⁰ rem.)

Th. Corneille fait observer qu'il faut, pour que cette exception ait lieu, que l'adjectif ne soit pas joint au verbe qui a *personne* pour sujet; car alors on seroit obligé de le mettre au féminin, quelque grand nombre de mots qu'il y eût entre le mot *personne* et cet adjectif; ainsi on diroit : *Les personnes qui ont le cœur bon et les sentiments de l'ame élevés, sont ordinairement* généreuses, et non pas, *sont ordinairement* généreux, quoique cet adjectif *généreuses* soit fort éloigné du substantif *personne*.

Mais *Lévizac* et M. *Laveaux* sont d'avis que c'est une chose contraire aux principes généraux de toutes les langues qu'un mot puisse être présenté, dans la même phrase, sous deux genres différents : et l'un et l'autre sont d'avis que si l'usage avoit établi une exception pour le mot *personne* la raison devroit l'abolir.

Personne, comme Pronom, est toujours pris dans un sens indéterminé; il s'emploie sans article ni aucun autre déterminatif; il est toujours du masculin et du singulier, et soumet à la même forme les mots auxquels il se rapporte. On s'en sert avec ou sans négation.

Accompagné d'une négation exprimée par *ne*, ce mot rappelle le *nemo* des Latins, il signifie *nul homme, nulle*

femme, qui que ce soit, comme dans ces exemples : PERSONNE *ne sera assez* HARDI. (*L'Académie.*) — PERSONNE *ne sait s'*IL *est digne d'amour ou de haine.* (*Restaut.*) — PERSONNE *n'est aussi* HEUREUX *que vous.* (*Th. Corneille.*) — *Je n'ai vu* PERSONNE *de si* VAIN *que ces deux femmes.*
(*Girard.*)

(Les autorités ci-dessus, et le Dictionnaire de l'*Académie*.)

Sans négation, *personne* s'emploie ordinairement dans les phrases qui expriment le doute, l'incertitude, ou qui sont interrogatives ; et alors il signifie *quelqu'un*, comme dans ces exemples : *Je doute que* PERSONNE *ait mieux peint la nature dans son aimable simplicité, que le sensible Gesner.* — PERSONNE *a-t-il jamais raconté plus naïvement que La Fontaine?* (*Restaut.*) — *Y a-t-il* PERSONNE *d'assez* HARDI ?
(L'*Académie.*)

(*Restaut*, pag. 164. — *Wailly*, pag. 208. — Et le Dictionnaire de l'*Académie.*)

Enfin, *personne*, Pronom, ne se dit point des animaux : *Si la vieille araignée* (dit *Pluche*, Spect. de la Nat., Entret. IV) *ne peut trouver* PERSONNE *qui, de gré ou de force, lui abandonne ses filets, il faut qu'elle périsse, faute de gagne-pain ;* il falloit dire : *ne trouve aucune araignée qui*, etc.
(Le Dict. crit. de *Féraud.*)

§ VII.

AUTRE.

Ce mot, des deux genres et des deux nombres, sert à distinguer les personnes et les choses, et s'emploie avec l'article ou ses équivalents.

On le regarde comme Pronom, quand il n'est joint à aucun substantif, et qu'il n'est pas accompagné du pronom en : *Un* AUTRE *que moi ne vous parleroit pas avec autant de franchise.*

(*Regnier Desmarais*, pag. 811.—*Restaut*, pag. 171.—Le Dict. de l'*Académie*.)

On le regarde comme adjectif, quand il est joint à un substantif, ou qu'il est précédé du pronom *en*, auquel il se rapporte comme à son substantif. *Les anciens ne croyoient pas qu'il y eût un* AUTRE *monde.* — *Le temple de Salomon ayant été détruit, on* EN *rebâtit un* AUTRE *par l'ordre de Cyrus.* — AUTRE *temps,* AUTRES *mœurs.*

(*Restaut.*)

Quelquefois *autre* a la même signification que l'adjectif *différent;* comme dans cet exemple : *Un voyageur rapporte souvent les choses tout* AUTRES *qu'elles ne sont,* c'est-à-dire, *tout-à-fait* DIFFÉRENTES *de ce qu'elles sont.*

(Même autorité.)

Voyez ce qui est dit sur l'emploi du pronom *autrui,* page 412.

Remarque.—Doit-on écrire *en voici bien d'*UN *autre,* ou *en voici bien d'*UNE *autre?*

L'Académie, dans son Dictionnaire (édit. de 1798), admet l'une et l'autre locution.

Trévoux écrit, *en voici bien d'*UNE *autre.*

Voltaire (dans les Filles de Minée, dans la Prude, III, 7, dans l'Écossoise, V, sc. dernière, et dans une de ses lettres à M. de Cideville), n'orthographie jamais autrement.

Legrand, dans sa comédie de la Nouveauté (act. I, sc. 5), et *Féraud* (dans son Dictionn. crit.), ont également suivi cette orthographe.

Mais on lit dans la comédie du Faux Noble, de *Chabanon;*

Dans le Méchant, de *Gresset* (acte III, sc. 9);

Dans le Jaloux sans amour, de *Imbert* (acte V, sc. 18);

Et dans le Dictionn. de l'*Académie* (édit. de 1762) :.... *En voici bien d'*UN *autre.*

De sorte que la question ne paroît pas résolue. Cependant il nous semble que cette locution est elliptique; et, pour savoir si l'on doit écrire *une autre* ou *un autre*, il suffit de recourir au sens; ou, pour mieux dire, elle est l'abrégé de celle-ci : *en voici bien d'une autre sorte*, dont on se sert quelquefois dans la conversation. Le substantif *sorte* est donc le mot auquel se rapporte l'*adjectif numéral*; et, comme ce substantif est du genre féminin, il en résulte qu'on doit dire : *en voici bien d'*UNE AUTRE. La ressemblance de prononciation qui existe, jusqu'à un certain point, entre *d'une autre* et *d'un autre*, a sans doute induit en erreur l'écrivain inattentif, et lui a fait indifféremment écrire, *en voici bien d'*UNE *autre*, et *en voici bien d'*UN *autre*. Nous nous bornons à indiquer le féminin comme plus correct, sans défendre l'emploi du masculin, puisqu'un grand nombre d'écrivains en ont fait usage. Nous ajouterons seulement que, *en voici bien d'*UNE *autre*, outre l'avantage d'être plus exact, a en sa faveur un plus grand nombre d'autorités.

§ VIII.

L'UN L'AUTRE.

Ce Pronom prend les deux nombres et les deux genres; il fait au féminin *l'une l'autre*, et au pluriel *les uns les autres*, *les unes les autres*; il se dit des personnes et des choses, et prend l'article avant chacun des deux mots qui le composent. On l'emploie conjointement ou séparément.

Employé conjointement, *l'un l'autre* exprime un rapport de réciprocité entre plusieurs personnes, ou entre plusieurs choses, c'est-à-dire ce que se font mutuellement plusieurs personnes ou plusieurs objets; alors le premier figure dans les phrases comme *sujet*, et le second comme *régime*. Aussi n'y a-t-il que *l'autre*, ou *l'un l'autre* qui prenne une préposition, si le mot auquel il se rapporte en exige une; exemples: *Ils médisent l'*UN *de l'*AUTRE.—*Est-il édifiant de* *voir des catholiques déchainés les* UNS *contre les* AUTRES ? —*Il a manqué aux égards que l'on se doit mutuellement les* UNS *aux* AUTRES.

(Regnier Desmarais, pag. 310. — Restaut, pag. 166. — Et *Wailly*, pag. 213.)

L'un l'autre, employé séparément, marque la division de plusieurs personnes ou de plusieurs choses, et ne forme pas alors un seul Pronom; il en forme deux qui figurent dans les phrases comme les substantifs, soit en qualité de sujet, soit en qualité de régime direct ou indirect.

Tous deux (Bossuet et Fénélon) *eurent un génie supérieur; mais* L'UN *avoit plus de cette grandeur qui nous élève, de cette force qui nous terrasse;* L'AUTRE, *plus de cette douceur qui nous pénètre, et de ce charme qui nous attache.*

(La Harpe, Éloge de *Fénélon*.)

L'UN *élève, étonne, maîtrise, instruit;* L'AUTRE *plaît, remue, touche, pénètre.*
(La Bruyère, des Œuv. de l'Esprit : compar. entre Corneille et Racine.)

L'un se met pour les personnes ou pour les choses dont on a parlé d'abord; *l'autre*, pour celles dont on a parlé en dernier lieu : *Charles XII, roi de Suède, éprouva ce que la prospérité a de plus grand, et ce que l'adversité a de plus cruel, sans avoir été amolli par* L'UNE *ni ébranlé par* L'AUTRE.

(Voltaire.)

Osons opposer Socrate même à Caton; L'UN *étoit plus philosophe, et* L'AUTRE *plus citoyen.* (J.-J. Rousseau.)

Racine, La Fontaine, Fénélon, Massillon, Mably, Buffon, Barthélemy, Delille, etc., ont employé *l'un l'autre* dans les mêmes rapports que dans ces exemples.

Quand il est question de plus de deux personnes ou de plus de deux choses, le pronom *l'un l'autre* doit se mettre au pluriel; *Racine* ne doit donc pas être imité quand il dit :

Tous ses projets sembloient *l'un l'autre se détruire.*
(Athalie, act. III. sc. 3.)

Puisse le ciel verser sur toutes vos années
Mille prospérités *l'une à l'autre* enchaînées!
(*Bérénice*, act. V, sc. 7.)

Il devoit dire : *les uns les autres*, *les unes aux autres*.

§ IX.

L'UN ET L'AUTRE.

Ces mots expriment l'assemblage de plusieurs personnes ou de plusieurs choses : ils ont les deux genres et les deux nombres, et prennent l'article.

On les met au rang des Pronoms, quand ils ne sont pas joints à un substantif; comme quand on dit, en parlant de deux auteurs : L'UN ET L'AUTRE *rapportent les mêmes circonstances;* et en parlant des différents partis qui divisoient Rome : *Ils se réunissoient* LES UNS ET LES AUTRES *contre l'ennemi commun.*

Ils sont adjectifs, quand ils sont joints à un substantif singulier : *J'ai satisfait à* L'UNE ET À L'AUTRE *objection.—Il n'y a guère d'homme qui se serve également de* L'UNE ET DE L'AUTRE *main.*
(Regnier Desmarais, pag. 309.—Restaut, pag. 172.)

Observez que ce seroit mal s'exprimer que de dire *à l'une et l'autre objection,—de l'une et l'autre main*, ou comme *Molière* (Mélicerte, act. I, sc. 2) :

> Et qui parle le mieux de *l'un et l'autre* ouvrage

parce que (comme on le verra au chapitre des Prépositions) la préposition doit être répétée avant les mots qui ne sont ni synonymes ni équipolents, et certainement il n'y a rien de plus différent que *l'un et l'autre*.

(*Vaugelas*, remarque 524ᵉ; l'*Académie*, pag. 557 de ses observat.; et M. *Auger*, dans son comment. sur la *Mélicerte* de Molière, act. 1, sc. 2.)

Si les substantifs sont de différents genres, le masculin

l'emporte, d'autant plus que *l'autre*, ayant la même terminaison pour les deux genres, peut être attribué au féminin : *Que ce soit penchant ou raison, ou peut-être* L'UN ET L'AUTRE.
(*Féraud*, au mot *autre*.)

Quand *l'un et l'autre* est employé comme régime, il suit la règle des Pronoms personnels, c'est-à-dire, qu'il doit être précédé de *les*, qu'on place avant le verbe. Ainsi, on ne doit pas dire, comme un des éditeurs des œuvres de Bossuet : *Calvin fit différentes professions de foi pour satisfaire* L'UN ET L'AUTRE (Zuingle et Luther); mais on dira, *pour* LES *satisfaire* L'UN ET L'AUTRE.

L'un et l'autre ne doit pas être confondu avec *l'un l'autre*. Quand je dis : *J'ai lu l'Iliade et l'Énéide*, L'UNE ET L'AUTRE *m'ont enchanté*, ou *j'admire* L'UNE ET L'AUTRE ; il n'y a pas là d'idée de réciprocité : *l'un et l'autre* exprime seulement le nombre *deux* ; il est sujet de la première proposition, et complément de la seconde.

Mais si je dis : *Virgile et Horace s'aimèrent* L'UN L'AUTRE, outre l'idée de nombre, *l'un l'autre* marque ici une réciprocité d'amitié : Virgile aimoit Horace, et Horace aimoit Virgile.
(*Domergue*, Solutions gramm., pag. 246.)

Phrases qui expriment le nombre deux, sans réciprocité :

Et *l'un et l'autre* camp, les voyant retirés,
Ont quitté le combat, et se sont séparés.
(*Racine*, les Frères ennemis, act. III, sc. 3.)

Le destin, qui fait tout, nous trompe *l'un et l'autre*.
(*Voltaire*, l'Orphelin de la Chine, act. III, sc. 2.)

L'UN ET L'AUTRE *manifestèrent leurs vues dans le premier conseil qu'ils tinrent avant de commencer la campagne.*
(Introd. au Voy. d'Anacharsis, IIe part., 3e sect.)

L'un et l'autre, à mon sens, ont le cerveau troublé.
(*Boileau*, Sat. IV.)

Phrases qui, outre l'idée de nombre, marquent une idée de réciprocité :

Les hommes ne sont que des victimes de la mort, qui doivent au moins se consoler LES UNS LES AUTRES.
(*Voltaire*, Siècle de Louis XIV, pag. 328, ch. XXXI.)

En ce monde il se faut *l'un l'autre* secourir.
(*La Fontaine*, liv. VI, fab. 16.)

Tous deux s'aidoient *l'un l'autre* à porter leurs douleurs ;
N'ayant plus d'autres biens, ils se donnoient des pleurs.
(*Delille*, Poème de la Pitié, ch. III, parlant de l'infortuné Louis XVI et de son auguste épouse.)

Il y a donc une faute dans ces vers de *Piron* :

La Bretonne adorable a pris goût à mes vers.
Douze fois l'an sa plume en instruit l'univers :
Elle a douze fois l'an réponse de la nôtre ;
Et nous nous encensons tous les mois *l'un* ET *l'autre.*
(La Métromanie, act. II, sc. 8.)

car le sens indique une réciprocité de louanges, et alors il falloit dire : *Et nous nous encensons tous les mois* L'UN L'AUTRE.

Au contraire, *l'un et l'autre* étoit nécessaire dans ces vers de *Gombaud* :

Une fois l'an, il me vient voir ;
Je lui rends le même devoir.
Nous sommes *l'un et l'autre* à plaindre :
Il se contraint pour me contraindre.

parce qu'ici il n'y a pas d'idée de réciprocité.
(M. *Lemare*, page 234, n° 223.—*Domergue*, page 247 de ses Solut., gramm.—M. *Auger*, dans son comment., sur Molière, le Festin de pierre, act. V, sc. 6.)

L'un et l'autre, joint à un substantif, n'est plus pronom indéfini, mais adjectif ; alors on écrit : *l'un et l'autre* CHEVAL. (*Domergue.*)—*L'un et l'autre* CLIMAT, *l'une et l'autre* SAISON. (*L'Académie*, au mot *un.*) Le seul substantif reste au singulier, parce que la phrase est elliptique, c'est-à-dire, que les substantifs *cheval*, *climat*, *saison*, sont sous-entendus après *l'un*.

Nos meilleurs écrivains observent cette règle :

L'un et l'autre RIVAL, s'arrêtant au passage,
Se mesure des yeux, s'observe, s'envisage.
(*Boileau*, le Lutrin, chant V.)

Déjà par une porte au public moins connue
L'un et l'autre CONSUL vous avoient prévenue.
(*Racine*, Britannicus, act. I, sc. 2.)

Et *l'un et l'autre* CAMP, les voyant retirés.
(Le même, les Frères ennemis, act. III, sc. 3.)

De pareilles frayeurs mon ame est alarmée :
Comme elle je perdrai dans *l'une et l'autre* ARMÉE (*).
(*Corneille*, les Horaces, act. I, sc. 3.)

Le peuple, devenu plus hardi, renversa l'une et l'autre MONARCHIE.
(*Montesquieu*, Grand. et décad. des Rom., chap. I.)

S'étant ensuite informé plus en détail de ce qui s'étoit passé dans l'une et l'autre ARMÉE (*).
(*Voltaire*, le Monde comme il va.)

Non, mais il faut savoir que tout cet artifice
Ne va directement qu'à vous rendre service ;
Que ce conseil adroit, qui semble être sans fard,
Jette dans le panneau *l'un et l'autre* vieillard.
(*Molière*, l'Étourdi, act. I, sc. 10.)

Pour la question de savoir si, après *l'un et l'autre*, *l'un ou l'autre*, *ni l'un ni l'autre*, le verbe qui accompagne chacune de ces expressions doit être mis au singulier ou au pluriel, nous remettons à en donner la solution lorsque nous parlerons de l'Accord du verbe avec son sujet.

§ X.
TEL.

Tel, qui fait au féminin *telle*, est Pronom indéfini dans les phrases suivantes et autres semblables :

(*) *Dans l'une et l'autre armée*, au lieu de, *dans l'une et dans l'autre armée*, est contraire à ce que nous avons dit page 450.

Tel donne à pleines mains qui n'oblige personne :
La façon de donner vaut mieux que ce qu'on donne.
(*P. Corneille*, le Menteur, act. 1, sc. 1.)

.... *Tel* dans la faveur vous vient importuner,
Qui n'attend qu'un revers pour vous abandonner.
(*Lagrange*, tragédie d'Athénaïs.)

Tel repousse aujourd'hui la misère importune,
Qui tombera demain dans la même infortune.
(*La Harpe*, Philoctète, act. I, sc. 4.)

En ce sens *tel* tient la place du substantif *homme*, ou du Pronom *celui*; il ne se dit que des personnes, et, ainsi employé, il ne se met jamais *au pluriel*.
(*Regnier Desmarais*, pag. 281. — *Restaut*, pag. 174. — *Lévizac*, pag. 393, t. 1.)

Tel est également substantif dans cette phrase, où pour ne pas nommer la personne dont on parle, on dit ; *Avez-vous vu un* TEL?

Mais *tel* doit être considéré comme adjectif, lorsqu'il sert à marquer la comparaison d'une personne ou d'une chose à une autre, sans exprimer par lui-même sous quel rapport cette personne ou cette chose est comparée; comme quand on dit : *L'homme craint de se voir* TEL *qu'il est, parce qu'il n'est pas* TEL *qu'il devroit être.*
(*Fléchier*, Oraison fun. de M. de Montausier.)

C'étoit Vénus. . . . .
Telle qu'elle est quand, les cheveux épars
. . . .
. . . . elle attend le dieu Mars.
(*Voltaire*, ce qui plaît aux Dames, conte.)

(*Restaut*, pag. 174.—*Lévizac*, pag. 393, t. 1.)

Il en est de même lorsqu'il est joint à un nom : *Il n'y a pas de* TELS *animaux.*
(*L'Académie.*)

Tel s'emploie en poésie, tant au commencement du premier membre qui établit une comparaison, qu'au commencement de celui où elle est appliquée : TEL *qu'un lion rugissant met en fuite les bergers épouvantés*, TEL *Achille*, etc.

(Le Dict. de l'*Académie*.)

Telle qu'une bergère, au plus beau jour de fête,
De superbes rubis ne charge point sa tête.
. . . .
. . . .
Telle, aimable en son air, mais humble dans son style,
Doit éclater sans pompe une élégante Idylle.

(*Boileau*, Art poétique, chant II.)

Ce que nous disons, pag. 474, sur l'emploi du Pronom *quelque*, est d'autant plus nécessaire à lire après cet article, que souvent on confond ces deux *Pronoms*.

ARTICLE VIII.

DES ADJECTIFS PRONOMINAUX INDÉFINIS.

Les Adjectifs pronominaux indéfinis sont *chaque*, *quelconque*, *nul*, *aucun*, *pas un*, *même*, *plusieurs*, *tout*, *quel*, et *quelque*.

§ I.

CHAQUE.

Chaque n'est proprement qu'un adjectif, qui sert à marquer distribution ou partition entre plusieurs personnes ou plusieurs choses. Il est des deux genres, mais il n'est d'usage qu'au singulier, et il précède toujours le substantif, dont il ne peut être séparé par aucun adjectif ni préposition, comme on le pourra voir dans quelques-uns des exemples suivants :

Chaque âge a ses façons et change de nature.

(*Regnier*, satire V.)

Chaque âge a ses plaisirs : chaque état a ses charmes ;
Le bien succède au mal, et les ris suivent les larmes.

(*Delille*, trad. de l'Essai sur l'Homme.)

Chaque passion parle un différent langage.
(*Boileau*, Art poétique, chant III.)

(*Regnier Desmarais*, pag. 322.—*Restaut*, pag. 163.—*Wailly*, pag. 207.)

Chaque ne doit pas être confondu avec *chacun* ; et, en général, *chaque* se met toujours *avant* et *avec le substantif*, c'est-à-dire avec le nom de la chose dont on parle, et il n'a point de pluriel : *À* CHAQUE *jour suffit sa peine.* (L'*Académie.*)

CHAQUE *âge a ses devoirs.* (*Rousseau*, Émile, l. V.)
(Le Dictionnaire de l'*Académie.*)

Chacun, au contraire, s'emploie absolument et sans substantif.

Chacun a son défaut où toujours il revient.
(*La Fontaine*, liv. III, fable 7.)

Chacun à son métier doit toujours s'attacher.
(Le même, fable 90.)

CHACUN *en parle*, CHACUN *en raisonne.* (L'*Académie.*)

Chacun de l'équité ne fait pas son flambeau.
(*Boileau*, satire XI.)

....*Chacun* pour soi-même est toujours indulgent.
(*Boileau*, satire IV.)

Enfin plusieurs disent : *Le prix de ces objets est de six francs* CHAQUE ; c'est une faute, puisque, comme on vient de le voir, *chaque* doit toujours se mettre avant et avec son substantif.

Ainsi l'abbé *Guénée* s'est exprimé incorrectement, lorsqu'il a dit en parlant de Salomon, qu'*il avoit douze mille écuries, de dix chevaux* CHAQUE ; il devoit dire ; *de dix chevaux* CHACUNE.
(Le Dict. crit. de *Féraud.*)

On trouvera, page 437 et suiv., tout ce qu'il est nécessaire de savoir sur le Pronom *chacun*.

§ II.

QUELCONQUE.

Cet adjectif pronominal, employé avec une négation, est à-peu-près le synonyme de *nul, aucun*; il sert également aux deux genres; mais alors, comme ces deux mots, il n'a pas de pluriel, et il a cela de particulier, qu'il se met toujours à la suite d'un substantif, soit en parlant des personnes, soit en parlant des choses : *Il n'y a chose* QUELCONQUE *qui puisse l'y obliger.* — *Il ne lui est demeuré chose* QUELCONQUE.
(*Regnier Desmarais*, pag. 316. — Le *Dictionnaire de l'Académie*.)

Employé sans négation dans le style didactique, il signifie *quel qu'il soit, quelle qu'elle soit*, et, dans ce cas, il a un pluriel : *une ligne* QUELCONQUE *étant donnée*, etc. — *Deux points* QUELCONQUES *étant donnés*.
(Mêmes autorités.)

Regnier Desmarais et *Restaut* disent que ce mot est peu usité. Il l'est davantage aujourd'hui, surtout dans cette dernière signification.

§ III.

NUL, AUCUN, PAS UN.

Ces trois adjectifs, qui, comme on va le voir par les exemples suivants, s'emploient quelquefois sans que leur substantif soit énoncé, ont à-peu-près la même signification; cependant il n'est pas permis de faire, dans tous les cas, indifféremment usage de l'un ou de l'autre.

NUL.

Cet adjectif, qui paroît avoir une force plus négative que *aucun* et *pas un*, est le seul qui puisse bien s'employer d'une manière générale et absolue, c'est-à-dire, sans aucun rapport à ce qui précède dans le discours; alors il a la même signification que le mot *personne*, et n'est d'usage qu'au singulier masculin et en sujet :

> *Nul* de nous, de sang froid, avouons-le sans honte,
> N'envisage la mort............
> (L. *Racine*, Épître sur l'Homme.)

> *Nul* n'est content de sa fortune,
> Ni mécontent de son esprit. (Mad. *Deshoulières*, Réfl. 8.)

> *Nul* à Paris ne se tient dans sa sphère.
> (*Voltaire*, Etrennes aux Sots.)

> NUL *n'aime à fréquenter les fripons, s'il n'est fripon lui-même.* (J.-J. *Rousseau*.)

(*Restaut*, pag. 168.—Le Dictionnaire de l'*Académie*.)

Nul, joint à un nom, se dit en sujet ou en régime; il signifie *aucun*, et ne s'emploie qu'au *singulier*, masculin ou féminin : NUL *homme n'a été exempt du péché originel.* (*Trévoux*.)—*L'homme ne trouve* NULLE *part son bonheur sur la terre.*

(*Lévizac*, pag. 385, t. I.)

> *Nul* bien sans mal, *nul* plaisir sans mélange. (La *Fontaine*.)

Cependant *nul* s'emploie au *pluriel*, mais c'est dans les phrases où il signifie, *qui n'est d'aucune valeur;* alors il se dit d'un contrat, d'un testament, ou d'un autre acte, et ne se met jamais avant, mais toujours après son substantif : *ces effets sont* NULS.—*Toutes ces procédures sont* NULLES.

(Le Dict. de l'*Académie*.)

AUCUN.

AUCUN est presque toujours pris dans une signification plus restreinte; c'est-à-dire qu'il a toujours rapport à un substantif de personne ou de chose, énoncé après, ou que l'esprit supplée aisément : AUCUN *contre-temps ne doit altérer l'amitié.*

(*Restaut*, pag. 169.—*Wailly*, pag. 217.)

Aucun *physicien ne doute aujourd'hui que la mer n'ait couvert une grande partie de la terre habitée.* (D'Alembert.)

Aucun *de nos grands écrivains n'a travaillé dans le genre de l'épopée.*

(Voltaire, Essai sur la poésie épique, ch. IX, au mot *Milton*.

Mais on ne diroit pas bien sans rapport à un substantif : Aucun *n'a-t-il prêté l'oreille à ce que nous avons dit ?—Je n'ai jamais rien demandé à* aucun.

Dites : Personne *n'a-t-il prêté l'oreille*, etc. — *Je n'ai jamais rien demandé à* personne.

(*Wailly*.)

Aucun se met quelquefois sans négation dans les phrases qui expriment l'interrogation ou le doute, et alors il peut se rendre par *quelque, quelqu'un*; comme quand on dit : *De tous les peintres y en a-t-il* aucun *qui ait mieux entendu que Le Moine, la magie du clair-obscur ?—Je doute qu'il y ait* aucun *auteur sans défaut.*

(*Wailly et Lévizac*.)

Cet Adjectif pronominal s'employoit autrefois au pluriel.
La Fontaine a dit (dans le mal Marié) :

J'ai vu beaucoup d'hymens, *aucuns* d'eux ne me tentent.

Montesquieu (8ᵉ lettre Pers.) :
*Je ne me mêlai plus d'*aucunes *affaires.*

J.-B. Rousseau (Ode 1, liv. III) :

Tel que le vieux pasteur des troupeaux de Neptune,
Protée, à qui le ciel, père de la fortune,
Ne cache *aucuns* secrets.

Et Racine :

Aucuns monstres *par moi* domptés *jusqu'aujourd'hui*
Ne m'ont acquis le droit de faillir comme lui !

(Phèdre, act. I, sc. 1.)

Mais *D'Olivet* s'exprime ainsi, à l'occasion de ce vers de Racine : *Aucun* a un sens *affirmatif* et un sens *négatif*. Il a un sens *affirmatif* seulement en style du palais : *Ce fait est raconté par* AUCUNS (l'*Académie*); et dans le style marotique : D'AUCUNS *croiront que j'en suis amoureux.* Alors il signifie *quelques-uns.*

Il a un sens négatif quand il signifie *pas un*, et alors il n'est usité qu'au singulier :

Aucun chemin de fleurs ne *conduit* à la gloire.   (La Fontaine.)

A moins que le substantif auquel il se rapporte n'ait pas de singulier : *Il n'a fait* AUCUNS FRAIS ; *il n'a versé* AUCUNS PLEURS ; *il ne m'a rendu* AUCUNS SOINS; *il n'a fait* AUCUNS PRÉPARATIFS.

(L'*Académie.*)

Ainsi, les exemples que nous avons cités précédemment seroient incorrects aujourd'hui.

Fabre, Wailly, Domergue, Laveaux, etc., ont approuvé cette règle. *Féraud* et M. *Auger*, dans son Commentaire sur Molière (le Festin de pierre, act. III, sc. 4; et Don Garcie de Navarre, act. IV, sc. 3), qui la reconnoissent également bonne, pensent que la raison pour laquelle il ne faut pas se servir du pluriel dans aucun autre cas que ceux que *D'Olivet* a indiqués, c'est qu'*aucun* est toujours accompagné d'une négative qui exclut toute idée de *pluralité* : *Aucun*, c'est *pas un*; *qui n'en a pas un*, *n'en a pas du tout*, donc le pluriel ne peut convenir à cette expression.

Pas un.

Pas un s'emploie toujours, comme *aucun*, dans une signification restreinte et relative; toute la différence entre l'un et l'autre, c'est que *pas un* exprime une exclusion plus générale qu'*aucun*, et il modifie, comme cet adjectif, le nom qui précède ou qui suit; on ne s'en sert guère que dans le style familier : *il est aussi savant que* PAS UN.

Cette expression, dans ce sens, ne s'emploie point dans les phrases de doute.

(*Restaut*, pag. 169.—*Wailly*, pag. 248.)

Pas un, adjectif, prend le genre féminin ; mais il ne prend jamais le pluriel : *Il n'y a* PAS UNE *seule personne qui..*
(L'*Académie*.)

Nul, aucun, pas un, veulent la préposition *de* avant le substantif ou le Pronom qui le suit, comme : NUL DE *tous ceux qui y ont été*. (L'*Académie*.)—*Il n'y a* PAS UN DE *ces livres que je n'aie lu*.—AUCUNE DE *vous ne peut se plaindre de ma conduite*.

(*Lévizac*, pag. 388, t. 1er.)

§ IV.

MÊME.

Même est ou adjectif pronominal ou adverbe. Employé comme adjectif, il est variable ; employé comme adverbe, il ne l'est point. La difficulté est donc de savoir dans quel cas il est ou adjectif ou adverbe.

Même est adjectif pronominal, quand il précède le substantif, et alors il le modifie par l'idée d'identité, comme dans ces phrases : *C'est* LE MÊME *soleil qui éclaire toutes les nations de la terre*.
(*Restaut*.)

Pierre et Céphas, *c'est* LE MÊME *apôtre*. (L'*Académie*.)

LES MÊMES *vertus qui servent à fonder un empire servent aussi à le conserver*.
(*Montesquieu*.)

Dans ce cas, *même* répond à l'*idem* des Latins.

Même est encore adjectif, quand il modifie le substantif par une idée de similitude, de ressemblance. Dans cette phrase : *Vos droits et les miens sont* LES MÊMES.

Du berger et du roi les cendres sont les mêmes.

Même répond au *similis* des Latins.

Il est également adjectif, quand il est précédé de l'un des pronoms personnels *moi, toi, soi, lui*, etc. ; comme dans :

moi-même, toi-même, soi-même, lui-même, elle-même, nous-mêmes (280), *vous-mêmes, eux-mêmes, elles-mêmes.*

Ceux qui se plaignent de la fortune, n'ont souvent à se plaindre que D'EUX-MÊMES.

(*Voltaire*, Siècle de Louis XIV, t. I, au mot *Cassandre.*)

Un titre, quel qu'il soit, n'est rien si ceux qui le portent ne sont grands par EUX-MÊMES.

(*Voltaire*, Hist. de Russie, ch. II.)

Ici, *même* modifie le substantif par l'idée d'identité simple, et il répond à l'*ipse* des Latins.

Enfin, *même* est adjectif, quand il est précédé *d'un seul substantif* qui fait ou qui reçoit l'action du verbe. On dira donc : *Les Romains n'ont vaincu les Grecs que par les Grecs* MÊMES. (*Mably.*)

On est obligé de contraindre l'enfant ; il est triste, mais nécessaire de le rendre malheureux par instants, puisque ces instants MÊMES *de malheur sont les germes de son bonheur à venir.* (*Buffon.*)

Les meilleurs princes MÊMES, *pendant qu'ils ont une guerre à soutenir, sont contraints de faire le plus grand*

---

(280) On écrit *nous-même, vous-même*, sans s, quand il n'est question que d'une seule personne :

Va. Mais *nous-même* allons, précipitons nos pas.
(*Racine*, Bajazet, act. IV, sc. 5. C'est Roxane qui parle.)

Vous voyez
Ce que nous possédons et *nous-même* à vos pieds.
(*La Fontaine*, les Filles de Minée.)

Mais *vous-même*, ma sœur, est-ce aimer votre frère
Que de lui faire en vain cette injuste prière ?
(*Racine*, les Frères ennemis, act. II, sc. 3.)

Vous seul pouvez parler dignement de *vous-même*.
(*Voltaire*, la Henriade, ch. 1.)

C'est votre temps, ce sont vos soins, vos affections ; c'est VOUS-MÊME *qu'il faut donner.* (*J.-J. Rousseau.*)

Des Adjectifs pronominaux indéfinis.

des maux, qui est de tolérer la licence et de se servir des méchants.
(*Fénelon*, Télémaque, liv. III.)

Qui est-ce qui en pourra disconvenir; je ne dis pas de nos alliés, je dis de nos ennemis MÊMES, *etc. ?*
(*Boileau*, Remercîment à MM. de l'Académie.)

Les bienfaits MÊMES *veulent être assaisonnés par des manières obligeantes.*
(*Amelot.*)

Les criminels, condamnés aux peines du Tartare, n'ont point besoin d'autres châtiments de leurs fautes, que leurs fautes MÊMES.
(Télémaque, liv. XVIII.)

Le mérite nous blesse et nous éblouit, et ne voulant pas nous défendre de nos vices, nous voudrions pouvoir ôter aux autres leurs vertus MÊMES.
(*Massillon.*)

<blockquote>
Cependant, à les entendre
Leurs ramages sont si doux,
Qu'aux bords *mêmes* du Méandre,
Le cygne en seroit jaloux.
(*J.-B. Rousseau*, Ode à Malherbe, l. III.)
</blockquote>

Les rochers MÊMES, *et les plus farouches animaux sont sensibles à de touchants accords.*
(*Gresset.*)

Dans ces exemples, *même* répond, comme lorsqu'il est précédé d'un pronom, à l'*ipse* des Latins; *les Romains n'ont vaincu les Grecs que par les Grecs* EUX-MÊMES, *etc., etc.*

Mais *même* est considéré comme adverbe, et par conséquent invariable : 1° Quand il modifie un verbe, comme dans ces phrases : *Nous n'irons pas à la campagne, nous n'avons pas* MÊME *envie d'y aller.*

Nous ne devons pas fréquenter les impies, nous devons MÊME *les éviter comme des pestes publiques.*

2° Quand il est précédé de *plusieurs substantifs* qui font ou reçoivent l'action du verbe:

Les hommes, les animaux, les plantes MÊME *sont sensibles aux bienfaits.*

J'enlèverois ma femme à ce temple, à vos bras,
Aux dieux même, à nos dieux, s'ils ne m'exauçoient pas.
(*Voltaire*, Olympie, act. III, sc. 3.)

Les plaisanteries, les agaceries, les jalousies MÊME *m'intéressoient.* (*J.-J. Rousseau.*)

Leurs états resserrés dans des bornes plus étroites, leurs plaintes, leurs jalousies, leurs fureurs, leurs invectives MÊME *ne les en convaincront-ils pas malgré eux?*
(*Boileau*, Remercîment à MM. de l'Académie.)

J'ai tout à craindre de leurs larmes, de leurs soupirs, de leurs plaisirs MÊME. (*Montesquieu*, 9ᵉ lettre Pers.)

D'autres femmes, des bêtes MÊME, *pourront lui donner le lait qu'elle lui refuse. La sollicitude maternelle ne se supplée point.* (*J.-J. Rousseau*, Émile, liv. I.)

Le nombre des productions de la nature, quoique prodigieux, ne fait que la plus petite partie de notre étonnement; sa mécanique, son art, ses ressources, ses désordres MÊME *emportent toute notre admiration.*
(*Buffon*, Histoire naturelle de l'Homme, pag. 15, t. I.)

Dans chacune de ces phrases, *même* répond à *et même, aussi, sans excepter*; c'est l'*etiam* des Latins : *Les hommes, les animaux,* ET MÊME *les plantes, les plantes* AUSSI, SANS EXCEPTER *les plantes, sont sensibles aux bienfaits.*

Quelques écrivains, et surtout des poètes, ont rendu variable *même* adverbe, et invariable *même* adjectif; mais ce sont des licences qui ne doivent pas tirer à conséquence : les règles, lorsque surtout elles sont fondées sur la raison, ne doivent point être violées, même par les grands écrivains.

§ V.

PLUSIEURS.

Plusieurs, qui n'a point de singulier, est ou substantif ou adjectif pronominal.

Comme substantif, il est des deux genres, ne se dit que des personnes, et en désigne un nombre indéterminé : Plusieurs *ont cru le monde éternel.* — Plusieurs *se sont trompés en voulant tromper les autres.*

(Le Dictionnaire de l'*Académie.* — M. Lemarc, et plusieurs autres Grammairiens modernes.)

Comme adjectif, *plusieurs* est également des deux genres; mais il se dit des personnes et des choses, et précède toujours le nom substantif qu'il détermine : Plusieurs *historiens ont raconté.* — *On le dit ainsi dans* plusieurs *gazettes.*

(Mêmes autorités.)

§ VI.

TOUT.

On en distingue de cinq sortes :

1° *Tout*, substantif, signifiant une chose considérée en son entier.... c'est le *totum* des Latins : Le tout *est plus grand que sa partie.* (L'*Académie.*) — En ce sens, il s'emploie tantôt avec l'article, et tantôt sans l'article; dans ce dernier cas, il signifie *chaque chose*, et est toujours du masculin et du singulier : *La jeunesse est présomptueuse ; quoique fragile, elle croit pouvoir* tout. (*Fénélon*, Télém.; liv. I.)

Tout étoit adoré dans le siècle païen ;
Par un excès contraire, on n'adore plus rien.
(L. *Racine*, la Religion, chant VI.)

Tout *tombe*, tout *périt*, tout *se confond autour de nous.*
(Sermon du père *Neuville.*)

Tout au monde est mêlé d'amertume et de charmes.
La guerre a ses douceurs, l'hymen a ses alarmes.
(La Fontaine, f. du Meunier, son fils et l'Ane.)

2° *Tout*, adjectif, signifiant *tout entier*... c'est le *totus*, l'*omnis* des Latins : Tout *l'homme ne meurt pas.*
(M. *Lemarc* et M. *Laveaux.*)

3° *Tout*, adjectif, signifiant *chaque*... c'est le *quisque* des Latins. — Dans ce sens, *tout* est toujours au singulier, et n'est jamais suivi de l'article ni d'un équivalent :

Tout éloge imposteur blesse une ame sincère.
(*Boileau*, épitre IX.)

Tout citoyen doit servir son pays ;
Le soldat, de son sang ; le prêtre, de son zèle.
(*Lamotte*, aux Écriv. inut.)

Tout mortel en naissant apporte dans son cœur
Une loi qui du crime y grave la terreur.
(*L. Racine*, Épit. II sur l'Homme.)

4° *Tout*, adjectif, signifiant une universalité collective... c'est l'*omnes* des Latins. — Toutes *les nouveautés en matière de religion sont dangereuses.*

Tous *les peuples qui vivent misérablement sont laids ou mal faits.*   (*Buffon*, Hist. nat. de l'Homme.)
(M. *Lemare*, pag. 39.)

Dans cette même acception, *tout* peut accompagner non-seulement les adjectifs possessifs : *Employer* TOUT *son pouvoir*, TOUTE *son industrie*, TOUT *son savoir*, TOUTE *sa capacité, pour son ami, c'est remplir un devoir;* mais encore les dix suivants : *Nous, vous, eux, ce, celui, ceci, cela, celui-ci, celui-là, le* ; il se met toujours à la suite des trois premiers : *nous tous, vous tous, eux tous;* mais il figure avant les démonstratifs : *tout ce, tous ceux, tout ceci*, etc. *Le*, pronom, ne veut immédiatement *tout*, ni avant, ni après lui, mais le renvoie après le verbe, dans les temps simples, et entre l'auxiliaire et le verbe, dans les temps composés : *Je les ai* TOUS *éprouvés, et je les trouve* TOUS *très-bons.*
(*Lévizac*, pag. 394, t. I.)

5° *Tout*, adverbe, signifiant *tout-à-fait, entièrement quelque* (281)... c'est l'*omnino*, le *plane* des Latins. Dans

---

(281) *Tout-à-fait* est une expression adverbiale, et *entièrement* un adverbe ; comme tels, ils sont invariables de leur nature. *Quelque*, placé

Des Adjectifs pronominaux indéfinis.

ce sens, il est *invariable*, quand il est placé avant un adjectif masculin pluriel, ou avant un adjectif féminin singulier ou pluriel qui commence par une voyelle ou un *h* non aspiré : *Ce sont des enfants* TOUT *pleins d'esprit.* — *Ces vins-là veulent être bus* TOUT *purs.* — *Les chevaux qui ont le poil roux sont ou* TOUT *bons ou* TOUT *mauvais.*

(*L'Académie, Th. Corneille*, observ. sur la 107ᵉ rem. de *Vaugelas*, et *Laveaux*, son dict. des difficultés, au mot *tout*.)

Nos vaisseaux sont *tout* prêts, et le vent nous appelle.
(*Racine*, Andromaque, act. III, sc. 1, même édit.)

Les hommes, TOUT *ingrats qu'ils sont, s'intéressent toujours à une femme tendre, abandonnée par un ingrat.*
(*Voltaire*, Préface du commentaire sur Ariane.)

Il se soumet lui-même aux caprices d'autrui,
Et ses écrits *tout* seuls doivent parler pour lui.
(*Boileau*, satire IX, édit. de P. Didot.)

C'est là ce qui fait peur aux esprits de ce temps
Qui, *tout* blancs au-dehors, sont *tout* noirs au-dedans (282).
(*Boileau*, Discours au Roi, même édit.)

---

avant un adjectif masculin, ou féminin singulier ou pluriel, est également invariable.

(282) Observez que, si, sans aucunement avoir égard à l'état, à la qualité des personnes et des choses dont il a été question dans tous ces exemples, on ne vouloit considérer que le nombre de ces personnes, ou de ces choses, on seroit obligé, pour exprimer sa pensée, de mettre *toute* avant l'adjectif féminin ; ou bien, si l'adjectif se trouvoit au pluriel masculin ou féminin, de mettre *tous* ou *toutes*.

Ainsi au lieu de dire, par exemple, *les chevaux qui ont le poil roux sont ou* TOUT *bons ou* TOUT *mauvais.* — *Nos vaisseaux sont* TOUT *prêts.* — *Ces hardes sont* TOUT *usées*, etc., etc. ; ce qui signifie, *les chevaux qui ont le poil roux sont ou* TOUT-À-FAIT *bons ou* TOUT-À-FAIT *mauvais.* — *Nos vaisseaux sont* ENTIÈREMENT *prêts.* — *Ces hardes sont* TOUT-À-FAIT *usées*; on diroit : *les chevaux qui ont le poil roux sont* TOUS *bons ou* TOUS *mauvais ; les vaisseaux sont* TOUS *prêts, ces hardes sont* TOUTES *usées*; ou ce qui seroit encore mieux, on diroit : TOUS *les chevaux qui ont le poil roux sont ou bons ou mauvais ;* TOUS *les vaisseaux sont prêts*, puisque c'est du nombre de personnes ou de choses que l'on veut parler, et non de leur état.

L'Ame est donc *tout* esclave! une loi souveraine
Vers le bien ou le mal incessamment l'entraîne.
(*P. Corneille*, Œdipe, act. III, sc. 5 ; édit. de M. Renouard.)

Cette simplicité même, TOUT *ennemie qu'elle est du faste et de l'ostentation,* etc.
(Le même., Discours à l'*Académie*, même édit.)

La paresse, TOUT *engourdie qu'elle est, fait plus de ravage chez nous que toutes les autres passions ensemble.*
(La Rochefoucauld, note d'Amelot au mot *paresse*.)

Eucharis, rougissant et baissant les yeux, demeuroit derrière TOUT *interdite.*
(*Fénélon*, Télém., l. III, édition de M. Lequien, collationnée sur les trois manuscrits connus à Paris.)

Baléazar a commencé son règne par une conduite TOUT *opposée à celle de Pygmalion.* (Le même, l. VIII, même édit.)

TOUT *éclaircie qu'elle étoit, elle n'a point présumé de ses connoissances.* (Bossuet, Orais. fun. de la Duch. d'Orl. édit. de P. Didot.)
Il est TOUT *zèle,* TOUT *ardeur et* TOUT *obéissance.* (*Buff.* parlant du chien.)

Un torrent de plaisirs, une mer de clarté,
D'un bonheur inconnu m'inonde *tout entière*.
(*Delille*, Paradis perdu, l. IX.)

C'est Vénus *tout* entière à sa proie attachée.
(*Racine*, Phèdre, act. I, sc 3, édit. de P. Didot.)

Et mon ame à la cour s'attacha *tout* entière.
(Le même, Athalie, act. III, sc. 3, même édit.)

La cour est, ce me semble, à Marly TOUT *autre qu'à Versailles.* (*Racine*, lett. à Boileau, même édit.)

(*Vaugelas, Wailly, Domergue,* pag. 206 de ses Solutions Gramm.;
M. *Lémare,* et les Grammairiens)

La valeur, TOUT *héroïque qu'elle est, ne suffit pas pour faire les héros.* (*Massillon*, Orais. fun. de Turenne.)

Exception. — *Tout,* ayant la signification de *quelque*, entièrement, *tout-à-fait,* cesse d'être *invariable,* lorsque l'adjectif qu'il précède est féminin et commence par une con-

sonne ou par un *h* aspiré : TOUTES *raisonnables qu'elles sont.* — *C'est une femme* TOUTE *pleine de cœur.*
(L'*Académie*, au mot *tout*.)

L'espérance, TOUTE *trompeuse qu'elle est, sert au moins à nous mener à la fin de la vie par un chemin agréable.*
(La Rochefoucauld, au mot *espérance*, n. 1.)

La Grèce, TOUTE *polie et* TOUTE *sage qu'elle étoit, avoit reçu les cérémonies des dieux immortels et leurs mystères impurs.*
(Bossuet, Discours sur l'Hist. univ.)

Cette jeune personne est TOUTE *honteuse de s'être exprimée comme elle l'a fait.*
(L'*Académie*.)

Certes, tu me dis là une chose TOUTE *nouvelle.*
(Molière, l'Avare, act. II, sc. 6.)

Remarque. — Il faut observer que *tout*, lorsqu'il précède l'adjectif *autre* suivi d'un substantif exprimé ou sous-entendu, a, dans ce cas, la signification de *chaque*, adjectif déterminatif modifiant le substantif, et conséquemment s'accorde :

TOUTE *autre place qu'un trône eût été indigne d'elle.*
(Bossuet, Oraison funèbre de la reine d'Angleterre.)

Cette liberté a ses bornes comme TOUTE *autre espèce de liberté.*
(Voltaire, Préf. du comte d'Essex.)

Cléopâtre aima mieux mourir avec le titre de reine, que de vivre dans TOUTE *autre dignité.*
(Boileau, Préface du traité du Sublime.)

Voilà la paix dont j'ai joui, TOUTE *autre me paroît une fable ou un songe.* (Télém., liv. IV.) — Sous-entendu *paix*.

Toute autre se seroit rendue à leurs discours.
(Racine, Britannicus, act. IV, sc. 2.)

Sous-entendu *femme*.

Mais *tout*, suivi de *autre* et d'un substantif, redeviendroit adverbe, et conséquemment *invariable*, si *tout* étoit précédé du mot *une*; alors *tout* signifieroit *entièrement*, et modifieroit l'adjectif *autre*. Ainsi Bossuet eût dit et écrit : *Une* TOUT *autre place qu'un trône eût été indigne d'elle.*

Tout est encore adverbe et alors *invariable*, quand il précède un autre adverbe, comme dans ces exemples: *La rivière coule* TOUT *doucement.*
(L'*Académie*, au mot *tout*.)

Ces fleurs sont TOUT *aussi fraîches qu'hier.*
(*Ménage* et *Patru*, sur la 107e rem. de *Vaugelas*.)

La joie de faire du bien est TOUT AUTREMENT *douce que la joie de le recevoir.* (*Massillon*, Serm. sur la mort du Pécheur.)

Cette dame est TOUT AUSSI *fraîche que dans son printemps.*
(*Th. Corneille* et les Gramm. mod.)

Je conclus que Cléon est assez bien chez elle.
Autre conclusion *tout aussi* naturelle.
(*Gresset*, le Méchant, act. I, sc. 2.)

Exception. — *Tout*, placé avant l'adverbe *tant*, n'est pas adverbe, mais adjectif; il signifie alors *en quelque nombre que*, et s'accorde avec le mot qu'il modifie. On lit dans L. *Racine* (Alexandre-le-Grand, act. II, sc. 2):

.... maître absolu de *tous tant* que nous sommes.

Dans *Racine* le fils (Poème de la Grâce, ch. IV) :

.... Dieu veut le salut de *tous tant* que nous sommes ;
Jésus-Christ a versé son sang pour tous les hommes.

Dans *La Fontaine* (l'Homme et la Puce) :

Il semble que le ciel sur *tous tant* que nous sommes
Soit obligé d'avoir incessamment les yeux. (Fable 146.)

Dans le même écrivain :

..... *Tous tant* que nous sommes,
Nous nous laissons tenter à l'approche des biens. (Fable 149.)

Dans *Molière* (les Femmes Sav., act. III, sc. 2) :

Et je veux nous venger, *toutes tant* que nous sommes,
De cette indigne classe où nous rangent les hommes.

Dans *J.-B. Rousseau* :

> Un instinct né chez tous les hommes,
> Et chez tous les hommes égal,
> Nous force *tous tant* que nous sommes,
> D'aimer notre séjour natal.   (Ode VIII, l. 3.)

Enfin *tout* est adverbe quand il précède un gérondif, ou une préposition et un substantif, remplaçant l'un et l'autre un adverbe : *Elle lui dit cela* TOUT *en riant.* — *Elle sortit* TOUT *en grondant.*

(L'*Académie.*)

Elle se tient TOUT *de travers. Leurs regards étoient* TOUT EN *feu. Leurs amis étoient* TOUT EN *colère.*   (*Caminade.*)

> Si bien donc que votre ame est *tout en* feu pour moi.
> (*La Fontaine*, Climène, comédie.)

Elle est TOUT EN eau ; TOUT EN sueur.
(*Th. Corneille*, observ. sur la 107ᵉ rem. de *Vaugelas*.)

> Ma muse *tout en* feu me prévient et te loue.
> (*Boileau*, Discours au Roi, édit. de P. Didot.)

> Seigneur, votre sortie a mis *tout* en alarmes ;
> Thèbes, qui croit vous perdre, est déjà *tout* en larmes.
> (*Racine*, les Frères ennemis, act. I, sc. 4, même édit.)

Et quand il précède un substantif employé sans déterminatif, et pour qualifier un autre substantif ou un pronom : *Cette femme est* TOUT *œil et* TOUT *oreille,* TOUT *yeux et* TOUT *oreilles.*

(L'*Académie* et *Th. Corneille*, observ. sur la 107ᵉ rem. de *Vaugelas*.)

> Ce diable étoit *tout* yeux et *tout* oreilles.
> (*La Fontaine*, fable 244, Belphégor.)

Les Français sont TOUT *feu pour entreprendre.*
(*J.-J. Rousseau*, Confessions, l. 6.)

Ces règles sur *tout* adverbe sont absolument celles que donne l'*Académie*; peut-être les avons nous exprimées d'une manière plus claire et plus succincte.

Observations. — *Tout*, joint à un nom de ville, prend le

genre masculin, quoique le nom de ville soit féminin, non pas parce que dans ce cas on le considère comme adverbe, mais parce qu'on sous-entend le mot *peuple*, auquel l'esprit fait rapporter l'adjectif *tout*; on dira donc avec le cardinal d'Ossat : Tout *Rome le sait, ou l'a vu*. — Tout *Florence en est abreuvé*, c'est-à-dire TOUT *le peuple de Rome*, TOUT *le peuple de Florence*.

(*Th. Corneille*, sur la 106e rem. de *Vaugelas*; et l'*Académie*.)

Il n'en est pas de même lorsqu'il est joint à un nom de province, de royaume, d'une des quatre parties du monde, et même d'une paroisse ou d'une rue; il prend alors le genre de ce nom; il faut donc dire : TOUTE *la France*, TOUTE *la rue*, TOUTE *la paroisse l'a vu*; quoique toute la France, la rue ou la paroisse ne signifient autre chose que tout le peuple de la France, de la rue ou de la paroisse.

(Mêmes autorités.)

Tout se répète avant chaque substantif, synonyme ou non : *il a perdu* TOUTE *l'affection*, TOUTE *l'inclination qu'il avoit pour moi*; et non pas : *il a perdu* TOUTE *l'affection et l'inclination*, etc.

Ce seroit une plus grande faute de ne pas répéter *tout*, devant deux substantifs de genre différent; et il n'y a personne qui pût souffrir cette fin de lettre : *je suis avec* TOUTE *l'ardeur et le respect possible*, au lieu de *je suis avec* TOUTE *l'ardeur et* TOUT *le respect possible*.

(Mêmes autorités.)

Enfin, quand *tout* a la signification de *chaque*, le singulier est plus correct que le pluriel. En vers, on a le choix de l'un ou de l'autre nombre, et *Racine* a pu dire :

Et ne voyois-tu pas, dans mes emportements,
Que mon cœur démentoit ma bouche à *tous* moments ?
(Andromaque, act. V, sc. 3.)

La Fontaine (La Fortune et le jeune Enfant) :

Elle est prise à garant de *toutes* aventures.

Et *Fontenelle* :

> Moi, qui n'ai, pour *tous* avantages,
> Qu'une musette et mon amour.

Mais, en prose, il est mieux de dire : *de* TOUT *genre, de* TOUTE *sorte,* que *de tous genres, de toutes sortes.* Cette règle, donnée par *Féraud* et *Domergue*, est établie sur l'usage le plus commun et le plus autorisé, et confirmée par une remarque de *Brossette* sur ces vers de *Boileau* (Sat. XII) :

> Puis, de cent dogmes faux la superstition
> Répandant l'idolâtre et folle illusion,
> Sur la terre en *tout* lieu disposée à les suivre.

que l'on doit, dit-il, écrire ainsi, et non pas en *tous lieux*, comme le portent quelques copies.

Voyez les Remarques détachées, lettre T.

§ VII.
TEL.

Nous en avons parlé aux Pronoms indéfinis, p. 453.

§ VIII.
QUEL.

Cet adjectif pronominal indéfini suppose toujours après lui un nom substantif auquel il se rapporte, et dont il prend le genre et le nombre. Il se dit des personnes et des choses : QUEL *plaisir ne doit-on pas sentir à soulager ceux qui souffrent, à faire des heureux, à régner sur les cœurs!*
(*Massillon*, Petit Carême.)

> *Quelle* foule de maux l'amour traîne à sa suite !
> (*Racine*, Andromaque, act. II, sc. 5.)

Il n'a manqué à Molière que d'éviter le jargon et le barbarisme, et d'écrire purement : QUEL *feu,* QUELLE *naïveté,*

QUELLE *source de la bonne plaisanterie,* QUELLE *imitation des mœurs,* QUELLES *images, et* QUEL *fléau du ridicule!*
(La Bruyère, chap. 1.)

Quel fruit revient aux plus rares esprits
De tant de soins à polir leurs écrits?
Quel est le prix d'une étude si dure?
Le plus souvent une injuste censure.
(J.-B. Rouss. Épître aux Muses, liv. 1.)

Quelquefois le nom substantif auquel l'Adjectif pronominal *quel* se rapporte est sous-entendu ; c'est, par exemple, quand, en rappelant ce dont on a déjà parlé, on demande QUEL *est-il?* QUELLE *est-elle?* ou bien encore si, après avoir dit : *J'ai des nouvelles à vous apprendre,* on demandoit, QUELLES *sont-elles?* c'est-à-dire QUELLES *nouvelles sont-elles?*
(Regnier Desmarais, p. 281.—Wailly, p. 203.)

Quelle, féminin de l'Adjectif *quel,* s'emploie dans le même sens, et dans les mêmes circonstances.

Voyez, pag. 475, la différence qu'il y a entre ce pronom et le pronom *Quelque.*

§ IX.
QUELQUE.

Cet Adjectif des deux genres marque au singulier une personne ou une chose indéterminée, et au pluriel un nombre indéterminé de personnes ou de choses : QUELQUE *passion secrète enfanta le calvinisme.*

Quelques crimes toujours précèdent les grands crimes.
(Racine, Phèdre, act. IV, sc. 2.)

Quelque, dans cette signification, répond à l'*aliquis* des Latins.
(L'Académie, M. Lemare, et les Grammairiens modernes.)

Quelque est considéré comme adverbe lorsqu'il précède immédiatement un adjectif de nombre cardinal ; alors il a le sens d'*environ,* d'*à-peu-près,* et il répond au *circiter* des

Latins : *Il y a* QUELQUE *cinq cents ans que Flavio Gioja, Napolitain, a fait l'utile découverte de la boussole.*

Alexandre perdit QUELQUE *trois cents hommes, lorsqu'il défit Porus.* (D'Ablancourt.)

>Plaise aux dieux, que votre héros
>Pousse plus loin ses destinées,
>Et qu'après *quelque* trente années
>Il vienne goûter le repos
>Parmi nos ombres fortunées.
>
>(Voltaire, Epître au prince de Vendôme.)

Il y en a eu QUELQUE *trente-six qui ont trouvé moyen d'entrer dans le port.* (Racine, Lettre à M. de Bonrepaux.)

(L'Académie, Vaugelas, Th. Corneille, Restaut, Wailly, etc., etc.)

§ X.

QUELQUE QUE, QUEL QUE.

Ces deux adjectifs pronominaux indéfinis varient dans leur syntaxe, selon les mots auxquels ils se rapportent, et auxquels ils sont joints. Or, *quelque* peut être joint ou à un *substantif*, ou à un *adjectif*, ou à un *verbe*.

1° Joint à un substantif seul ou accompagné de son adjectif, QUELQUE répond au *quantuscunque, quantacunque*, des Latins ; il signifie *quel que soit le, quelle que soit la*, et alors il est considéré comme un Adjectif qui prend, quant au nombre seulement, l'inflexion du substantif ; dans cette signification, on l'écrit toujours en un seul mot :

QUELQUES *erreurs que suive le monde, on s'y laisse surprendre.*
(Girard.)

>.... Le peuple, au fond de son néant,
>Toujours séditieux, *quelque* bien qu'on lui fasse,
>Parle indiscrètement de ceux qui sont en place.
>
>(La Chaussée.)

>Princes, *quelques* raisons que vous me puissiez dire,
>Votre devoir ici n'a point dû vous conduire
>
>(Racine, Mithr., act. II, sc. 2.)

Quelques *grands biens que l'on possède;* quelques *belles qualités que l'on ait,* etc.
(*Regnier Desmarais, Restaut.*)

Quelques *grands avantages que la nature donne, ce n'est pas elle seule, mais la fortune avec elle qui fait les héros.*
(*La Rochefoucauld,* au mot *héros,* n° 2.)

Mais quelques vains lauriers que promette la guerre,
On peut être héros sans ravager la terre.
(*Boileau,* Épitre au Roi, vers 27.)

Quelques *faux bruits qu'on ait semés de ma personne, j'ai pardonné sans peine,* etc.
(Le même, Discours sur la Satire.)

Mais quelques fiers projets qu'elle jette en mon cœur,
L'amour. . . . .
(*Corneille.*)

Une femme, quelques grands biens *qu'elle porte dans une maison, la ruine bientôt, si elle y introduit le luxe, avec lequel nul bien ne peut suffire.*
(*Fénélon.*)

Quelques *légères différences dans le culte et dans le dogme avoient,* etc.
(*Voltaire,* Siècle de Louis XIV, sur l'Angleterre.)

Quelques secrètes voix que je croyois à peine (283).
(Le même, Eryphile, act. I, sc. 1.)

2° Suivi d'un Adjectif seul, ou d'un adverbe, *quelque*

---

(283) L'*Académie,* pag. 5 de ses observations sur *Vaugelas,* et quelques Grammairiens vouloient que, lorsque le substantif étoit immédiatement précédé d'un adjectif, *quelque* restât invariable, et ils étoient d'avis que l'on écrivît alors quelque *grands avantages que la nature donne;* parce que, disoient-ils, cette phrase vouloit dire, *quelque grands que soient les avantages que la nature donne;* mais la plupart des Grammairiens modernes, et le plus grand nombre des écrivains ont, comme on vient de le voir, rejeté cette opinion; en effet, lorsque le substantif est précédé d'un adjectif, comme dans les exemples ci-dessus, ce n'est point à l'adjectif que se rapporte *quelque,* mais au substantif, et cela est si vrai qu'on peut dans ce cas transposer l'adjectif après le

répond à l'adverbe *quantumvis* des Latins, et est invariable, puisque dans ce cas il modifie un mot qui n'a ni genre ni nombre par lui-même : Quelque puissants *qu'ils soient, je ne les crains point.*

(L'*Académie*.)

Quelque bien écrits *que soient ces ouvrages, ils ont peu de succès.*

Les choses qui font plaisir à croire seront toujours crues, quelque *vaines et* quelque *déraisonnables qu'elles puissent être.*

(*Buffon*, Hist. naturelle de l'Homme, p. 243, v. 4.)

Justes, ne craignez point le vain pouvoir des hommes;
Quelque élevés qu'ils soient, ils sont ce que nous sommes.

(*J.-B. Rousseau*, Ode III.)

Quelque corrompues *que soient nos mœurs, le vice n'a pas encore perdu parmi nous toute sa honte.*

(*Massillon*, Petit Carême, Tentations des Grands.)

Quelque sincères *que paroissent être les hommes avec les femmes, elles ne doivent pas s'attendre à n'être jamais trompées.*

(*Girard*.)

---

substantif, et même le supprimer, sans nullement nuire à la signification de *quelque*.

Il est un cas cependant où *quelque*, joint à un adjectif suivi de son substantif au pluriel, ne prendroit point la marque du pluriel; ce seroit celui où sa signification répondroit au *quantumvis* des Latins, comme dans les phrases citées ci-après et dans celle-ci : Quelque bons écrivains *qu'aient été Racine et Boileau, ils ont cependant fait des fautes de grammaire :* en effet, *quelque*, voulant dire ici *à quelque degré*, et alors tenant lieu d'un adverbe, ne doit pas prendre le signe du pluriel; et, afin de rendre plus frappante cette observation, nous la ferons suivre de cette phrase : *quelques bons écrivains ont dit*, dans laquelle on voit que *quelque* n'a point la signification d'un adverbe, celle du *quantumvis* du latin; mais qu'il répond au *quantuscunque* des Latins, mot qui, comme nous venons de le faire voir, prend la marque du pluriel, lorsqu'il est joint à un substantif au pluriel, seul, ou accompagné de son adjectif.

QUELQUE ADROITEMENT *que les choses se soient faites.*

Dans tous ces exemples, *quelque* est considéré comme adverbe.

3° Suivi d'un verbe, *quelque* s'écrit en deux mots (*quel que*); et alors le premier est adjectif, et s'accorde en genre et en nombre avec le nom ou pronom qui est le sujet de ce verbe : QUELLE QUE *soit votre intention;* QUELS QUE *soient vos desseins; quelles que soient vos vues.*
(L'Académie.)

La valeur, *quels que* soient ses droits et ses maximes,
Fait plus d'usurpateurs que de rois légitimes.
(*Crébillon*, Sémiramis, act. II, sc. 3.)

La loi, dans tout état, doit être universelle :
Les mortels, *quels qu'ils* soient, sont égaux devant elle.
(*Voltaire*, la Loi naturelle, 4ᵉ partie.)

Ils croyoient qu'un monarque uniroit leurs desseins,
Qu'injustement élu c'étoit beaucoup de l'être;
Et qu'enfin, *quel qu'il soit*, le François veut un maître.
(*Volt.*, la Henr., ch. VI.)

Quels que soient les humains, il faut vivre avec eux :
Un mortel difficile est toujours malheureux.
(*Gresset*, Sidney, act. II, sc. 2.)

(*Vaugelas*, 337ᵉ re 1.— *Th. Corneille*, sur cette rem.— Le P. Buffier, n. 477.— G rard, pag. 431, t. II.—*Restaut*, pag. 177.— Les Gramm. mode nes.)

§ XI.

TOUT, QUELQUE.

Ces deux expressions présentent des différences qu'il est essentiel de connoître. Par exemple, celui qui dit : TOUT GRAND *poète qu'est Delille, il lui échappe quelques fautes,* est convaincu que Delille est un grand poète; qu'il a la plénitude du talent poétique, et il exprime son jugement par les mots *tout grand poète*, et par le mode consacré à l'affirmation.

Celui qui dit : QUELQUE GRAND *poète que* SOIT *Delille, on peut le surpasser,* convient bien de certain degré de talent poétique dans Delille ; mais il fait entendre qu'il ne le croit pas parvenu au plus haut degré, qu'il est possible de s'élever plus haut, et il exprime son jugement par les mots *quelque grand poète,* et par le mode consacré à l'incertitude, au vague.

(M. *Boniface,* Man. des amat., etc., 2ᵉ année, pag. 297.)

§ XII.

TEL QUE, QUEL QUE.

Souvent on confond *tel que* avec *quel que ;* mais *tel que* sert à la comparaison, et il régit l'indicatif, qui est le mode de l'affirmation, parce que, dans les phrases où on l'emploie, il a un sens précis et positif :

TEL *est le caractère des hommes, qu'ils* ne SONT *jamais contents de ce qu'ils possèdent.*

(L'*Académie.*)

Quel que, au contraire, laisse dans l'indécision la qualité, l'état, la manière d'être de la personne, et, par cette raison, il régit le subjonctif, qui est le mode affecté au doute : *Je n'en excepte personne,* QUEL QU'*il soit,* QUEL QU'*il puisse être.*

(L'*Académie.*)

QUEL QUE *soit le mérite,* QUELLE QUE *soit la vertu de cet homme.*

Un meurtre, *quel qu'en soit le prétexte ou l'objet,*
Pour les cœurs vertueux fut toujours un forfait.
(*Crébillon,* le Triumvirat, act. II, sc. 3.)

Alors, au lieu de dire avec *Voltaire* (Sémiramis, act. III, sc. 6, édition de 1785) :

Ce grand choix, *tel qu'il soit,* peut n'offenser que moi.

il faut dire : *Ce grand choix,* QUEL QU'*il soit.*

Et avec *Sauvigny* : *Il n'est point de système*, TEL *absurde et ridicule* QU'*on puisse se le figurer, que des philosophes n'aient imaginé, et qui n'ait trouvé des partisans pour le soutenir;* dites : *Il n'est point de système*, QUELQUE *absurde et* QUELQUE *ridicule* QUE *l'on puisse se le figurer*, etc.

(*L'Académie*, sur la 397ᵉ rem. de *Vaugelas*, pag. 408. — *Wailly*, pag. 136. — *Lévizac*, pag. 599, t. I. — *Marmontel*, pag. 232.)

Quelques auteurs emploient aussi *quel, quelle* pour l'adjectif pronominal indéfini *quelque*; *Molière*, par exemple, a fait cette faute :

En *quel* lieu que ce soit, je veux suivre tes pas.
(Les Fâcheux, act. III, sc. 4.)

Il devoit dire *en quelque lieu que ce soit*.
(M. *Auger*, Comment. sur *Molière*.)

Voyez, pages 453 et 478, pour l'emploi de *tel* et de *quel*.

ARTICLE IX.

DES EXPRESSIONS *QUI QUE CE SOIT, QUOI QUE CE SOIT, QUOI QUE,*

Que plusieurs Grammairiens ont placées au rang des Pronoms indéfinis.

§ I.

QUI QUE CE SOIT.

Cette expression s'emploie seulement en parlant des personnes, au masculin singulier, avec ou sans négation, avec ou sans préposition.

Employé sans négation, *qui que ce soit* signifie la même chose que *quiconque* ou *quelque personne que ce soit* : À QUI QUE CE SOIT *que nous parlions, nous devons être polis.* — QUI QUE CE SOIT *qui me demande, dites que je suis occupé.*

Employé avec négation, il signifie *personne* ou *aucune*

personne : *Je n'envie la fortune de* QUI QUE CE SOIT. — *On ne doit jamais mal parler de* QUI QUE CE SOIT *en son absence.*
(*Regnier Desmarais*, pag. 278.—*Restaut*, pag. 176.—*Wailly*, pag. 314.)

§ II.

QUOI QUE CE SOIT.

Cette expression se dit seulement des choses; elle est toujours du masculin et du singulier, et s'emploie aussi avec ou sans négation, avec ou sans préposition.

Sans négation, elle signifie la même chose que *quelque chose que* : QUOI QUE CE SOIT *qu'elle dise, elle ne me persuadera pas.*

Avec une négation, elle signifie *rien* : *Quelque mérite que l'on ait, on ne peut, si l'on n'a ni bonheur ni protection, réussir à* QUOI QUE CE SOIT. (*Girard.*) — *Ceux qui ne s'occupent à* QUOI QUE CE SOIT *d'utile, me paroissent fort méprisables.*

(*Regnier Desmarais*, pag. 280.—*Restaut*, pag. 177.—*Wailly*, pag. 214.)

§ III.

QUOI QUE.

Quoi que s'écrit toujours en deux mots quand il signifie *quelque chose que* :

Quoi qu'en dise Aristote et sa docte cabale,
Le tabac est divin; il n'est rien qui l'égale.
(*Th. Corneille*, le Festin de pierre, act. I, sc. 1.)

Nous faisons nos destins, quoi que vous puissiez dire :
L'homme, par sa raison, sur l'homme a quelque empire.
(*Voltaire*, les Pélopides, act. I, sc. 1.)

Cependant il est souvent mieux, pour la clarté et pour l'harmonie, de préférer *quelque chose que* à *quoi que*; mais si l'on se sert de *quoi que*, on observera de ne pas lier *que* avec *quoi*, pour le distinguer du mot *quoique* conjonction.

(*Regnier Desmarais*, pag. 280.—*Restaut*, pag. 178.—Le Dict. critique de *Féraud*.)

Voyez, aux *Pronoms relatifs*, pag. 382, ce que nous avons dit sur le Pronom *quoi*.

ARTICLE X.

DE LA RÉPÉTITION DES PRONOMS

Les Pronoms personnels sujets *je, tu, il, elle, nous, vous, ils, elles* se répètent, 1° quand il y a deux propositions de suite, où l'on passe de l'affirmation à la négation, et de la négation à l'affirmation : IL *veut et* IL *ne veut pas.* —Vous *ne gagnez rien, et* vous *dépensez beaucoup.* —Vous *le dites, et* vous *ne le pensez pas.* —Vous *ne l'estimez pas, et* vous *le voyez.* —JE *n'ignore pas qu'on ne sauroit être heureux sans la vertu, et* JE *me propose bien de toujours la pratiquer.*

2° Quand les propositions sont liées par toute autre conjonction que les conjonctions *et, mais, ni* : JE *désire vous voir heureux, parce que* JE *vous suis attaché.* — Vous *serez vraiment estimé, si* vous *êtes sage et modeste.*

> Songez-vous que *je* tiens les portes du palais ?
> Que *je* puis vous l'ouvrir ou fermer pour jamais ?
> Que *j*'ai sur votre vie un empire suprême ?
> (*Racine*, Bajazet, act. II, sc. 1.)
>
> (*Beauzée*, Encycl., au mot *Répétition*.)

Dans toute autre circonstance, on répète ou l'on ne répète pas les Pronoms personnels sujets, selon que la répétition ou la non répétition de ces Pronoms donne à la phrase plus d'élégance, de force ou de clarté ; ainsi ces phrases :

Tu *aimeras tes ennemis,* tu *béniras ceux qui te maudis-*

De la Répétition des Pronoms.

sent, TU *feras du bien à ceux qui te persécutent*, TU *prieras pour ceux qui te calomnient.*

(*Beauzée.*)

Je veux qu'on dise un jour aux siècles effrayés :
Il fut des Juifs ; *il* fut une insolente race.

(*Racine*, Esther, act. II, sc. 1.)

Il s'écoute, il se plaît, il s'adonise, il s'aime.

(*J.-B. Rousseau.*)

NOUS *avons dit et* NOUS *allons prouver qu'il n'y a pas de bonheur sans la vertu.*

(*Beauzée.*)

Et celles-ci :

Quand le moment viendra d'aller trouver les morts,
J'aurai vécu sans soins, et *mourrai* sans remords.

(*La Fontaine*, le songe d'un habitant du Mogol.)

Un rapport clandestin n'est pas d'un honnête homme :
Quand j'accuse quelqu'un, *je* le dois, et *me* nomme.

(*Gresset*, le Méchant, act. V, sc. 4.)

Il pleuroit de dépit, et ALLA *trouver Calypso, errante dans les sombres forêts.*

(*Fénélon.*)

Troublé, furieux, livré à son désespoir, IL (Télémaque) *s'arrache les cheveux, se roule sur le sable,* REPROCHE *aux dieux leur rigueur,* APPELLE *en vain à son secours la cruelle mort.*

(Le même.)

L'Éternel est son nom ; le monde est son ouvrage ;
Il entend les soupirs de l'humble qu'on outrage,
Juge tous les mortels avec d'égales lois,
Et du haut de son trône *interroge* les rois.

(*Racine*, Esther, act. III, sc. 4.)

sont des phrases très-correctes. Au surplus le goût ne connoît pas de règles ; lui seul peut faire juger s'il faut répéter ou ne pas répéter les Pronoms personnels sujets, dans tout autre cas que ceux que nous avons indiqués.

Le, la, les, et en général les Pronoms en régime, *se re-*

pètent avant chacun des verbes dont ils sont les régimes : *Je veux* LES *voir,* LES *prier,* LES *presser,* LES *importuner,* LES *fléchir.*

Un fils ne s'arme point contre un coupable père ;
Il détourne les yeux, *le* plaint, et *le* révère.
(*Voltaire*, Brutus, act. I, sc. 2.)

Son visage odieux *m*'afflige et *me* poursuit.
(*Racine*, Esther, act. II, sc. 1.)
(*Beauzée*, au mot Répétition.)

Avant les verbes qui sont à des temps différents : *Ce que je vous ai dit,* JE *le crois et* LE CROIRAI, *jusqu'à ce que j'aie la preuve du contraire.*
(*Lévizac.*)

Avant les verbes qui, quoique composés du premier, expriment une action différente : IL *le fait et le défait sans cesse.*
(Le même.)

Enfin le relatif *que* se répète aussi, lorsque les verbes dont il est le complément ont des sujets différents, ou le même sujet désigné par un pronom répété : *C'est un malheureux* QUE *les remontrances les plus affectueuses n'ont point touché,* QUE *les menaces n'ont point ébranlé,* QUE *rien n'a pu arrêter, et* QUE *personne ne ramènera jamais à son devoir.*
(*Beauzée.*)

Voyez, pag. 341, et l'article XV, § 4, ce que nous disons sur la place des pronoms régimé.

Règle applicable à tous les Pronoms.

Le Pronom ne peut jamais se rapporter à un nom pris dans un sens indéterminé, c'est-à-dire, qui n'a ni article, ni équivalent de l'article, exprimé ou sous-entendu, tels que *mon, ton, un, tout, quelque, plusieurs,* et autres semblables; ainsi l'on ne doit pas dire : *L'homme est animal qui raisonne.* — *Il m'a reçu avec politesse qui m'a charmé;*

mais bien : *l'homme est* UN *animal qui raisonne ; il m'a reçu avec* UNE *politesse qui m'a charmé;* parce que *animal* et *politesse,* employés dans les premières phrases sans article, ou sans quelque équivalent de l'article, ne sont que de purs qualificatifs; ils expriment seulement une manière d'être, et alors le *qui* relatif ne sauroit s'y rapporter. En effet, ce seroit passer du général au particulier, ce seroit rattacher deux idées à un mot qui n'est rien par lui-même, qui tire toute sa valeur du substantif auquel il se rapporte.

Au lieu qu'à l'aide du mot *un*, équivalent de l'article, *animal* et *politesse* deviennent de vrais substantifs, et dès-lors ils peuvent être suivis du relatif *qui*, puisqu'ils sont pris dans un sens particulier.

On ne dira donc pas : *Il n'est point* D'HUMEUR *à faire plaisir, et* LA MIENNE *est bienfaisante.* — *Dans les premiers âges du monde, chaque père de* FAMILLE *gouvernoit* LA SIENNE *avec un pouvoir absolu.* Il faut prendre un autre tour, et dire, par exemple : *Il n'est pas d'humeur à faire plaisir, et moi, je suis d'une humeur bienfaisante.* — *Dans les premiers âges du monde, chaque père de famille gouvernoit ses enfants avec un pouvoir absolu:*

On ne dit pas non plus.

Pourquoi les femmes prient-elles Dieu en LATIN QU'ELLES *n'entendent point ?*

Je vous fais grâce, quoique vous ne LA *méritiez pas.*

Il faut dire :

Pourquoi les femmes prient-elles Dieu EN LATIN*, puisqu'elles n'entendent pas cette langue?*

Je vous fais grâce, quoique vous ne LE *méritiez pas.*

Dans la dernière phrase, le Pronom *le* se rapporte à *faire grâce* du genre masculin et du nombre singulier : *Je vous fais grâce, quoique vous ne méritiez pas que je vous fasse grâce.*

Voyez ce que nous avons dit, pag. 418, sur l'emploi du pronom *le*.

(MM. de *Port-Royal*, pag. 129.—*Duclos*, pag. 136 de ses notes.—*Th. Corneille*, sur la 369ᵉ rem. de *Vaugelas*.—L'*Académie*, pag. 384 de ses observations.—*Condillac*, chap. 12, pag. 215.—De *Wailly*, et plusieurs autres gramm. modernes.)

Mais quelquefois le déterminatif est sous-entendu. Lorsqu'on dit, par exemple : *Il n'a point de livre qu'il n'ait lu. Est-il ville dans le royaume qui soit plus obéissante? Il n'y a homme qui sache. Il se conduit en père tendre qui...* au moyen du déterminatif *un*, sous-entendu, les substantifs *livre, ville, homme, père* sont déterminés, et le sens est : *Il n'a pas* UN *livre que. Est-il dans le royaume* UNE *ville qui? Il n'y a pas* UN *homme qui. Il se conduit comme* UN *père qui*, etc.

(*Condillac*, pag. 216.)

Le nom est également déterminé dans ce vers de *Racine* :

Jamais tant de beauté fut-elle couronnée?
(Esther, act. III, sc. 3.)

Dans ce vers, *une*, qui est équivalent de l'article, est sous-entendu; et *jamais tant de beauté*, signifie *jamais une si grande beauté*.

CHAPITRE V.

ARTICLE PREMIER.

DU VERBE.

Les mots que nous employons pour exprimer nos pensées servent à donner aux hommes la connoissance des objets qui sont présents à notre esprit, et du jugement que nous en portons. Or, toutes les fois que nous portons un jugement, nous pouvons distinguer trois choses : *le sujet*, *le verbe*, et *l'attribut*. Quand nous disons : *la vertu est aimable*; *la vertu* est *le sujet*, ou l'objet du jugement que nous énonçons par cette proposition (284); *aimable* est *l'attribut*, ou

---

(284) La *Proposition* est l'énonciation d'un jugement; quand je dis : *Dieu est juste*, il y a là une proposition, parce que je juge, j'affirme que la qualité de *juste* convient à Dieu.

Dans toute proposition il y a trois parties essentielles : *le sujet*, *le verbe*, et *l'attribut*.

Le *sujet* est l'objet d'un jugement. L'*attribut* est la qualité que l'on juge convenir au sujet; il en exprime la manière d'être. Le *verbe*, qui est toujours le mot *être*, affirme que la qualité exprimée par l'attribut appartient au sujet.

Ainsi, dans cette proposition : *Dieu est juste*; *Dieu* est le sujet, *est*, le verbe, et *juste*, l'attribut.

Il arrive très-souvent que le verbe et l'attribut sont réunis en un seul et même mot; comme dans cette proposition : *il vient*, que le Grammairien décompose ainsi, *il est venant*; *il* en est le sujet, *est*, le verbe, et *venant*, l'attribut.

Il y a deux sortes de propositions : la proposition *principale* et la proposition *incidente*.

La proposition *principale* est celle qui occupe le premier rang dans l'énonciation de la pensée; elle est ou *absolue* ou *relative*.

La Proposition *principale absolue* est celle qui a un sens complet

la qualité que nous assurons convenir à la vertu, que nous affirmons appartenir à la vertu : *est* est *le verbe*, le mot par lequel nous déclarons cette convenance, cette attribution de qualité, cette affirmation. Le Verbe est donc le mot par excellence; il entre dans toutes les phrases pour être le lien de nos pensées; lui seul a la propriété, non seulement d'en manifester l'existence, mais encore d'exprimer le rapport qu'elles ont au *présent*, au *passé*, et au *futur*.

---

par elle-même, et qui peut exister sans le secours d'aucune autre proposition :

Ni l'or ni la grandeur ne nous rendent heureux.
(*La Fontaine*, Philémon et Baucis.)

La Proposition *principale relative* est celle qui est liée à une autre proposition pour faire un sens total : *L'ame du sage est toujours constante, elle lutte avec un courage égal contre le malheur et contre la prospérité.* La seconde proposition, *elle lutte*, etc., est une proposition *relative*. Ainsi, quand il y a plusieurs propositions *principales*, la première est *absolue*, et les autres sont *relatives*.

La Proposition *incidente* est celle qui est ajoutée à une proposition précédente pour la déterminer ou pour l'expliquer. D'où il suit qu'il y a deux sortes de propositions *incidentes* : la proposition *incidente déterminative*, et la proposition *incidente explicative*.

La Proposition *incidente déterminative* détermine une proposition précédente, à laquelle elle est jointe d'une manière indivisible : *La gloire qui vient de la vertu a un éclat immortel;* les mots *qui vient de la vertu*, forment une proposition *incidente* liée au sujet *gloire*, dont elle est un supplément déterminatif, parce qu'elle sert à restreindre la signification trop générale du mot *gloire*, par l'idée de la cause particulière qui la procure. Cette proposition est indispensable au sens de la proposition qui précède, on ne sauroit la retrancher.

La Proposition *incidente explicative* explique la proposition précédente, à laquelle elle est jointe d'une manière indivisible : *Les savants, qui sont plus instruits que le commun des hommes, devroient aussi les surpasser en sagesse... Qui sont plus instruits que le commun des hommes,* voilà la proposition *incidente explicative*; elle est le supplément *explicatif* de la proposition qui précède, parce qu'elle sert à en développer l'idée. Cette proposition peut se retrancher sans nuire à l'intégrité du sens de la proposition précédente. (M. *Chapsal*.)

Remarquez que, quoiqu'il y ait des jugements négatifs, le Verbe renferme et exprime toujours l'*affirmation*. Ainsi quand nous disons : *la vertu n'est pas inutile*, le Verbe *est* marque aussi bien l'affirmation, que s'il n'étoit pas accompagné d'une négation; en effet, si cette négation n'y étoit pas, j'affirmerois que l'inutilité se trouve avec la vertu; mais en joignant la négation au Verbe, j'affirme qu'elle ne s'y trouve pas.

Remarquez encore que les Verbes négatifs renferment et expriment aussi l'*affirmation*.—*Nier*, par exemple, c'est affirmer ou qu'une chose n'est pas, ou qu'elle ne convient pas à une autre. Donc le principal emploi du Verbe est l'*affirmation*, c'est là sa qualité essentielle.

Cependant cette définition du Verbe ne marque pas tout l'usage des Verbes, et il n'y a réellement que le Verbe *être* dont elle rende bien toute la nature. Les hommes, naturellement portés à varier et à abréger leurs discours, ont trouvé le moyen de combiner avec la signification principale du verbe, qui est l'affirmation, plusieurs autres significations.

Ils y ont joint, 1°, celle de l'adjectif; quand je dis *Auguste joue*, c'est comme si je disois : *Auguste est jouant*. *Auguste* est le sujet, et *joue* est un Verbe qui renferme en lui-même le verbe *être*, et l'adjectif ou l'attribut *jouant*. De là est venue *la grande diversité des Verbes*.

2° Ils ont établi des différences dans les terminaisons, pour mieux désigner le sujet de la proposition : *j'aime, nous aimons, vous aimez*. De là les *personnes* dans les Verbes : et comme le sujet de la proposition peut désigner une ou plusieurs personnes, de là le *nombre singulier* et le *nombre pluriel*.

2° Ils y ont joint encore d'autres différences qui expriment à quelle partie de la durée appartient l'action, ou l'état exprimé par le Verbe; comme : *j'aime, j'ai aimé, j'aimerai*. De là *la diversité des temps*.

4°. Enfin, on a encore assujéti le Verbe à d'autres inflexions, pour marquer si *l'affirmation* est absolue, indéterminée, conditionnelle, dépendante, ou commandée; de là *les modes.*

(MM. de *Port-Royal.—Demandre*, Dict. de l'Elocut.)

La diversité de ces significations réunies en un même mot a jeté dans l'erreur, sur la nature du Verbe, beaucoup de Grammairiens, d'ailleurs très-habiles. Ils ont moins considéré *l'affirmation* qui en est l'essence, que ces rapports qui lui sont accidentels, en tant que verbe.

Aristote l'a défini, *un mot qui signifie avec temps.*

D'autres, comme *Buxtorf*, l'ont défini, *un mot qui a diverses inflexions, avec temps et personnes.*

D'autres ont cru que l'essence du Verbe consiste *à signifier des actions et des passions.*

Et *Jules Scaliger* a cru révéler un grand mystère, dans son livre des principes de la langue latine, en disant que la distinction des choses, en ce qui demeure et ce qui se passe, est la vraie origine de la distinction entre les noms et les Verbes; les noms devant signifier *ce qui demeure*, et les Verbes *ce qui se passe.*

Mais, comme le disent MM. *de Port-Royal*, il est aisé de voir que toutes ces définitions sont fausses, et n'expliquent pas la vraie nature du Verbe.

La manière dont sont conçues les deux premières le fait assez voir, puisqu'il n'y est point dit ce que le Verbe signifie, mais seulement ce avec quoi il signifie.

Les deux dernières sont encore plus mauvaises, car elles ont les deux plus grands vices d'une définition; savoir, de ne convenir ni à tout le défini, ni au seul défini.

En effet, il y a des verbes qui ne signifient ni des actions, ni des passions, ni ce qui passe, comme: *reposer, exceller, exister*, etc.

Et il y a des mots qui ne sont point verbes, qui signifient

des actions et des passions, et même des choses qui passent, selon la définition de *Scaliger*.

Ainsi, à ne considérer que ce qui est essentiel au Verbe, il doit demeurer pour constant que sa seule vraie définition est: *un mot* dont le principal usage est *de signifier l'affirmation*, puisqu'on ne sauroit trouver de mot qui marque l'*affirmation*, qui ne soit Verbe, ni de Verbe qui ne serve à la marquer.

Toutefois, si l'on veut comprendre, dans la définition du Verbe, ses principaux accidents, on le pourra définir ainsi: *Un mot* dont le principal usage est *de signifier l'affirmation, avec désignation des personnes, des nombres, des temps, et des modes;* et cette définition convient parfaitement au Verbe *être*, que l'on appelle *Verbe substantif*, parce qu'il ne signifie par lui-même que l'affirmation *sans attribut*, de même que le substantif ne signifie que l'objet sans égard à ses qualités.

Pour les autres Verbes, en tant qu'ils en diffèrent par l'union que l'on a faite de l'affirmation avec certains attributs, on les peut définir en cette sorte: *Un mot* dont le principal usage est *de signifier l'affirmation de quelque attribut, avec désignation des personnes, des nombres, des temps, et des modes;* et l'on appelle ces verbes, *Verbes adjectifs*, parce qu'ils réunissent en un seul mot l'affirmation, et ce que l'on attribue au sujet, de même que l'adjectif réunit et l'objet, et la qualité qui lui est attribuée.

(MM. de *Port-Royal*, pag. 152.)

Après avoir expliqué l'essence du Verbe, et en avoir marqué les principaux accidents, il est nécessaire de considérer ces mêmes accidents en particulier, et de commencer par ceux qui sont communs à tous les verbes, qui sont la diversité *des personnes, des nombres, des temps, et des modes.*

ARTICLE II.

DES NOMBRES ET DES PERSONNES DANS LES VERBES.

Il y a dans les Verbes, comme dans les noms, deux nombres : le singulier et le pluriel. Le singulier, quand une seule personne ou une seule chose fait l'action du verbe : *je chante, tu dors, il marche ;* et le pluriel, quand deux ou plusieurs personnes ou plusieurs choses concourent à cette action : *nous chantons, vous dormez, ils marchent.*

Dans chaque nombre, il y a trois personnes. La première est celle qui parle ; la seconde est celle à qui l'on parle ; la troisième est celle de qui l'on parle.

La première personne est exprimée par les pronoms *je* pour le singulier, et *nous* pour le pluriel.(285).

La seconde personne par le pronom *tu* et *vous.*

La troisième personne par le pronom *il* et *ils.*

Cependant, afin de ne pas toujours employer ces pronoms, on a cru qu'il suffiroit de donner au verbe une inflexion, une terminaison pour exprimer la première, la seconde et la troisième personne, tant au singulier qu'au pluriel.

---

(285) En français, quoiqu'on ne parle qu'à une seule personne, la politesse veut qu'ordinairement on se serve de la seconde personne du pluriel, au lieu de celle du singulier; on dit : *Monsieur*, vous écrivez *fort bien*, et non pas : tu écris *fort bien.*

Dans les verbes passifs, et dans les verbes neutres, dont nous parlerons bientôt, quand on dit par politesse *vous*, au lieu de *tu*, le verbe ne prend point un *s* au pluriel ; on ne dit point : *Madame, vous êtes* aimées, mais *vous êtes* aimée, quoique *vous* et *êtes* soient au pluriel.

Dans les requêtes, les placets, les exposés, on se sert de la troisième personne au lieu de la seconde.—Un domestique peut dire aussi à son maître : *Monsieur, vous êtes servi;* mais, dans les maisons montées sur un haut ton, le domestique dira : *Monsieur* est *servi.*

Aussi la personne dans les Verbes est-elle désignée, du moins le plus souvent, de deux manières : par le pronom qui la représente : *je, nous, tu, vous, il, elle, ils, elles,* et par la terminaison, l'inflexion du verbe : *vois, voyons, vois, voyez ; voit, voient.* Mais si l'on a réuni ces deux expressions de la personne, c'est parce qu'il y a quelques occasions où celle du pronom ne peut entrer, comme, par exemple, ainsi que nous le verrons tout-à-l'heure, dans l'*impératif,* et que, dans d'autres, l'inflexion du verbe ne suffiroit pas, comme dans la première et la troisième personne du singulier du présent de l'indicatif du verbe *aimer,* où l'on écrit et l'on dit également *aime : j'aime, il aime,* etc.

(Demandre, au mot *Personne.*)

ARTICLE III.

DES TEMPS DU VERBE.

Tous les jugements que nous portons des choses qui sont l'objet de nos pensées, se rapportent à un temps *présent, passé,* ou *futur,* parce que la durée ne peut se diviser qu'en trois parties, qui sont l'instant de la parole, celui qui le précède, et celui qui le suit. Cette circonstance de temps ne change rien à la nature du sujet, ni à celle de l'attribut ; elle ne modifie que l'affirmation exprimée par le verbe.

C'est donc en modifiant le verbe, et en lui donnant des formes différentes, que l'on peut exprimer ces diverses circonstances de temps. Ainsi nous disons *il pleut,* s'il s'agit d'exprimer que l'action *se fait* présentement ; *il plut,* s'il s'agit d'exprimer qu'elle se fit ; *il pleuvra,* s'il s'agit d'exprimer qu'elle *se fera.*

Ces formes, ces modifications destinées à indiquer les circonstances de temps, se nomment elles-mêmes des *temps.*

(M. *Sylvestre de Sacy,* Gramm. gén., pag. 158.)

Cependant il faut avouer que ces modifications ne sont pas

essentiellement attachées au verbe. Le verbe pourroit être invariable, et les circonstances du temps pourroient être exprimées par des adverbes, ou de quelque autre manière, ou même simplement indiquées par l'ordre de la narration. C'est ce qui arrive souvent parmi les gens qui ne savent qu'imparfaitement le français. Si un nègre, par exemple, disoit : *Hier moi* ALLER *à la rivière pour chercher de l'eau, moi* TROUVER *l'eau gelée, pas* POUVOIR *casser la glace*, on l'entendroit presque aussi bien que s'il eût dit : *Hier je suis allé à la rivière pour chercher de l'eau, j'ai trouvé l'eau gelée, et je n'ai pu casser la glace.*

(Même autorité.)

Il n'y a réellement que ces trois temps : le *présent*, le *passé*, le *futur*, puisque la durée ou le temps ne peut être divisé autrement.

Mais il peut exister entre plusieurs actions qui ont rapport au même point de la durée, diverses nuances, divers rapports que les *trois* temps dont nous venons de parler ne pourroient seuls exprimer. Par exemple, une action passée peut être présente à l'égard d'une autre action également passée; comme, JE LISOIS *quand vous entrâtes* ; ou bien une de ces deux actions passées peut être antérieure à l'autre : J'AVOIS LU *quand vous entrâtes*, etc., etc. De même il peut arriver qu'entre deux actions qui appartiennent à un temps à venir, il y en ait une qui soit passée par rapport à l'autre; comme quand on dit : J'AURAI LU QUAND *vous viendrez*. Or, pour exprimer ces différents rapports, on a imaginé cinq sortes de passés, et deux sortes de futurs. Le *présent* est le seul qui n'ait pas de temps correspondants, parce que le présent est un point indivisible : tout ce qui n'est pas rigoureusement présent est *passé* ou *futur*.

D'où il résulte qu'il y a cinq sortes de passés : l'*imparfait*. je chantois ; le *prétérit indéfini*, j'ai chanté ; le *prétérit défini*, je chantai ; le *prétérit antérieur*, j'eus chanté, et le *plus que parfait*, j'avois chanté.

Deux futurs : le *futur simple*, je chanterai, et le *futur passé*, j'aurai chanté.

Les temps se divisent en temps *simples*, et en temps *composés*. Les temps *simples* sont ceux qui sont exprimés en un seul mot ; comme : *je chante, je chanterai, chanter*, etc.; et les temps *composés*, ceux qui sont formés d'*avoir* ou d'*être*, et d'un participe passé : *j'ai chanté, j'avois chanté, je suis aimé, être aimé*, etc.

Parmi les temps *simples*, il y en a cinq qu'on appelle temps *primitifs*, parce qu'ils servent à former les autres temps, et qu'ils ne sont formés eux-mêmes d'aucun autre ; ce sont le *présent de l'infinitif*, le *participe présent*, le *participe passé*, le *présent de l'indicatif*, et le *prétérit défini*.

Les temps formés des temps primitifs se nomment *temps dérivés*.

Page 531, nous donnerons les terminaisons des *temps primitifs*, et page 561, la formation des *temps*.

Les détails dans lesquels nous venons d'entrer nous paroissent suffisants pour donner au lecteur une idée claire et précise de ce que l'on entend par *temps* en Grammaire : quant à l'emploi de ces différents *temps*, nous en ferons l'objet d'un article particulier.

ARTICLE IV.

DES MODES DU VERBE.

Le mot *mode* signifie *manière*. On a donné ce nom à diverses inflexions du verbe qui servent à exprimer les différentes manières d'affirmer. Il y a cinq modes, qui sont l'*Indicatif*, le *Conditionnel*, l'*Impératif*, le *Subjonctif* et l'*Infinitif*.

L'*Indicatif* exprime simplement l'affirmation ; comme : *Je donne ; j'ai donné, je donnerai*. On l'appelle *indicatif*, parce qu'il indique l'affirmation d'une manière directe, positive, et non dépendante d'aucun autre mot, quel que soit le temps auquel cette affirmation se rapporte.

(*Restaut*, pag. 224.—*Lévizac*, pag. 87, t. 2.)

Le *Conditionnel* exprime l'affirmation avec dépendance d'une condition : *Je lirois si j'avois des livres.*

L'*Impératif* exprime l'affirmation sous la forme du commandement, de l'invitation ou de l'exhortation : *Apprends à obéir pour commander aux autres.*

Ce mode n'a point de première personne au singulier, parce que, soit en commandant, soit en priant, soit en exhortant, on ne peut parler à soi-même qu'à la seconde personne, et qu'alors un homme se considère comme étant, en quelque sorte, divisé en deux parties, dont l'une commande à l'autre, la prie et l'exhorte.

(*Fromant*, supplément à la Gramm. de *Port-Royal*, pag. 190.)

Voici comment s'exprime M. *Lemare* (p. 105 de son Cours théor., prem. édition) : « On ne parle que pour communiquer ses pensées. Je puis bien commander à un autre qu'il lise ; c'est de l'énonciation de cet ordre que dépend cette action. Mais si je veux lire, je n'ai pas besoin de me commander par un ordre verbal, un ordre intérieur me suffit.

Quand je dis *lisons*, il n'y a toujours que moi qui ordonne, et je n'ordonne que pour que les autres lisent. Si je suis compris dans l'ordre, ce n'est que par honnêteté, par accident.

Nos Grammairiens disent : *L'impératif n'a point de première personne, parce qu'on ne peut pas se commander à soi-même.* Et pourquoi ne se commanderoit-on pas ? Ne dit-on pas tous les jours : *Cet homme sait se commander ; je sais me commander ?* Au contraire, il n'y a personne à qui l'on puisse mieux commander qu'à soi-même pour être sûr de l'obéissance. Mais quand on se commande, on n'a pas besoin de se le dire ; on agit, et cela vaut mieux.

Ainsi, il n'y a pas de première personne, non point, parce qu'on ne peut se commander, mais parce qu'il est inutile d'exprimer le commandement. »

Puisque le commandement ou la prière qui se rapporte à l'*Impératif* se fait souvent relativement à l'avenir, il arrive de là que ce mode exprime souvent une idée de futurition.

Le *Subjonctif* exprime l'affirmation d'une manière subordonnée, et comme dépendante d'un autre verbe, auquel le verbe au subjonctif est toujours lié par le moyen d'une conjonction : *Il faut que j'aille; il falloit que j'écrivisse; en cas que je chantasse.*

Voilà pourquoi le *Subjonctif* exprime toujours quelque chose d'incertain.

L'*Infinitif* exprime l'affirmation d'une manière indéfinie et indéterminée, et dès-lors sans aucun rapport exprimé de nombres ni de personnes; comme : *donner, lire, plaire.*

(MM. de *Port-Royal*, pag. 165 et 175.)

Chacun de ces modes a divers temps; excepté cependant l'*Impératif*, qui n'a qu'un temps.

On trouvera, à l'article XVI du présent chapitre, ce qu'il est nécessaire de savoir sur les modes, les temps et leur emploi.

ARTICLE V.

DES DIFFÉRENTES SORTES DE VERBES.

Verbe Substantif *et* Verbes Adjectifs.

Quoique le Verbe substantif *être* serve à former tous les *autres* Verbes, ainsi que nous le faisons voir, page 506, et qu'il soit par conséquent le seul verbe qu'il y ait; les hommes, ayant joint, dans beaucoup de circonstances, quelque attribut particulier avec l'affirmation, ont fait de cette réunion cinq autres sortes de verbes, auxquels ils ont donné le nom de verbes *adjectifs*, parce qu'ils réunissent en un seul mot l'affirmation, et ce que l'on attribue au sujet.

Ces Verbes adjectifs sont : le Verbe *actif*, le Verbe *passif*, le Verbe *neutre*, le Verbe *pronominal*, et le Verbe *impersonnel*, ou plutôt *unipersonnel*.

§ I.

DU VERBE ACTIF.

Le Verbe *actif* est celui qui exprime une action faite par le sujet, et qui a, ou peut avoir un *régime direct*. Dans cette phrase : *Hippolyte aime le travail*, *aimer* est un verbe actif, parce qu'il a pour sujet *Hippolyte* qui fait l'action, et pour régime direct, le *travail*.

On reconnoît qu'un verbe est actif, toutes les fois qu'on peut, après *le présent de l'indicatif* (286), mettre *quelqu'un* ou *quelque chose*. Ainsi, *consoler*, *chanter*, sont des verbes actifs, puisqu'on peut dire : *Je console quelqu'un, je chante quelque chose.*

Le Verbe *actif*, dans ses temps composés, se *conjugue* toujours avec *avoir*.

§ II.

DU VERBE PASSIF.

Le Verbe *passif* est le contraire du Verbe actif. Le Verbe actif présente le sujet comme agissant, comme faisant une action qui se dirige directement vers son objet, au lieu que le Verbe *passif* présente le sujet comme recevant, comme souffrant une action qui n'a point d'objet direct.

Dans la proposition : *La loi protège également tous les ci-*

---

(286) Je dis, après le *présent de l'indicatif*, pour que l'on ne croie pas que dans *faire tomber*, *laisser courir*, les verbes *tomber*, *courir* sont actifs, parce qu'on dit *faire tomber quelqu'un*, *laisser courir quelqu'un*.

toyens; la *loi,* qui est le sujet, exerce l'action exprimée par le Verbe *protège;* et ces mots, *tous les citoyens,* sont le régime direct du verbe.

Dans cette autre : *Tous les citoyens sont également protégés par la loi*, le sens est le même que dans la précédente; les mots *tous les citoyens*, qui tout-à-l'heure étoient le régime direct du verbe, sont maintenant le sujet de la proposition; mais ils n'exercent pas l'action exprimée par le Verbe *sont protégés*, elle est au contraire exercée sur eux *par la loi;* ils la souffrent, au lieu d'en être la cause ou le moteur.

Dans la première proposition, le Verbe *protège* est appelé *actif*, parce qu'il suppose de l'activité, de l'énergie dans le sujet, puisque c'est lui qui exerce l'action sur autrui.

Dans la seconde, le Verbe *sont protégés* est *passif*, parce que le sujet, loin d'avoir de l'activité, loin d'exercer l'action, est *dans un état passif*, puisque c'est sur lui que cette action est exercée par autrui.

Dans l'une comme dans l'autre, l'action part toujours du même principe, du même moteur, *la loi;* elle tombe toujours sur le même objet, *tous les citoyens;* il n'y a de différence que dans la construction de la phrase.

Ainsi les Verbes sont *actifs* ou *passifs*, selon que le sujet de la proposition exerce sur autrui, ou souffre lui-même de la part d'autrui, l'action exprimée par le Verbe.

À la rigueur, nous ne devrions pas admettre de Verbes *passifs* dans notre langue, puisque nous n'avons pas de formes particulières, d'inflexions distinctes pour les cas où l'action est exercée par autrui sur le sujet de la proposition. Les Latins expriment par un seul mot, et au moyen d'une inflexion différente, *être aimé, je suis aimé*, etc., etc.; mais nous ne pouvons exprimer toutes les formes relatives au passif que par la combinaison des formes du Verbe *être* avec le participe passé d'un autre Verbe : ce n'est donc pas, rigoureusement parlant, pour nous une voix différente; et *être aimé, je suis aimé* n'est pas plus un Verbe passif que *être malade, je suis malade.* (M. Estarac, t. II, p. 203.)

Quoi qu'il en soit, tout Verbe *passif* a nécessairement un Verbe *actif* (287); et tout Verbe *actif* a son Verbe *passif* (288); de sorte qu'on peut établir en principe qu'on reconnoît un Verbe actif quand on peut le tourner en passif, et un Verbe passif lorsqu'on peut le changer en actif.

En français, on fait peu d'usage du *verbe passif*; on préfère d'employer le Verbe *actif*, parce qu'il dégage la phrase de petits mots qui gênent la construction; c'est en cela que le génie de la langue française diffère beaucoup de celui de la langue latine. On ne diroit pas bien : *Tous les jours ceux qui m'ont donné l'être* sont vus *par moi;* mais on doit dire : Je vois *tous les jours ceux qui m'ont donné l'être.*

(*Lévizac*, pag. 4, t. II.)

Souvent aussi, au lieu de faire usage du *verbe passif*, on emploie le Verbe *actif*, avec le pronom réfléchi, et alors on donne au verbe pour complément objectif (régime direct), un pronom de même personne que le sujet.

(M. *Maugard*, pag. 241.)

---

(287) Le verbe *obéir* fait exception, et c'est le seul. On dit : *Je veux être obéi*, quoique l'on ne dise pas, *j'obéis quelqu'un.*

Est-il si pénible d'aimer pour être aimée, de se rendre aimable pour être heureuse, de se rendre estimable pour être obéie?

(J.-J. Rousseau, Emile, l. V.)

La nature a fait les enfants pour être aimés et secourus, mais les a-t-elle faits pour être obéis et craints?
(Le même, livre II, pag. 116.)

C'en est fait; j'ai parlé : vous êtes *obéie*,
Vous n'avez plus, madame, à craindre pour ma vie.
(*Racine*, Bajazet, act. III, sc. 4.)

(288) Le verbe actif *avoir* fait exception. On ne dit pas en parlant de quelqu'un ou de quelque chose : *il est eu*, ou *elle est eue.*

Nos jours, filés de toutes soies,
Ont des ennuis comme des joies ;
Et de ce mélange divers
Se composent nos destinées,
Comme on voit le cours des années
Composé d'étés et d'hivers.
(*Malherbe*, Ode au Cardinal de Richelieu, 1623 ou 1624.)

On n'exécute pas tout ce qui *se propose* ;
Et le chemin est long du projet à la chose.
(*Molière*, Tartufe, act. III, sc. 1.)

Le Verbe *passif* se conjugue dans tous ses temps avec le verbe *être*.

§ III.

DU VERBE NEUTRE.

Le Verbe *neutre* diffère du Verbe actif, en ce que celui-ci exprime une action qui se dirige *directement* vers son objet, tandis que celle du Verbe *neutre* n'aboutit vers l'objet qu'*indirectement*, c'est-à-dire qu'à l'aide d'une préposition. D'où il suit que le Verbe *neutre* n'a jamais de régime direct, et qu'on ne peut jamais par conséquent le faire suivre d'un des mots *quelqu'un, quelque chose ;* de même qu'il ne peut jamais adopter *la voix passive*, puisqu'il n'y a que les Verbes qui aient un régime direct qui en soient susceptibles. C'est pourquoi *marcher*, et tous ceux de ce genre sont des verbes *neutres*, puisqu'ils ne peuvent être suivis des mots *quelqu'un* ou *quelque chose*, et qu'ils ne peuvent pas non plus se tourner par le passif. *Agir quelqu'un, marcher quelqu'un, être agi, être marché*, ne sont d'aucune langue.

Les Verbes *neutres* sont de deux sortes : les uns dont l'action peut se porter au dehors, et conséquemment qui ont un régime indirect, mais que quelques Grammairiens nomment à cause de cela Verbes *neutres transitifs*, comme *venir, nuire*, etc.; car il faut nécessairement dire : *venir de la campagne, nuire à sa réputation ;* les autres dont l'action se concentre en eux-mêmes, qui n'ont donc pas de régime, et auxquels, pour cette raison, on a quelquefois donné le nom d'*intransitifs*; tels sont : *dormir, vivre, rire, marcher,* etc.

Parmi les Verbes *neutres*, il y en a qui se conjuguent avec *avoir*; comme *régner, vivre, languir,* etc.; d'autres avec l'auxiliaire *être* ; comme : *tomber, arriver*; et enfin il y en a un certain nombre qui, selon l'occurrence, prennent tantôt *avoir* et tantôt *être* ; tels sont : *cesser, grandir, passer,* etc. Nous indiquerons, dans un instant, dans quel cas cela a lieu.

Remarque. — Dans ces Verbes, l'auxiliaire *être* est employé pour le verbe *avoir*. Ainsi *je suis tombé, je suis arrivé,* équivalent, pour le sens, à *j'ai arrivé, j'ai tombé*; c'est une irrégularité particulière au génie de notre langue. Il est aisé d'après cela de distinguer un verbe passif d'un verbe neutre conjugué avec *être*. En effet, *je suis encouragé* n'équivaut nullement à *j'ai encouragé* : c'est donc un verbe passif.

§ IV.

DES VERBES PRONOMINAUX.

Les Verbes *pronominaux* sont ceux qui se conjuguent avec deux pronoms de la même personne, *je me, tu te, il se, nous nous, vous vous, ils* ou *elles se*. JE ME *flatte,* TU TE *méfies* sont donc des verbes pronominaux.

On divise les Verbes *pronominaux* en Verbes *pronominaux accidentels*, et en Verbes *pronominaux essentiels*.

Les Verbes *pronominaux accidentels* sont des Verbes actifs ou neutres conjugués avec deux pronoms de la même personne, mais qui ne le sont qu'accidentellement; tels sont : *je me donne, je me plains.* En effet, on dit également avec un seul pronom : *je donne, je plains* (289).

---

(289) Voyez aux Remarques détachées une observation sur l'emploi du verbe pronominal *se disputer*.

Les Verbes *pronominaux essentiels* sont ceux qui ne peuvent être employés sans deux pronoms de la même personne, comme : *je m'empare, je me repens, je m'abstiens.*

Quoiqu'on ne puisse pas mettre *quelqu'un* ou *quelque chose* après les Verbes *pronominaux essentiels*, comme cela a lieu à l'égard des Verbes actifs, et qu'on ne puisse pas dire, *se repentir quelque chose, s'emparer quelqu'un*, de même que l'on dit : *se donner quelque chose, s'attacher quelqu'un*; cependant il n'en est pas moins certain que ces verbes ont une signification active, que le sens indique clairement Par exemple, s'ABSTENIR est pour *se tenir loin de* ; s'EMPARER, pour *se mettre en part*; s'INGÉNIER, pour *se rendre ingénieux*, etc.; ainsi l'action exprimée par les Verbes *pronominaux essentiels* est réellement reçue par le second pronom ; et par conséquent, dans ces verbes, ce second pronom est toujours régime direct.

Il est donc bien facile de reconnoître les Verbes *pronominaux essentiels*; néanmoins, afin qu'on ne soit pas embarrassé pour l'application des règles que nous donnerons sur leur participe, nous allons en présenter la liste :

S'abstenir.	Se défier.	S'escrimer.
S'accouder.	Se dédire.	S'estomaquer.
S'accroupir.	Se démener.	S'évader.
S'acharner.	Se désister.	S'évanouir.
S'acheminer.	Se dévergonder.	S'évaporer.
S'adonner.	S'ébahir.	S'évertuer.
S'agenouiller.	S'ébouler.	S'extasier.
S'agriffer.	S'écrouler.	Se formaliser.
S'aheurter.	S'embusquer.	Se gargariser.
S'amouracher.	S'emparer.	Se gendarmer.
S'arroger.	S'empresser.	S'immiscer.
S'attrouper.	S'en aller.	S'industrier.
Se blottir.	S'encanailler.	S'ingénier.
Se cabrer.	S'enquérir.	S'ingérer.
Se carrer.	S'enquêter.	Se mécompter.
Se comporter.	S'en retourner.	Se méfier.

Se méprendre	Se ratatiner.	Se refrogner.
Se moquer.	Se raviser.	Se réfugier.
S'opiniâtrer.	Se rebeller.	Se remparer.
Se parjurer.	Se rébéquer.	Se rengorger.
Se prosterner.	Se récrier.	Se repentir.
Se racquitter.	Se rédimer.	Se souvenir.

Enfin, parmi les Verbes *pronominaux accidentels*, il y en a quelques-uns qui doivent être considérés, en quelque sorte, comme *pronominaux essentiels* : ce sont ceux où le second pronom est tellement lié au verbe par le sens, qu'on ne sauroit le retrancher sans porter atteinte à la signification du verbe. Ces Verbes sont au nombre de douze ; savoir :

S'attacher.	S'aviser.	Se plaindre.
S'apercevoir.	Se disputer.	Se prévaloir.
S'attaquer.	Se douter.	Se taire.
S'attendre.	Se louer (*se féliciter*).	Se servir.

(*Domergue.*)

Tous les Verbes *pronominaux* prennent le verbe *être* pour former leurs temps composés ; mais alors le verbe *être* est employé pour *avoir* : *je me suis flatté*, est pour *j'ai flatté moi*.

§ V.

DU VERBE IMPERSONNEL OU UNIPERSONNEL.

Les Verbes auxquels les Grammairiens donnent ordinairement le nom d'impersonnels, et que nous appelons *unipersonnels*, sont certains verbes défectueux que l'on n'emploie, dans tous leurs temps, qu'à la troisième personne du singulier : *il faut, il importe, il y a*, etc.

Dans les Verbes *unipersonnels*, le pronom *il* ne joue pas le même rôle que dans les autres verbes, où il tient toujours lieu d'un nom déjà exprimé ; quand je dis : *Un jeune homme sans expérience est souple aux impressions du vice* ; IL *s'ai-*

grit des avis qu'on lui donne; il songe peu à se pou..voir de *réflexions utiles; il est prodigue et présomptueux; il est épris de tout ce qu'il voit, et se lasse bientôt de ce qu'il a le plus aimé;* on voit que tous ces *il* sont mis pour le mot *jeune homme.*

Dans les Verbes *unipersonnels*, au contraire, le pronom *il* ne tient la place d'aucun nom, et n'est pas réellement le sujet du verbe; c'est une espèce de mot indicatif qui équivaut à *ceci*, et qui annonce simplement le sujet du verbe; exemple : IL *est nécessaire que je sorte;* IL *convient que vous suiviez mes conseils* : c'est-à-dire, CECI, *que je sorte, est nécessaire;* CECI, *que vous suiviez mes conseils, convient.* Il en est de même à l'égard des phrases suivantes :

Pour bien juger des Grands, *il* faut les approcher.
(L'abbé *Aubert*, fable 19, liv. III.)

Il faut rendre meilleur le pauvre qu'on soulage;
C'est l'effet du travail, en tout temps, à tout âge.
(*Saint-Lambert*, les Saisons: l'Hiver.)

Parmi les Verbes *unipersonnels*, il y en a qui le sont de leur nature, c'est-à-dire, qui ne s'emploient jamais qu'à la troisième personne du singulier, comme *il pleut, il neige;* et d'autres qui sont tantôt unipersonnels, et tantôt personnels, selon que le pronom *il* y est employé avec un sens vague, et comme tenant lieu de *ceci*, ou dans un sens précis, et ayant rapport à un substantif qu'on peut substituer à ce pronom. *Convenir, arriver* sont unipersonnels dans ces phrases : *Nous tenons tout de Dieu;* IL *convient que nous lui rapportions toutes nos actions;* IL *arrive souvent que*, etc.; mais ils sont personnels dans celles-ci : *Pardonnez à votre fils,* IL *convient de son tort;* IL *arrivera plus tôt une autre fois* : effectivement on peut dire *votre fils convient de son tort*, etc.

Les Verbes *unipersonnels* se conjuguent les uns avec *avoir*, comme *il* A *plu, il* A *tonné;* les autres avec *être*, comme *il* EST *important, il* EST *résulté.*

ARTICLE VI.

DES VERBES AUXILIAIRES.

Les Verbes *auxiliaires* sont *avoir* et *être*.

L'auxiliaire *avoir* sert, 1°, à se conjuguer lui-même dans ses temps composés : *j'ai eu, j'avois eu, j'aurois eu*; 2°, il sert à conjuguer les temps composés du Verbe *être* : *j'ai été, j'eus été, j'avois été*; 3°, les temps composés des Verbes actifs, comme : *j'ai aimé la chasse*; 4°, les temps composés de tous les Verbes neutres dont le participe est variable : *j'ai dormi, j'ai marché*; 5°, enfin, les temps composés d'un grand nombre de Verbes unipersonnels : *il a plu*.

(*Wailly*, pag. 77.)

L'auxiliaire *être* sert à conjuguer, 1°, les Verbes passifs dans tous leurs temps : *être aimé, il est aimé, il étoit aimé*; 2°, les temps composés de Verbes pronominaux : *Je me suis blessé, nous ne nous sommes pas faits nous-mêmes*; 3°, les temps composés des Verbes neutres dont le participe est variable : *Il est tombé en démence, elle est arrivée en bonne santé*; 4°, les temps composés de certains Verbes unipersonnels : *il est arrivé que*, etc.; et même les temps de quelques Verbes unipersonnels : IL EST UTILE *que vous écriviez*.

(Même autorité.)

Le Verbe *être* et le Verbe *avoir* ne sont auxiliaires que lorsqu'ils sont joints à quelque participe passé d'un autre verbe, pour en former les temps composés ; hors de là, *avoir* est, de même que *chanter* et *rire*, un Verbe adjectif; et *être* est, comme nous l'avons dit (page 459), un Verbe substantif, c'est-à-dire, un verbe qui signifie l'affirmation sans aucun attribut, un verbe qui marque l'état de la personne dont on parle, et les qualités qu'on lui attribue, comme dans ces phrases : *Alexandre* ÉTOIT *un grand conquérant.—Nous* SERONS *heureux dans le ciel*.

(*Restaut*, pag. 249.—*Demandre*, Dict. de l'Elocution.)

Quelquefois aussi le Verbe substantif *être* devient un Verbe adjectif, quand, avec l'affirmation, il renferme le plus général de tous les attributs, qui est l'*être*, comme dans cette phrase : *Corneille* ÉTOIT *du temps de Racine*, c'est-à-dire, *existoit*.

(MM. de *Port-Royal*, pag. 171.)

ARTICLE VII.

DES CONJUGAISONS.

Tout ce qui concerne les différentes inflexions ou variations des verbes, est appelé par les Grammairiens Conjugaison, d'un terme pris des Grammairiens latins, qui signifie *assemblage sous un même joug;* et non-seulement tous les verbes qui sont ainsi sous le joug d'une même règle sont appelés *verbes d'une même Conjugaison;* mais, en appliquant le même terme à une signification plus particulière, on dit la conjugaison d'un verbe, pour signifier les différentes inflexions ou variations de chaque verbe ; de sorte que conjuguer un verbe, c'est le faire passer par toutes les inflexions ou variations que produisent les nombres, les personnes, les modes et les temps.

Avant que d'en venir à la classification des Conjugaisons, l'ordre demanderoit peut-être que, comme les différentes conjugaisons ont quelque chose de commun entre elles pour la formation de leurs *modes* et de leurs *temps*, on traitât présentement de la manière dont ces modes et ces temps ont coutume de se former. Mais, attendu que la marche que les verbes suivent à cet égard varie suivant les différentes classes ou conjugaisons des verbes, et qu'ensuite il seroit difficile de bien saisir cette formation, sans avoir aucune notion de la manière de conjuguer les verbes, on remet à en parler après qu'on aura donné la conjugaison des verbes auxiliaires, et celle des verbes réguliers et irréguliers.

Chaque verbe de la langue française prend ordinairement de son infinitif les règles de sa conjugaison, et c'est ce qui fait qu'on est dans l'usage de classer les conjugaisons suivant les différentes terminaisons des infinitifs, qui sont réduites à quatre classes de conjugaison.

La première est celle des verbes dont l'*infinitif* est terminé en *er*, comme *aimer, chanter,* etc.

La seconde est celle des verbes dont l'*infinitif* est terminé en *ir*, comme *finir, emplir,* etc.

La troisième est celle des verbes dont l'*infinitif* est terminé en *oir*, comme *recevoir, devoir,* etc.

Et la quatrième est celle des verbes dont l'*infinitif* est terminé en *re*, comme *rendre, plaire,* etc.

Dans chacune de ces Conjugaisons, il y a des *verbes réguliers*, *des verbes irréguliers*, et des *verbes défectifs*.

Un verbe est réputé *régulier*, lorsque, dans tous ses modes et dans tous ses temps, il prend exactement toutes les formes qui appartiennent à l'une des quatre conjugaisons; il est réputé *irrégulier*, lorsque, dans quelques temps, il prend des formes différentes de celles qui caractérisent la conjugaison à laquelle il appartient. Un verbe est *défectif*, lorsqu'il manque d'un ou de plusieurs temps, ou seulement quand un de ses temps n'est point employé à toutes les personnes.

Quoique les Verbes *avoir* et *être* fassent partie des Verbes irréguliers, la nécessité où l'on est de s'en servir pour former les temps composés des autres verbes, oblige à les placer avant les quatre Conjugaisons principales.

ARTICLE VIII.

DE LA CONJUGAISON DU VERBE AUXILIAIRE *AVOIR* (290).

INDICATIF (PREMIER MODE).

PRÉSENT ABSOLU.

J'ai (291).	Nous avons.
Tu as (292).	Vous avez (293).
Il *ou* elle a.	Ils *ou* elles ont.

IMPARFAIT.

J'avois (294).	Nous avions.
Tu avois.	Vous aviez.
Il *ou* elle avoit.	Ils *ou* elles avoient.

---

(290) Le verbe *avoir* a ceci de particulier, que, tandis que la plupart des autres verbes ont besoin de lui pour former leurs *temps composés*, il est le seul qui trouve en lui-même de quoi former les siens. Nous avons indiqué, pag. 506, l'usage que l'on fait de ce verbe comme auxiliaire.

(291) On écrit *j'ai*, et l'on prononce *jé*.

(292) *Règle générale.*—La seconde personne du singulier prend un *s* final ; il n'y a d'exception que pour les verbes *vouloir, pouvoir, valoir, prévaloir*, qui prennent un *x* à la première et à la seconde personne du singulier.

(293) *Règle générale.*—Toutes les secondes personnes plurielles des *temps simples* sont terminées par *s*, ou par *z* : elles sont terminées par *z*, quand l'*e* qui précède, est une *e* fermé ; par *s* quand cet *e* est muet : Vous *avez*, vous *eussiez*, vous *aimez* ; vous *cûtes*, vous *aimâtes*, vous *reçûtes*, etc.

(294) *J'avois* se prononce *j'avès*. Les personnes qui suivent l'orthographe dite *de Voltaire*, écrivent *j'avais* par un *a* ; mais beaucoup de Grammairiens, ainsi que l'*Académie*, n'ont pas adopté cette orthographe.

Prétérit défini.

J'eus (295).
Tu eus.
Il *ou* elle eut (296).

Nous eûmes.
Vous eûtes. } (297).
Ils *ou* elles eurent.

Prétérit indéfini.

J'ai eu.
Tu as eu.
Il *ou* elle a eu.

Nous avons eu.
Vous avez eu.
Ils *ou* elles ont eu.

Prétérit antérieur.

Quand, *ou* lorsque
J'eus eu.
Tu eus eu.
Il *ou* elle eut eu.

Nous eûmes eu.
Vous eûtes eu.
Ils *ou* elles eurent eu.

Plus-que-parfait.

J'avois eu.
Tu avois eu.
Il *ou* elle avoit eu.

Nous avions eu.
Vous aviez eu.
Ils *ou* elles avoient eu.

Futur absolu.

J'aurai.
Tu auras.
Il *ou* elle aura.

Nous aurons.
Vous aurez.
Ils *ou* elles auront.

Futur passé.

Quand, *ou* lorsque
J'aurai eu.
Tu auras eu.
Il *ou* elle aura eu.

Nous aurons eu.
Vous aurez eu.
Ils *ou* elles auront eu.

---

(295) *J'eus* se prononce *j'u*.

(296) *Eut* ne prend point ici l'accent circonflexe; il ne le prend que quand on dit *eussent* au pluriel.

(297) *Règle générale.* — La première et la seconde personne plurielle du prétérit défini prennent un accent circonflexe sur la voyelle qui termine la dernière syllabe.

du *Verbe auxiliaire* Avoir.

CONDITIONNEL (DEUXIÈME MODE).

Présent.

J'aurois.
Tu aurois.
Il *ou* elle auroit.

Nous aurions.
Vous auriez.
Ils *ou* elles auroient.

Passé.

J'aurois *ou* j'eusse eu.

Tu aurois *ou* tu eusses eu.
Il *ou* elle auroit, il *ou* elle eût eu.

Nous aurions *ou* nous eussions eu.
Vous auriez *ou* vous eussiez eu.
Ils *ou* elles auroient, ils *ou* elles eussent eu.

IMPÉRATIF (TROISIÈME MODE).

Présent ou Futur.

(Point de première personne au singulier) (298).

Aie (299).

Ayons.
Ayez.

(Point de troisième personne, ni au singulier ni au pluriel) (300).

---

(298) *Règle générale.*—Nous avons dit, pag. 496, pour quel motif ce temps n'a point de première personne.

(299) Les sentiments ont été long-temps partagés sur la question de savoir si l'on doit écrire *aye* ou *aie*. Les auteurs de la Grammaire de *Port-Royal*, et la plupart des Grammairiens qui sont venus après eux, se sont décidés pour la seconde manière; ils écrivent que j'*aie*, que tu *aies*, qu'ils *aient*. Il est vrai que l'*Académie*, dans la dernière édition de son Dictionnaire, laisse le choix d'écrire *aye* ou *aie*; mais, puisqu'il est à présent reconnu, 1°, qu'à l'exception d'un très-petit nombre de mots dérivés du grec, qui ont conservé leur orthographe, l'*i* grec ne doit s'employer que pour deux *i*, comme dans : *pays, moyen, joyeux, effrayez*, etc., 2°, qu'avant un *e* muet, on ne sauroit entendre ce son (deux *i*); n'est-il pas infiniment mieux d'écrire, *aie*, que j'*aie*, que tu *aies*, orthographé qui a pour elle l'autorité de presque tous les Grammairiens, et qui est consacrée par l'usage des écrivains, et par celui de toutes les personnes qui écrivent correctement notre langue?

(300) *Qu'il ait, qu'ils aient* appartiennent évidemment au Subjonctif.

SUBJONCTIF (QUATRIÈME MODE).

Présent ou Futur.

Il faut, il faudra
Que j'aie.
Que tu aies.
Qu'il *ou* qu'elle ait (301).

Que nous ayons.
Que vous ayez.   } (302).
Qu'ils *ou* qu'elles aient.

Imparfait.

Il falloit, il faudroit
Que j'eusse.
Que tu eusses.
Qu'il *ou* qu'elle eût (303).

Que nous eussions.
Que vous eussiez.
Qu'ils *ou* qu'elles eussent.

Prétérit.

Il a fallu, il aura fallu
Que j'aie eu.
Que tu aies eu.
Qu'il *ou* qu'elle ait eu.

Que nous ayons eu.
Que vous ayez eu.
Qu'ils *ou* qu'elles aient eu.

Plus-que-parfait.

Il auroit, *ou* il eût fallu
Que j'eusse eu.
Que tu eusses eu.
Qu'il *ou* qu'elle eût eu.

Que nous eussions eu.
Que vous eussiez eu.
Qu'ils *ou* qu'elles eussent eu.

---

(301) On dit, *qu'il ait*, et jamais, *qu'il aie*. C'est une exception à la règle générale qui veut que, dans tous les verbes réguliers ou irréguliers, la troisième personne singulière du présent du subjonctif soit terminée par un *e* muet. — Le verbe *être* est dans le même cas.

(302) On écrit *ayons*, *ayez*, et non pas *ayions*, *ayiez*; cette orthographe, qui est adoptée par l'*Académie*, et par la presque totalité des écrivains, est une exception au principe qui veut que tous les verbes dont le participe présent est en *yant*, prennent *yi* à la première et à la seconde personne plurielle de l'imparfait de l'indicatif et du présent du subjonctif.

(303) La troisième personne du singulier de l'imparfait du subjonctif prend toujours un accent circonflexe sur la voyelle qui est avant le *t*

INFINITIF (CINQUIÈME MODE).

PRÉSENT.

Avoir.

PRÉTÉRIT.

Avoir eu.

PARTICIPE PRÉSENT.

Ayant (304).

PARTICIPE PASSÉ.

Eu. eue, ayant eu.

PARTICIPE FUTUR.

Devant avoir.

ARTICLE IX.

DE LA CONJUGAISON DU VERBE AUXILIAIRE
ÊTRE.

INDICATIF (PREMIER MODE).

PRÉSENT ABSOLU.

Je suis.
Tu es (305).
Il, *ou* elle est.

Nous sommes.
Vous êtes.
Ils, *ou* elles sont.

IMPARFAIT.

J'étois (306).
Tu étois.
Il, *ou* elle étoit.

Nous étions.
Vous étiez.
Ils, *ou* elles étoient.

---

final : *qu'il eût, qu'il chantât ; qu'il finît, qu'il vécût*, etc. Les deux *s* qui existent dans la terminaison des autres personnes de ce temps annoncent que l'on écrivoit autrefois *qu'il eust, qu'il chantast*, et que l'on a remplacé le *s* par cet accent.

(304) On prononce *ai-iant* ; règle générale pour tous les mots où l'on fait usage de l'*i* grec, tenant lieu de deux *i*.

(305) Observation semblable à celle qui a été faite au verbe *avoir* : Toutes les secondes personnes des temps simples finissent par un *s* ; ainsi n'écrivez pas : tu *est*

(306) Nos néographes écrivent *j'étais* ; mais cette orthographe n'est point adoptée par l'*Académie*.

PRÉTÉRIT DÉFINI.

Je fus.
Tu fus.
Il, *ou* elle fut.

Nous fûmes
Vous fûtes } (307).
Ils, *ou* elles furent.

PRÉTÉRIT INDÉFINI.

J'ai été.
Tu as été.
Il, *ou* elle a été.

Nous avons été.
Vous avez été.
Ils, *ou* elles ont été.

PRÉTÉRIT ANTÉRIEUR.

Quand, *ou* lorsque
J'eus été.
Tu eus été.
Il, *ou* elle eut été (308).

Nous eûmes été.
Vous eûtes été.
Ils, *ou* elles eurent été.

PLUS-QUE-PARFAIT.

J'avois été.
Tu avois été.
Il, *ou* elle avoit été.

Nous avions été.
Vous aviez été.
Ils, *ou* elles avoient été.

FUTUR ABSOLU.

Je serai.
Tu seras.
Il, *ou* elle sera.

Nous serons.
Vous serez.
Ils, *ou* elles seront.

FUTUR PASSÉ.

Quand, *ou* lorsque
J'aurai été.
Tu auras été.
Il, *ou* elle aura été.

Nous aurons été.
Vous aurez été.
Ils, *ou* elles auront été.

---

(307) *Règle générale.*—On écrit toujours ces deux personnes plurielles avec un accent circonflexe.

(308) La troisième personne plurielle n'est point *eussent*, conséquemment point d'accent circonflexe à la troisième personne singulière.

CONDITIONNEL (DEUXIÈME MODE).

PRÉSENT.

Je serois (309).	Nous serions.
Tu serois.	Vous seriez.
Il, *ou* elle seroit.	Ils, *ou* elles seroient.

PASSÉ.

J'aurois, *ou* j'eusse été.	Nous aurions, *ou* nous eussions été.
Tu aurois, *ou* tu eusses été.	Vous auriez, *ou* vous eussiez été.
Il, *ou* elle auroit; Il, *ou* elle eût été.	Ils, *ou* elles auroient; Ils, *ou* elles eussent été.

IMPÉRATIF (TROISIÈME MODE).

PRÉSENT ou FUTUR.

(Point de première personne au singulier) (310).

Sois.	Soyons (311).
	Soyez.

SUBJONCTIF (QUATRIÈME MODE).

PRÉSENT ou FUTUR.

Il faut, il faudra

Que je sois.	Que nous soyons.
Que tu sois.	Que vous soyez.
Qu'il, *ou* qu'elle soit (312).	Qu'ils, *ou* qu'elles soient.

---

(309) Nos néographes écrivent je *serais*.

(310) Voyez, p. 464, pour quel motif ce mode n'a point de première personne.

(311) On n'écrit pas, *soyions*, ni *soïyons*. Voyez-en les motifs au verbe *avoir*, note 302.

(312) *Qu'il soye* est une faute grossière. *Avoir* et *être* sont les deux seuls verbes dont la troisième personne singulière du *subjonctif* ne finisse pas par un *e* muet.

IMPARFAIT.

Il falloit, il faudroit
Que je fusse.
Que tu fusses
Qu'il, *ou* qu'elle fût (313).

Que nous fussions.
Que vous fussiez.
Qu'ils, *ou* qu'elles fussent.

PRÉTÉRIT.

Il a fallu, il aura fallu
Que j'aie été.
Que tu aies été.
Qu'il, *ou* qu'elle ait été.

Que nous ayons été.
Que vous ayez été.
Qu'ils, *ou* qu'elles aient été.

PLUS-QUE-PARFAIT.

Il auroit, *ou* il eût fallu
Que j'eusse été.
Que tu eusses été.
Qu'il, *ou* qu'elle eût été

Que nous eussions été.
Que vous eussiez été.
Qu'ils, *ou* qu'elles eussent été.

INFINITIF (CINQUIÈME MODE).

PRÉSENT.
Etre.

PRÉTÉRIT.
Avoir été.

PARTICIPE PRÉSENT.
Étant.

PARTICIPE PASSÉ.
Été (314), ayant été.

PARTICIPE FUTUR.
Devant être.

Remarques sur l'Emploi des deux Auxiliaires AVOIR et ÊTRE.

PRINCIPE GÉNÉRAL. Le verbe *avoir* sert à former les temps composés des verbes qui énoncent l'*action* ; et le verbe *être*, les temps composés des verbes qui expriment l'*état* : j'AI

---

(313) *Règle générale.*—A la troisième personne singulière de l'*Imparfait du subjonctif*, on fait usage de l'accent circonflexe.

(314) Été ne change jamais de terminaison.

des deux auxiliaires Avoir *et* Être.

aimé, il A *succombé*, marquent l'action. *Je* suis *aimé, il* est *sorti*, expriment l'état.   (*Condillac*, chap. XX, pag. 242.)

Des six cents verbes neutres ou environ qui existent dans notre langue, il y en a plus de cinq cent cinquante qui prennent l'auxiliaire *avoir*, parce qu'ils expriment une action. Parmi ce grand nombre nous n'indiquerons que *comparoître* (315), *courir* (316), *renoncer* (317), comme étant les seuls qui nous aient paru susceptibles de quelques observations particulières.

Les verbes neutres *aller, arriver, choir, décéder, éclore, mourir, naître, tomber* (318), *venir*, et les composés de ce

---

(315) Comparoître. *Wailly* est d'avis que ce verbe prend indifféremment *avoir* ou *être*.—*Trévoux, Lévizac* et *Gattel* adoptent cette opinion; mais l'*Académie* ne donne d'exemple que du premier, et *Féraud* pense qu'il est plus sûr et plus autorisé.

(316) Courir, exprimant toujours une action, se construit avec *avoir*. Il est vrai que *Racine* a dit (Bérénice, act. II, sc. 1): *j'y suis couru*, pour *j'y ai couru*; et, ce qu'il y a d'étonnant, c'est que deux vers auparavant il avoit employé l'auxiliaire *avoir*; mais ce sont de ces distractions dont les meilleurs écrivains ne sont pas exempts; et personne n'ignore que ce vers de l'Art poétique :

Que votre ame et vos mœurs *peints* dans tous vos ouvrages   (Ch. IV.)

fût imprimé plus d'une fois sans que l'auteur s'aperçût qu'un adjectif masculin y suivoit deux substantifs féminins.

(*D'Olivet*, Rem. sur Racine.)

Courir, cependant, prend l'auxiliaire *être* lorsqu'il signifie *être en vogue, suivi, recherché*, mais c'est parce qu'alors il a un sens passif.

(317) Renoncer. Ce verbe étant neutre, et prenant dans ses temps composés l'auxiliaire *avoir*, on ne doit pas l'employer au passif. Le traducteur de l'Histoire d'Angleterre de Hume a fait cette faute, en s'attachant trop à l'expression de son modèle : *La suprématie du roi y étoit reconnue, le covenant* renoncé. Il falloit dire : *On y reconnoissoit la suprématie du roi, on y renonçoit au covenant*.

(318) Tomber ne prend *avoir* dans aucun cas; cependant *Voltaire* a dit (l'Orphelin de la Chine, act. II, sc. 3):

Où serais-je, grand Dieu! si ma crédulité
Eût tombé dans le piège à mes pas présenté!

Et *La Harpe*, dans son Cours de littérature : *Jamais Voltaire n'avoit*

dernier, comme *devenir, intervenir, parvenir, revenir*, prennent l'auxiliaire *être*, parce que chacun d'eux exprime un état qui résulte d'une action. Celui qui *est allé* est dans l'état d'un homme qui s'est mu pour se rendre en quelque endroit, et il en est de même lorsque l'action d'aller est déterminée. On dit d'un homme qui est à Rome depuis quelques années : *Il est allé à Rome. — Être arrivé*, c'est toucher la rive, être au but de son voyage; c'est un état, etc. (319).

(M. Laveaux, Dict. des diff.)

Remarque.—CONVENIR, CONTREVENIR, SUBVENIR, quoique formés du verbe *venir*, méritent aussi une observation particulière.

CONVENIR demande tantôt l'auxiliaire *avoir*, et tantôt l'auxiliaire *être*. Dans le sens d'*être sortable*, il prend le verbe *avoir;* et il prend le verbe *être*, quand il signifie *demeurer d'accord : nous* SOMMES *convenus d'acheter ce qui ne nous* AVOIT *pas convenu d'abord.*

CONTREVENIR est employé par le plus grand nombre des écrivains avec l'auxiliaire *avoir*. Cependant l'*Académie*, dans l'édition de 1762, se sert de ce verbe avec les deux auxiliaires : *n'*AVOIR *point contrevenu, n'*ÊTRE *point contrevenu;* mais dans l'édition de 1798, elle n'admet que *n'*AVOIR *point contrevenu;* et en effet, ce verbe n'exprime réellement qu'une action.

SUBVENIR prend toujours l'auxiliaire *avoir*.

À l'égard des autres verbes neutres, comme DÉGÉNÉRER,

été plus brillant que dans Alzire, et l'on a peine à concevoir qu'il AIT *tombé de si haut jusqu'à Zulime, ouvrage médiocre.*

Mais ces fautes échappent aux meilleurs écrivains.

Il falloit dans le premier exemple : *fût tombée*, et dans le second : *soit tombé.*

(319) Cette exception a lieu aussi pour les verbes pronominaux auxquels on donne l'auxiliaire *être*, bien qu'ils expriment une action

DISPAROÎTRE, ÉCHOUER, ACCOUCHER, EMPIRER, GRANDIR, EMBELLIR, ÉCHOIR, PÉRIR, CESSER, DEMEURER, RESTER, PARTIR, RAJEUNIR, VIEILLIR, ACCOURIR, CROÎTRE, DÉCROÎTRE, etc., ils prennent les deux auxiliaires, selon le point de vue sous lequel on veut exprimer sa pensée; de sorte que, si l'action que le verbe exprime est l'idée principale que l'on a en vue, le participe devra être accompagné de l'auxiliaire *avoir*; et de l'auxiliaire *être*, si l'idée principale que l'on veut exprimer a moins pour objet l'action que le verbe exprime, que l'état qui la suit, ou qui en est l'effet.

Et, comme tout verbe employé avec un régime direct, c'est-à-dire, *activement*, a rapport à *l'action* et non pas à l'état, il en résulte que les verbes neutres dont nous venons de parler en dernier lieu, auront un des caractères qui annoncent l'action, lorsqu'ils seront accompagnés d'un régime direct, car dans ce cas ils seront actifs; et qu'alors ils devront toujours prendre l'auxiliaire *avoir*.

Ce principe bien entendu, faisons-en l'application sur quelques verbes.

DÉGÉNÉRER. On dit, *il a dégénéré*, pour exprimer l'action, et *il est dégénéré*, pour exprimer l'état : *Il a dégénéré de la vertu de ses ancêtres.* (L'Académie.)

Les Romains ont bien dégénéré de la vertu de leurs ancêtres. (Patru.)

Cette race est dégénérée. (L'Académie.)

Cette pièce (Bérénice), *qui a fait verser bien des larmes sous Louis XIV, n'en feroit pas répandre une seule aujourd'hui; nous sommes donc bien dégénérés.*
(Fréron, Année littér.)

Ainsi cette phrase de *Vertot: Plusieurs disoient que l'état monarchique étoit préférable à une république qui* ÉTOIT *dégénérée en pure monarchie*, est correcte, car on n'entendoit pas par là une république qui avoit dégénéré, qui avoit fait l'action de dégénérer; mais *une république dégénérée*, qui étoit dans un état qui est la suite de la dégénération, *une république qui étoit dégénérée.*

DISPAROÎTRE. La plupart des écrivains donnent à ce verbe l'auxiliaire *avoir;* mais on peut le considérer tantôt comme exprimant une action, tantôt comme exprimant un état résultant d'une action. Quand je dis : *le jour commence à disparoître,* j'exprime évidemment le commencement d'une action ; alors, si je veux exprimer cette action comme entièrement faite, je dis : *le jour* A *disparu.*

Une république fameuse, remarquable par la singularité de son origine, etc., A DISPARU *de nos jours, sous nos yeux, en un moment.* (M. *Daru*, hist. de la rép. de Venise, t. I, p. 1.)

J.-J. Rousseau a dit : *C'est ainsi que la modestie naturelle du sexe* EST *disparue peu à peu.*

Il auroit dû dire *a disparu; peu à peu* indique une action qui se fait successivement.

La mer *a disparu* sous leurs nombreux vaisseaux. (*Delil.*, l'Én., l.4.)
Les Tyriens, jetant armes et boucliers,
Ont, par divers chemins, disparu les premiers. (*Rac.*, Ath., V, 6.)

Mais faisant abstraction de l'action, je puis considérer le jour comme ne paroissant plus, par suite de l'action d'avoir disparu ; dès-lors, j'exprime un état, et je dis : *le jour* EST *disparu.*

Quoi ! de quelque côté que je tourne la vue,
La foi de tous les cœurs *est* pour moi *disparue?*
(*Racine*, Mithridate, act. 3, sc. 4.)

Mèdes, Assyriens, vous *êtes disparus;*
Parthes, Carthaginois, Romains, vous n'êtes plus.
(*Racine* le fils, la Religion, chant III.)

Les grands auteurs ÉTOIENT DISPARUS *depuis long-temps.*
(L'abbé *Dubos.*)

PÉRIR. Si je voulois parler de personnes qui n'existent plus, je dirois : *elles* SONT PÉRIES, parce qu'alors c'est de l'état des personnes qui ont été, et qui n'existent plus, que ma pensée est occupée ; mais si je voulois désigner l'époque où elles ont cessé d'exister, ou la manière dont elles ont perdu la vie, je me servirois de l'auxiliaire *avoir*, et je dirois : *elles* ONT PÉRI *en l'année* 1800.—*Elles* ONT PÉRI *dans un combat.*—*Elles* ONT PÉRI *dans les flots*, parce qu'alors je pense à une action (320).

ECHOUER. Le même principe est applicable à ce verbe. L'*Académie* ne lui donne que l'auxiliaire *avoir*. Cependant, comme il peut signifier ou l'action d'échouer, ou l'état qui résulte de cette action, on peut dire dans le premier sens :

Le vaisseau A *échoué, en approchant des côtes ; et le vaisseau que monsieur montoit* EST *échoué.*

Notre vaisseau A *échoué sur la côte, contre un rocher.*
(L'*Académie*, *Trévoux*, *Gattel*, *Féraud*.)

Nous AVONS *échoué sur un banc de sable.*
(Mêmes autorités.)

Et dans le second sens :

Une fois que le vaisseau ÉTOIT *échoué.* (Lettres édif.)

L'expédient auquel ils avoient eu recours ÉTOIT *entièrement échoué.*
(Histoire d'Angleterre.)

Octave Farnèse, voyant que son dessein ÉTOIT *échoué.*
(Histoire d'Allemagne.)

ACCOUCHER. Je dirai : *C'est une sage-femme qui* A *accou-*

---

(320) PÉRIR. Dans le Dictionnaire grammatical, on condamne *que vous fussiez péri*, et l'on décide que ce verbe prend toujours l'auxiliaire *avoir*, cependant il y a un grand nombre d'exemples pour l'auxiliaire *être*. On en trouve plusieurs dans *Boileau* (Traité du sublime, chap. XIV); dans les Lettres édifiantes ; dans *Fénélon* (Télémaque, liv. XVI et XXI); dans *J.-J. Rousseau* ; et encore dans *Wailly, Restaut, Féraud, Gattel* et l'*Académie* ; mais il est vrai de dire que l'auteur du Dictionnaire grammatical ne distingue pas, comme *Condillac* et M. *Lemare*, le cas où c'est l'état, la situation que l'on veut exprimer, de celui où il s'agit de l'action, du passage d'un état à un autre. Au surplus, lorsque deux expressions sont également reçues, on doit certainement préférer celle que la raison avoue.

ché ma sœur, parce que *accouché* avec un régime direct est employé activement, et que c'est de l'action de la sage-femme que j'entends parler.

De même, si je veux parler de l'action d'une femme qui met un enfant au monde, je dirai : *Cette femme* A *accouché hier :* A *accouché avec courage.*

(L'*Académie*, au mot *accoucher*.)

Mais si c'est l'état de la femme qui occupe ma pensée, et non l'action d'enfanter, je dirai : *Cette femme* EST *accouchée d'un enfant mâle ; cette femme* EST *accouchée depuis deux heures.*

(L'*Académie*, *Wailly* et *Sicard*.)

Vient-on me dire que madame N. est accouchée, et désiré-je savoir à quelle heure elle a mis son enfant au monde, il faudra que je dise : *À quelle heure* A-*t-elle accouché ?* ce qui voudra dire *à quelle heure a-t-elle fait l'action d'accoucher ?* alors on devra me répondre : *Elle* A *accouché à sept heures*, et non *elle* EST *accouchée à sept heures.*

CESSER. Ce verbe prend également les deux auxiliaires, selon le point de vue sous lequel on le considère.

Condillac, qui nous fournit le principe que nous émettons, sur l'emploi des deux auxiliaires, s'exprime ainsi au sujet du verbe *cesser*. Quand on dit *que la fièvre* EST *cessée*, c'est qu'on juge qu'elle ne reviendra pas, et par conséquent le participe *cessée* signifie un état, et doit se construire avec le verbe *être*. Mais quand on dit, *la fièvre a cessé*, on présume qu'elle reviendra, on a au moins tout lieu de le craindre. *La fièvre* A *cessé*, signifie donc qu'elle a cessé d'agir pour recommencer. Or, c'est cette action à laquelle on pense, qui détermine en pareil cas l'emploi de l'auxiliaire *avoir*.

Un grand nombre d'écrivains et l'*Académie* ont consacré ces principes :

...... Les orages
Ont cessé de gronder sur ces heureux rivages.

(*Voltaire*, Eriphile, act. II, sc. 3.)

La goutte a cessé de le tourmenter.   (L'*Académie.*)

Il a cessé de se plaindre.   (*Dangeau.*)

D'ailleurs, dans ces exemples, le verbe *cesser* est suivi d'un régime direct, qui, annonçant que *cesser* est employé activement, exige l'auxiliaire *avoir*. Ce régime direct est exprimé par l'infinitif suivant; en effet, l'action de *gronder*, l'action de *tourmenter*, etc., sont l'objet, le régime de celle qu'exprime le verbe *cesser*.

Voyez le Chapitre qui traite du Régime des verbes.

Et sous l'autre point de vue, on dira : *La fièvre* EST *cessée.* (L'*Académie.*) — *La peste* EST *cessée.* (*Dangeau.*) — *Quand la contagion* FUT *cessée, S. Charles Boromée fit rendre à Dieu de solennelles actions de grâces.* (Le P. *Griffet.*)

Et du Dieu d'Israël les fêtes *sont* cessées.
(*Racine*, Esther, act. I, sc. 1.)

DEMEURER. Si l'on veut faire entendre que le sujet n'est plus dans le lieu dont il est question, qu'il n'y étoit plus, ou qu'il n'y sera plus à l'époque dont il s'agit, on fera usage de l'auxiliaire *avoir*, parce que *avoir été* dans un lieu et n'y être plus, suppose une action; ainsi l'on dira : *Il* A *demeuré six mois à Madrid.* — *Il* A *demeuré long-temps en chemin.* (L'*Académie.*) *Il* A *demeuré long-temps à Lyon.* (*Beauzée, Th. Corneille, Dangeau, Wailly, Domergue* et *Sicard.*) *Il* A *demeuré quelque temps en Italie, pour apprendre la langue de ce pays.*
(*Restaut.*)

...... Ma langue embarrassée
Dans ma bouche vingt fois a demeuré glacée (321).
(*Racine*, Bérénice, act. II, sc. 2.)

---

(321) Il faut EST *demeurée glacée*, dit l'abbé *D'Olivet.* — Je ne partage pas son opinion. En effet *Racine* ne vouloit pas exprimer que la langue de Titus est restée dans un silence permanent; vingt fois elle a refusé d'articuler des mots, mais à la fin Titus a pu parler. Il y a passage d'un état à un autre; il n'y a pas permanence, donc il faut : A *demeuré glacée.* (M. *Chapsal*, Dictionnaire grammatical.)

Avec *Moliere* (le Mariage forcé, act. I, sc. 2): *Quel temps* AVEZ-*vous demeuré en Angleterre?*.....Sept *mois.*

Et avec *Fénélon* (Télémaque): J'AI *demeuré captif en Égypte comme Phénicien* (322).

Mais, si l'on veut exprimer que le sujet est encore au lieu dont il est question, qu'il y étoit encore ou qu'il y sera à l'époque dont il s'agit, *demeurer* prendra l'auxiliaire *être*, parce que c'est un état et non une action que d'être dans un lieu; on dira alors avec l'Académie: *Il* EST *demeuré en chemin;* — avec Beauzée: *Mon frère* EST *demeuré à Paris pour y faire ses études;* — d'Olivet: *Je* SUIS *demeuré muet;* — Dangeau: *Il* EST *demeuré court en haranguant le Roi;* — Restaut et Condillac: *Il* EST *demeuré à Paris pour y suivre son procès;* — Wailly et Sicard: *Il* EST *demeuré deux mille hommes sur la place;* — Domergue: *Après un long combat la victoire nous* EST *demeurée.*

Enfin avec *Racine* (parlant de Britannicus): *Les critiques se sont évanouies, la pièce* EST *demeurée.*

La Fontaine (la Fiancée du roi de Garbe):

> Le reste du mystère
> Au fond de l'antre *est demeuré.*

Et *Molière* (la Comtesse d'Escarbagnas): *Nous* SOMMES *demeurés d'accord sur cela.*

EMPIRER. L'*Académie* ne met ce verbe ni avec l'auxiliaire *avoir*, ni avec l'auxiliaire *être*. Il prend l'un et l'autre:

---

(322) Un Grammairien prétend qu'il faut dire : *j'ai été captif*. La moindre réflexion fera sentir la différence qu'il y a entre *j'ai été captif*, et *j'ai demeuré captif*. Le premier est vague, et n'a aucun rapport à la durée de la captivité; le second marque cette durée, quoique d'une manière indéfinie. Celui qui *a été captif* peut ne l'avoir été qu'un jour; celui qui *a demeuré captif*, l'a été pendant un temps considérable. Le besoin d'exprimer ces nuances, et l'exemple de *Fénélon* justifient donc cette expression. (M. *Laveaux.*)

On dit qu'*un mal a empiré*, pour marquer l'action qui a opéré le changement; et l'on dit, *le mal est empiré*, pour marquer l'état, le degré où il se trouve après avoir empiré (323). (M. *Laveaux.*)

Échoir. Nombre de grammairiens sont d'avis de toujours donner au participe de ce verbe l'auxiliaire *être*. Ils disent: *Cet effet est échu*, et non *a échu*; mais pourquoi n'appliqueroit-on pas à *échoir* le principe que nous avons invoqué pour le participe des autres verbes neutres? Et pourquoi ne diroit-on pas qu'*un billet a échu*, lorsqu'il a passé de l'état où le paiement n'en étoit pas exigible, à l'état où ce paiement étoit exigible, et qu'*un billet est échu*, lorsqu'il est dans ce dernier état? *Ce billet a échu le 30 du mois dernier, et il y a un mois qu'il est échu*, nous semblent des phrases très-correctes.

Grandir, Embellir, Rajeunir, Vieillir, Changer, Décamper, et Déchoir prennent l'auxiliaire *avoir*, si, comme le dit *Marmontel*, ces verbes sont pris dans le sens d'une action progressive: *Cet enfant a bien grandi en peu de temps.* (L'*Académie.*) — *Il a bien embelli pendant son voyage.* (*Marmontel.*) — *Cette bonne nouvelle l'a bien rajeuni.* (L'*Académie.*) — *Il a vieilli en peu de temps.* (Marmontel.) — *Depuis ce moment il a déchu de jour en jour.* (L'*Académie.*) — Il a fait l'action de déchoir.

Mais si l'on y attache l'idée d'un état actuel et passif, on doit, dit *Marmontel*, faire usage de l'auxiliaire *être*: *Vous êtes bien grandi.*—*Comme elle est embellie.*—*On diroit qu'elle est rajeunie.*—*Je sens que je suis bien vieilli.* (*Marmontel.*)—*Il est bien déchu de son autorité.* (L'*Académie.*)

---

(323) *Féraud* reproche à *J.-J. Rousseau* d'avoir dit, *Mon sort ne sauroit être empiré*; il prétend qu'il falloit dire, *ne sauroit empirer*. Mais ces deux expressions ne veulent pas dire la même chose. La première signifie, ne peut être dans un état pire que celui où il est; et la seconde, ne sauroit augmenter en mal.

—*Il y a long-temps qu'ils* SONT *déchus de leurs priviléges.* Il y a long-temps qu'ils sont dans un état qui résulte de l'action de déchoir.

On dira de même, pour exprimer l'action : *Les troupes* ONT *décampé hier matin.* — *Cette personne* A *changé d'avis.* —*Cet homme* A *changé de visage.* (L'*Académie.*)

Et pour exprimer l'état : *Les troupes* SONT *décampées.* — *Cette femme* EST *bien changée depuis sa dernière maladie.* — *Cet homme* EST *changé à ne pas le reconnoître.*
(L'*Académie.*)

ÉCHAPPER. On dit : *Le cerf* A *échappé aux chiens*, pour dire que le cerf, par ses ruses, par ses détours, par la légèreté de sa course, en un mot par son action, a évité d'être pris ou saisi par les chiens.

Et *le cerf* EST *échappé aux chiens*, pour dire que le cerf, par suite de l'action qui l'a soustrait à la poursuite des chiens, est dans un état où il ne craint plus cette poursuite.

On diroit dans le même sens : *L'un des coupables* A *échappé à la gendarmerie.* (L'*Académie.*)

Ulysse! Ulysse! m'AVEZ-*vous échappé pour jamais?*
(*Fénélon*, Télémaque, liv. XXIV.)

Ce voleur EST *échappé de prison.* (L'*Académie.*)

Seigneur, quelque Troyen vous est-il échappé?
(*Racine*, Andromaque, act. I, sc. 4.)

On dira aussi d'une chose qu'on a oublié de dire ou de faire : *Ce que je voulois vous dire m'*A *échappé.*—*Ce passage* A *échappé à votre ami, il l'a omis.*

J'ai retenu le chant, les vers m'ont échappé.
(*J.-B. Rousseau*, Poésies diverses.)

Et d'une chose faite par inadvertance, faite malgré soi, d'un mot dit par mégarde, par indiscrétion :

Peut-être, si la voix ne m'eût été coupée,
L'affreuse vérité me *seroit* échappée.
(*Racine*, Phèdre, act. IV, sc. 5.)

Ce mot m'*est* échappé, pardonnez ma franchise.
(*Voltaire*, la Henriade, ch. II.)

Dans le sens d'*éviter*, le verbe *échapper* prend toujours l'auxiliaire *avoir* : *Il l'*a *échappé belle.*

Avec l'unipersonnel, il prend l'auxiliaire *être* : *Il lui* étoit *échappé dans ce mémoire des expressions un peu hasardées.* (Féraud.) — *Jamais il ne m'*est *échappé une parole qui pût découvrir le moindre secret.* (*Fénélon.*)

Accourir, Apparoître, Croître, Décroître, Accroître, Sortir et Rester se conjugueront de même avec le verbe *être*, si l'on veut exprimer l'état, la situation, et avec l'auxiliaire *avoir*, s'il s'agit de l'action, *du passage d'un état à un autre*.

Accourir. La raison pour laquelle *courir* prend toujours l'auxiliaire *avoir*, et que *accourir* prend tantôt l'auxiliaire *avoir*, et tantôt l'auxiliaire *être*, est que *courir* n'exprime qu'un mouvement, qu'une action, au lieu que, dans *accourir*, qui signifie se mettre en mouvement pour arriver promptement à un but, on distingue deux choses : l'action de se mettre en mouvement, pour courir vers un but, et l'état qui résulte de cette action faite : *Dès que je l'ai entendu se plaindre, j'*ai *accouru à son secours*; arrivé près de lui, je lui ai dit : *dans ce moment j'*étois *accouru à votre secours. Je* suis *accouru à son secours*, c'est-à-dire j'étois dans l'état qui résulte de l'action d'accourir au secours de quelqu'un.

Apparoître. *Paroître* prend toujours l'auxiliaire *avoir*, et *apparoître* prend tantôt *avoir* et tantôt *être*. Si je ne veux exprimer que l'action d'un spectre, indépendamment de l'effet, de l'impression que m'a pu causer son apparition, je dis : *Ce spectre* a *apparu trois fois pendant la nuit;* mais, si je veux marquer l'impression que son apparition m'a faite, je dis : *le spectre m'*est *apparu*.

Vous m'*êtes*, en dormant, un peu triste *apparu*.
(*La Fontaine*, les deux Amis.)

Si l'on me demande à quelle heure le spectre s'est rendu visible, je répondrai : *Il* A *apparu à minuit*; le premier peint l'action; le second l'état. — On ne peut jamais dire *le spectre m'*A *apparu*.

CROÎTRE, DÉCROÎTRE. Quand on veut exprimer l'action des eaux qui se sont élevées au-dessus des eaux de la veille, il faut dire : *La rivière* A *crû, décru depuis hier*. Mais si l'on veut dire seulement que les eaux sont dans un état d'élévation supérieur à celui où elles étoient auparavant, on doit dire : *La rivière* EST *crûe, décrue*.

En deux jours la rivière A *crû, décru de deux pieds.— Depuis hier la rivière* EST *crûe, décrue de deux pieds*.

ACCROÎTRE. On observera la même règle pour le verbe *accroître*. Si l'on veut exprimer l'action, il faut dire : *Son bien* A *accru depuis six mois;* ou, pour éviter l'hiatus de *a accru* : *son bien* A *beaucoup* ACCRU *depuis six mois;* et, si l'on veut exprimer l'état : *son bien* EST *accru*.

PARTIR, RESTER, ABORDER, se conjuguent également avec *avoir* pour exprimer l'action. *Nous* AVONS ABORDÉ *à cette île avec beaucoup de peine.—Enfin nous* SOMMES ABORDÉS, *nous voilà abordés*.—Et avec *être* pour marquer l'état : *Il* A *resté deux jours à Lyon*. (L'*Académie*.)—*J'*AI *resté sept mois à Colmar sans sortir de ma chambre*. (*Voltaire*.)—*Le lièvre* A *parti à quatre pas des chiens*. (L'*Académie*.)—*Il* A *parti, il y a près d'une demi-heure*. (M. *Laveaux*.)—*Je l'attendois à Paris, mais il* EST *resté à Lyon*. (L'*Académie*.)— *Son bras* EST *resté paralytique.—Cependant Télémaque* ÉTOIT *resté seul avec Mentor*. (*Fénélon*, Télém.)—*Il* EST *parti pour Lyon*.

À l'égard des verbes MONTER, DESCENDRE, ENTRER, SORTIR, et PASSER, un grand nombre de Grammairiens les conjuguent avec *avoir*, seulement quand ils ont un régime direct :

Il A *monté les degrés*. (*Restaut*.)—AVEZ-*vous monté le bois?* *Wailly*.) —*Il* A *passé le but*. (L'*Académie*.)—*Le batelier m'*A

passé.(Même autorité.)—*Nous* AVONS *passé le fleuve.*(M. *Lehodey.*)
—*Alexandre* A *passé l'Euphrate.* (Restaut, *Wailly.*)—*On l'*A
sorti d'une fâcheuse affaire. (Restaut, *Wailly.*)—*Il* A *descendu
plusieurs passagers dans cette ville.* (L'*Académie.*)—*J'*AI *descendu les degrés.*—*J'*AI *descendu la montagne en dix minutes.* (M. *Lavcaux.*)

Et avec *être*, lorsqu'ils ne sont pas accompagnés d'u
régime direct : *Il* EST *passé en Amérique depuis tel temps.*
(L'*Académie.*)—*L'empire des Mèdes* EST *passé.* (Le P. *Bouhours.*
—*La procession* EST *passée.* (*Condillac.*)— *Cette mode, cett
fleur* EST *passée.* (Restaut, *Wailly*, et *Sicard.*) — *Il* EST *monté
dans sa chambre.* (*Dangeau.*)—*Notre Seigneur* EST *monté au
ciel.* (L'*Académie.*)

Je ne dois qu'à moi seul, non à un sang illustre, les grandeurs où je SUIS *monté.* (*Volt.*, Trad. de l'Héracl. espag.)

Il ÉTOIT *monté, il* EST *descendu.* (L'*Académie.*) — *Il* EST *descendu bien bas.* (*Dangeau.*)—*Il y a une demi-heure que* JE
SUIS *descendu.* (M. *Lavcaux.*)

La rivière EST *sortie de son lit.* (L'*Académie.*)— *Monsieur*
EST *sorti.*
(*Ménage, Th. Corneille, Wailly, Restaut, Condillac,* et *Lévizac.*)

Cependant, comme ces verbes sont susceptibles d'exprimer une action lors même qu'ils n'ont pas de régime direct exprimé, ne devroit-on pas leur appliquer le principe général que nous avons invoqué pour les verbes *périr, cesser, demeurer,* etc., et par conséquent les conjuguer avec *avoir*, quand c'est l'action qu'on veut exprimer, qu'ils aient un régime direct ou non, et avec *être*, lorsque c'est l'état qu'il s'agit de peindre ? Alors ne devroit-on pas dire : *Il* A *passé
en Amérique en tel temps.* (L'*Académie.*)—*L'armée* A *passé
par ce pays.* (*Beauzée.*)—*La procession* A *passé sous mes fenêtres.* (*Condillac.*) — *Elle* A *passé sa jeunesse dans la dissipation.* (*Voltaire.*) — *Cette loi bien combattue a passé.* (*Lemare.*)

Il A *monté quatre fois à sa chambre pendant la journée.*
(L'*Académie.*)—*Il* A *monté pendant trois heures pour arriver
au haut de la montagne.* (*Dangeau.*)—*La rivière* A *monté*

cette année à une telle hauteur. (L'*Académie*.)—*Le blé* A *beaucoup monté en six semaines de temps*. (M. *Laveaux*.)—*Le baromètre* A *descendu de quatre degrés pendant la journée*. (L'*Académie*.)—J'AI *entré en ce lieu*. (*Pélisson*.)—*Lucain* EÛT ENTRÉ *lui-même dans ce sentiment s'il l'eût pu*. (*Bossuet*.)— *Il semble que Cicéron* AIT *entré dans les sentimens de ce philosophe*. (*La Bruyère*.)—*Les prédicateurs* ONT *entré en société avec les auteurs et les poètes*. (Le même.)—J'AI *sorti de la ville exprès pour une affaire*, etc. (*Th. Corneille*, le Festin de pierre, act. V, sc. 1.)—*Monsieur* A *sorti ce matin, et il est de retour*. (*Ménage*, chap. 378.)—*La rente* A *monté de quatre francs en moins d'une heure*.

Il A ENTRÉ *ce matin dans ma chambre, et il en est sorti presque aussitôt*. (M. *Laveaux*.) *Il a expiré, il a trépassé à six heures du soir*, (Le même.) puisque dans toutes ces phrases, c'est l'action faite par le sujet que l'on veut exprimer, et non pas l'état où il se trouve.

Et ne devroit-on pas dire aussi :

Notre Seigneur EST *monté au ciel*. (L'*Académie*.)—*Il* EST *monté dans sa chambre*. (Même autorité.)—*La voix de l'innocence* EST *montée au ciel*. (M. *Laveaux*.)—*Elles sont descendues de leur char*. (M. *Laveaux*.)—*Depuis quand* SONT-*elles descendues ?* (Même autorité.)— *Les beaux jours* SONT *passés*. (L'*Académie*.) — *Tout le monde* EST *sorti*. (*Restaut et Wailly*.) — *Les rentes* SONT *montées. Il* EST *expiré. Il* EST *trépassé depuis une heure*. (*Laveaux*.) — puisque c'est ici l'état du sujet que l'on veut exprimer ?

ARTICLE X.

PARADIGMES, OU MODÈLES DES DIFFÉRENTES ESPÈCES DE CONJUGAISONS.

Avant de donner ces modèles, nous croyons nécessaire de rappeler à nos lecteurs, qu'on ne distingue en français que quatre espèces de conjugaisons, parce que les verbes ne se terminent réellement que de quatre manières différentes à l'infinitif : en *er*, en *ir*, en *oir*, et en *re*.

TERMINAISONS DES TEMPS PRIMITIFS :

AU PRÉSENT de l'Infinitif.	AU PARTICIPE présent.	AU PARTICIPE passé.	AU PRÉSENT de l'Indicatif.	AU PRÉTÉRIT défini.
PREMIÈRE CONJUGAISON.				
En *er*, comme aimer.	En *ant*, comme aimant.	En *é*, comme aimé.	En *e*, comme j'aime.	En *ai*, comme j'aimai.
SECONDE CONJUGAISON.				
En *ir*, comme finir.	En *issant*, comme finissant.	En *i*, comme fini.	En *is*, comme je finis.	En *is*, comme je finis.
En *rir*, comme ouvrir.	En *rant*, comme ouvrant.	En *ert*, comme ouvert.	En *re*, comme j'ouvre.	En *ris*, comme j'ouvris.
En *tir*, comme sentir.	En *tant*, comme sentant.	En *ti*, comme senti.	En *ens*, comme je sens.	En *tis*, comme je sentis.
En *enir*, comme tenir.	En *nant*, comme tenant.	En *u*, comme tenu.	En *iens*, comme je tiens.	En *ins*, comme je tins.
TROISIÈME CONJUGAISON.				
En *evoir*, comme recevoir.	En *evant*, comme recevant.	En *çu*, comme reçu.	En *ois*, comme je reçois.	En *us*, comme je reçus.
QUATRIÈME CONJUGAISON				
En *dre*, comme rendre.	En *dant*, comme rendant.	En *du*, comme rendu.	En *ds*, comme je rends.	En *dis*, comme je rendis.
En *aire*, comme plaire.	En *aisant*, comme plaisant.	En *lu*, comme plu.	En *ais*, comme je plais.	En *us*, comme je plus.
En *uire*, comme réduire.	En *uisant*, comme réduisant.	En *uit*, comme réduit.	En *uis*, comme je réduis.	En *uisis*, comme je réduisis.
En *indre*, comme craindre.	En *ignant*, comme craignant.	En *int*, comme craint.	En *ins*, comme je crains.	En *ignis*, comme je craignis.
En *oître*, comme croître.	En *oissant*, comme croissant.	En *u*, comme cru.	En *ois*, comme je crois.	En *us*, comme je crus.
En *aître*, comme naître.	En *aissant*, comme naissant.	En *é*, comme né.	En *ais*, comme je nais.	En *quis*, comme je naquis.

Ce tableau indique que la *première* et la *troisième* conjugaison ne varient jamais, mais que la *seconde* et la *quatrième* varient; de manière que les *Temps primitifs* des quatre conjugaisons principales se divisent naturellement en douze classes.

Néanmoins comme ces douze classes ont été réduites à *quatre* par tous les Grammairiens, nous ne donnerons que les paradigmes ou modèles de conjugaisons de ces quatre classes, ne doutant pas qu'avec la table des terminaisons des temps primitifs, avec la formation des temps, et la conjugaison de tous les verbes irréguliers, le lecteur ne soit suffisamment guidé.

§ I.

DE LA CONJUGAISON DES VERBES ACTIFS.

Le Verbe *actif* est, comme nous l'avons déjà dit, celui qui, outre sa qualité inhérente à tous les verbes de signifier l'*affirmation*, exprime une action faite par le sujet, et qui a, ou qui peut avoir un régime direct.

PREMIÈRE CONJUGAISON EN *ER*.

CHANTER (Modèle).

INDICATIF (premier mode).

Présent absolu.

(*Ce temps marque une chose qui est, ou qui se fait dans le moment de la parole.*)

Présentement

Je chante (324).	Nous chantons.
Tu chantes (325).	Vous chantez.
Il *ou* elle chante.	Ils *ou* elles chantent.

---

(324) À la première conjugaison, la première personne du présent de l'indicatif ne prend point de *s*.

(325) Cette seconde personne prend un *s*.—*Règle générale* pour tous

Imparfait.

(Ce temps marque une chose faite dans un temps passé, mais comme présente à l'égard d'une autre chose faite dans un temps également passé.)

Quand vous êtes entré,

Je chantois (326).   Nous chantions.
Tu chantois.   Vous chantiez.
Il *ou* elle chantoit.   Ils *ou* elles chantoient.

Prétérit défini.

(Ce temps marque indéterminément une chose faite dans un temps déterminé et entièrement écoulé.)

La semaine passée,

Je chantai (327).   Nous chantâmes.
Tu chantas.   Vous chantâtes.   (329).
Il *ou* elle chanta (328).   Ils *ou* elles chantèrent.

Prétérit indéfini.

(Ce temps marque une chose faite dans un temps entièrement passé que l'on ne désigne pas, ou dans un temps passé désigné, mais qui n'est pas encore tout-à-fait écoulé.)

Cette semaine

J'ai chanté.   Nous avons chanté.
Tu as chanté.   Vous avez chanté.
Il *ou* elle a chanté.   Ils *ou* elles ont chanté.

---

les temps simples des verbes réguliers et irréguliers. Voyez les exceptions à l'orthographe des verbes.

(326) Nos néographes écrivent je *chantais*, par *ai*.

(327) On prononce je *chanté*.

(328) *Règle générale.*—À la troisième personne singulière du prétérit défini des verbes de la première conjugaison, on ne met ni accent circonflexe ni *t* final.

(329) *Règle générale.*— Ces deux personnes plurielles prennent l'accent circonflexe.

Prétérit antérieur.

(Ce temps marque une chose passée avant une autre, qui est également passée, et dont il ne reste plus rien à écouler.)

Quand

J'eus chanté.	Nous eûmes chanté.
Tu eus chanté.	Vous eûtes chanté.
Il *ou* elle eut chanté.	Ils *ou* elles eurent chanté.

Prétérit antérieur sur-composé (330).

(Ce temps marque une chose passée avant une autre, dans un temps qui n'est pas encore entièrement écoulé.)

Quand

J'ai eu chanté.	Nous avons eu chanté.
Tu as eu chanté.	Vous avez eu chanté.
Il *ou* elle a eu chanté.	Ils *ou* elles ont eu chanté.

Plus-que-parfait (331).

(Ce temps marque qu'une chose étoit déjà faite, quand une autre, également passée, s'est faite.)

Quand vous entrâtes,

J'avois chanté.	Nous avions chanté.
Tu avois chanté.	Vous aviez chanté.
Il *ou* elle avoit chanté.	Ils *ou* elles avoient chanté.

Futur absolu.

(Ce temps marque qu'une chose sera ou se fera dans un temps qui n'est pas encore.)

Demain

Je chanterai (332).	Nous chanterons.
Tu chanteras.	Vous chanterez.
Il *ou* elle chantera.	Ils *ou* elles chanteront.

---

(330) Ce temps est peu en usage.

(331) On distingue également un plus-que-parfait, ainsi qu'un futur passé composé, dont l'emploi est encore plus rare que celui du parfait antérieur sur-composé : j'*avois eu dîné*, j'*aurai eu aimé*, etc.—On observera que ces trois temps, n'étant pas usités dans les auxiliaires, ne sont pas admis dans les verbes passifs.

(332) On prononce je *chanteré*.

Première Conjugaison en er.

Futur passé.

(Ce temps marque qu'une chose sera faite, lorsqu'une autre, qui n'est pas encore, sera présente.)

Je sortirai quand

J'aurai chanté.
Tu auras chanté.
Il *ou* elle aura chanté.

Nous aurons chanté.
Vous aurez chanté.
Ils *ou* elles auront chanté.

CONDITIONNEL (deuxième mode).

Présent.

(Ce temps marque qu'une chose seroit ou se feroit dans un temps présent, moyennant une condition.)

Si je pouvois,

Je chanterois.
Tu chanterois.
Il *ou* elle chanteroit.

Nous chanterions.
Vous chanteriez.
Ils *ou* elles chanteroient.

Passé.

(Ce temps marque qu'une chose auroit été faite dans un temps passé, si la condition dont elle dépendoit avoit eu lieu.)

Si vous aviez voulu,

J'aurois *ou* j'eusse chanté.

Tu aurois *ou* tu eusses chanté.

Il *ou* elle auroit, il *ou* elle eût chanté.

Nous aurions *ou* nous eussions chanté.

Vous auriez *ou* vous eussiez chanté.

Ils *ou* elles auroient, ils *ou* elles eussent chanté.

IMPÉRATIF (troisième mode) (333).

Présent ou Futur.

(Ce temps marque l'action de prier, de commander, ou d'exhorter,

---

(333) *Chante, chantons, chantez,* voilà les seules personnes de l'impératif français ; *qu'il chante, qu'ils chantent* appartiennent évidemment au subjonctif.

il indique un présent par rapport à l'action de commander, et un futur par rapport à la chose commandée.)

(*Point de première personne*) (334).

Chante (335).	Chantons.
	Chantez.

SUBJONCTIF (QUATRIÈME MODE).

PRÉSENT OU FUTUR.

(*Ce temps marque le désir, le souhait, ou la volonté.*)
On désire, on désirera

Que je chante.	Que nous chantions.
Que tu chantes.	Que vous chantiez.
Qu'il *ou* qu'elle chante.	Qu'ils *ou* qu'elles chantent.

IMPARFAIT.

On désiroit, on désira, on a désiré, on désireroit

Que je chantasse (336).	Que nous chantassions.
Que tu chantasses.	Que vous chantassiez.
Qu'il *ou* qu'elle chantât (337).	Qu'ils *ou* qu'elles chantassent.

D'ailleurs la suppression des pronoms, qui sont nécessaires partout ailleurs, est une des formes caractéristiques du sens impératif.
(*Beauzée*, Encycl. méth., au mot *impératif*. — *Domergue*, pag. 89. — M. *Lemare*, pag. 191, première édit., etc.)

(334) L'impératif n'a point de première personne. Voyez-en le motif page 464.

(335) Dans les verbes de la première conjugaison, dont la seconde personne singulière de l'impératif est toujours terminée par un *e* muet, on ajoute un *s* après cet *e*, quand le pronom *en* ou le pronom *y* doit suivre : *apportes-y tous tes soins; donnes-en*. Mais observez que si, au lieu du pronom *en*, c'est la préposition *en* qui suit le verbe terminé par un *e* muet ; alors on ne fait point usage de la lettre euphonique *s*, c'est-à-dire que l'on écrit, *admire en France*........ et non pas, *admires en France*. (*Voyez* Orthographe des verbes.) — Cette *règle générale* s'applique à tous les verbes de la deuxième et de la troisième conjugaison dont la deuxième personne singulière de l'impératif est en *e*; tels que *offrir souffrir, ouvrir, cueillir, avoir, savoir*, etc. : *offre, souffre, ouvre, cueille aie, sache*.

(336) On dit que je *chantasse*, que tu *chantasses*, et non pas que je *chantas*, que tu *chantas*.

(337) À la troisième personne singulière de l'imparfait du subjonctif,

Premiere Conjugaison en er.

PRÉTÉRIT.

On a desiré, on aura desiré

Que j'aie chanté.	Que nous ayons chanté.
Que tu aies chanté.	Que vous ayez chanté.
Qu'il *ou* qu'elle ait chanté.	Qu'ils *ou* qu'elles aient chanté.

PLUS-QUE-PARFAIT.

On avoit, on auroit *ou* on eût desiré

Que j'eusse chanté.	Que nous eussions chanté.
Que tu eusses chanté.	Que vous eussiez chanté.
Qu'il *ou* qu'elle eût chanté.	Qu'ils *ou* qu'elles eussent chanté.

INFINITIF (CINQUIÈME MODE).

PRÉSENT.	PARTICIPE PASSÉ.
Chanter.	Chanté, chantée.
PRÉTÉRIT.	
Avoir chanté.	PARTICIPE FUTUR.
PARTICIPE PRÉSENT.	Devant chanter.
Chantant.	

Conjuguez de même *abîmer* (338), *abreuver*, *daigner* (339),

---

on fait usage d'un *t* final, et sur la pénultième on met un accent circonflexe.

On lit dans les Confessions de *J.-J. Rousseau* (liv. III) : « Je fus cor-
« rigé d'une faute d'orthographe que je faisois, avec tous les Génevois,
« par ces deux vers de la Henriade (chant II) :

....Soit qu'un vieux respect pour le sang de leurs maîtres
Parlât encor pour moi dans le cœur de ces traîtres.

« Le mot *parlât*, qui me frappa, m'apprit qu'il falloit un *t* à la troi-
« sième personne de l'imparfait du subjonctif; au lieu qu'auparavant je
« l'écrivois et prononçois *parla*, comme au parfait simple (parfait défini). »

(338) ABÎMER. Ce mot offre toujours une idée de profondeur.

Poussés sur les rochers, navires, matelots
Ont été cette nuit *abîmés* dans les flots. (L'abbé Genest Pénélope, acte II. sc. 4.)
Dieu résolut enfin. . . . .
D'*abîmer* sous les eaux tous ces audacieux.   (Boileau. Sat. XII.)

Pourquoi, dit *Voltaire* dans ses remarques sur Corneille, pourquoi
dit-on *abîmé dans la douleur*, dans la *tristesse*, etc.? c'est que l'on peut y
ajouter l'épithète de *profonde*.

(339) DAIGNER. *Feraud* fait observer avec raison que ce verbe est peu

déverser (340), *implorer* (341), *parler* (342), *pleurer* (343), *souler* (344), *épouvanter, hébéter, lamenter, marier* (345), *vaciller* (346), et tous les verbes dont l'infinitif est en *er*.

À l'égard des Verbes irréguliers ou défectifs de cette conjugaison, voyez Article XIII et suiv.

---

usité à la première personne, à moins qu'on ne fasse parler Dieu ou un souverain, ou qu'on ne parle en plaisantant, ou dans le dépit. En conséquence il blâme cette phrase de *Bossuet*, *je ne daignerai ni les avouer ni les nier*; cela paroît, dit-il, trop fier et trop hautain.

(340) DÉVERSER. Depuis quelque temps on a donné à ce verbe une nouvelle acception. On l'emploie au figuré pour verser, répandre; on dit : *déverser le mépris, l'opprobre sur quelqu'un.*

(341) IMPLORER. L'*Académie* ne dit ce verbe que des choses et de Dieu : *Implorer Dieu dans son affliction. — Implorer le secours du ciel. — Implorer la clémence du vainqueur.*

Voyez aux Rem. dét. des exemples qui prouvent qu'on le dit aussi des personnes.

(342) PARLER. Ce verbe s'emploie figurément dans un grand nombre de cas : *le silence, le mérite, les services, les blessures, l'honneur, l'humanité, la vertu* parlent. (L'*Académie.*)

— Voyez les Rem. dét. au mot *parler*

(343) PLEURER. Actif, se dit des choses et des personnes. *Il faut pleurer les hommes à leur naissance, et non pas à leur mort.*
(*Montesquieu*, Lettres Pers.)

<blockquote>Circé pâle, interdite, et la mort dans les yeux,
Pleuroit sa funeste aventure.
(*J.-B. Rousseau*, Cantate de Circé.)
Pleurez-vous Clytemnestre, ou bien Iphigénie ?
(*Racine*, Iphigénie, act. I, sc. 2.)</blockquote>

(344) SOULER. Autrefois ce terme étoit admis dans le style noble. *Corneille* a dit dans le Cid :

<blockquote>*Soulez*-vous du plaisir de m'empêcher de vivre.</blockquote>

Et l'*Académie*, dans sa critique du Cid, n'a point relevé cette expression. Aujourd'hui on ne la souffriroit pas.

(345) Voyez les Remarques détachées pour les verbes *épouvanter, habiter, lamenter* et *marier.*

(346) VACILLER conserve toujours les deux.

Remarques.—Pour conjuguer un verbe sur un autre verbe de quelque conjugaison qu'il soit, il faut savoir :

1° Que, dans les verbes, il y a des *radicales*, syllabes ou lettres qui précèdent la terminaison, lesquelles sont comme la racine du verbe, et en renferment la signification ; et des syllabes ou lettres qui forment la terminaison : les premières sont toujours invariables, et ne peuvent disparoître dans la conjugaison ; les secondes, au contraire, varient suivant les temps et les personnes. Ainsi dans le verbe *chanter*, la terminaison commune aux verbes de la première conjugaison est *er*, les radicales sont *chant*.

2° Que les temps simples se divisent en *temps primitifs*, qui servent à former d'autres temps, et qui ne sont eux-mêmes formés d'aucun autre ; et en *temps dérivés*, qui se forment des temps primitifs, suivant les règles détaillées dans la *formation des temps*.

Cela posé, qu'on ait à conjuguer, par exemple, le verbe *oublier* : la terminaison *er* fait connoître que ce verbe est de la première conjugaison ; on sépare les radicales des finales, et l'on a *oubli-er*. Ensuite on a recours au modèle que nous avons donné des temps de la première conjugaison, qui est *chanter*, pour ajouter aux radicales *oubli*, les terminaisons qui suivent *chant* dans les cinq temps primitifs, et l'on trouve :

Inf. prés., *oubli-er*.—Part. prés., *oubli-ant*.—Part. passé, *oubli-é*.—Indic. prés., *j'oubli-e*.—Prét. défini, *j'oubli-ai*.

Les cinq temps primitifs étant trouvés, il ne s'agit que de suivre les règles établies pour la formation des temps dérivés, et que nous développerons après avoir donné le modèle des quatre conjugaisons.

Si l'on ne vouloit pas avoir recours à la formation des temps, le modèle de conjugaison du verbe *chanter* suffiroit. En effet, on formeroit quelque temps que ce fût, en ajoutant aux radicales *oubli*, les terminaisons qui suivent *chant* dans le temps que l'on désireroit. Par exemple, si c'étoit le futur du verbe *oublier* que l'on voulût former, les finales de ce temps étant, dans le modèle de conjugaison du verbe CHANTER, *erai*, *eras*, *era*, *erons*, *erez*, *eront*, on n'auroit besoin que de les ajouter aux radicales *oubli*, et alors on auroit oubli-ERAI, oubli-ERAS, oubli-ERA, oubli-ERONS, oubli-EREZ, oubli-ERONT.

SECONDE CONJUGAISON EN *IR*.

EMPLIR (Modèle) (347).

INDICATIF (PREMIER MODE).

PRÉSENT ABSOLU.

A quoi vous occupez-vous ?
J'emplis (348).
Tu emplis.
Il *ou* elle emplit.

Nous emplissons.
Vous emplissez.
Ils *ou* elles emplissent.

IMPARFAIT.

Quand vous êtes entré,
J'emplissois (349).
Tu emplissois.
Il *ou* elle emplissoit.

Nous emplissions.
Vous emplissiez.
Ils *ou* elles emplissoient.

---

(347) EMPLIR. Voyez, aux Remarques détachées, une observation sur ce verbe.

(348) Cette première personne prend un *s* final; il en est de même à la troisième et à la quatrième conjugaison. Si l'on fait usage de cette orthographe, cela provient, comme le dit l'*Académie*, page 149 de ses observations, de ce que les premières personnes du présent de l'indicatif de tous les verbes qui ne terminent pas cette première personne par un *e* muet, sont longues.

(349) Il nous semble que puisque l'*Académie* n'a pas approuvé cette orthographe, il ne faut pas écrire j'*emplissais* par *a*.

Seconde Conjugaison en ir.

PRÉTÉRIT DÉFINI.

La semaine passée,
J'emplis.
Tu emplis.
Il *ou* elle emplit.

Nous emplîmes.
Vous emplîtes.
Ils *ou* elles emplirent.

PRÉTÉRIT INDÉFINI.

Cette semaine,
J'ai empli.
Tu as empli.
Il *ou* elle a empli.

Nous avons empli.
Vous avez empli.
Ils *ou* elles ont empli.

PRÉTÉRIT ANTÉRIEUR.

Quand
J'eus empli.
Tu eus empli.
Il *ou* elle eut empli.

Nous eûmes empli.
Vous eûtes empli.
Ils *ou* elles eurent empli.

PRÉTÉRIT ANTÉRIEUR SUR-COMPOSÉ.

Quand
J'ai eu empli.
Tu as eu empli.
Il *ou* elle a eu empli.

Nous avons eu empli.
Vous avez eu empli.
Ils *ou* elles ont eu empli.

PLUS-QUE-PARFAIT.

Quand vous vîntes,
J'avois empli.
Tu avois empli.
Il *ou* elle avoit empli.

Nous avions empli.
Vous aviez empli.
Ils *ou* elles avoient empli.

FUTUR ABSOLU.

Demain
J'emplirai.
Tu empliras.
Il *ou* elle emplira.

Nous emplirons.
Vous emplirez.
Ils *ou* elles empliront.

FUTUR PASSÉ.

J'irai, quand
J'aurai empli.
Tu auras empli.
Il *ou* elle aura empli.

Nous aurons empli.
Vous aurez empli.
Ils *ou* elles auront empli.

CONDITIONNEL (DEUXIÈME MODE).

PRÉSENT.

Si je pouvois,
J'emplirois.
Tu emplirois.
Il *ou* elle empliroit.

Nous emplirions.
Vous empliriez.
Ils *ou* elles empliroient.

PASSÉ.

Si vous aviez voulu,
J'aurois *ou* j'eusse empli.

Nous aurions *ou* nous eussions empli.

Tu aurois *ou* tu eusses empli.

Vous auriez *ou* vous eussiez empli.

Il auroit *ou* il eût empli.

Ils auroient *ou* ils eussent empli.

IMPÉRATIF (TROISIÈME MODE).

PRÉSENT ou FUTUR.

(Point de première personne.)

Emplis (350).

Emplissons.
Emplissez.

SUBJONCTIF (QUATRIÈME MODE).

PRÉSENT ou FUTUR.

On desire, on desirera
Que j'emplisse.
Que tu emplisses.
Qu'il emplisse.

Que nous emplissions.
Que vous emplissiez.
Qu'ils emplissent.

IMPARFAIT.

On desiroit, on desira, on a desiré, on desireroit
Que j'emplisse.
Que tu emplisses.
Qu'il emplît.

Que nous emplissions.
Que vous emplissiez.
Qu'ils emplissent.

---

(450) Cette seconde personne prend un *s*, parce que la première personne du présent de l'indicatif, dont elle se forme, en a un.

Seconde Conjugaison en ir.

PRÉTÉRIT.

On a desiré, on aura desiré

Que j'aie empli. | Que nous ayons empli.
Que tu aies empli. | Que vous ayez empli.
Qu'il ait empli. | Qu'ils aient empli.

PLUS-QUE-PARFAIT.

On auroit, on eût desiré

Que j'eusse empli. | Que nous eussions empli.
Que tu eusses empli | Que vous eussiez empli.
Qu'il eût empli. | Qu'ils eussent empli.

INFINITIF (CINQUIÈME MODE).

PRÉSENT. | PARTICIPE PASSÉ.
Emplir. | Empli, emplie.

PRÉTÉRIT.
Avoir empli. | PARTICIPE FUTUR.

PARTICIPE PRÉSENT. | Devant emplir.
Emplissant.

Conjuguez de même *applaudir, agir, choisir, gémir* (351), *éclaircir* (352), *enfouir, mûrir, amollir*, etc., etc., et tous

---

(354) Voyez, au Régime des verbes, des Rem. sur l'emploi des verbes *applaudir, agir, choisir, gémir*.

(352) ÉCLAIRCIR. Ce verbe, lorsqu'on parle des personnes, ne peut s'employer sans régime indirect. On dit : *éclaircir quelqu'un de quelque chose*, et non pas *éclaircir quelqu'un* :

De vos desseins secrets on est trop *éclairci*.   (Racine.)
Je veux de tout le crime être mieux *éclairci*.   (Le même.)

Ainsi *Racine* et *Voltaire* n'ont pas été corrects quand ils ont dit; le premier dans Bajazet (act. II, sc. 5) :

Oh ciel! combien de fois je l'aurois *éclaircie*,
Si je n'eusse à sa haine exposé que ma vie.

Et le second dans Zaïre (act. IV, sc. 6) :

Eh bien! madame, il faut que vous m'*éclaircissiez*.

Éclairer, dans ce cas, étoit le verbe dont ils devoient se servir. En parlant des choses, il suffit du régime direct.

Un moment quelquefois *éclaircit* plus d'un doute.   (Racine.)
Ce terme est équivoque, il le faut *éclaircir*.   (Boileau.)

les verbes dont la terminaison est en *ir*; et faites usage de la méthode indiquée à la fin de la première conjugaison, pages 539 et 540.

TROISIÈME CONJUGAISON EN *OIR*.

RECEVOIR (Modèle).

INDICATIF (premier mode).

Présent absolu.

Que faites-vous?
Je reçois.
Tu reçois.
Il *ou* elle reçoit.

Nous recevons.
Vous recevez.
Ils *ou* elles reçoivent.

Imparfait.

Quand vous êtes entré,
Je recevois.
Tu recevois.
Il *ou* elle recevoit.

Nous recevions.
Vous receviez.
Ils *ou* elles recevoient.

Prétérit défini.

La semaine passée,
Je reçus.
Tu reçus.
Il *ou* elle reçut (353).

Nous reçûmes.
Vous reçûtes.
Ils *ou* elles reçurent.

Prétérit indéfini.

Cette semaine,
J'ai reçu.
Tu as reçu.
Il *ou* elle a reçu.

Nous avons reçu.
Vous avez reçu.
Ils *ou* elles ont reçu.

---

(353) Toujours la même règle: il ne faut point mettre d'accent sur la pénultième de ce temps.

Troisième Conjugaison en oir.

Prétérit antérieur.

Quand, lorsque

J'eus reçu.
Tu eus reçu.
Il *ou* elle eut (354) reçu.

Nous eûmes reçu.
Vous eûtes reçu.
Ils *ou* elles eurent reçu.

Prétérit antérieur sur-composé.

Quand

J'ai eu reçu.
Tu as eu reçu.
Il *ou* elle a eu reçu.

Nous avons eu reçu.
Vous avez eu reçu.
Ils *ou* elles ont eu reçu.

Plus-que-parfait.

Quand vous vîntes

J'avois reçu.
Tu avois reçu.
Il *ou* elle avoit reçu.

Nous avions reçu.
Vous aviez reçu.
Ils *ou* elles avoient reçu.

Futur absolu.

Demain

Je recevrai.
Tu recevras.
Il *ou* elle recevra.

Nous recevrons.
Vous recevrez.
Ils *ou* elles recevront.

Futur passé.

J'irai quand

J'aurai reçu.
Tu auras reçu.
Il *ou* elle aura reçu.

Nous aurons reçu.
Vous aurez reçu.
Ils *ou* elles auront reçu.

CONDITIONNEL (DEUXIÈME MODE).

Présent.

Si je pouvois,

Je recevrois.
Tu recevrois.
Il *ou* elle recevroit.

Nous recevrions.
Vous recevriez.
Ils *ou* elles recevroient.

---

(354) Nous avons déjà dit qu'on ne fait usage de l'accent circonflexe sur l'*u* de *eut* que dans les temps où l'on dit *eussent* au pluriel.

PASSÉ.

Si vous aviez voulu,
J'aurois *ou* j'eusse reçu.

Tu aurois *ou* tu eusses reçu.
Il auroit *ou* il eût reçu.

Nous aurions *ou* nous eussions reçu.
Vous auriez *ou* vous eussiez reçu.
Ils auroient *ou* ils eussent reçu.

IMPÉRATIF (TROISIÈME MODE).

PRÉSENT ou FUTUR.

(Point de première personne au singulier.)

Reçois.

Recevons.
Recevez.

SUBJONCTIF (QUATRIÈME MODE).

PRÉSENT ou FUTUR.

On desire, on desirera
Que je reçoive.
Que tu reçoives.
Qu'il reçoive.

Que nous recevions.
Que vous receviez.
Qu'ils reçoivent.

IMPARFAIT.

On desiroit, on desira, on a desiré, on desireroit
Que je reçusse (355).
Que tu reçusses.
Qu'il reçût.

Que nous reçussions.
Que vous reçussiez.
Qu'ils reçussent.

PRÉTÉRIT.

On a desiré, on aura desiré
Que j'aie reçu.
Que tu aies reçu.
Qu'il ait reçu.

Que nous ayons reçu.
Que vous ayez reçu.
Qu'ils aient reçu.

---

(355) Dans le verbe *recevoir*, comme dans les mots où le *c* a le son d'un *s*, on met une cédille sous cette consonne, mais c'est seulement avant une des trois voyelles *a*, *o*, *u*.

PLUS-QUE-PARFAIT.

On auroit, on eût desiré

Que j'eusse reçu.
Que tu eusses reçu.
Qu'il eût reçu.

Que nous eussions reçu.
Que vous eussiez reçu.
Qu'ils eussent reçu.

INFINITIF (CINQUIÈME MODE).

PRÉSENT.

Recevoir.

PRÉTÉRIT.

Avoir reçu.

PARTICIPE PRÉSENT.

Recevant.

PARTICIPE PASSÉ.

Reçu, reçue.

PARTICIPE FUTUR.

Devant recevoir.

Conjuguez de même les verbes *devoir* (356), *percevoir*,

---

(356) DEVOIR. *Devrions, devriez*, est en poésie de trois syllabes, et peut-être est-ce par cette raison que quelques écoliers prononcent ces mots comme si l'on écrivoit *deverions, deveriez* avec un *e* muet après le *r*.

Dût s'emploie dans le sens de *quand même*.

<blockquote>
Dût le peuple en fureur pour ses maîtres nouveaux
De mon sang odieux arroser leurs tombeaux,
Dût le Parthe vengeur me trouver sans défense,
Dût le ciel égaler le supplice à l'offense,
Trône, à t'abandonner je ne puis consentir.
</blockquote>

(*Corneille*, Rodogune, act. V, sc. 1.)

<blockquote>
Dût tout cet appareil retomber sur ma tête.
</blockquote>

(*Racine*, Iphig., act. III, sc. 6.)

Voltaire a dit dans Mérope (act. I, sc. 3) :

<blockquote>
Nous *devons* l'un à l'autre un mutuel soutien.
</blockquote>

La Harpe dit au sujet de ce vers : « La rigueur grammaticale exigeoit « *nous nous devons*. Je crois qu'en poésie on doit d'autant plus supprimer « cette répétition de pronom, qu'elle n'est pas agréable à l'oreille, et « que, *l'un à l'autre* exprime suffisamment la réciprocité.

Cette observation ne paroît pas juste à M. *Laveaux*, et il me semble qu'il a raison.

décevoir (357), *concevoir, apercevoir*, etc.; et suivez la méthode indiquée, à la conjugaison du verbe *chanter*, p. 502 et 503.

QUATRIÈME CONJUGAISON EN *RE*.

RENDRE (Modèle).

INDICATIF (premier mode).

Présent absolu.

Que faites-vous ?
Je rends.
Tu rends.
Il *ou* elle rend.

Nous rendons.
Vous rendez.
Ils *ou* elles rendent.

Imparfait.

Quand vous êtes entré
Je rendois.
Tu rendois.
Il *ou* elle rendoit.

Nous rendions.
Vous rendiez.
Ils *ou* elles rendoient.

Prétérit défini.

Cette semaine passée
Je rendis.
Tu rendis
Il *ou* elle rendit.

Nous rendîmes.
Vous rendîtes.
Ils *ou* elles rendirent.

---

(357) DÉCEVOIR. Ce verbe n'est plus usité que dans les temps composés :

Par quelle trahison le cruel m'a *déçue !*
(Racine, Iphigénie, act. V, sc. 8.)

Cruelle! quand ma foi vous a-t-elle *déçue?*
(Le même, Phèdre, act. I, sc. 3.)

Les Anglais, DÉÇUS *par le nom de liberté, en ont à la fin détesté les vices.* (Bossuet.)

Tromper a tout-à-fait remplacé ce verbe.

Quatrième Conjugaison en re.

PRÉTÉRIT INDÉFINI.

Cette semaine
J'ai rendu.
Tu as rendu.
Il *ou* elle a rendu.

Nous avons rendu.
Vous avez rendu.
Ils *ou* elles ont rendu.

PRÉTÉRIT ANTÉRIEUR.

Quand, lorsque
J'eus rendu.
Tu eus rendu.
Il *ou* elle eut rendu.

Nous eûmes rendu.
Vous eûtes rendu.
Ils *ou* elles eurent rendu.

PRÉTÉRIT ANTÉRIEUR SUR-COMPOSÉ.

Quand
J'ai eu rendu.
Tu as eu rendu.
Il *ou* elle a eu rendu.

Nous avons eu rendu.
Vous avez eu rendu.
Ils *ou* elles ont eu rendu.

PLUS-QUE-PARFAIT.

Quand vous vîntes
J'avois rendu.
Tu avois rendu.
Il *ou* elle avoit rendu.

Nous avions rendu.
Vous aviez rendu.
Ils *ou* elles avoient rendu.

FUTUR ABSOLU.

Demain.
Je rendrai.
Tu rendras.
Il *ou* elle rendra.

Nous rendrons.
Vous rendrez.
Ils *ou* elles rendront.

FUTUR PASSÉ.

J'irai, quand
J'aurai rendu.
Tu auras rendu.
Il *ou* elle aura rendu.

Nous aurons rendu.
Vous aurez rendu.
Ils *ou* elles auront rendu.

CONDITIONNEL (DEUXIÈME MODE).

PRÉSENT.

Si je pouvois,
Je rendrois.
Tu rendrois.
Il *ou* elle rendroit.

Nous rendrions.
Vous rendriez.
Ils *ou* elles rendroient.

Passé.

Si vous aviez voulu,

J'aurois *ou* j'eusse rendu.

Tu aurois *ou* tu eusses rendu.

Il auroit *ou* il eût rendu.

Nous aurions *ou* nous eussions rendu.

Vous auriez *ou* vous eussiez rendu.

Ils auroient *ou* ils eussent rendu.

IMPÉRATIF (TROISIÈME MODE).

Présent ou Futur.

(Point de première personne au singulier.)

Rends.

Rendons.
Rendez.

SUBJONCTIF (QUATRIÈME MODE).

Présent ou Futur.

On desire, on desirera

Que je rende.

Que tu rendes.

Qu'il rende.

Que nous rendions.

Que vous rendiez.

Qu'ils rendent.

Imparfait.

On desiroit, on desira, on a desiré, on desireroit

Que je rendisse.

Que tu rendisses.

Qu'il rendît.

Que nous rendissions.

Que vous rendissiez.

Qu'ils rendissent.

Prétérit.

On a desiré, on aura desiré

Que j'aie rendu.

Que tu aies rendu.

Qu'il ait rendu.

Que nous ayons rendu.

Que vous ayez rendu.

Qu'ils aient rendu.

Plus-que-parfait.

On auroit *ou* on eût desiré

Que j'eusse rendu.

Que tu eusses rendu.

Qu'il eût rendu.

Que nous eussions rendu.

Que vous eussiez rendu.

Qu'ils eussent rendu.

INFINITIF (CINQUIÈME MODE).

Présent.
Rendre.

Prétérit.
Avoir rendu.

Participe présent.
Rendant.

Participe passé.
Ayant rendu.

Participe futur.
Devant rendre.

Conjuguez sur ce verbe, *attendre, entendre, suspendre, vendre, prendre, prétendre, répondre, tordre*, etc., etc.

Et suivez la méthode indiquée, à la fin de la conjugaison du verbe *chanter*, pag. 502 et 503.

On trouvera la conjugaison des Verbes réguliers et des Verbes défectifs, à l'article XII.

§ II.

PARADIGME, OU MODÈLE DE CONJUGAISON DES VERBES PASSIFS.

Le Verbe *passif* est celui qui présente le sujet comme recevant l'effet d'une action produite par un autre objet.

Il n'y a qu'une seule conjugaison pour tous les verbes passifs : elle se fait avec l'auxiliaire *être*, dans tous ses temps, et avec le participe passé du verbe actif ; c'est pourquoi nous ne donnerons que la *première personne du singulier et du pluriel* de chaque temps, et, si quelques-uns de nos lecteurs étoient embarrassés pour la conjugaison des autres personnes, ils n'auroient qu'à consulter le modèle de la conjugaison du verbe *être*, page 481.

ÊTRE LOUÉ (Modèle).

INDICATIF.

Présent absolu.

Je suis loué *ou* louée (358).   Nous sommes loués *ou* louées (359)

Imparfait.

J'étois loué *ou* louée.   Nous étions loués *ou* louées.

Prétérit défini.

Je fus loué *ou* louée.   Nous fûmes loués *ou* louées.

Prétérit indéfini.

J'ai été loué *ou* louée.   Nous avons été loués *ou* louées.

Prétérit antérieur.

J'eus été loué *ou* louée.   Nous eûmes été loués *ou* louées.

Plus-que-parfait.

J'avois été loué *ou* louée.   Nous avions été loués *ou* louées.

Futur absolu.

Je serai loué *ou* louée.   Nous serons loués *ou* louées.

Futur passé.

J'aurai été loué *ou* louée.   Nous aurons été loués *ou* louées.

CONDITIONNEL.

Présent.

Je serois loué *ou* louée.   Nous serions loués *ou* louées.

---

(358) *Règle générale.* — Tous les participes passés employés avec le verbe *être*, s'accordent en *genre* et en *nombre* avec le sujet du verbe *être*. Pour former le féminin, on ajoute un *e* muet; et pour former le pluriel, on ajoute un *s*.

(359) Nous avons déjà dit que le participe doit être mis au singulier quand le pronom *vous* est employé pour le pronom *tu*; ainsi il faut dire, en parlant à un homme, *vous êtes loué*; et, en parlant à une femme, *vous êtes louée*.

PASSÉ.

J'aurois été loué *ou* louée,
ou j'eusse été loué *ou* louée.

Nous aurions été loués *ou* louées, *ou* nous eussions été loués *ou* louées.

IMPÉRATIF.

Présent ou Futur.

Sois loué *ou* louée.

Soyons loués *ou* louées.

SUBJONCTIF.

Présent ou Futur.

Que je sois loué *ou* louée.

Que nous soyons loués *ou* louées.

Imparfait.

Que je fusse loué *ou* louée.

Que nous fussions loués *ou* louées.

Prétérit.

Que j'aie été loué *ou* louée.

Que nous ayons été loués *ou* louées.

Plus-que-parfait.

Que j'eusse été loué *ou* louée.

Que nous eussions été loués *ou* louées.

INFINITIF.

Présent.
Être loué *ou* louée.

Prétérit.
Avoir été loué *ou* louée.

Participe présent.
Étant loué *ou* louée.

Participe passé.
Ayant été loué *ou* louée.

Participe futur.
Devant être loué *ou* louée.

On conjuguera de même les verbes passifs *être aimé*, *être satisfait*, *être admiré*, *être aperçu*, *être lu*, etc., etc.

§ III.

DE LA CONJUGAISON DES VERBES NEUTRES.

Le Verbe *neutre* est celui qui, outre sa qualité inhérente

à tous les verbes, de signifier l'affirmation, exprime une action faite par le sujet, et dont l'objet ne sauroit être direct.

On le distingue d'avec le verbe actif, en ce qu'on ne peut pas mettre immédiatement après lui les mots *quelqu'un* ou *quelque chose*, c'est-à-dire, en ce qu'on ne peut pas lui assigner de régime direct.

Il y a à-peu-près six cents verbes neutres dans notre langue; environ cinq cents se conjuguent avec l'auxiliaire *avoir*, comme: *marcher, dormir, languir*, etc., qui font j'*ai marché*, j'*ai dormi*, j'*ai langui*; et alors les verbes *chanter, emplir, recevoir, rendre*, dont on vient de donner les paradigmes ou modèles de conjugaison, peuvent servir pour la conjugaison de ces verbes neutres; nous ferons observer seulement que le participe passé de ces verbes étant toujours invariable, il faudra dire simplement: *marché, ayant marché; langui, ayant langui*, et jamais MARCHÉE, ni LANGUIE avec l'accord, ainsi que cela se pratique quand le verbe est actif au lieu d'être neutre.

À l'égard des verbes neutres qui se conjuguent dans leurs temps composés avec l'auxiliaire *être*, on remarquera que cet auxiliaire y est toujours au même temps que le verbe *avoir*, dans les verbes où l'on fait usage de ce dernier. Ainsi, de même que l'on dit: j'*ai aimé*, j'*ai pris*, j'*avois fini*, on dit: je *suis arrivé*, j'*étois arrivé*; où l'on voit que dans les uns, comme dans les autres, les verbes *avoir* et *être* sont au présent et à l'imparfait.

PARADIGME, OU MODÈLE DE CONJUGAISON DES VERBES NEUTRES QUI PRENNENT L'AUXILIAIRE *ÊTRE*.

Ayant donné précédemment le paradigme des trois personnes, tant singulières que plurielles, nous pensons qu'il suffira de donner ici la première personne de chaque temps.

TOMBER (Modèle).

INDICATIF.

PRÉSENT ABSOLU.

Je tombe.   Nous tombons.

IMPARFAIT.

Je tombois.   Nous tombions.

PRÉTÉRIT DÉFINI.

Je tombai.   Nous tombâmes.

PRÉTÉRIT INDÉFINI.

Je suis tombé *ou* tombée.   Nous sommes tombés *ou* tombées.

PRÉTÉRIT ANTÉRIEUR.

Je fus tombé *ou* tombée.   Nous fûmes tombés *ou* tombées.

PLUS-QUE-PARFAIT.

J'étois tombé *ou* tombée.   Nous étions tombés *ou* tombées.

FUTUR ABSOLU.

Je tomberai.   Nous tomberons.

FUTUR PASSÉ.

Je serai tombé *ou* tombée.   Nous serons tombés *ou* tombées.

CONDITIONNEL.

PRÉSENT.

Je tomberois.   Nous tomberions.

PASSÉ.

Je serois, *ou* je fusse tombé, *ou* tombée.   Nous serions, *ou* nous fussions tombés *ou* tombées.

IMPÉRATIF.

PRÉSENT OU FUTUR.

Tombe.   Tombons.

SUBJONCTIF.

PRÉSENT OU FUTUR.

Que je tombe.   Que nous tombions.

IMPARFAIT.

Que je tombasse.   Que nous tombassions.

PRÉTÉRIT.

Que je sois tombé *ou* tombée.   Que nous soyons tombés *ou* tombées.

PLUS-QUE-PARFAIT.

Que je fusse tombé *ou* tombée.   Que nous fussions tombés *ou* tombées.

INFINITIF.

PRÉSENT.
Tomber.

PRÉTÉRIT.
Etre tombé *ou* tombée.

PARTICIPE PRÉSENT.
Tombant.

PARTICIPE PASSÉ.
Tombé, tombée, étant tombé *ou* tombée.

PARTICIPE FUTUR.
Devant tomber.

Conjuguez de même les verbes *arriver, aller, déchoir, décéder, mourir, naître, partir, rester, sortir, monter, descendre, venir, devenir, revenir, parvenir*, etc., etc.; et, à l'égard de leurs temps composés, *voyez*, page 506, les remarques que nous avons faites sur l'emploi des auxiliaires *avoir* et *être*.

§ IV.

DE LA CONJUGAISON DES VERBES PRONOMINAUX.

Le Verbe *pronominal* est un verbe qui se conjugue toujours avec deux pronoms de la même personne, comme, JE ME *flatte*, TU TE *blesses*, etc.

Ces verbes n'ont point de conjugaison qui leur soit particulière. Dans les temps simples, ils se conjuguent comme les verbes de la conjugaison à laquelle ils appartiennent; et dans les temps composés, ils prennent l'auxiliaire *être*.

SE PROMENER (Modèle).

INDICATIF.

Présent absolu.

Je me promène. Nous nous promenons.

Imparfait.

Je me promenois. Nous nous promenions.

Prétérit défini.

Je me promenai. Nous nous promenâmes.

Prétérit indéfini.

Je me suis promené *ou* promenée. Nous nous sommes promenés *ou* promenées.

Prétérit antérieur.

Je me fus promené *ou* promenée. Nous nous fûmes promenés *ou* promenées.

Plus-que-parfait.

Je m'étois promené *ou* promenée. Nous nous étions promenés *ou* promenées.

Futur absolu.

Je me promènerai. Nous nous promènerons.

Futur passé.

Je me serai promené *ou* promenée. Nous nous serons promenés *ou* promenées.

CONDITIONNEL.

Présent.

Je me promènerois. Nous nous promènerions.

Passé.

Je me serois promené *ou* promenée;—je me fusse promené *ou* promenée. Nous nous serions promenés *ou* promenées;—nous nous fussions promenés *ou* promenées.

IMPÉRATIF.

Présent ou futur.

Promène-toi (360).   Promenons-nous.

SUBJONCTIF.

Présent ou futur.

Que je me promène.   Que nous nous promenions.

Imparfait.

Que je me promenasse.   Que nous nous promenassions.

Prétérit.

Que je me sois promené *ou* promenée.   Que nous nous soyons promenés *ou* promenées.

Plus-que-parfait.

Que je me fusse promené *ou* promenée.   Que nous nous fussions promenés, *ou* promenées.

INFINITIF.

Présent.

Se promener.

Prétérit.

S'être promené *ou* promenée.

Participe présent.

Se promenant.

Participe passé.

Promené *ou* promenée ; s'étant promené *ou* promenée.

Participe futur.

Devant se promener.

Conjuguez de même *se blesser, se repentir, se coucher, se baigner, se moucher*, etc.

---

(360) On écrit *promène-toi*, et non pas *promènes-toi* avec un *s*, parce que les verbes de la première conjugaison ne prennent point de *s* à la seconde personne singulière de l'impératif ; excepté lorsqu'ils sont suivis de *y* ou de *en*, et alors c'est une lettre euphonique.

On met un *accent grave* sur l'*e* qui précède *ne* du verbe *promener*, par la raison, comme nous l'avons dit pag. 338, que, lorsque la dernière syllabe est muette, l'*e* qui termine l'avant-dernière doit être sonore et grave.

§ V.

DE LA CONJUGAISON DES VERBES UNIPERSONNELS.

Le Verbe *unipersonnel* est celui que l'on n'emploie dans tous ses temps qu'à la troisième personne du singulier. Il se conjugue selon les inflexions qu'exige la conjugaison à laquelle il appartient: néanmoins, comme ces verbes n'ont pas tous les temps, nous allons donner la conjugaison du verbe unipersonnel *neiger*, afin que l'on sache quels sont les temps qui lui manquent.

NEIGER (Modèle).

INDICATIF.

Présent absolu.	Prétérit antérieur.
Il neige.	Il eut neigé.
Imparfait.	**Plus-que-parfait.**
Il neigeoit.	Il avoit neigé.
Prétérit défini.	**Futur absolu.**
Il neigea.	Il neigera.
Prétérit indéfini.	**Futur passé.**
Il a neigé.	Il aura neigé.

CONDITIONNEL.

Présent.	Passé.
Il neigeroit.	Il auroit *ou* il eût neigé.

(Point d'Impératif.)

SUBJONCTIF.

Présent ou futur.	Prétérit.
Qu'il neige.	Qu'il ait neigé.
Imparfait.	**Plus-que-parfait.**
Qu'il neigeât.	Qu'il eût neigé.

INFINITIF.

Présent.	Participe passé.
Neiger.	Ayant neigé.

Les autres temps de l'infinitif ne sont pas en usage.

§ VI.
DE LA FORMATION DES TEMPS.

Les temps des verbes sont simples ou composés. Les *temps simples* sont ceux qui ne consistent qu'en un seul mot, et qui, entés sur une même racine fondamentale, diffèrent entre eux par les inflexions et les terminaisons propres à chacun ; les *temps composés* sont ceux qui sont formés du participe passé du même verbe avant lequel on met un des auxiliaires *avoir* et *être* ; comme : j'*ai aimé,* je *suis encouragé,* etc.

Parmi les temps simples d'un verbe, il y en a cinq que l'on nomme *primitifs,* parce qu'ils servent à former les autres temps, dans les quatre conjugaisons : ce sont, comme nous l'avons dit, page 435, *le Présent, le Prétérit défini de l'Indicatif, le Présent de l'Infinitif, le Participe présent, et le Participe passé.*

De la première personne singulière du PRÉSENT DE L'INDICATIF, *et de la première et de la seconde personne plurielle du* MÊME TEMPS, on forme *la seconde personne singulière et la première et la seconde personne plurielle de l'impératif,* en ôtant les pronoms personnels *je, nous, vous.* Ainsi de *j'aime, je finis, nous aimons vous aimez,* on forme l'impératif : *aime, finis, aimons, aimez.*

Du PRÉTÉRIT DÉFINI, on forme *l'imparfait du subjonctif,* en changeant *ai* en *asse,* pour la première conjugaison, comme *j'aimai,* que *j'aimasse,* et en ajoutant *se* aux terminaisons du prétérit pour les autres conjugaisons ; comme :

(359 *bis*) *Lavaux* donne, dans son Diction. des diffic., la formation des temps, et cependant il ne conseille à personne d'en embarrasser sa mémoire ; et nous, nous engageons fort nos lecteurs à s'en bien pénétrer, parce que nous sommes bien persuadés qu'elle ne peut que leur être infiniment utile.

je finis, que *je finisse*; *je reçus*, que *je reçusse*; *je rendis*, que *je rendisse*; *je vins*, que *je vinsse*, etc.

Du PRÉSENT DE L'INFINITIF, on forme *le futur de l'indicatif,* c'est-à-dire que.

Dans les verbes de la *première conjugaison*, on ajoute *ai* à la consonne finale *r* de l'infinitif : *donner, oublier, jouer, prier, créer,* font *donner*ai, *oublier*ai, *jouer*ai, *prier*ai, *créer*ai;

Dans les verbes de la *seconde conjugaison*, on ajoute également *ai* à la consonne finale *r* de l'infinitif; *emplir, finir,* font *emplir*ai, *finir*ai;

Dans les verbes de la *troisième conjugaison*, on retranche *oir* de l'infinitif, pour y substituer *rai* : *recevoir, apercevoir, concevoir,* font *recev*rai, *apercev*rai, *concev*rai;

Enfin, dans les verbes de la *quatrième conjugaison*, on change la finale *re* de l'infinitif en la finale *rai* : *rendre, défendre, tordre,* font *rend*rai, *défend*rai, *tord*rai.

Le conditionnel présent se forme, de même que le futur, *du* PRÉSENT DE L'INFINITIF, et alors les règles données pour la formation de ce temps lui sont applicables; seulement la finale, au lieu d'être *ai*, *rai*, est *ois*, *rois*.

Du PARTICIPE PRÉSENT, on forme :

1° *Les trois personnes plurielles du présent de l'indicatif,* en changeant *ant* en *ons,* pour la première personne; en *ez,* pour la seconde; en *ent,* pour la troisième : *aimant,* nous *aim*ons; *aimant,* vous *aim*ez; *aimant,* ils *aim*ent;

2° *L'imparfait de l'indicatif,* en changeant la finale *ant* en *ois, oit, ions, iez, oient* : *aimant,* j'*aim*ois; *emplissant,* j'*empliss*ois; *recevant,* je *recev*ois, etc., etc.

3° *Le présent du subjonctif,* en changeant *ant,* selon la personne et le nombre, en *e, es, e, ions, iez, ent* : *aimant,* que j'*aim*e, que tu *aim*es, qu'il *aim*e, que nous *aim*ions, que vous *aim*iez, qu'ils *aim*ent; *emplissant,* que j'*emplisse,* etc.;

rendant, que *je rende*, etc.; *cousant*, que *je couse*, etc.; *résolvant*, que *je résolve*, etc.; *cueillant*, que *je cueille*, etc.

DE LA FORMATION DES TEMPS COMPOSÉS.

Il y a sept temps composés : le *prétérit indéfini* ; le *prétérit-antérieur* ; le *plus-que-parfait de l'indicatif* ; le *futur passé* ; le *conditionnel passé* ; le *prétérit du subjonctif* ; le *plus-que-parfait du subjonctif*.

RÈGLE GÉNÉRALE. — *Du participe passé* on forme tous les temps composés qui se trouvent dans les verbes, en joignant à ce participe les différents temps des auxiliaires *avoir* ou *être*.

Ainsi, *du participe passé*, on forme 1°, le prétérit indéfini, en y joignant le présent de l'indicatif du verbe *avoir* : *J'ai donné, j'ai empli, j'ai reçu, j'ai rendu* ; 2°, le prétérit antérieur, en y joignant le prétérit défini du verbe *avoir* : *J'eus donné, empli, reçu, rendu* ; 3°, le plus-que-parfait de l'indicatif, en y joignant l'imparfait du verbe *avoir* : *J'avois donné, empli, reçu, rendu* ; 4°, le futur passé, en y joignant le futur simple du verbe *avoir* : *J'aurai donné, empli, reçu, rendu* ; 5°, le conditionnel passé, en y joignant le conditionnel présent du verbe *avoir* : *J'aurois donné, empli, reçu, rendu* ; 6°, le prétérit du subjonctif, en y joignant le présent du subjonctif du verbe *avoir* : *Que j'aie donné, empli, reçu, rendu* ; 7°, enfin, du participe passé se forme le plus-que-parfait du subjonctif, en y joignant l'imparfait du subjonctif du verbe *avoir* : *Que j'eusse donné, empli, reçu, rendu*.

Dans les verbes pronominaux, et dans les verbes neutres qui prennent l'auxiliaire *être*, les temps composés se forment de même; mais ce sont les temps du verbe auxiliaire *être* qui se joignent au participe; ainsi, on ne dit pas : *Je m'ai repenti, j'ai tombé, je m'avois repenti, j'avois tombé*, etc.;

mais *je me suis repenti, je m'étois repenti, je suis tombé, j'étois tombé.*

(*Restaut*, pag. 251.—*Wailly*, pag. 74.—*Lévizac*, pag. 53, t. II.)

Si on conjugue les temps composés des verbes pronominaux avec l'auxiliaire *être*, plutôt qu'avec l'auxiliaire *avoir*, c'est parce que l'action et la passion s'y trouvant dans le même sujet, on a été plus porté à se servir du verbe *être*, qui signifie par lui-même la passion, que du verbe *avoir*, qui n'auroit marqué que l'action; et en effet, quand on dit : *Il s'est tué*, c'est comme si l'on disoit : *il a été tué par soi-même*, où on trouve la signification passive que l'on ne trouveroit pas dans *il s'a tué*.

(MM. de *Port-Royal*, Gramm. gén., pag. 497.)

Il ne sera pas inutile, lorsqu'on aura lu cette formation des temps, de jeter un coup d'œil sur ce que nous disons au chapitre des *Verbes irréguliers* et à celui de l'*Orthographe*, art. II, §. 4.

ARTICLE XI.

Avant que de donner la conjugaison des *Verbes irréguliers*, nous parlerons de plusieurs verbes qui, quoique réguliers, quant à leur conjugaison, demandent que nous nous en occupions, parce qu'il est facile de se tromper sur la manière de les orthographier.

§ I.

DE LA CONJUGAISON DES VERBES DONT L'INFINITIF EST TERMINÉ EN GER.

MANGER (Modèle).

INDICATIF.

Présent absolu.

Je mange.　　　　　Nous mangeons.

IMPARFAIT.

Je mangeois.   Nous mangions.

PRÉTÉRIT DÉFINI.

Je mangeai.   Nous mangeâmes.

PRÉTÉRIT INDÉFINI.

J'ai mangé.   Nous avons mangé.

PRÉTÉRIT ANTÉRIEUR.

J'eus mangé.   Nous eûmes mangé.

PLUS-QUE-PARFAIT.

J'avois mangé.   Nous avions mangé.

FUTUR ABSOLU.

Je mangerai.   Nous mangerons.

FUTUR PASSÉ.

J'aurai mangé.   Nous aurons mangé.

CONDITIONNEL.

PRÉSENT.

Je mangerois.   Nous mangerions.

PASSÉ.

J'aurois *ou* j'eusse mangé.   Nous aurions *ou* nous eussions mangé.

IMPÉRATIF.

PRÉSENT OU FUTUR.

Mange.   Mangeons.

SUBJONCTIF.

PRÉSENT OU FUTUR.

Que je mange.   Que nous mangions.

IMPARFAIT.

Que je mangeasse.   Que nous mangeassions.

PRÉTÉRIT.

Que j'aie mangé.   Que nous ayons mangé.

Conjugaison des Verbes terminés en éer.

PLUS-QUE-PARFAIT.

Que j'eusse mangé.   Que nous eussions mangé.

INFINITIF.

PRÉSENT.

Manger.

PRÉTÉRIT.

Avoir mangé.

PARTICIPE PRÉSENT.

Mangeant.

PARTICIPE PASSÉ.

Mangé *ou* mangée.

PARTICIPE FUTUR.

Devant manger.

Conjuguez de même les verbes *abréger, arranger, bouger, corriger, dégager, déranger, diriger, encourager, engager, gager, juger, ménager, partager, ronger, songer, venger*, etc.

Afin de conserver au *g* le son du *j*, dans les verbes en *ger*, on met un *e* muet après le *g*, lorsque cette consonne est suivie de la voyelle *a* ou *o*; comme: *jugeant, jugeons, jugeois*; mais on écrira sans *e* muet, *jugions, jugèrent*, parce que le *g* n'est pas suivi des voyelles *a*, *o*.

(L'*Académie*.—*Wailly*, pag. 80.—*Lévizac*, pag. 25, t. II.—*Féraud*, etc., etc.)

§ II.

DE LA CONJUGAISON DES VERBES DONT L'INFINITIF EST TERMINÉ EN ÉER.

AGRÉER (Modèle).

INDICATIF.

PRÉSENT ABSOLU.

J'agrée.   Nous agréons.

IMPARFAIT.

J'agréois.   Nous agréions.

PRÉTÉRIT DÉFINI.

J'agréai.   Nous agréâmes.

PRÉTÉRIT INDÉFINI

J'ai agréé.   Nous avons agréé.

PRÉTÉRIT ANTÉRIEUR.

J'eus agréé.   Nous eûmes agréé.

PLUS-QUE-PARFAIT.

J'avois agréé.   Nous avions agréé.

FUTUR ABSOLU.

J'agréerai.   Nous agréerons.

FUTUR PASSÉ.

J'aurai agréé.   Nous aurons agréé.

CONDITIONNEL.

PRÉSENT.

J'agréerois.   Nous agréerions.

PASSÉ.

J'aurois *ou* j'eusse agréé.   Nous aurions *ou* nous eussions agréé.

IMPÉRATIF.

PRÉSENT OU FUTUR.

Agrée.   Agréons.

SUBJONCTIF.

PRÉSENT OU FUTUR.

Que j'agrée.   Que nous agréions.

IMPARFAIT.

Que j'agréasse.   Que nous agréassions.

PRÉTÉRIT.

Que j'aie agréé.   Que nous ayons agréé.

PLUS-QUE-PARFAIT.

Que j'eusse agréé.   Que nous eussions agréé.

INFINITIF.

PRÉSENT.	PARTICIPE PASSÉ.
Agréer.	Agréé *ou* agréée.
PRÉTÉRIT.	PARTICIPE FUTUR.
Avoir agréé.	Devant agréer.
PARTICIPE PRÉSENT.	
Agréant.	

Conjuguez de même *créer*, *désagréer*, *récréer*, *suppléer*, etc.

Le participe prend trois *e* au féminin. Au futur et au conditionnel, où il y en a deux, les poètes ordinairement en suppriment un:

> Votre cœur d'Ardaric *agréroit*-il la flamme ?   (*Corneille.*)

> Nos hôtes *agréront* les soins qui leur sont dus.
>   (*La Fontaine*, Philémon et Baucis.)

En prose, cette suppression seroit une faute.

§ III.

DE LA CONJUGAISON DES VERBES DONT L'INFINITIF EST TERMINÉ EN CER.

SUCER (Modèle).

INDICATIF.

PRÉSENT ABSOLU.	
Je suce.	Nous suçons.
IMPARFAIT.	
Je suçois.	Nous sucions.
PRÉTÉRIT DÉFINI.	
Je suçai.	Nous suçâmes.
PRÉTÉRIT INDÉFINI.	
J'ai sucé.	Nous avons sucé.

Conjugaison des Verbes terminés en cer.

PRÉTÉRIT ANTÉRIEUR.

J'eus sucé.   Nous eûmes sucé.

PLUS-QUE-PARFAIT.

J'avois sucé.   Nous avions sucé.

FUTUR ABSOLU.

Je sucerai.   Nous sucerons.

FUTUR PASSÉ.

J'aurai sucé.   Nous aurons sucé.

CONDITIONNEL.

PRÉSENT.

Je sucerois.   Nous sucerions.

PASSÉ.

J'aurois *ou* j'eusse sucé.   Nous aurions *ou* nous eussions sucé.

IMPÉRATIF

PRÉSENT ou FUTUR.

Suce.   Suçons.

SUBJONCTIF.

PRÉSENT ou FUTUR

Que je suce.   Que nous sucions.

IMPARFAIT.

Que je suçasse.   Que nous suçassions.

PRÉTÉRIT.

Que j'aie sucé.   Que nous ayons sucé.

PLUS-QUE-PARFAIT.

Que j'eusse sucé.   Que nous eussions sucé.

INFINITIF.

PRÉSENT.	PARTICIPE PASSÉ.
Sucer.	Sucé *ou* sucée.
PRÉTÉRIT.	**PARTICIPE FUTUR.**
Avoir sucé.	Devant sucer.
PARTICIPE PRÉSENT.	
Suçant.	

Conjuguez de même *amorcer, annoncer, avancer, bercer, délacer, dépecer, devancer, enfoncer, énoncer, rincer, pincer,* etc.

(*Lévizac*, pag. 25, t. II.)

Le *c*, dans tous ces verbes, a la prononciation accidentelle *s* ; c'est pour la lui conserver que l'on met une cédille dessous, toutes les fois qu'il est suivi d'un *a* ou d'un *o*.

C'est ce qui arrive aussi dans les verbes où il est suivi d'un *u*, toutes les fois qu'on veut que le *c* ait la prononciation douce du *s* : *il reçut, il a aperçu.*

§ IV.

DE LA CONJUGAISON DES VERBES DONT L'INFINITIF EST TERMINÉ EN UER.

JOUER (Modèle).

INDICATIF.

PRÉSENT ABSOLU.

Je joue.   Nous jouons.

IMPARFAIT.

Je jouois.   Nous jouions.

PRÉTÉRIT DÉFINI.

Je jouai.   Nous jouâmes.

PRÉTÉRIT INDÉFINI.

J'ai joué.   Nous avons joué.

PRÉTÉRIT ANTÉRIEUR.

J'eus joué.   Nous eûmes joué.

PLUS-QUE-PARFAIT.

J'avois joué.   Nous avions joué.

FUTUR ABSOLU.

Je jouerai.   Nous jouerons.

FUTUR PASSÉ.

J'aurai joué.   Nous aurons joué.

CONDITIONNEL.

PRÉSENT.

Je jouerois.   Nous jouerions.

PASSÉ.

J'aurois, *ou* j'eusse joué.   Nous aurions, *ou* nous eussions joué.

IMPÉRATIF.

PRÉSENT OU FUTUR.

Joue.   Jouons.

SUBJONCTIF.

PRÉSENT OU FUTUR.

Que je joue.   Que nous jouions.

IMPARFAIT.

Que je jouasse.   Que nous jouassions.

PRÉTÉRIT.

Que j'aie joué.   Que nous ayons joué.

PLUS-QUE-PARFAIT.

Que j'eusse joué.   Que nous eussions joué.

INFINITIF.

PRÉSENT.   PARTICIPE PASSÉ.

Jouer.   Joué *ou* jouée.

PRÉTÉRIT.

Avoir joué.   PARTICIPE FUTUR.

PARTICIPE PRÉSENT.   Devant jouer.

Jouant.

Conjuguez de même. *avouer, clouer, déclouer, nouer, dé-*

nouer, contribuer, distribuer, échouer, secouer, trouer, puer, arguer, etc. (M. *Maugard*, pag. 65, liv. IV.)

Première Remarque.—Lorsque, dans les verbes en *er*, cette terminaison est précédée d'une voyelle, comme dans *appuyer, prier, jouer, avouer*, etc., il est permis aux poètes de conserver ou de supprimer l'*e* muet qui précède la finale *rai* ou *rois*. C'est pour cela qu'ils écrivent *je jouerai* ou *je joûrai* ; *j'avouerai* ou *j'avoûrai* ; *j'arguerois* ou *j'argûrois* ; *j'appuierois* ou *j'appûrois* ; *je prierois* ou *je prîrois*, etc.; mais lorsqu'ils font cette suppression, ils remplacent l'*e* muet, en mettant un accent circonflexe sur la voyelle qui précède.

Cette licence est sans doute fondée sur ce que d'abord la syllabe *ie, ée* ou *ue* est toujours longue ; et ensuite sur ce que l'*e* muet se perd ordinairement dans la prononciation.

Deuxième Remarque.—On écrira *j'arguë* avec un tréma sur l'*e*, puisque l'on prononce *j'arguë*, comme le mot *ciguë*, où l'*e* final, ne se prononçant pas, s'orthographie ainsi.

Troisième Remarque.—Les verbes dont le participe présent est terminé en *uant*, comme *suer, tuer*, etc., exigent, à la première et à la seconde personne plurielle de l'imparfait de l'indicatif et du présent du subjonctif, un tréma sur l'*i* placé après la lettre *u*: *Nous tuïons, vous suïez; que nous tuïons, que vous suïez*, afin qu'on ne prononce pas *ui*, comme dans *je suis*.

Quatrième Remarque. — Le verbe *puer*, verbe neutre, n'est d'usage qu'à l'*infinitif*, au *présent*, à l'*imparfait*, au *futur* et au *conditionnel présent*. Autrefois on écrivoit : *Je pus, tu pus, il put* ; mais à présent, on écrit : *Je pue, tu pues, il pue* (361).

(L'*Académie*.—*Lévizac*, pag. 24, t. II.—*Caminade*, pag. 259.)

---

(361) PUER est bas : on ne l'emploieroit pas aujourd'hui dans une ode, comme a fait *Malherbe* (ode au Roi Louis XIII) :

Phlègre, qui les reçut, pue encore la foudre
Dont ils furent touchés.

Cet écrivain a, comme on le voit, fait *puer* actif ; *pue encore la foudre*.

§ V.

DE LA CONJUGAISON DU VERBE APPELER.

INDICATIF.

Présent absolu.

J'appelle.   Nous appelons.
Tu appelles.   Vous appelez.
Il *ou* elle appelle.   Ils *ou* elles appellent.

Imparfait.

J'appelois.   Nous appelions.

Prétérit défini.

J'appelai.   Nous appelâmes.

Prétérit indéfini.

J'ai appelé.   Nous avons appelé.

Prétérit antérieur.

J'eus appelé.   Nous eûmes appelé.

Plus-que-parfait.

J'avois appelé.   Nous avions appelé.

Futur absolu.

J'appellerai.   Nous appellerons.

Futur passé.

J'aurai appelé.   Nous aurons appelé.

CONDITIONNEL.

Présent.

J'appellerois.   Nous appellerions.

Effectivement l'*Académie* dit : *Cet homme pue le musc.* — *Ses habits puent la vieille graisse* ; et Linguet a dit au figuré (St. crit et mord.) : *ce mot pue le Fontenelle et sa finesse.* On dit ordinairement *sent*; mais *puer* est plus expressif :

..Ah ! sollicitude à mon oreille est rude ;
Il *pue* étrangement son ancienneté.
(*Molière*, les Femmes savantes, act. II, sc. 7.)

Conjugaison du Verbe Appeler.

Passé.

J'aurois appelé *ou* j'eusse appelé. Nous aurions appelé *ou* nous eussions appelé.

IMPÉRATIF.

Présent ou futur.

Appelle.   Appelons.
                             Appelez.

SUBJONCTIF.

Présent ou futur.

Que j'appelle.   Que nous appelions.
Que tu appelles.   Que vous appeliez.
Qu'il appelle.   Qu'ils appellent.

Imparfait.

Que j'appelasse.   Que nous appelassions.

Prétérit.

Que j'aie appelé.   Que nous ayons appelé.

Plus-que-parfait.

Que j'eusse appelé.   Que nous eussions appelé.

INFINITIF.

Présent.	**Participe passé.**
Appeler.	Appelé *ou* appelée.
Prétérit.	
Avoir appelé.	**Participe futur.**
Participe présent.	Devant appeler.
Appelant.	

Conjuguez de même les verbes *atteler, amonceler, chanceler, dételer, étinceler, niveler, rappeler, renouveler, ficeler,* etc.

Observation.—Comme on a pu le remarquer par la conjugaison du verbe *appeler*, les verbes terminés par *eler*; comme *appeler, niveler, étinceler,* etc., doublent la lettre *l*, quand, après cette lettre, on entend un *e* muet, c'est-à-dire, lorsque la lettre *l* est suivie de *e*, *es*, *ent*: *J'appelle, tu nivelles, ils étincellent;* par conséquent on écrira avec un seul *l*: *nous appelons, vous nivelez, ils étinceloient.*

Cette règle est applicable aussi aux verbes dont l'infinitif est en *eter;* comme : *fureter, feuilleter* (362), *breveter, caqueter, souffleter, jeter, projeter,* que l'on écrit : *je furette, je feuillette, je brevette, je caquette, je soufflette, je jette, je projette, je cachette; je furetois, je feuilletois, je caquetois, je jetois, je projetois, je cachetois.*

Les verbes *tenir, venir, prendre,* et leurs composés, comme *appartenir, convenir, entreprendre,* etc., suivent la même règle pour le redoublement de la lettre *n :* que *je tienne,* que *tu viennes,* qu'*ils conviennent.*

(L'*Académie.*—*Lhomond.*—*Restaut.*—*Wailly.*— Et les Grammairiens modernes.)

Tel est le génie de notre langue; et l'on doit conclure de son uniformité sur ce point, qu'elle ne se gouverne nullement selon les lois d'un usage arbitraire et aveugle, mais qu'elle a, de temps immémorial, consulté les principes de l'harmonie, qui demandent ou que la pénultième soit fortifiée, si la dernière est muette, ou que la pénultième soit foible, si la dernière sert de soutien à la voix.

(*D'Olivet*, pag. 79 de sa Prosodie fr.)

D'après ce principe, les verbes *achever, dépecer, lever, mener, promener,* et leurs composés, prennent un accent grave sur la pénultième *e*, à toutes les personnes où les lettres *l, t, n,* sont doublées dans les verbes *appeler, jeter,* etc.

---

(362) Voyez, pour la prononciation des verbes *cacheter, feuilleter, chapeler,* etc., etc., les Remarques détachées, lettre *C.*

§ VI.
DE LA CONJUGAISON DES VERBES DONT L'INFINITIF EST TERMINÉ EN YER.

EMPLOYER (Modèle).

INDICATIF.

PRÉSENT ABSOLU.

J'emploie.   Nous employons.
Tu emploies.   Vous employez.
Il *ou* elle emploie.   Ils *ou* elles emploient.

IMPARFAIT

J'employois.   Nous employions.
Tu employois.   Vous employiez.
Il *ou* elle employoit.   Ils *ou* elles employoient.

PRÉTÉRIT DÉFINI.

J'employai.   Nous employâmes.

PRÉTÉRIT INDÉFINI.

J'ai employé.   Nous avons employé.

PRÉTÉRIT ANTÉRIEUR.

J'eus employé.   Nous eûmes employé.

PLUS-QUE-PARFAIT.

J'avois employé.   Nous avions employé.

FUTUR ABSOLU.

J'emploierai.   Nous emploierons.

FUTUR PASSÉ.

J'aurai employé.   Nous aurons employé.

CONDITIONNEL

PRÉSENT.

J'emploierois   Nous emploierions.

Passé.

J'aurois *ou* j'eusse employé.   Nous aurions *ou* nous eussions employé.

IMPÉRATIF.

Présent ou futur.

Emploie.   Employons.
Employez.

SUBJONCTIF.

Présent ou futur.

Que j'emploie.   Que nous employions.
Que tu emploies.   Que vous employiez.
Qu'il emploie.   Qu'ils emploient.

Imparfait.

Que j'employasse.   Que nous employassions.

Prétérit.

Que j'aie employé.   Que nous ayons employé.

Plus-que-parfait.

Que j'eusse employé.   Que nous eussions employé.

INFINITIF.

Présent.   Participe passé.
Employer.   Employé *ou* employée.

Prétérit.
Avoir employé.   Participe futur.
Devant employer.

Participe présent.
Employant.

(L'*Académie*, sur la 115ᵉ remarque de *Vaugelas*.—*Girard*, pag. 85, t. II, conjug. du verbe *voir*.—*Restaut*, pag. 829 et 499.—*Wailly*, pag. 84.)

Tous les verbes dont l'infinitif est en *yer*, ou, pour mieux dire, tous ceux dont le participe présent est en *yant*, comme : *payer, bégayer, bayer, côtoyer, aboyer, appuyer, déployer, noyer*, etc., se conjuguent de même que *employer*, c'est-à-dire que l'on conserve l'*y* qui se trouve dans l'infinitif, toutes les fois qu'on entend le son de deux *i* : *Je payois, tu payois, nous côtoyâmes*, etc.; ce qui arrive dans toute la conjugaison, excepté avant *e, es, ent*, où l'on fait usage de l'*i* simple, parce qu'alors on n'entend pas le son de deux *i* : *Je paie* (363), *tu bégaies, ils baient* (364), *tu aboies, je*

---

(363) L'*Académie* laisse le choix d'écrire, il *paye*, ou il *paie*; je *payerai*, ou je *paierai*, ou encore je *pairai*; cependant elle n'indique que *paiement, bégaiement*, il *fraie*, il *effraie*, écrits avec l'*i* simple. Quoi qu'il en soit, les écrivains du siècle de Louis XIV avoient déjà préparé au changement de l'*i* grec en *i* voyelle. On lit dans *Racine* (Phèdre, act. V, sc. 6) :

> J'ai vu, seigneur, j'ai vu votre malheureux fils
> Traîné par les chevaux que sa main a nourris.
> Il veut les rappeler, et sa voix les *effraie* ;
> Ils courent : tout son corps n'est bientôt qu'une plaie.

Dans la même pièce (act. I, sc. 5) :

> Sur qui, dans son malheur, voulez-vous qu'il s'*appuie*?
> Ses larmes n'auront plus de main qui les essuie.

Et (act. II, sc. 5) :

> En vain vous espérez qu'un dieu vous le *renvoie* ;
> Et l'avare Achéron ne laisse point sa proie.

Dans *Boileau* (Satire VII) :

> Car le feu, dont la flamme en ondes se *déploie*,
> Fait de notre quartier une seconde Troie.

Dans le même écrivain (Satire VI) :

> Je le poursuis partout, comme un chien suit sa proie,
> Et ne le sens jamais qu'aussitôt je n'*aboie*.

Et (Épître IX) :

> La louange agréable est l'ame des beaux vers :
> Mais je tiens, comme toi, qu'il faut qu'elle soit vraie,
> Et que son tour adroit n'ait rien qui nous *effraie*.

Dans *La Fontaine* (la Cigale et la Fourmi) :

> Je vous *pairai*, lui dit-elle,
> Avant l'oût, foi d'animal.

Aussi la plupart des Grammairiens sont-ils d'accord sur ce changement, et l'usage actuel est conforme à leur opinion.

(364) BAYER, on prononce *bé-ié*. Ce mot, dit *Trévoux*, tire son origine

côtois (365), *ils appuient, je déploie, je renvoie, que je voie, que tu voies*. A la première et à la seconde personne plurielle de l'imparfait de l'indicatif et du présent du subjonctif, on met un *y* et un *i*, savoir, l'*y* de la partie radicale (employ), et l'*i* de la partie finale *ions, iez*.

Il résulte donc de ce qui précède que les verbes *croire, voir, fuir, asseoir*, etc., ayant leur participe présent terminé en *ayant* : *croyant, voyant*, etc., font à l'imparfait de l'indicatif et au présent du subjonctif : *Nous croyions, vous croyiez ; que nous croyions, que vous croyiez*, etc.; et non pas, *nous croyons, vous croyez*, etc.

(Les Grammairiens modernes.)

§ VII.

DE LA CONJUGAISON DES VERBES DONT L'INFINITIF EST TERMINÉ EN IER.

PRIER (Modèle).

INDICATIF.

PRÉSENT ABSOLU.

Je prie.   Nous prions.

---

de l'italien *badare*, qui est aussi latin, selon les gloses attribuées à Isidore. Autrefois on disoit *béer*, dont on a conservé l'adjectif verbal, *béant, béante*.

    D'autres veulent crier, et leurs voix défaillantes
    Expirent de frayeur sur leurs lèvres *béantes*.
                  (Delille, trad. de l'Énéide, liv. 6.)

    Et les rapides dards de leur langue brûlante
    S'agitent en sifflant dans leur gueule *béante*.
                (Le même, liv. 11. Le poëte parle ici des serpents.)

Molière a dit, dans le Tartufe (act. I, sc. 4, édit. pour la compagnie des libraires associés, 1788) :

    Allons, vous, vous rêvez, et *baillez* aux corneilles.

Baillez est bien certainement un barbarisme.

(365) CÔTOYER prend l'accent circonflexe à tous ses temps.

Voyez, à la note suivante, une règle sur la manière d'orthographier les mots terminés en *ment*, etc., etc.

Conjugaison des *Verbes terminés en* ier.

IMPARFAIT.

Je priois.   Nous priions.
             Vous priiez.

PRÉTÉRIT DÉFINI.

Je priai.   Nous priâmes.

PRÉTÉRIT INDÉFINI.

J'ai prié.   Nous avons prié.

PRÉTÉRIT ANTÉRIEUR.

J'eus prié. Nous eûmes prié.

PLUS-QUE-PARFAIT.

J'avois prié.   Nous avions prié.

FUTUR ABSOLU.

Je prierai. Nous prierons.

FUTUR PASSÉ.

J'aurai prié.   Nous aurons prié.

CONDITIONNEL.

PRÉSENT.

Je prierois.   Nous prierions.

PASSÉ.

J'aurois *ou* j'eusse prié.   Nous aurions *ou* nous eussions prié.

IMPÉRATIF.

PRÉSENT OU FUTUR.

Prie.   Prions.

SUBJONCTIF.

PRÉSENT OU FUTUR.

Que je prie.   Que nous priions.
               Que vous priiez.

IMPARFAIT.

Que je priasse.   Que nous priassions.

37.

Conjugaison des Verbes termines en ier.

PRÉTÉRIT.

Que j'aie prié.   Que nous ayons prié.

PLUS-QUE-PARFAIT.

Que j'eusse prié.   Que nous eussions prié.

INFINITIF.

PRÉSENT. | PARTICIPE PASSÉ.

Prier. | Prié, Priée.

PRÉTÉRIT.

Avoir prié. | PARTICIPE FUTUR.

PARTICIPE PRÉSENT. | Devant prier.

Priant.

Conjuguez de même *crier* (366), *décrier* (367), *certifier*,

---

(366) CRIER. Au futur et au conditionnel, l'*e* est tellement muet, que le mot n'est que de deux syllabes; et très-souvent les poètes écrivent, *je crîrai*, en remplaçant l'*e* par un accent circonflexe. Cette licence leur est d'autant plus permise, que la syllabe *ée*, *ie*, ou *ue* est toujours longue; cependant il est mieux de conserver l'*e*, en ce qu'il sert de signe caractéristique.

Règle. — Les noms terminés en *ment*, dérivés d'un verbe où la terminaison *er* de l'infinitif est précédée d'une voyelle, *aboyer*, *manier*, *remuer*, etc., prennent un *e* avant la dernière syllabe : *aboiement*, *bégaiement*, *dévouement*, *maniement*, *remuement*, etc.

Exceptions.—*Eternûment*, *remerciment*.

(367) DÉCRIER. On confond quelquefois *décrier* avec *décréditer*, que très-souvent on emploie l'un et l'autre au figuré; mais le premier va directement à l'honneur, le second au crédit. On *décrie* une femme, en disant d'elle des choses qui la font passer pour une personne dont les mœurs ne sont pas intactes ; on *décrédite* un marchand, un négociant, en publiant qu'il est ruiné. (Le P. Bouhours.)

L'esprit de parti DÉCRIE *les personnes, pour venir à bout de* DÉCRÉDITER *leurs opinions, leurs ouvrages.* (Laveaux.)

Des auteurs *décriés* il prend en main la cause.   (Boileau.

......par tes présents, mon vers *décrédité*, etc.   (Le même, Épit. VIII.)

délier, étudier, relier, oublier (368), *plier* (369), *trier, nier,* et tous les verbes dont l'infinitif est terminé **en ier**.

(Le Dict. de l'*Académie.*—*Wailly,* pag. 81.— *Lévizac*, pag. 14.)

Prier et tous les verbes dont le participe présent est terminé par *iant*, comme *riant*, *liant*, etc., ayant leur partie radicale terminée par un *i* (comme *pri*), doivent nécessairement, à la première et à la seconde personne plurielle de l'imparfait de l'indicatif et du présent du subjonctif, prendre deux *i* de suite, dont l'un appartient au radical, et l'autre à la terminaison : nous *priions*, que nous *priions* ; vous *priiez*, que vous *priiez*.

ARTICLE XII.

DE LA CONJUGAISON DES VERBES IRRÉGULIERS ET DES VERBES DÉFECTIFS.

Les Verbes *irréguliers* ou Verbes *anomaux* sont ceux dont les terminaisons des temps primitifs et des temps dérivés ne sont pas exactement conformes à celles du verbe qui leur sert de modèle. Les Verbes *défectifs* sont ceux auxquels il manque quelques temps ou quelques personnes que l'usage n'admet pas.

Quelque irrégulier que soit un verbe, les irrégularités ne se rencontrant que dans les temps simples, nous nous dispenserons de parler des temps composés.

Règle générale.—Tout verbe qui n'a point de *prétérit*

---

(368) Oublier. Les poètes suppriment souvent l'*e* muet au futur et au conditionnel. (Voyez les notes 332 et 334.)

(369) Plier. Voy., aux Remarques détachées, dans quel cas on peut dire *ployer*.

La Bruyère donne à ce verbe le sens et le régime de *porter, engager à* : *Il n'y a ni crédit, ni autorité, ni faveur, qui aient pu vous* plier *à faire ce choix.* L'usage n'admet point cet emploi.

(Le Dictionnaire critique de *Féraud.*)

défini, n'a point d'*imparfait du subjonctif*; tout verbe qui n'a point de *participe présent*, n'a point d'*imparfait de l'indicatif*, point de pluriel au *présent de l'indicatif*, et point de *présent du subjonctif*. Tout verbe qui n'a pas de *présent de l'indicatif*, n'a point d'*impératif*, de *futur* ; n'a point de *conditionnel* ; en un mot, quand un temps primitif manque, les dérivés de ce temps manquent aussi. (Il y a très-peu d'exceptions.)

§ I.

VERBES IRRÉGULIERS ET DÉFECTIFS DE LA PREMIÈRE CONJUGAISON.

Cette conjugaison n'a, à proprement parler, en verbes irréguliers, que les verbes *aller, envoyer, renvoyer* ; et en verbes défectifs, elle n'a que *importer, résulter*, et *neiger*.

CONJUGAISON DU VERBE NEUTRE *ALLER*.

INDICATIF

PRÉSENT ABSOLU.

Je vais (370).   Nous allons.
Tu vas   Vous allez.
Il va.   Ils vont.

IMPARFAIT.

J'allois.   Nous allions.

PRÉTÉRIT DÉFINI.

J'allai.   Nous allâmes.
Tu allas.   Vous allâtes.
Il alla.   Ils allèrent.

---

(370) Les anciens Grammairiens disoient *je vais* ou *je vas*. Ce dernier n'est plus usité. Voy. pag. 584, note 1.

Conjugaison du *Verbe neutre* Aller.

Prétérit indéfini.

Je suis allé *ou* allée.	Nous sommes allés *ou* allées.
Tu es allé *ou* allée.	Vous êtes allés *ou* allées.
Il est allé *ou* elle est allée.	Ils sont allés *ou* elles sont allées.

Prétérit antérieur.

Quand
- Je fus allé.   Nous fûmes allés.
- Tu fus allé.   Vous fûtes allés.
- Il fut allé.   Ils furent allés.

Plus-que-parfait.

J'étois allé.   Nous étions allés.

Futur absolu.

J'irai.   Nous irons.
Tu iras.   Vous irez.
Il ira.   Ils iront.

Futur passé.

Je serai allé.   Nous serons allés.

CONDITIONNEL.

Présent.

J'irois.   Nous irions.
Tu irois.   Vous iriez.
Il iroit.   Ils iroient.

Passé.

Je serois *ou* je fusse allé.   Nous serions *ou* nous fussions allés.

IMPÉRATIF.

Présent ou futur.
(Point de première personne.)

Va.   Allons.
                         Allez.

SUBJONCTIF.

Présent ou futur.

Que j'aille.   Que nous allions.

Conjugaison du Verbe neutre Aller.

IMPARFAIT.

Que j'allasse. Que nous allassions.

PRÉTÉRIT.

Que je sois allé. Que nous soyons allés.

PLUS-QUE-PARFAIT.

Que je fusse allé. Que nous fussions allés.

INFINITIF.

PRÉSENT.	PARTICIPE PASSÉ.
Aller.	Allé, allée.

PRÉTÉRIT.	
Être allé.	PARTICIPE FUTUR.

PARTICIPE PRÉSENT.	Devant aller.
Allant.	

(Le Dict. de l'*Académie*, édit. de 1762 et de 1798.)

1° L'*Académie*, dans son dictionnaire, édition de 1762, n'indique que *je vais* au présent de l'indicatif, et ne parle point de *je vas*, qu'elle semble proscrire par son silence. Dès 1704, elle l'avoit formellement condamné dans son observation sur la XXVI° remarque de *Vaugelas*, où elle déclare que *je vais* est le seul qui soit aujourd'hui autorisé.

Regnier Desmarais, qui, bientôt après, donna sa grammaire française, suivit cette décision.

Le P. *Buffier*, n° 610, et *Restaut*, pag. 328, se contentent de faire observer que *je vas* est moins usité que *je vais*; — *Wailly*, page 119, présente les deux locutions comme absolument identiques et également bonnes; — et l'abbé *Girard*, pag. 79 à 84, t. II, quoique académicien, montre pour *je vas* un penchant décidé.

Cependant il faut convenir que, quoique cette dernière expression soit préférable grammaticalement, comme étant régulière, il n'est pas permis d'en faire usage; les écrivains, par leur silence, et les Grammairiens modernes, par leurs décisions, en ayant désapprouvé l'emploi.

2° L'*Académie*, pag. 214 de ses observations sur *Vaugelas*, est d'avis que l'impératif *va* prend un *s* devant *y* et *en* : *vas-y*, *vas-en*; mais elle fait observer qu'il ne faut pas qu'il y ait un autre mot à la suite, et que l'on diroit mieux : *il y a un grand tumulte*, VA Y *mettre ordre*, VA EN *arrêter le cours*.

Le Père *Buffier*, n° 533.— *Restaut*, pag. 257.— *Wailly*, pag. 80, partagent cette opinion; mais *Domergue*, pag. 428 de ses Solutions grammaticales, pense qu'on pourroit établir cette autre règle générale :

Tout impératif qui n'a point de *s* final en prend un avant *y* et *en*, *lorsque ces deux mots forment avec lui un sens indivisible.* Exemple : *vas-y sans délai, vas-y demeurer, portes-y du secours.* Le *s*, ajoute *Domergue*, est réclamé par l'euphonie; et l'infinitif n'adoucissant le son en aucune manière, ne sauroit dispenser du *s*, qui sauve l'hiatus.

Dans la *Vie des Saints de Bretagne* par le P. *Albert*, imprimée en 1637, on voit souvent le mot *va* écrit par un *t* final, avant les voyelles comme avant les consonnes. On y lit, pag. 116, à la marge : *Saint Hervé vat à l'escole, il vat trouver son oncle, vat voir sa mère.* C'est sûrement pour cela que le peuple prononce encore ce *t* devant une voyelle, et dit, par exemple, *il vat en ville.*

(M. *Johanneau*, Mélanges d'orig., étymol., pag. 95.)

3° *Etre allé* et *avoir été* sont deux expressions sur lesquelles il est bon de recueillir et d'examiner l'opinion des divers Grammairiens, afin que nos lecteurs sachent si elles peuvent être employées indifféremment l'une pour l'autre.

Etre allé et *avoir été* font entendre un transport local; mais la seconde expression a encore un autre sens : *qui est allé*, a quitté un lieu pour se rendre dans un autre : *qui a été*, a, de plus, quitté cet autre lieu où il s'étoit rendu :

Tous ceux qui SONT ALLÉS *à la guerre n'en reviendront pas; tous ceux qui* ONT ÉTÉ *à Rome n'en sont pas meilleurs.* (*Beauzée.*)

Céphise EST ALLÉE *à l'église, où elle sera moins occupée de Dieu que de son amant. Lucinde* A ÉTÉ *au sermon, et n'en est pas devenue plus charitable pour sa voisine.* (*Girard.*)

Quand je dis : *ils sont allés à Rome*, je fais entendre qu'ils y sont encore ou sur le chemin; et quand je dis, *ils ont été à Rome*, je fais connoître qu'ils ont fait le voyage de Rome, et qu'ils en sont revenus.

(Th. *Corneille*, sur la XXVI° rem. de *Vaugelas.*)

Andry de Boisregard (Réfl., t. I, page 45) est de cet avis. Voici de quelle manière il s'exprime : « Il n'arrive pas qu'on dise, *il a été*, pour
« *il est allé*; mais souvent on dit *il est allé*, pour *il a été*, ce qui est une
« faute assez grave. Combien de gens disent : *je suis allé le voir, je suis*
« *allé lui rendre visite*, pour *j'ai été le voir, j'ai été lui rendre visite*. La
« règle qu'il faut suivre en cela, est que, toutes les fois qu'on suppose
« le retour du lieu, il faut dire, *il a été, j'ai été*; et lorsqu'il n'y a pas
« de retour, il faut dire : *il est allé, je suis allé.* »

Restaut partage cette opinion, et les Grammairiens modernes l'ont adoptée; excepté quelques-uns, comme *Féraud*, *Domergue*, qui veulent qu'on emploie *allé* quand il y a une idée de tendance, et *être* lorsqu'il y a une idée de station. Quelque fondé en raison que soit ce dernier sentiment, la majorité des écrivains ne l'a pas adopté, et elle s'est déclarée pour la distinction faite par *Th. Corneille* et *Andry de Boisregard*, entre *être allé* et *avoir été*.

Si quelquefois ils s'en écartent, c'est-à-dire s'ils emploient quelquefois *je suis allé* à la place de *j'ai été*, c'est lorsque la phrase exprime une circonstance *qui annonce évidemment le retour*, ou bien encore toutes les fois que l'on veut exprimer le mouvement qu'exprime essentiellement le verbe *aller*. *Avoir été en un lieu* ne signifie autre chose qu'avoir existé en un lieu, s'y être trouvé et n'y être plus : *Il y a dix ans que* JE SUIS ALLÉ *en Angleterre pour la première fois*. — *Il étoit trois heures quand* JE SUIS ALLÉ *chez lui*. (M. Laveaux.) — *Depuis ta lettre* JE SUIS ALLÉ *tous les jours chez M. Silvestre*. (J.-J. Rousseau.) — Dans ces phrases le mouvement est exprimé, mais elles indiquent aussi la présence passée, le retour.

4° Peut-on dire : *il* FUT *trouver son ami*, au lieu de : *il* ALLA *trouver son ami?* Un grand nombre de personnes regardent cette manière de parler comme une faute, et soutiennent qu'il faut toujours dire : *il alla*, et jamais *il fut*. *Th. Corneille* est de leur sentiment ; et *Voltaire*, dans ses remarques sur Cinna, pense de même, puisqu'il critique ce vers de *P. Corneille* (Pompée, I, 3.) :

Il *fut* jusques à Rome implorer le sénat.

« C'étoit, dit-il, une licence qu'on prenoit autrefois ; il y a même
« plusieurs personnes qui disent : JE FUS *le voir, je fus lui parler* ; mais c'est
« une faute, par la raison qu'on *va* parler, qu'on *va* voir, mais on *n'est*
« point parler, on *n'est* point voir. Il faut donc dire : *j'*ALLAI *le voir, j'al-*
« *lai lui parler, il* ALLA *l'implorer*. Ceux qui tombent dans cette faute ne
« diroient pas : JE FUS *lui remontrer,* JE FUS *lui faire apercevoir.* »

Les Grammairiens modernes sont d'accord avec *Voltaire*.

5° Beaucoup de personnes, les étrangers surtout, confondent *aller* avec *venir*. Étant à Paris, ils disent : *je suis venu à Versailles, je suis allé ici*. *Aller* se dit du lieu où l'on est à celui où l'on n'est pas ; et *venir*, du lieu où l'on n'est pas à celui où l'on est : (d'ici) *j'irai à Londres* ; (de Londres) *je viendrai ici*. (*Ménage*, *Féraud* et *Trévoux*.)

Conjugaison du Verbe s'en aller.

S'en aller se conjugue comme *aller*, dans ses temps simples et dans ses temps composés ; on dit : *Je* M'EN *suis allé, tu t'*EN *es allé, il s'*EN *est allé, nous nous* EN *sommes allés, vous vous* EN *êtes allés, ils s'*EN *sont allés*. — A l'impératif :

Conjugaison du Verbe s'en aller.

*Va-t'*EN, *qu'il s'*EN *aille*, *allons-nous-*EN, *allez-vous-*EN, *qu'ils s'*EN *aillent*.

Quand on interroge, on dit : *M'en irai-je, t'en iras-tu, s'en ira-t-il, nous en irons-nous* ?

1° *En*, comme l'on voit, doit toujours précéder immédiatement l'auxiliaire *être*, dont les temps composés du verbe *aller* sont formés :

*Le soir, tôt ou tard, mon père s'*EN *étoit allé aux champs pour quelque affaire.* (*Amyot*, Trad. de Théagène et Chariclée, 1.)

*Combien de grands monuments s'*EN *sont allés en poussière ! — Il s'*EN *est allé, elles s'*EN *sont allées.* (*L'Académie.*)

*Ma fille s'*EN *est allée de son plein gré avec ces jeunes gens.*
(*Voltaire.*)

(Le Dictionnaire de l'*Académie* ; ses rem. et décis., page 164. — Le P. *Buffier*, n° 64. — *Wailly*, *Restaut*, et les Grammair. modernes.)

2° *Girard* est d'avis qu'il est mieux de dire : *Je m'en* VAS, *Je m'y en* VAS, que *je m'en* VAIS, *je m'y en* VAIS ; mais cette opinion n'est pas celle de *Trévoux*, de *Richelet*, de *Regnier Desmarais*, du P. *Buffier*, ni de l'*Académie*, dans son Dict. au mot *en* et au mot *venir*.

Féraud pense que *je m'en* VAIS est la seule manière de s'exprimer autorisée par l'usage.

3° On dit *je m'en vais, je m'en retourne*, parce que *en* sert de complément à l'idée trop vague de *je vais, je retourne* ; mais quand on ajoute *à la promenade*, ou *me promener*, ou un autre complément, *en* est au moins superflu ; on doit, pour être correct, dire , *je vais* ou *je retourne à la promenade*, ou bien *je vais me promener* ; et non pas : *je m'*EN *vais* ou *je m'*EN *retourne à la promenade*, ni *je m'*EN *vais me promener*.

4° Il ne faut pas, à l'impératif du verbe *s'en aller*, écrire *va-t-en*, comme si le *t* étoit euphonique ; mais bien *va-t'en* avec une apostrophe au-dessus du *t*, parce que c'est le pronom *te* dont on retranche l'*e*. La meilleure preuve que l'on en puisse donner, c'est qu'en parlant à quelqu'un qu'on ne tutoie pas, on dit : *Allez-vous-en*.

(*Regnier Desmarais*, pag. 391. — *Restaut*, p. 329. — *Dumarsais*, Encycl. méth., au mot *Euphonie*. — *Féraud*, *Maugard*, p. 299, 2° partie. — *Lemare*, page 254.)

Wailly écrit *va-t-en* avec un trait d'union après le *t*. Dans le Dictionnaire de l'*Académie* (édit. de 1798), au mot *aller*, on trouve cette expression ainsi orthographiée, *va-t-en* : et au mot *chausses*, elle écrit *va-*

t'en tirer tes chausses, va-t'en, écrit avec une apostrophe ; mais, dans l'édition de 1762, la dernière qu'ait avouée l'*Académie*, on ne trouve, ni au mot *aller*, ni au mot *chausses*, aucun exemple qui paroisse autoriser que l'on écrive *va-t-en* avec un trait d'union après le *t*.

5° *En aller* ne sauroit se passer du pronom personnel *se*, et si, dans le style familier, on dit : *Cette eau fait* EN *aller les rougeurs.*— *Laissez-le* EN *aller* ; cela dans aucun cas ne peut s'écrire ; il faut dire et écrire : *Cette eau fait passer les rougeurs.*— *Laissez-le aller* ou *laissez-le s'*EN *aller.*

Il en est de même pour tous les verbes *essentiellement* pronominaux qui, ayant la signification active, doivent toujours avoir un régime direct. Ne dites donc pas :

Il faut le laisser morfondre ; dites : *Il faut le laisser* SE *morfondre.*
(Décis. de l'*Académie*, pag. 40 et 41.)

Voyez aux Remarques détachées, lettre P, l'observation que nous faisons sur l'emploi des verbes *se promener, se baigner, se moucher.*

ENVOYER, RENVOYER (*verbes actifs*).

Ces deux verbes ont une irrégularité au futur de l'indicatif et au présent du conditionnel, où ils font *j'enverrai, je renverrai ; j'enverrois, je renverrois.*

(Le Dict. de l'*Académie*, *Féraud*, *Wailly*, et les gramm. mod.)

IMPORTER (*verbe unipersonnel, neutre et défectif.*)

Ce verbe n'est d'usage qu'à l'infinitif et à la troisième personne singulière ou plurielle : *Il nous* IMPORTE *beaucoup de fuir la société des méchants.* — *Qu'*IMPORTENT *les plaintes et les murmures des auteurs, si le public s'en moque ?*
(*Féraud* et le Dict. de l'*Académie*.)

On demande si *qu'importe* peut être suivi de la préposition *de*. Montesquieu a dit : *Si en général le caractère est bon, qu'importe* DE *quelques défauts qui s'y trouvent ?* (Esprit des lois) ; et *Racine* (Bérénice, acte IV, sc. 3) :

Eh ! que m'importe, hélas ! de ces vains ornements ?

L'abbé *D'Olivet* a critiqué ce vers, mais l'abbé *Desfontaines* et *Racine* le fils l'ont défendu. L'*Académie*, en 1762, pensoit comme l'abbé *d'Olivet;* mais en 1798 elle a cru devoir admettre ce régime ; et selon elle, on dit DE *quoi m'importe? qu'importe* DE *son amour ou* DE *sa haine? qu'importe* DU *beau ou* DU *mauvais temps?*

Il nous semble que l'opinion de l'*Académie* en 1798 est erronée, et que les phrases de *Montesquieu* et de *Racine* ne doivent être regardées tout au plus que comme des négligences autorisées peut-être par l'usage dans le temps où ils écrivoient, mais qui sont entièrement condamnées aujourd'hui, puisqu'elles sont contraires aux règles de la grammaire. En effet tout verbe doit avoir un sujet; quand on dit : *que m'importe son opinion*, il est facile de reconnoître que *son opinion* est le sujet du verbe *importe*; mais si je dis : *que m'importe* DE *son opinion*, au moyen de la préposition DE, *son opinion* devient régime indirect, et l'action exprimée par *importe* n'a pas de moteur, conséquemment le verbe n'a plus de sujet. Sous ce rapport-là les phrases précitées sont donc essentiellement vicieuses ; mais elles le sont encore sous un autre rapport, c'est qu'il est impossible de rendre compte par l'analyse du *de* qui précède le substantif placé après le verbe *importer*. Ce verbe, dit l'*Académie*, signifie *être d'importance; qu'importe* veut donc dire, *de quelle importance est ou sont?* et *qu'importe de ces vains ornements*, signifie de *quelle importance sont* DE *ces vains ornements.* D'où l'on voit que le DE résiste à toute explication raisonnable, que cette phrase est complètement absurde, et qu'il en est de même de celles qui sont analogues.

Nous pensons en conséquence, qu'il faut s'en tenir au sentiment de l'*Académie* en 1762, et dire et écrire, comme tout le monde dit et écrit aujourd'hui : *que m'importent ces vains ornements? qu'importent son amour ou sa haine?* etc.

>Dans le vulgaire obscur si le sort l'a placé,
>Qu'*importe* qu'au hasard un sang vil soit versé?
>(*Racine*, Athalie, act. II, sc. 5.)

Dans cette solitude champêtre qu'ont habitée vos pères, que vous IMPORTENT *les vains discours des hommes, et leurs lâches intrigues, et leurs haines impuissantes, et leurs trompeuses promesses?*

(Bergasse, fragments.)

RÉSULTER et NEIGER (*verbes unipersonnels et défectifs*).

Ces verbes ne sont également usités qu'à l'infinitif, et à la troisième personne du singulier des autres temps : *Il y a deux jours qu'*IL NEIGE; IL *en* RÉSULTERA *de grands inconvénients.*

(Mêmes autorités.)

§ II.

DES VERBES IRRÉGULIERS ET DÉFECTIFS DE LA SECONDE CONJUGAISON.

ABSTENIR (s') (*verbe pronominal et irrégulier*).

Ce verbe se conjugue sur *tenir*; voyez plus bas.

ACCOURIR (*verbe neutre et irrégulier*).

Ce verbe se conjugue comme *courir*, avec cette différence cependant qu'il reçoit tantôt *être*, tantôt *avoir*, suivant qu'il exprime un état ou une action.—Voyez page 527.

ACCUEILLIR (*verbe actif et irrégulier*); voyez *cueillir*.

ACQUÉRIR (*verbe actif et irrégulier*).

J'acquiers, tu acquiers, il acquiert; nous acquérons, vous acquerez, ils acquièrent.—J'acquérois; nous acquérions.—J'acquis; nous acquîmes.—J'ai acquis.—J'acquerrai; nous acquerrons.—J'aurai acquis.—J'acquerrois; nous acquerrions.—J'aurois *ou* j'eusse acquis.—Acquiers; acquérons.—Que j'acquière, que tu acquières, qu'il acquière; que nous acquérions, que vous acquériez, qu'ils acquièrent.—Que j'acquisse; que nous acquissions.—Que j'aie acquis.—Que j'eusse acquis. —Acquérir.—Avoir acquis.—Acquérant.—Acquis, acquise.—Devant acquérir.

(*Regnier Desmarais*, pag. 410.—*Th. Corneille*, sur la 306ᵉ rem. de *Vaugelas*.—Les décis. de l'*Académie*, pag. 149, et son Dictionn.— Le Dictionn. de *Richelet*.)

Il n'y a point de verbe sur l'orthographe et sur la conjugaison duquel les auteurs aient varié davantage.

L'abbé *Grossier*, *Le Gendre*, l'abbé de *Mably* ont dit au présent, *il acquière*, pour *il acquiert*; et les deux derniers, *ils acquèrent*, pour *ils acquièrent*. D'autres écrivains, au nombre desquels il faut mettre *Corneille*, ont dit au futur simple et au conditionnel, *acquérera*, et *acquéreroit*, au lieu de *acquerra*, *acquerroit* : ni l'un ni l'autre ne doivent être imités.

L'*Académie* est d'avis que *acquérir* ne se dit que des choses qui peuvent se mettre au nombre des biens et des avantages, comme *acquérir de la gloire, de l'honneur, et des richesses;* cependant *La Touche* prétend que l'on dit fort bien, *acquérir une mauvaise réputation;* mais le Père *Bouhours,* et après lui *Féraud* (Dictionn. crit.), *Demandre, Gattel, Rolland,* etc., etc., ne sont pas de cet avis.

Acquis se prend quelquefois substantivement ; on dit qu'un homme a de *l'acquis, beaucoup d'acquis,* pour dire qu'il est très-instruit dans sa profession.

Conjuguez sur ce verbe : *conquérir, reconquérir, requérir, enquérir.*

Conquérir n'est d'usage qu'à *l'infinitif,* à *l'imparfait* du subjonctif (370 *bis*), au *prétérit défini,* aux *temps composés* et au *participe passé.* Il se dit figurément des choses morales et spirituelles. Reconquérir s'emploie le plus souvent au participe passé. S'enquérir s'emploie peu hors de l'infinitif et des temps composés. — Ce verbe dit plus que *s'informer.* En demandant une chose à quelqu'un, on *s'en informe;* en la demandant à plusieurs pour juger par leurs témoignages comparés, ou en pressant, en poursuivant de questions une personne instruite, on *s'enquiert : Le nouvelliste s'*enquiert *des affaires publiques ; l'homme oisif s'en* informe. — Ce verbe se dit des personnes et des choses.

Voyez, au régime *nom,* une observation de *D'Olivet,* sur le verbe *informer,* auquel *Racine* a donné un régime autre que celui qui lui appartient.

Assaillir *(verbe actif et défectif).*

J'assaille ; nous assaillons. — J'assaillois ; nous assaillions. — J'assaillis ; nous assaillîmes. — J'assaillirai. — J'assaillirois. — Assaille ; assaillons. — Que j'assaille ; que nous assaillions. — Que j'assaillisse ; que nous assaillissions. — Assaillir. — Assaillant. — Assailli, assaillie.

(Le Dict. de l'*Académie, Restaut,* pag. 356; *Gattel, Lévizac,* pag. 31, t. II ; *Caminade,* pag. 21, et M. *Butet.*)

Féraud est d'avis que ce verbe n'a, au présent de l'indicatif, que les trois personnes du pluriel.

Wailly pense que l'on peut dire : *j'assaillirai* et *j'assaillerai;* Trévoux ne met que *j'assaillerai.*

Autrefois on disoit au singulier : *j'assaus, tu assaus, il assaut.* Malherbe, parlant de l'Eglise, a dit :

<blockquote>
Un jour, qui n'est pas loin, elle verra tombée
La troupe qui *l'assaut* et la veut mettre à bas.   (Les Larmes de saint Pierre)
</blockquote>

Au futur, on disoit autrefois *j'assaudrai.*

(370 *bis.*) *Il sembloit qu'ils ne conquissent que pour donner.*
        (Montesq., Grand. et décad. des Rom., chap. V.)

Présentement ce verbe n'est guère usité qu'aux temps composés et au présent de l'infinitif.

Conjuguez de même *tressaillir*, et dites au présent, *il tressaille*, et non pas *il tressaillit*, comme l'ont dit *J.-J. Rousseau* et quelques autres écrivains :

> Enée à cet aspect *tressaille* d'allégresse. (*Delille*, trad. de l'Énéide.)

Le futur est régulier, et fait conséquemment *je tressaillirai*. Cependant *Le Franc* a dit : *je tressaillerai d'allégresse* ; et *Féraud* pense que *je tressaillerai* paroît plus conforme à l'analogie des verbes de cette dernière terminaison : *je cueillerai*, *je recueillerai*, etc.

Mais il nous semble que cette opinion de *Féraud* est très-peu fondée, car si l'on dit *je cueillerai*, c'est parce que l'on a dit autrefois *cueiller* à l'infinitif (voyez pag. 575) : *je tressaillirai* est bien préférable, puisqu'il est conforme à la règle sur la formation des temps, qui veut que le futur se forme du présent de l'infinitif.

D'ailleurs *Restaut*, *Demandre*, *Lemare*, *Lévizac*, *Caminade*, *Catineau* et *Gattel* indiquent *je tressaillirai*.

Il est vrai que l'*Académie* met *je tressaillerai*, mais c'est dans l'édition de 1798 ; car, dans l'édition reconnue de 1762, on y lit *je tressaillirai*.

Autrefois on disoit, il *tressaut*.

AVENIR. Ce verbe se conjugue sur *venir*. Voyez plus bas.

BÉNIR (*verbe actif*).

Ce verbe se conjugue comme *emplir*, verbe de la deuxième conjugaison.

Il n'est irrégulier qu'à son participe passé, qui fait *bénit*, *bénite* ; et *béni*, *bénie*.

Bénit, *bénite*, se dit seulement en parlant de la bénédiction de l'église, donnée par un évêque ou par un prêtre avec les cérémonies ordinaires. On dit *un cierge* BÉNIT ; *du pain* BÉNIT ; *de l'eau* BÉNITE ; *des abbesses* BÉNITES. *Les drapeaux ont été* BÉNITS. (L'*Académie*.)

> *Dieu fait voir à Ève son ennemi vaincu, et lui montre cette semence* BÉNITE (J.-C.) *par laquelle*, etc. (*Bossuet*, Hist. univ., II° part.)

> *Du temps de Moïse, on y montroit encore les tombeaux où reposoient les cendres* BÉNITES *d'Abraham, d'Isaac et de Jacob.*
> (Le même, Disc. sur l'Hist. univ., II° part.)

Béni, *bénie*, a toutes les autres significations de son verbe ; il se dit

de la seconde Conjugaison.

en parlant de la bénédiction et de la protection particulière de Dieu sur une personne, sur une famille, sur une ville, sur un royaume ou une nation; ou bien encore pour désigner les louanges affectueuses que l'on adresse à Dieu, aux hommes bienfaisants, et même aux instruments d'un bienfait :

L'ange dit à la Sainte-Vierge : Vous êtes BÉNIE *entre toutes les femmes.* —*Les armes* BÉNITES *de Dieu sont toujours heureuses.*
(L'*Académie*, 1762, 1798.)

Les princes qui ne se croient placés sur le trône que pour faire du bien à l'humanité, sont BÉNIS *de Dieu et des hommes.* (*Beauzée.*)

Ce règne, qui commence à l'ombre des autels,
Sera *béni* des dieux et chéri des mortels.
(*Voltaire*, Olympie, act. I, sc 1.)

Enfin *Beauzée* fait observer que *béni* a un sens moral et de louange, et *bénit*, un sens légal et de consécration : *Des armes qui ont été* BÉ-NITES *par l'église, ne sont pas toujours* BÉNIES *du Ciel sur le champ de bataille.*

BOUILLIR (*verbe neutre et défectif*).

Je bous, tu bous, il bout ; nous bouillons, vous bouillez, ils bouillent.—Je bouillois ; nous bouillions.—Je bouillis ; nous bouillîmes. —Je bouillirai ; nous bouillirons.—Je bouillirois ; nous bouillirions.— Que je bouille, que tu bouilles, qu'il bouille ; que nous bouillions, que vous bouilliez, qu'ils bouillent.—Que je bouillisse ; que nous bouillissions.— Bouillir.—Bouillant.—Bouilli, bouillie., etc.
(L'*Académie.*)

Ce verbe, fait observer *Féraud*, ne s'emploie au propre qu'à la troisième personne du singulier ou du pluriel ; mais, pour le rendre actif et l'employer à toutes les personnes, on se sert des temps du verbe *faire*, joints à l'infinitif *bouillir* : *Je fais bouillir, nous faisons bouillir*, etc.

Wailly dit *je bouillirai*, ou *je bouillerai* ; mais le premier est le seul qu'indique l'*Académie* (édition de 1762 et de 1798), *Restaut, Demandre, Féraud, Caminade, Gattel*, etc.

COURIR (*verbe neutre et irrégulier*).

Je cours, tu cours, il court ; nous courons, vous courez, ils courent.—Je courois ; nous courions.—Je courus ; nous courûmes.—Je courrai ; nous courrons.—Je courrois, nous courrions.—Cours, courons. —Que je coure, que tu coures, qu'il coure ; que nous courions, que

vous couriez, qu'ils courent.—Que je conrusse; que nous courussions.
—Courir.—Courant.—Couru, courue, etc.

(Th. *Corneille*, sur la 250e rem. de *Vaugelas*.—*Restaut*, *Wailly*, *Féraud*, *Demandre*, *Lévizac*, et l'*Académie*.)

Conjuguez de même les verbes *concourir*, *discourir*, *accourir*, *parcourir*, *secourir*.

DISCOURIR. L'*Académie* et les écrivains ont donné pour régime à ce verbe la préposition *de* ou la préposition *sur* : *Socrate passa le dernier jour de sa vie à discourir* DE *l'immortalité de l'ame*, SUR *l'immortalité de l'ame*. (L'*Académie*.)

J'ai entendu ce philosophe discourir SUR *les propriétés de l'aimant*, SUR *la pesanteur de l'air; il en parle fort savamment.* (*Trévoux*.)

Nous discourûmes DE *ces choses.* (*Racine*, le Banquet de Platon.)

On croiroit, à vous voir, dans vos libres caprices,
Discourir en Caton des vertus et des vices. (*Boileau*, satire IX.)

Lamoignon, nous irons, libres d'inquiétude,
Discourir des vertus dont tu fais ton étude. (Le même, épitre VI.)

Sur paroît préférable à *Féraud*; mais M. *Laveaux* est d'avis que *discourir sur* quelque chose, c'est en parler avec ordre, avec méthode, en parler à fond; et que *discourir de* quelque chose, c'est en parler sans approfondir la matière.

Il doit certainement y avoir une différence entre ces deux manières de s'exprimer, et la distinction établie par M. *Laveaux* peut être excellente. Comme nous n'avons pas pu vérifier si elle est confirmée par l'usage des bons écrivains, nous nous bornons à la faire connoître à nos lecteurs, sans prononcer sur cette difficulté.

ACCOURIR se conjugue aussi comme *courir*; mais il reçoit, selon l'occurrence, tantôt *avoir*, tantôt *être* : J'AI *accouru*, JE SUIS *accouru*; au lieu que *courir*, lorsqu'il signifie se mouvoir avec vitesse, ne reçoit que l'auxiliaire *avoir*. (L'*Académie*, *Féraud*, M. *Laveaux*.)

Voyez, pag. 464, une remarque de *D'Olivet* sur une faute échappée à *Racine*, dans l'emploi du verbe *courir*.

Voyez aussi, pag. 492, ce que nous disons sur l'emploi des temps composés de ce verbe *accourir*.

COURRE à l'infinitif a le même sens que *courir*, mais il ne s'emploie que dans certaines façons de parler; par exemple, en termes de chasse et d'équitation : *courre le cerf, le daim, un lièvre, courre un cheval*. On dit aussi, en terme populaire, *courre le guilledou*, ou bien encore *courre*

de la seconde Conjugaison.

la poste, courre une bague. Autrefois on employoit souvent ce verbe à la place de *courir*.

Voiture a dit : *Les périls que j'ai à* COURRE *en ce voyage ne m'étonnent point*.

Et *Malherbe* :

> De ces jeunes guerriers la flotte vagabonde
> Alloit *courre* fortune aux orages du monde.

Présentement, excepté les cas précités, on doit, comme le fait observer *Trévoux*, toujours dire *courir*, et même, pour ne pas se tromper, il est bon de s'en servir partout où l'on a le moindre doute.

Couvrir (*verbe actif*).

Voyez la conjugaison du verbe *ouvrir*.

Cueillir (*verbe actif et irrégulier*).

Je cueille, tu cueilles, il cueille ; nous cueillons, vous cueillez, ils cueillent.—Je cueillois ; nous cueillions.—Je cueillis ; nous cueillîmes.—Je cueillerai ; nous cueillerons.—Je cueillerois ; nous cueillerions.—Cueille ; cueillons.—Que je cueille ; que nous cueillions.—Que je cueillisse ; que nous cueillissions.—Cueillir, cueillant.—Cueilli, cueillie.

(*Restaut*, *Wailly*, les Gramm. mod., et l'*Académie*.)

Il est certain que l'on a dit autrefois *cueiller* à l'infinitif, et c'est pour cela que l'on dit *je cueillerai*, au futur, et non pas *je cueillirai* ; *je cueillerois*, au conditionnel, et non pas *je cueillirois*.

Remarquez qu'il faut dire : *je cueillis, nous cueillîmes, j'ai cueilli* ; et non pas *je cueillai, nous cueillâmes, j'ai cueillé*.

(*Th. Corneille* et l'*Académie*, sur la 488ᵉ rem. de *Vaugelas*, *Restaut*, *Wailly*, et les Gramm. mod.)

Conjuguez de même *recueillir, accueillir*.

Dormir. Voyez *sortir*.

Faillir (*verbe neutre et défectif*).

Ce verbe n'est en usage qu'au prétérit défini, *je faillis ; nous faillîmes* ; au prétérit indéfini, *j'ai failli* ; aux temps composés tant de l'indicatif que du subjonctif, *j'aurois, j'avois failli*, etc.; et à l'infinitif, *faillir, faillant, failli, faillie*.

(*Wailly*, pag. 83.—*De Latouche*, pag. 156, t. I.)

Ce verbe s'emploie quelquefois dans le sens de *se tromper*, et La Fontaine a dit avec cette acception, *je faux*.

L'*Académie* met dans son dictionnaire : *je faux, tu faux, il faut; nous faillons, vous faillez, ils faillent*; mais elle prévient que ces temps sont de peu d'usage, et, en effet, si l'on s'en sert, ce ne peut être que dans le style familier. Pour le futur, les uns voudroient *je faudrai*, comme l'*Académie*; d'autres *je faillirai*: il est inutile de s'étendre là-dessus, puisqu'on ne se sert pas de ces temps.

Faillant, participe présent, s'emploie dans cette phrase adverbiale, *jouer à coup faillant*, pour dire, jouer à la place du premier des joueurs qui manque.—*Failli, faillie*, participe passé, n'est d'usage que dans le sens de finir, et dans celui de manquer à faire. *A jour failli*, c'est-à-dire à jour fini; *Il faut que dans quelques jours, vous voyiez cette affaire faite ou* FAILLIE, c'est-à-dire que vous la voyiez faite ou manquée.
(L'*Académie*.)

DÉFAILLIR, son dérivé, est irrégulier et défectif: il n'est plus guère usité qu'à la première personne du pluriel du présent de l'indicatif, *nous défaillons*, à l'imparfait *je défaillois*, aux prétérits *je défaillis, j'ai défailli*, et à l'infinitif *défaillir*. Bossuet cependant a dit : *la famille royale étoit* DÉFAILLIE.
(L'*Académie, Féraud, Gattel*, etc.)

Manquer est plus d'usage dans le sens de *dépérir, s'affoiblir*; cependant on dit fort bien, *ses forces* DÉFAILLENT *tous les jours; commencent à* DÉFAILLIR.
(Mêmes autorités.)

FÉRIR (*verbe actif et défectif*).

Ce verbe, qui signifie *frapper*, n'est plus d'usage que dans cette phrase, *sans coup-férir*, pour dire, sans en venir aux mains, sans rien hasarder.

Féru, e, ne se dit qu'en ces phrases badines : *il est féru de cette femme*, pour dire il en est bien amoureux; *je suis féru*, j'en ai dans l'aile.
(L'*Académie, Féraud* et *Trévoux*.)

On trouve encore dans nos anciens écrivains *il fiert* pour *il frappe*. Voyez, aux substantifs composés, le mot *fier-à-bras*.

FLEURIR (*verbe neutre et défectif*).

Ce verbe est régulier dans *le sens propre*, c'est-à-dire,

quand il signifie *pousser* des fleurs, *être en fleur*, et alors il se conjugue comme *emplir*; en ce sens on dit à l'imparfait, *il fleurissoit*; et au participe présent, *fleurissant*.

Dans *le sens figuré*, il signifie être en crédit, en honneur, en vogue, et il fait, le plus souvent, *florissoit* à l'imparfait de l'indicatif, et toujours *florissant* au participe présent.

C'est ainsi que s'expriment l'*Académie*, *Trévoux*, *Féraud*, *Demandre*, *Wailly*, M. *Lemare*; et les écrivains les plus estimés viennent fortifier cette décision. Cependant on trouve dans les Incas de *Marmontel*, et dans d'autres ouvrages estimés, des exemples de l'emploi de *fleurissoit* dans le sens figuré; et il semble que cette expression présente une image plus hardie que *florissoit*, qui, à force d'être employée, ne signifie plus que *vigere*, être en vigueur, dans sa force, en crédit, sans presque offrir à l'esprit d'idée métaphorique. Quoi qu'il en soit, nous croyons qu'on doit dire d'un empire qu'il *florissoit*, et non qu'il *fleurissoit*, puisque c'est ainsi que s'expriment la plupart des écrivains.

Toujours est-il certain que ce seroit s'exprimer très-mal que de dire :

> Et dans ce temps fécond sa divine influence
> Fait germer les vertus et *florir* l'innocence.

parce que l'infinitif *florir* n'est pas en usage.

REFLEURIR se conjugue comme *fleurir*; et dans le sens figuré, on fera mieux aussi de dire à l'imparfait *reflorissoit*, et au participe actif, *reflorissant*.

(Mêmes autorités.)

FUIR (*verbe actif et neutre*).

Fuir, verbe actif, signifie *éviter*, *fuir le danger*.

Fuir, verbe neutre, signifie *courir pour se sauver d'un péril*.

Je fuis, tu fuis, il fuit; nous fuyons, vous fuyez, ils fuient.—Je fuyois; nous fuyions.—Je fuis; nous fuîmes.—Je fuirai.—Je fuirois.—Fuis; fuyons.—Que je fuie; que nous fuyions.—Que je fuisse; que nous fuissions.—Fuir; fuyant; fui, etc.—Ce verbe prend l'auxiliaire *avoir*.

(*Restaut*, pag. 533.—*Wailly*, pag. 82.—L'*Académie*, sur la 450° rem. de *Vaugelas*, pag. 22; son Dictionn.—*Lévizac*.)

Employé activement, c'est-à-dire dans le sens d'*éviter*, ce verbe a pour participe *fui*, *fuis*.

Conjuguez de même le verbe *s'enfuir* : et observez qu'à cause du pronom personnel, on dit à l'impératif *enfuis-toi*, et non *enfuis-t'en*, ni *fuis-t'en*.

Observez encore que *en* se détache du verbe *s'en aller*, mais que cette préposition est réunie dans le verbe *s'enfuir;* et qu'alors ce seroit une faute grossière de dire *il s'en est fui*, au lieu de *il s'est enfui*.

Th. Corneille, qui fait cette remarque, est d'avis que c'est également mal s'exprimer que de dire *il s'en est enfui*, parce que, fait-il observer, c'est employer deux fois la particule *en*, que l'on joint à *fuir;* mais il nous semble qu'il y a un cas où cette règle n'est pas exacte, car on dit absolument *s'enfuir*, et avec un régime indirect, *s'enfuir de quelque endroit*. Or, dans le premier cas, il faut dire *il s'est enfui*, et non pas *il s'en est enfui* : dans le second, il faut nécessairement répéter *en*, pour indiquer le régime indirect, et alors dire, *il s'en est enfui*.

Nous avons d'autant plus de raison de penser ainsi, que l'*Académie* a dit : *on l'a mis en prison, mais il s'en est enfui*, c'est-à-dire *il s'est enfui de prison*, ce qu'il falloit exprimer, et ce qu'on ne pouvoit faire qu'en employant la préposition *en*.

Gésir (*verbe neutre et défectif*).

Ce verbe, qui n'est plus en usage, signifioit *être couché ;* on dit cependant encore : *il gît, nous gisons, ils gisent, il gisoit, gisant*.

(L'*Académie*, *Wailly*, *Féraud*, *Lévizac*, *Gattel*, etc.)

L'*Académie* ne dit pas dans quel style ces temps peuvent s'employer; mais *Trévoux*, *Féraud* et *Gattel* font observer que ce ne peut être que dans le style plaisant.

Cependant, lorsque mad. *Dacier* a dit : *Un vieillard* GISANT *sur la terre...... le jouet des bêtes*, il me semble qu'elle s'est exprimée plus poétiquement que si elle eût dit : *couché*, *étendu*.

Il y a mieux, fait observer M. *Lemare* (pag. 444 de sa gramm); si, d'après l'avis de l'*Académie*, *il gisoit* est français, pourquoi *ils gisoient* seroit-il un barbarisme ? ensuite, si l'on peut dire, d'après la même autorité, *il gît sur la paille*, pourquoi ne le diroit-on pas de soi-même à une deuxième personne ?

Gît est la formule ordinaire par laquelle on commence les épitaphes; mais cette expression est belle aussi au figuré, et surtout en poésie :

de la seconde Conjugaison.

Ci gît Ver-vert, ci gisent tous les cœurs.   (*Gresset*, Ver-vert, ch. IV.)

Peuples, rois, vous mourez, et vous, villes aussi;
La gît Lacédémone, Athènes fut ici.

(*L. Racine*, la Religion, ch. 1.)

Haïr (*verbe actif*).

Je hais, tu hais, il hait; nous haïssons, vous haïssez, ils haïssent. — Je haïssois; nous haïssions. — Je haïs; nous haïmes. — Je haïrai; nous haïrons. — Hais; haïssons. — Que je haïsse; que nous haïssions. — Haïr; haïssant; haï, haïe.

(*Wailly*, pag. 83. — *Restaut*, pag. 333. — *Demandre*.)

Le *h* s'aspire dans tous les temps de ce verbe, et il n'a d'irrégularité que dans la prononciation. — *Voltaire* cependant (dans l'Enfant prodigue) a dit sans aspiration :

Je meurs au moins sans *être haï* de vous.   (Act. IV, sc. 3.)

Et dans Alzire :

Aurait rendu comme eux leur dieu même *haïssable*.   (Act. I, sc. 2.)

Mais c'est une faute qu'il faut éviter.

Les trois premières lettres de ce verbe forment toujours deux syllabes: *ha-i*, excepté au présent de l'indicatif : *je hais, tu hais, il hait*, et à la seconde personne singulière de l'impératif, *hais*. Ces deux différentes prononciations se trouvent réunies dans ces vers de *Racine*:

Et je souhaiterois, dans ma juste colère,
Que chacun le *haït*, comme le *hait* son père.

(Les Frères ennemis, act. 1, sc. 5.)

Quand il *hait* une fois, il veut *haïr* toujours.

(Même pièce, act. II, sc. 3.)

Mais le roi, qui le *hait*, veut que je le *haïsse*.

(Iphigénie, act. V, sc. 1.)

Ce verbe, comme le font observer *Restaut* et *Wailly*, ne se dit guère à la seconde personne du singulier de l'impératif ni au prétérit défini, ni à l'imparfait du subjonctif, et dans ces deux derniers temps, au lieu de se servir de l'accent circonflexe : *nous haîmes, vous haîtes, qu'il haît*, on se sert du tréma, *nous haïmes, vous haïtes; — qu'il haït*.

En faisant pour chacun de ces temps usage du tréma, on ne satisfait pas à la règle qui réclame l'accent circonflexe; mais on a préféré une faute d'orthographe à une faute de prononciation qui auroit un plus grand inconvénient.   (M. *Boniface*.)

Issir (*verbe neutre*).

Ce verbe, qui s'est dit anciennement pour *sortir*, n'est plus en usage qu'au participe passé *issu*, *issue* ; on s'en sert pour signifier, *venu*, *descendu d'une personne*, *d'une race*.

(Le Dict. de l'*Académie*, *Féraud*, *Wailly*, *Cormont*.)

Mentir (*verbe neutre et irrégulier*).

Se conjugue sur *sentir*. Ainsi écrivez je *mens*, et non pas je *ments*, comme l'a fait *Lévizac*.

Ce verbe ne peut être employé qu'avec précaution dans le style noble. Ainsi on a relevé avec raison l'expression suivante, comme prosaïque et trop familière :

Il ne faut point mentir, ma juste impatience
Vous accusoit déjà de quelque négligence.
(*Racine*, Bérénice, act. V, sc. 4.)

Ce verbe prend l'auxiliaire *avoir* dans ses temps composés.

Conjuguez de même *démentir*.

Mourir (*verbe neutre et irrégulier*).

Je meurs, tu meurs, il meurt ; nous mourons, vous mourez, ils meurent.—Je mourois ; nous mourions.—Je mourus ; nous mourûmes. —Je mourrai ; nous mourrons.—Je mourrois ; nous mourrions.—Meurs ; mourons.—Que je meure, que tu meures, qu'il meure ; que nous mourions, que vous mouriez, qu'ils meurent.—Que je mourusse ; que nous mourussions.—Mourir, mourant ; mort, morte, etc.

(Le Dict. de l'*Académie*.—*Wailly*, pag. 83.—*Restaut*, pag. 333.)

Ce verbe prend l'auxiliaire *être* dans ses temps composés.—Au conditionnel et au futur, on met deux *r*, et on les prononce.

Voyez, aux Remarques détachées, des observations sur l'emploi de ce verbe.

Ouïr (*verbe actif et défectif*).

Indicatif présent : *j'ois*, *tu ois*, *il oit* ; *nous oyons*, *vous oyez*, *ils oient*.

Ni ce temps, ni l'imparfait *j'oyerois*, ni le futur *j'ouïrai*, ne sont plus d'usage, non plus que les temps qui en sont formés. On ne se sert maintenant de ce verbe, qu'au prétérit défini de l'indicatif : *j'ouïs*, *il ouït*; à l'imparfait du subjonctif, *que j'ouïsse*, *qu'il ouït*; à l'infinitif, *ouïr*; et dans les temps composés, on se sert du participe *ouï*, *ouïe*, et de l'auxiliaire *avoir*.

(L'*Académie.* — *Wailly*, pag. 84. — *Restaut*, pag. 334. — *Féraud.* — *Trévoux*, etc.)

Le verbe *ouïr* a une signification beaucoup moins étendue que le verbe *entendre*; il ne se dit proprement que d'un son passager, et qu'on entend par hasard, et sans dessein. On ne doit pas s'en servir quand il est question d'un prédicateur, d'un avocat, d'un discours public; mais on dit très-bien, ouïr *la messe*; *Seigneur, daignez* ouïr *nos prières; les dimanches la messe* ouïras: *et au palais*, ouïr *des témoins*.

(*Féraud* et *Gattel*.)

Ouvrir (*verbe actif et neutre*).

J'ouvre, tu ouvres, il ouvre; nous ouvrons, vous ouvrez, ils ouvrent. — J'ouvrois; nous ouvrions. — J'ouvris; nous ouvrîmes. — J'ouvrirai; nous ouvrirons. — J'ouvrirois, nous ouvririons. — Ouvre; ouvrons. — Que j'ouvre; que nous ouvrions. — Que j'ouvrisse; que nous ouvrissions. — Ouvrir; ouvrant; ouvert, ouverte, etc.

(L'*Académie*, *Wailly*, *Restaut*, etc.)

Ce verbe a, au présent de l'indicatif, la même finale que les verbes de la première conjugaison; ainsi la seconde personne de l'impératif ne prend point de *s*, excepté lorsqu'elle est suivie de *en* ou de *y*.

Conjuguez de même les verbes *couvrir*, *découvrir*, *entr'ouvrir*, *recouvrir*, *rouvrir*, *souffrir*, *offrir*, *mésoffrir*, etc.

Remarque. — *Recouvert* est le participe du verbe *recouvrir*, verbe actif de la seconde conjugaison, composé de *couvrir*, sur lequel il se conjugue, et de la préposition itérative *re*, qui indique la répétition d'une chose : *recouvrir*, c'est couvrir de nouveau. — *Recouvré* est le participe du verbe actif *recouvrer*, de la première conjugaison, qui signifie *retrouver*, *rentrer en possession*, *acquérir de nouveau une chose qu'on avoit perdue*. Bien des personnes confondent plusieurs temps du verbe *recouvrir* avec ceux du verbe *recouvrer* : il en est effectivement plusieurs qui leur sont communs, comme *le présent* et *l'imparfait de l'indicatif*; mais *le prétérit défini* et *le participe passé* de ces deux verbes sont très-différents; et en effet, on dit *recouvrit* au prétérit défini du verbe recouvrir : *il se* couvrit *le toit de sa maison;* et l'on dit *recouvra,* au prétérit défini du verbe *recouvrer : il* RECOUVRA *la santé, la vue.*

(*Th. Corneille,* sur la 44ᵉ remarque de *Vaugelas,* pag. 125.— L'*Académie,* pag. 17 et 296 de ses observ.; ses *Décis.* recueillies par *Tallemant,* pag. 70.—*Restaut,* pag. 330.)

L'*Académie* (dans son Dict.) fait observer que l'on disoit autrefois *recouvert,* pour signifier *recouvré,* et que l'on dit en ce sens, *pour un perdu, deux de* RECOUVERTS; mais elle ajoute qu'il vaut mieux dire *recouvrés.*

PARTIR (*verbe neutre et irrégulier*).

Je pars, tu pars, il part; nous partons, vous partez, ils partent.— Je partois; nous partions.—Je partis; nous partîmes.—Je partirai; nous partirons.— Je partirois; nous partirions.— Pars; partons.— Que je parte; que nous partions.— Que je partisse; que nous partissions.— Partir; partant; parti, partie.

Ce verbe prend tantôt l'auxiliaire *être,* et tantôt l'auxiliaire *avoir* dans ses temps composés. Voyez, page 528, des remarques sur l'emploi des auxiliaires *avoir* et *être,* avec le verbe *partir.*

(Le Dict. de l'*Académie, Féraud, Trévoux* et les Gramm. mod.)

DÉPARTIR. Voy. les Remarques détachées.

QUÉRIR (*verbe actif et défectif*).

Ce verbe signifie proprement, chercher avec charge d'amener celui qu'on nous envoie chercher, ou d'apporter la chose dont il est question; il n'est d'usage qu'*à l'infinitif,* et avec les verbes *aller, venir, envoyer.*

(*Regnier Desmarais,* pag. 440.—*Wailly,* pag. 84.— Et le Dict. de l'*Académie.*)

Allez me QUÉRIR *un tel : je l'ai envoyé* QUÉRIR ; *il m'est venu* QUÉRIR. —Ce verbe n'est point admis dans le style noble.

Cependant *Corneille* a dit dans Polyeucte (act. IV, sc. 2) :

L'autre m'obligeroit d'aller *quérir* Sévère.

Mais présentement on n'oseroit plus s'en servir.

RECOUVRIR. Voyez, page 601, au mot *ouvrir,* une observation essentielle sur l'emploi de ce verbe.

REPARTIR (*verbe actif*).

Dans le sens de *répondre sur-le-champ* et *vivement,* ce verbe se conjugue comme *partir* dans ses temps simples ; mais, dans ses composés, il prend l'auxiliaire *avoir* : *Il ne lui* A *reparti que des impertinences.* (*L'Académie.*)—*Il lui* A *reparti avec beaucoup d'esprit.* (*Dangeau.*)

REPARTIR, verbe neutre, dans le sens de *retourner*, ou *partir de nouveau*, se conjugue absolument comme *partir* dans ses temps simples et dans ses temps composés : *Il est arrivé avant-hier, et il* EST REPARTI *ce matin*. (*Dangeau.*)

RÉPARTIR, verbe actif, dans le sens de *distribuer*, *partager*, se conjugue, dans tous ses temps simples et ses temps composés, comme *emplir* : je répartis ; nous répartissons.—Je répartissois ; nous répartissions.—Je répartis ; nous répartîmes.—J'ai réparti.—Je répartirai.—Répartis ; répartissons.—Que je répartisse, *etc.*—Réparti, répartie.
(*Le Dictionnaire de l'Académie.*)

Ce dernier verbe est régulier, et on ne l'a mis ici que pour le faire distinguer de *repartir*.

RESSORTIR (*verbe neutre*).

Sortir après être rentré, ou sortir une seconde fois après être déjà sorti ; ce verbe se conjugue comme *sentir*, ou comme *sortir*, verbe neutre.

RESSORTIR, verbe neutre : être de la dépendance de quelque juridiction, se conjugue comme *finir*, verbe actif.
(*Le Dict. de l'Académie.*—*Lévizac*, pag. 29, t. II.—*Féraud.*)

SAILLIR (*verbe neutre et défectif*).

Ce verbe, dans le sens de *jaillir*, sortir avec impétuosité et par secousses, ne se dit que des choses liquides ; il n'est d'usage qu'aux troisièmes personnes, et à l'infinitif. Il se conjugue sur *finir* :

Il saillit : ils saillissent : *Son sang* SAILLISSOIT *avec impétuosité.*— *On fait* SAILLIR *l'eau à une très-grande hauteur par la compression qu'on en fait dans les pompes.* (*Restaut*, *Wailly*, et M. *Laveaux.*)

SAILLIR, verbe neutre, défectif et irrégulier, se dit, en terme d'architecture, d'un balcon, d'une corniche, et autres ornements d'architecture qui débordent le nu du mur. En ce sens, il n'est également d'usage qu'aux troisièmes personnes de quelques temps, et à l'infinitif : Il saille, ils saillent, il sailloit ; ils sailloient ; il saillera, *etc.* : *On fait* SAILLIR *les corniches corinthiennes plus que celles des autres ordres.*
(*Trévoux*, *Féraud*, *Wailly* et l'*Académie.*)

Sentir (*verbe actif, neutre et irrégulier*).

Je sens, tu sens, il sent ; nous sentons, vous sentez, ils sentent.—Je sentois ; nous sentions.—Je sentis ; nous sentîmes.—Je sentirai ; nous sentirons.—Je sentirois ; nous sentirions.—Sens ; sentons.—Que je sente ; que nous sentions.—Que je sentisse ; que nous sentissions.—Sentir ; sentant ; senti, etc.

(Le Dict. de l'*Académie*, *Féraud*, *Lévizac*.)

Quelques écrivains ont fait usage du passif *être senti* :

A parler en général, la religion doit ÊTRE *moins raisonnée que* SENTIE.
(L'abbé *Du Serre-Figon*.)

La cause du rire est une de ces choses plus SENTIES *que connues.*
(*Voltaire*.)

Cette manière de parler, dit *Féraud*, est fort à la mode, mais c'est un néologisme.

Observez qu'on a dit autrefois SENTU au participe.

Les oiseaux qui tant se sont teus,
Pour l'hyver qu'ils ont tous *senteus*. (Le Roman de la Rose.)

Conjuguez de même les verbes *ressentir, consentir, pressentir*.

Voyez, pour *ressentir*, les Remarques détachées.

Servir (*verbe actif*).

Je sers, tu sers, il sert ; nous servons, vous servez, ils servent.—Je servois ; nous servions.—Je servis ; nous servîmes.—Je servirai ; nous servirons.—Je servirois ; nous servirions.—Sers ; servons.—Que je serve ; que nous servions.—Que je servisse ; que nous servissions.—Servir ; servant ; servi, servie, etc.

(Le Dict. de l'*Académie*, *Féraud* et *Demandre*.)

Conjuguez de même *desservir*. — *Asservir* est régulier.

Voyez, aux Remarques détachées, lettre R., une observation sur l'expression *cela ne sert de rien, cela ne sert à rien*.

Sortir (*verbe actif et défectif*).

Dans le sens d'*obtenir, avoir*, ce verbe n'est d'usage qu'en terme de palais, à la troisième personne et à quelques-uns de ses temps : *Il sortit, ils sortissent.— Il sortissoit, qu'il sortisse*, etc., etc.— *Sortissant.— Sorti, sortie*. Pour les temps composés, on fait usage de l'auxiliaire *avoir*, puisque ce verbe, dans cette signification, est verbe actif : *Ce jugement a sorti son plein et entier effet.*

Sortir (*verbe neutre et irrégulier*).

Dans le sens de *passer du dedans en dehors*, il se conjugue dans ses temps simples comme *sentir*.

Je sors, tu sors, il sort ; nous sortons, vous sortez, ils sortent.— Je sortois.— Je sortis.— Je sortirai.— Je sortirois.— Sors.— Que je sorte.— Que je sortisse.

Quant à ses temps composés, voyez pag. 528, les remarques sur l'emploi des deux auxiliaires *avoir* et *être*, avec le verbe *sortir*.

Dormir, verbe neutre, se conjugue, dans ses temps simples, de même que le verbe neutre *sortir* ; mais, dans ses temps composés, on fait usage de l'auxiliaire *avoir*.

Les poètes font dormir les choses inanimées :

> Le *feu* qui semble éteint *dort* souvent sous la cendre.
> (*Corneille*, Rodogune, act. III, sc. 4.)

> Les vents nous auroient-ils exaucés cette nuit ?
> Mais tout *dort*, et *l'armée*, et *les vents*, et *Neptune*.
> (*Racine*, Iphigénie, act. I, sc. 1.)

> Guillot *dormoit* profondément ;
> Son *chien dormoit* aussi, comme aussi sa *musette*.
> (*La Fontaine*, liv. III, fable 3.)

> Les guerriers amollis laissent *dormir* leurs lances.
> (*Delille*, traduction de l'Énéide, liv. IV.)

Dormir se prend quelquefois substantivement : *Le* dormir *n'est pas sain après le repas.*

La Fontaine dit que le financier se plaignoit

> Que les soins de la Providence
> N'eussent pas au marché fait vendre *le dormir*,
> Comme le manger et le boire.
> (Fable 144.)

Le substantif, dit *Wailly*, ne s'unit pas à des adjectifs et n'a point de pluriel. On ne dit point *un grand dormir, de grands dormirs.*

Surgir (*verbe neutre et défectif*).

Ce verbe vieillit, dit l'*Académie*; il signifie *aborder*. On disoit autrefois SURGIR *au port*.

A la fin du siècle dernier, *Andry* disoit que ce verbe étoit du bel usage; au commencement de celui-ci, *La Touche* remarquoit qu'il ne se disoit guère qu'au figuré et en vers; et *Féraud*, grammairien plus moderne, est d'avis qu'il ne se dit au figuré, ni en prose, ni en vers, et que, lors même qu'il étoit en usage, on ne le disoit guère qu'à l'infinitif. *Surgir* est maintenant d'un fréquent usage, au figuré.

Tressaillir, voyez *Assaillir*.

Tenir (*verbe actif et irrégulier*).

Je tiens, tu tiens, il tient; nous tenons, vous tenez, ils tiennent.—Je tenois; nous tenions.—Je tins; nous tînmes.—Je tiendrai; nous tiendrons.—Je tiendrois; nous tiendrions.—Tiens; tenons.—Que je tienne; que nous tenions.—Que je tinsse; que nous tinssions.—Tenir.—Tenant—Tenu, tenue, etc.

(Le Dict. de l'*Académie*, *Restaut*, pag. 356, *Féraud*, *Wailly*.)

Voyez, à l'emploi de la négative, quand ce verbe demande *ne*.

Conjuguez de même les verbes *s'abstenir, appartenir, détenir, entretenir, maintenir, obtenir, retenir*, et *soutenir*, et ayez soin de doubler la lettre *n*, toutes les fois qu'elle doit être suivie d'un *e* muet; dans le cas contraire, ne la doublez pas.

Venir (*verbe neutre et irrégulier*).

Je viens, tu viens, il vient; nous venons, vous venez, ils viennent.—Je venois; nous venions.—Je vins; nous vînmes.—Je viendrai; nous viendrons.—Je viendrois; nous viendrions.—Viens; venons.—Que je vienne; que nous venions.—Que je vinsse; que nous vinssions.—Venir; venant; venu, venue, etc.

(*Wailly*, *Restaut*, pag. 337; le Dict. de l'*Académie*, etc.)

Venir se conjugue, comme on le voit, de même que *tenir*, et la règle que nous avons donnée (pag. 574) pour le doublement de la lettre *n* lui est applicable; mais ce verbe, dans ses temps composés, prend l'auxiliaire *être*.

de la seconde Conjugaison.

Joint au pronom *se* et au mot *en*, il se dit avec élégance avant un infinitif :

> Un jour, au dévot personnage
> Des députés du peuple rat
> *S'en vinrent* demander quelque aumône légère.
> (*La Fontaine*, fable 127, le Rat qui s'est retiré du monde.)

On trouve dans le Roman de la Rose, *je tenis, je tenirai; je venis, je venirai*, pour *je tiens, je tiendrai; je viens, je viendrai*.

A venir est une façon de parler dont on se sert pour dire, qui doit venir, qui doit arriver : *les siècles* A VENIR, *les temps* A VENIR.
(*L'Académie et Trévoux.*)

> Le sénat demanda ce qu'avoit dit cet homme,
> Pour servir de modèle aux parleurs *à venir*. (*La Fontaine*, fable 211.)

> Le corbeau sert pour le présage ;
> La corneille avertit des malheurs *à venir*. (Le même, fable 39.)

Dieu permet que les méchants prospèrent, c'est une preuve d'une vie à VENIR.

Dans cette phrase de M. *Necker* : *des avantages incertains*, AVENIRS, il y a deux fautes ; il faut retrancher le *s*, et écrire *à venir* en deux mots.

Les verbes *avenir, circonvenir, convenir, devenir, disconvenir, intervenir, parvenir, prévenir, ressouvenir, redevenir, se souvenir* et *subvenir,* suivent la même conjugaison.

AVENIR, verbe actif, neutre et défectif, ne s'emploie qu'aux troisièmes personnes du singulier et au présent de l'infinitif; encore est-ce dans le style marotique. Il *avint*, il *aviendra*, qu'il *avienne*, il *avint que*.

L'*Académie* dit : *Je me résous à tout ce qu'il peut en avenir* ; et *Racine* a dit dans Mithridate (act. I, sc. 1) :

> ......Quelque malheur qu'il en puisse *avenir*.

Mais, selon *Voltaire*, qu'il en puisse avenir est une expression qui, peu digne de la haute poésie, du temps de *Racine*, seroit à peine aujourd'hui française.

CIRCONVENIR, verbe actif; PRÉVENIR, verbe actif; et SUBVENIR, verbe neutre, prennent *avoir* ; et, lorsque CONVENIR signifie *être propre, être sortable*, il se conjugue aussi avec cet auxiliaire.

Le verbe REDEVENIR, ainsi que DEVENIR, ne régit que les noms; il ne gouverne ni les verbes, ni les adverbes, ni les prépositions. Ainsi cette phrase : *La Terre-Sainte* REDEVINT *sous la domination de ses anciens maîtres*, renferme une faute ; il falloit dire, *rentra sous*, etc.

Voyez, pag. 516 et suivantes, des remarques sur l'emploi des auxiliaires *avoir* et *être*.

Voyez à l'Adverbe (usage de la négative) s'il faut, avec le verbe *disconvenir*, que le verbe de la phrase subordonnée ait la négative.—Voyez aussi les Remarques détachées, lettre S, pour la différence qu'il y a entre *se souvenir* et *se ressouvenir*.

Vêtir (*verbe actif et défectif*).

Ce verbe signifie *habiller quelqu'un, lui donner des habits*. Je vêts, tu vêts, il vêt; nous vêtons, vous vêtez, ils vêtent. — Je vêtois. — Je vêtis. — Je vêtirai. — Je vêtirois. — Vêts; vêtons. — Que je vête. — Que je vêtisse. — Vêtir; vêtant, vêtu, vêtue.

(*Wailly*, pag. 84, *Restaut*, pag. 337, *Lévizac*, *Féraud*, *Demandre*, *Caminade*. *Trévoux*, le Dict. de l'*Académie* et celui de *Gattel*; *Lemare*, pag. 408.) et *Laveaux* dans son Diction. des difficultés.

(Le Dict. de l'*Académie* et *Laveaux*, dans son Dict. des difficultés.

A chacun des temps de ce verbe, on met un accent circonflexe sur l'*e*.—Le présent de l'infinitif n'est guère usité, et si l'on s'en sert, il faut prendre garde que l'on dit *il vêt* à la troisième personne du singulier, et à la même personne du pluriel *ils vêtent*; ainsi ne dites pas avec *Voltaire : Dieu leur a refusé le cocotier qui ombrage, loge,* VÊTIT*, nourrit, abreuve les enfants de Brama*.

Avec *Buffon* :

Le poil du chameau, qui se renouvelle tous les ans par une mue complète, sert aux Arabes à faire des étoffes dont ils se VÊTISSENT *et se meublent.*

Avec *Delille* (le Paradis perdu, liv. VII) :

De leurs molles toisons les brebis *se vétissent*.

Vêtir s'emploie plus ordinairement avec les pronoms personnels, et alors il signifie *s'habiller, prendre son habillement sur soi*. En ce sens il se conjugue, dans ses temps simples, comme le verbe actif *vêtir*; mais, dans ses temps composés, on fait, de même qu'avec tous les autres verbes pronominaux, usage du verbe *être* : *Je me vêts, nous nous vêtons.*—*Je me* SUIS *vêtu* ou *vêtue; nous nous* SOMMES *vêtus* ou *vêtues*.

(Le Dict. de l'*Académie*.)

Conjuguez de même les verbes *dévêtir*, *revêtir*, et observez que *se dévêtir* n'est guère en usage que pour signifier se dégarnir d'habits : *il ne faut pas* SE DÉVÊTIR *trop tôt*.

§ III.

VERBES IRRÉGULIERS ET DÉFECTIFS DE LA TROISIÈME CONJUGAISON.

Avoir (*verbe actif et auxiliaire*).

Ce verbe est un des plus irréguliers ; nous en avons donné la conjugaison, page 509.

Apparoir (*verbe neutre et défectif*).

Ce verbe n'est d'usage qu'à l'infinitif avec le verbe *faire*, et à la troisième personne singulière de l'indicatif, où il ne s'emploie qu'unipersonnellement, et où il fait *il appert*.

(Le Dict. de l'*Académie*, *Féraud* et *Gattel*.)

Il appert ne se dit qu'au palais ; cependant *La Bruyère* (chap. VII) a dit à l'infinitif : *ne faire qu'apparoir dans sa maison. Apparoître* étoit le mot propre.

Asseoir (*verbe actif*).

Au propre, *asseoir* se conjugue le plus ordinairement avec deux pronoms personnels.

Je m'assieds, tu t'assieds, il s'assied ; nous nous asseyons, vous vous asseyez, ils s'asseient.—Je m'asseyois ; nous nous asseyions.—Je m'assis ; nous nous assîmes.—Je m'assiérai, ou je m'asseierai ; nous nous assiérons, ou nous nous asseierons. — Je m'assiérois, ou je m'asseierois ; nous nous assiérons, ou nous nous asseierons. — Assieds-toi ; asseyons-nous.— Que je m'asseie ; que nous nous asseyions.—Que je m'assisse ; que nous nous assissions.—S'asseoir.—S'asseyant.—Assis, assise.

Il n'y a point de verbe qui ait éprouvé tant de variations dans sa conjugaison ; mais enfin l'*Académie* (Dict., édit. de 1762 et de 1798), *Wailly* (pag. 86 de sa gramm.), *Restaut* (pag. 248 et 252), *Gattel*, *Lévizac* (pag. 34, t. II), *Sicard* (pag. 854, t. I), la plupart des Grammairiens modernes, et enfin l'usage ont décidé qu'il se conjugueroit suivant le modèle que nous indiquons.

Conjuguez de même le verbe *rasseoir*.

Des Verbes irréguliers et défectifs.

CHOIR (*verbe neutre, irrégulier et défectif*).

Tomber, être porté de haut en bas par son propre poids, ou par une impulsion qu'on a reçue. Ce verbe n'est pas beaucoup en usage ; on l'emploie quelquefois à l'infinitif, et il peut également être pris au propre et au figuré ; alors c'est, surtout en poésie, un terme très-expressif, mais il faut qu'il soit bien amené.

(L'*Académie*, *Féraud*, *Demandre*, *Wailly*, etc.)

Tout va *choir* en ma main, ou tomber en la vôtre.
(*P. Corneille*, Rodogune, act. I, sc. 5.)

Mais plus dans un haut rang la faveur vous a mis,
Plus la crainte de *choir* vous doit rendre soumis.
(*Th. Corneille*, le Comte d'Essex, act. I, sc. 2.)

Ainsi qu'on voit, sous cent mains diligentes,
Choir les épis des moissons jaunissantes.   (*Voltaire.*)

On fait usage aussi du participe *chu, chue*, mais plutôt en vers qu'en prose, et plus dans le style badin et familier que dans le style sérieux et élevé.

Au lieu du féminin *chue*, on disoit anciennement *chûte*, ce qui ne s'est conservé que dans ces façons de parler proverbiales, *chercher chape-chûte, trouver chape-chûte*, qui veut dire chercher, ou trouver une aventure avantageuse, ou quelquefois mauvaise.

Je lui dis que ce n'est point là la vie d'un honnête homme, qu'il trouvera quelque CHAPE-CHUTE, *et qu'à force de s'exposer, il aura son fait.*
(Mad. de *Sévigné.*)

On a dit autrefois *chaer, chair, chaoir,* ensuite *cheoir*. Roubaud est d'avis qu'à raison de l'étymologie, on devroit continuer d'écrire ce mot avec un *e* ; *Trévoux* et *Caminade* suivent cette orthographe ; mais l'*Académie*, *Féraud*, *Wailly*, *Restaut*, *Girard*, *Domergue*, etc., etc., écrivent *choir* sans *e*.

COMPAROIR (*verbe neutre et irrégulier*).

Ce verbe a le même sens que *comparoître* ; mais *comparoir* ne se dit qu'au palais, et dans ces phrases : *assignation à comparoir*, ou *être assigné à comparoir*.

Le Gendre, qui a dit : *Les Platéens ajournèrent les Lacédémoniens à* COMPAROIR *devant les Amphictyons*, auroit donc mieux observé le style de l'histoire s'il eût dit, *citèrent les Lacédémoniens*.

de la troisième Conjugaison.

CONDOULOIR (SE) (*verbe réciproque et irrégulier*).

Ce verbe, qui signifie prendre part à la douleur de quelqu'un, ne se dit qu'à l'infinitif, et il est vieux.

(*L'Académie, Vaugelas, Féraud* et *Gattel*.)

DÉCHOIR (*verbe neutre, irrégulier et défectif*).

Je déchois, tu déchois, il déchoit; nous déchoyons, vous déchoyez, ils déchoient.—Je déchoyois; nous déchoyions.—Je déchus; nous déchûmes.—Je décherrai; nous décherrons.—Je décherrois; nous décherrions.—Déchois; déchoyons.—Que je déchoie; que nous déchoyions.—Que je déchusse; que nous déchussions.—Déchoir; *point de participe présent*. Déchu, déchue.

Déchoir, dans ses temps composés, prend tantôt l'auxiliaire *être*, et tantôt l'auxiliaire *avoir*, selon le sens qu'on y attache.—*Ils sont* DÉCHUS *de leurs privilèges*. (*L'Académie*.)—*Depuis ce moment il* A DÉCHU *de jour en jour*.—Voyez page 525. (*L'Académie*.)

Au futur et au conditionnel, on dit : *Je décherrai*, *je décherrois*, et non pas *je déchoirai*, *je déchoirois*.

(*L'Académie, Wailly, Restaut*, etc., etc.)

Roubaud et *Trévoux* écrivent *décheoir*, avec un *e*; mais les autorités qui écrivent *choir* sans *e* suivent la même orthographe pour *déchoir*.

Boileau a dit et écrit (Épître VI) :

> Du rang où notre esprit une fois s'est fait voir,
> Sans un fâcheux éclat nous ne saurions *déchoir*.

Et *La Fontaine* (liv. VII, fab. 5.)

> L'âge la fit *déchoir*; adieu tous les amants.

ÉCHOIR (*verbe neutre, défectif et irrégulier*).

Ce verbe, qui ne se dit que des choses, n'est guère d'usage, au présent de l'indicatif, qu'à la troisième personne du singulier : *il échoit*, qu'on prononce et qu'on écrit quelquefois, *il échet*; au prétérit *j'échus*; au futur et au conditionnel *j'écherrai*, *j'écherrois*; à l'imparfait du subjonctif *que j'échusse*; au participe présent *échéant*; et au participe passé *échu*, *échue*. (*L'Académie*.)

Mais plusieurs Grammairiens sont d'avis qu'en général *échoir* n'est bien employé qu'à la troisième personne du singulier et à celle du pluriel; *il échoit*, ou *il échet*; *ils échoient*, *ils échéent*, etc., et ils n'admettent point de premières personnes ; ainsi ils blâment *j'échus*, *j'écherrai*, *que j'échusse*, *nous échûmes*, etc.

Souvent on joint à l'infinitif de ce verbe, le verbe *devoir* : *ces effets ont* DU *échoir*.

Voy., p. 525, de quel auxil. est accompagné le participe de ce verbe.)

FALLOIR (*verbe unipersonnel, défectif et irrégulier*).

Il faut.—Il falloit.—Il fallut.—Il a fallu.—Il eut fallu.—Il avoit fallu.—Il faudra.—Il aura fallu.—Il faudroit.—Il auroit ou il eût fallu.—Point d'impératif.—Qu'il faille.—Qu'il fallût.—Qu'il ait fallu.—Qu'il eût fallu.—Falloir.—Ayant fallu.

Voyez, aux Observations sur les adverbes, et au mot *beaucoup*, dans quel cas il faut dire, *il s'en faut beaucoup*, *il s'en faut de beaucoup*. Voyez aussi, au mot *ne*, dans quel cas il faut employer cette négative avec *il s'en faut*.

MESSEOIR (*verbe neutre*).

Se conjugue sur *seoir*.

MOUVOIR (*verbe actif*).

Je meus, tu meus, il meut ; nous mouvons, vous mouvez, ils meuvent.—Je mouvois ; nous mouvions.—Je mus ; nous mûmes.—Je mouvrai ;—nous mouvrons.—Je mouvrois ; nous mouvrions.—Meus ; mouvons.—Que je meuve ; que nous mouvions.—Que je musse ; que nous mussions.—Mouvoir ; mouvant ; mu, mue.

Plusieurs de ces temps ne sont en usage que dans le style didactique : *On ne sauroit expliquer comment l'âme, étant purement spirituelle, peut* MOUVOIR *le corps*. Hors de l'infinitif, on est si peu accoutumé aux modes et aux temps de ce verbe, que, quand on les rencontre, on y trouve un air sauvage, comme dans cette phrase de Bossuet : *Les premières affaires qui se* MURENT *dans l'Église*. Avec le pronom personnel *se*, le présent de l'indicatif fait assez bien : *Les cartésiens, pour rendre raison du mouvement, disent qu'un corps qui se* MEUT, *en pousse un autre*, etc. (Féraud.)

Émouvoir, *s'émouvoir* et *promouvoir* se conjuguent sur *mouvoir*. *Émouvoir* et *s'émouvoir* ne se disent guère qu'à l'infinitif, au présent de l'indicatif, au subjonctif et aux temps composés, et *promouvoir* à l'infinitif et aux temps composés.

de la troisième Conjugaison.

Regnard a dit, dans le Légataire universel (act. II, sc. 6) :

> Et je vais lui dicter une lettre, d'un style
> Qui de madame Argante *émouvera* la bile (371).

Émouvera, comme le fait observer *Wailly*, est un barbarisme ; on doit dire *émouvra* sans *e* après le *v*, comme on dit *mouvra*.

Démouvoir, dont on fait usage en terme de palais, pour signifier faire que quelqu'un se désiste d'une prétention, qu'il y renonce, n'est guère d'usage qu'à l'infinitif. (*L'Académie.*)

Pleuvoir (*verbe unipersonnel et défectif*).

Il pleut ; il pleuvoit ; il plut ; il pleuvra ; il pleuvroit ; qu'il pleuve ; qu'il plût. — Plu, pleuvant.

(Le Dictionnaire de l'*Académie.* — *Regnier Desmarais,* pag. 431. — *Wailly,* pag. 87. — *Féraud.*)

Ce verbe n'a point d'*impératif,* car il n'y a que Dieu qui puisse commander au temps. Le participe passé n'a point de féminin.

Pleuvoir se dit au figuré des choses spirituelles et morales : *Dieu fait* pleuvoir *des grâces sur ses élus.* (*Trévoux.*) — *Il* pleut *ici de l'ennui à verse.* (*Ménage.*) *Il* pleut *par tout pays de ces sortes d'injures.* (*La Bruy.*)

> Que de biens, que d'honneurs sur toi s'en vont *pleuvoir !*
> (*Boileau,* sat. VIII.)

Pourvoir (*verbe neutre*).

Je pourvois, tu pourvois, il pourvoit ; nous pourvoyons, vous pourvoyez, ils pourvoient. — Je pourvoyois, nous pourvoyions. — Je pourvus ; nous pourvûmes. — Je pourvoirai ; nous pourvoirons. — Je pourvoirois ; nous pourvoirions. — Pourvois, pourvoyons. — Que je pourvoie ; que nous pourvoyions. — Que je pourvusse ; que nous pourvussions. — Pourvoir ; pourvoyant ; pourvu, pourvue.

On suit, pour ce verbe, la même orthographe que celle qui est d'usage pour le verbe *voir* ; on en excepte le *prétérit défini,* le *futur,* le *conditionnel,* l'*imparfait* du subjonctif.

(*L'académie, Restaut, Wailly,* et les Grammairiens modernes.)

Pouvoir (*verbe actif, défectif et irrégulier*).

Je puis ou je peux, tu peux, il peut ; nous pouvons, vous pouvez,

---

(371) Dans les dernières éditions on lit *échauffera.*

ils peuvent.— Je pouvois ; nous pouvions.— Je pus, nous pûmes. — Je pourrai ; nous pourrons.—Je pourrois ; nous pourrions.—*Point d'impératif.* — Que je puisse ; que nous puissions. — Que je pusse ; que nous pussions.—Pouvoir ; pouvant ; pu ; *point de féminin.*

Ce verbe a beaucoup d'irrégularités. Le futur *je pourrai* s'écrit avec deux *r*, et l'on n'en prononce qu'un.

(Le Dict. de l'*Académie* et celui de *Trévoux*.—Restaut, pag. 339.— *Wailly*, pag. 87.)

La poésie et la conversation souffrent *je peux* ; cependant *je puis* est beaucoup plus usité, et doit d'autant plus être préféré, qu'à l'interrogatif, on dit toujours *puis-je ?*

> Par quel gage éclatant et digne d'un grand roi
> *Puis-je* récompenser le mérite et la foi ?
> (*Racine*, Esther, act. II, sc. 5.)

Il est d'ailleurs le seul en usage dans les écrits des bons auteurs français.

> L'univers m'embarrasse, et je ne *puis* songer
> Que cette horloge existe, et n'ait point d'horloger.
> (*Voltaire*, les Cabales.)

> ......Enfin je *puis* parler en liberté ;
> Je *puis* dans tout son jour mettre la vérité.
> (*Racine*, Athalie, act. II, sc. 6.)

> ....C'est mon plaisir : je me veux satisfaire ;
> Je ne *puis* bien parler, et ne saurois me taire.
> (*Boileau*, satire VII.)

> Modeste en ma couleur, modeste en mon séjour,
> Franche d'ambition, je me cache sous l'herbe ;
> Mais si sur votre front je *puis* me voir un jour,
> La plus humble des fleurs sera la plus superbe.
> (*Desmarest*, en envoyant une violette.)

> Je ne *puis* qu'en cette préface
> Je ne partage entre elle et vous
> Un peu de cet encens qu'on recueille au Parnasse.
> (*La Fontaine*, fable 150.)

On dit : *je ne puis*, et *je ne puis pas*. Dans le premier exemple, la négative est moins forte : *Je ne puis* suppose des embarras, des difficultés. *Je ne puis pas* exprime une impossibilité absolue.

Bossuet emploie *pouvoir* comme verbe pronominal : *qui ne* s'EST PU *faire*, pour *qui* N'A PU *se faire*. L'illustre auteur, en mettant, selon son usage, le pronom *se* avant le verbe régissant, et non pas avant l'infinitif régi, a été induit en erreur, car le pronom *se* ne se met avant l'auxiliaire *être* suivi d'un participe que quand le verbe est pronominal.

Arnauld et *Pluche* ont fait la même faute, produite par la même erreur.

Prévaloir (*verbe neutre et irrégulier*).

Ce verbe se conjugue comme *valoir,* dont nous allons donner la conjugaison; cependant au présent du subjonctif on dit : *que je prévale, que nous prévalions;* et non pas *que je prévaille, que nous prévaillions.*

Prévaloir signifie avoir l'avantage, remporter l'avantage; mais, employé pronominalement, il signifie *tirer avantage* : *L'homme ne doit pas beaucoup* SE PRÉVALOIR *de sa raison, qui le trompe si souvent.*

(*Trévoux.*)

(*Th. Corneille*, sur la 39ᵉ rem. de *Vaugelas;* les observations de l'*Académie*, page 43. — Ses décisions. — *Regnier Desmarais, Restaut, Wailly,* etc.)

Le régime ordinaire de *prévaloir,* neutre, est la préposition *sur* : *Il ne faut pas que la coutume* PRÉVALE SUR *la raison.* (L'*Académie.*) — Quelques auteurs ont employé la préposition *à* : *Son témoignage ne* PRÉVAUT *pas au crédit de Clodius.* (*Vertot.*) Le Dictionnaire de *Trévoux* donne des exemples de ce régime, mais sans citer d'auteurs; et *Féraud* pense avec raison que la préposition *sur* est le régime seul autorisé.

Sur mes justes projets tes pleurs ont *prévalu.* (*Racine,* Iphigénie.)

Promouvoir (*verbe actif et défectif*).

Ce verbe, comme nous l'avons dit pag. 642, n'est d'usage qu'à l'infinitif, et aux temps composés : *On l'a promu, elle a été promue.*

(L'*Académie, Féraud, Trévoux.*)

Ravoir (*verbe actif et défectif*).

Ce verbe ne s'emploie qu'à l'infinitif: *Elle a pris à l'Amour ses traits; et le dieu, pour les* RAVOIR, *vole toujours auprès d'elle.*

(*Voiture.*)

Réu, que l'on prononce *ru* ou *réu; et je le raurai, je me raurai,* comme on le dit en certains endroits, sont des barbarismes.

(L'*Académie, Féraud, Trévoux,* etc.)

On dit figurément et dans le style familier *se ravoir,* pour dire, reprendre, réparer ses forces, sa vigueur :

Allons, monsieur, tâchez un peu de vous RAVOIR. (*J.-J. Rousseau.*)

Savoir (*verbe actif et irrégulier*).

Je sais, tu sais, il sait ; nous savons, vous savez, ils savent. — Je savois ; nous savions. — Je sus ; nous sûmes. — Je saurai ; nous saurons. — Je saurois ; nous saurions. — Sache ; sachons. — Que je sache ; que nous sachions. — Que je susse ; que nous sussions. — Savoir ; sachant ; su, sue.

(Les Dictionnaires de *Richelet*, de *Trévoux*, de *Wailly*, de l'Académie (éditions de 1762 et de 1798), de *Demandre*, et de *Féraud*, indiquent je *sais* et je *sai*.)

Savoir se trouve écrit avec la lettre ç dans des ouvrages anciens et estimés ; mais aujourd'hui l'*Académie*, tous les Grammairiens modernes, et le plus grand nombre des Lexicographes retranchent cette lettre comme inutile, parce qu'elle n'influe en rien sur le son de la syllabe, et que même elle ne peut servir pour marquer l'étymologie latine ; car si l'on consulte *Ducange*, *Ménage*, *Roquefort*, enfin nos meilleurs étymologistes, on verra qu'ils font dériver *savoir* du latin *sapere*, être sage, être de bon sens, judicieux, etc., et non de l'infinitif *scire* : en effet, il est impossible que l'infinitif latin *scire* ait donné l'infinitif français *sçavoir* : on en auroit fait *seire* ou *scir*; car tous nos verbes en *oir* dérivent des verbes latins en *ere* : *habere*, avoir ; *debere*, devoir ; *percipere*, percevoir, etc. Ensuite, la sagesse, le bon sens, le jugement, ne sont-ils pas les attributs du *savant*, de celui qui *sait* ? Le verbe latin *sapere* se trouve même employé dans le sens de *savoir*, par *Plaute* (372), par *Cicéron* (373), et par plusieurs auteurs français qui ont écrit en latin (374). C'est dans ce sens que ce verbe est passé dans les langues vivantes : les Italiens disent *sapere*, les Espagnols *saber*; nous avons dit de même *saver*. Dans des lettres patentes du duc de Bourgogne, de l'année 1446, on lit plusieurs fois nous *saverons* pour nous *saurons*.

Dans la Bible (Exode, ch. XVI, verset 12), on lit également :

Et vous SAVEREZ *que jeo sui le Seignor vostre Dieu.*

On trouve aussi dans le Glossaire de la langue romane par M. *Roquefort*, au mot *savoir* : *saveriez* pour *sauriez*.

Enfin les variantes de *savoir* étoient *saver*, *saveir*, *savir*.

Il n'y a, dans toute la langue, que le verbe *savoir* qui se mette au subjonctif sans qu'un autre mot le précède ; mais encore faut-il que ce

---

(372) Ego rem meam *sapio*. — (373) Qui sibi semitam non *sapiunt*, alteri monstrant viam. — (374) Alphabetum *sapiat* digito tantum numerare.

soit avec la négative : JE NE SACHE *rien de plus digne d'éloge*, *qu'un roi qui préfère le bien de son peuple à celui de ses enfants.*

(*Th. Corneille*, sur la 362ᵉ remarque de *Vaugelas*, tom. II, pag. 413. — *Wailly*, pag. 88. — *Restaut*, pag. 389.)

Que je sache s'emploie quelquefois d'une façon assez singulière, c'est lorsqu'il est à la fin d'une phrase, comme dans celle-ci : *Il n'est pas allé à la campagne* QUE JE SACHE; et alors il est du style familier.

Je ne saurois s'emploie fort souvent pour *je ne puis*, qui est la première personne du présent de l'indicatif du verbe *pouvoir*; et alors, après le *que*, c'est du présent du subjonctif que l'on fait usage : on dira donc *je ne saurois dire la moindre chose qu'on ne me fasse des observations*; et non *je ne saurois dire la moindre chose qu'on ne me fît des observations* : cependant, chose bizarre, on ne dit pas *je ne saurois*, pour *je ne pourrois*. On dira, par exemple, *si je mangeois de cela, je ne* POURROIS *dormir de la nuit*, mais on ne diroit pas *je ne saurois dormir de la nuit*. — On ne peut aussi se servir du verbe *savoir* pour le verbe *pouvoir*, sans y joindre la négative; ainsi, on ne peut pas dire *je saurois* pour *je puis*.

(*Ménage*, ch. 313. — *Th. Corneille* sur la 362ᵉ rem. de *Vaugelas*. — *Féraud*, etc.)

Savoir ne régit pas les personnes. Du moins, l'*Académie* ni aucun des Dictionnaires que nous avons consultés, ne l'indiquent avec cette acception : on ne dit pas *savoir quelqu'un*, *se savoir soi-même*; cependant on lit dans la Xᵉ épître de *Boileau* :

> Que si quelqu'un, mes vers, alors vous importune,
> Pour *savoir* mes parens, ma vie et ma fortune,
> Contez-lui, etc.

Et dans la Métromanie de *Piron* (act. II, sc. 4) :

> Un valet veut tout voir, voit tout, et *sait son maître*
> Comme, à l'Observatoire, un savant *sait les cieux*;
> Et vous-même, monsieur, ne *vous savez* pas mieux.

Mais quelque imposants que soient les noms de ces deux écrivains, surtout celui de *Boileau*, il nous semble que ce sont là des licences que l'on passeroit difficilement au poète qui s'en permettroit de semblables.

Savoir, avant un infinitif, ne s'emploie que quand il y a beaucoup de peine à faire une chose. Ainsi l'on dit bien : *J'ai su vaincre et régner*, parce que ce sont deux choses très-difficiles.

> J'ai *su*, par une longue et pénible industrie,
> Des plus mortels venins *prévenir* la furie.

(*Racine*, Mithr., act. IV, sc. 5.)

> J'ai *su* lui *préparer* des craintes et des veilles

Et là le mot *savoir* est bien placé : il indique la peine qu'on a prise. Mais, J'AI SU *rencontrer un homme en chemin* est ridicule ; et beaucoup de mauvais poètes ont aussi mal employé le verbe *savoir*.

Enfin, souvent on emploie en poésie, assez mal-à-propos, le verbe *savoir* pour le verbe *pouvoir* : J'AI SU *le satisfaire*, J'AI SU *lui plaire*, pour *j'ai* PU *le satisfaire, j'ai* PU *lui plaire*.

> Quand vous verrez Pauline, et que son désespoir
> Par ses pleurs et ses cris *saura* vous émouvoir.
> (*Corneille*, Polyeucte, act. V, sc. 2.)

Il ne faut se servir du verbe *savoir* que quand il marque quelque dessein. (*Voltaire*, rem. sur Polyeucte.)

SEOIR (*verbe neutre, défectif et irrégulier*).

Dans la signification d'être assis, d'être dans une posture où le corps porte sur les fesses, ce verbe n'est plus en usage : mais *séant* s'emploie quelquefois comme participe : *La cour royale de Paris* SÉANT *à Versailles*, et quelquefois comme adjectif verbal, et alors il est susceptible de prendre le genre et le nombre : *La cour royale* SÉANTE *à Paris*.

Sis, sise, son participe passé, n'est également plus en usage ; mais ce mot s'emploie comme adjectif et en style de pratique, et il signifie *situé, située*. *Un héritage* SIS *à*.— *Une maison* SISE *à*. (*L'Académie*)

Seoir, dans la signification d'être convenable à la personne, à la condition, au lieu, au temps, etc., n'est plus en usage à l'infinitif ; il ne s'emploie que dans certains temps, et toujours à la troisième personne du singulier ou du pluriel : *il sied ; ils siéent ; il séyoit ; il siéroit ; il siéra* ; il n'a point de temps composés. Au subjonctif, on dit *qu'il siée ; qu'ils siéent*, et au participe présent *séyant*.

(*L'Académie*, sur la 528ᵉ rem. de *Vaugelas*. — Son Dict. — *Féraud, Restaut, Wailly*, etc.)

Seoir en ce sens, s'emploie aussi unipersonnellement.

> Il vous *sied* bien d'avoir l'impertinence
> De refuser un mari de ma main ! (*Voltaire*, Nanine, act. I, sc. 5.)

MESSEOIR, verbe neutre qui signifie ne pas convenir, n'être pas séant, n'est plus d'usage à l'infinitif, et s'emploie aux mêmes temps que *scoir*, dans le sens d'être convenable. (*L'Académie.*)

SURSEOIR (*verbe actif et défectif*).

Je sursois, tu sursois, il sursoit ; nous sursoyons, vous sursoyez, ils

de la troisième Conjugaison.

sursoient. — Je sursoyois; nous sursoyions. — Je sursis; nous sursîmes. — Je surseoirai; nous surseoirons. — Je surseoirois; nous surseoirions. — Surseois; sursoyons. — Que je sursoie; que nous sursoyions. — Que je sursisse, que nous sursissions. — Surseoir. — Sursoyant. — Sursis, sursise.

L'*Académie* (édit. de 1762 et de 1798), *Lévizac*, *Demandre* et *Caminade* écrivent je *sursois*, sans e.

Gattel, *Wailly* et M. *Butet* écrivent je *surseois* avec un e.

Surseoir, verbe actif, signifie *suspendre*, *remettre*, *différer*, et il ne se dit guère que des affaires, des procédures : On a SURSIS LA *délibération*, *l'exécution de cet arrêt*. (L'*Académie*, édit. de 1762 et de 1798.) — En termes de palais, on dit : SURSEOIR A *la délibération*, SURSEOIR A *l'exécution de cet arrêt*, et, en ce sens, ce verbe est *neutre*.

Le participe présent *sursoyant* est également usité au palais; mais, en général, ce verbe est moins d'usage aux temps simples qu'aux temps composés.

On écrit *surseoir* avec un e après le s; et dès-lors on en met un au futur et au conditionnel.

(L'*Académie*, *Trévoux*, *Wailly*, *Boiste*, le Dict. gramm., *Gattel*, *Féraud*.)

SOULOIR (*verbe neutre et défectif*).

Ce verbe, qui signifie *avoir coutume*, a vieilli et ne s'est guère dit qu'à l'imparfait : Il ou elle *souloit*. Il peut encore être employé dans le style marotique :

> Sous ce tombeau gît Françoise de Foix,
> De qui tout bien un chacun *souloit* dire.   (*Marot*.)

> Quant à son temps, bien le sut dispenser;
> Deux parts en fit, dont il *souloit* passer
> L'une à dormir, et l'autre à ne rien faire.
>   (Épitaphe de *La Fontaine*, faite par lui-même.)

VALOIR (*verbe neutre irrégulier et défectif*).

Je vaux, tu vaux, il vaut; nous valons, vous valez, ils valent. — Je valois; nous valions. — Je valus; nous valûmes. — Je vaudrai; nous vaudrons. — Je vaudrois; nous vaudrions. — Point d'impératif. — Que je vaille; que nous valions, qu'ils vaillent. — Que je valusse; que nous valussions. — Valoir. — Valant, valu.

Il prend l'auxiliaire *avoir* dans ses temps composés.

Conjuguez de même les verbes *équivaloir* et *revaloir*.

Mais on observera que le verbe *équivaloir* est de peu d'usage à l'infinitif, et qu'il régit la préposition *à* : *Toute expression qui n'est pas nom, verbe, ou modificatif, est terme de supplément, et* ÉQUIVAUT A *plusieurs des parties d'oraison* (le P. Buffier, gramm. fr.) ; que le substantif peut régir la préposition *de* : *C'est* L'ÉQUIVALENT DE *ce que vous m'avez donné;* enfin que l'adjectif s'emploie avec la préposition *à*, et très-souvent sans régime : *L'autorité d'un auteur grave est* ÉQUIVALENT *à une raison* (MM. de *Port-Royal*.)— *En Grammaire il y a des termes* ÉQUIVALENTS, *qui expriment, aussi bien l'un que l'autre, la pensée.* (*Trévoux.*)

Quant à *revaloir*, il se dit plus ordinairement en mal, et toujours avec le pronom *le* ou *cela : Je* LE *lui ai revalu, je lui revaudrai* CELA. (*Regnier Desmarais*, pag. 424.—*Restaut*, pag. 42.—*Wailly*, pag. 88.— Et l'*Académie*.)

Valoir fait au subjonctif *que je vaille, que tu vailles, qu'il vaille*, etc.: *Je ne crois pas que ce libelle* VALE *la peine que*........ *a été rejeté par l'Académie.*

Dès qu'il s'agit d'exprimer une valeur, on dit *valant : Il a une terre* VALANT *dix mille écus*; et, dans ce sens, *valant* est le véritable participe du verbe *valoir.*

Mais, pour exprimer qu'il les a en sa possession, on dit alors : *Cet homme a dix mille écus* VAILLANT; et dans ce cas *vaillant* est un substantif masculin employé adverbialement.

VALOIR, dans le sens de *procurer, faire obtenir,* est *verbe actif,* et alors son participe passé *valu* prend l'accord.— Voyez, §. V, au chapitre des Participes, ce que nous disons sur l'emploi du participe de ce verbe.

Voir (*verbe actif*).

Je vois, tu vois, il voit; nous voyons, vous voyez, ils voient.—Je voyois; nous voyions.—Je vis; nous vîmes.—Je verrai; nous verrons. —Je verrois; nous verrions.—Vois, voyons.—Que je voie ; que nous voyions.—Que je visse; que nous vissions.— Voir.— Voyant.— Vu, vue, etc.

(L'*Académie, Richelet, Wailly*, pag. 342, *et Restaut*, même page.)

Conjuguez de même *revoir, entrevoir* et *prévoir* : en observant cependant, à l'égard de ce dernier verbe, que l'on dit au futur de l'indicatif *prévoirai;* et, au conditionnel, *prévoirois*.

de la troisième Conjugaison.

L'Académie donne le choix d'écrire *je vois* ou *je voi*, de même qu'elle le donne pour quelques autres verbes; tels que : *prévoir, savoir, devoir,* etc. *Trévoux, Richelet, Wailly* ont adopté cette orthographe. *D'Olivet* se croit d'autant plus fondé à en faire autant, qu'il pense qu'autrefois, pour distinguer la première personne des verbes au singulier, de la seconde et de la troisième personne, on ne mettoit pas de *s* à cette première personne. Beaucoup de poètes anciens et de poètes modernes écrivent en effet, sans cette lettre, *je voi, j'aperçoi, je prévoi,* etc.

Racine, dans Andromaque (act. V, sc. 5) :

....Grâce au ciel, j'*entrevoi*....
Dieux! quels ruisseaux de sang coulent autour de moi!

Racine le fils, dans le poème de la Religion (chant I-II) :

Sans doute il est sacré, ce livre dont je *voi*
Tant de prédictions s'accomplir devant moi.

J.-B. Rousseau, Épigramme XV :

Honni seras, ainsi que je *prévoi*,
Par cet écrit.

Boileau, Satire VIII :

Ce discours te surprend, docteur, je l'*aperçoi*.
L'homme de la nature est le chef et le roi.

Et Satire X :

............Sa science, je *croi*,
Aura pour s'occuper ce jour plus d'un emploi.

Voltaire, dans Alzire (act. II, sc. 2) :

La mort a respecté ces jours que je te *doi*,
Pour me donner le temps de m'acquitter vers toi (375).

Mais que, dans l'origine, on ait écrit sans *s* la première personne des verbes au singulier, ou que ce soit par licence que les poètes retranchent cette lettre à la fin des vers; nous dirons, avec *Chapelain*, que ce qui a fait mettre le *s* à cette première personne, c'est que la syllabe est longue, et qu'il y est placé pour en marquer la longueur; ensuite nous croyons que l'usage de mettre cette lettre est tellement adopté, que les prosateurs ne doivent jamais écrire, *je voi*; et que ce n'est que très-ra-

---

(375) S'ACQUITTER. *Malherbe* a dit, *s'acquitter pour*; *Th. Corneille* (le Festin de pierre) et *Regnard* (les Ménechmes), *s'acquitter vers*; mais ce verbe régit *de pour* les choses, et *envers* pour les personnes : tout autre régime est une faute.

rement et seulement lorsque la rime l'exige, qu'il est permis aux poètes de supprimer le *s*.

L'imparfait de l'indicatif et le présent du subjonctif sont, comme les verbes terminés en *oyer*, *uyer*, etc., distingués, dans la première et la seconde personne du pluriel, par un *i* ajouté à l'*i* grec : *nous voyions, vous voyiez ; que nous voyions, que vous voyiez.*

Vouloir (*verbe neutre actif et défectif*).

Je veux, tu veux, il veut; nous voulons, vous voulez, ils veulent.— Je voulois; nous voulions.—Je voulus; nous voulûmes.—Je voudrai; nous voudrons.—Je voudrois; nous voudrions.—Que je veuille; que nous voulions.—Que je voulusse; que nous voulussions.—Vouloir.— Voulant.—Voulu, voulue.—Devant vouloir.

(L'*Académie*, *Wailly*, *Restaut*, *Lévizac* et *Demandre*.)

La seconde personne du pluriel du conditionnel, *vous voudriez*, est de deux syllabes en prose, et de trois en vers.

C'est un état qu'en vain vous *voudriez* combattre.
(*Gresset*, Sidney, act. II, sc. 2.)

C'est peut-être pour cela que quelques personnes disent improprement *vouderiez-vous*, comme s'il y avoit un *e* après le *d*.

Vouloir et les verbes *pouvoir*, *valoir* et *prévaloir*, sont les seuls qui aient un *x* aux deux premières personnes du présent de l'indicatif.

MM. *Lemare*, *Caminade*, *Boniface* (Man. des amat., 2ᵉ année, p. 271), *Boinvilliers* (pag. 475 de sa gramm.), *Butet* (Cours théor.), *Jaquemard* et M. *Auger* indiquent *veuillez* pour deuxième personne du pluriel de l'impératif, et nombre d'écrivains en ont effectivement fait usage :

.... *Veuillez* vous souvenir
Que les évènements régleront l'avenir.
(*Corneille*, Pompée, act. II, sc. 4.)

.... Je vais faire venir
Quelqu'un pour l'emporter; *veuillez* la soutenir.
(*Molière*, Sganarelle, sc. 3.)

.... *Veuillez* être discret,
Et n'allez pas, de grâce, éventer mon secret.
(Le même, l'Ecole des Femmes, act. I, sc. 6.)

Ne *veuillez* pas vous perdre, et vous êtes sauvé.
(*Corneille*, Polyeucte, act. IV, sc. 3.)

Veuillez donc que votre Dieu *soit juste*. (*Marmontel*.)

Veuillez *me croire*. (Le même, sa Gramm., pag. 189.)

de la troisième Conjugaison.

VEUILLEZ *bien m'inscrire d'avance sur la liste des souscripteurs.*
(*Delille.*)

VEUILLEZ *auparavant exprimer avec moi comment l'article* HIC, ILLE, LE, *s'est introduit dans la langue latine et dans la nôtre.* (*Diderot.*)

VEUILLEZ *du moins nous dire qui nous devons suivre.* (*Volney.*)

VEUILLEZ, *Monsieur, rendre hommage au mérite.* (*Voltaire.*)

VEUILLEZ, *Monsieur, vous rappeler ici la manière*, etc.
(*J.-J. Rousseau.*)

Cependant l'*Académie*, *Wailly* et *Restaut* n'en parlent point, et M. *Maugard* conclut de là qu'on ne doit pas s'en servir. *Demandre* va plus loin, il trouve ridicule de se commander à soi-même de vouloir, et absurde de le commander aux autres.

Mais il nous semble que *veuillez* signifie le plus souvent *je vous prie de vouloir;* au surplus nous ne prononçons pas, nos lecteurs verront si ce qu'a dit *Demandre* peut les empêcher de se servir de *veuillez*, lorsque tant de bons écrivains n'ont pas craint d'en faire usage.

On dit au présent du subjonctif *que je veuille*; mais au pluriel, on dit *que nous voulions*, *que vous vouliez*, et non pas *que nous veuillions*, *que vous veuilliez*, comme quelques écrivains l'ont dit.

(L'*Académie*, *Féraud*, *Gattel*, *Wailly*, *Lemare*, etc.)

Vouloir s'est employé autrefois comme substantif:

> Contre toute ta parenté
> D'un malin *vouloir* est porté. (*La Fontaine*, l. VI, f. 5.)

Persuadés par mauvais VOULOIR *et conseil* (édit d'Henri II). Ce mot, dit *La Mothe le Vayer*, a entièrement vieilli, et l'on ne s'en sert plus ni en vers ni en prose. L'*Académie* ne le condamnoit point : cependant lle dit (dans ses Observations sur les rem. de *Vaugelas*) qu'il est entièrement banni de la prose, et qu'il y a peu de personnes qui s'en servent en poésie. Dans la dernière édition de son Dictionnaire, elle le borne à quelques phrases : *C'est Dieu qui nous a donné le* VOULOIR *et le faire*, etc. — *Trévoux* est d'avis que ce mot n'est fort bon ni en vers ni en prose ; c'est pourquoi il pense qu'il ne le faut employer que rarement, et en de certaines occasions ; par exemple, il figure bien dans cette phrase de *Nicole* : *C'est Dieu qui fait tout, et qui opère, par sa grâce, le* VOULOIR *et l'action. Féraud* croit que les poètes ont eu tort de ne pas s'en servir; et *Piron* l'a certainement employé avec succès dans Gustave-Wasa (act. I, sc. 6) :

> .... Le *vouloir* céleste
> Par un songe aux mortels souvent se manifeste.

J.-B. Rousseau a dit aussi dans le Flatteur (act. V, sc. 7) :

> Oh ! bien, bien ; tout cela sera le mieux du monde,
> Mais rien n'ira pourtant que selon mon *vouloir*.

§ IV.

VERBES IRRÉGULIERS ET DÉFECTIFS DE LA QUATRIÈME CONJUGAISON.

ABSOUDRE (*verbe actif et défectif*).

J'absous, tu absous, il absout ; nous absolvons, vous absolvez, ils absolvent.—J'absolvois ; nous absolvions.—*Point de prétérit défini.*—J'absoudrai ; nous absoudrons.—J'absoudrois ; nous absoudrions.—Absous ; absolvons.—Que j'absolve ; que nous absolvions.—*Point d'imparfait du subjonctif.*—Absoudre.—Absolvant.—Absous, absoute.

(Restaut, Demandre, Féraud, Lévizac, M. Laveaux.)

L'*Académie* indique pour participe au masculin *absous* et *absout*. *Absout* est plus analogue au féminin, que l'on écrit *absoute* : mais l'usage et les Grammairiens sont contraires à cette orthographe.

ABSTRAIRE (*verbe actif et défectif*).

L'*Académie* se contente de dire que ce verbe se conjugue comme *traire*; mais *Féraud* observe avec raison qu'*abstraire* est peu usité, et que l'on dit plus ordinairement *faire abstraction de....*

Cependant *abstraire* se dit très-bien aux temps composés.

ACCROIRE (*verbe neutre et défectif*).

Ce verbe n'est d'usage qu'à l'infinitif, et ne s'emploie qu'avec le verbe *faire*, qui lui sert d'auxiliaire ; l'*Académie* et la plupart des lexicographes disent que *faire accroire* signifie faire croire à quelqu'un une chose fausse ; mais quelques-uns sont d'avis que *faire accroire* signifie que celui qui dit une chose, l'a dite à dessein de tromper.

ACCROÎTRE (*verbe actif et neutre*).

Se conjugue sur *croître*.

ADMETTRE (*verbe actif et irrégulier*).

Ce verbe se conjugue sur *mettre* ; voyez sa conjugaison.

de la quatrième Conjugaison.

ATTRAIRE (*verbe actif et défectif*).

Attirer, faire venir par le moyen de quelque chose qui plaît.

Mézerai s'est servi de ce verbe au figuré, mais il est vieux en ce sens. L'*Académie* le met au propre : *Le sel est bon pour* ATTRAIRE *les pigeons.* Il n'est d'usage qu'à l'infinitif, et encore on peut dire que *attirer* serait préférable.

(*L'Académie, Féraud, Demandre, Gattel.*)

ATTEINDRE (*verbe actif et neutre*).

Voyez la conjugaison du verbe *peindre.*

BATTRE (*verbe actif et irrégulier*).

Je bats, tu bats, il bat ; nous battons, vous battez, ils battent. — Je battois ; nous battions. — Je battis ; nous battîmes. — Je battrai ; nous battrons. — Je battrois ; nous battrions. — Bats ; battons. — Que je batte ; que nous battions. — Que je battisse ; que nous battissions. — Battre. — Battant. — Battu, battue. — Devant battre.

(*Restaut*, pag. 363. — Le *Dict. de l'Académie.* — *Lévizac, Féraud et Demandre.*)

Conjuguez de même *abattre, combattre, débattre, ébattre,* et *rebattre.*

Féraud prétend qu'en prose il faut dire *être combattu par* : JE SUIS COMBATTU PAR *des sentimens tout opposés.* Il est certain que les poëtes font usage de la préposition *de* :

D'un soin cruel ma joie est ici *combattue.*
(Racine, Iphigénie, act. II, sc. 2.)

Quand *du* moindre intérêt le cœur est *combattu,*
Sa générosité n'est plus une vertu. (Crébillon, Pyrrhus, act. I, sc. 5.)

(Dict. crit. de *Féraud.*)

Et il nous semble que ce ne seroit pas une faute de dire avec *Montesquieu* (Lettr. persan.) : *Quand vous* COMBATTEZ *gracieusement avec vos compagnes,* DE *charmes,* DE *douceur et* D'*enjouement.*

ÉBATTRE ne se dit qu'avec le pronom personnel, et il est vieux. *La Fontaine* s'en est souvent servi, en parlant de l'amour, et des fautes qu'il traite de galanterie.
(*Trévoux.*)

Boire (*verbe actif et irrégulier*).

Je bois, tu bois, il boit; nous buvons, vous buvez, ils boivent. — Je buvois; nous buvions. — Je bus; nous bûmes. — Je boirai; nous boirons. — Je boirois; nous boirions. — Bois; buvons. — Que je boive; que nous buvions. — Que je busse; que nous bussions. — Boire. — Buvant. — Bu, bue. — Devant boire.

Les poëtes emploient souvent ce verbe au figuré :

..... Une riante troupe
Semble *boire* avec lui la joie à pleine coupe.
(*Racine*, Esther, act. II, sc 9.)

La céleste troupe
Boit à pleine coupe
L'immortalité.
(*J.-B. Rousseau.*)

Le germe des douleurs infecte leurs repas.
Et dans des coupes d'or ils *buivent* le trépas.
(*Thomas*, Ep. au peuple.)

Quand pourrai-je.......
Boire l'heureux oubli des soins tumultueux !
(*Delille*, l'Homme des champs, ch. IV.)

Ils disent aussi, *boire sa guérison*, *boire la santé*, *boire un affront*, *boire le calice jusqu'à la lie*. et, en style d'Écriture sainte, *boire l'iniquité comme l'eau*.

Imboire. Nous n'avons conservé de ce vieux mot que le participe *imbu*. Il était cependant très expressif; il signifiait recevoir par goût des idées, des opinions, etc., et se les rendre propres par la force de l'habitude. On disoit aussi *s'imboire*.

Montaigne a dit : *Il faut qu'il* imboive *leurs humeurs, non qu'il apprenne leurs préceptes : et qu'il oublie hardiment, s'il veult, d'où il les tient, mais qu'il se les sçache approprier*.

J.-J. *Rousseau* a fait renaître cette expression, et quelques écrivains l'ont imité : *Celui qui vous parle est un solitaire qui, vivant peu avec les hommes, a moins d'occasions de s'*imboire *de leurs préjugés*.

Nous n'avons aucun mot qui exprime convenablement l'idée que présente *imboire* ; pourquoi donc le rejeter?

Déboire n'est usité que comme substantif.

Braire (*verbe neutre, irrégulier et défectif.*)

Ce verbe ne s'emploie qu'au présent de l'infinitif, *braire*; aux troisièmes personnes du présent et du futur de l'indicatif, *il brait, ils braient, il braira, ils brairont*; et du conditionnel, *il brairoit, ils brairoient*.

Les autres temps ne sont point en usage.

Telle est l'opinion de l'*Académie*, de *Féraud*, de *Demandre*, de *Wailly*, de *Restaut* et de *Lévizac*.

Cependant, fait observer M. *Lemare* (p. 411 de sa Gramm.), de ce que quelques verbes n'ont encore été employés qu'en certains temps, en certaines personnes, qu'ils ne peuvent que rarement recevoir d'autres emplois, ce ne doit pas être une raison suffisante pour les mutiler. Si l'on peut dire d'un âne qu'*il brait*, pourquoi un âne, parlant dans une fable, ne diroit-il pas *je brais*, *je brairai*; et portant la parole devant un ou plusieurs confrères quadrupèdes, ne pourrait-il pas dire: *brais*, *nous brairons*? Dans tous ces cas, comment s'exprimeroit donc la bruyante société?

BRUIRE (*verbe neutre et défectif*).

Ce verbe n'est guère d'usage qu'à l'*infinitif* et aux *troisièmes personnes de l'imparfait de l'indicatif*, où l'on dit *il bruyoit*, *ils bruyoient*. Dans les autres temps on dit: *faire du* BRUIT, *rendre un son confus*.

Bruire n'a point de participe passé, point de temps composés, ni de participe présent.

Dans ces phrases: *Les flots* BRUYANTS.—*La foudre* BRUYANTE *dans la nue*: *bruyant* n'est qu'un adjectif verbal qui exprime l'état:

On voyait l'assemblée agitée et *bruyante* par intervalle.

. . . . Quand Flore dans les plaines
Faisait taire des vents les *bruyantes* haleines.
(*Boileau*, le Lutrin, ch. Ier.)

(L'*Académie*, *Restaut*, *Féraud*, *Lévizac*.

La *Bruyère* et *Marmontel* regrettoient que l'usage eut préféré *faire du bruit*, à *bruire* ; on entend BRUIRE *le vent*, *les vagues*.—*Les flots* BRUYOIENT *horriblement*. — *Les insectes bruissoient sous l'herbe*, comme l'a dit Bernardin de Saint-Pierre, est une incorrection.

CEINDRE (*verbe actif*).

Voyez la conjugaison du verbe *peindre*.

CIRCONCIRE (*verbe actif, irrégulier et défectif*).

Je circoncis, tu circoncis, il circoncit; nous circoncisons, vous circoncisez, ils circoncisent. — Je circoncis; nous circoncîmes. — J'ai circoncis. — Je circoncirai. — Je circoncirois. — Circoncis; circoncisons. — Que je circoncise; que nous circoncisions. — Circoncire. — Circoncis, circoncise.

(L'*Académie*, *Restaut*, *Wailly*, *Féraud*, *Demandre*.)

D'autres Grammairiens donnent à ce verbe un *imparfait* à l'indicatif et au subjonctif, de même qu'un *participe présent*; mais, comme le fait observer *Lévizac*, le bon goût doit proscrire ces formes, qui sont peu harmonieuses.

CLORE (*verbe actif, irrégulier et défectif*).

Ce verbe n'a que quatre temps simples : l'indicatif présent, *je clos, tu clos, il clôt*; point de pluriel. — Le futur, *je clorai*. — Le conditionnel présent, *je clorois*. — Le participe passé, *clos, close*; et dès-lors tous les temps composés.

(L'*Académie, Restaut, Wailly, Féraud, Demandre.*)

Quoique ces autorités n'indiquent ni impératif ni subjonctif, *Lévizac* et M. *Butet* sont d'avis qu'on pourrait très bien dire, *clos ce jardin*; *je veux qu'il close ce jardin*.

Clore s'emploie très souvent avec le verbe *faire*.

Enclore s'écrit et se conjugue de même.

CONCLURE (*verbe actif*).

Je conclus, tu conclus, il conclut; nous concluons, vous concluez, ils concluent. — Je concluois; nous concluions. — Je conclus; nous conclûmes. — Je conclurai; nous conclurons. — Je conclurois, nous conclurions. — Conclus; concluons. — Que je conclue; que nous concluïons. — Que je conclusse; que nous conclussions. — Conclure. — Concluant. — Conclu, conclue. — Devant conclure.

(*L'Académie, Richelet, Wailly*, pag. 92, *Restaut, Féraud*, etc.)

L'Académie met indistinctement un *t* ou un *d* à la troisième personne du présent de l'indicatif; cependant l'emploi du *t* est préférable.

Aux deux premières personnes plurielles de l'imparfait de l'indicatif et du présent du subjonctif, on met un tréma sur l'*i*, pour empêcher que l'on ne prononce *nous conclui-ons, vous conclui-ez*.

Ce verbe se dit ordinairement des personnes; on le dit pourtant quelquefois des passages, des preuves qu'on allègue : *cet argument* CONCLUT *bien*; *cette preuve, ce texte ne* CONCLUT *pas*. Mais alors *conclure* se dit seul et sans régime; conséquemment cette phrase de *Bossuet* n'a pas toute la correction qu'on a le droit d'attendre de cet écrivain : *Ces passages* CONCLUENT *seulement que nous recevrons quelque chose*.

(*Féraud.*)

Confire (*verbe actif et irrégulier*).

Je confis, tu confis, il confit; nous confisons, vous confisez, ils confisent. — Je confisois; nous confisions. — Je confis; nous confîmes. — Je confirai; nous confirons — Je confirois; nous confirions. — Confis; confisons. — Que je confise; que nous confisions. — Confire. — Confisant. — Confit, confite.

(*L'Académie*, *Restaut*, pag. 345, *Demandre*, *Féraud*.)

L'imparfait du subjonctif n'est point en usage; cependant *Wailly* et *Lévizac* indiquent *que je confisse*, mais quelques personnes aiment mieux dire: *Je voudrois que vous* FISSIEZ CONFIRE *des coings*, plutôt que *je voudrois que vous confissiez des coings.* — *Confit*, *confite* s'emploient figurément, mais dans le style familier et railleur en parlant de ceux qui ont quelque bonne ou mauvaise qualité qui les pénètre, et qui se trouve chez eux au suprême degré:

> Cet hymen, de tous biens, comblera vos désirs;
> Il sera tout *confit* en douceurs et plaisirs.
> (*Molière*, Tartufe, act. II, sc. 2.)

> Bien est-il vrai qu'il parlait comme un livre,
> Toujours d'un ton *confit* en savoir-vivre.
> (*Gresset*, Vert-Vert, ch. II.)

Connoître (*verbe actif, neutre et irrégulier*).

Voyez la conjugaison du verbe *paroître*.

Contredire (*verbe actif et irrégulier*).

Voyez la conjugaison du verbe *dire*.

Coudre (*verbe actif et irrégulier*).

Je couds, tu couds, il coud; nous cousons, vous cousez, ils cousent. — Je cousois; nous cousions. — Je cousis; nous cousîmes. — Je coudrai; nous coudrons. — Je coudrois, nous coudrions. — Couds; cousons. — Que je couse; que nous cousions. — Que je cousisse; que nous cousissions. — Coudre; cousant; cousu, cousue; devant coudre.

(*L'Académie.* — *Richelet.* — *Restaut*, pag. 343. — *Wailly.* — *Lévizac.* — *Féraud*, etc.)

Conjuguez de même *découdre* et *recoudre*.

Remarque et décision de l'*Académie* sur les verbes *coudre*, *recoudre*, *absoudre*, *moudre*:

« Tous ces verbes terminés en *oudre* sont fort irréguliers, mais ils

» s'accordent tous sur le futur ; ainsi il faut dire *il coudra*, et non pas *il
» cousera*, comme quelques-uns le disent ; *il résoudra*, *il absoudra*, *il
» moudra*. Mais le prétérit défini ou aoriste de ces verbes est différent
» presque dans chacun d'eux ; car, au verbe *coudre*, il faut dire *il cousit* ;
» au verbe *résoudre*, il faut dire *il résolut* ; le verbe *absoudre* n'a point
» de temps, et il faut prendre le tour passif, *il fut absous* ; et au verbe
» *moudre*, il faut dire *il moulut*. Il en est de même au prétérit indé-
» fini, *j'ai cousu* ; *j'ai résolu* ; *j'ai absous* ; *j'ai moulu*. On peut croire
» que la seconde personne du pluriel de l'indicatif sert de règle à ces
» prétérits ; car *vous cousez* est peut-être cause que l'on dit *je cousis*,
» et *vous résolvez* amène un peu *je résolus*, puisque le *l* s'y conserve ;
» mais il vaut mieux alléguer l'usage que de chercher des raisons ; car
» on dit, *vous absolvez*, et cependant le prétérit est plus ordinaire-
» ment *il fut absous* ; et *absolu* n'est d'usage qu'en cette phrase, *le
» jeudi absolu*, qui est *le jeudi saint*. »

Le participe de ces quatre verbes est : *cousu, cousue* ; *recousu, re-
cousue* ; *absout, absoute* ; *moulu, moulue*.

CRAINDRE (*verbe actif*).

Voyez la conjugaison du verbe *peindre*.

CROIRE (*verbe actif et irrégulier*).

Je crois, tu crois, il croit ; nous croyons, vous croyez, ils croient.
Je croyois ; nous croyions.—Je crus ; nous crûmes.—Je croirai ; nous
croirons.—Je croirois ; nous croirions.—Crois ; croyons.—Que je croie,
qu'il croie ; que nous croyions.—Que je crusse ; que nous crussions.—
Croire ; croyant ; cru, crue ; devant croire.
(*Restaut*, pag. 356, l'*Académie*, *Richelet*, *Lévizac*, *Féraud*, etc.)

Autrefois on écrivoit *je creus, tu creus, il creut, j'ai creu* ; actuellement l'on écrit et l'on prononce *je crus*, etc., *j'ai cru* ; quelques-uns y
mettent un accent circonflexe, sous prétexte d'indiquer la suppression
de l'*e* ; mais cet accent n'est plus employé aujourd'hui par ceux qui
écrivent bien, que pour marquer les syllabes longues. (*Féraud.*)

Voyez, au Régime des verbes, une observation sur la faute où l'on
tombe en faisant suivre de la préposition *de*, le verbe *croire* accompagné d'un infinitif.

Voyez aussi, aux Remarques détachées, lettre C, dans quel cas *croire*
demande que le verbe de la proposition subordonnée soit mis au subjonctif, et une observation sur l'emploi de ce verbe.

Croître (*verbe neutre et irrégulier*).

Je crois, tu crois, il croît; nous croissons, vous croissez, ils croissent.—Je croissois; nous croissions. — J'ai crû. — Je crus, nous crûmes. —Je croîtrai; nous croîtrons. — Je croîtrois, nous croîtrions. — Crois; croissez. — Que je croisse; que nous croissions. — Que je crusse; que nous crussions. — Croissant. — Cru, crue.

Ce verbe demande *avoir* quand il exprime l'action, et *être* quand il exprime l'état. (Voyez pag. 527.)

Conjuguez de même *accroître* et *décroître*.

(*L'Académie, Demandre, Féraud, Wailly, Gattel, Le Tellier.*)

Accru, participe passé du verbe *accroître*, s'écrit sans accent.

Corneille fait rimer *croître* avec *renaître*.

> La victoire aura droit de le faire *renaître*.
> Si ma haine est trop foible, elle la fera *croître*.
> (*Sertorius*, act. III, sc. 4.)

Et avec *maître*.

> J'en veux, à votre exemple, être aujourd'hui le *maître*;
> Et, malgré cet amour que j'ai trop laissé *croître*.
> Vous direz à la reine........   (Même pièce, act. IV, sc. 3.)

Racine le fils, dans son poème de la Religion, le fait rimer avec *reconnoître*, qu'on prononce aujourd'hui *reconnêtre*.

> La voix de l'univers à ce Dieu me rappelle;
> La terre le publie........
> A de moindres objets tu peux le *reconnoître*:
> Contemple seulement l'arbre que je fais *croître*. (Chant I.)

Voyez une observation sur l'emploi de ce verbe, lettre C, Remarques détachées.

Dire (*verbe actif et irrégulier*).

Je dis, tu dis, il dit; nous disons, vous dites, ils disent — Je disois; nous disions.—Je dis; nous dîmes.—Je dirai; nous dirons. —Je dirois; nous dirions.—Dis; disons, dites, etc.—Que je dise; que nous disions. — Que je disse; que nous dissions. — Dire; disant; dit, dite; devant dire.

De tous les composés de *dire*, il n'y a que le verbe *redire* qui se conjugue absolument de même; ainsi il fait à la seconde personne plurielle du présent de l'indicatif, *vous redites*, et à l'impératif *redites*, etc.

A l'égard des verbes *dédire*, *contredire*, *interdire*, *médire*, *prédire*, on dit *vous dédisez, vous contredisez, vous interdisez, vous médisez, vous prédisez;* quant aux autres temps, ils se conjuguent de même que le verbe *dire.*

C'est ainsi que s'expriment l'*Académie, Féraud, Restaut, Gattel* et *Wailly.*

Cependant nous pensons avec M. *Lemare* (pag. 412 de sa Gramm.), M. *Laveaux* et la plupart des grammairiens modernes, que l'on dit de même à la seconde personne plurielle de l'impératif : *dédisez, contredisez, interdisez, prédisez,* etc.

Dire régit quelquefois *de* devant un nom.

On dit, dans le style familier, *on diroit* D'*un fou.* Voyez aux Rem. dét., lettre D, une observation sur cette expression.

On eût dit D'*un démoniaque, quand il récitoit ses vers.* (*Boileau.*)

.... Quelle main, quand il s'agit de prendre !
Vous *diriez* d'un ressort qui vient à se détendre.   (*Molière.*)

Voyez, à l'emploi du *subjonctif,* à quel temps il faut mettre le verbe de la préposition subordonnée après *on diroit,* qui équivaut à *il semble.*

Autrefois on employoit le verbe *contredire* neutralement et avec la préposition *à.*

Les dieux ont prononcé. Loin de *leur contredire,*
C'est à vous.......   (*Racine,* Britannicus, act. II, sc. 3.)

Elles ne CONTREDISENT *point* AU *témoignage extérieur des Ecritures.* (*Bossuet.*)

L'*Académie* a dit aussi, dans ses Sentiments sur le Cid : *Ce discours nous paroît* CONTREDIRE *à celui que le poète lui fait tenir maintenant.*

Présentement on diroit : *Loin de les contredire.—Elles ne contredisent point le témoignage.—Ce discours paroît contredire celui;* etc.

Le verbe *maudire* fait *je maudis, nous maudissons, vous maudissez, ils maudissent.—Je maudissois,* etc.—*Maudissez, maudissons, qu'il maudisse,* etc.—*Maudissant.*—Dans les autres temps, *maudire* se conjugue comme *dire.*

(Le Dict. crit. de *Féraud;* Domergue, Journal du 13 août 1787, p. 511, et sa Grammaire, page 103.)

DISSOUDRE (*verbe actif et irrégulier*).

Ce verbe se conjugue comme *absoudre,* qui n'a ni prétérit défini, ni imparfait du subjonctif. Quant à son participe passé, l'*Académie,* Tré-

de la quatrième Conjugaison.

voux, *Restaut*, *Wailly*, *Féraud*, *Lévizac* et *Gattel* n'indiquent que *dissous* au masculin et *dissoute* au féminin.

Quelques personnes donnent pour participe au verbe *dissoudre*, l'adjectif *dissolu*, qui ne se dit, dans le sens moral, que pour *impudique*, *débauché*. Cette méprise peut devenir quelquefois ridicule et odieuse ; en effet une *société dissolue* et une *société dissoute* sont des choses bien différentes.

ÉCLORE (*verbe neutre, irrégulier et défectif*).

Ce verbe se dit de quelques animaux qui naissent d'un œuf, comme des oiseaux, des insectes ; par extension des fleurs, et figurément des choses morales et spirituelles. Il n'est d'usage qu'à l'infinitif *éclore* ; au participe passé *éclos*, *éclose* ; aux troisièmes personnes du présent de l'indicatif *il éclôt*, *ils éclosent* ; au futur *il éclôra*, *ils éclôront* ; au conditionnel *il éclôroit*, *ils éclôroient* ; au présent du subjonctif *qu'il éclose*, *qu'ils éclosent* ; enfin aux temps composés qui se forment avec *être*.

(*L'Académie*, *Restaut*, *Feraud*, *Gattel* et *Lévizac*.)

ECRIRE (*verbe actif et irrégulier*).

J'écris, tu écris, il écrit ; nous écrivons, vous écrivez, ils écrivent. — J'écrivois ; nous écrivions. — J'écrivis ; nous écrivîmes. — J'écrirai. — Écris ; écrivons. — Que j'écrive. — Que j'écrivisse ; que nous écrivissions. — Écrire ; écrivant ; écrit, écrite, etc.

(*L'Académie*, *Féraud*, *Wailly*, etc.)

Conjuguez de même les verbes *circonscrire*, *décrire*, *inscrire*, *prescrire*, *proscrire*, *récrire*, *souscrire*, *transcrire*.

ENSUIVRE (*verbe pronominal*).

Voyez la conjugaison du verbe *suivre*.

EXCLURE (*verbe actif et irrégulier*).

Il se conjugue comme *conclure* ; mais *Regnier* et *Ménage* n'admettent au participe passé que *exclu*, *excluc*, lorsque l'*Académie*, *Wailly*, *Restaut*, *Demandre*, *Lévizac* mettent *exclu*, *excluc*, et *exclus*, *excluse*. Et que *Racine* a dit :

Pourquoi de ce conseil moi seule suis-je *excluse*? (*Bajaz.*, III, 4.)

Quoiqu'il en soit, ce dernier participe est peu usité.

Faire (*verbe actif et irrégulier*).

Je fais, tu fais, il fait ; nous faisons, vous faites, ils font. — Je faisois, nous faisions. — Je fis ; nous fîmes. — Je ferai ; nous ferons. — Je ferois ; nous ferions. — Fais ; faisons ; faites. — Que je fasse ; que nous fassions. — Que je fisse ; que nous fissions. — Faire ; faisant ; fait, faite ; devant faire.

(L'*Académie*, *Regnier Desmarais*, pag. 433. — *Restaut*, pag. 347. *Trévoux*. — *Girard*, pag. 26, t. II. — *Lévizac*, etc.)

La diphthongue *ai*, ainsi que nous l'avons fait observer dans la première partie de cette grammaire, pages 16 et 23, lorsque nous avons parlé des diphthongues, ayant le son de l'*e* muet dans *faisant*, *nous faisons*, *je faisois*, ainsi que dans les dérivés *bienfaisant*, *bienfaisance*, *contrefaisant*, etc., *Voltaire*, et, à son exemple, plusieurs littérateurs n'ont pas manqué de substituer l'*e* muet à l'*ai*. Mais *Dumarsais*, *Condillac*, *Girard*, *Beauzée*, *D'Olivet* et *Domergue* se sont constamment opposés à l'adoption de ce changement, et l'*Académie*, le véritable juge de cette matière, l'a formellement rejeté.

Cependant *Wailly*, *Féraud*, *Demandre* laissent le choix d'écrire *nous fesons* ou *nous faisons*, *je fesois* ou *je faisois* ; et ils s'appuient de l'opinion de *Rollin* (chap. 1*er*, Étude de la langue française), qui pense qu'il seroit conforme à la raison de préférer *nous fesons*, *je fesois* écrit avec un *s*, parce que cette orthographe se trouve d'accord avec la prononciation.

Voyez, aux Remarques détachées, lettre F, quelques observations sur l'emploi de ce verbe.

Les verbes *contrefaire*, *défaire*, *refaire*, *surfaire* et *satisfaire* se conjuguent de même.

Forfaire, faire quelque chose contre son devoir, est un verbe neutre et défectif qui ne s'emploie qu'à l'infinitif et aux temps composés. On s'en sert en terme de palais, et en parlant de la prévarication d'un juge *si un juge vient à forfaire*. On dit aussi, dans le style familier ; en parlant d'une fille ou d'une femme qui s'est laissé séduire : *elle a forfait à son honneur*. (L'*Académie*, *Wailly*, *Restaut* et *Féraud*.)

Malfaire (*verbe neutre et défectif*).

Il n'est usité qu'à l'infinitif et au participe passé. Il prend l'auxiliaire *avoir*.

Méfaire, faire une mauvaise action, est également un verbe neutre défectif, dont on ne fait usage que dans la conversation familière : *il ne faut ni méfaire, ni médire.* (L'*Académie* et *Féraud*)

FEINDRE (*verbe actif et neutre*).

Voyez la conjugaison du verbe *peindre.*

FRIRE (*verbe actif et défectif*).

Ce verbe n'est d'usage qu'au singulier du présent de l'indicatif : *je fris, tu fris, il frit* ; au futur, *je frirai*, etc. ; au conditionnel, *je frirois* ; à la seconde personne singulière de l'impératif, *fris* ; aux temps formés du participe, *frit, frite.*

Pour suppléer aux temps qui manquent, on se sert du verbe *faire* que l'on joint à l'infinitif *frire* : *nous faisons frire, vous faites frire, ils font frire, je faisois frire,* etc.

(*Wailly*, pag. 91. — *Restaut*, pag. 347, — *Féraud*.)

LIRE (*verbe actif et irrégulier*).

Je lis, tu lis, il lit ; nous lisons, vous lisez, ils lisent. — Je lisois ; nous lisions — Je lus ; nous lûmes. — Je lirai ; nous lirons. — Je lirois ; nous lirions. — Lis ; lisons. — Que je lise ; que nous lisions. — Que je lusse ; que nous lussions. — Lire ; lisant ; lu, lue) devant lire.

(L'*Académie, Restaut, Wailly, Lévizac,* etc.)

Conjuguez de même les verbes *élire, réélire, relire.*

Voyez, aux Remarques détachées, lettre L, des observations sur l'emploi du verbe *lire*

LUIRE (*verbe neutre, défectif et irrégulier*).

Je luis, tu luis, il luit ; nous luisons, vous luisez, ils luisent. — Je luisois ; nous luisions. — Je luirai ; nous luirons. — Je luirois ; nous luirions. — Que je luise ; que nous luisions. — Luire ; luisant ; lui ; devant luire.

(L'*Académie, Restaut, Wailly, Lévizac* et *Féraud,*)

Ce verbe n'a ni *prétérit défini*, ni *impératif*, ni *imparfait* du subjonctif, et son *participe passé* n'a pas de féminin. Les temps composés se forment avec l'auxiliaire *avoir.*

RELUIRE se conjugue comme *luire* ; mais, quoiqu'il fasse assez bien au figuré : *La vertu* RELUIT *davantage dans l'adversité*, son participe présent n'a jamais été en usage qu'au propre.

Maudire (*verbe actif*).

Voyez la conjugaison du verbe dire.

Mettre (*verbe actif et irrégulier*).

Je mets, tu mets, il met; nous mettons, vous mettez, ils mettent. — Je mettois; nous mettions. — Je mis; nous mîmes. — Je mettrai; nous mettrons. — Je mettrois, nous mettrions. — Mets; mettons. — Que je mette; que nous mettions. — Que je misse; que nous missions. — Mettre; mettant; mis; mise; devant mettre.

(L'*Académie*. — *Wailly*, pag. 94. — *Restaut*, pag. 348. — *Féraud*, etc.)

Admettre se conjugue de même.

Moudre (*verbe actif et irrégulier*).

Je mouds, tu mouds, il moud; nous moulons, vous moulez, ils moulent. — Je moulois; nous moulions. — Je moulus; nous moulûmes. — Je moudrai; nous moudrons. — Je moudrois; nous moudrions. — Mouds; moulons. — Que je moule, que nous moulions. — Que je moulusse) que nous moulussions. — Moudre; moulant; moulu, moulue; devant moudre.

(L'*Académie*. — *Wailly*, pag. 94. — *Restaut*, pag. 348. — *Féraud*, etc.)

Émoudre et *remoudre* se conjuguent de même.

Naître (*verbe neutre et irrégulier*).

Je nais, tu nais, il naît; nous naissons, vous naissez, ils naissent. — Je naissois; nous naissions. — Je naquis; nous naquîmes. — Je naîtrai; nous naîtrons. — Je naîtrois; nous naîtrions. — Nais; naissons. — Que je naisse; que nous naissions. — Que je naquisse; que nous naquissions. — Naître; naissant; né, née; devant naître.

Les temps composés se forment avec l'auxiliaire *être*.

(L'*Académie*, *Restaut*, *Wailly*, etc.)

Renaître se conjugue de même; mais on remarquera que ce verbe ne se dit au propre que de la nature des fleurs, des plantes, des têtes de l'hydre qui renaissoient à mesure qu'on les coupoit, du phénix, oiseau fabuleux, que les anciens font *renaître* de sa cendre, et de Prométhée, qui, suivant la fable, avait un foie *renaissant*, pour servir de pâture perpétuelle au vautour qui le déchirait.

de la quatrième Conjugaison.   637

Au figuré *renaître* régit quelquefois la préposition *de* : *Le monde, livré à de continuels combats, meurt sans cesse, et sans cesse* RENAÎT *de ses propres ruines.*   (Jérusalem dél.)

> Revois ton cher Zamore échappé du trépas,
> Qui du sein du tombeau *renaît* pour la défendre.
>
>   (*Voltaire*, Alzire, act. II, sc. 4.)

NUIRE (*verbe neutre, défectif et irrégulier*).

Je nuis, tu nuis, il nuit ; nous nuisons, vous nuisez, ils nuisent. — Je nuisois ; nous nuisions. — Je nuisis ; nous nuisîmes. — Je nuirai ; nous nuirons. — Je nuirois ; nous nuirions. — Nuis ; nuisons. — Que je nuise ; que nous nuisions. — Que je nuisisse ; que nous nuisissions. — Nuire ; nuisant ; nui. *Point de féminin.* Les temps composés se forment avec l'auxiliaire *avoir*.   (Restaut, Wailly, Féraud et l'*Académie*.)

INSTRUIRE se conjugue de même ; mais on observera qu'au prétérit défini on dit *j'instruisis, il instruisit*, et non pas, comme on le disoit autrefois, *j'instruis, il instruit*.

OINDRE (*verbe actif et irrégulier*).

J'oins, tu oins, il oint ; nous oignons. — J'oignois. — J'oignis. — J'ai oint. - J'oindrai. — J'oindrois. — Oins ; oignez. — Que j'oigne ; que nous oignions. — Que j'oignisse. — Oignant. — Oint, ointe.
            (L'*Académie*, *Trévoux* et *Féraud*.)

Suivant *Régnier*, on ne sert de ce verbe qu'en parlant de l'extrême-onction, et des cérémonies dans lesquelles l'usage des huiles est nécessaire. Quant à l'*Académie*, elle n'en borne pas l'emploi.

Autrefois on OIGNOIT *les athlètes pour la lutte.* — *Les anciens se faisoient* OINDRE *au sortir du bain.* — *On* OINT *une tumeur avec de l'onguent pour l'amollir.* — *On* OINT *le papier, le bois, le corps des animaux.*

Féraud est d'avis que ce verbe est peu usité.

PAÎTRE (*verbe actif et défectif*).

Je pais, tu pais, il paît ; nous paissons, vous paissez, ils paissent. — Je paissois ; nous paissions. — Je paîtrai ; nous paîtrons. — Je paîtrois, nous paîtrions. - Paissons, paissez. — Que je paisse ; que nous paissions. — Paître ; paissant ; pu ; pas de féminin.
(L'*Académie*. — *Wailly*, p. 90. - Féraud, Trévoux et *Demandre*.)

Ce verbe n'a point de prétérit défini, point d'imparfait du subjonctif ; et le participe passé n'est guère en usage qu'en terme de fauconnenerie, et avec le réduplicatif *repaître* : *Il a pu et repu*. — *Paître* se dit au *propre* des bestiaux qui broutent l'herbe, qui la mangent sur la racine : *Les moutons* PAISSENT *les prés.*

> La bique allant remplir sa traînante mamelle,
> Et *paître* l'herbe nouvelle. (*La Fontaine*, liv. IV, f. 15.)

Il s'emploie aussi neutralement :

> Le daim sur les rochers y *paît* en bondissant.
> (*Roucher*, poëme des Mois, Décembre.)

Il y a des espèces d'oiseaux qui paissent, comme les grues, les poules, les oisons, etc.

Paître signifie encore *faire paître, donner la pâture*; et en ce sens il n'est, dit l'*Académie*, usité au propre qu'en terme de fauconnerie : *on a oublié de paître ces oiseaux, il faut les paître.*

Cependant *Voltaire* a dit (Essai sur les Mœurs, Ier. vol. des Juifs en Egypte : *Les Samnites viennent* PAÎTRE *leurs troupeaux.*

Delille (trad. des Géorgiques, liv. 4) :

> Précieuse faveur du dieu puissant des ondes,
> Dont il *paît les troupeaux* dans les plaines profondes.

Et *Domergue* (trad. de la Ire Eglogue de Virgile) :

> Enfans, *paissez vos bœufs*, et sillonnez vos plaines.

De sorte qu'il paroîtroit que l'emploi du verbe *paître* avec cette acception a plus d'étendue.

Observez qu'on fait usage de l'accent circonflexe, au *présent de l'infinitif*, à la *troisième personne du singulier du présent de l'indicatif*, au *futur* et au *conditionnel*.

REPAÎTRE se conjugue comme *paître* et a de plus un prétérit défini : *je repus*. Il est neutre au propre, et l'*Académie* le dit des hommes et des chevaux : *Il a fait dix lieues sans* REPAÎTRE. Il est mieux de dire *sans manger*, ou *sans boire ni manger*.

Au figuré *repaître* est pronominal et actif ; *il se* REPAÎT *de chimères, de vaines espérances.*

Elle ne se REPAÎT *que de ses maux, elle ne s'abreuve que de ses larmes* (Traduction de la Jérusalem délivrée.)

PAROÎTRE (*verbe neutre, irrégulier et défectif*)

Je parois, tu parois, il paroît ; nous paroissons, vous paroissez, ils paroissent. — Je paroissois ; nous paroissions. — Je parus ; nous parûmes.

de la quatrième Conjugaison.

—Je paroîtrai.—Je paroîtrois.—Parois; paroissez.—Que je paroisse, que nous paroissions.—Que je parusse.—Paroissant; paru, *point de féminin.* (*Wailly, Féraud, Lévizac,* etc.)

Conjuguez de même *comparoître, apparoître, reparoître, disparoître, connoître, reconnoître;* mais voyez pages 517 et 527, pour l'auxiliaire dont il faut faire usage dans les temps composés.

CONNOÎTRE, dans le sens de *avoir pouvoir, avoir autorité de juger de quelques matières,* est neutre, et se construit toujours avec de ou un équivalent : *Ce juge* CONNOÎT *des matières civiles et criminelles. — Il en* CONNOÎT *par appel.* (*L'Académie.*)

> Si la justice vient à *connoître* du fait,
> Elle est un peu brutale, et saisit au collet.
> (*Regnard,* le Légataire, act. IV, sc. 3.)

Paroître et les verbes qui sont analogues se prononcent *parêtre, comparêtre,* etc.

PEINDRE (*verbe actif et irrégulier*).

Je peins, tu peins, il peint; nous peignons, vous peignez, ils peignent.—Je peignois; nous peignions.—Je peignis; nous peignîmes.—Je peindrai; nous peindrons.—Je peindrois; nous peindrions.—Peins; peignons.—Que je peigne; que nous peignions.—Que je peignisse; que nous peignissions —Peindre; peignant; peint, peinte; devant peindre.
(*Restaud,* pag. 345.—*Wailly,* pag. 68.)

Conjuguez de même *craindre, astreindre, joindre, atteindre, ceindre, feindre, plaindre, poindre,* et tous les verbes en *aindre, eindre* et *oindre.*

A l'égard de *poindre,* employé comme verbe actif, et dans le sens de piquer, il n'est guère d'usage que dans cette phrase et les semblables : *Oignez vilain, il vous* POINDRA; POIGNEZ VILAIN, *il vous oindra :* caressez un malhonnête homme, il vous fera du mal; faites-lui du mal, il vous caressera.

En ce sens *poindre* ne s'emploie plus que dans le style marotique ou le burlesque.

> Et moi chétif, de vos suivants le moindre,
> Combien de fois, las! me suis-je vu *poindre*
> De traits pareils ! (*J.-B. Rousseau,* Epître à Marot.)

Employé neutralement, et en parlant des choses qui commencent à paroître, comme le jour et l'herbe, il ne se dit qu'à l'infinitif et au futur : *Lorsque les herbes commencent à* POINDRE (ou sortir de terre), *elles sont dans leur force.* — *Je partirai dès que le jour* POINDRA (commencera à paraître).

Benserade a dit au figuré :

De tous les maux on vit *poindre* l'engeance.

D'Ablancourt l'a employé au présent : *Sortons, voilà le jour qui* POINT. On diroit aujourd'hui : *qui commence à* POINDRE.

(Le Dict. crit. de *Féraud*.)

Voyez, aux Remarques détachées, une observation sur le verbe *plaindre*, et une sur *atteindre*.

Voyez aussi, au chapitre *régime des verbes*, quel est celui que l'on doit donner au verbe *craindre*, quand il est suivi d'un infinitif; et, au chapitre *de la négative*, dans quel cas on doit en mettre une au verbe de la proposition incidente ou subordonnée.

PRÉDIRE (*verbe actif et irrégulier*); voyez *dire*.

PRENDRE (*verbe actif et irrégulier*).

Je prends, tu prends, il prend; nous prenons, vous prenez, ils prennent. — Je prenois ; nous prenions. — Je pris ; nous prîmes. — Je prendrai ; nous prendrons. — Je prendrois, nous prendrions. — Prends, prenons. — Que je prenne ; que nous prenions. — Que je prisse ; que nous prissions. — Prendre ; prenant ; pris, prise ; devant prendre.

(*L'Académie.* — *Girard,* pag. 102, t. II. — *Restaut,* pag. 350. — *Féraud* et *Lévizac.*

Il faut doubler la lettre *n* toutes les fois que cette lettre doit être suivie d'un *e* muet. — Voyez pag. 574.

Conjuguez de même *apprendre, désapprendre, comprendre, entreprendre, rapprendre, reprendre, surprendre.*

RÉSOUDRE (*verbe actif et irrégulier*).

Je résous, tu résous, il résout ; nous résolvons, vous résolvez, ils résolvent. — Je résolvois ; nous résolvions. — Je résolus ; nous résolûmes. — Je résoudrai ; nous résoudrons. — Je résoudrois ; nous résoudrions. — Résous ; résolvons — Que je résolve ; que nous résolvions. — Que je résolusse ; que nous résolussions. — Résoudre ; résolvant ; résolu, résolue ; ou résous.

(*Vaugelas*, 69ᵉ rem. — *L'Académie*, sur cette rem., pag. 73 de ses

de la quatrième Conjugaison.

Observ.— *Restaut*, pag. 352. — *Wailly*, pag. 94. — *Demandre*, *Caminade* et *Féraud*.)

> Allons.—Où donc, madame, et que *résolvez-vous* ?
> (*Racine*, Andromaque, act. III : sc. 8.)

> Il faut partir, seigneur. Sortons de ce palais,
> Ou bien *résolvons-nous* de n'en sortir jamais.
> (*Le même*, même pièce, act. V, sc. 5.)

Dans le sens de *décider*, *déterminer* une chose, un cas douteux, on se sert du participe passé *résolu*, *résolue*; en parlant des choses qui se *changent*, *qui se convertissent en d'autres*, on se sert du participe passé *résous*. Ainsi, dans le premier sens, on dira : *Ce jeune homme* A RÉSOLU *de changer de conduite*; et dans le second : *Le soleil* A RÉSOUS *le brouillard en pluie*. *Résous* n'a point de féminin.

(*L'Académie*, *Wailly*, *Lévizac*, etc.)

RIRE (*verbe actif et défectif*).

Je ris, tu ris, il rit; nous rions, vous riez, ils rient. — Je riois, nous riions, vous riiez, etc.— Je ris; nous rîmes.— Je rirai; nous rirons.— Je rirois; nous ririons.— Ris; rions.— Que je rie, que tu ries, qu'il rie; que nous riions, que vous riiez, qu'ils rient. — Que je risse; que nous rissions.— Rire; riant; ri. Point de féminin.
(*L'Académie.—Restaut*, pag. 350.—*Féraud*, *Trévoux Laveaux*. etc.)

Rire se dit au figuré des choses et sans régime :

> Je ris quand je vous vois, si foible et si stérile,
> Prendre sur vous le soin de réformer la ville. (*Boileau*.)

Il se dit aussi avec la proposition *à* en parlant de ce qui plaît, de ce qui est agréable :

> Tout vous *rit*: la Fortune obéit à vos vœux.
> (*Racine*, Britann., act. II, sc. 2.)

> L'arbre qu'on plante *rit* plus à notre vue
> Que le parc de Versaille et sa vaste étendue.
> (*Voltaire*, Épitres.)

Delille lui fait régir élégamment la préposition *de*:

> Quand tout *rit de* bonheur, *d*'espérance et *d*'amour. (*Les Jardins*, ch. 1.)

Rire s'emploie aussi avec le pronom personnel dans le sens de *se moquer*:

> Le monde cependant *se rit* de mes excuses. (*Boil.*, Epit 6.)
> A votre nez, mon frère, elle *se rit* de vous. (*Mol.*, Tartufe, act. I, sc. 6.)
> Mais si je vais parler, vous *vous rires* de moi.
> (*Destouc.*, le Glorieux, act. II, sc. 2.)

Et *rire*, substantif masculin, bien différent de la plupart des infinitifs pris substantivement, s'emploie au pluriel, et s'unit à des adjectifs, des rires forcés, (*Wailly.*)

Sourire se conjugue comme *rire*.

Ce verbe, dans le sens de marquer de la complaisance, de l'affection, ou bien encore de présenter un aspect agréable, des idées riantes, fait bien au figuré :

> Je reçus et je vois le jour que je respire ;
> Sans que père ni mère ait daigné me *sourire*.
> (*Racine*, Iphigénie, act. II, sc. 1)

> Le seul printemps *sourit* au monde en son aurore.
> (*Delille*, trad. des Géorgiques, liv. II.)

SOUDRE (*verbe actif et défectif*).

Terme didactique : donner la solution d'une difficulté, répondre à un argument. Ce verbe n'est en usage qu'à l'infinitif: *soudre un problème*; à présent on dit mieux, *résoudre un problème*. (L'*Académie*.)

SOURDRE (*verbe neutre et défectif*).

Sortir, s'écouler par quelque fente de la terre. Ce verbe ne se dit que des eaux, des fontaines, des sources, des rivières ; et il n'est guère d'usage qu'à l'infinitif et aux troisièmes personnes du présent de l'indicatif: *Ce marais sera difficile à dessécher, on y voit* SOURDRE *des eaux de tous côtés.— On dit que le Rhin, le Rhône et le Pô* SOURDENT *au pied de la même montagne.* (*Trévoux, L'Académie*)

Sourdre se disait aussi quelquefois au figuré, mais seulement à l'infinitif : *Pompée disoit qu'en frappant du pied contre terre, il en feroit* SOURDRE *des légions qui obéiroient à ses ordres.* D'*Ablancourt*.)

Ce verbe en ce sens est énergique, mais inusité.
(Mêmes autorités.)

SUFFIRE (*verbe neutre et défectif*).

Je suffis, tu suffis, il suffit; nous suffisons, vous suffisez, ils suffisent — Je suffisois ; nous suffisions.— Je suffis ; nous suffîmes,— Je suffirai ; nous suffirons.— Je suffirois ; nous suffirions.— Suffis ; suffisons. — Que je suffisse ; que nous suffisions. — Suffire ; suffisant ; suffi. *Point de féminin*.

Trévoux, Richelet, Caminade et *Demandre* sont d'avis que ce verbe fait à l'imparfait du subjonctif *que je suffise*; *Restaut, Wailly* et *Lévizac* pensent qu'il faut dire *que je suffisse*; quant à l'*Académie*, elle se con-

de la quatrième Conjugaison.

tente d'indiquer *que je suffise*, et alors il nous semble qu'il faut éviter de se servir de l'imparfait du subjonctif; mais si l'on vouloit absolument en faire usage, il seroit mieux de dire *que je suffisse*, qui est conforme à la formation des temps.

Suivre (*verbe actif et irrégulier*).

Je suis, tu suis, il suit; nous suivons, vous suivez, ils suivent. — Je suivois; nous suivions.—Je suivis; nous suivîmes.—Je suivrai; nous suivrons.—Je suivrois; nous suivrions.—Suis; suivons,—Que je suive; que nous suivions. — Que je suivisse; que nous suivissions. — Suivre; suivant; suivi, suivie.

Ce verbe s'emploie avec succès au figuré : *L'envie* suit *la prospérité. L'embarras* suit *les richesses; les dignités.* (*L'Académie.*)

La crainte *suit* le crime, et c'est son châtiment.
(*Voltaire*, Sémiramis, act. V, sc. 4.)

La peine *suit* le crime : elle arrive à pas lents.
(Le même, Oreste, act 1, sc. 11.)

Conjuguez comme *suivre*, *poursuivre* et *ensuivre*.

Ensuivre, *dériver, résulter*, est un verbe qui ne s'emploie qu'avec le pronom *se*, et seulement à la troisième personne tant du singulier que du pluriel : *De tant de maux un grand bien s'*ensuivit. (*L'Ac. et Féraud.*)

*Toute langue étant imparfaite, il ne s'*ensuit *pas qu'on doive la changer.* (*Voltaire.*)

Remarquez que dans les temps composés de ce verbe on met toujours le pronom relatif *en* avant l'auxiliaire *être*, mais que dans les temps simples, il n'est pas bon d'employer ce pronom, et de dire comme *Bossuet : le premier chapitre et ce qui s'*en ensuivit. Car deux *en* de suite font une cacophonie qu'il faut éviter.

(Le Dict. critique de *Féraud.*)

Survivre (*verbe neutre*).

Voyez la conjugaison du verbe *vivre*.

Taire (*verbe actif et irrégulier*).

Je tais, tu tais, il tait; nous taisons, vous taisez, ils taisent.—Je taisois; nous taisions.—Je tus; nous tûmes.—Je tairai; nous tairons.—Je

41.

tairois ; nous tairions.—Tais ; taisons.—Que je taise ; que nous taisions.
—Que je tusse ; que nous tussions.—Taire ; taisant ; tu, tue.
(*L'Académie, Richelet, Trévoux, Rolland, Féraud, Gattel* et *Wailly*.)

Féraud n'indique pas de féminin au participe ; cependant il est usité, mais rarement.

Ce verbe s'emploie pronominalement dans le sens de garder le silence, ne pas parler.

> Quoi ! même vos regards ont appris à se *taire*.
> (*Racine*, Britannicus, act. II, sc. 6.)

> Tout se calma à l'instant ; les foudres se sont *tus*.
> (*Delille*. trad. du Paradis perdu, ch. II.)

> Si tant de mères se sont *tues*,
> Que ne vous *taisez-vous* aussi ? (*La Fontaine*, fable 201.)

M. *Charpentier* est d'avis que l'on dit *ne pas se taire d'une chose*, pour dire, la publier hautement, en parler sans cesse. Cependant on lit dans le Dict. de l'Académie : *Il ne peut se* TAIRE DE LA GRACE *que vous lui avez faite*.

Dans *Crébillon* :

> Romains, j'aime la gloire, et ne veux point m'en *taire*.

Et dans *Boursault* :

> Il a raison, madame, et je ne puis m'en *taire*. (Esope à la Cour, act. I, sc. 4.)

Taire est peu usité au passif ; ainsi au lieu de dire : *Il seroit bien étonnant que ces circonstances eussent* ÉTÉ TUES *de tous ceux qui...* il seroit mieux de dire *eussent été ignorées*. (*Féraud*.)

TISTRE (*verbe neutre et défectif*).

C'est faire de la toile ou des étoffes en entrelaçant les fils, la soie ou la laine dont on doit la composer.

Ce verbe n'est plus en usage hors des temps formés de *tissu*, qui est son participe.

Pour ses autres temps, on les remplace par les temps du verbe *tisser*, dont on ne se sert qu'au propre : *Tisser du lin, de la laine, du coton*.

Tissu se dit au propre et au figuré, comme substantif, et comme participe.

Au propre, *tissu* substantif se dit particulièrement de certains petits ouvrages tissus au métier : UN TISSU *d'or et d'argent* ; UN TISSU *de cheveux*.

Au figuré, *tissu* signifie ordre, suite, économie, disposition :

> Nous ne pouvons changer l'ordre des destinées,
> Elles font à leur gré le *tissu* de nos jours. (Mad. de la Sa*z*e.)
>
> Là, dans un long *tissu* de belles actions,
> Il verra comme il faut dompter les nations.
>
> (Corneille, le Cid, act. I, sc. 7.)

Racine a dit dans Bajazet (act. V, sc. 12) :

> Moi seule j'ai *tissu* le lien malheureux
> Dont tu viens d'éprouver les détestables nœuds :

Là, *tissu* est participe.

Et *Rousseau*, dans son ode contre les Hypocrites, en a fait usage comme substantif, dans un sens qui tient du propre et du figuré :

> C'est vous de qui les mains impures
> Trament le *tissu* détesté
> Qui fait trébucher l'équité
> Dans le piège des impostures. (Ode 5, liv. I.)

TRAIRE (*verbe actif et défectif*).

Je trais, tu trais, il trait, nous trayons, vous trayez, ils traient. — Je trayois ; nous trayions. — *Point de prétérit défini.* — Je trairai ; nous trairons. — Je trairois ; nous trairions. — Trais ; trayons. — Que je traie ; que nous trayions. — *Point d'imparfait du subjonctif.* — Traire ; trayant ; trait, traite.

(L'*Académie*. — *Restaut*, pag. 350. — *Lévizac*, pag. 37, t. II. — *Wailly, Féraud*, etc.)

Les verbes *distraire, extraire, rentraire, retraire* et *soustraire* se conjuguent comme le verbe *traire* ; pour *attraire* et *abstraire*, voyez ce que nous en avons dit plus haut.

VAINCRE (*verbe actif, irrégulier et défectif*).

Je vaincs, tu vaincs, il vainc ; nous vainquons, vous vainquez, ils vainquent. — Je vainquois ; nous vainquions. — Je vainquis ; nous vainquîmes. — Je vaincrai ; nous vaincrons. — Je vaincrois ; nous vaincrions. — Vainquons. — Que je vainque ; que nous vainquions. — Que je vainquisse ; que nous vainquissions. — Vaincre. — Vainquant. — Vaincu, vaincue.

(*Restaut*, pag. 354. — *Wailly*, pag. 94. — L'*Académie, Féraud*, etc.)

On voit, par la conjugaison de ce verbe, que la lettre *c* se change en *qu* avant les voyelles *a, e, i, o*.

Le présent de l'indicatif, au singulier, et l'imparfait, ne doivent être employés qu'avec beaucoup de réserve, et *Voltaire* va jusqu'à les proscrire; *Th. Corneille* cependant s'en est servi dans Ariane (act. IV, sc. 4):

> De l'amour aisément on ne vainc pas les charmes.

Beaucoup d'auteurs l'ont imité.

La seconde personne singulière de l'impératif n'est point en usage. Enfin, *vaincu* est souvent substantif: *Plusieurs fois il ordonna qu'on épargnât le sang des* VAINCUS.—*La loi de l'univers est: Malheur aux* VAINCUS.

> J'étois mort pour ma gloire, et je n'ai pas vécu
> Tant que ce lâche cœur s'est dit votre *vaincu*. (Rotrou, Venceslas, II, sc. 2.)

VIVRE (*verbe neutre et défectif*).

Je vis, tu vis, il vit; nous vivons, vous vivez, ils vivent.—Je vivois; nous vivions.—Je vécus; nous vécûmes.—Je vivrai; nous vivrons.—Je vivrois; nous vivrions.—Vis, vivons.—Que je vive; que nous vivions.—Que je vécusse; que nous vécussions.—Vivre.—Vivant.—Vécu.—*Point de féminin.*

Les temps composés se forment avec l'auxiliaire *avoir*:

Voltaire a dit dans Brutus (act. V, sc. 5):

> Au moment où je parle ils *ont vécu* peut-être.

Ils ont vécu, pour dire *ils sont morts*, est un tour purement latin: les Romains évitoient, par superstition, les mots réputés funestes. Nous disons plus ordinairement *ils sont morts*; mais cependant *ils ont vécu* est un tour devenu français par l'usage qu'en ont fait un grand nombre d'auteurs; d'ailleurs il produit un plus bel effet que l'expression dont il tient la place. (*Caminade*, pag. 287.)

Vivre régit *de*, et non pas *du*:

> Je vis *de* bonne soupe, et non *de* beau langage.
> (*Molière*, des Femmes savantes, act II, sc. 7.)

Cependant *L. Racine* a dit:

> La riche fiction est le charme des vers,
> Nous *vivons du* mensonge. (La Religion, chant IV.)

Il fallait *nous vivons* DE MENSONGES; mais le pluriel n'accommodoit pas le poète. (Le Dict. crit. de *Féraud*.)

Vivre de régime paroît au premier coup d'œil une expression ridicule, car le régime n'est pas un aliment: cependant l'*Académie* l'indique dans son Dictionnaire; plusieurs écrivains s'en sont servis, *La Fontaine*, par exemple (dans sa fable du Héron), et l'usage l'a depuis long-temps autorisée. On peut en dire autant de *vivre de ménage*, *d'industrie*, etc. (Même autorité.)

Vivre se dit très bien au figuré : *Les passions nobles ont cet avantage, qu'elles* VIVENT D'ELLES-MÊMES, *et s'alimentent de leur propre ardeur.*

.... Tu crois, cher Osmin, que ma gloire passée
Flatte encor leur valeur et *vit* dans leur pensée.
(*Racine*, Bajazet, act. I. sc. 1.)

Croyez que vos bontés *vivent* dans sa mémoire.
(*Le même*, même pièce, act. I. sc. 3.)

Ton nom encor chéri *vit* au sein des fidèles.
(*Boileau*, le Lutrin, ch. VI.)

Vivre avec soi est aussi une expression belle et élégante :

Retranchons nos désirs, n'attendons rien des hommes,
Et *vivons avec nous*. (*L. Racine.*)

(Même autorité.)

VIVE *le Roi !* est une acclamation pour témoigner qu'on souhaite longue vie et prospérité au Roi. — *Vive* est aussi un terme dont on se sert pour marquer que l'on chérit, que l'on estime quelqu'un, ou que l'on fait grand cas de quelque chose.

Malgré tout le jargon de la philosophie,
Malgré tous les chagrins, ma foi, *vive la vie !*
(*Gresset*. Sidney, act. III, sc. dern.)

Il est charmant, ma foi ; *vivent* les gens d'esprit ! (*Palissot.*)

VIVENT *les gens qui ont de l'industrie.* (*Pluche.*)

VIVENT *la Champagne et la Bourgogne pour les bons vins.*
(*L'Académie.*)

Vive ou *vivent* est la troisième personne du présent du subjonctif du verbe *vivre*. (*L'Académie*, *Féraud*, *Trévoux*, etc.)

Survivre se conjugue comme *vivre*.

Quelques auteurs, tels que *Mascaron*, *Fléchier* et *Bossuet*, ont dit au prétérit défini : *je véquis, je survéquis*; *Andry de Boisregard* prétendoit qu'ils étaient bons tous deux, avec cette différence que *je véquis* lui paroissoit du beau style ; *Vaugelas* les admettoit aussi. *Th. Corneille* n'approuvoit ni *je véquis*, ni *je survéquis*; mais l'*Académie*, dans ses Observ. sur les rem. de *Vaugelas*, dans ses Décisions recueillies par *Tallemant*, et dans son Dictionnaire, ne reconnoît que *je vécus, je survécus*. *Restaut*, *Wailly*, *Féraud*, et enfin les Grammairiens et les écrivains modernes se sont conformés à cette décision.

ARTICLE XIII.

DE L'ACCORD DU VERBE AVEC SON SUJET.

§ I.

DU SUJET.

La principale fonction du verbe est, comme nous l'avons dit, de signifier l'affirmation ; le mot qui désigne la personne ou la chose qui est l'objet de cette affirmation, s'appelle le *Sujet du verbe* ; on l'exprime presque toujours par un nom ou par un pronom.

Pour connoître le Sujet du verbe, il suffit de mettre *qui est-ce qui ?* avant le verbe. La réponse à cette question indique le sujet. Quand on dit : *La* PHILOSOPHIE *triomphe aisément des maux passés ; mais* LES MAUX PRÉSENTS *triomphent d'elle* (La Rochefoucauld) ; — si l'on demande *qui est-ce qui triomphe des maux passés ?* la réponse, *la philosophie*, indique que c'est la *philosophie* qui est le *sujet* ; et si, pour le second membre de la phrase, on demande : *qui est-ce qui triomphe de la philosophie ?* la réponse, *les maux présents*, indique que ce sont *les maux présents* qui en sont le sujet. — MENTIR *est honteux : Qui est-ce qui est honteux ?* réponse, *mentir* ; *mentir* est donc le *sujet*.

§ II.

ACCORD DU VERBE AVEC SON SUJET.

RÈGLE GÉNÉRALE. — Le Verbe s'accorde avec son Sujet en nombre et en personne :

La haine *veille* et l'amitié *s'endort*.
(*La Motte*, le Chien et le chat, fable 7.)

La religion VEILLE *sur les crimes secrets : les lois* VEILLENT *sur les crimes publics.* (*Voltaire.*)

De l'Accord du Verbe avec son Sujet.

Patience et succès *marchent* toujours ensemble. (*Villefré.*)

Virgile, Varius, Pollion, Horace, Tibulle ÉTOIENT *amis*,
(*Voltaire,* discours préliminaire en tête de la tragédie d'Alzire.)

Dans ces phrases, le Sujet peut être considéré comme l'agent principal qui commande à tous les autres mots, et leur prescrit les formes dont ils doivent se revêtir, pour ne faire qu'un tout avec lui : le verbe est donc obligé de prendre en quelque sorte la livrée du Sujet.

Tel est le principe général de l'accord : mais tout simple qu'il est, l'application n'en est pas toujours aisée, car quelquefois il est difficile de distinguer s'il y a unité ou pluralité dans le sujet, et si, par conséquent, le verbe doit adopter le singulier ou le pluriel.

Afin d'en faciliter l'application, et de lever tous les doutes, nous allons, dans plusieurs remarques, donner la solution de toutes les difficultés qui peuvent se présenter sur l'accord du verbe avec son Sujet.

Première Remarque. — Lorsque le verbe a *deux* ou plusieurs Sujets substantifs ou pronoms singuliers de la troisième personne, unis par la conjonction *et*, on met ce verbe *à la troisième personne du pluriel*,

Lui et elle VIENDRONT *à la campagne avec moi.*

La jeunesse et l'inexpérience nous EXPOSENT *à bien des fautes, et, par conséquent à bien des peines.*

Autrefois *la Justice et la Vérité* nues
Chez les premiers humains *furent* long-temps connues.
(*Rulhières.*)

Voilà ce que veulent la Grammaire et la raison ; car deux ou plusieurs singuliers valent un pluriel, et c'est ainsi qu'ont écrit la plupart des auteurs. Cependant on trouve quelquefois des exemples du singulier, principalement dans les poètes chez qui les entraves de la versification semblent faire excuser cette licence.

On lit dans *Boileau* (le Lutrin, ch. I) :

> On dit que ton front jaune, *et* ton teint sans couleur
> **Perdit** en ce moment son antique pâleur.

Dans *Racine* (Mithr., act. V, sc. 5) :

> ..... Quel nouveau trouble *excite* en mes esprits
> Le sang du père, ô ciel, et les larmes du fils !

Dans *Voltaire* (la Henr., ch. III) :

> .... La tendresse et la crainte
> Pour lui dans tous les cœurs *était* alors éteinte.

Chez les prosateurs, c'est souvent une négligence échappée à la rapidité de l'écrivain, ou une faute commise à dessein pour donner à la phrase plus d'harmonie : *Moïse a écrit les œuvres de Dieu avec une exactitude et une simplicité qui* ATTIRE *la croyance et l'admiration.*

(*Bossuet*, Histoire univ., p. 170, édit. in-12.).

La sagesse et la piété du Souverain PEUT *faire toute seule le bonheur des sujets.*   (*Massillon*, IIe dim. de Carême.)

L'Univers, me dis-je, est un tout immense dont toutes les parties se correspondent. La grandeur et la simplicité de cette idée ÉLEVA *mon âme.*

(*Thomas*, éloge de Marc-Aurèle, p. 563.)

Le bien et le mal EST *en ses mains.*   (*La Bruyère.*)

Quoi qu'il en soit, ce n'est pas en cela que ces écrivains sont à imiter.

Deuxième Remarque. — Lorsque le verbe est précédé de deux ou de plusieurs substantifs qui ne sont pas liés entre eux par la conjonction *et*, on met de même le verbe au pluriel : *Le Rhône, la Loire* SONT *les rivières les plus remarquables de la France.*

> L'ambition, l'amour, l'avarice, la haine,
> *Tiennent*, comme un forçat, notre esprit à la chaîne.

(*Boileau*, satire VIII.)

Exceptions. — On fait accorder le verbe avec le dernier

substantif, 1°, quand les substantifs ont une sorte de synonymie, parce qu'alors il y a unité dans la pensée, et que, par conséquent, il doit y avoir unité dans les mots : *Son courage, son intrépidité* ÉTONNE *les plus braves.* (Domergue.); —*Son aménité, sa douceur* EST *connue de tout le monde.*

(Le même.)

Dans tous les âges de la vie, l'amour du travail, le goût de l'étude est un bien. (Marmontel, la Veillée, conte moral.)

La douceur, la bonté du grand Henri, A ÉTÉ *célébrée de mille louanges.* (Pélisson.)

Ce ciel éblouissant, ce dôme lumineux,
Laisse échapper vers moi, du centre de ses feux,
Un rayon précurseur de la gloire suprême.   (Colardeau.)

Le noir venin, le fiel de leurs écrits,
N'*excite* en moi que le plus froid mépris.   (Le même.)

Mais les substantifs synonymes ne doivent jamais être unis par la conjonction additionnelle *et*; il n'y a qu'une seule et même idée, un signe d'addition devient donc inutile.

Ainsi les écrivains que nous venons de citer auroient eu tort d'en faire usage, et de dire par exemple : *la douceur* ET *la bonté du grand Henri.* — *Ce ciel éblouissant* ET *ce dôme lumineux*, etc., etc.

De même, J.-J. Rousseau, qui a dit : *Heureux esclaves, vous leur devez* (aux arts) *ce goût délicat et fin dont vous vous piquez; cette douceur de caractère* ET *cette urbanité de mœurs qui rendent parmi vous le commerce si liant et si facile,* à fait une faute.

En effet, *la douceur de caractère* et *l'aménité des mœurs* ne sont pas deux choses différentes dans l'esprit de l'écrivain : le second substantif n'est qu'un coup de pinceau de plus; c'est la même idée représentée sous une couleur plus vive; il ne faut donc pas *et*, qui est un signe d'addition. — *Qui rendent* au pluriel est vicieux aussi, parce que ce n'est pas la pluralité numérique des mots qui exige le nombre pluriel, mais la pluralité des choses.

(*Domergue*, pag. 116 de sa Grammaire simplifiée.)

2° On fait accorder le verbe avec le dernier substantif lorsque l'esprit s'arrête sur ce substantif, soit parce qu'il a plus de force que ceux qui précèdent, soit parce qu'il est d'un tel intérêt qu'il fait oublier tous les autres.

C'est ainsi que *Racine* (Iphig., act. III, sc. 5) a dit :

..... Le fer, le bandeau, *là flamme est* toute prête.

L'attention se porte un instant sur le *fer*, sur le *bandeau*; mais bientôt l'esprit ne considère plus que la flamme qui va dévorer une victime innocente et chère.

Il en est de même des exemples suivants :

Le Pérou, le Potose, *Alzire est* sa conquête.
(*Voltaire*, Alzire, act. I, sc. 2.)

Où l'esprit finit par s'arrêter sur *Alzire*.

Ce sacrifice, votre intérêt, votre honneur, DIEU *vous le* COMMANDE, (*Domergue*.)

Dieu règne seul dans une ame où domine la piété; l'intérêt s'efface devant l'honneur; l'honneur humain devant Dieu. *Dieu* reste seul, et doit seul faire la loi au verbe *commande*.

C'est encore d'après ce principe que *Voltaire* a dit :

Un seul mot, un soupir, un coup d'œil nous *trahit*.
(OEdipe, act. III, sc. 1.)

Vous, peuple de héros, dont la foule s'avance,
Accourez, c'est à vous de fixer les destins :
Louis, son fils, l'État, l'Europe est dans vos mains.
(Poëme de Fontenoi.)

Que l'amitié, que le sang qui nous lie
Nous *tienne* lieu du reste des humains. (Epître 74.)

Massillon (IVe dimanche de Carême) :

Il ne faut aux *Princes* et aux *Grands*, ni effort, ni étude, pour se concilier les cœurs ; *une parole*, *un sourire gracieux*, *un seul regard* SUFFIT.

Corneille (Héraclius, act. I, sc. 2) :

Cette feinte douceur, cette ombre d'amitié
Vient de la politique, et non de la pitié.

Racine (Phèdre, act. IV, sc. 6) :

J'ai pour aïeul le père et le maître des dieux :
Le ciel, tout l'univers *est* plein de mes aïeux.

Le même :

Mon repos, mon bonheur *sembloit* s'être affermi.

Pascal (ses Pensées, partie I, article 4) :

L'homme n'est qu'un roseau, le plus foible de la nature ; il ne faut pas que l'univers entier s'arme pour l'écraser ; UNE VAPEUR, UN GRAIN DE SABLE *suffit pour le tuer.*

Le même (article 5) :

La vanité est si ancrée dans le cœur de l'homme, qu'un GOUJAT, *un* MARMITON, *un* CROCHETEUR SE VANTE, *et* VEUT *avoir ses admirateurs.*

Bossuet :

N'en doutez pas, Chrétiens, LES FAUSSES RELIGIONS, LE LIBERTINAGE *d'esprit,* LA FUREUR *de disputer sur les choses divines* A EMPORTÉ *les courages.*

Marmontel :

Je tremble qu'un *regard*, qu'un *soupir* ne vous *dompte*.

Colardeau (parlant de l'ame) :

..... Son *instinct*, son *vol impérieux*,
L'*élève* vers sa source, en l'élevant aux cieux.

Observez qu'il n'y a point de difficulté, si le dernier sujet est pluriel ; dans ce cas, on ne peut employer que ce nombre : *son repentir, ses pleurs le* FLÉCHIRENT *.

(*) Voyez, page 656, ce que l'on doit faire quand la conjonction adversative *mais* est placée avant le dernier sujet singulier.

3º Remarque. — Quand le verbe se rapporte à plusieurs sujets de différentes personnes, il se met au pluriel et s'accorde avec la personne qui a la priorité (376) : Vous et MOI, nous SOMMES *contents de notre sort* (L'Académie)— Vous et LUI, *vous* SAVEZ *la chose.* (Le P. Buffier.)— *Nous* IRONS *à la campagne*, LUI *et* MOI. (L'Académie.)

(Le P. *Buffier*, nº 709.— *Wailly*, pag. 278.— Le Dict. de l'Académie, au mot *mot*, et les Grammairiens modernes.)

4º Remarque. = 1º Lorsque deux mots composant le sujet d'un verbe sont unis par *ou*, cette conjonction excluant l'un des deux sujets, c'est le second seul qui donne l'accord au verbe, parce qu'énoncé le dernier, il frappe le plus l'esprit, et que ces sortes de phrases étant elliptiques, le même verbe est sous-entendu dans la première proposition, avec la forme qu'exige le mot sujet qui précède *ou*,

C'est Cicéron OU *Démosthène qui* A DIT *cela.*— *Ce sera le général* OU *ses deux aides-de-camp qui* SERONT CHARGÉS *de cette mission* (le général *sera chargé,* ou ses deux aides-de-camp *seront chargés*, etc.)

Je ne sais si c'est vous OU *Platon qui le premier* A DIT *que les idées sont éternelles.* (de *Wailly.*)

Seigneur, il vous est donc indifférent que nous périssions, et notre perte OU *notre salut* N'EST *plus une affaire qui vous intéresse.* (Massillon, Écueils de la Piété.)

La vivacité OU *la langueur des yeux* FAIT *un des principaux caractères de la physionomie.* (Buffon.)

En quelque endroit écarté du monde que la corruption OU *le hasard les* JETTE, etc,
(*Bossuet*, Orais. fun. de la Duch. d'Orl.)

Cependant l'*Académie* n'est point en tout d'accord avec ces Grammairiens, car tantôt elle fait accorder le verbe avec le dernier sujet : *C'est Cicéron* OU *Démosthène qui* A DIT *cela,* et tantôt avec les deux : *Ce sera son père ou son frère qui* OBTIENDRONT *cela.*

---

(376) La première personne a la priorité sur la seconde, et la seconde personne sur la troisième.

On trouve aussi dans de bons auteurs quelques exemples contre cette règle ; comme ceux-ci :

Le bonheur OU *la témérité* ONT *pu faire des héros ; mais la vertu seule peut former de grands hommes.*
(*Massillon*, Triomphe de la Religion).

La peur OU *le besoin* FONT *tous ses mouvements.*
(*Buffon*, parlant de la Souris.)

Le temps OU *la mort* SONT *nos remèdes.*
(*J.-J. Rousseau*, la Nouv. Héloïse.)

Mais ce sont souvent des négligences qu'il ne faut pas imiter, et quelquefois l'accord du verbe avec les deux sujets ne paroît convenable que parce que la conjonction *ou* a été employée improprement au lieu de *et* que le sens exigeait. On observera d'ailleurs qu'il y a des cas où l'accord du verbe avec les deux sujets seroit non-seulement une faute contre la grammaire, mais encore une absurdité ; dans cette phrase par exemple : *Mon oncle* OU *mon frère* SERA *nommé à l'ambassade de Vienne* ; il n'y a qu'une place à donner, le bon sens exige le singulier.

2° Si le pronom régime direct du participe a deux antécédents unis par la conjonction *ou*, le participe s'accorde avec le dernier, comme frappant le plus l'esprit, ou, si l'on veut, parce qu'il n'y a point *addition*, mais *alternative* ou *disjonction* : *C'est un homme* OU *une femme que l'on a* ASSASSINÉE.   (*Boniface*.)

Est-ce une poire OU *deux poires qu'il a* MANGÉES ? — *Est-ce une pêche* OU *un brugnon qu'il a* MANGÉ ? — *Est-ce un brugnon* OU *une pêche qu'il a* MANGÉE ?

Ces phrases sont elliptiques : *Est-ce une poire qu'il a mangée, ou deux poires qu'il a mangées ? — Est-ce un brugnon qu'il a* MANGÉ *ou une pêche qu'il a* MANGÉE ?

5e Remarque. — Lorsque les deux sujets, unis par la conjonction *ou*, sont de différentes personnes, l'usage exige que la personne qui a la priorité soit placée immédiatement avant le verbe qui, dans ce cas, s'accorde avec cette personne et *se met au pluriel* : *C'est toi* ou *moi qui* AVONS *fait cela* ; *c'est lui* ou *moi qui* AVONS *fait cela*. (L'Académie, opusc. sur la langue franç.) — *Lui* ou *moi nous* SERONS *peut-être un jour assez heureux pour*, etc. (Marmontel)

Le roi, l'âne, *ou moi*, *nous* mourrons.
(*La Fontaine*, fabl. 122.)

(*Wailly*, pag. 145. — *Marmontel*, pag. 272. — *Lévizac*, pag. 65, t. II. — Et *Sicard*, p. 133, t. II.)

6e Remarque. — On emploie le singulier, malgré les pluriels qui précèdent, si une expression telle que *chacun, personne, nul, rien, tout,* réunit tous les sujets en un seul ; ou si la conjonction adversative *mais* est placée avant le dernier sujet singulier.

Vous n'êtes point à vous, le temps, les biens, la vie,
Rien ne vous *appartient*, tout est à la patrie.
(*Gresset*, Sidney, act. II, sc. 6.)

Grands, riches, petits et pauvres, PERSONNE *ou* NUL *ne* PEUT *se soustraire à la mort.* (*Wailly*)

Remords, crainte, périls, *rien* ne m'a retenue.
(*Racine*, Britannicus, act. IV, sc. 2.)

Non seulement toutes ses richesses et tous ses honneurs, MAIS *toute sa vertu s'*ÉVANOUIT. (*Vaugelas.*)

Dans ces exemples il y a ellipse d'un verbe au pluriel :

Le temps, les biens, la vie ne vous APPARTIENNENT *pas, rien ne vous appartient, tout*, etc.

Grands, riches, petits et pauvres ne PEUVENT *se soustraire à la mort, personne, nul ne* PEUT, *etc.*

(*Vaugelas*. 361e rem.—*Th. Corneille*, sur cette rem.—*L'Académie*, pag. 376 de ses observations.—*Beauzée*, Encycl. méth., au mot *nombre*.—*Wailly*, pag. 149.—*Domergue*, pag. 53.—*M. Lemare*, pag. 57.)

7e *Remarque.*—Dans les phrases où deux substantifs sont liés par une des conjonctions *de même que, aussi bien que, comme, non plus que, plutôt que, avec, ainsi que* (signifiant *de même que*), et autres semblables, c'est avec le premier substantif que l'accord a lieu, parce que c'est ce substantif qui fixe particulièrement l'attention, qui joue le principal rôle : *La vertu,* DE MÊME QUE *le savoir* A *son prix. L'envie,* DE MÊME QUE *toutes les autres passions,* EST *peu compatible avec le bonheur.*

   Le juste, *aussi bien que* le sage,
Du crime et du malheur *sait* tirer avantage.
      (*Voltaire*, Zaïre, act. II, sc. 5.)

   Aristophane, *aussi bien que* Ménandre,
Charmoit les Grecs assemblés pour l'entendre. (*J.-B. Rousseau*.)

C'est sa fille, AUSSI BIEN QUE *son fils, qu'on a* DÉSHÉRITÉE.

La force de l'âme, COMME *celle du corps,* EST *le fruit de la tempérance.*   (*Marmontel.*)

L'éléphant, COMME *le castor,* AIME *la société de ses semblables.*   (*Buffon.*)

Cette bataille, COMME *tant d'autres, ne* DÉCIDA *de rien.*
      (*Voltaire,* Hist. de Charles XII.)

Son esprit, NON PLUS QUE *son corps, ne se* PARE *jamais de vains ornements.*   (*Fénélon.*)

Ce ne sont point les honneurs, NON PLUS QUE *les richesses, qu'il a* DÉSIRÉS.

   (M. *Bescher*, p. 154 de sa nouv. Théorie des participes.)

C'est sa fille, PLUTÔT QUE *son fils qu'il a* DÉSHÉRITÉE.

C'est sa gloire, PLUTÔT QUE *le bonheur de la nation, qu'il a* AMBITIONNÉE.   (*M. Bescher.*)

Ce malheureux père, AVEC *sa fille désolée*, PLEUROIT *son épouse dans ce moment.* (*Florian.*)

Presque toute la Livonie, AVEC *l'Estonie entière*, AVOIT *été abandonnée par la Pologne au roi de Suède* (Charles XI).
(*Voltaire*, Hist. de l'emp. de Russie, ch. X1.)

Et comment savez-vous........
. . . .
. . . . Si leur sang tout pur, *ainsi que* leur noblesse,
Est passé jusqu'à vous de Lucrèce en Lucrèce ?
(*Boileau*, Satire V.)

Le nourrisson du Pinde, *ainsi que* le guerrier,
A tout l'or du Pérou *préfère* un beau laurier.
(*Piron*, la Métromanie, act. III, sc. 7.)

L'histoire, AINSI QUE *la physique*, N'A COMMENCÉ *à se débrouiller que vers la fin du seizième siècle.*
(*Voltaire*, Com. sur les Horaces.)

L'homme, AINSI QUE *la vigne*, A *besoin de support.*
(*Dvresnel.*)

Dans toutes ces phrases, le substantif ou le pronom qui vient après les conjonctions *de même que, aussi bien que*, etc., etc., est le sujet d'un verbe sous-entendu, et cette phrase déjà citée : *La vertu, de même que le savoir, a son prix*, équivaut à celle-ci : *la vertu a son prix, de même que le savoir a son prix.*

8e *Remarque.* — Il arrive souvent que l'accord doit aussi avoir lieu avec le premier substantif, quoique les deux substantifs ne soient pas unis par les conjonctifs dont nous venons de parler ; c'est lorsque le dernier de ces substantifs est le sujet d'un verbe sous-entendu : *C'est sa probité bien connue, jointe à son caractère doux et modéré, que l'on a* CONSIDÉRÉE *dans cette occasion.*
(*M. Bescher*, pag. 154 de sa nouv. Théorie des participes.)

C'est une satire, et non un livre utile, qu'il a COMPOSÉE.
(Le même.)

C'est sa probité bien connue, jointe à ses malheurs, que l'on a CONSIDÉRÉE *dans cette occasion.*

Quel bonheur de penser. . . . .
Que si le corps périt, l'âme échappe à la mort,
Et que Dieu, non les rois, *dispose* de mon sort!
(*Bernis*, la Religion vengée, ch. VII.)

(*Wailly*. pag. 174.—*Fabre*, page 121. — *Sicard*, pag. 83, t. II.— M. *Boniface*, pag. 176. — M. *Bescher*, pag. 154 de sa Théor. des participes.)

9ᵉ *Remarque.*—Après *l'un et l'autre,* le verbe doit-il être mis au pluriel, ou est-ce le singulier que l'on doit employer?

Vaugelas (dans sa 142ᵉ rem.) et *Marmontel* (p. 370 de sa Grammaire) sont d'avis que l'on peut se servir indifféremment du singulier et du pluriel.

L'*Académie*, sur la rem. de *Vaugelas*, laisse également le choix.

Regnier Desmarais, p. 309 de sa Gramm.,—*De la Touche*, p. 240, t. I, — *Wailly*, pag. 146, — *Domergue*, p. 36 et 115, — *Fabre*, p. 116, — *Girard*, pag. 116, t. II, — *Sicard*, p. 127 et 183, t. II, — Et *Lévizac*, p. 116, t. II, pensent qu'il est mieux de n'employer que le *pluriel*.

Girard motive son opinion dans ces termes : « La pro-
« priété particulière de la conjonction *et*, est d'unir les
« choses qui font le subjectif (sujet), de telle façon que
« leur influence dans le régime soit commune et inséparable,
« ble, et alors elle fait que l'attribut (verbe) se trouve sou-
« mis à ces deux choses : d'où il suit que cet attributif, de-
« vant répondre au nombre de ce qui le régit, en vertu de
« la loi invariable de la concordance, ne peut se dispenser
« de prendre *la forme plurielle*. Cela est si vrai, qu'on n'en
« a pas le moindre doute dans tout autre exemple; et en
« effet, qui a jamais imaginé qu'on pût dire: *Pierre et Jac-
« ques est venu*, ou *n'est pas venu*? Et en vérité, il n'y a
« pas plus de raison à l'imaginer pour l'expression *l'un et
« l'autre*; tout est soumis à la même syntaxe. »

Enfin l'*Académie*, dans son Dictionnaire au mot *autre*, donne ces exemples : L'UN ET L'AUTRE y A manqué, et L'UN

ET L'AUTRE Y ONT *manqué* ; et au mot *un* : L'UN ET L'AUTRE EST *bon*, et L'UN ET L'AUTRE SONT *bons*.

Présentement, si l'on consulte les écrivains, on verra que les uns ont fait usage du singulier, les autres du pluriel.

Corneille a dit :

> Emilie et César, *l'un et l'autre* me gêne.
> (Cinna, act. III, sc. 2.)

Et *Racine* :

> *L'un et l'autre* à la reine *ont*-ils osé prétendre ?
> (Mithridate, act. II, sc. 3.)

> *L'un et l'autre ont* promis Atalide à ma foi.
> (Bajazet, act. I, sc. 1.)

Dans Andromaque (act. V, sc. 5) et dans les Frères ennemis, c'est encore le pluriel que *Racine* a employé.

Boileau, au contraire, a fait usage du singulier. (Art poétique, ch. III) :

> Etudiez la cour, et connoissez la ville :
> *L'une et l'autre est* toujours en modèles fertile (377).

Dans sa X^e satire :

> *L'un et l'autre* dès-lors *vécut* à l'aventure.

Mais, dans sa satire IV, il a employé le pluriel :

> *L'un et l'autre* à mon sens *ont* le cerveau troublé.

Ainsi que dans sa satire IX :

> *L'un et l'autre* avant lui *s'étoient plaints* de la rime.

La Fontaine a adopté le singulier, dans sa fable de l'Ivrogne et sa Femme :

> A demeurer chez soi *l'un et l'autre s'obstine*.

Ainsi que dans sa fable 51e et dans la 140e.

---

(377) Après *la cour et la ville*, on lit dans quelques éditions, *l'un et l'autre*, au masculin, parce que les mots *l'un et l'autre* étoient pris quelquefois neutralement ; aujourd'hui, ce seroit une faute.

L. Racine (Poëme de la Religion, ch. V), parlant des corps mis en mouvement par la Divinité, a dit au singulier :

> Exerçant l'un sur l'autre un mutuel empire,
> Par les mêmes liens *l'un et l'autre s'attire.*

Bossuet (Discours sur l'hist. univ., IIe partie, p. 277), au sujet de l'ancien et du nouveau Testament, a également fait usage du singulier

Par le rapport des deux Testaments, on prouva que L'UN ET L'AUTRE EST *divin.*

Voltaire, dans Mérope, act. II, sc. 2, a dit :

> *L'un et l'autre* à ces mots *ont levé* le poignard.

Et dans l'Orphélin de la Chine :

> Votre époux avec lui termine sa carrière,
> *L'un et l'autre* bientôt *voit* son heure dernière.
>
> (Act. V, sc. 1.)

Enfin le même écrivain dans le Siècle de Louis XIV, en parlant de la mort de Turenne; dans son discours de réception à l'*Académie*, et dans la Henriade (ch. VIII), — *Fénélon*, dans Télémaque (liv. XXIV), — *Massillon*, dans le Petit Carême, — *La Harpe*, dans le Cours de littérature (t. III, p. 110, et t. VIII, p. 336), — l'abbé *Barthélemy*, dans l'introduction au Voyage d'Anacharsis (IIe partie, sect. 3), — *Delille*, dans la traduction du Paradis perdu (liv. XI), — *Marmontel*, dans la traduction de la Pharsale (liv. IV), — enfin le P. *D'Orléans*, dans les rév. d'Angl. (p. 64, t. VI), ont employé tantôt le singulier et tantôt le pluriel.

Mais, comme presque tous les Grammairiens se sont prononcés pour le pluriel, nous pensons *qu'on doit employer ce nombre, plutôt que le singulier;* mais que, cependant, le singulier ne peut être considéré absolument comme une faute, puisque l'*Académie* et de bons écrivains l'autorisent. Peut-être quelques-uns de nos lecteurs voudront-ils savoir pourquoi *l'un et l'autre* est construit tantôt avec le singulier, tantôt avec le pluriel.

Domergue leur répondra que les écrivains ont mis le pluriel, lorsque, attentifs à la sensation qu'ils éprouvoient, ils ont été frappés de deux unités; et que le singulier est tombé de leur plume, lorsque, glissant sur l'idée à exprimer, ils n'ont vu dans *l'un et l'autre* que l'*uterque* des Latin, dont la forme matérielle présente un véritable singulier.

NOTA. Si les mots *l'un et l'autre* étoient placés après le verbe, il n'y auroit plus de difficulté, le pluriel seroit de rigueur, ILS VOULOIENT L'UN ET L'AUTRE *se promener; mais ils ne se sont promenés* NI L'UN NI L'AUTRE.

10e *Remarque*. — Si les Sujets sont exprimés par *ni l'un ni l'autre*, ou liés par *ni* répété, la question de savoir si le verbe doit être mis au singulier ou au pluriel, est un peu plus difficile à résoudre; cependant, lorsque nous aurons exposé à nos lecteurs les diverses opinions des Grammairiens et des écrivains qui ont traité cette question, nous pensons qu'il leur sera facile de fixer la leur.

L'Académie (dans son Dict., édit. de 1762 et de 1798, au mot *ni*) a mis au nombre des exemples celui-ci: NI *l'un* NI *l'autre* N'EST *mon père*.

Dans l'édition de 1762; NI *l'un* NI *l'autre* N'ONT *fait leur devoir*.

Et dans l'édition de 1798: NI *l'un* NI *l'autre* N'A *fait son devoir*.

Th. Corneille et l'*Académie* (sur la 151e remarque de *Vaugelas*) s'expriment ainsi sur cette difficulté:

On dira: NI *la douceur* NI *la force ne l'*ÉBRANLÈRENT; mais, en parlant de deux hommes, on dira: NI *l'un* NI *l'autre ne* FUT *ébranlé à la vue de la mort*. Pourquoi les deux *ni*, dans le premier cas, demandent-ils un pluriel? et pourquoi, dans le second souffrent-ils un singulier? L'idée n'est-elle pas dans tous les deux également conjonctive? Si l'on y regarde de près, disent *Th. Corneille* et l'*Académie*, elle ne l'est pas. Dans cette phrase : *ni la douceur ni la force ne l'ébranlèrent*, l'esprit assemble la douceur et la force comme deux moyens dont on s'est servi ; mais, dans la seconde phrase, il considère les deux hommes l'un après l'autre, et par là il les sépare. La différence des deux personnes est plus sensible à l'esprit que celle des deux moyens, et c'est de là que provient cette différence de construction.

Domergue, Fabre, Sicard et *Lévizac* croient que, dans tous les cas, on doit faire usage du pluriel ; et ils fondent cette opinion sur ce que ce n'est pas l'action qui commande la forme que doit prendre le verbe, mais le sujet. Or dans cette phrase : NI *l'un* NI *l'autre* N'ONT *fait* LEUR *devoir*, il y a deux sujets, aucun des deux n'a fait son devoir, c'est ce que cette phrase signifie ; l'exclusion est commune à l'un et à l'autre, et cette exclusion ne peut être marquée que par le pluriel. D'ailleurs, ajoutent-ils, puisque l'*Académie* est d'avis que l'on doit dire : NI *la douceur* NI *la force ne l'*ÉBRANLÈRENT, et non pas *ne l'ébranla*, pour quel motif diroit-elle : NI *l'un* NI *l'autre ne* FUT ÉBRANLÉ *à la vue de la mort*, plutôt que *ne furent*.

Wailly et *Marmontel* distinguent le cas où il n'y a qu'un des deux sujets qui fasse ou qui reçoive l'action, de celui où les deux sujets la font ou la reçoivent en même temps. Dans le premier cas, ils sont d'avis qu'on fasse usage du singulier, et que l'on dise : NI *l'un* NI *l'autre n'*EST *mon père*. — *Ce ne sera* NI *M. le duc*, NI *M. le comte qui* SERA *nommé ambassadeur d'Espagne* ; parce qu'on n'a qu'un père, parce qu'il ne doit y avoir qu'un ambassadeur en Espagne, et qu'alors l'action ne tombe que sur l'un des deux sujets.

Dans le second cas, ils pensent que l'on doit faire usage du pluriel, et en conséquence que l'on doit dire : NI *la douceur* NI *la force n'y* PEUVENT *rien*. — NI *les biens* NI *les honneurs ne* VALENT *la santé*. — *Ce n'est* NI *M. le duc* NI *M. le comte qui* PRÉTENDENT *à la place d'ambassadeur* ; parce que *la* douceur et la force, les biens et les honneurs font ou reçoivent l'action en même temps, et que M. le duc et M. le comte peuvent tous les deux prétendre à la place d'ambassadeur.

A l'égard des écrivains, ils ont indifféremment employé le singulier et le pluriel.

Racine a fait usage du pluriel, dans Mithridate (act. III, sc. 1):

> *Ni* cet asile même où je le fais garder,
> *Ni* mon juste courroux, *n'ont* pu t'intimider.

Dans Alexandre (act. V, sc. 2):

> *Ni* serment *ni* devoir ne l'*avoient* engagé
> A courir dans l'abîme où Porus s'est plongé.

Et du singulier dans Andromaque (act. IV, sc. 5):

> Quoi! sans que *ni* serment *ni* devoir vous *retienne*!

Et dans Iphigénie (act. IV, sc. 5):

> *Ni* crainte *ni* respect ne m'en *peut* détacher.

La Fontaine a également fait usage du pluriel (dans sa fable de Philémon et Baucis):

> *Ni* l'or *ni* la grandeur ne nous *rendent* heureux.

Et du singulier (dans sa fable de la Mouche et la Fourmi):

> Adieu : je perds le temps, laissez-moi travailler.
> *Ni* mon grenier *ni* mon armoire
> Ne se *remplit* à babiller.

Boileau a fait usage du singulier (dans sa 7e. réflexion critique sur Longin):

> Ni *l'un* ni *l'autre* (Corneille et Racine) ne doit être mis en parallèle avec Euripide et avec Sophocle.

Voltaire, dans OEdipe (act. III, sc. 1), a dit :

> Dans ce cœur malheureux son image est tracée ;
> La vertu *ni* le temps ne l'*ont* point effacée.

De l'Accord du Verbe avec son Sujet.

Et dans sa 2e. remarque sur le 8e. vers de la tragédie d'Horace : Ni *l'une* ni *l'autre manière* n'est *élégante.*

Marmontel dans sa traduction de la Pharsale (liv. III) : Ni *l'amour* ni *la haine ne nous* suivent *dans le tombeau.*

Et (liv. V) : *Je ne me plains ni des dieux, ni du sort; ce n'est* ni *leur rigueur* ni *celle de la mort qui* rompt *les nœuds du saint amour.*

La Harpe, dans son Cours de litt. (v. 7, pag. 281) : *La Fontaine fut oublié, ainsi que Corneille;* ni l'un ni l'autre n'étoit *courtisan.*

Et *Vauvenargues* : Ni *le bonheur* ni *le mérite ne* font *l'élévation des hommes.*

Dacier, dans sa traduct. de Plutarque (Compar. de Thésée et de Romulus) : Ni *l'un* ni *l'autre ne* sut *conserver les façons de faire d'un roi ; car l'un dégénéra en républicain, et l'autre en tyran.*

Et *Bouhours* : Ni *la cour* ni *la prospérité n'*ont *pu le gâter.*

J. J. Rousseau, dans ses Confessions (l. VIII) : ni *Grimm,* ni *personne ne m'*a *jamais parlé de cet air.*

Et dans ses Rêveries (4e. promenade : Ni *mon jugement* ni *ma volonté ne* dictèrent *ma réponse.*

Enfin l'abbé *Barthélemy* a fait usage du singulier dans le Voyage d'Anacharsis (introduction, 1re. partie) : *Entrez dans ce bois sombre, ce n'est* ni *le silence,* ni *la solitude qui* occupe *votre esprit.*

Et du pluriel (même introd. 1r. partie) : Ni *le rang* ni *le sexe ne* dispensoient *des soins domestiques, qui cessent d'être vils, dès qu'ils sont communs à tous les états.*

Ainsi il est évident, par ce qui précède, que l'écrivain est libre de se décider en faveur du singulier ou du pluriel, puisque les grammairiens qui se sont occupés de cette difficulté, diffèrent entre eux d'opinion, et que l'*Académie*, ainsi que nos meilleurs auteurs, ont fait usage indifféremment du singulier et du pluriel. Cependant, comme il n'existe pas dans la nature de ressemblances parfaites, de même il ne doit pas y avoir dans le langage deux manières de s'exprimer qui aient entre elles assez d'analogie pour que l'une puisse exactement remplacer l'autre; alors nous pensons qu'il y a, entre celles dont il s'agit, une différence qui ne permet pas d'employer indistinctement l'une au lieu de l'autre. Cette différence est celle qu'ont indiquée *Wailly* et *Marmontel*.—Les deux sujets concourent-ils à l'action? il y a pluralité dans l'idée, il doit y avoir pluralité dans les mots, *et par conséquent il faut donner au verbe la forme plurielle.* Ainsi je dirai: NI *l'un* NI *l'autre* N'ONT *fait leur devoir;* — NI *la douceur* NI *la force ne* PEUVENT *rien.* Si, au contraire, un des deux sujets seulement fait l'action, il y a unité, et dès lors *le verbe doit être mis au singulier: Ce ne sera* NI *M. le duc* NI *M. le comte qui* SERA *nommé ambassadeur d'Espagne.*—NI *l'un* NI *l'autre* N'EST *mon père.*

NOTA. Ce que nous avons dit, que le verbe se met au pluriel, et s'accorde avec la personne qui a la priorité, quand il se rapporte à plusieurs pronoms sujets de différentes personnes, unis par la conjonction *ou*, est applicable au verbe uni par la conjonction *ni* : NI *vous* NI *moi ne* SOMMES *coupables* ;— NI *vous* NI *lui n'*AVEZ *fait cela.*

11e. *Remarque.*—On a long-temps disputé sur la question suivante : Doit-on après *un, une,* joint à *de, des,* se servir du singulier ou du pluriel, et dire : *C'est* UNE *des plus belles actions qu'il ait jamais* FAITE; *ou c'est* UNE *des plus belles actions qu'il ait jamais* FAITES?

Voici comment s'expriment *Condillac* (p. 219,) *Marmontel* (page 121 de sa Grammaire), *Sicard* (page 148, t. II), *Domairon* (page 101), *Lévizac* (page 67, t. II), et les autres Grammairiens modernes qui se sont occupés de cette difficulté :

La phrase dont il s'agit, et toutes celles qui lui sont ana-

De l'Accord du Verbe avec son Sujet.

logues sont elliptiques ; c'est comme s'il y avoit : *C'est une* ACTION *des plus belles actions qu'il ait jamais faites.* Pour résoudre la difficulté, il faut examiner si le pronom relatif qui oblige le participe ou le verbe à prendre l'accord, a pour antécédent le substantif en ellipse, ou le substantif pluriel placé après la proposition *de*. Dans le premier cas, on emploie le singulier, et dans le second, le pluriel. Or, dans la phrase citée ci-dessus, il est évident que le relatif *que* se rapporte au substantif placé après la préposition, car il s'agit d'*actions faites* et non pas d'*une action faite*. Le participe doit donc être mis au pluriel.

D'après ces principes, il faudra dire au singulier : *C'est* UN *de nos meilleurs Grammairiens qui* A *fait cette faute,* parce qu'il s'agit d'un GRAMMAIRIEN *qui a fait cette faute;* et au pluriel : *Votre ami est un des hommes qui* PÉRIRENT *dans la sédition*, parce qu'il s'agit de plusieurs *hommes qui périrent*.

Et *Lemare* pense que l'on doit dire :

Avec *le singulier*.	Avec *le pluriel*.
Hégésisochus fut celui *qui travailla* le plus efficacement à la ruine de sa patrie.	Hégésisochus fut un de ceux *qui travaillèrent* le plus efficacement à la ruine de leur patrie.
C'est la chose *qui a* contribué le plus à ma fortune.	C'est une des choses *qui ont* le plus contribué à ma fortune.
L'antiquité des assyriens est le point d'histoire *qui a* été le moins contesté.	L'antiquité des Assyriens est un des points d'histoire *qui ont* été le moins contesté.
Ctésias est le premier *qui ait* exécuté cette entreprise.	Ctésias fut un des premiers *qui aient* exécuté cette entreprise.
Trajan est le plus grand prince *qui ait* régné.	Trajan est un des plus grands princes *qui aient* régné.
C'est un de mes enfants *qui a* dîné chez vous.	C'est un des enfans *qui ont* dîné chez vous.
C'est un de mes procès *qui m'a* ruiné.	C'est un des procès *qui m'ont* ruiné.

Dans les phrases contenues dans la première colonne,

le verbe, l'adjectif, et le participe sont mis au singulier, parce qu'ils se rapportent au substantif sous-entendu après *un* : *c'est* UN *de mes enfans qui* A *dîné chez vous*, l'action de dîner est faite par un de mes enfans. — Dans les phrases contenues dans la 2ᵈᵉ colonne, le verbe, l'adjectif et le participe sont mis au pluriel, parce qu'ils se rapportent au au substantif pluriel mis après *un de* ou *un des* : *c'est un des enfans ont dîné chez vous*; tous les enfants participent à l'action de dîner.

L'opinion de ces grammairiens est sanctionnée par l'autorité des bons écrivains :

Bossuet a fait usage du singulier dans cette phrase (extraite de son Discours sur l'hist. univ., p. 462) : UNE *des plus belles maximes de la milice romaine* ÉTOIT *qu'on n'y louoit point la fausse valeur*.

Et dans cette autre (tirée du même ouvrage, p. 410) : UNE *des choses qu'on imprimoit le plus fortement dans l'esprit des Égyptiens,* ÉTOIT *l'estime et l'amour de leur patrie*.

Voltaire a dit aussi dans ses Annales de l'Empire (p. 462) : UNE *des premières choses qu'on discuta dans le concile,* FUT *la communion sous les deux espèces*.

Et M.......UN *des plus grands malheurs des révolutions* EST *de démoraliser tout le monde, et de n'instruire personne*.

Parce que, dans chacune de ces phrases, l'action est exécutée par un seul agent ; le mot *un, une* y exclut évidemment toute idée de pluralité, puisqu'il indique, par exemple, dans une des phrases de *Bossuet*, que *la fausse valeur* est de toutes les *maximes* de la milice romaine, *celle qu'on ne louoit pas*.

Boileau a ensuite fait usage du pluriel (Discours sur le style des Inscriptions) : *Le passage du Rhin est* UNE *des plus merveilleuses actions qui* AIENT *jamais été faites*.

Racine (préface de Mithridate) : *Ce dessein m'a fourni* UNE *des scènes qui* ONT *le plus réussi dans ma tragédie*.

Rollin: *L'empereur Antonin est regardé comme* UN *des plus grands princes qui* AIENT *régné.*

Massillon (Vices et vertus des grands): *Les prospérités humaines ont toujours été* UN *des piéges* LES PLUS DANGEREUX, *dont le démon s'est servi pour perdre les hommes.*

Mascaron: *M. de Turenne a eu tout ce qu'il falloit pour faire un des plus grands capitaines qui* FURENT *jamais.*

Trublet (Essais de littér. et de morale) : *Homère est* UN *des plus grands génies qui* AIENT *existé jamais ; Virgile est* UN *des plus accomplis.*

Voltaire (Annales de l'Empire) : *Henri VIII étoit* UN *des plus grands fléaux qu'ait* ÉPROUVÉS *la terre.*

La Harpe (Cours de littérature, t. VIII, p. 318) : *L'ouvrage de St.-Lambert sera toujours, par la beauté du langage et la pureté du goût,* UN *de ceux qui, depuis la Henriade,* ONT *fait le plus d'honneur à notre langue.*

Le même (t. VII, p. 77) : *L'exorde de l'oraison funèbre de Turenne est* UN *des morceaux les plus finis qui* SOIENT *sortis de la plume de Fléchier.*

Delille, dans sa préface de l'Énéide : UNE *des qualités* LES *plus indispensables de l'épopée, c'est que le sujet en soit national.*

Suard (dans sa Notice sur la vie et le caractère du Tasse, p. vj) : *Tasse eut pour père* UN *des écrivains qui* CONTRIBUÈRENT *le plus efficacement à mettre en honneur la poésie italienne.*

Parce qu'ici, le relatif *que* se rapporte au substantif pluriel, placé après *un de* ou *un des.*

Il est vrai que *Th. Corneille* et *Restaut* n'adoptent pas la règle que nous avons donnée; il est également vrai que l'académie n'a rien dit sur cette question importante dans son Dictionnaire, édition de 1762; et que, dans l'édition de

1798, au mot *plus*, elle cite cet exemple : *L'Astronomie est* UNE *des sciences qui* FAIT *ou qui* FONT *le plus d'honneur à l'esprit humain.* Mais comme l'opinion de ces Grammairiens, et la décision de l'*Académie*, qui se trouve d'ailleurs consignée dans l'édition qui n'est pas avouée par toute l'*Académie*, sont contraires à l'usage adopté par nos écrivains les plus célèbres, nous pensons qu'elles ne sauroient porter atteinte à la règle que nous avons établie.

12e. *et dernière Remarque.*—Nous avons vu au chapitre des substantifs (pag. 93) qu'il y a deux sortes de noms collectifs : les *Collectifs partitifs* et les *Collectifs généraux.*— Les *Collectifs partitifs* sont ceux qui expriment une collection partielle, une partie, un nombre indéterminé des personnes ou des choses dont on parle, comme : *la plupart, une infinité, un nombre, une sorte, une nuée, une foule,* etc. Dans cette classe se trouvent les adverbes qui expriment la quantité, comme : *peu, beaucoup, assez, moins, plus, trop, tout, combien,* et *que,* mis pour *combien.*—Les *Collectifs généraux* sont ceux qui expriment la totalité des personnes ou des choses dont on parle, comme : l'*armée,* la *multitude,* le *peuple,* la *forêt,* l'*escadre,* la *foule,* etc. ; ou un nombre déterminé de ces mêmes personnes ou de ces mêmes choses : *le nombre des victoires, la moitié des arbres, cette sorte de poires.*

Il s'agit présentement de connoître les règles auxquelles les uns et les autres donnent lieu, pour l'accord du verbe.

PREMIÈRE RÈGLE. Quand un substantif *Collectif partitif* ou un *Adverbe de quantité* est suivi de la préposition *de* et d'un substantif ; l'adjectif, le pronom, le participe et le verbe *s'accordent avec le dernier substantif,* parce qu'il exprime l'idée principale, celle qui fixe le plus l'attention, le collectif partitif ou l'adverbe n'étant, pour ainsi dire, qu'accessoire.

Exemples : *La plupart* DU MONDE *ne* SE SOUCIE *pas de l'intention ni de la diligence des auteurs.* (*Racine,* préface de la comédie des Plaideurs)—*La plupart* DES HOMMES SE SOUVIENNENT *bien mieux des services qu'ils rendent que de ceux qu'ils reçoivent.* (*Scudéry.*)

Une infinité de JEUNES GENS *se* PERDENT, *et parce qu'ils lisent des livres impies, et parce qu'ils fréquentent des libertins.* (Wailly.)— *Une infinité* DE MONDE PENSE *que la vie des courtisans est une comédie perpétuelle, qu'ils sont toujours sur le théâtre, et ne quittent jamais le masque.*
(*La Rochefoucauld.*)

Voyez les Rem. dét., lettre I, pour le mot *infinité*.

Quantité DE GENS ONT *dit cela.*—*Un grand nombre d'*ENNEMIS PARURENT.—*On vit une nuée de* BARBARES QUI DÉSOLÈRENT *tout le pays.*   (*L'Académie.*)

*Un nombre infini d'*OISEAUX FAISOIENT *résonner ces bocages de leurs doux chants.*   (Télémaque, liv. XIX.)

On voit un grand nombre de PERSONNES CAPABLES *de faire une action sage ; on en voit un plus grand nombre* CAPABLES *de faire une action d'esprit et d'adresse ; mais* BIEN PEU *sont* CAPABLES *de faire une action généreuse.*   (*Fréron.*)

On cite des femmes spartiates une FOULE *de mots qui* ANNONCENT *le courage et la force.*(*Thomas*, Essai sur les éloges.)

*Peu d'*HOMMES RAISONNENT, *et tous veulent décider.*
(Le grand *Frédéric.*)

La plupart des ANIMAUX ONT *plus d'agilité, plus de vitesse, plus de force, et même plus de courage que l'homme.*
(*Buffon*, Hist. nat. du chien.).

(*Vaugelas*, 46e, 47e et 319e rem.— *Th. Corneille* sur ces rem. — Les observ. de l'*Académie* sur la 47e rem.—*Wailly*. p. 140.—Et *Lévizac*, pag. 78, t. II.).

Il trouva une partie du pain MANGÉ, *une partie des citrons* MANGÉS, *des liqueurs* BUES (378).
(*L'Académie et Th. Corneille.*)

---

(378) Si l'on écrit *des bas de soie* NOIRE, c'est parce que la soie,

Une vingtaine de SOLDATS ONT *péri.* (*Sicard.*)

Peu DE MONDE *en* EST *revenu.* — *Peu* DE GENS NÉGLIGENT *leurs intérêts.* (L'*Académie.*)

Beaucoup DE MONDE ÉTOIT *à la promenade.* — *Beaucoup* DE GENS PENSENT *ainsi.* (Même autorité.)

Assez DE GENS MÉPRISENT *le bien, mais peu* SAVENT *le donner ; c'est-à-dire peu de gens savent,* etc.
(*La Rochefoucauld*, 308.)

PEU *de princes, dans l'histoire,* ONT *eu ce caractère de bonté, comme Henri IV.*
(*Thomas*, Essai sur les Éloges, ch. XXVI.)

Combien PEU ONT *assez de vie pour voir toute leur gloire et toute leur influence!* (*La Harpe*, Éloge de Voltaire.)

Il y a PEU DE FAMILLES *dans le monde qui ne* TOUCHENT *aux plus grands princes par une extrémité, et, par l'autre au simple peuple.* (*La Bruyère*, ch. XIV.)

Force gens ont été l'instrument de leur mal.
(*La Fontaine*, fab. 148.)

Tant de coups imprévus m'accablent à la fois,
Qu'ils m'ôtent la parole, et m'étouffent la voix.
(*Racine*, Phèdre, act. IV, sc. 2.)

Jamais *tant de beauté fut*-elle couronnée!
(*Racine*, Esther, act. III, sc. 9.)

COMBIEN *de bons écrivains dans tous les genres* SONT *cités par Ovide dans cette élégie!*
(*Voltaire*, épitre dédicatoire de D. Pèdre.)

Observation. — *La plupart*, à moins d'être suivi d'un singulier, veut toujours le verbe au pluriel : *Le sénat fut partagé*; LA PLUPART VOULOIENT *que...* LA PLUPART FURENT *d'avis.*
(L'*Académie*, au mot *plus*. — *Lévizac*, pag. 60, t. II. — *Féraud*, etc.)

---

elle-même, n'est pas noire. Et si l'on écrit *une robe de satin* BLANC, c'est parce que c'est une robe faite de satin blanc, d'une étoffe à fond blanc. (M. *Jaquemard*, l'un des Collab. du Manuel.)

Le substantif qui règle l'accord du verbe est sous-entendu : *La plupart* DES SÉNATEURS *vouloient que*, etc., etc.

Voyez les Remarques détachées pour le mot *une infinité*, et pour le mot *sorte*.

Remarque. — Un grand nombre d'écrivains ont fait accorder l'adjectif, le pronom, le participe et le verbe avec le *Collectif partitif*, et non avec le substantif placé à la suite : UNE TROUPE *de montagnards* ÉCRASA *la maison de Bourgogne.* (Domergue.)

UNE NUÉE *de critiques* S'EST ÉLEVÉE *contre La Motte.*
(Voltaire.)

CE PEU *de mots* SUFFIT *pour ranimer l'armée*
*Nestor et Philoctète furent avertis qu'*UNE PARTIE *du camp* ÉTAIT *déjà* BRULÉE. (Fénélon, Télém., liv. XX.)

UNE NUÉE *de traits* OBSCURCIT *l'air et* COUVRIT *tous les combattants.* (Le même, liv. XIX.)

D'adorateurs zélés à peine *un petit nombre*
Ose des premiers temps nous retracer quelque ombre.
(Racine, Athalie, act. I. sc. 1.)

Parce que, sans doute, ils ont vu, dans les Collectifs partitifs, *troupe, nuée, peu, partie, nombre*, et non dans le substantif à la suite, l'idée dominante du sujet. L'accord est sylleptique et non grammatical ; il n'est pas entre les mots, mais entre les idées.

SECONDE RÈGLE. Lorsque le substantif *Collectif général* est suivi de la proposition *de* et d'un nom, l'adjectif, le pronom, le participe et le verbe *s'accordent avec le collectif général*, parce qu'il exprime une idée totale, indépendante des termes qui le suivent ; enfin, parce qu'il exprime l'idée principale sur laquelle s'arrête l'esprit.

L'ARMÉE *des infidèles* FUT *entièrement détruite.*
(Même autorité.)

LA PLURALITÉ *des maîtres n'*EST *pas bonne.*
(L'Académie, au mot *pluralité*.)

Il fournit le NOMBRE *d'exemplaires* CONVENU.

(Même autorité.)

De ce qui précède, il résulte qu'on dira : UNE TROUPE *de voleurs se sont* INTRODUITS ; et : LA TROUPE *de voleurs s'*EST INTRODUITE. Dans la première phrase, le Collectif est *partitif*, dans la seconde, il est *général*.

§ III.

DE LA PLACE DU SUJET.

Ordinairement le Sujet précède le verbe, parce qu'il est dans l'ordre que l'esprit voie d'abord un être avant que d'observer sa manière d'être ou d'agir ; cependant cette règle générale est soumise à plusieurs exceptions.

1º Dans les phrases interrogatives, le Pronom Sujet se place toujours après le verbe :

*César eût-*IL *osé passer le Rubicon, si la foiblesse de la république et les factions qui la déchiroient, ne l'eussent enhardi à tout entreprendre ?*

Remarque. — Quoiqu'on interroge, le Nom, employé comme Sujet, ne se place après le verbe que quand il est seul ; car il conserve sa place avant le verbe, si le pronom correspondant doit marquer l'interrogation : *L'humeur est-*ELLE *donc le privilège des grands, pour être l'excuse de leurs vices ?* (*Massillon.*)

(*Wailly*, pag. 315.—*Lévizac*, pag. 59, t. II.)

2º Le sujet, soit nom, soit pronom, se place encore après le verbe, dans l'incise qui marque qu'on rapporte les paroles de quelqu'un, comme : *Je ne me croirai jamais heureux,* DISOIT CE BON ROI, *qu'autant que je ferai le bonheur de mes peuples.*

Tous les hommes sont fous, A DIT BOILEAU, *et ne diffèrent que du plus ou du moins.*

3° Le sujet se place après le subjonctif, quand on exprime un souhait :

Puissent tous les peuples *se convaincre qu'il n'y a pas de plus grand fléau que les révolutions dans les états!*

Ce tour a plus de force et d'énergie que si l'on eût dit : *Je souhaite que tous les peuples......, etc., etc.*

4° On place aussi le Sujet après le verbe dans les phrases qui commencent ou par un verbe unipersonnel, ou par ces mots, *ainsi, tel* ; Il est arrivé *d'heureux changements* — Ainsi *s'est terminée sa carrière*.—Tel *étoit alors l'état des affaires du continent.*

Nota. Il faut se rappeler ici ce que nous avons dit, page 504, que, dans les verbes unipersonnels, le pronom *il* n'est pas le sujet du verbe, mais une sorte de pronom indicatif qui sert à annoncer, à démontrer le sujet.

5° On met également après le verbe le Sujet suivi de plusieurs mots qui en dépendent : *Nous écoutons avec docilité les conseils que nous donnent* ceux *qui savent flatter nos passions.* (*La Rochefoucauld.*)

Cette construction est tantôt de rigueur et tantôt de goût.

Nota. Voyez, à la Construction grammaticale, ce que nous disons sur l'arrangement que les membres de la phrase doivent garder entre eux, soit dans la *phrase expositive*, soit dans la *phrase impérative*, soit dans la *phrase interrogative*.

ARTICLE XIV.

DU RÉGIME DES VERBES.

On appelle, en général, Régime ou Complément un mot qui achève d'exprimer, qui *complète* l'idée commencée par un autre mot.

§ I.

Le régime ou complément des verbes est donc un mot qui en complète la signification ; et, comme cette signification peut être complétée directement ou indirectement, il en résulte qu'il y a deux sortes de régimes : l'un *direct*, et l'autre *indirect*.

Le *Régime direct* est celui qui achève d'exprimer *directement* l'idée commencée par le verbe ; il est l'objet immédiat de l'action que le verbe exprime, et il répond à la question *qui ?* pour les personnes, et *quoi ?* pour les choses ; *j'aime mon père*. J'aime, *qui ?* mon père ; *mon père* est donc le régime direct du verbe *aimer* ; et en effet il complète directement l'idée commencée par ce verbe.

Le *Régime indirect* est celui qui complète *indirectement* l'idée commencée par le verbe, c'est à dire qui ne la complète qu'à l'aide d'une préposition exprimée ou sous-entendue ; il est le terme de l'action que le verbe exprime, et répond aux questions *à qui ? de qui ? pour qui ? par qui ?* etc., pour les personnes ; *à quoi ? pour quoi ? de quoi ?* etc., pour les choses : *Il parle à son frère*. Il parle, *à qui ?* à son frère, *à son frère* est donc le régime indirect de *parler* ; il est le terme où aboutit l'action exprimée par ce verbe, et il n'achève de l'énoncer qu'avec le secours de la préposition *à*.

Remarque.—Il arrive souvent que, lorsqu'un verbe actif est suivi d'un infinitif, les prépositions *à*, *de*, perdent la force de leur signification, et ne sont plus que des lettres euphoniques dont l'oreille réclame l'emploi, comme dans ces phrases : *Il commence* À ÉTUDIER ; *il vous recommande* DE LIRE ; *il aime* À DESSINER, etc. ; A et DE n'y indiquent pas un régime indirect. *A étudier, de lire, à dessiner* sont l'objet des actions exprimées par les verbes *commencer, recommander, aimer* ; ils en sont les Régimes directs, car il faut bien remarquer que *c'est la faculté d'être l'objet direct d'une action* qui constitue le Régime direct. En effet, *il commence,* QUOI ? à étudier. — *Il vous a recommandé,* QUOI ? de lire ; etc. Ainsi donc *à étudier*, *de lire*, etc., sont des régimes directs. On n'y fait usage de la préposition que pour satisfaire l'oreille ; grammaticalement ces prépositions sont inutiles.

(M. **Chapsal**.)

De même, lorsque la préposition *de* est employée dans un sens partitif, et précède un substantif qui est l'objet direct de l'action d'un verbe actif, elle n'indique plus alors un régime indirect, mais un régime direct ; elle équivaut à *quelque*, ou à *quelques* si le substantif est pluriel : *Donnez-moi* DU *pain, il a acquis* DE LA *gloire ; il a remporté* DES *victoires ; il a* DE *grandes richesses*.

Un verbe peut avoir pour Régime, ou un verbe à l'infinitif : *La religion seule peut faire* SUPPORTER *de grandes infortunes*.

Ou un substantif : *Respectez la vieillesse*.

Ou enfin un pronom ; *Les yeux de l'amitié* SE *trompent rarement*.

Avant de passer aux règles particulières à ces trois sortes de Régimes, il est bon d'examiner quels régimes veulent les différentes espèces de verbes.

Le *verbe actif* est celui qui a, ou qui peut avoir, comme nous l'avons dit, un Régime direct : *elle commande* LE RESPECT. Outre ce régime, certains verbes actifs peuvent avoir encore un Régime indirect : *Il a commandé l'attaque* A SES TROUPES.

Le *verbe passif* a pour Régime un nom ou un pronom précédé des prépositions *de* ou *par* : *Un jeune homme ignorant et orgueilleux est méprisé* DE *tous ceux qui le connoissent*. — *La première opération de la fistule a été faite sur Louis XIV,* PAR *le célèbre Mareschal*.

Quelques *verbes neutres* sont sans Régime, comme *languir, dormir*; beaucoup de ces verbes ont un Régime accompagné de la préposition *à* ou *de* : *Les veilles et les excès* NUISENT *à la santé*. — *Celui qui* MÉDIT *de son prochain se rend odieux et méprisable*.

Enfin un grand nombre de ces verbes prennent diverses prépositions : *Régner* SUR *une nation brave* ; *tomber* DANS *la misère*, etc.

Les *verbes pronominaux* ont pour Régime les pronoms, *me*, *te*, *se*, *nous* et *vous* ; or ces pronoms sont quelquefois Régime direct :

Pour ne jamais s'écarter du chemin de la vertu, il faut toujours être en garde contre ses passions ; c'est-à-dire *pour ne jamais écarter* SOI.

Et quelquefois ces pronoms sont Régime indirect : *On doit toujours* SE *reprocher non-seulement d'avoir fait le mal, mais même de n'avoir pas fait le bien.* — *On doit toujours reprocher* A SOI

Enfin les verbes *unipersonnels* n'ont ordinairement qu'un Régime indirect : *Il importe* A VOTRE FRÈRE *de veiller à l'éducation de son fils.*

REMARQUES SUR LE RÉGIME DES VERBES PASSIFS.

On est souvent embarrassé sur le choix que l'on doit faire entre les prépositions *de* ou *par*, que régit le verbe passif ; voici, à ce sujet, une règle qui, si elle n'est point universelle, est du moins très étendue.

S'agit-il d'un sentiment, d'une passion, ou, pour tout dire, d'une opération de l'âme, employez la préposition *de* ; *L'honnête homme est estimé, même* DE *ceux qui n'ont pas de probité.*

S'agit-il au contraire, non d'une passion, d'un sentiment, mais d'une action à laquelle l'esprit ou le corps a seul part, faites usage de la préposition *par* ; *La poudre à canon fut inventée, dit-on,* PAR *le cordélier Berthold Schwartz, vers la fin du* XIII*e siècle ; et les bombes le furent* PAR *Gallen, évêque de Munster, vers le milieu du* XVI*e.*

Les Gaules furent conquises PAR *César.*   (*Wailly.*)

(Le P. *Buffier*, n° 716.—*Restaut*, pag. 295.— *Wailly*. pag. 232.— *Fabre*, pag. 353. Et le Dict. critique de *Féraud*.)

Les poètes cependant sont en possession, quand la chose leur convient, de substituer la préposition *de* à la préposition *par*.

Racine, par exemple, a dit :

.... Vaincu *du* pouvoir de vos charmes.
(Alexandre-le-Grand, act. II, sc. 1.)

Et *d*'un sceptre de fer veut être gouverné.
(Athalie, act. IV, sc. 3.)

Et *Malherbe* :

Je suis *vaincu du* temps, je cède à ses outrages.

Il devoit dire *vaincu* PAR *le pouvoir*, etc. — *Gouverné* PAR ou AVEC *un sceptre de fer.* — *Vaincu* PAR *le temps.*

C'est une licence que les entraves de notre versification font pardonner aux poètes.

Restaut, *Wailly*, et *Féraud* sont d'avis que l'on ne doit jamais employer *par* avant le nom de *Dieu*, et alors ils pensent que l'on doit dire : *Toutes nos actions seront jugées* DE *Dieu à la résurrection*, et non pas PAR *Dieu*. Cette opinion a sûrement pour motif d'éviter l'équivoque du juron vulgaire *pardieu* avec les mots *par Dieu* ; quoi qu'il en soit, il nous semble qu'il sera toujours mieux de dire : *Le ciel, la terre, l'homme, la femme ont été créés par Dieu*; plutôt que *le ciel, la terre, l'homme, la femme ont été créés de Dieu.*

Les verbes passifs s'emploient souvent sans Régime : *Le temple de Jérusalem fut détruit, malgré les défenses de Titus.*

(*Wailly*, pag. 232.—*Lévizac*, pag. 73, t. II.).

§ II.

DU RÉGIME VERBE.

Verbes à l'Infinitif régissant un autre Verbe sans le secours d'une Préposition.

Premièrement.—Un verbe à l'infinitif peut restreindre ou déterminer la signification d'un autre verbe *sans le secours d'une préposition*. Tels sont les verbes :

AIMER MIEUX :

> Quoiqu'à peine à mes maux je puisse résister,
> J'*aime mieux* les *souffrir* que de les mériter.
> (*Corneille*, les Horaces, act. I, sc. 3.)

Il n'y a rien que les hommes AIMENT MIEUX CONSERVER, *et qu'ils ménagent moins que leur propre vie.* (*La Bruyère.*)

> J'*aime mieux voir* en compagnie exquise
> Mon fils au bal qu'en mauvaise à l'église.
> (*J.-B. Rousseau*, Allégories, liv. II.)

ALLER, se mettre en mouvement pour faire quelque chose, ou servant à marquer les choses qui doivent ou qui peuvent arriver :

> Je ne condamne plus un courroux légitime ;
> Et l'on vous *va*, seigneur, *livrer* votre victime.
> (*Racine*, Andromaque, act. II, sc. 4.)

> Et le Rhin de ses flots *ira grossir* la Loire,
> Avant que tes faveurs sortent de ma mémoire.
> (*Boileau*, le Lutrin, chant II.)

COMPTER. Quelques écrivains (*Montesquieu, Le Sage, Voltaire,* madame *de Sévigné*) ont fait usage de la préposition *de* avec ce verbe, et *Féraud* ne désapprouve pas ce régime ; mais l'*Académie* (son Diction., édit. de 1798) dit positivement que *compter*, suivi d'un infinitif, s'emploie présentement sans préposition.

CROIRE. *Il a cru bien faire* est mieux dit que *il a cru de bien faire*, disent les éditeurs de *Trévoux*. Féraud ne se contente pas de dire *est mieux*, il blâme formellement l'emploi de cette préposition ; et en effet les meilleurs écrivains et l'usage y sont contraires. On lit dans *Pascal* : *Je* CROYOIS *ne pouvoir prendre pour règle que l'Écriture et la tradition.*

Dans *Bossuet* : *Elle* CROYOIT *servir l'état ; elle* CROYOIT *assurer au roi des serviteurs, en conservant à Dieu des fidèles.*

Dans *Massillon* : *Les grands ne* CROIENT *être nés que pour eux-mêmes.*

DAIGNER :

Calliope jamais ne *daigna* leur *parler.*
(*Boileau*, Discours au Roi.)

Daigne, daigne, mon Dieu, sur Mathan et sur elle
Répandre cet esprit d'imprudence et d'erreur,
De la chute des rois funeste avant-coureur.
(*Racine*, Athalie, act. I, sc. 2.)

DEVOIR : *Si la bonne foi étoit exilée de la terre, elle* DEVROIT SE RETROUVER *dans le cœur des rois.*
(Paroles du roi Jean I.)

Un seul jour perdu DEVROIT NOUS DONNER *des regrets.*
(*Massillon.*)

. . . . Un voile ténébreux
Nous dérobe le jour qui *doit* nous *rendre* heureux.
(*L. Racine*, la Grâce, chant I.)

Nul doute que ce verbe, devant un infinitif, se met sans préposition ; cependant quelques écrivains ont fait usage de la préposition *de*. Par exemple, l'abbé *Grosier*, apostrophant Sénèque, a dit : *Tu es un philosophe, tu appartiens à tous les peuples de la terre, et tu leur* DOIS DE METTRE *en pratique tes préceptes sublimes* ; mais alors il y a un régime de sous-entendu : *le bonheur, l'avantage.*

Voyez page 710, ce que nous disons sur l'emploi du Verbe pronominal *se devoir*.

ENTENDRE (dans le sens d'*ouïr*) :

J'entends déjà partout les charrettes *courir*,
Les Maçons *travailler*, les boutiques *s'ouvrir*.
(*Boileau*, Satire VI.)

Le ciel dans tous leurs pleurs ne m'*entend* point *nommer*.
(*Racine*, Bérénice, act. IV, sc. 3.)

Cependant, ainsi que le fait observer *Féraud*, entendre, en ce sens, n'a ce régime qu'à l'actif : *j'ai entendu dire* ; il ne l'a pas au passif. Ainsi, au lieu de dire avec le P. *Charlevoix* : ILS FURENT ENTENDUS *prononcer les saints noms de Jésus et de Marie* ; dites, *on les* ENTENDIT *prononcer*, etc.

ESPÉRER. Ce verbe, employé à un temps autre que l'infinitif, se met le plus souvent sans préposition, quand il est suivi lui-même d'un verbe à l'infinitif ;

Presque tous ceux qui prêchent la liberté ESPÈRENT AVOIR PART *à la tyrannie.* (*Guichardin.*)

.... *J'espérois y régner* sans effroi :
Moines, abbés, prieurs, tout s'arme contre moi.
(*Boileau*, le Lutrin, chant II.)

Il *espère revivre* en sa postérité.
(*Racine*. Esther, act. II, sc. 9.)

Cependant *Voltaire* dans Zaïre, *Fénélon* dans Télémaque, *Racine* dans les Frères ennemis, et d'autres écrivains ont fait dans ce cas usage de la préposition *de*, et cela ne peut pas être regardé comme une faute ; mais ce qui en seroit une, ce seroit de ne pas s'en servir quand le verbe *espérer* est à l'infinitif, et que le verbe qui le suit immédiatement est aussi à l'infinitif, car alors cette préposition est impérieusement exigée.

Peut-on ESPÉRER DE VOUS REVOIR *aujourd'hui* ?

(L'*Académie*, *Féraud*, M. *Laveaux*, et plusieurs Gramm. modernes.)

FAIRE : Calchas

Fera taire nos pleurs, *fera parler* les dieux.
(*Racine*, Iphigénie, act. I, sc. 1.)

Je le *fis nommer* chef de vingt rois ses rivaux.
(Le même, Iphigénie, act. III, sc. 6.)

FALLOIR. Ce verbe neutre, qui ne s'emploie jamais qu'à la troisième personne, se met sans préposition devant un infinitif.

Il FAUT ÊTRE *utile aux hommes pour être grand à leurs yeux.*
(*Massillon.*)

Quand on choisit un gendre, il *faut le choisir* bien.
(*Piron*, l'Ami mystérieux, act.° II, sc. 8.)

LAISSER. Ce verbe devant un infinitif se prend souvent dans la signification de *permettre*; et alors il se met sans préposition.

Ou *laissez*-moi *périr*, ou *laissez*-moi *régner*.
(*Corneille*, Cinna, act. IV, sc. 3.)

Je cède, et *laisse* aux dieux *opprimer* l'innocence.
(*Racine*, Iphigénie, act. I, sc. 5.)

Je te *laisse* trop *voir* mes honteuses douleurs.
(Le même, Phèdre, act. I, sc. 3.)

Voyez plus bas dans quel cas *laisser* prend *à* ou *de*.

OSER :

Moi que j'*ose opprimer* et *noircir* l'innocence?
(*Racine*, Phèdre, act. III, sc. 3.)

*Il est beau d'*OSER S'EXPOSER *à l'indignation du prince plutôt que de manquer à ses devoirs.* (*Massillon.*)

Qui suis-je pour *oser murmurer* de mon sort ?
(*L. Racine*, la Grâce, chant IV.)

PENSER (croire) :

Un discours trop sincère aisément nous outrage;
Chacun dans ce miroir *pense voir* son visage.
(*Boileau*, satire VII.)

(Espérer, se flatter) :

> Il *pense voir* en pleurs dissiper cet orage.
>
> (*Racine*, Andromaque, act. V, sc. 1.)

Voyez, page 699, quand ce verbe prend la préposition *à*.

POUVOIR. Dans le sens neutre ou dans le sens actif, ce verbe, devant un infinitif, se met sans préposition :

> Rien ne *peut prospérer* sur des terres ingrates.
>
> (*L. Racine*, la Grâce, chant I.)

> Et qui *peut immoler* sa haine à sa patrie
> Lui *pourroit* bien aussi *sacrifier* sa vie.
>
> (*Racine*, les Frères ennemis, act. III, sc. 6.)

PRÉTENDRE (avoir intention, avoir dessein) :

> Je *prétends* vous *traiter* comme mon propre fils.
>
> (*Racine*, Athalie, act. II, sc. 7.)

> C'est lui que je *prétends honorer* aujourd'hui.
>
> (Le même, Esther, act. II, sc. 5.)

J.-B. Rousseau a donné à ce verbe la préposition *de* :

> C'est par une humble foi, c'est par un amour tendre,
>   Que l'homme peut *prétendre*
>   *D'honorer* ses autels.   (Ode XVI, liv. 1.)

Mais ce régime n'est pas exact.

Voyez plus bas l'emploi de *prétendre* dans le sens d'*aspirer*.

SAVOIR (avoir le pouvoir, la force, l'adresse, l'habileté, le moyen) :

> *Il n'appartient qu'aux héros et aux génies sublimes de* SAVOIR ÊTRE *simples et humains.*   (Massillon.)

> *Sainte Thérèse eût voulu ne* SAVOIR ÉCRIRE *que pour publier ses défauts.*   (Massillon.)

SEMBLER se construit avec l'infinitif.

> *Plus on s'élève, plus la félicité* SEMBLE S'ÉLOIGNER *de nous.*   (Massillon.)

sans le secours d'une Préposition.

L'infortune d'autrui *semble* nous *satisfaire.*
(L. Racine, Épître sur l'Homme.)

Son front chargé d'ennui *semble dire* aux humains
Que le repos du cœur est loin des souverains.
(*Voltaire*, Agathocle, act. II, sc. 1.)

Sentir (avoir le cœur touché, l'âme émue de quelque chose d'extérieur). Ce verbe se construit souvent avec un infinitif sans préposition.

. . . . . La piété charmée
Sent renaître la joie en son âme calmée.
(*Boileau*, le Lutrin, chant VI.)

Je *sens* de jour en jour *dépérir* mon génie.
(Le même, Épître VIII.)

Je *sentis* tout mon corps et *transir* et *brûler*.
(Racine, Phèdre, act. I, sc. 3.)

S'IMAGINER (se figurer quelque chose sans fondement) : Il S'IMAGINE ÊTRE *un grand homme.*   (L'*Académie*.)

Ces lâches chrétiens qui S'IMAGINENT AVANCER *leur mort, quand ils préparent leur confession.*   (Bossuet.)

Souhaiter.

Voyez, page 725, si, lorsque ce verbe est suivi d'un infinitif, il est permis d'en faire usage sans préposition.

Valoir mieux : *Il y a beaucoup d'occasions où il* VAUT MIEUX SE TAIRE *que de parler.*   (L'*Académie*.)

Venir.

Voyez la Remarque qui est à la fin de ce chapitre.

Voir : *Nous avons* VU *le règne le plus glorieux* FINIR *par des revers.*   (Massillon.)

. . . . . On ne *voit* guère
Les hommes en ce siècle *accueillir* la misère.
(*Piron*, la Métromanie, act. V, sc. 4.)

Vouloir régit, dans beaucoup d'acceptions, l'infinitif non accompagné de préposition :

Voulez-vous du public *mériter* les amours ?
Sans cesse en écrivant, variez vos discours.
(*Boileau*, l'Art poétique, chant Ier.)

Chacun *veut* en sagesse *ériger* sa folie.

Oui, grand Dieu, c'est en vain que l'humaine foiblesse
Sans toi veut se parer du nom de la sagesse.
(*L. Racine*, la Grâce, chant Ier.)

Verbes à l'Infinitif régissant un autre Verbe à l'aide de la Préposition à.

Secondement. — Un verbe à l'infinitif peut restreindre ou déterminer la signification d'un autre verbe, à l'aide de la préposition *à*. Tels sont les verbes :

S'ABAISSER : *Faites bien concevoir à M. Despreaux combien vous êtes reconnaissant de la bonté qu'il a de* S'ABAISSER à *s'entretenir avec vous.* (Lettres de Racine à son fils.)

Et fait comme je suis, au siècle d'aujourd'hui,
Qui voudra *s'abaisser à* me servir d'appui ?
(*Boileau*, satire I.)

ABOUTIR : *Cette vie si pénible, si sordide* ABOUTIT à *grossir par de misérables épargnes un bien injuste.* (*Massillon.*)

Ce verbe n'est point usité en poésie.

S'ABUSER. Comme verbe pronominal, *abuser* se dit le plus ordinairement sans régime. Toutefois, Pascal a dit : *Il n'est pas possible de* S'ABUSER à *prendre un homme pour un ressuscité.*

S'ACCORDER (être d'accord) : *Les évangélistes* S'ACCORDENT *tous à nommer saint Pierre devant tous les apôtres.*
(*Bossuet.*)

Ils S'ACCORDOIENT *tous à demander l'expulsion de Mazarin.* (*Voltaire.*)

S'ACHARNER : *Ils* S'ACHARNENT *fort à diffamer cette harangue.*
(*La Bruyère.*)

S'AGUERRIR : *Il s'est* AGUERRI *à mépriser tout ce que les sens offrent de plus cher.* (*Massillon.*)

AIDER.

Voyez aux Remarques détachées quel régime il faut donner à ce verbe suivi d'un infinitif, ou d'un nom de personne.

AIMER (prendre plaisir à) : *L'homme n'*AIME *point à s'occuper de son néant et de sa bassesse.* (*Massillon.*)

. . . . . *J'aime à voir comme vous l'instruisez.*
(*Racine*, Athalie.)

ANIMER.

. . . . . Votre rigueur les condamne à chérir
Ceux que vous *animez* à les faire périr.
(*Corneille*, Cinna, act. IV, sc. 3.)

S'ANIMER : *Elle s'*ANIMOIT *à s'anéantir avec Jésus-Christ, à naître avec lui, à mourir et à ressusciter avec lui.*
(*Fléchier.*)

Je me crois des élus, je m'*anime* à les suivre.
(*L. Racine*, la Grâce, chant IV.)

S'APPLIQUER : *Il s'*APPLIQUE *à discerner la cause du juste d'avec celle du pécheur.* (*Fléchier.*)

APPLIQUEZ-VOUS *à multiplier chez vous les richesses naturelles.* (*Fénélon.*)

L'honneur, la probité, le sens et la raison
Demandent qu'on *s'applique* avec attention
A remplir ses devoirs, à ne nuire à personne.
(*Voltaire*, le dépositaire, act. I, sc. 2.)

APPRENDRE : *La religion nous* APPREND *à obéir aux puissances, à respecter nos maîtres, à souffrir nos égaux, à être* affables envers nos inférieurs, à aimer tous les hommes comme nous-mêmes. (*Massillon.*)

Qu'en vous aimant, vos fils *apprennent à* vous craindre.
(*Piron*, l'Ecole des Pères, act. II, sc. 5.)

APPRÊTER : *Ils font le pain,* APPRÊTENT À *manger.*
(*Fénélon.*)

S'APPRÊTER :

.... Bientôt il *s'apprête*
A mériter son trône en marchant à leur tête.
(*Voltaire*, la Henriade, chant I.)

A suivre ce grand chef l'un et l'autre *s'apprête.*
(*Boileau*, le Lutrin, chant II.)

ASPIRER :

Et monté sur le faîte il *aspire à* descendre.
(*Corneille*, Cinna, act. II, sc. 1.)

.... Et je ne puis songer
Que Troie en cet état *aspire à* se venger.
(*Racine*, Andromaque, act. I, sc. 2.)

Pascal a dit : *Aspirer de* : *Elle n'*ASPIRE *encore* D'*y arriver que par des moyens qui viennent de Dieu même.* Mais il a voulu éviter un hiatus.

ASSIGNER : *On l'a* ASSIGNÉ À *comparoître à la première audience.*

S'ASSUJÉTIR (s'astreindre) : S'ASSUJÉTIR À *gouverner un peuple.*, etc. (*Fléchier.*)

S'ATTACHER (s'appliquer) : *Je me suis* ATTACHÉ À *rechercher la véritable cause de*, etc. (*Pascal.*)

En vain à l'observer jour et nuit *je m'attache.*
(*Racine*, Phèdre, act. I, sc. 2.)

(Prendre plaisir) :

Le sort, dont la rigueur *à m'accabler s'attache.*
(*Voltaire*, Brutus, act. III, sc. 5.)

ATTENDRE.

Voyez la page ci-à côté.

S'ATTENDRE : *Les mourants qui parlent dans leurs testaments, peuvent* S'ATTENDRE À *être écoutés comme des oracles.* (*La Bruyère.*)

Il faut S'ATTENDRE À *exciter l'envie quand on a du succès.* (L'*Académie.*)

Toutefois *Racine* a employé *de* avec *s'attendre* :

Mes transports aujourd'hui *s'attendoient* d'éclater.
(Britannicus, act. III, sc. 1.)

Il est facile de voir qu'il a voulu éviter un hiatus.

ATTENDRE (différer, remettre) : *Il y a des hommes qui* ATTENDENT À *être dévots que tout le monde se déclare impie ou libertin.* (*La Bruyère.*)

Faudra-t-il sur sa gloire *attendre à* m'exercer
Que ma tremblante voix commence à se glacer ?
(*Boileau*, Épître I.)

S'AUGMENTER :

L'allégresse du cœur *s'augmente à* la répandre.
(*Molière*, l'École des Femmes, act. IV, sc. 6.)

AUTORISER : *Cette haute réputation de sainteté, qui seule peut* AUTORISER À *reprocher hardiment aux peuples et aux princes mêmes leurs excès.* (*Massillon.*)

A ne vous rien cacher son amour m'autorise.
(*Corneille*, Héraclius, act. II, sc. 3.)

S'AVILIR : L'*Académie* et les grammairiens ne parlent pas du régime de ce verbe devant un infinitif; cependant il est certain qu'il demande la préposition *à*.

La vertu *s'avilit à* se justifier,

a dit *Voltaire* (OEdipe, act. II, sc. 4).

Verbes à l'Infinitif régissant un autre Verbe.

Et *Gresset*, parlant des froids censeurs, dit à sa muse :

Et, sans jamais *t'avilir à* répondre,
Laisse au mépris le soin de les confondre.

AVOIR, suivi d'un infinitif. Ce verbe sert à marquer l'état, la disposition, la volonté où l'on est de faire ce que l'infinitif du verbe signifie :

*Nous n'*AVONS *jamais qu'un moment à vivre, et nous* AVONS *toujours des espérances pour plusieurs années.*
(*Fénélon.*)

Vous *avez* à combattre et les dieux et les hommes.
(*Racine*, Iphigénie, act. V, sc. 3.)

J'ai votre fille ensemble et ma gloire *à* défendre.
(Le même, Iphigénie, act. IV, sc. 7.)

BALANCER (être en suspens) :

Tandis qu'*à* me répondre ici vous *balancez*.
(*Racine.*)

Et ne *balançons* plus, puisqu'il faut éclater,
A prévenir le coup qu'il cherche à nous porter.
(*Th. Corneille*, le comte d'Essex, act. I, sc. 3.)

BORNER, suivi d'un régime et d'un infinitif, demande la préposition *à*. *La religion n'a pas, comme la philosophie,* BORNÉE *toute sa gloire* À *essayer de former un sage dans chaque siècle, elle en a peuplé toutes les villes.* (*Massillon*)

Porus *bornoit* ses vœux à conquérir un cœur.
(*Racine*, Alexandre, act. IV, sc. 2)

SE BORNER : *L'homme de bien est celui qui n'est ni un saint ni un dévot, et qui s'*EST BORNÉ À *n'avoir que de la vertu.*
(*La Bruyère.*)

CHERCHER (tâcher de) : *L'homme du meilleur esprit parle peu, n'écrit point ; il ne* CHERCHE *point* À *imaginer ni* À *plaire.* (*La Bruyère.*)

Oui, c'est Joas ; je *cherche* en vain à me tromper.
(*Racine*, Athalie, act. V, sc. 6.)

à l'aide de la Préposition à.

SE COMPLAIRE :

> Dieu *se complaît*, ma fille, *à* voir du haut des cieux
> Ces grands combats d'un cœur sensible et vertueux.
> (*Voltaire*, Agathocle, act. II, sc. 1.)

CONCOURIR (coopérer) : *Toutes ces choses* CONCOURENT À *établir les livres divins.* (Bossuet.)

CONDAMNER, suivi d'un infinitif, prend la préposition À, soit au propre, soit au figuré :

> .... Un peuple infortuné
> Qu'*à* périr avec moi vous avez *condamné*.
> (*Racine*, Esther, act. III, sc. 4.)

> Est-ce qu'*à* faire peur on veut vous *condamner* ?
> (*Boileau*, satire X.)

SE CONDAMNER : *Il* SE CONDAMNOIT, *en rendant les sceaux,* À *rentrer dans la vie privée.*

Que seroit la puissance des rois s'ils SE CONDAMNOIENT À *en jouir tout seuls !* (*Massillon.*)

CONSENTIR. Le régime de ce verbe devant un infinitif, le plus conforme à l'usage, est la préposition *à*. *La crainte des supplices ou d'une mort prochaine ne put le faire* CONSENTIR À *payer de rançon pour lui.* (*Fléchier.*)

> Et quelque grand malheur qui m'en puisse arriver
> Je *consens à* me perdre, afin de la sauver.
> (*Corneille*, Cinna, act. II, sc. 1.)

> Peut-être *à* m'accuser j'aurois pu *consentir*.
> (*Racine*, Phèdre, act. IV, sc. 5.)

Cependant, on trouve *consentir de*, dans *Racine* :

> César lui-même ici *consent de* vous entendre.
> (Britannicus, act. II, sc. 1.)

> Je puis me plaindre à vous du sang que j'ai versé,
> Mais enfin je *consens d'*oublier le passé.
> (Andromaque, act. IV, sc. 5.)

Dans *La Bruyère* :

Il CONSENT D'être gouverné par ses amis.

De sorte qu'il paraîtroit que la préposition *de* peut très bien être employée avec le verbe *consentir*, suivi d'un infinitif.

Devant un nom, nul doute que la préposition *à* avec *consentir* est la seule autorisée.

CONSISTER : *La libéralité* CONSISTE *moins* à *donner beaucoup qu'*à *donner à propos.* (*La Bruyère.*)

L'esprit de la conversation CONSISTE *bien moins* à *montrer beaucoup d'esprit qu'*à *en faire trouver aux autres.*

(Le même.)

CONSPIRER (contribuer) : *Tout* CONSPIRE à *pervertir les rois.* (*Fléchier.*)

Tout m'afflige et me nuit et *conspire à* me nuire.
(*Racine*, Phèdre, act. I, sc. 3.)

CONSUMER (user, ruiner) :

Si peu que mes vieux ans m'ont laissé de vigueur,
Se *consume* sans fruit *à* chercher ce vainqueur.
(*Corneille*, le Cid, act. III, sc. 5.)

CONTRIBUER (coopérer) : *Il y a dans certains hommes une certaine médiocrité d'esprit qui* CONTRIBUE à *les rendre sages.* (*La Bruyère.*)

CONVIER :

Puisque mon roi lui-même *à* parler me *convie.*
(*Racine*, Esther, act. III, sc. 4.)

Faut-il qu'*à* feindre encor votre amour me *convie !*
(Le même, Bajazet, act. IV, sc. 1.)

A se rendre moi-même en vain je le *convie.*
(*Corneille*, le Cid, act. IV, sc. 4.)

Toutefois l'*Académie* a mis, *on l'a convié de s'y trouver;*

mais il nous semble qu'elle a mal fait de donner cet exemple, puisque là il y a un certain lieu où on le convie à se rendre, et que dans ce cas la préposition *à* est toujours la seule qui convienne.

COUTER : *Il n'y a rien qui* COUTE *davantage* à *approuver et* à *louer que ce qui est le plus digne d'approbation et de louanges.*   (*La Bruyère.*)

Employé comme verbe unipersonnel *coûter* prend *de* : *Le plus difficile est de donner ; que* COUTE-T-IL *d'y ajouter un sourire ?*   (*La Bruyère.*)

Il en COUTE *bien moins* DE *remporter des victoires sur les ennemis que* DE *se vaincre soi-même.*   (*Massillon.*)

DÉTERMINER (porter, exciter, porter à une détermination) : *Ses amis, malgré leurs peines et leurs soins ne purent jamais le* DÉTERMIER à *rester au milieu d'eux.*

SE DÉTERMINER : *Dion s'étoit enfin* DÉTERMINÉ à *délivrer sa patrie du joug sous lequel elle gémissoit.* (*Barthélemy.*)

DISPOSER (préparer, engager). Ce verbe, dans cette signification, demande la préposition *à* : *Il y a dans le cœur de celui qui prie un fonds de bonne volonté qui le* DISPOSE à *embrasser et* à *sentir la vérité.*   (*Fléchier.*)

A le chercher (Dieu) la peur nous dispose et nous aide.
                (*Boileau*, Épître XII.)

SE DISPOSER :

A marcher sur mes pas Bajazet se dispose.
                (*Racine*, Bajazet, act. III, sc. 2.)

ÊTRE DISPOSÉ (être préparé) :

Je vois qu'à m'obéir vous êtes disposée,
                (*Racine.*)

...... *Est-elle enfin disposée à partir ?*
                (*Racine*, Bérénice, act. IV, sc. 5)

SE DIVERTIR : *Il se* DIVERTIT *beaucoup* à *faire ajuster sa maison, et y dépense bien de l'argent.* (Mad. de Sévigné.) — *Je me suis extrêmement* DIVERTIE à *méditer sur les caprices de l'amour.* (La même.)

DONNER :

> Si le roi dans l'instant, pour sauver le coupable,
> Ne lui *donne à* baiser son sceptre redoutable.
> (*Racine*, Esther, act. I, sc. 3.)

> Je te *donne à* combattre un homme redoutable.
> (*Corneille*, le Cid, act. I, sc. 6.)

EMPLOYER : EMPLOYEZ *vos biens et votre autorité* à *faire des heureux, à rendre la vie plus douce et plus supportable à des malheureux.* (*Massillon.*)

> *Employez* mon amour à venger cette mort.
> Corneille, le Cid, act. III, sc. 2.)

ENCOURAGER :

> Je cours à vous servir *encourager* son âme.
> (*Voltaire*, Mahomet, act. III, sc. 3.)

> Ah ! plutôt à mourir daignez *m'encourager*.
> (*Voltaire*, Agathocle, act. I, sc. 1.)

ENGAGER (déterminer par la persuasion à faire quelque chose) :

> L'intérêt, qui fait tout, les pourroit *engager*
> A vous donner retraite, et même à vous venger.
> (*Voltaire*, le Triumvirat, act. III, sc. 3.)

> .... *Engagez-le* à l'instant
> A chercher dans Micène un trône qui l'attend.
> (*Voltaire*, les Pélopides, act. IV, sc. 3.)

Comme verbe pronominal, ce verbe prend la préposition *à* ou la préposition *de*, suivant que l'oreille et le goût le demandent :

Elle S'ENGAGEA *par une promesse solennelle* DE *faire toujours ce qu'elle croiroit être de plus accompli.* (Fléchier.)

Si tout ce qui reçoit des fruits de ta largesse
A peindre tes exploits ne doit point *s'engager.*
(*Boileau*, Epître VIII.)

ENHARDIR : *Un premier succès* ENHARDIT À *en tenter de nouveaux.*

ENSEIGNER :

Méchant, c'est bien à vous d'oser ainsi nommer
Un Dieu que votre bouche *enseigne à* blasphêmer !
(*Racine*, Athalie, act. III, sc. 4.)

..... Le faux zèle
Enseigne à tout souffrir, comme *à* tout hasarder.
(*Voltaire*, la Henriade, chant X.)

S'ENTENDRE (se connoître à) : *Il* S'ENTEND *parfaitement à mener une intrigue.*

S'ÉTUDIER (s'appliquer, s'exercer à faire quelque chose) : *Je* M'ÉTUDIE À *chercher les causes secrètes de*, etc. (Bossuet.)

Tout ce qui vous environne S'ÉTUDIE À *vous tromper.*
(*Massillon.*)

Sa rigueur *s'étudie* assez *à* m'accabler.
(*Th. Corneille*, le Comte d'Essex, act. IV, sc. 5.)

S'ÉVERTUER :

La rime est une esclave. . . . .
Lorsqu'*à* la bien chercher d'abord on *s'évertue.*
(*Boileau*, l'Art poétique, chant I.)

EXCELLER :

Il *excelle à* conduire un char dans la carrière.
(*Racine*, Britannicus, act. IV, sc. 4.)

Tel *excelle à* rimer qui juge sottement.
(*Boileau*, l'Art poétique, chant II.)

EXCITER :

Ma gloire, mon repos, tout m'*excite à* partir.
(*Racine*, Britannicus, act. III, sc. 4.)

...... Leur sang et leurs blessures
Les *excitoient* encore à venger leurs injures.
(*Voltaire*, la Henriade, chant VIII.)

S'EXCITER : *On* S'EXCITE à *la pénitence afin de* S'EXCITER à *glorifier le Père céleste.* (*Fléchier.*)

EXHORTER : *Je vous* EXHORTE, *non pas à pleurer une reine, mais à imiter une bienfaitrice.* (Fléchier.)

S'EXPOSER (se mettre en péril, se mettre dans le cas de) :

Je m'*expose à* me perdre et cherche à vous servir.
(*Voltaire*, Mariamne, act. III, sc. 5.)

SE FATIGUER :

Je me *fatiguerois*, à te tracer le cours
Des outrages cruels qu'il me fait tous les jours.
(*Boileau*, le Lutrin, chant II.)

S'HABITUER :

La rime......
L'esprit *à* la trouver aisément *s'habitue*.

HAÏR. *Boileau* s'est servi avec ce verbe, suivi d'un infinitif, de la préposition *à* :

Tel, qui *hait à* se voir peint en de faux portraits,
Sans chagrin voit tracer ses véritables traits. (Epître IX.)

SE HASARDER : *Il se* HASARDA à *passer les Alpes.* (*Voltaire.*)

Quelques écrivains ont employé la préposition *de* ; nous n'osons ni condamner, ni approuver ce régime, qui, au surplus, est peu usité.

HÉSITER : *Il n'*HÉSITA *pas à favoriser son évasion, au risque de s'en faire un dangereux ennemi.* (J.-J. Rouss., Émile, IV.)

...... Pourriez-vous donc penser
Qu'Eryphile *hésitât à* vous récompenser ?
(*Voltaire*, Eryphile, act. II, sc. 2.)

Instruire (379) :

Vous me donnez des noms qui doivent me surprendre,
Madame ; on ne m'a pas *instruite à* les entendre.
(*Racine*, Iphigénie, act. II, sc. 2.)

Je l'*instruirai* moi-même *à* venger les Troyens.
(*Racine*, Andromaque, act. I, sc. 4.)

Intéresser (380) :

En vain vous prétendez, obstinée *à* mourir,
Intéresser ma gloire *à* vous laisser périr.
(*Racine*, Iphigénie, act. V, sc. 2.)

Inviter.

Qui pardonne aisément *invite à* l'offenser.
(*Corneille*, Cinna. act. III, sc. 1.)

---

(379) En prose, on dit *instruire par son exemple* ; mais plusieurs poëtes ont employé *de*, ou *à*.

*Instruisez-le d'exemple, et vous ressouvenez
Qu'il faut faire à ses yeux ce que vous enseignez.*
(*Corneille*, le Cid, act. I, sc. 4.)

Pour s'instruire d'exemple en dépit de Linière.
(*Boileau*, Chapelain décoiffé.)

Il m'instruisait d'exemple au grand art des héros.
(*Voltaire*, la Henriade, ch. II.)

*Et dans quels lieux le ciel, mieux qu'au séjour des champs,
Nous instruit-il d'exemple aux généreux penchants ?*
(*Delille*, l'Homme des champs, ch. II.)

Et cette expression paroît à Voltaire faire un très bel effet.

(380) S'INTÉRESSER, ÊTRE INTÉRESSÉ ont des sens très différents : l'un signifie *prendre intérêt à quelque chose* :

Et pour moi jusque-là votre cœur s'intéresse.
(*Racine*, Britann., act. V, sc. 1.)

L'autre signifie, *avoir intérêt à une chose* :

*Mais parliez-vous de moi quand je vous ai surpris ?
Dans vos secrets discours étois-je intéressée ?*
(*Racine*, Bérénice, act. II sc. 4.)

Ainsi dans cette phrase : *Fuyez les procès sur toutes choses : souvent la conscience s'y* INTÉRESSE, *la santé s'y altère, les biens se dissipent.* Il falloit *y est intéressée* : l'affectation de la symétrie a peut-être produit ce contre-sens.

Être invité : *Le langage de l'amour n'étant pas comme aujourd'hui le sujet de toutes les conversations, les poètes en étoient moins* INVITÉS à *traiter cette passion.* (*Voltaire.*)

Se lasser. Ce verbe, suivi d'un infinitif, paroîtroit pouvoir être employé avec la préposition à, aussi bien qu'avec la préposition *de* :

> L'autre en vain se *lassant à* polir une rime.
> (*Boileau*, Discours au Roi.)

> Auguste s'est *lassé d'*être si rigoureux.
> (*Corneille*, Cinna, act. III, sc. 1.)

> ..... Ma bouche unie avec les anges
> Ne se *lassera* point *de* chanter vos louanges.
> (*L. Racine*, la Grâce, chant III.)

Mettre :

> Admirateur zélé de ces maîtres fameux
> Je *mets* toute ma gloire *à* marcher après eux.
> (*L. Racine*, la Grâce, chant II.)

> *A* croître nos malheurs le démon *met* sa joie ;
> Lion terrible, il cherche à dévorer sa proie.
> (Le même, chant II.)

Se mettre :

> Tous mes sots à la fois ravis de l'écouter,
> Détonnant de concert, se *mettent à* chanter.
> (*Boileau*, satire III.)

Montrer (enseigner) : *La nouvelle méthode employée par des professeurs pour* MONTRER à *lire n'a pas eu, quelque bonne qu'elle soit, un très grand succès.*

S'obstiner :

> L'Académie en corps a beau le censurer,
> Le public révolté *s'obstine à* l'admirer.
> (*Boileau*, satire IX.)

> Quand.....
> Vous vous *obstineriez à* ne l'écouter plus.
> (*Th. Corneille*, Ariane, act. III, sc. 1.)

S'OFFRIR :

    Je m'*offre à* servir son courroux......   (*Voltaire.*)

    Je m'*offre à* vous venger.....

            (*Th. Corneille*, Ariane, act. IV, sc. 1.)

AVOIR PEINE :

    On *a peine* à haïr ce qu'on a bien aimé.

            (*P. Corneille*, Sertorius, act. I, sc. 3.)

    Elle *a peine* à ses vœux peut-être à consentir.

            (*Th. Corneille*, Ariane, act. IV, sc. 3.)

PENCHER :

    Je *penche* d'autant plus à lui vouloir du bien,
    Que, s'en voyant indigne, il ne demande rien.

            (*Corneille*, Héraclius, act. II, sc. 2.)

PENSER (songer à quelque chose) :

Gand tombe avant qu'on PENSE à le munir. (*Bossuet.*)

Avez-vous jamais PENSÉ à *offrir à Dieu toutes ces souf-frances ?*   (*Massillon.*)

    (Avoir dessein) :

    Il *pense à* m'y traîner......

            (*Voltaire*, Sophon., act. IV, sc. 6.)

PERSÉVÉRER ; *Il* PERSÉVÈRE à *soutenir ce qu'il a dit.*

            (*L'Académie.*)

    ..... Grands dieux, si votre haine
    Persévère à vouloir l'arracher de mes mains,
    Que peuvent devant vous tous les foibles humains ?

            (*Racine*, Iphigénie, act. IV, sc. 9.)

PERSISTER :

    Allons : et s'il *persiste à* demeurer chrétien.

            (*Corneille*, Polyeucte, act. III, sc. 5.)

    ...... Si vous *persistez*
    A demander le sang que vous persécutez.

            (*Voltaire*, le Triumvirat, act. I, sc. 3.)

SE PLAIRE :

    Quel père de son sang *se plaît à* se priver ?

            (*Racine*, Iphigénie, act. III, sc. 6.)

    Dieu *se plaît à* donner, mais il veut qu'on le prie.

            (*L. Racine*, la Grâce, chant II.)

> Le ciel dans une nuit profonde
> Se *plait* à nous cacher ses lois.
>
> (*J.-B. Rousseau*, ode I, liv. 2.)

Racine cependant a dit dans Esther (acte III, sc. 9) :

> Relevez, relevez les superbes portiques
> Du temple où notre Dieu *se plait* d'être adoré.

Mais, comme l'a fort bien fait remarquer *D'Olivet*, ce grand poète auroit dit, *se plait à être adoré*, si l'hiatus ne l'en eût empêché.

PRENDRE PLAISIR :

> Je ne *prends* point *plaisir* à croître ma misère.
> (*Racine*, Bajazet, act. III, sc. 5.)

> *Prennent*-ils donc *plaisir* à faire des coupables,
> Afin d'en faire après d'illustres misérables ?
> (Le même, les Frères ennemis, act. III, sc. 2.)

SE PLIER :

> *A* fléchir son amant sa fierté *se pliait*.
> (*Voltaire*, Sophon., act. II, sc. 4.)

SE PRÉPARER :

> *Préparez-vous à* voir ce malheureux chrétien.
> (*Corneille*, Polyeucte, act. II, sc. 4.)

> La terre compte peu de ces rois bienfaisants :
> Le ciel *à* les former *se prépare* long-temps.
> (*Boileau*, Épître I.)

PRÉTENDRE (dans le sens d'*aspirer* est neutre).

> Caton, dans tous les temps, gardant son caractère,
> Mourut pour les Romains sans *prétendre* à leur plaire.
> (*Voltaire*.)

> Que vois-je ? votre époux.— Non, vous ne l'êtes pas,
> Non, Cassandre...., jamais ne *prétendez* à l'être.
> (*Voltaire*, Olympie, act. IV, sc. 5.)

Devant un nom, *prétendre*, dans le sens d'*aspirer*, se met également avec la préposition *à*.

à l'aide de la Préposition à. 701

Auteurs qui *prétendez aux* honneurs du comique.
(Boileau, l'Art poétique, chant III.)

J'obéis sans *prétendre à* l'honneur de l'instruire.
(Racine.)

Cependant quelques poëtes ont cru pouvoir employer en ce sens le verbe *prétendre* comme verbe actif.

On lit dans *Racine* (Mithr., act. I, sc. 1) :

Il crut que, *sans prétendre* une plus haute gloire,
Elle lui céderoit une indigne victoire.

Et dans *Voltaire* (Rome sauvée, act. II, sc. 6) :

..... Frappez, mettez en cendre
Tout ce qui *prétendra* l'honneur de se défendre·

Mais si on passe cette licence aux poëtes, il est certain qu'en prose elle ne seroit pas tolérée.

Voyez, pag. 684, l'emploi de *prétendre*, dans le sens de *avoir intention, avoir dessein*.

Provoquer : Provoquer à *boire*, provoquer à *se battre*.
(L'Académie.)

Réduire (contraindre, obliger) :

Le sort vous a *réduit à* combattre à la fois
Les durs Sydoniens et vos jaloux Crétois.
(*Voltaire*, les Lois de Minos, act. I, sc. 1.)

L'inexorable Aman est *réduit à* prier.
(Racine, Esther, act. III, sc. 5.)

Se réduire (aboutir, se terminer) : *Tout ce discours se* réduit à *prouver que vous avez tort.*

Renoncer :

..... Désormais *renonçant à* vous plaire.
(Racine.)

Répugner : *Je* répugne *souverainement* à *faire cela.*
(L'Académie.)

Se résigner : *On se résigne aisément à souffrir un mal que tous les autres endurent.* (Pensées de Sénèque.)

Résoudre.

Voyez, page 723, ce que nous disons sur l'emploi de ce verbe suivi d'un infinitif, quand il est actif, ou passif, ou pronominal.

Réussir :

. . . . . . Si par ton artifice
Tu ne peux *réussir à* t'en faire un complice.
(*Voltaire*, Catilina, act. II, sc. 1.)

Risquer (courir des risques). Ce verbe régit la préposition à après son régime direct :

Songez qu'on *risque* tout *à* me le refuser.
(*Th. Corneille*, le Comte d'Essex, act. II, sc. 1.)

Lorsqu'il est neutre, il régit la préposition *de*.

Servir (être utile, propre, bon à quelque chose) : *La modération que le monde affecte n'étouffe pas les mouvements de la vanité ; elle ne* sert *qu'à les cacher.* (Bossuet.)

L'exemple des grands sert à *autoriser la vertu.*
(*Massillon*.)

La satire ne *sert* qu'à rendre un fat illustre.
(*Boileau*, satire IX.)

Songer (penser, avoir quelque vue, quelque dessein, quelque intention) : *Le prince de Condé avoit pour maxime, que, dans les grandes actions, il faut uniquement* songer à *bien faire, et laisser venir la gloire après la vertu.*(Bossuet.)

Je songe. . . . . .
A régler mes désirs, *à* prévenir l'orage,
A sauver, s'il se peut, ma raison du naufrage.
(*Boileau*, Épître V.)

L'âge viril. . . . . .
Contre les coups du sort *songe à* se maintenir.
(Le même, l'Art poétique, chant III.)

Suffire. Ce verbe régit *à* ou *pour* : *La vie, qui est courte et qui ne suffit presque pour aucun art*, SUFFIT POUR *être bon chrétien.* (*Nicole.*)

..... Souvent la raison *suffit à* nous conduire.
(*Voltaire*, la Henriade, chant IX.)

Suffire est quelquefois employé impersonnellement, et alors il régit *à* ou *de* : IL SUFFIT D'*être malheureux pour être injuste.*

Ne vous *suffit-il* pas dans la paix, dans la guerre,
D'être un des souverains sous qui tremble la terre ?
(*Voltaire*, Catilina, act. I, sc. 3.)

TARDER (différer à faire quelque chose) :

Puisse la chrétienté ouvrir les yeux ! Que TARDE-*t-elle* à *se souvenir, et des secours de Candie, et de la fameuse journée du Raab ?* (*Bossuet.*)

Si le sens de vos vers *tarde à* se faire entendre,
Mon esprit aussitôt commence à se détendre.
(*Boileau*, l'Art poétique, chant I)

Employer impersonnellement, ce verbe, qui ne se dit alors que pour marquer que l'on a impatience de quelque chose, régit *de*, quand c'est un infinitif qui suit: *Il me* TARDE D'*achever mon ouvrage.*

TENDRE : *Les tendresses inexprimables de Marie-Thérèse* TENDOIENT *toutes à inspirer à son fils la foi, la piété, la crainte de Dieu.* (*Bossuet.*)

TENIR (avoir pour but) :

Il TIENT à *finir lui-même cet ouvrage.* (*L'Académie.*)

Ne *tient-il* qu'à marquer de cette ignominie
Le sang de mes aïeux qui brille dans Junie ?
(*Racine*, Britannicus, act. I, sc. 2.)

TRAVAILLER : *Il* TRAVAILLOIT à *purifier son cœur, non pas à polir son esprit.* (*Massillon.*)

Je *travaille à* la perdre, et la perds à regret.
(*Corneille*, le Cid, act. I, sc. 3.)

Trembler :

Voyez page 727 si ce verbe, suivi d'un infinitif, demande la préposition *à*, ou la préposition *de*.

Viser : *Il* VISE À *se faire des patrons et des créatures.*
(*La Bruyère.*)

Verbes à l'Infinitif régissant un autre Verbe à l'aide de la Préposition DE.

Troisièmement. — Un verbe à l'infinitif peut restreindre ou déterminer la signification d'un autre verbe, à l'aide de la préposition *de* : Tels sont les verbes :

S'abstenir : Abstenez-vous de *nuire à votre ennemi.*
(*Massillon.*)

Les Italiens se seroient abstenus de *toucher à ce sujet.*
(*Fontenelle.*)

C'est une question sur laquelle nous nous abstiendrons de *prononcer.* (*D'Alembert.*)

Accuser : *Les courtisans de Darius* accusoient *Daniel* d'avoir *violé les lois des Perses.* (*Massillon.*)

*Carthage aima toujours les richesses, et Aristote l'*accuse d'*y être attachée.* (*Bossuet.*)

Quand vous devez la vie aux soins de ce grand homme,
Vous osez *l'accuser d'avoir trop fait pour Rome.*
(*Voltaire*, Catilina, act. V, sc. 1.)

Être accusé : *Socrate fut* accusé de *nier les dieux que le peuple adoroit.* (*Bossuet*)

S'accuser : S'accuser d'*avoir rompu le jeûne.* (*Pascal.*)

Achever :

*On croit faire grâce à des malheureux quand on n'*achève *pas* de *les opprimer.* (*Fléchier.*)

Vérité que j'implore, *achève de descendre.*
(*Racine*, Esther, act. III, sc. 4.)

à l'aide de la Préposition de.

Affecter (faire ostentation de quelque chose) :

Pour éblouir les yeux la fortune arrogante
Affecta d'étaler une pompe insolente.
(*Boileau*, Épitre IX.)

(Prendre quelque chose à tâche): *Nous* **affectons** *souvent* **de** *louer avec exagération des hommes assez médiocres.*
(*La Bruyère.*)

Perse en ses vers obscurs, mais serrés et pressants,
Affecta d'enfermer moins de mots que de sens.
(*Boileau*, l'Art poétique, chant II.)

Être **affligé** : *Je suis sensiblement* **affligé de** *voir que votre colique ne vous quitte point.* (*Voltaire.*)

S'affliger : *On ne s'est jamais peut-être avisé de* **s'affliger de** *n'avoir pas trois yeux, mais on est inconsolable de n'en avoir qu'un.* (*Pascal.*)

Agir, employé unipersonnellement, et alors servant à marquer de quoi il est question, demande la préposition *de* devant un infinitif. *Il ne sait plus parler quand il* **s'agit de** *demander.* (*Fléchier.*)

Mais il ne *s'agit* point de vivre, il faut régner.

Être bien aise : *Le monde, tout monde qu'il est, est pourtant* **bien aise d'***avoir des gens de bien pour défenseurs et pour juges.* (*Massillon.*)

Je **suis bien aise d'***apprendre cela.*
(*Molière*, les Fourb. de Scapin, act. II, sc. 5.)

Ambitionner : *La duchesse de Mazarin, à qui l'on* **ambitionnoit de** *plaire.* (*Voltaire.*)

Appartenir. Ce verbe s'emploie quelquefois unipersonnellement, et alors il régit *de* devant un verbe à l'infinitif, et devant les noms : *Il n'***appartient** *qu'à la religion* **d'***instruire et* **de** *corriger les hommes.* (*Pascal.*)

I

45

Il n'APPARTIENT qu'aux femmes DE faire lire dans un seul mot tout un sentiment. (La Bruyère.)

Noble affabilité, charme toujours vainqueur,
Il n'*appartient* qu'à vous de triompher d'un cœur.
(J.-B. Rousseau.)

S'APPLAUDIR :

.... Je m'*applaudissois* de retrouver en vous
Ainsi que les vertus, les traits de mon époux.
(Voltaire, OEdipe, act. IV, sc. 4.)

Son grand cœur s'*applaudit* d'avoir au champ d'honneur
Trouvé des ennemis dignes de sa valeur.
(Le même, la Henriade, chant VIII.)

Voyez les Remarques détachées.

APPRÉHENDER : *Elle* APPRÉHENDOIT D'*abuser des miséricordes de Dieu.* (Fléchier.)

Il APPRÉHENDOIT DE *revoir ce qu'il avoit de plus cher au monde.* (Fénélon.)

AVERTIR :

Souffrez quelques froideurs sans les faire éclater ;
Et n'*avertissez* point la cour de vous quitter.
(Racine, Britannicus, act. I, sc. 2.)

C'est pour vous *avertir* de ce qu'il vous faut craindre,
Qu'à ce triste entretien j'ai voulu me contraindre.
(Th. Corneille, le Comte d'Essex, act. I, sc. 2.)

S'AVISER : *Notre esprit est si bizarre qu'il* S'AVISE DE *louer morts des gens qu'il dénigroit vivants.* (La Bruyère.)

Jouez ces pièces à Nankin ; mais ne vous AVISEZ pas DE *les représenter aujourd'hui à Paris ou à Florence.*
(Lett. de Voltaire à l'Académie française.)

BLAMER :

Je ne puis te *blâmer* d'avoir fui l'infamie.
(Corneille, le Cid, act. III, sc. 4.)

Ne *blâmez* pas Perrault de condamner Homère.
(Boileau, Épigramme 21.)

Briguer (rechercher avec empressement). Suivi d'un nom et d'un infinitif, ce verbe régit *de* :

> J'ai *brigué* pour mon sang, pour le héros que j'aime,
> L'honneur *de* commander dans ce péril extrême.
> (*Voltaire*, Brutus, act. IV, sc. 6.)

> Ces Scythes altiers *briguoient*. . . . . . .
> L'honneur *d'*être comptés au rang de nos soldats.
> (*Voltaire*, les Scythes, act. II, sc. 5.)

Bruler (être possédé d'un violent désir) :

> C'est qu'elle sort d'un sang qu'il *brûle de* répandre.
> (*Racine*, Iphigénie, act. II, sc. 5.)

> . . . . Voici cet étranger
> Que vos tristes soupçons *brûloient d'*interroger.
> (*Voltaire*, Mérope, act. II. sc. 1.)

Cesser :

> Joas ne *cessera* jamais *de* vous aimer.
> (*Racine*, Athalie, act. IV, sc. 4.)

> Grand roi, *cesse de* vaincre, ou je *cesse d'*écrire.
> (*Boileau*, Épître VIII.)

> *Cesse* donc à mes yeux *d'*étaler un vain titre.
> (Le même, le Lutrin, chant II.)

Charger (donner commission) : *Elle nous a* CHARGÉS DE *vous témoigner l'impatience que*, etc.   (*Fléchier.*)

Zerbinette m'a CHARGÉ *promptement* DE *venir vous dire que*, etc.   (*Molière*, les Fourb. de Scapin, act. II, sc. 6.)

Se charger (prendre le soin d'une chose) : *Il se* CHARGEA DE *les défendre*.   (*Massillon.*)

Les lois ne SE CHARGENT DE *punir que les actions extérieures*.   (*Montesquieu.*)

Choisir (opter) :

> *Choisis de* leur donner ton sang ou *de* l'encens.
> (*Corneille*, Polyeucte, act. V, sc. 2.)

> A qui *choisiriez*-vous mon fils, *de* ressembler ?
> (*Racine*, Athalie, act. IV, sc. 2.)

45.

Commander (ordonner, enjoindre quelque chose à quelqu'un).

Il *commande* au soleil d'animer la nature.
(*Racine*, Athalie, act. I, sc. 4.)

Commande à mes tyrans d'épargner ma mémoire.
(*Voltaire*, Mariamne, act. V, sc. 3.)

Conjurer :

J'ose vous *conjurer* de ne vous perdre pas.
(*Th. Corneille*, le Comte d'Essex, act. III, sc. 3.)

Ils *conjuroient* ce Dieu de veiller sur vos jours.
(*Racine*, Esther, act. III, sc. 4.)

Sa mère. . . . .
La *conjure* en tremblant *de* presser son départ.
(*Voltaire*, Mariamne, act. III, sc. 1.)

Conseiller :

Je vous *conseillerois* de ne l'apprendre pas.
(*Th. Corneille*, Ariane, act. II, sc. 4.)

Je lui *conseillerois* de s'assurer d'un autre.
(*P. Corneille*, Nicomède, act. III, sc. 2.)

Consentir :

Voyez, page 691, si l'on peut quelquefois faire usage de la préposition de avec ce verbe suivi d'un infinitif.

Se contenter : *Les Romains* SE CONTENTOIENT DE *savoir la guerre, la politique et l'agriculture.* (*Bossuet.*)

Ceux que vous outragez SE CONTENTENT D'*offrir à Dieu leurs gémissements.* (*Pascal.*)

Contraindre.

Voyez, page 736, ce que nous disons sur l'emploi de ce verbe.

Convenir, dans le sens d'être expédient, être à propos, ne s'emploie guère qu'impersonnellement, et alors il prend *de*.

J'ai commandé qu'on porte à votre père
Les foibles dons qu'il *convient de* vous faire.
(*Voltaire*, le Droit du seigneur, act. III, sc. 6.)

Corriger. Lorsque ce verbe est suivi d'un infinitif, il ne peut pas prendre une préposition autre que *de* ; mais il a rarement un infinitif après lui, et il vaut mieux, autant que possible, lui donner un nom pour régime.

AVOIR COUTUME.

Qui *a coutume* de mentir est bien près du parjure. (Tr. de *Cicéron*.)

CRAINDRE :

Sur les pas d'un banni *craignez-vous de* marcher ?
(*Racine*, Phèdre, act. V, sc. 1.)

Sans cesse on prend le masque, et quittant la nature,
On *craint de* se montrer sous sa propre figure.
(*Boileau*, Épître XI.)

DÉDAIGNER :

..... Ce cœur, c'est trop vous le céler,
N'a point d'un chaste amour *dédaigné de* brûler.
(*Racine*, Phèdre, act. IV, sc. 2.)

Le pavillon d'Antoine est auprès du rivage :
Passez, et *dédaignez de* venger mon outrage.
(*Voltaire*, le Triumvirat, act. IV, sc. 3.)

DÉFENDRE (prohiber) :

Le ciel protège Troie ; et par trop de présages
Son courroux nous *défend d*'en chercher les passages.
(*Racine*, Iphigénie, act. I, sc. 2.)

Le désolé vieillard, qui hait la raillerie,
Lui *défend de* parler, sort du lit en furie.
(*Boileau*, le Lutrin, chant IV.)

Observez que ce verbe prend la conjonction *que* avec le subjonctif, au lieu de la préposition *de*, quand, au lieu d'un nom ou pronom pour régime indirect, il a la préposition suivante pour seul régime :

.... Je *défends qu*'on prenne les armes.
(*Voltaire*, 9ᵉ rem. sur Corneille.)

Mais mon père *défend que* le roi se hasarde.
(*Racine*, Ath. act. V, sc. 1.)

DEMANDER :

Voyez, page 736, ce que nous disons sur la préposition dont ce verbe doit être accompagné quand il a à sa suite un verbe à l'infinitif.

SE DÉSACCOUTUMER : *Il* SE DÉSACCOUTUME *un peu* DE *jurer.* (*L'Académie.*)

DÉSESPÉRER : *Salomon* DÉSESPÈRE DE *trouver cette femme forte.* (*Fléchier.*)

Un tas d'hommes perdus de dettes et de crimes,
Que pressent de mes lois les ordres légitimes,
Et qui, *désespérant de* les plus éviter,
Si tout n'est renversé, ne sauroient subsister.
(*Corneille*, Cinna, act. V, sc. 1.)

DÉSIRER (désirer de faire quelque chose ; désirer faire quelque chose) : *Bossuet, La Bruyère, Fléchier, Racine, Thomas, Voltaire* et *Buffon* ont fait usage avec ce verbe de la préposition *de* devant un infinitif ; cependant nombre d'écrivains l'ont retranchée ; mais l'*Académie, Féraud, Gattel,* et beaucoup de grammairiens modernes, sont d'avis qu'il vaut mieux s'en servir.

DÉTESTER : *Je* DÉTESTE *rester long-temps à table* est aussi bien dit que *je* DÉTESTE DE *rester long-temps à table.*

SE DEVOIR :

..... *Je dois à sa mémoire
De vous montrer le bien que vous avez perdu.*
(*Voltaire*, Mariamne, act. V, sc. dernière.)

Peut-être il me *devoit* cette grâce infinie,
De conserver vos jours aux dépens de ma vie.
(*Voltaire*, OEdipe, act. III, sc. 2.)

DIFFÉRER (remettre à un autre temps) :

Différer d'être heureux après son inconstance,
C'est montrer, etc. ....
(*Th. Corneille*, Ariane, act. V, sc. 2.)

Qui pourra *différer de* venger ta querelle ?
(*Voltaire*, Catilina, act. II, sc. 2.)

Cependant plusieurs écrivains ont préféré la préposition *à* avec ce verbe, mais l'*Académie* ne laisse pas le choix ; et en effet la préposition *de* est beaucoup plus en usage.

DIRE (ordonner, conseiller) :

Dites au roi, seigneur, de vous l'abandonner.
(*Racine*, Esther, act. II, sc. 1.)

Quand on veut donner au verbe *dire* le sens de *faire connoître*, *apprendre*, il faut se servir de la conjonction *que* et de l'indicatif :

..... Cette jeune beauté
Nous *dit qu*'elle nous cache une illustre princesse,
(*Racine*, Iphigénie, act. I, sc. 2.)

.... Vous portez, madame, un gage de ma foi,
Qui vous *dit* tous les jours que vous êtes à moi.
(Le même, Mithridate, act. II, sc. 4.)

DISCONVENIR : *Vous ne sauriez* DISCONVENIR DE *m'avoir dit*... (L'*Académie*.)

DISCONTINUER : *Il ne* DISCONTINUE *pas* DE *parler*.

DISPENSER (exempter, affranchir) : *Il demande qu'on le* DISPENSE DE *condamner un innocent*. (Massillon.)

SE DISPENSER : *Nous ne pouvons nous* DISPENSER D'*imiter ses vertus*. (Massillon.)

Et le soin de sa gloire à présent la *dispense*
De se porter pour vous à cette violence.
(*Corneille*, Nicomède, act. IV, sc. 5.)

SE DISCULPER : *Il s'est* DISCULPÉ *d'avoir fait son discours trop long.* (La Bruyère.)

DISSUADER : *On l'a* DISSUADÉ DE *commettre cette faute*.

DOUTER (être dans l'incertitude) :

Ils n'osent plus *douter de* nous avoir surpris.
(*Corneille*, le Cid, act. IV, sc. 3.)

(Hésiter) :

Pourriez-vous un moment *douter de* l'accepter?
(*Racine*, Athalie, act. II, sc. 4.)

Cette acception est très rare.

EMPÊCHER : *La crainte de faire des ingrats ne l'a jamais* EMPÊCHÉ DE *faire du bien.* (*Fléchier.*)

Je sais l'art d'*empêcher* les grands cœurs *de* faillir.
(*Corneille*, Sertorius, act. IV, sc. 2.)

Empêcher demande un régime direct devant un nom de personne; ainsi l'on dira, *on nous empêche d'entrer*; mais on ne dira pas, on NOUS *empêche l'accès de cette maison*; dites, *on nous interdit l'accès de cette maison.*
(*Voltaire*, Remarques sur Corneille.)

Avec s'*empêcher* on fait aussi usage de la préposition *de*. — *Il ne sauroit* S'EMPÊCHER DE *jouer, de médire.* (L'*Acad.*)

S'EFFORCER.
Voyez, page 730, si l'on peut devant l'infinitif qui lui sert de régime, employer tantôt *à* et tantôt *de*.

S'EMPRESSER.
Voyez, page 737, de quelle préposition on doit faire usage avec ce verbe suivi d'un infinitif.

ENTREPRENDRE. *Ils* ENTREPRIRENT *en vain* DE *régler les mœurs et* DE *corriger les hommes par la force seule de la raison.*
(*Massillon.*)

» .... J'approuve les soins du monarque guerrier
Qui ne pouvoit souffrir qu'un artisan grossier
Entreprit de tracer, d'une main criminelle,
Un portrait réservé pour le pinceau d'Apelle.
(*Boileau*, Discours au Roi.)

S'ÉTONNER : *L'univers* S'ÉTONNE DE *trouver toutes les vertus en un seul homme.* (Bossuet.)

Le timide chevreuil ne songeoit plus à fuir,
Et le daim si léger *s'étonnoit de* languir.   (*Delille.*)

ÊTRE ÉTONNÉ. *Le général,* ÉTONNÉ DE *voir balancer la victoire.* (Massillon.)

Devant un nom, *étonné* demande aussi la préposition *de*; cependant *Voltaire* a dit dans Sémiramis. (act 5, sc. 1.)

La nature *étonnée à* ce danger funeste.

Mais *La Harpe* dit à l'occasion de cette expression: On dit *étonné de*, et non pas *étonné à*, si ce n'est dans cette phrase, *étonné à la vue*, *à l'aspect*; et il est évident qu'*étonné à ce danger* signifie *étonné à la vue de ce danger*. Ici la précision poétique est dans tous ses droits.

Enrager : *Il* ENRAGE DE *voir son ennemi dans ce poste*.
(*L'Académie.*)

J'*enrage de* trouver cette place usurpée.
(*Molière*, l'École des Femmes, act. III, sc. 5.)

Éviter : *Il* ÉVITE DE *donner dans le sens des autres, et d'être de l'avis de quelqu'un.* (*La Bruyère.*)

Un vers étoit trop foible, et vous le rendez dur.
J'*évite d'*être long, et je deviens obscur.
(*Boileau*, l'Art poétique, chant I.)

Voyez aux Remarques détachées une observation sur l'emploi de ce verbe.

S'excuser (donner des raisons pour se disculper, pour se justifier de faire, d'avoir fait une chose) :

Et vous vous *excusez de* m'avoir fait heureux.
(*Racine*, Mithridate, act. IV, sc. 2.)

Je ne m'*excuse* point *de* chercher votre vue.
(*Voltaire*, OEdipe, act. III, sc. 2.)

Feindre :

Il *feignoit de* m'aimer, je l'aimois en effet.
(*Th. Corneille*, Ariane, act. IV, sc. 2.)

Elle a *feint de* passer chez la triste Octavie.
(*Racine*, Britannicus, act. V, sc. 8.)

C'est être heureux époux
Que de *feindre de* l'être.
(*J.-B. Rousseau*, Cantate allégorique, chant X.)

Du temps de Corneille, de Molière, *feindre* s'employoit dans le sens d'*hésiter*, et alors il demandoit, de même que ce verbe, la préposition *à* :

Tu *feignois à* sortir de ton déguisement.
(*Molière*, l'Étourdi, act. V, sc. 8.)

Et l'*Académie* a mis ces exemples dans son Dictionnaire : *Il n'a pas feint* DE *lui déclarer, il ne feignit pas* DE *l'aborder,* mais ce verbe, avec cette acception, ne s'emploie plus aujourd'hui. (*Voltaire*, Rem. sur Corneille.)

FÉLICITER (faire compliment sur un succès, sur un événement agréable). L'*Académie* ne donne à ce verbe que la préposition *de* pour régime, soit qu'il se trouve devant un verbe à l'infinitif, soit qu'il se trouve devant un nom; cependant on dit, *féliciter quelqu'un sur quelque chose*.

Je ne sais qui est l'auteur des vers latins; mais je le FÉLICITE, *quel qu'il soit*, SUR *le goût qu'il a*, SUR *son harmonie, et* SUR *le choix de sa bonne latinité*. (*Voltaire*, Correspond.)

SE FÉLICITER (s'appliquer, se savoir bon gré) : *Je me* FÉLICITE D'*avoir fait un si bon choix*. (*L'Académie*.)

Les peuples se FÉLICITERONT D'*avoir un roi qui lui ressemble*. (*Massillon*.)

SE FLATTER (tirer vanité d'une chose) :

S'est-il flatté de plaire, et connoît-il l'amour ?
(*Voltaire*, Sémiramis, act. II, sc. 1.)

Je ne me flattois pas d'y rencontrer un port.
(Le même, le Triumvirat, act. IV, sc. 5.)

FRÉMIR :

Je suis du sang des dieux, et je frémis d'en être.
(*Voltaire*, Sémiramis, act. V, sc. 4.)

Et déjà tout confus, tenant midi sonné,
En soi-même frémit de n'avoir point dîné.
(*Boileau*, le Lutrin, chant IV.)

FORCER.

Voyez, page 737, l'emploi de ce verbe suivi d'un infinitif.

AVOIR GARDE : *Il* N'A GARDE DE *tromper, il est trop homme de bien.* (*L'Académie*.)

Je n'ai garde à son rang de faire un tel outrage.
(*Corneille*.)

Il N'A GARDE D'*aller avouer cela, ce seroit faire tort*, etc.
(*Molière*, les Fourberies de Scapin, act. I, sc. 6.)

SE GARDER ;

Gardez-vous d'imiter ce rimeur furieux.
(*Boileau*, l'Art poétique, chant III.)

..... Tout homme prudent doit se *garder* toujours
De donner du crédit à de mauvais discours.
(*Régnard*, Démocrite, act. I, sc. 4.)

Les poètes sont en possession d'employer *garder* neutre, au lieu du verbe pronominal *se garder :*

Aux dépens du bon sens *gardez de* plaisanter.
(*Boileau*, l'Art poétique, chant III.)

.. .. *Gardez de* négliger
Une amante en fureur qui cherche à se venger.
(*Racine*, Andromaque, act. V, sc. 6.)

On trouve aussi dans *Molière*, dans *Crébillon*, dans *Voltaire*, et dans d'autres poètes, des exemples d'un semblable emploi, de sorte qu'il paroît que l'on peut se servir en vers de cette expression ; mais en prose, la suppression du pronom ne seroit pas autorisée.

PRENDRE GARDE. On dit PRENEZ GARDE DE *tomber* ; mais quand l'infinitif qui suit est accompagné d'une négation, on dit PRENEZ GARDE à *ne pas tomber.*

PRENEZ GARDE à *ne pas trop vous engager dans cette affaire.*   (M. *Levcaux.*)

GÉMIR :

Il *gémit* en secret *de* perdre ce qu'il aime.
(*Voltaire*, Mariamne, act. IV, sc. 5.)
Il craint de lui parler, il *gémit de* se taire.
(Le même, Brutus, act. III, sc. 2.)

SE GLORIFIER. *Tant qu'Alexandre eut en tête un si grand capitaine, il put se* GLORIFIER D'*avoir vaincu un ennemi digne de lui.*   (Bossuet.)

RENDRE GRACE :

Je *rends grâces* aux dieux *de* n'être pas Romain.
(*Corneille*, Horace, act. II, sc 3.)

J'ai pour elle cent fois *rendu grâces aux* dieux
D'avoir choisi mon père au fond de l'Idumée.
(*Racine*, Bérénice, act. II, sc. 2.)

HASARDER :

Si je *hasarde* trop *de* m'être déclarée,
J'aime mieux ce péril que ma perte assurée.
(*Corneille*, Sertorius, act, V, sc. dernière.)

Il vaut mieux HASARDER DE *sauver un coupable que de condamner un innocent.* (*Voltaire.*)

Voyez, page 696, quel régime doit accompagner *se hasarder*.

SE HATER : HATONS-NOUS DE *purifier notre cœur.* (*Bossuet.*)

..... *Hâtons*-nous l'un et l'autre
D'assurer à la fois mon bonheur et le vôtre.
(*Racine*, Iphigénie, act. II, sc. 1.)

AVOIR HONTE :

J'ai *honte de* montrer tant de mélancolie.
(*Corneille*, Horace, act I, sc. 2.)

IMPUTER. Ce verbe, suivi d'un nom et d'un infinitif, prend la préposition *de* :

Endurer que l'Espagne *impute* à ma mémoire
D'avoir mal soutenu l'honneur de ma maison.
(*Corneille*, le Cid, act. I, sc. 7.)

INDIGNER :

Tous ces rois dont le sang, dans nos veines transmis,
S'*indigna* si long-temps *de* nous voir ennemis,
(*Voltaire*, Sophon., act. II, sc. 5.)

S'INGÉRER :

..... Tenez, dites à votre maître,
Qu'il ne s'*ingère* pas *d'*oser écrire encor.
(*Molière*, l'École des Maris, act. II, sc. 7.)

INSPIRER : *Dieu se plaît à récompenser ceux à qui il* INSPIRE DE *le servir.* (*Fléchier.*)

C'est nous *inspirer* presque un désir *de* pécher.
Que montrer tant de soin de nous en empêcher.
(*Molière*, l'École des Maris, act. I, sc. 2.)

Jurer (affirmer par serment, promettre fortement) :

S'il faut qu'à tous moments je tremble pour vos jours,
Si vous ne me *jurez* d'en respecter le cours.
(*Racine*, Bérénice. act. V, sc. 6.)

Oui, nous *jurons* ici pour nous, pour tous nos frères,
De rétablir Joas au trône de ses pères.
(Le même, Athalie, act. IV, sc. 3.)

Méditer : *Il y a long-temps que je* MÉDITE DE *vous écrire.* (*Voltaire.*)

Se mêler (s'occuper de) : *Le roi* SE MÊLE *depuis peu* DE *faire des heureux.* (Mad. de *Sévigné.*)

Un gros fermier qui fait le petit maître,
Fait l'inconstant, se *mêle* d'être un fat.
(*Voltaire*, le Droit du seigneur, act. I, sc. 3.)

Menacer (être un pronostic, pronostiquer) :

.... Un auteur les *menace*
De jouer des bigots la trompeuse grimace.
(*Boileau*, Discours au Roi.)

...... On me *menace*,
Si je ne sors d'ici, de me bailler cent coups.
(*Molière*, les Femmes savantes, act. II, sc. 5)

(Il est à craindre que) ;

La discorde en ces lieux *menace* de s'accroître.
(*Boileau*, le Lutrin, chant II.)

Mériter (être assez important pour) :

Examinons ce bruit.....
S'il ne *mérite* pas d'interrompre ma course.
(*Racine*, Phèdre, act. II, sc. 6.)

... Cette ressemblance où son courage aspire
Mérite mieux que toi *de* gouverner l'empire.
(*Corneille*, Héraclius, act. I, sc. 2.)

(Être digne de, se rendre digne de) :

Plus vous me commandez de vous être infidèle,
Madame, plus je vois combien vous *méritez*
De ne point obtenir ce que vous souhaitez.
(*Racine*, Bajazet, act. IV, sc. 5.)

Mourir (figurément et par exagération) :

.... J'y cours,
Madame, et *meurs* déjà *d'y* consacrer mes jours.
(*Corneille*, Sertorius, act. II, sc. 4.)

Négliger :

Un auteur n'est jamais parfait
Quand il *néglige d'*être aimable.
(*Bernis*, Epître à Fontenelle.)

Nier. Ce verbe, suivi d'un autre verbe, régit *de* et l'infinitif, lorsque le verbe régi se rapporte au sujet de la phrase : *Il a* nié d'*avoir prétendu deux voix dans le consistoire.* (J.-J. Rousseau.) — *Il* nie d'*avoir dit cela.*   (M. *Laveaux*.)

Dans le cas contraire, on emploie *que* avec le subjonctif : *Je ne* nie *pas* que *vous ne soyez fondé.*   (L'*Académie*.)

On ne peut nier que *cette vie ne soit désirable.* (Bossuet.)

Ordonner :

Mon père avec les Grecs m'*ordonne de* partir.
(*Racine*, Andromaque, act. II, sc. 1.)
Ma gloire, mon amour, vous *ordonnent de* vivre.
(Le même, Iphigénie, act. V, sc. 2.)
...... J'*ordonne* à la victoire
De préparer pour vous les chemins de la gloire.
(*Voltaire*, la Henriade, chant I.)

Quand ce verbe n'a point de régime indirect, nom ou pronom, alors il demande *que* et le subjonctif.

Quelle voix salutaire *ordonne que* je vive,
Et rappelle en mon sein mon âme fugitive ?
(*Racine*, Esther, act. II, sc. 7.)

Ainsi *Voltaire*, qui a dit (Oreste, act. III, sc. 4) :

Il règne, et c'est assez ; et le ciel nous *ordonne*
Que, sans peser ses droits, nous respections son trône.

auroit dit en prose, *le ciel nous* ordonne de *respecter*, ou *le ciel ordonne que nous respections.*

PARDONNER :

> Je lui *pardonne*
> *De* préférer les beautés
> De Palès et de Pomone
> Au tumulte des cités. (*J.-B. Rousseau.*)

PARLER (déclarer son intention, sa volonté) :

> ...... J'ai su que ce traître d'amant
> *Parle de* m'obtenir par un enlèvement.
> (*Molière*, l'École des maris, act. II, sc. 11.)

PERMETTRE (tolérer) : *Dieu* PERMIT *aux vents et à la mer* DE *gronder*. (*Fléchier*.)

> Quoi ! pour venger un père, est-il jamais *permis*
> *De* livrer sa patrie aux mains des ennemis ?
> (*Corneille*, le Cid, act. IV, sc. 2.)

> Des maux que nous craignons pourquoi nous assurer ?
> L'incertitude au moins nous *permet d*'espérer.
> (*L. Racine*, la Religion, chant II.)

PERSUADER : *On lui a* PERSUADÉ DE *se marier*. (*L'Académ.*)

AVOIR PEUR :

> .... *As-tu peur de mourir ?* (*Corneille*, le Cid, act. II, sc. 2.)
> Ma bouche a déjà *peur de* t'en avoir trop dit.
> (*Boileau*, satire X.)

SE PIQUER (se glorifier de quelque chose) :

> Je ne me *pique* point du scrupule insensé
> *De* bénir mon trépas quand ils l'ont prononcé.
> (*Racine.*)

> Je ne me *pique* pas aussi *de* les garder.
> (*Th. Corneille*, le Festin de Pierre, act. III, sc. 4.)

SE PLAIRE.

Voyez, page 699, ce que nous disons sur l'emploi de ce verbe suivi d'un infinitif.

SE PLAINDRE :

> Je le *plains de* m'aimer, si je m'en dois vengeance.
> (*Corneille*, Héraclius, act. V, sc. 2.)

Je te *plains de* tomber dans ses mains redoutables.
(*Racine*, Athalie, act. II, sc. 5.)

SE FAIRE UN PLAISIR :

Je *me fais un plaisir* à ne vous rien céler,
De pouvoir, moi vivant, dans peu les désoler.
(*Boileau*, satire X.)

..... Je *me* suis *fait un plaisir* nécessaire
De la voir chaque jour, de l'aimer, de lui plaire.
(*Racine*, Bérénice, act. II, sc. 2.)

PRÉFÉRER.

Voyez les Remarques détachées

PRESCRIRE :

Tu m'as *prescrit* tantôt *de* choisir des victimes.
(*Th. Corneille*, le comte d'Essex, act. III, sc. 4.)

..... Ce hardi suborneur
Avant tout aux mortels *prescrit de* se venger.
(*Boileau*, satire XI.)

PRESSER :

Je ne te *presse* plus, ingrat, *d'*y consentir.
(*Racine*, Bajazet, act. II, sc. 1.)

Un jour, il m'en souvient, le sénat équitable
Vous *pressoit de* souscrire à la mort d'un coupable.
(Le même, Britannicus, act. IV, sc. 3.)

SE PRESSER :

..... On obéit, on se *presse d'*écrire.
(*Boileau*, le Lutrin, chant IV.)

Pourquoi vous *pressez*-vous *de* répondre pour lui ?
(*Racine*, Athalie, act. II, sc. 7.)

PRÉSUMER :

.... Ne *présumez* pas
*D'*armer contre mes vœux l'orgueil de vos appas.
(*Voltaire*, l'Orphelin de la Chine, act. V, sc. 4.)

Cessez de *présumer*.........
Mes vers, *de* voir en foule à vos rimes glacées
Courir, l'argent en main, les lecteurs empressés.
(*Boileau*, Épître X.)

Prier :

Je le *prie*, en mourant, *d*'épargner mes douleurs.
(*Racine*, Bérénice, act. IV, sc. 5.)

Nous prendrons à témoin le dieu qu'on y révère ;
Nous le *prierons* tous deux *de* nous servir de père.
(*Racine*, Phèdre, act. V, sc. 1.)

Ce verbe, suivi d'un infinitif, prend toujours *de*, excepté dans une seule circonstance ; *V.* les Remarques détachées.

Promettre :

Céphise, il fera plus qu'il n'a *promis de* faire.
(*Racine*, Andromaque, act. IV, sc. 1.)

Avez-vous bien *promis de* me haïr toujours ?
(*Le même*, Bérénice, act. V, sc. 5.)

Je *promets d*'observer ce que la loi m'ordonne.
(*Le même*, Athalie, act. IV, sc. 5.)

Se promettre : *Qui peut* SE PROMETTRE D'*éviter, dans la société des hommes, la rencontre de certains esprits vains, légers, familiers, délibérés, qui sont dans une compagnie ceux qui parlent, et qu'il faut que les autres écoutent !*
(*La Bruyère.*)

Proposer (mettre une chose en avant pour l'examiner, pour en délibérer) :

Proposer au sultan *de* te céder le Nil.   (*Boileau*, Ép. 1.)
..... Quand ce fier Solamir
Osa me *proposer de* l'accepter pour gendre.
(*Voltaire*, Tancrède, act. I, sc. 4.)

Se proposer (avoir le dessein, former le dessein) : *Il* SE PROPOSE DE *vivre désormais dans la retraite.* (L'*Académie.*)

Il ne SE PROPOSE D'*aller à la gloire que par la vertu.*
(*Massillon,*)

Protester. L'*Académie* donne à ce verbe, suivi d'un infinitif, la préposition *de* : *Il lui* PROTESTA DE *ne l'abandonner jamais.*

Et *Molière*, dans l'Avare (act. V, sc. 3), a dit : *Je PRO-
TESTE DE ne prétendre rien à tous vos biens.*

Quoiqu'il en soit, *Féraud* est d'avis que la conjonction
que est plus correcte ; et M. *Laveaux*, qui pense de même,
donne pour motif que *protester*, emportant, dans l'idée de
celui qui emploie cette expression, quelque chose d'assuré,
d'immanquable, qui bannit tout doute, toute incertitude,
rejette alors la préposition *de*, puisqu'elle marque par
elle-même doute, incertitude, contingence.

PUNIR :

...., Un grand ennemi ne peut être gagné,
Et je le *punirois de* m'avoir épargné.
(*Corneille*, Héraclius, act. III, sc. 2.)

.... Le ciel me *punit d'*avoir trop écouté
D'un oracle imposteur la fausse obscurité.
(*Voltaire*, OEdipe, act. IV, sc. 1.)

Ne les *punissez* pas *d'*être nés dans mon flanc.
(Le même, Mariamne, act, IV, sc. 4.)

SE RAPPELER.

Voyez aux Remarques détachées si ce verbe pronominal demande la
préposition *de* devant un infinitif.

ÊTRE RASSASIÉ :

Nous nous lassons de tout, nos plaisirs ont leur fin ;
Et l'homme n'est jamais *rassasié de* vivre.
(*L. Racine*, Épître II.)

ÊTRE RAVI : *Le monde est RAVI DE pouvoir faire un crime
à la piété de ceux qui la pratiquent.* (*Massillon.*)

....Je sais ta passion, et suis *ravi de* voir
Que tous ses mouvements cèdent à ton devoir.
(*Corneille*, le Cid, act. II, sc. 2.)

REBUTER (décourager) : *Ne vous REBUTEZ pas DE voir le
fripon prospérer.*

Ce héros, *rebuté d'*avoir tant combattu.
(*Crébillon*, Idoménée, act. IV, sc. 5.)

RECOMMANDER (exhorter quelqu'un à faire quelque chose) : RECOMMANDEZ *à vos enfans* DE *fuir le vice*, D'*aimer la vertu.* (*L'Académie.*)

REFUSER (rejeter une offre, une demande) :

.... Pégase pour eux *refuse de voler*. (*Boileau*, Discours au Roi.)
Ma voix....
A-t-elle *refusé d'*enfler sa renommée? (*Corn.*, Nicomède, IV, 2.)

On dit cependant *il lui a refusé à dîner*; mais c'est parce que, dans ces phrases, l'expression *à dîner* n'est pas un véritable infinitif, mais un substantif : *il lui a refusé le dîner*, les choses nécessaires pour dîner. On diroit de même *il lui a refusé à manger*.

REGRETTER : *Quelle gloire pour un roi d'être sûr que, dans un temps à venir,* les peuples REGRETTERONT *de n'avoir pas vécu sous son règne!* (Massillon.)

AVOIR REGRET : J'AI REGRET DE *vous voir dans l'erreur.* (*L'Académie.*)

Ma plume auroit *regret d'*en épargner aucun. (*Boileau*, satire VII.)

SE RÉJOUIR : *Je* ME RÉJOUIS DE *lui apprendre cette bonne nouvelle.* (*L'Académie.*)

SE REPENTIR :

.... Trop tard, dans le naufrage,
Confus, on *se repent d'*avoir bravé l'orage.
(*Boileau*, satire XII.)
Se repent-il déjà *de* m'avoir apaisée?
(*Racine.* Bajazet. act. III, sc. 6.)

SE REPROCHER : *Il* SE REPROCHE DE *n'avoir pas pour Dieu toute la tendresse qu'il ressentoit pour ses amis.* (Massillon.)

Ne me *reproche* point *de* tromper ma patrie.
(*Voltaire*, Mahomet, act. II, sc. 5.)

RÉSOUDRE. Quand ce verbe est employé activement et signifiant *décider* une chose, il régit *de* devant un infinitif : *Madame la dauphine vit toutes les dimensions de sa croix, et* RÉSOLUT DE *s'y laisser attacher sans se plaindre.* (Fléchier.)

Dieu *résolut* enfin, terrible en sa vengeance,
D'abîmer sous les eaux tous ces audacieux.
(*Boileau*, satire XII.)

Quand il est employé passivement, il prend *à* ou *de* :

> Après tant de malheurs, enfin le ciel propice
> Est *résolu*, ma fille, *à* nous rendre justice.
> (**P. Corneille**, D. Sanche, act. I, sc. 2.)

> Vous êtes *résolu* d'abandonner Bysance.
> (*Campistron*, Andronic, act. II, sc. 5.)

Et quand il est pronominal, il demande la préposition *à* :

> *Résous-toi*, pauvre époux, *à* vivre de couleuvres.
> (*Boileau*, satire X.)

> Quelquefois *à* céder ma fierté *se résout*.
> (*Th. Corneille*, le Comte d'Essex, act. II, sc. 6.)

Il est vrai de dire que l'on trouve dans de très bons écrivains, des exemples de l'emploi de *se résoudre* avec la préposition *de*. Quoi qu'il en soit, l'*Académie*, *Trévoux*, *Féraud* et M. *Maugard* ne laissent pas le choix.

Se résoudre de se perdre, dit Voltaire (Comment. sur Corneille, Rodog., act. I, sc. 6), est un solécisme ; on dit : *Je me résous à* ; *je résous de* ; *il est résolu à*, *il est résolu de*.

SE RESSOUVENIR :

Voyez les Remarques détachées.

RIRE :

> Je *riois de* le voir avec sa mine étique
> Son rabat jadis blanc, et sa perruque antique.
> (*Boileau*, satire III.)

ROUGIR : *Il faut* ROUGIR DE *commettre des fautes, et non de les avouer.*

> ..... Je *rougissois* dans l'âme
> *De* me voir obligé d'accuser ce grand cœur.
> (*Voltaire*, OEdipe, act. II, sc. 4.)

SEOIR (être convenable). Ce verbe, dont l'infinitif n'est plus en usage, ne s'emploie que dans certains temps, et toujours à la troisième personne du singulier ou du pluriel.

Employé impersonnellement et suivi d'un infinitif, il régit *de* :

Il te *sied* bien d'avoir, en de si jeunes mains,
Chargé d'ans et d'honneurs, confié les desseins.
(*Racine*, Bajazet, act. IV, sc. 1.)

Perfide, il vous *sied bien de* prononcer ce nom.
(*Voltaire*, Mariamne, act. IV, sc. 4.)

Dans ces phrases, *il vous sied bien* est ironique.

Quelquefois cette expression se dit en bonne part :

C'est à toi, Lamoignon.......
Qu'il *sied* bien *d*'y veiller pour le maintien des lois.
(*Boileau*, épître VI.)

AVOIR SOIN :

Même elle avoit encor cet éclat emprunté
Dont elle *eut soin de* peindre et d'orner son visage.
(*Racine*, Athalie, act. II, sc. 5.)

N'ayez *soin* cependant que *de* dissimuler.
(Le même, Mithridate, act. IV, sc. 5.)

PRENDRE SOIN :

Le maître qui *prit soin* d'instruire ma jeunesse
Ne m'a jamais appris à faire une bassesse.
(*Corneille*, Nicomède, act. II, sc. 3.)

Quelle importune main, en formant tous ces nœuds,
A *pris soin* sur mon front d'assembler mes cheveux ?
(Le même, Phèdre, act. I, sc. 3.)

SOMMER : *On a* SOMMÉ *le gouverneur* DE *se rendre.*

SOUFFRIR (permettre) :

...... Je *souffre* encore
D'être déshonoré par celle que j'adore.
(*Corneille*, Cinna, act. V, sc. 2.)

Jusques à lui *souffrir* en cervelle troublée
De courir tous les bals et les lieux d'assemblée.
(*Molière*, l'École des maris, act. I, sc. 2.)

SOUHAITER ;

.... Qui vous a dit que, malgré mon devoir,
Je n'ai pas quelquefois *souhaité de* vous voir ?
(*Racine*, Andromaque, act. II, sc. 2.)

Madame d'Epinay *souhaitoit* fort *de* le consulter en particulier.
(*J.-J. Rousseau*, Confessions, liv. VIII.)

Quelques écrivains mettent avec ce verbe l'infinitif qui le

suit sans préposition : *Il ne* SOUHAITOIT ÊTRE *son collègue que pour être son disciple.* (Vertot.) — *Il* SOUHAITOIT *avec passion* DE *s'emparer de sa personne et de ses trésors.* (Rollin.)

Et l'Académie donne cet exemple : *Je* SOUHAITEROIS POUVOIR *vous obliger.*

SOUPÇONNER. Ce verbe se joint à un infinitif par la préposition *de*. On dit *soupçonné d'avoir*, et non pas *soupçonné avoir*.

Soupçonner, renfermant dans l'idée qu'il présente quelque chose de vague, d'incertain, d'indéterminé, exige nécessairement, dans ce cas, la préposition *de*. Il ne faut donc pas imiter *Rollin* qui a dit : *Il eut l'audace de déférer tous ceux qu'il* SOUPÇONNOIT AVOIR *eu du penchant à secourir Persée.* (Féraud et M. Laveaux.)

SE SOUVENIR (s'occuper d'une chose) : SOUVENEZ-VOUS DE *montrer une âme égale dans le malheur, et de* NE *pas vous livrer, quand la fortune vous rira, à une joie excessive.*

(Pensée d'Horace.)

Souvenez-vous surtout de répondre de lui.

(Voltaire, le Triumvirat, act. III, sc. 3)

Voyez les remarques détachées pour la distinction à faire entre *se souvenir* et *se ressouvenir*.

SUFFIRE :
Voyez, page 702, quelles prépositions il demande.

SUGGÉRER : *C'est la religion qui lui a* SUGGÉRÉ DE *faire cette belle œuvre.*

SUPPLIER : *Je vous* SUPPLIE, *sage Pluton*, DE *m'expliquer fort au long ce que vous pensez de l'amitié.*

(Boileau, les Héros de roman.)

ÊTRE SURPRIS (être étonné) :
Il fut surpris de se voir mépriser.

(Voltaire, le Droit du seigneur, act. II, sc. 3.)

PRENDRE À TÂCHE : *Avez-vous* PRIS À TÂCHE DE *me contredire sur tout ?*

(L'Académie.)

C'est la source des combats des philosophes, dont les uns ont PRIS À TÂCHE D'*élever l'homme en découvrant ses grandeurs; les autres, de l'abaisser en représentant ses misères.* (Pascal, Pensées, II, 4.)

TENTER (essayer) :

Mon nom deviendra cher aux siècles à venir,
Pour avoir seulement *tenté de* vous punir.
(Voltaire, le Triumvirat, act. V, sc. 2.)

Quand sa haine impuissante et sa colère vaine
Eurent *tenté sans fruit de* briser notre chaîne.
(Voltaire, Catilina, act. I, sc. 2.)

ÊTRE TENTÉ. (avoir une extrême envie) : *Je fus bien* TENTÉ DE *lui répondre.* (L'Académie.)

TREMBLER (craindre, appréhender, avoir grand' peur) : *Je* TREMBLE D'*avouer.* (L'Académie.) *Il faut donc que je* TREMBLE DE *revoir Nelson.* (Marmontel.)

Sa main *trembloit de* blesser ce beau corps. (Voltaire.)

Cependant *Th. Corneille* et *Racine* ont donné à ce verbe la préposition *à* pour régime :

Je frémis de la perdre et *tremble à* m'y résoudre.
(Le Comte d'Essex, act. III, sc. 2.)

Je *tremble à* vous nommer l'ennemi qui m'opprime.
(Mithridate, act. I, sc. 2.)

Mais *Féraud* est d'avis que le *de* est préférable ; et, en effet, puisque, avec le verbe *craindre*, cette préposition est toujours employée, pourquoi *trembler*, dans cette signification, ne prendroit-il pas le même régime ?

TÂCHER.

Voyez plus bas, page 734.

SE TROUVER (avoir sujet d'être content) :

Vous vous *trouverez bien de* les avoir suivis.
(Th. Corneille, Ariane, act. II, sc. 5.)

SE VANTER : *Le monde* SE VANTE DE *faire des heureux.*
(Massillon.)

Je ne me *vante* pas de le pouvoir fléchir.
(Corneille, Pompée, act. IV, sc. 2.)

Verbes à l'Infinitif régissant un autre Verbe à l'aide de la Préposition à *ou de la Préposition* DE, *suivant l'acception que l'on donne au Verbe régissant.*

Quatrièmement. — Un verbe à l'infinitif peut restreindre ou déterminer la signification d'un autre verbe, à l'aide de la préposition *à* ou de la préposition *de*, suivant l'acception que l'on donne au verbe régissant.

Les verbes qui changent de signification, selon qu'ils sont suivis de la préposition *à* ou de la préposition *de*, et d'un infinitif, sont *accoutumer, commencer, continuer, défier, s'efforcer, être, laisser, s'occuper, manquer, obliger, oublier, risquer, tâcher, essayer* et *venir*.

ACCOUTUMER, employé activement, et suivi d'un infinitif, régit la préposition *à* : *Il ne faut pas* ACCOUTUMER *les peuples* À *prendre les rênes*, À *murmurer*.

Et l'indigne prison où je suis renfermé,
A la voir de plus près m'a même *accoutumé*.
(Racine, Bajazet, act. II, sc. 6.)

Employé pronominalement, il régit aussi la préposition *à* :

*Il est bon de s'*ACCOUTUMER À *profiter du mal*, À *supporter les outrages de la fortune*, À *souffrir la vérité*.

Descends du haut des cieux, auguste vérité,
. . . .
Que l'oreille des rois *s'accoutume* à l'entendre.
(Voltaire, la Henriade, chant I.)

Mais employé neutralement dans le sens d'*avoir coutume*, ce verbe, devant un infinitif, demande la préposition *de* : *Elle joignoit à l'ambition, assez ordinaire à son sexe, un courage et une suite de conseils qu'on n'a pas* ACCOUTUMÉ *d'y trouver.*
(Bossuet.)

Joint à *être*, il demande *à* : *Les rois sont* ACCOUTUMÉS À *avoir des gens chargés de penser pour eux.* (Fléchier.)

Voyez aux Remarques détachées ce que nous disons sur l'emploi de l'expression *avoir coutume.*

COMMENCER. *Ménage, Bouhours, Th. Corneille, Wailly,* et l'*Académie* admettent avec ce verbe *à* ou *de* pour régime.

Je *commence* à rougir de mon oisiveté.
(*Racine*, Phèdre, act. I, sc. 1.)
Ses transports dès long-temps *commencent* d'éclater.
(*Racine*, Britannicus, act. III, sc. 1.)

Et beaucoup d'écrivains l'ont employé ainsi.

Mais *Marmontel* et M. *Laveaux* établissent, entre *commencer à*, et *commencer de*, une distinction qui nous paroît très judicieuse.

Commencer à, disent-ils, désigne une action qui aura du progrès, de l'accroissement vers un but :

Le sommeil sur ses yeux *commence* à s'épancher.
(*Boileau*, satire VIII.)
J'adore le Seigneur, on m'explique sa loi ;
Dans son livre divin on m'apprend à la lire,
Et déjà de ma main je *commence* à l'écrire.
(*Racine*, Athalie, act. II, sc. 7.)

Commencer de peint une action présentée comme pouvant ou devant être continuée jusqu'à la fin, et non comme tendant à un but.

Puisque j'ai *commencé de* rompre le silence.
(*Racine*, Phèdre, act. II, sc. 2.)
Albe, où j'ai *commencé de* respirer le jour.
(*Corneille*, Horace, act. I, sc. 1.)

Ainsi, on dit d'un enfant, *il commence à parler, à marcher*, etc.; et, d'un orateur, *il commença de parler à quatre heures, et ne finit qu'à dix.*

CONTINUER demande *à* devant un infinitif, lorsqu'on veut exprimer que l'on fait une chose sans interruption ; et *de*, lorsque l'on veut exprimer qu'on la fait avec interruption, en la reprenant de temps en temps. On doit donc dire, *continuez à bien vivre*, parce que l'on ne doit pas cesser de bien vivre, et *continuez de vous former le style*, plutôt qu'à *se former le style*, parce que le travail nécessaire pour se former le style est évidemment interrompu et repris.

Continuer à exprime le terme où aboutit la continuité; *continuer de* présente le résultat. (Marmontel.)

Cette différence, entre ces deux expressions, semble être consacrée par les écrivains : *Sésostris* CONTINUOIT DE *me regarder d'un œil de complaisance.* (Fénélon, Télém.)

Pensez-vous que Calchas *continue à* se taire ?
(Racine, Iphigénie, act. I, sc. 3.)

Pourquoi CONTINUER A *vivre pour être chagrin de tout, et pour blâmer tout depuis le matin jusqu'au soir?* (Fénélon.)

Quoique j'aie à me plaindre de Madame, je CONTINUE DE *la voir*, elle CONTINUE DE *m'écrire.* (Racine.)

Ils sont coupables d'avoir CONTINUÉ DE *persécuter la maison de Port-Royal.* (Pascal.)

Laissez parler, et CONTINUEZ D'*agir*. (La Bruyère.)

DÉFIER, signifiant *provoquer, faire un défi*, régit *de* : *Je l'ai* DÉFIÉ DE *boire*. (L'Académie.)

J'ose le *défier de* me pouvoir surprendre.
(Molière, l'École des maris, act. II, sc. 2.)

Signifiant *exciter, aiguillonner, inciter, inviter*; il régit *de* : *Je vous* DÉFIE DE *m'oublier jamais.* (L'Académie.)

Je *défiois* ses yeux *de* me troubler jamais. (Racine, Androm. I, 1.)

S'EFFORCER. Ce verbe, signifiant *employer toute sa force à faire quelque chose*, prend la préposition *à*: *Ne vous* EFFORCEZ *point* A *parler.*—*Il s'est* EFFORCÉ A *courir.* (L'Académie.)

Signifiant *employer toutes ses facultés intellectuelles pour parvenir à une fin*, il prend *à* aussi bien que *de*.

Et ce lâche attentat n'est qu'un trait de l'envie
Qui s'efforce *à* noircir une si belle vie. (Corneille.)

Laissez-moi m'efforcer, cruel, *à* vous haïr.
(Voltaire, l'Indiscret.)

Ah! l'on s'efforce en vain *de* me fermer la bouche.
(*Racine*, Britannicus, act. III, sc. 3.)
Quand un autre à l'instant, *s'efforçant de* passer.
(*Boileau*, satire VI.)

ÊTRE. *Wailly* et *Féraud* sont d'avis que ce verbe joint à *ce*, régit *à* ou *de* devant un infinitif, mais que l'oreille et le goût doivent être consultés pour le choix de l'une de ces deux prépositions. Ainsi ils veulent que l'on préfère *de*, quand le verbe à l'infinitif commence par une voyelle : *c'est à nous d'obéir*, et non pas, *c'est à nous à obéir*; ou bien encore pour éviter la rencontre de plusieurs *à* : *C'est à lui de se conformer à la volonté des magistrats*, et non pas, *c'est à lui à se conformer*.

Il nous semble que *c'est à vous à* éveille l'idée de tour :

C'est à vous À *faire*. (*L'Académie*, au mot *faire*.) — *C'est à mon tour* À *parler*. (*L'académie* au mot *parler*.) — *C'est à vous parler après moi*. (*Domergue*.)

Et *c'est à vous de*, une idée de droit, ou encore une idée de devoir : *C'est au maître* DE *parler, et au disciple* D'*écouter* (379 *bis*.) (*Domergue*.)

C'est aux lecteurs de toutes les nations DE *prononcer entre l'un et l'autre*.
(*Voltaire*, dans son avert. sur la trag. de Jules-César, par Shakespeare.)
C'est à moi d'obéir, puisque vous commandez.
(*Corneille*, Polyeucte, act. I, sc. 4.)
Ma fille, *c'est à nous de* montrer qui nous sommes.
(*Racine*, Iphigénie, act. II. sc. 4.)
C'est à l'amour de rapprocher
Ce que sépare la fortune. (*J.-B. Rousseau*, Cantate XIX.)

(379 *bis*.) Laveaux s'exprime autrement, et son opinion mérite d'être mise sous les yeux de nos lecteurs,

Il faut, dit ce grammairien, employer *à*, lorsqu'il s'agit d'une action à faire par le sujet ; et *de*, lorsque le sujet ne doit pas agir, mais rester seulement dans un état passif.

Ainsi l'on dit bien, *c'est au maître à parler*, parce qu'il est question d'une action que doit faire le maître ; *c'est au disciple d'écouter*, parce que le disciple doit rester dans un état passif ; dans ce dernier cas, le *de* n'est pas mis pour éviter l'hiatus, ce que l'on ne doit jamais faire aux dépens de la préposition, mais il est mis pour marquer l'état.

Laisser, dans la signification de *transmettre*, prend la préposition *à* devant un infinitif :

> Va, ne me *laisse* point un héros *à* venger.
> (*Voltaire*, le Triumvirat, act. V, sc. dernière.)

Dans la signification de *cesser*, *s'abstenir*, *discontinuer*, et avec la négative *laisser* devant un infinitif, se met avec la préposition *de* : *Lorsqu'il sembloit céder, il ne* LAISSOIT *pas* DE *se faire craindre*. (*Fléchier*.)

Au sein des grandeurs, il ne LAISSE *pas* D'*aimer l'opprobre de Jésus-Christ*. (*Massillon*.)

Manquer. Dans le sens de ne pas faire ce que l'on doit à l'égard de quelqu'un ou de quelque chose, ce verbe demande la préposition *à* devant un infinitif : *On mésestime celui qui* MANQUE À *remplir ses devoirs*. (*Wailly*.)

Dans le sens d'*omettre*, *oublier de faire quelque chose*, il demande la préposition *de* :

> *Qui cherche Dieu de bonne foi ne* MANQUE *jamais* DE *le trouver*. (*Bossuet*.)

On ne peut MANQUER D'*être honoré des hommes, quand on les tient par l'intérêt*. (*Fléchier*.)

Dans le sens de *faillir*, *être sur le point de*, on se sert aussi de la préposition *de*, quoique le sens soit affirmatif : *Il a* MANQUÉ DE *tomber*. (*L'Académie, Trévoux et Féraud*.)

S'occuper. On dit *s'occuper à*, et *s'occuper de*. Le premier se met avec les verbes, le second avec les substantifs.

> On ne peut pas toujours travailler, prier, lire :
> Il vaut mieux *s'occuper à* jouer qu'à médire.
> (*Boileau*, satire X.)

> Tandis que tout *s'occupe à* me persécuter.
> (*Racine*, Mithridate, act. III, sc. 1.)

L'homme n'aime pas à S'OCCUPER DE *son néant, de sa bassesse*. (*Massillon*.)

Dans les jours de trouble et de deuil, on se renferme tout en soi-même et l'on S'OCCUPE DE *sa douleur*. (*Fléchier*.)

à l'aide de la Préposition à ou de la Préposition de. 755

L'*Académie* dit *s'occuper de son jardin*, et *s'occuper à son jardin*. Le second exemple ne peut être bon que comme phrase elliptique : *s'occuper à son jardin*, c'est-à-dire *s'occuper à travailler à son jardin*. On peut *s'occuper de son jardin*, sans *s'occuper à son jardin*.

OBLIGER. Dans le sens d'*imposer l'obligation de dire ou de faire quelque chose*, ce verbe prend *à* ou *de* : *La loi naturelle nous* OBLIGE À *honorer père et mère*.

Mon zèle M'OBLIGE *aujourd'hui* À *vous donner un conseil salutaire.*

(*Barthélemy*, Introd. au Voyage d'Anacharsis, 2e. partie.)

Dieu nous a caché le moment de notre mort pour nous OBLIGER D'*avoir attention à tous les moments de notre vie.*

(*La Rochefoucauld*, au mot *mort*, n°. 8.)

Dans le sens de *rendre service, faire plaisir*, il ne veut être suivi que de la préposition *de* : *Vous m'*OBLIGEREZ *beaucoup* DE *me recommander à mes juges.* (*L'Académie*.)

Avec le passif, *de* est également la préposition que l'on doit préférer : *L'été, les Groenlandois ne sont guère plus à l'aise que l'hiver, car ils sont* OBLIGÉS DE *vivre continuellement dans une éternelle fumée, afin de se garantir de la piqûre des moucherons.* (*Buffon.*)

Observez que, quand *obliger* ne marque qu'un devoir moral, il se dit des personnes, et non pas des choses.

Ainsi l'on dira avec *Boileau*

..... Un chrétien
Est obligé d'aimer l'unique auteur du bien,
Le Dieu qui le nourrit, le Dieu qui le fit naître. (Épître XII.)

Ou bien *l'on* EST OBLIGÉ D'*obéir aux lois divines et humaines.* — *On est* OBLIGÉ DE *travailler à réprimer ses passions*. Mais on ne dira pas : *La jeunesse est* OBLIGÉE D'*avoir du respect pour les personnes âgées*, mais *la jeunesse doit avoir du respect*, etc. ; ou bien, *un jeune homme est obligé*, etc.

De même, au lieu de dire : *La critique est* OBLIGÉE D'*être* sévère, lorsqu'un livre contient des maximes contraires à la morale ; dites, *la critique doit être sévère*, ou *un critique est* OBLIGÉ D'*être*, etc.

OUBLIER. On dit *oublier à*, quand on a perdu l'usage, l'habitude de faire une chose que l'on faisoit ordinairement ; et l'on dit *oublier de*, quand il s'agit d'un manque de mémoire. Ainsi, *on oublie à danser, à lire*, en ne dansant pas, en ne lisant pas ; et l'on *oublie d'*aller dans un endroit, parce qu'on ne s'en est pas ressouvenu.

Ces nuances délicates n'ont pas toujours été observées par les écrivains même les plus corrects ; en effet, on lit dans Boileau : *J'*OUBLIOIS À *vous dire que les libraires me pressent fort de donner une nouvelle édition de mes œuvres* ; au lieu de, *j'*OUBLIOIS DE *vous dire*, etc.

RISQUER. Dans le sens de *hasarder, mettre en danger*, ce verbe, suivi d'un infinitif, demande la préposition *de* : *Vous* RISQUEZ DE *tomber*.   (L'Académie.)

Ils RISQUENT DE *tout perdre pour faire périr un seul homme.*   (Massillon.)

Dans le sens de *courir des risques*, et alors verbe actif, il demande la préposition *à* : *Vous* RISQUEZ *tout* À *prendre ce parti.*

TÂCHER. Ce verbe prend *à*, quand il signifie *viser à* ; autrement dit, quand le sens a plus de rapport au but qu'aux efforts : *Il* TÂCHE À *m'embarrasser*.   (L'Académie.)

L'un TÂCHE À *l'émouvoir par des images affectées de sa misère, l'autre*, etc.   (Fléchier.)

Je m'excite contre elle, et *tâche à* la braver.
(Racine. Britannicus, act. II, sc. 2.)
Par ces mots étonnants (elle) *tâche à* le repousser. (Boileau.)

Quand il exprime les efforts que l'on fait pour venir à bout de quelque chose, ou, en d'autres termes lorsqu'il indique plus particulièrement les efforts mêmes que le but

à l'aide de la Préposition à *ou de la Préposition* de. 755

auquel ils tendent, il prend *de* : *Je* TÂCHERAI DE *le satisfaire. Je* TÂCHERAI D'*oublier cette injure*. (*L'Académie.*)

> Je *tâche* cependant d'*obtenir qu'on diffère*.
> (*Th. Corneille*, le Comte d'Essex, act. V, sc. 8.)
> *Tâchez* dans ce dessein *de* l'affermir vous-même.
> (*Racine*, les Frères Ennemis, act. III, sc. 6)
> Et sur les pieds en vain *tâchant de* se hausser.
> (*Boileau*, l'Art poétique, chant IV.)

ESSAYER. Dans le sens de *viser à*, ou bien dans le sens de *faire ses efforts pour venir à bout de quelque chose*, demande les mêmes régimes. Ainsi l'on dira avec M. *Laveaux* : *Ce musicien* ESSAIE À *jouer les morceaux les plus difficiles* : avec l'*Académie*, ESSAYEZ À *marcher*.

Avec *P. Corneille* (Horace, act. I, sc. 1) :

> *Essayez* sur ce point *à* le faire parler.

Et avec *Voltaire* (Mahomet, act. V, sc. dernière) :

> Tremble ; son bras *s'essaie à* frapper ses victimes.

Parce que, dans ces phrases, le sens a plus de rapport au but qu'aux efforts.

Mais aussi l'on dira : *Cet homme faible et valétudinaire* A ESSAYÉ DE *se lever*, DE *marcher*, (*M. Laveaux.*)—*On* ESSAIE DE *secouer le joug de la foi* (*Massillon*) ; parce que le sens indique plus particulièrement les efforts mêmes que le but auxquels ils tendent.

VENIR. Ce verbe régit l'infinitif sans préposition, quand cet infinitif a rapport au lieu où l'on arrive :

> Oui, je *viens* dans son temple *adorer* l'Éternel.
> (*Racine*, Athalie, act. I, sc. 1)
> Que devant Troie en flamme Hécube désolée..
> Ne *vienne* pas *pousser* une plainte ampoulée.
> (*Boileau*, l'Art poétique, chant III.)

Et l'infinitif avec la préposition *de*, quand il se rapporte au lieu que l'on quitte ; quand il marque un temps passé depuis peu : *Il ne* VIENT *que* DE *partir*.

Nous VENONS DE *voir le règne le plus long et le plus glorieux de la monarchie finir par des revers.* (Massillon.)

Il *vient* en m'embrassant *de* m'accepter pour gendre.
(*Racine*, Iphigénie, act. III, sc. 3.)

En venir régit à avant les noms et avant les verbes : Ils en VINRENT AUX *reproches.*—Nous en VÎNMES *enfin discuter la grande question.* (Féraud.)

Verbes à l'infinitif régissant un autre Verbe à l'aide de la Préposition À *ou de la préposition* DE, *suivant que l'oreille et le goût en prescrivent l'emploi.*

Cinquièmement.—Les verbes après lesquels l'oreille et le goût prescrivent le choix des prépositions à ou *de* devant l'infinitif qui suit, sont : *contraindre, demander, 'empresser et forcer.*

CONTRAINDRE : *Deux horribles naufrages* CONTRAIGNIRENT *les Romains* D'*abandonner l'empire de la mer aux Carthaginois* (Bossuet.)

Il a fallu une loi pour régler l'extérieur de l'avocat, et le CONTRAINDRE *ainsi* À *être grave et plus respecté.*

Elle a. . . . . . .,
Exigé qu'un époux ne la *contraindroit* point
A traîner après elle un pompeux équipage.
(*Boileau*, satire X.)

Si ses exploits divers
Ne me *contraignoient* pas *de* voler à toute heure
Au bout de l'univers.
(*Racine*, poésies diverses, la Renommée.)

DEMANDER : *On ne vous* DEMANDE *pas* DE *vous récrier : C'est un chef-d'œuvre.* (La Bruyère.)

Combien de fois, DEMANDA*-t-elle au ciel* D'*approcher sa fille du trône, etc. !* ('Fléchier.)

Ses yeux baignés de pleurs *demandoient* à vous voir.
(*Racine*, Bérénice, act. V, sc. 7.)

Philoclès DEMANDE *au roi se retirer dans une solitude.*
(*Fénélon.*)

S'EMPRESSER: *Tout* S'EMPRESSE à *leur persuader qu'ils sont,* etc. (*Massillon.*)

Tout l'univers......
S'empresse à l'effacer de votre souvenir,
(*Racine*, Britannicus, act. II, sc. 3.)
Vos généreuses mains *s'empressent d'*effacer
Les larmes que le ciel me condamne à verser..
(*Voltaire*, Mahomet, act. I, sc. 2.) (380 *bis*.)

S'ENGAGER.

Voyez plus bas, page 694.

FORCER : *Ce dernier jour où la mort nous* FORCERA DE *confesser toutes nos erreurs.* (*Bossuet.*)

..... Jusqu'à ce jour l'univers en alarmes
Me *forçoit d'*admirer le bonheur de vos armes.
(*Racine*, Alexandre-le-Grand, act. V, sc. 3.)
Cet ascendant malin qui vous *force à* rimer.
(*Boileau*, satire IX.)
..... *Forcez* votre père *à* révoquer ses vœux.
(*Racine*, Phèdre, act. V, sc. 1.)

§ III.*
DU RÉGIME NOM.

Un nom peut être régi par deux *adjectifs*, par deux *verbes*, par deux *prépositions*, pourvu que ces adjectifs, ces verbes, ces prépositions aient le même régime. On dira bien :

Le bonheur le plus grand, le plus digne d'envie,
Est celui d'être *utile* et *cher à* sa patrie.

(380 *bis*.) *Laveaux* donne, pour le choix qu'il y a à faire de la préposition *à* ou de la préposition *de*, un motif qui doit aider beaucoup à le bien faire. On doit, dit ce grammairien, employer la préposition *à* lorsqu'il y a un but marqué hors de la personne qui agit; et lorsque le but n'est pas marqué, c'est de la préposition *de* que l'on doit faire usage.

Ainsi l'on dira, je m'empresse *de* marcher, *d'*écrire, *de* répondre, parce qu'on ne voit pas un but marqué hors de la personne qui agit; et *je m'empresse à le secourir, à le consoler*, parce qu'ici le but est marqué hors de la personne qui agit; on s'empresse d'arriver à un but, savoir : *le secourir, le consoler.*

Celui qui sait CONSERVER ET AFFERMIR *un état, a trouvé un plus haut point de sagesse que celui qui sait gagner des batailles* (Bossuet, Disc. sur l'Hist. univ.), parce qu'on dit *utile à; cher à;* —*conserver un état; affermir un état.*

Mais on ne saurait dire : *Le roi de France avait su connoître et se servir de ses avantages* (Hist. d'Anglet.), puisque *connoître* demande un régime direct, et *se servir* un régime indirect, et qu'on n'a employé qu'un régime direct pour ces deux verbes; afin donc que la phrase fût régulière, il fallait faire du nom le régime du premier verbe, et donner pour régime, au second verbe, un pronom correspondant : *Il avait su connaître ses avantages, et s'en servir.*

(Th. Corneille sur la 89ᵉ et la 327ᵉ remarque de *Vaugelas.*—L'Académie, page 94 et 335ᵉ de ses observations.—*Restaut., Wailly,* et les Grammairiens modernes.)

C'est par un semblable motif que M. *Lemare* critique ces phrases :

Le souverain créateur PRÉSIDE ET RÈGLE *le mouvement des astres.*

Il a parlé en même temps CONTRE *et* EN FAVEUR DE *ses adversaires.*

Il le conjura par la mémoire et l'amitié qu'il avoit PORTÉES *son père.*

Il falloit, pour qu'elles fussent correctes, donner à chaque mot le régime qui lui convient, et alors dire :

Le souverain créateur préside AU *mouvement des astres,* et LE RÈGLE.

Il a parlé en même temps CONTRE *et* POUR *ses adversaires;* ou bien : *Il a parlé en même temps* CONTRE *ses adversaires,* et EN LEUR FAVEUR.

Il le conjura par la mémoire de son père, et par l'amitié qu'il lui avoit PORTÉE.

Un verbe actif peut, ainsi que nous l'avons dit plus haut, avoir deux régimes, l'un direct et l'autre indirect : *L'homme sage préfère la science aux richesses ;* mais il ne peut avoir deux régimes directs, parce qu'une seule action ne peut avoir qu'un objet immédiat et direct. *D'Olivet* a donc eu raison de critiquer ce vers de *Racine* :

> Ne *vous* informez pas *ce que* je deviendrai.
> (Bajazet, act. II, sc. 5.)

puisque *vous,* et *ce,* sont l'un et l'autre régimes directs. *Ne me demandez pas* CE QUE *je deviendrai,* ou *ne vous informez pas* DE CE QUE *je deviendrai,* eussent été des phrases correctes, attendu que, dans la première, *demander* n'a qu'un régime direct qui est *ce*, de même que, dans la seconde, *informer* n'a que le pronom *vous,* ce qui est conforme aux principes.

La grammaire ne permet pas non plus de donner à un verbe deux régimes indirects, pour exprimer le même rapport ; aussi a-t-on reproché à *Boileau* d'avoir dit :

> C'est *à vous,* mon esprit, *à qui* je veux parler. (Satire IX.)

au lieu de *c'est à vous, mon esprit,* QUE *je veux parler ;* ou bien encore, *c'est vous, mon esprit,* À QUI *je veux parler.* Comme nous nous sommes occupé de cette difficulté, pag. 349, nous nous bornerons ici à y renvoyer le lecteur.

Le Régime Nom, soit direct, soit indirect, suit ordinairement le verbe : *Peuples, obéissez* À VOS SOUVERAINS ; *et vous, souverains, faites* À VOS PEUPLES *tout le bien qui est en votre pouvoir.*

Quand un verbe a deux régimes, le plus court se place ordinairement le premier ; mais si les régimes sont de la même longueur, le régime direct se place avant le régime indirect : *L'ambition, qui est prévoyante, sacrifie le présent à l'avenir ; la volupté, qui est aveugle, sacrifie l'avenir au présent ; mais l'envie, l'avarice, et les autres passions empoisonnent le présent et l'avenir.* (*Terrasson.*)

Ici les régimes directs, *le présent et l'avenir,* sont les premiers, parce qu'ils sont de même longueur.

Mais, dans la phrase suivante, *les hypocrites s'étudient à parer des dehors de la vertu les vices les plus honteux et les plus décriés,* le régime direct *les vices,* etc., est le dernier, parce qu'il est le plus long ; cependant, quand il s'agit d'éviter une équivoque, on donne la première place au régime indirect, quoique ce régime soit aussi long ou même plus long que le régime direct ; ainsi on dira : *Le physicien arrache à la nature ses secrets* ; parce que si l'on changeoit la place du régime indirect, on ne sauroit si l'on veut parler des secrets de la nature, ou de ceux du physicien.

(*Wailly*, pag. 322. - *Lévizac*, pag 84.—M. *Boinvilliers,* pag. 302. —M. *Chapsal*, Dictionnaire grammatical.)

NOTA. — A la construction grammaticale, chap. XII°, nous entrons dans de plus grands détails sur l'arrangement que les membres de la phrase doivent garder entre eux; nous y renvoyons le lecteur.

§ IV.

DU RÉGIME PRONOM.

Doit-on dire, en parlant d'un homme : *Je* L'*ai vu faire bien des sottises,* ou *je* LUI *ai vu faire bien des sottises* ; et en parlant des animaux : *C'est la brutalité qui* LES *fait suivre les mouvements de leur colère,* ou *qui* LEUR *fait suivre les mouvements de leur colère ?*

Pour résoudre cette question, examinons quels sont les régimes que demandent les verbes *voir* et *faire*, et, pour plus de facilité, substituons aux pronoms personnels les substantifs qu'ils remplacent : *J'ai vu* CET HOMME *faire bien des sottises ; c'est la brutalité qui fait suivre aux* ANIMAUX *les mouvements de leur colère.* Dans la première phrase, *cet homme* est le régime direct du verbe *voir*, et non pas l'infinitif *faire*, qui se rapporte, comme une espèce de modificatif, au mot *homme,* et fait partie du régime direct ; c'est comme s'il y avoit : *j'ai vu* CET HOMME FAISANT *bien des sottises.* Dans la seconde phrase, *suivre* est le régime direct de *faire*, car c'est l'objet de l'action, et *aux hommes* en est le régime indirect. Si l'on remplace *cet homme* et *aux animaux* par des pronoms personnels, il est clair qu'il faudra se servir de *le* pour le substantif *homme*, et de *leur* pour le substantif *aux hommes*; et que conséquemment on dira : *Je* L'*ai vu faire bien des sottises; c'est la brutalité qui* LEUR *fait suivre*, etc.

D'où il suit que, toutes les fois qu'un verbe actif est suivi d'un infinitif, on doit employer *le, la, les*, avant ce verbe actif, si l'infinitif n'est point régime direct, car alors il faut que le pronom soit régime direct, puisqu'un verbe actif exige un régime de cette nature; et qu'on doit employer *lui, leur*, quand l'infinitif est le régime direct du verbe actif, un verbe actif ne pouvant pas avoir deux régimes directs.

Ainsi *Molière* ne s'exprime pas correctement quand il dit: *Une certaine scène d'une petite comédie que je* LEUR *ai vu essayer* (le Sicilien, sc. 3); puisque l'on dit : *J'ai vu quelqu'un essayer une certaine scène*, il devoit dire : *que je* LES *ai vus essayer*.

On ne dira pas non plus : *L'idée les a pris d'aller à la campagne*; on dit : *L'idée a pris* À VOS AMIS *d'aller à la campagne*; il faut donc se servir du pronom *leur*. Ici le verbe *prendre* est pris neutralement ; il ne sauroit avoir de régime direct.

Souvent le sens qu'on veut exprimer détermine l'emploi du pronom personnel, comme régime direct ou comme régime indirect. Ainsi, il y a une grande différence entre , *je* LUI *ai vu donner un soufflet*, et *je l'ai vu donner un soufflet*; le premier a reçu le soufflet, le second l'a donné.

Il y a également une grande différence entre *les offres de services que je* LEUR *ai vu faire*, et *les offres de services que je* LES *ai vus faire*; — entre *les liqueurs que je* LEUR *ai vu verser*, et *les liqueurs que je* LES *ai vus verser*; — entre *les objets que je* LEUR *ai vu prendre, enlever*, et *les objets que je* LES *ai vus prendre, enlever*; — enfin entre *les choses que je* LEUR *ai vu offrir, donner, refuser*, et *les choses que je*

LES *ai vus offrir, donner, refuser;* cette différence est telle, qu'en confondant les deux régimes on exprimeroit positivement le contraire de ce qu'on voudroit faire entendre.

Les Régimes Pronoms se placent ordinairement avant le verbe; il y a cependant quelques exceptions : nous les avons données, lorsque nous avons parlé de la place des pronoms personnels en régime, pag. 338, 343, 344 et 346.

Toutefois, comme nous ne devons rien négliger de ce qui peut être utile à nos lecteurs, nous dirons avec M. *Maugard*, au risque de nous répéter un peu, que :

Quand un verbe à l'impératif a un pronom pour régime, soit direct, soit indirect, il faut le placer après le verbe avec un trait d'union, si la proposition est affirmative : *Crois*-MOI,— *punis*-MOI. (*Racine.*)—*Levez*-VOUS *un peu, s'il vous plaît.* (*La Fontaine.*)

> Asseyez-*vous*, ma mère, et voyez votre fils.
> (*Voltaire*, la Comtesse de Givri, act. II, sc. 5.)

Si la proposition est négative, il faut placer le pronom immédiatement avant le verbe : *Ne* ME *trompez point.*(*Racine.*)

> Ne *me* rappelez point une trop chère idée.
> (Le même , Bérénice, act. V, sc. 2.)
> Ne *vous* préparez point un nouveau repentir. (*Voltaire.*)

Si le régime direct d'un verbe à l'impératif est un pronom, et le régime indirect le pronom *en*, ou un nom, ou l'équivalent d'un nom, précédé d'une préposition, on place le régime indirect après le pronom :

> Instruisez-*m'en* de grâce ; et , par votre discours,
> Hâtez mon désespoir , ou le bien de mes jours. (*Molière.*)
> Hier au soir je crois qu'il arriva.
> Informe-*t'en*. (*Voltaire.*)

Lorsque le verbe, qui est à l'impératif, a pour régime direct un pronom, et pour régime indirect un autre pronom, il faut placer après le verbe le pronom régime direct, ensuite le régime indirect avec des traits d'union :

Du Régime Pronom.

Là, regardez-moi là durant cet entretien ;
Et jusqu'au moindre mot, *imprimez-le-vous* bien.
(*Molière*, l'École des Femmes, act. III, sc. 2.)

Mon innocence est le seul bien qui me reste, laissez-LA-MOI, *cruel.* (*Marmontel.*)

Si le régime indirect est un pronom, et le régime direct un nom ou un mot qui en soit l'équivalent, il faut placer le pronom régime indirect immédiatement après le verbe, avec un trait d'union :

Vivez, et faites-*vous* un effort généreux,
(*Racine*, Bérénice, act. V, sc. dernière.)
Ah, cruel! par pitié montrez-*moi* moins d'amour.
(Le même, Bérénice, act. V, sc. 5.)
Muse, redites-*moi* ces noms chers à la France.
(*Voltaire*, la Henriade, chant IV.)

Si l'impératif est suivi de deux pronoms, régimes indirects, il faut placer immédiatement après le verbe le pronom, régime indirect, qui est nécessaire pour l'expression de la pensée, et mettre à la seconde place celui qui n'exprime qu'une idée accessoire, ou qui n'est employé que pour donner plus d'énergie à l'expression, et qu'on pourroit en retrancher sans changer le sens :

Allons, monsieur, faites le dû de votre charge, et dressez-LUI-MOI *son procès comme larron et comme suborneur.*
(*Molière*, l'Avare, act. V, sc. 3.)

Lorsque deux propositions impératives sont jointes par la conjonction *et*, si les deux verbes sont à la même personne et au même nombre, on peut placer, avant l'impératif, le pronom régime du verbe de la seconde proposition :

Tenez, monsieur : battez-MOI *plutôt, et me laissez rire tout mon saoul.*
(*Molière*, le Bourgeois gentilhomme, act. III, sc. 2.)

Allez, Lafleur, trouvez-*le*, et *lui* portez
Trois cents louis, que je crois bien comptés.
(*Voltaire*, la Prude, act. II, sc. 1.)

Monsieur Lysidas, prenez un siége vous-même, et vous *mettez là.*

(*Molière*, la Critique de l'École des fem., sc. 6.)

Cependant *Molière* a dit :

Finissons *auparavant votre affaire, et* me *dites qui est celle que vous aimez.* (L'Avare, act. I, sc. 2.)

Laissons cela, Zéphire, et *me dis* si tes yeux
Ne trouvent pas Psyché la plus belle du monde.
(Psyché, act. III, sc. 1.)

Mais, à l'occasion de ces deux derniers exemples, *Bret* fait observer que, dans le premier, l'exactitude demande, *et dites-moi* ; et, dans le second, *et dis-moi*.

Toutefois ce commentateur a négligé de donner les motifs de cette préférence. M. *Maugard*, plus judicieux critique, nous apprend que c'est parce que le verbe de la seconde proposition n'est pas à la même personne que celui de la première.

www.ingramcontent.com/pod-product-compliance
Lightning Source LLC
Chambersburg PA
CBHW060901300426
44112CB00011B/1296